Autoren

Prof. Dr. Willy Schneider
Prof. Dr. Alexander Hennig

100 Kennzahlen für profitable Kundenbeziehungen

Sonderausgabe in Kooperation mit der Handelsblatt GmbH

Cover: cometis publishing GmbH & Co. KG

Anmerkung:
Die Erläuterungen und Interpretationen der einzelnen Kennzahlen geben zum Teil die persönliche Einschätzung des Autors wieder. Trotz sorgfältiger Recherche und Prüfung der Inhalte kann eine Garantie oder Haftung für die Richtigkeit oder Vollständigkeit nicht übernommen werden.

Dieses Buch ist Teil der Sonderausgabe »Kennzahlen kompakt« mit der ISBN 978-3-940828-80-4

Vorwort

Sehr geehrte Leserinnen und Leser!

»Der Kunde ist König!« – sämtliche Marketing- und Managementkonzepte jüngeren Ursprungs betonen die Ausrichtung am Kunden als zentralen Faktor des Unternehmenserfolges. Doch obwohl sich zahlreiche Unternehmen das Thema Kundenorientierung auf ihre Fahnen geschrieben haben, bleiben die angestrebten Erfolge nicht selten aus. Hierfür geben zwei Gründe den Ausschlag: Entweder war das Management nicht in der Lage, Mitarbeiter und Prozesse kundenorientiert zu steuern. Oder aber der Fokus der auf die Zielgruppe ausgerichteten Unternehmensaktivitäten verfehlte den erhofften ökonomischen Erfolg.

Hier setzt das vorliegende Buch an: Um die Kundenbeziehungen profitabel zu gestalten, müssen die Qualität der Kundenorientierung und die davon ausgehenden Konsequenzen auf die Ertragslage eines Unternehmens messbar gemacht werden. In diesem Zusammenhang gilt die Steuerung der Kundenbeziehungen anhand von Kennzahlen als wesentlicher Erfolgsgarant.

Zu Beginn dieses Buches werden Sie in die Systematik der Kennzahlen für profitable Kundenbeziehungen eingeführt. Anschließend stellen wir Ihnen geordnet nach den vier Perspektiven einer Kundenbeziehung – nämlich Kundenakquisition, Kundenbindung, Beschwerdemanagement/Kundenrückgewinnung und Kundenwert – diejenigen 100 Kennzahlen vor, die sich in der Unternehmenspraxis bewährt haben. Die Berechnungsformel, ein veranschaulichendes Praxisbeispiel, die Interpretation sowie eine kritische Abwägung der Vor- und Nachteile ermöglichen eine sofortige Anwendung der jeweiligen Kennzahl in der Praxis. Hierbei trägt die gleichermaßen kompakte wie fundierte Darstellung wesentlich zum unmittelbaren Verständnis bei.

Das vielseitig anwendbare Buch richtet sich an Manager/innen aus allen Branchen, Verantwortungsebenen und Unternehmensgrößen sowie Consultants, die entweder ein am Kunden ausgerichtetes Kennzahlensystem installieren möchten oder aber einfach nur punktuell nach dem Nutzenpotenzial einer bestimmten Kundenkennzahl suchen. Darüber hinaus bietet sich Studierenden und Dozenten/innen die Möglichkeit, einen fundierten Einblick in die praktische Ausgestaltung von Kundenkennzahlen zu gewinnen. Ihnen allen möge das Buch ein nützlicher und verlässlicher Wegweiser sein.

Für Hinweise, Anregungen und Ergänzungen sind wir jederzeit dankbar:
kundenbeziehungen@cometis.de

Ihre Autoren

Inhaltsverzeichnis

Inhaltsverzeichnis

Inhaltsverzeichnis

Inhaltsverzeichnis

Einführung

Kennzahlengestütztes Kundenbeziehungsmanagement als Basis einer profitablen Kundenbeziehung

Customer Relationship Management (CRM, Kundenbeziehungsmanagement) bezeichnet eine Unternehmensphilosophie und -kultur, die darauf abzielt, mit Kunden profitabel über einen langen Zeitraum, im Idealfall über den gesamten Kundenbeziehungs-Lebenszyklus, zusammenzuarbeiten. In der Beziehung zum Kunden, dem Kundenbeziehungs-Lebenszyklus, durchläuft ein Unternehmen im Idealfall drei Phasen:

1. Kundenakquisition

Insbesondere zu Beginn des Produkt-/Unternehmenslebenszyklus, wenn der Kundenbestand noch gegen null tendiert oder klein ist, steht die Akquisition von Neukunden im Mittelpunkt der Bemühungen. Aber auch in einer späteren Phase, in der das Umsatzpotenzial bei Bestandskunden weitgehend ausgeschöpft ist und/oder von der Kostenseite ein Zwang zu Wachstum und dem Kampf um Marktanteile ausgeht, spielt die Kundenakquisition eine nicht zu vernachlässigende Rolle. In dieser Phase tritt ein Unternehmen erstmals mit dem potenziellen Kunden in Kontakt und versucht, diesen für das Unternehmen zu gewinnen. Attraktive Kundensegmente können zum einen Erstverwender und zum anderen Kunden der Wettbewerber sein, die es abzuwerben gilt. Wesentlich hierbei ist es, attraktive Kundesegmente, d. h. potenzielle Kunden, mit einem hohen Kundenwert zu identifizieren und diese zu einem Kauf beim Unternehmen zu bewegen.

2. Kundenbindung

Im zweiten Schritt geht es darum, attraktive Kunden an das Unternehmen zu binden. Zum einen gilt es, rentable Kundenbeziehungen zu stabilisieren und auszubauen. Denn die Gewinnung neuer Kunden ist in der Regel kostenintensiver als eine Geschäftsexpansion mit Bestandskunden. Zum anderen müssen unrentable Kundenbeziehungen abgebaut werden. Dies kann durch Ausgrenzung (etwa Bestellmöglichkeit erst ab einem bestimmten Auftragsvolumen), Transformation (z. B. nur noch telefonische Betreuung von oder schlechtere Rabatte für C-Kunden) und/oder eine Passivstrategie (etwa Einstellung der Marketingaktivitäten gegenüber unrentablen Kunden) geschehen.

3. Beschwerdemanagement und Kundenrückgewinnung

Unverzichtbar im Zusammenhang mit einer profitablen Kundenbeziehung ist ein gut funktionierendes Beschwerdemanagement, d. h. die systematische Bearbeitung, Sammlung, Auswertung und Nutzung von Beschwerden.

Doch trotz großer Anstrengungen zur Stabilisierung der Beziehung zum Kunden wird ein gewisser Teil der Klientel dem Unternehmen verloren gehen. Ziel der Kundenrückgewinnung ist es, jene attraktiven Kundensegmente zu identifizieren und zurückzugewinnen, welche die Beziehung zum Unternehmen

- abbrechen möchten (= Kündigungspräventionsmanagement),
- abbrechen (= Kündigungsmanagement) oder
- ruhen lassen (= Revitalisierungsmanagement).

Mit Blick auf den Kundenbeziehungs-Lebenszyklus stellen sich folgende Managementaufgaben:

Phase im Lebenszyklus	***Anbahnung***	***Sozialisation***	***Wachstum und Reife***	***Degeneration/ Abwanderungsgefahr***		***Kündigung***	***Revitalisierung***
Ziel	*Anbahnung neuer Geschäftsbeziehungen*	*Festigung neuer Geschäftsbeziehungen*	*Stärkung stabiler Geschäftsbeziehungen*	*Stabilisierung gefährdeter Beziehungen (zu Beschwerdeführern)*	*Verhinderung von Kündigungen*	*Rücknahme von Kündigungen*	*Wiederanbahnung der Geschäftsbeziehung*
Kundenorientierte Managementaufgabe	*Interessentenmanagement*	*Neukundenmanagement*	*Zufriedenheitsmanagement*	*Beschwerdemanagement*	*Kündigungspräventionsmanagement*	*Kündigungsmanagement*	*Revitalisierungsmanagement*
	Kundenakquisition	***Kundenbindung***		***Beschwerdemanagement und Kundenrückgewinnung***			

Einführung

Im Zuge des Customer Relationship Management werden die Kunden so ausgewählt und betreut, dass deren Kundenwert optimiert wird. Im Mittelpunkt steht das Ziel, mit Kunden profitabel über einen langen Zeitraum, nach Möglichkeit über das gesamte »Konsumentenleben«, zusammenzuarbeiten. Dies erfordert von Unternehmen, ihre gesamten Aktivitäten in Marketing, Vertrieb und Service konsequent auf die Kundenperspektive unter gleichzeitiger Betrachtung der Profitabilität auszurichten. Anstelle der Maxime einer uneingeschränkten Kundenorientierung tritt konsequenterweise die selektive Betreuung der Klientel unter dem Gesichtspunkt des jeweiligen Kundenwerts, sprich Customer Lifetime Value.

Systematik der im Buch vorgestellten Kennzahlen

Im Folgenden werden für jede der drei Kernphasen im Kundenbeziehungs-Lebenszyklus – nämlich Kundenakquisition, Kundenbindung und Beschwerdemanagement sowie Kundenrückgewinnung – diejenigen Kennzahlen vorgestellt, die sich in der Unternehmenspraxis als bedeutend erwiesen haben. Da sich erfolgreiche Unternehmen dadurch auszeichnen, dass sie anstelle einer generellen Kundenorientierung die spezifische Betreuung der Abnehmer unter Profitgesichtspunkten setzen, stellen wir im vierten Abschnitt Kennzahlen vor, mit deren Hilfe Sie den Wert Ihrer Kunden berechnen können.

Praktische Ausgestaltung

Um Ihr Marketing- und Vertriebscontrolling nicht zu überfrachten, sollten Sie nur diejenigen Kennzahlen auswählen, die für Ihre Branche und Ihr Unternehmen von zentraler Relevanz sind. Selbst große Unternehmen arbeiten in der Praxis häufig nur mit wenigen Kennzahlen und konzentrieren sich damit auf die wirklich zentralen Sachverhalte und Entwicklungen. »Kennzahlen-Friedhöfe« hingegen lassen sich kaum überwachen, geschweige denn interpretieren.

Kapitel 1

Kundenakquisition

1.1 Absoluter Marktanteil

Formel

$$\frac{\text{Absatz bzw. Umsatz eines Unternehmens}}{\text{Absatz bzw. Umsatz sämtlicher Unternehmen im Markt}} \times 100\,\%$$

Beispiel

$$\frac{4.000 \text{ Fahrzeuge}}{20.000 \text{ Fahrzeuge}} \times 100\,\% = 20\,\%$$

Ein Automobilhersteller verkauft in einer Region 4.000 Fahrzeuge. Insgesamt werden in diesem Gebiet 20.000 Fahrzeuge verkauft. Sein mengenmäßiger absoluter Marktanteil beträgt 20%.

Erläuterung

Der absolute Marktanteil ist definiert als Absatz bzw. Umsatz eines Unternehmens im Verhältnis zum Absatz bzw. Umsatz sämtlicher Unternehmen der relevanten Branche, dem Marktvolumen. Dieser absolute Marktanteil kann sowohl in Wert- als auch in Mengeneinheiten gemessen werden.
Der absolute Marktanteil kann vertiefend nach einzelnen Produkten, Produktgruppen, Marktsegmenten und Vertriebswegen ermittelt werden. Die Kennzahl erlaubt Rückschlüsse auf die Position des eigenen Unternehmens im Markt und gilt als eine der wichtigsten Kennzahlen im Marketing.

Vorteile	Nachteile
• Einfache Berechnung der Kennzahl bei Vorliegen der entsprechenden Branchendaten • Wichtige Information über Erfolg der durchgeführten Marketingmaßnahmen bei Einführung neuer Produkte und Erschließung neuer Märkte	• Bewertung immer vor dem Hintergrund des Marktwachstums zwecks Relativierung von steigenden Marktanteilen in einem schrumpfenden Markt • Erfolg bei spezialisierten, flexiblen Nischenanbietern auch bei kleinem Marktanteil

1.2 Angebotserfolgsquote

Formel

$$\frac{\text{Anzahl der erzielten Aufträge}}{\text{Anzahl der abgegebenen Angebote}} \times 100\,\%$$

Beispiel

$$\frac{\text{300 Aufträge}}{\text{500 Angebote}} \times 100\,\% = 60\,\%$$

In einem Monat gibt ein Unternehmen gegenüber seinen (potenziellen) Kunden insgesamt 500 Angebote in schriftlicher und mündlicher Form ab. Von diesen Angeboten nehmen die Kunden 300 an, so dass die Angebote zu Aufträgen werden. Folglich beträgt die Angebotserfolgsquote 60 %.

Erläuterung

Die Angebotserfolgsquote zeigt, wie viel Prozent der abgegebenen Angebote zu Aufträgen geführt haben. Mithilfe dieser Kennzahl lässt sich die Angebotspolitik des Unternehmens beurteilen. Die Zahl der erteilten Aufträge sollte die Vertriebsabteilung bereithalten.
Aber: Weder die Finanzbuchhaltung noch die Kosten- und Leistungsrechnung erfassen üblicherweise die Zahl der abgegebenen Angebote. Deshalb sollte in der Vertriebsabteilung eine Datenbank eingerichtet werden, in der die Angebote dokumentiert und gegebenenfalls nach Mitarbeitern, Produkten bzw. Regionen unterschieden werden. Hierbei ist es wichtig, dass sowohl die Angebote in schriftlicher Form (Kostenvoranschläge) als auch die Angebote in mündlicher Form (z. B. beim Telefonat oder Besuch durch den Außendienstmitarbeiter) erfasst werden.

Vorteile	**Nachteile**
• Besonders aussagekräftig im Zeitvergleich • Interessant im Vergleich verschiedener Produkte und Dienstleistungen, Vertriebsstandorte und/oder Vertriebsmitarbeiter	• Keine Aussage über das Volumen der erteilten Aufträge (Ergänzung mit ABC-Analyse nach Umsatzvolumen hilfreich) • Sinnvoll nur bei konkreten Angeboten

1.3 Auftrags-Besuchs-Verhältnis des Außendienstes

Formel

$$\frac{\text{Zahl der Aufträge des Außendienstmitarbeiters}}{\text{Zahl der Kundenbesuche des Außendienstmitarbeiters}} \times 100\,\%$$

Beispiel

$$\frac{\text{72 Aufträge}}{\text{120 Kundenbesuche}} \times 100\,\% = 60\,\%$$

Ein Außendienstmitarbeiter hat in einem Monat 120 Kunden besucht und dabei 72 Aufträge abschließen können. Das Auftrags-Besuchs-Verhältnis liegt demnach bei 60 %.

Erläuterung

Das Auftrags-Besuchs-Verhältnis setzt die durch einen Außendienstmitarbeiter abgeschlossenen Aufträge zu der Zahl der Kundenbesuche ins Verhältnis. Diese Kennzahl verdeutlicht demnach, wie viele Kundenbesuche des Außendienstmitarbeiters mit einem erfolgreichen Abschluss verbunden sind. Je höher das Auftrags-Besuchs-Verhältnis ist, desto besser ist der Außendienstmitarbeiter einzustufen. Da er vergleichsweise wenige Besuche für einen Abschluss benötigt, kann er die eingesparte Zeit für andere Kunden und Abschlüsse nutzen. Außerdem verringern weniger Besuche die Reisekosten des Außendienstmitarbeiters. Eine Erhöhung des Auftrags-Besuchs-Verhältnisses kann sowohl auf eine Steigerung der Aufträge als auch auf eine Verringerung der Besuchsintensität zurückzuführen sein. Beispielsweise nimmt das Besuchsverhältnis auch zu, wenn ein Mitarbeiter seine Kundenbesuche einschränkt, die Anzahl der Aufträge aber weniger stark absinkt. Im Idealfall beträgt das Auftrags-Besuchs-Verhältnis 100 %, d. h. der Außendienstmitarbeiter erzielt bei jedem Besuch einen Auftrag.

Vorteile	**Nachteile**
• Einfache Ermittlung • Höhere Aussagekraft durch den Vergleich mit vergangenen Zeitperioden und mit anderen Außendienstmitarbeitern	• Keine Aussage über die Dauer der Kundenbesuche • Keine Aussage über den Auftragswert, den der Außendienstmitarbeiter erzielt

1.4 Auftragseingang pro Außendienstmitarbeiter

Formel

$$\frac{\text{Auftragssumme des Außendienstes}}{\text{Anzahl der Außendienstmitarbeiter}}$$

Beispiel

$$\frac{\text{3,77 Mio. € Auftragsvolumen}}{\text{26 Außendienstmitarbeiter}} = 145.000\,€$$

Ein Unternehmen beschäftigt 26 Außendienstmitarbeiter, die in einem Monat insgesamt 3,77 Mio. € an Auftragsvolumen erzielen. Somit beträgt der Auftragseingang je Außendienstmitarbeiter 145.000 €.

Erläuterung

Der durchschnittliche Außendienst-Auftragseingang zeigt an, welches Auftragsvolumen ein durchschnittlicher Außendienstmitarbeiter erwirtschaftet. Die Zahl der Außendienstmitarbeiter liefert das Vertriebs- oder Personalwesen. Ein Einblick in die Leistungsfähigkeit eines einzelnen Außendienstmitarbeiters eröffnet sich, wenn man die einzelnen Außendienstmitarbeiter und ihr individuelles Auftragsvolumen mit dem durchschnittlichen Außendienst-Auftragseingang vergleicht und eventuelle Abweichungen analysiert. Beispielsweise müssen plausible Gründe dafür gefunden werden, warum ein Außendienstmitarbeiter deutlich unter dem durchschnittlichen Außendienst-Auftragseingang liegt.

Vorteile	Nachteile
• Einfache Ermittlung • Interessant im Vergleich zu anderen Absatzbereichen des Unternehmens, im Zeitvergleich und (falls zugänglich) zum Branchendurchschnitt bzw. zu Wettbewerbern	• Veränderungen der Kennzahl auch durch saisonale und konjunkturelle Schwankungen oder veränderte Marketingmaßnahmen von Wettbewerbern • Keine Beachtung der ungleichen Chancen der Außendienstmitarbeiter für eine Auftragserzielung

1.5 Außendienst-Besuchszahl pro Reisetag

Formel

$$\frac{\text{Zahl der Kundenbesuche eines Außendienstmitarbeiters}}{\text{Reisetage eines Außendienstmitarbeiters}}$$

Beispiel

$$\frac{\text{72 Kundenbesuche}}{\text{18 Reisetage}} = \text{4 Kundenbesuche pro Reisetag}$$

Ein Außendienstmitarbeiter hat im Laufe eines Monats insgesamt 18 Tage mit Reisetätigkeit verbracht. Dabei besuchte er 60 Kunden, 12 davon sogar zweimal. Insgesamt absolvierte er also 72 Kundenbesuche. Seine durchschnittliche Besuchszahl pro Reisetag liegt demnach bei 4 Kundenbesuchen pro Reisetag.

Erläuterung

Diese Kennzahl gibt an, wie viele Kunden ein Außendienstmitarbeiter an einem Reisetag durchschnittlich besucht hat. Grundsätzlich sind eine hohe Besuchsanzahl und damit eine hohe durchschnittliche Besuchszahl pro Reisetag als positiv zu bewerten. Wer viele Kunden (oft) besucht, eröffnet sich die Chance, entsprechend viele Aufträge zu akquirieren.
Allerdings muss gerade bei dieser Kennzahl besonders auf die individuelle Analyse und Betrachtung des einzelnen Außendienstmitarbeiters geachtet werden. So hängt die durchschnittliche Besuchszahl eines Außendienstmitarbeiters in hohem Maße von Faktoren ab, die der Vertriebsmitarbeiter nicht vollständig beeinflussen kann (z. B. Größe des Verkaufsgebiets, Anzahl der zu betreuenden Kunden, Beratungsintensität der Produkte, Entfernung zwischen den einzelnen Kunden).

Vorteile	Nachteile
• Einfache Berechnung • Besonders aussagekräftig im Vergleich verschiedener Zeiträume und verschiedener Außendienstmitarbeiter	• Aussage über die Zahl der Kundenbesuche und damit nur über potenzielle Verkaufserfolge • Verminderung der Aussagekraft durch positive und negative Einflussfaktoren (z. B. Verkehrssituation)

1.6 Außendienst-Neukundenanteil

Formel

$$\frac{\text{Umsatz durch Neukunden}}{\text{Gesamtumsatz des Außendienstes bzw. des Außendienstmitarbeiters}} \times 100\,\%$$

Beispiel

$$\frac{64.000\text{ € Neukundenumsatz}}{320.000\text{ € Gesamtumsatz}} \times 100\,\% = 20\,\%$$

Ein Außendienstmitarbeiter hat im letzten Monat einen Umsatz von 320.000 € erzielt. Davon stammen 64.000 € aus Abschlüssen mit Kunden, die erstmals Leistungen von dem Unternehmen beziehen. Der Außendienst-Neukundenanteil beträgt somit 20 %.

Erläuterung

Der Außendienst-Neukundenanteil misst das Verhältnis des Neukundenumsatzes am Gesamtumsatz des Außendienstes bzw. eines Außendienstmitarbeiters. Diese Kennzahl zeigt somit den Erfolg des Außendienstes bzw. eines Außendienstmitarbeiters bei der Akquisition neuer Kunden auf. Je höher der Außendienst-Neukundenanteil ist, desto besser gelingt es einem Außendienstmitarbeiter, neue Kunden zu gewinnen. Gleichzeitig verringert ein hoher Umsatz mit Neukunden die Abhängigkeit von einzelnen Stammkunden. Es muss allerdings geprüft werden, ob der Außendienstmitarbeiter einen hohen Außendienst-Neukundenanteil mit Nachteilen für das Unternehmen erkauft. Dies ist der Fall, wenn der Mitarbeiter unverhältnismäßig hohe Rabatte gewährt und damit den Unternehmenserfolg gefährdet.

Vorteile	Nachteile
• Verknüpfung der Neukundengewinnung mit dem einzelnen Vertriebsmitarbeiter • Gewinn an Aussagekraft durch den Vergleich zu anderen Außendienstmitarbeitern und zu Vorperioden	• Interpretation vor dem Hintergrund der jeweiligen Marktgegebenheiten nötig (z. B. bei einem hohen Marktsättigungsgrad kaum mehr Möglichkeiten, neue Kunden zu gewinnen) • Erfordernis einer Kundendatenbank

1.7 Außendienstumsatz pro Reisetag

Formel

$$\frac{\text{Umsatz eines Außendienstmitarbeiters in einer Periode}}{\text{Reisetage eines Außendienstmitarbeiters in einer Periode}}$$

Beispiel

$$\frac{54.000\ €\ \text{Umsatz}}{18\ \text{Reisetage}} = 3.000\ €\ \text{Umsatz pro Reisetag}$$

Ein Außendienstmitarbeiter verbringt in einem Monat 18 Tage mit Reisetätigkeit. Hierbei schließt er Aufträge im Umsatzvolumen von 54.000 € ab. Damit beträgt sein durchschnittlicher Außendienstumsatz pro Reisetag 3.000 €.

Erläuterung

Die Kennzahl zeigt, wie viel Umsatz ein Außendienstmitarbeiter an einem durchschnittlichen Reisetag erzielt. Der Außendienstumsatz pro Reisetag dient als Bewertungsmaßstab für Erfolg und Leistungsfähigkeit eines Außendienstmitarbeiters.
Grundsätzlich ist ein höherer Außendienstumsatz pro Reisetag besser als ein niedriger. Ein sinkender Außendienstumsatz pro Reisetag ist ein Warnsignal, dem umgehend auf den Grund gegangen werden sollte. Beispielsweise kann die Abwanderung von umsatzstarken Stammkunden oder der Wegfall vertriebspolitischer Maßnahmen wie z. B. Verkaufsförderung und Telefonmarketing für den Rückgang verantwortlich sein.

Vorteile	Nachteile
• Verknüpfung der zeitlichen und der ertragswirtschaftlichen Dimension der Außendiensttätigkeit • Besonders aussagekräftig durch Vergleich verschiedener Perioden und Außendienstmitarbeiter	• Geschmälerte Aussagekraft bei unterschiedlichen Rahmenbedingungen der Außendienstmitarbeiter • Bezug auf Umsatz- und nicht auf Deckungsbeitragsgrößen

1.8 Bekanntheitsgrad

Formel

$$\frac{\text{Anzahl der Befragten, die einen Gegenstand kennen}}{\text{Gesamtzahl der Befragten}} \times 100\,\%$$

Beispiel

$$\frac{\text{656 kundige Personen}}{\text{1.000 befragte Personen}} \times 100\,\% = 65{,}6\,\%$$

Von 1.000 Befragungspersonen kannten 656 Personen eine Biersorte. Die Biersorte hat demnach einen Bekanntheitsgrad von 65,6 %.

Erläuterung

Der Bekanntheitsgrad gibt an, wie viel Prozent einer bestimmten Zielgruppe eine Marke, Werbebotschaft, Firma oder andere Meinungsgegenstände kennen. Ohne eine Gedächtnishilfe für die Befragungsperson spricht man vom aktiven bzw. ungestützten, mit Gedächtnishilfe (z. B. Vorlegen einer Namensliste) vom passiven bzw. gestützten Bekanntheitsgrad. Die Erhebung des Bekanntheitsgrades erfolgt durch Befragungen.

Vorteile	Nachteile
• Effektives Controlling von kommunikationspolitischen Marketingmaßnahmen wie Werbung, Sponsoring, Verkaufsförderung und Öffentlichkeitsarbeit • Insbesondere von Bedeutung bei sog. Low-Involvement-Produkten, da Konsumenten bei solchen Fällen in der Regel im Vorfeld des Kaufes keine Informationsanstrengungen unternehmen	• Keine Aussage darüber, ob der Meinungsgegenstand auch positiv beurteilt wird • Gefahr des Over- bzw. Underreportings (Neigung der Befragten, in der Befragungssituation die Kenntnis eines Produktes vorzutäuschen bzw. Nichterinnerung der Befragten im konkreten Fall trotz eigentlicher Bekanntheit des Produktes)

1.9 Einzelhandelszentralität

Formel

$$\frac{\text{Einzelhandelsumsatz}}{\text{Einzelhandelsrelevante Kaufkraft}} \times 100\,\%$$

Beispiel

$$\frac{941{,}8 \text{ Mio. € Einzelhandelsumsatz}}{495{,}2 \text{ Mio. € einzelhandelsrelev. Kaufkraft}} \times 100\,\% = 190\,\%$$

Die Innenstadtlage von Trier hat laut GfK mit einem Wert von 190 % die höchste Einzelhandelszentralität in Deutschland. Während die einzelhandelsrelevante Kaufkraft in Trier bei nur 495,2 Mio. € liegt, beträgt der tatsächliche Einzelhandelsumsatz 941,8 Mio. €.

Erläuterung

Die Einzelhandelszentralität einer Region (z. B. einer Stadt oder eines Landkreises) ergibt sich aus der Gegenüberstellung des vor Ort erzielten Umsatzes im Einzelhandel zu der am Ort vorhandenen einzelhandelsrelevanten Kaufkraft. Die Einzelhandelszentralität ist ein wichtiger Indikator dafür, wie weit es einer Region gelingt, Kaufkraft zugunsten des niedergelassenen Einzelhandels anzuziehen. Marktforschungsunternehmen wie die GfK berechnen die Einzelhandelszentralität für einzelne Regionen, Kommunen oder sogar Stadtteile. Je weiter die Zentralität einer Kommune die 100 %-Marke überschreitet, desto größer ist ihre Sogkraft auf die Kaufkraft im Umland.

Vorteile	Nachteile
• Laufend aktualisierte Bereitstellung durch Marktforschungsunternehmen	• Keine Aussage über die absolute Kaufkraft und die Branchen, denen sie zufließt
• Unterstützung bei Umsatzpotenzialschätzungen und Standortanalysen sowie der Außendienststeuerung (z. B. zielgebietsgenauer Einsatz von speziellen Marketingmaßnahmen)	• Nur Aussage zur Attraktivität einer Region, nicht aber eines konkreten Standortes (z. B. einer bestimmten Immobilie)

1.10 Erstkaufrate

Formel

$$\frac{\text{Absatz bzw. Umsatz mit Erstkäufern}}{\text{Gesamtabsatz bzw. Gesamtumsatz}} \times 100\,\%$$

Beispiel

$$\frac{\text{10.000 Fahrzeuge an Erstkäufer}}{\text{25.000 Fahrzeuge (Gesamtabsatz)}} \times 100\,\% = 40\,\%$$

Ein Automobilhersteller setzt im Jahr 25.000 Fahrzeuge an gewerbliche Kunden ab. Von diesen gehen 10.000 Stück an Neukunden. Damit beträgt die mengenmäßige oder absatzbezogene Erstkaufrate 40 %.

Erläuterung

Die Erstkaufrate bestimmt den Anteil des Absatzes bzw. Umsatzes der Kunden, die ein Produkt zum ersten Mal erwerben, am Gesamtabsatz bzw. -umsatz. Mit der Erstkaufrate lässt sich auf der einen Seite der Erfolg der Neukundenakquisition berechnen, was insbesondere in wachsenden Märkten von Bedeutung ist. Auf der anderen Seite kann eine hohe Erstkaufrate darauf hinweisen, dass Kunden ein Produkt nur einmal erwerben und dann zu Wettbewerbern abwandern, weil ihre Erwartungen nicht erfüllt wurden.

Vorteile	**Nachteile**
• Wichtig bei Erfolgskontrolle von Maßnahmen der Neukundenakquisition, z. B. der Umwandlung von Nichtkäufern zu Käufern, der Gewinnung von neuen Zielgruppen in demselben Markt und der Erschließung neuer geografischer Gebiete • Einfache Berechnung bei Vorliegen einer Kundendatenbank	• Nachgeordnete Bedeutung in stagnierenden bzw. schrumpfenden Märkten • Keine Berücksichtigung von Kosten (Kundenakquisition im Regelfall deutlich teurer als Kundenbindung)

1.11 Gewichtete Distributionsquote

Formel

$$\frac{\text{Warengruppenumsatz der belieferten Geschäfte}}{\text{Warengruppenumsatz aller einschlägigen Geschäfte}} \times 100\,\%$$

Beispiel

$$\frac{120.000\text{ € Umsatz der belieferten Geschäfte}}{150.000\text{ € Umsatz aller einschlägigen Geschäfte}} \times 100\,\% = 80\,\%$$

Ein Produzent von Süßigkeiten vertreibt seine Produkte in Verkaufsstellen, die insgesamt einen Süßwarenumsatz von 120.000 € erzielen. Weitere 20 Verkaufsstellen, die der Produzent nicht beliefert, haben einen Süßwarenumsatz von 30.000 €. Die gewichtete Distributionsquote des Produzenten beträgt 80 %.

Erläuterung

Die gewichtete Distributionsquote setzt den Warengruppenumsatz der Verkaufsstellen, die ein bestimmtes Produkt vertreiben, ins Verhältnis zum Warengruppenumsatz aller Geschäfte, die das entsprechende Produkt tatsächlich verkaufen bzw. potenziell verkaufen könnten (z. B. alle Lebensmitteleinzelhandelsgeschäfte). Da der Warengruppenumsatz aller einschlägigen Handelsunternehmen für einen Produzenten nur schwerlich zu ermitteln sein dürfte, bedient man sich bei der Berechnung der gewichteten Distributionsquote zumeist externer Marktforschungsunternehmen (etwa GfK).
Eine niedrige Distributionsquote ist ein Indiz dafür, dass der Umsatz eines Produktes noch deutlich erhöht werden kann, indem umsatzstarke Vertriebspartner hinzugewonnen werden.

Vorteile	Nachteile
• Gewichtung der Verkaufsstätten mit ihrer warengruppenspezifischen Umsatzbedeutung • Interessant im Zeitvergleich	• Erhöhte Kosten für Marktforschung • Rentabilitätsverluste, wenn umsatzstarke Vertriebspartner nur mit großen Marketingbemühungen und Preiszugeständnissen gewonnen werden

1.12 Kaufkraft

Formel

Bruttoeinkommen
\+ Vermögensverzehr (z. B. Auflösung von Sparguthaben)
\+ Kreditaufnahme
– Steuern und Sozialversicherungsbeiträge
– Sparbeträge und Kredittilgung

Beispiel

Die GfK ermittelt jährlich Kaufkraftkennziffern für Städte und Gemeinden in Deutschland. So haben z. B. alle Einwohner der Stadt Köln im Jahr 2008 eine Kaufkraft von 20,22 Mrd. €. Die durchschnittliche Kaufkraft pro Einwohner beträgt in Köln 20.430 €.

Erläuterung

Unter Kaufkraft versteht man den Geldbetrag, der den Nachfragern für Konsumzwecke zur Verfügung steht. Für die Berechnung der einzelhandelsrelevanten Kaufkraft werden darüber hinaus sämtliche Verbrauchsausgaben, die nicht den Einzelhandel betreffen, abgezogen. Marktforschungsgesellschaften bieten aussagefähige Statistiken über Kaufkraftkennziffern und Kaufkraftkarten an.
Kaufkraftkennziffern können im Zuge der räumlichen bzw. regionalen Preisdifferenzierung genutzt werden. Weisen beispielsweise zwei Regionen deutliche Kaufkraftunterschiede auf, kann es durchaus zweckmäßig sein, in der Region mit einer höheren Kaufkraft einen höheren Preis zu verlangen.

Vorteile	Nachteile
• Regelmäßige Ermittlung der Kennzahl	• Kosten für Marktforschungsunternehmen
• Hilfe bei der Entscheidung, ob Unternehmen angesichts niedriger Kaufkraft Kaufanreize durch Bereitstellung von Konsumentenkrediten, Einräumung von Ratenzahlungen, Stundung des Kaufpreises oder Leasing- und Mietangebote setzen sollten	• Unterschiedlich starker Einfluss der Kaufkraft auf die verschiedenen Konsumbereiche (z. B. vernachlässigbare Wirkung einer Kaufkraftveränderung auf den Erwerb von Grundnahrungsmitteln, aber nicht auf den Kauf von Luxusartikeln)

1.13 Kreuzpreiselastizität

Formel

$$\frac{\dfrac{\text{Veränderung der Nachfragemenge bei Produkt B}}{\text{Alte Nachfragemenge bei Produkt B}} \times 100\,\%}{\dfrac{\text{Veränderung des Preises von Produkt A}}{\text{Alter Preis von Produkt A}} \times 100\,\%}$$

Beispiel

$$\frac{50\,\%}{10\,\%} = 5$$

Ein Anbieter erhöht die Preise des Produkts A von durchschnittlich 20 € auf 22 €. Die relative Preisänderung bei Produkt A beträgt demnach 10 %. Infolge dieses Preiswachstums beim Produkt A steigt der Absatz von Produkt B seines Konkurrenten von 20.000 auf 30.000 Stück. Die relative Veränderung der Nachfrage bei Produkt B beträgt 50 %. Die Kreuzpreiselastizität der Nachfrage beträgt 5.

Erläuterung

Die Kreuzpreiselastizität gibt darüber Auskunft, um wie viel Prozent der Absatz von Produkt B steigt oder sinkt, wenn der Preis von Produkt A um ein Prozent sinkt bzw. steigt. Mit dieser Kennzahl lässt sich nachvollziehen, wie sich eine Preisänderung bei einem Produkt auf die Nachfrage bei einem anderen Produkt auswirkt. Substituierbare, d. h. sich gegenseitig ersetzende Produkte weisen eine positive Kreuzpreiselastizität auf. Bei einer negativen Kreuzpreiselastizität handelt es sich um komplementäre Produkte, die sich gegenseitig ergänzen.

Vorteile	Nachteile
• Aufzeigen der Abhängigkeit verschiedener Produkte • Dient der Prognose von Absatzveränderungen	• Komplexe Berechnung • Betrachtung von Umsatz- und nicht Ertragsänderungen

1.14 Kundenbestellwegquote

Formel

$$\frac{\text{Umsatz über einen bestimmten Bestellweg}}{\text{Gesamtumsatz}} \times 100\,\%$$

Beispiel

$$\frac{\text{24.000 € Umsatz über den Bestellweg Internet}}{\text{30.000 € Umsatz der Bestellungen insgesamt}} \times 100\,\% = 80\,\%$$

Ein Unternehmen erhält in einem Monat Bestellungen mit einem Volumen von 30.000 €. Bestellungen über das Internet generieren Umsätze von 24.000 €. Die Kundenbestellwegquote für den Bestellweg Internet beträgt 80 %.

Erläuterung

Die Kundenbestellwegquote zeigt den Anteil eines bestimmten Bestellwegs am Gesamtumsatz auf. Diese Kennzahl vermittelt einen Einblick in die Bedeutung einzelner Vertriebswege sowie im Zeitvergleich Änderungen im Kundenbestellverhalten. Bestellwege können zum Beispiel das persönliche Erscheinen des Kunden beim Unternehmen, Aufträge beim Außendienst, die schriftliche oder telefonische Bestellung des Kunden, die Messebestellung und die Bestellung über Internet und E-Mail sein. Insbesondere bei der Einführung und Durchsetzung von modernen Bestellverfahren wie Internet-Shopping hilft die Kundenbestellwegquote zu erkennen, inwieweit sich die modernen Bestellwege bei den Kunden durchsetzen.

Vorteile	Nachteile
• Überblick über Bestellverhalten • Hilft bei Einleitung von Maßnahmen zur Erhöhung der Zahl der Bestellungen bzw. des Umsatzes pro Bestellung (z. B. Gewährung von Sonderkonditionen für bestimmten Bestellweg)	• Erfordert Differenzierung der Bestellungen nach Bestellweg • Keine Aussage über Rentabilität der einzelnen Bestellwege (bei überschaubarem Erhebungsaufwand auch Deckungsbeiträge als Grundlage möglich)

1.15 Marktausschöpfungsgrad

Formel

$$\frac{\text{Absatz- bzw. Umsatzvolumen}}{\text{Absatz- bzw. Umsatzpotenzial}} \times 100\,\%$$

Beispiel

$$\frac{15.000 \text{ Mengeneinheiten}}{20.000 \text{ Mengeneinheiten}} \times 100\,\% = 75\,\%$$

Das derzeitige Absatzvolumen eines Unternehmens beläuft sich auf 15.000 Mengeneinheiten pro Jahr. Nach internen Einschätzungen der Vertriebsabteilung und unter Einschaltung eines Marktforschungsinstituts prognostiziert man das Absatzpotenzial auf 20.000 Mengeneinheiten pro Jahr. Damit liegt der mengenmäßige Marktausschöpfungsgrad bei 75 %.

Erläuterung

Der Marktausschöpfungsgrad verdeutlicht, zu wie viel Prozent das Unternehmen sein mögliches Absatz- bzw. Umsatzpotenzial ausgeschöpft hat. Informationen zum Absatzvolumen finden sich in Branchenzeitschriften, Verbandsstatistiken und Veröffentlichungen von Marktforschungsinstituten.
Ein niedriger Marktausschöpfungsgrad ist ein Indiz für hervorragende Wachstumsaussichten. In einem solchen Fall steht die Neukundenakquisition im Vordergrund. Bei einem hohen Marktausschöpfungsgrad muss das Augenmerk hingegen auf der Kundenbindung liegen. Hierfür bieten sich neben einer Steigerung der Kundenzufriedenheit die ökonomischen, juristischen, technologischen und sozialen Instrumente der Kundenbindung an.

Vorteile	**Nachteile**
• Wichtige Marktkennzahl	• Kosten für Marktforschung
• Dient der Abschätzung von Wachstumsaussichten und hilft so, die Prioritäten zwischen Kundenbindungs- und Kundengewinnungsmaßnahmen richtig zu setzen	• Gefahr der Fehlentscheidung, wenn die Akquisition neuer Kunden mit höheren Kosten verbunden ist, als es der Kundenwert der noch auszuschöpfenden Kunden rechtfertigt

1.16 Marktpotenzial

Formel

Auf einem Markt maximal erreichbarer Absatz bzw. Umsatz

Beispiel

In Deutschland steht ein Zeckenimpfstoff kurz vor seiner Zulassung. In den USA wurde der Impfstoff bereits vor vier Jahren eingeführt. Mittlerweile lässt sich jeder 20. US-Amerikaner diesen Zeckenimpfstoff spritzen. Da die diesbezüglichen Marktverhältnisse in den USA mit denen in Deutschland grundsätzlich zu vergleichen sind, geht der vertreibende Pharmahersteller bei einer Bevölkerungszahl von 80 Millionen von einem Marktpotenzial in Deutschland von jährlich 4 Millionen Packungen aus.

Erläuterung

Als Marktpotenzial wird die überhaupt mögliche Aufnahmefähigkeit eines Marktes für ein Produkt oder eine Dienstleistung bezeichnet. Das Marktpotenzial gibt somit an, wie viele Einheiten eines Produktes auf einem Markt abgesetzt werden könnten bzw. wie viel Umsatz auf diesem Markt erzielbar wäre, falls alle mit der erforderlichen Kaufkraft ausgestatteten Haushalte das jeweilige Produkt kaufen würden und die optimale Form der Marktbearbeitung gefunden würde.
Als Quellen für die Bestimmung des Marktpotenzials können Angaben in Branchenzeitschriften und Verbandsstatistiken sowie Veröffentlichungen von statistischen Behörden und Marktforschungsunternehmen dienen.

Vorteile	**Nachteile**
• Wichtige Marktkennzahl • Hinweis auf notwendige Marketingmaßnahmen (indem z. B. neue Produkte und Vertriebskanäle entwickelt und durch eine Senkung des Preises neue Kunden erschlossen werden)	• Kosten für Marktforschung • Keine Aussage über das Ausmaß der Marktsättigung

1.17 Neukundenquote

Formel

$$\frac{\text{Anzahl neuer Kunden}}{\text{Anzahl aller Kunden}} \times 100\,\%$$

Beispiel

$$\frac{\text{400 Neukunden}}{\text{2.000 Kunden insgesamt}} \times 100\,\% = 20\,\%$$

Ein Unternehmen hat einen durchschnittlichen Bestand von 2.000 Kunden und gewinnt im Betrachtungszeitraum 400 neue Kunden hinzu. Die Neukundenquote beträgt 20 %.

Erläuterung

Die Neukundenquote gibt Auskunft über den Erfolg der Neukundenakquisition. In Wachstumsmärkten steht hierbei die Akquisition von Erstkäufern im Vordergrund. In stagnierenden bzw. gesättigten Märkten gilt es, den Wettbewerbern Kunden abzuwerben. Die für die Berechnung der Neukundenquote erforderlichen Daten sind entweder Kundendatenbanken, evtl. flankiert von einem Kundenkartensystem, oder auf höherem Aggregationsniveau Haushaltspanels zu entnehmen.
Insbesondere in frühen Phasen des Produktlebenszyklus eines Produktes und in wachsenden Märkten ist die Neukundenakquisition ein zentraler Faktor des Unternehmenserfolges. In stagnierenden bzw. schrumpfenden Märkten hingegen verliert die Neukundengewinnung an Bedeutung, so dass hier die Pflege des Kundenstammes im Vordergrund steht.

Vorteile	**Nachteile**
• Wichtige Kennzahl der Neukundengewinnung • Dokumentation des Erfolgs sämtlicher Maßnahmen, die der Gewinnung neuer Kunden dienen (Neukundenakquisition meist mit erheblich höheren Kosten verbunden als Stammkundenpflege)	• Anforderung an Kundendatenbank • Gefahr der falschen Prioritätensetzung, wenn mit neuen Kunden vergleichsweise geringe Absätze bzw. Umsätze erzielt werden (flankierende Analyse des Neukunden-Umsatzanteils, vgl. S. 33)

1.18 Neukunden-Stornoquote

Formel

$$\frac{\text{Stornierter Umsatz von Neukunden}}{\text{Ursprünglicher Auftragsumsatz der Neukunden}} \times 100\,\%$$

Beispiel

$$\frac{32.000\text{ € stornierter Umsatz}}{400.000\text{ € Auftragsumsatz der Neukunden}} \times 100\,\% = 8\,\%$$

Ein Hersteller von Gewerbespülmaschinen akquiriert an seinem bayerischen Vertriebsstandort in einem Jahr bei Neukunden einen Auftragswert von insgesamt 400.000 €. Aufträge im Wert von 32.000 € werden innerhalb der vertraglich vereinbarten Fristen von den neuen Kunden wieder storniert. Die Neukunden-Stornoquote beträgt 8 %.

Erläuterung

Die Neukunden-Stornoquote zeigt an, welcher Anteil des Auftragsvolumens von den Neukunden wegen einer Stornierung nicht zur Ausführung kommt. Im Gegensatz zur klassischen Stornoquote misst diese Kennzahl explizit, welcher Anteil der Akquisitionsbemühungen um Neukunden scheitert. Eine hohe Neukunden-Stornoquote lässt im Normalfall vermuten, dass der Vertrieb neuen Kunden mit unseriösen Verkaufsmethoden Aufträge aufdrängt, die diese anschließend stornieren, weil sie die Leistungen gar nicht benötigen. Selbst wenn der Kunde aus Scheu, Höflichkeit oder Verpflichtung den Auftrag nicht storniert, wird er spätestens nach Erbringung der Leistung dem Unternehmen den Rücken zukehren. Das negative Image, das ein Unternehmen durch solche Verkaufspraktiken in der Öffentlichkeit erhält, kann potenzielle Kunden abschrecken.

Vorteile	Nachteile
• Besonders aussagekräftig im Vergleich verschiedener Perioden, verschiedener Vertriebsstandorte • Gute Zielvorgabe für Vertriebsmitarbeiter (bei entsprechender Zurechenbarkeit)	• Keine Aussage über Potenzial der verlorenen Neukunden • Keine Aussage über Zahl der stornierten Aufträge (wichtig wegen der Storno-Prozesskosten und des verlorenen Kundenpotenzials)

1.19 Neukunden-Umsatzanteil

Formel

$$\frac{\text{Umsatz mit Neukunden}}{\text{Gesamtumsatz}} \times 100\,\%$$

Beispiel

$$\frac{102.000\text{ € Umsatz mit Neukunden}}{850.000\text{ € Gesamtumsatz}} \times 100\,\% = 12\,\%$$

Ein Unternehmen hat im Betrachtungszeitraum insgesamt 850.000 € Umsatz erzielt. Davon entfallen 102.000 € Umsatz auf Kunden, die bisher noch nicht bei dem Unternehmen eingekauft haben. Der Umsatzanteil der Neukunden beträgt 12 %.

Erläuterung

Die Kennzahl gibt Auskunft über den Erfolg der Neukundenakquisition. Insbesondere in frühen Phasen des Produktlebenszyklus eines Produktes und in wachsenden Märkten ist die Gewinnung von neuen Kunden ein zentraler Faktor des Unternehmenserfolges. Eine Verringerung des Umsatzanteils der Neukunden sollte das Unternehmen zum Anlass für eine Revision der Marketingaktivitäten zur Neukundengewinnung nehmen. Die Kennzahl ist insbesondere aussagekräftig im Vergleich verschiedener Zeiträume, Produkte und mit Wettbewerbern (sofern Daten vorliegen).

Vorteile	Nachteile
• Einfache Ermittlung bei Differenzierung der Umsätze nach Kundenprofilen (Neukunden, Stammkunden) • Einrechnung der Preisermäßigungen zum Zwecke der Neukundenakquisition	• Unterschiedliche Relevanz in verschiedenen Märkten und Branchen • Keine Aussage über das Umsatzpotenzial der akquirierten Neukunden • Verfälschung durch hohe Umsätze einzelner Neukunden

1.20 Numerische Distributionsquote

Formel

$$\frac{\text{Zahl der belieferten Geschäfte}}{\text{Zahl aller einschlägigen Geschäfte}} \times 100\,\%$$

Beispiel

$$\frac{\text{180 belieferte Geschäfte}}{\text{240 einschlägige Geschäfte}} \times 100\,\% = 75\,\%$$

Ein Produzent von Süßigkeiten vertreibt seine Produkte in 180 Verkaufsstellen. Weitere 60 Verkaufsstellen, die ebenfalls Süßigkeiten verkaufen und daher potenzielle Distributionspartner sein könnten, werden nicht beliefert. Die numerische Distributionsquote des Produzenten beträgt 75 %.

Erläuterung

Die numerische Distributionsquote setzt die Zahl der Verkaufsstellen, die ein bestimmtes Produkt vertreiben, ins Verhältnis zur Zahl aller Geschäfte, die das entsprechende Produkt tatsächlich verkaufen bzw. potenziell verkaufen könnten (z. B. bei Lebensmitteln alle Lebensmitteleinzelhandelsgeschäfte). Meist bedient man sich bei der Berechnung der numerischen Distributionsquote externer Marktforschungsunternehmen (z. B. GfK).
Eine niedrige numerische Distributionsquote ist ein Indiz dafür, dass der Umsatz eines Produktes noch deutlich erhöht werden kann, indem neue Vertriebspartner hinzugewonnen werden.

Vorteile	Nachteile
• Erste Einschätzung über Breite der Distributionsaktivitäten • Ergänzung der gewichteten Distributionsquote (vgl. S. 25), welche auch Umsatzrelevanz der Verkaufsstellen einbezieht	• Hohe Aggregationsebene • Gefahr der Rentabilitätsverluste, wenn neue Vertriebspartner nur mit großen Marketingbemühungen und Preiszugeständnissen gewonnen werden

1.21 Preiselastizität der Nachfrage

Formel

$$\frac{\dfrac{\text{Veränderung der Nachfragemenge}}{\text{Alte Nachfragemenge}} \times 100\,\%}{\dfrac{\text{Veränderung des Preises}}{\text{Alter Preis}} \times 100\,\%}$$

Beispiel

$$\frac{+\,50\,\%}{-\,25\,\%} = -\,2$$

Ein Anbieter senkt die Preise für Produkt A von 12 auf 9 €. Die relative Preisänderung beträgt −25 %. Dadurch steigt der Absatz von 10.000 auf 15.000 Stück. Die relative Nachfrageänderung beläuft sich auf +50 %. Die Preiselastizität der Nachfrage beträgt mithin −2, d. h. eine Preissenkung von 1 % bewirkt eine Absatzsteigerung von 2 %. Es handelt sich also um eine elastische Nachfrage: Der Mengeneffekt übersteigt den Preiseffekt, so dass der Umsatz insgesamt steigt.

Erläuterung

Die Preiselastizität der Nachfrage gibt darüber Auskunft, um wie viel Prozent der Absatz steigt, wenn der Preis um ein Prozent sinkt, bzw. um wie viel Prozent der Absatz sinkt, wenn der Preis um ein Prozent steigt. Mit dieser Kennzahl lässt sich nachvollziehen, wie sich eine Preisänderung auf die Nachfrage auswirkt. Bei einer Preiselastizität, die kleiner als −1 ist, handelt es sich um eine elastische Nachfrage. Eine unelastische Nachfrage liegt vor, wenn die Preiselastizität größer als −1 ist.

Vorteile	**Nachteile**
• Verknüpfung von Preis- und Mengensphäre • Prognose der Auswirkungen von Preisveränderungen	• Komplexe Ermittlung • Betrachtung von Umsatz- und nicht von Ertragsveränderungen

1.22 Relativer Marktanteil

Formel

$$\frac{\text{Absatz bzw. Umsatz eines Unternehmens}}{\text{Absatz bzw. Umsatz des größten Konkurrenten}} \times 100\,\%$$

Beispiel

$$\frac{4.000 \text{ Fahrzeuge}}{5.000 \text{ Fahrzeuge}} \times 100\,\% = 80\,\%$$

Ein Automobilhersteller verkauft in einer Region 4.000 Fahrzeuge. Der größte Konkurrent erzielt dort einen Absatz von 5.000 Fahrzeugen. Der mengenmäßige relative Marktanteil beträgt 80 %.

Erläuterung

Der relative Marktanteil ist definiert als Absatz bzw. Umsatz eines Unternehmens im Verhältnis zum Absatz bzw. Umsatz des Konkurrenzunternehmens mit dem größten Absatz bzw. Umsatz der relevanten Branche. Dieser relative Marktanteil kann sowohl in Mengen- als auch in Werteinheiten gemessen werden. Als weitere Marktanteilskennzahl kann der absolute Marktanteil berechnet werden.

Der relative Marktanteil kann vertiefend nach einzelnen Produkten, Produktgruppen, Marktsegmenten oder Vertriebswegen ermittelt werden. Die Kennzahl erlaubt Rückschlüsse auf die Position des eigenen Unternehmens im Vergleich zum absatz- bzw. umsatzstärksten Wettbewerber.

Vorteile	Nachteile
• Einfache Berechnung bei Vorliegen der entsprechenden Branchendaten	• Relativierung durch Entwicklung des Marktwachstums in einem schrumpfenden Markt
• Wichtige Information über die Wettbewerbswirkungen der Maßnahmen bei Einführung neuer Produkte sowie Erschließung neuer Märkte	• Erfolg auch bei kleinem relativem Marktanteil bei spezialisierten, flexiblen Nischenanbietern

1.23 Vertriebsqualität

Formel

$$\frac{\text{Zahl der nicht stornierten Aufträge}}{\text{Gesamtzahl der Aufträge}} \times 100\,\%$$

Beispiel

$$\frac{\text{368 nicht stornierte Aufträge}}{\text{400 Aufträge}} \times 100\,\% = 92\,\%$$

Ein großer Schraubenhersteller akquiriert an seinem französischen Vertriebsstandort in einem Monat 400 Aufträge. Davon werden 32 innerhalb der vertraglich vereinbarten Frist wieder storniert. Also kommen 368 Aufträge tatsächlich zur Ausführung. Die Vertriebsqualität beträgt 92 %.

Erläuterung

Die Vertriebsqualität zeigt an, wie viele der vergebenen Aufträge später vom Kunden nicht wieder storniert werden. Ein hoher Anteil stornierter Aufträge deutet darauf hin, dass der Vertrieb sich ausschließlich darauf konzentriert, den potenziellen Käufer zu überrumpeln und schnell zu einem Abschluss zu bringen (Hard-Selling). Eine solche Strategie ist allenfalls dann empfehlenswert, wenn keine langfristige Kundenbeziehung angestrebt werden soll.
Sollen hingegen langfristige Beziehungen zum Kunden aufgebaut bzw. gehalten werden, weist eine hohe Anzahl von stornierten Aufträgen auf Defizite in der Verkaufstechnik hin. In diesen Fällen empfiehlt sich eine Intensivierung des Soft-Selling.

Vorteile	Nachteile
• Besonders aussagekräftig im Vergleich verschiedener Perioden, verschiedener Vertriebsstandorte • Zielvorgabe für Vertriebsmitarbeiter (bei entsprechender Zurechenbarkeit)	• Keine Aussage über die Umsatzbedeutung der stornierten bzw. nicht stornieren Aufträge (Umsatzgewichtete Vertriebsqualität als Alternative) • Keine Aussage über Kundenpotenzial der stornierenden Kunden

1.24 Vertriebswegquote

Formel

$$\frac{\text{Umsatz über einen Vertriebsweg}}{\text{Gesamtumsatz}} \times 100\,\%$$

Beispiel

$$\frac{140.000\text{ € Umsatz mit Großhandel}}{160.000\text{ € Gesamtumsatz}} \times 100\,\% = 87{,}5\,\%$$

Ein Unternehmen verkauft in einem Monat Waren im Wert von 160.000 €. Davon werden 140.000 € über den Großhandel abgewickelt, 20.000 € werden im Werksverkauf vertrieben und von den Kunden selbst abgeholt. Die Vertriebswegquote für den Vertriebsweg des Großhandels beträgt demnach 87,5 %.

Erläuterung

Die Vertriebswegquote bestimmt den Anteil eines bestimmten Vertriebswegs am Gesamtumsatz. Sie zeigt damit auf, über welche Vertriebswege dem Unternehmen welche Umsätze zufließen, und weist im Zeitvergleich frühzeitig auf Änderungen im Vertriebssystem hin. Vertriebswege können z. B. Großhandel, Einzelhandel, Fabrikverkauf und der Außendienst sein. Es empfiehlt sich, die Kennzahl auch für verschiedene Kundengruppen (z. B. Alter, Herkunft, Stammkunden, Neukunden) zu ermitteln, um so die Vertriebswege speziell an den Kundenbedürfnissen ausrichten zu können.

Vorteile	Nachteile
• Einfache Ermittlung bei Differenzierung der Vertriebswege	• Keine Aussage über Marktpotenzial der einzelnen Vertriebswege
• Anhaltspunkte bei der Einführung und Durchsetzung neuer Vertriebskonzepte, inwieweit sich diese bei den Kunden durchsetzen	• Keine Aussage über Rentabilität der einzelnen Vertriebswege (flankierende Deckungsbeitragsanalyse als Ergänzung möglich)

1.25 Werbeelastizität

Formel

$$\frac{\dfrac{\text{Veränderung des Umsatzes}}{\text{Alter Umsatz}} \times 100\,\%}{\dfrac{\text{Veränderung der Werbeaufwendungen}}{\text{Alte Werbeaufwendungen}} \times 100\,\%}$$

Beispiel

$$\frac{+\,5\,\%}{+\,20\,\%} = 0{,}25$$

Bei einem Unternehmen für Milchprodukte ist der Werbeaufwand gegenüber der Vorperiode von 200.000 € auf 240.000 € gestiegen. Die relative Werbeaufwandsänderung beträgt demnach +20 %. Der Umsatz ist nach der Erhöhung des Werbeaufwands von 4.000.000 € auf 4.200.000 € angewachsen. Die relative Umsatzänderung beläuft sich auf +5 %. Die Werbeelastizität beträgt 0,25, d.h. der Umsatz steigt um 0,25 %, wenn die Werbeaufwendungen um 1 % erhöht werden.

Erläuterung

Die Werbeelastizität gibt darüber Auskunft, um wie viel Prozent der Umsatz steigt, wenn die Werbeaufwendungen um ein Prozent steigen, bzw. um wie viel Prozent der Umsatz sinkt, wenn die Werbeaufwendungen um ein Prozent sinken. Bei einer Werbeelastizität kleiner als 0 war die Intensivierung der Werbeaktivitäten ein Misserfolg. Bei einer Werbeelastizität zwischen 0 und 1 spricht man von einer starren Werbeelastizität. Wenn der Umsatz stärker als das Werbebudget wächst, die Werbeelastizität also größer als 1 ist, spricht man von einer flexiblen Werbeelastizität.

Vorteile	**Nachteile**
• Bewertung von Werbeaktionen im Nachhinein • Prognose der Auswirkungen von Werbeaufwandsveränderungen	• Komplexe Berechnung • Schwierige Zuordnung der Ursache-Wirkung-Beziehungen

Kapitel 2

Kundenbindung

2.1 Bonusquote

Formel

$$\frac{\text{Bonussumme}}{\text{Gesamtbruttoumsatz}} \times 100\,\%$$

Beispiel

$$\frac{200.000\text{ € Bonussumme}}{8\text{ Mio. € Umsatz}} \times 100\,\% = 2{,}5\,\%$$

Ein Unternehmen erzielt in einem Jahr Umsatzerlöse von 8 Mio. €. Nach Ablauf des Geschäftsjahres werden Boni im Gesamtwert von 200.000 € gewährt. Die Bonusquote beträgt 2,5 %.

Erläuterung

Die Kennzahl stellt dar, wie hoch der Anteil des Gesamtbonuswerts am Bruttoumsatz ist. Anders ausgedrückt gibt die Bonusquote den prozentualen Durchschnittsbonus an, der den Kunden nachträglich gewährt wurde. Die Kennzahl gewinnt an Aussagekraft, wenn sie nach Zeitperioden, Produkten, Vertriebsmitarbeitern, Kunden und Bonusarten (z. B. Mengen-, Treue-, Jahresumsatzbonus) aufgeschlüsselt wird und dann Abweichungen zum durchschnittlichen Bonus berechnet werden.
Eine hohe Bonusquote kann aus mehreren Gründen problematisch sein: Das Unternehmen schafft es vielleicht nur durch die Gewährung von hohen Boni, seine Produkte am Markt zu verkaufen, weil die Listenpreise unrealistisch hoch angesetzt sind oder wegen der Marktsituation nicht mehr durchgesetzt werden können. Außerdem führen zu hohe, nicht eingeplante Boni in der Liquiditäts- und Ertragsplanung zu negativen Planabweichungen beim Umsatz.

Vorteile	Nachteile
• Einfache Berechnung • Rechtzeitige Entdeckung von Fehlentwicklungen bei den nachträglichen Preisermäßigungen	• Keine Differenzierung nach Kunden und Kundenpotenzialen • Kein endgültiger Rückschluss auf Rentabilitätsveränderungen

2.2 Durchschnittliche Einkaufsdauer

Formel

$$\frac{\text{Summe der Zeitdauer aller Einkäufe}}{\text{Zahl der Einkäufe}}$$

Beispiel

$$\frac{\text{210 Minuten}}{\text{10 Einkäufe}} = \text{21 Minuten}$$

In einer Untersuchung der GfK wurde das Einkaufsverhalten von privaten Haushalten untersucht. Die durchschnittliche Einkaufsdauer, gemessen vom Betreten bis zum Verlassen des Verkaufsraumes, beträgt in Supermärkten 13 Minuten und in großen Verbrauchermärkten 21 Minuten.

Erläuterung

Die durchschnittliche Einkaufsdauer ist eine wichtige Kennzahl im stationären Handel, weil empirisch zwischen der durchschnittlichen Einkaufsdauer und der Anzahl der gekauften Artikel bzw. dem Einkaufsbetrag meist ein positiver Zusammenhang besteht.
Die Einkaufsdauer wird dabei im Regelfall im Zuge von Kundenlaufstudien ermittelt. Dabei dokumentieren als Mitarbeiter getarnte Beobachter Verweildauer, Weg, Warenkontakt und Kauf des Kunden. Am Ende des Einkaufs wird der Kunde um seine Zustimmung zur Nutzung der erhobenen Daten gebeten. Alternativ bieten sich elektronische Erfassungssysteme an.

Vorteile	Nachteile
• Erster Überblick über das Käuferverhalten • Steuerung von Maßnahmen, die der Erhöhung der Verweildauer dienen (z. B. Verkaufsförderungsaktionen, bauliche Umgestaltungsmaßnahmen zur Verbesserung der Ladenatmosphäre und Beeinflussung des Kundenlaufs)	• Aufwendige Ermittlung • Fehlende Berücksichtigung, dass sich Wartezeiten (z. B. im Thekenbereich, an der Kasse) sowie langes Suchen nach Produkten zwar positiv auf die Verweildauer, aber negativ auf Kaufbereitschaft und -verhalten des Kunden auswirken

2.3 Durchschnittliche Einkaufsmenge

Formel

$$\frac{\text{Kaufmenge in einer Periode pro Käufer}}{\text{Zahl der Kaufakte bzw. Zeitraum}}$$

Beispiel

$$\frac{\text{8 Liter eingekaufte Menge Milch im Monat}}{\text{4 Einkäufe}} = \text{2 Liter je Einkauf}$$

Ein Marktforschungsinstitut ermittelt für einen Verbrauchermarkt im Rahmen einer Untersuchung, dass die Kunden bei einem Einkauf im Durchschnitt 2 Liter Milch und Milchmischgetränke einkaufen. Auf einen Monat gerechnet kauft ein Kunde im Durchschnitt 8 Liter ein.

Erläuterung

Ausgehend von dieser Kennzahl lassen sich Käufer nach ihrer Einkaufsmenge für das betrachtete Produkt zu Gruppen zusammenfassen. Bei den sog. Intensivkäufern liegt die Einkaufsmenge über dem Durchschnitt der Warengruppe. Normalkäufer liegen im Durchschnitt, Extensivkäufer unter der durchschnittlichen Einkaufsmenge der jeweiligen Warengruppe. Wichtige Faktoren, welche die Einkaufsmenge beeinflussen, sind z. B. die Haushaltsgröße, die Verwendungsintensität, das für den Transport zur Verfügung stehende Verkehrsmittel sowie die Dichte des Versorgungsnetzes.

Vorteile	Nachteile
• Wichtige Kennzahl des Käuferverhaltens • Basis für eine ABC-Analyse, um Ressourcen und Aktivitäten zukünftig stärker auf Intensivkäufer (A-Kunden) zu konzentrieren sowie das nicht genutzte Potenzial bei B- und C-Kunden zu identifizieren und auszuschöpfen	• Aufwendige Ermittlung • Gefahr der Zunahme der durchschnittlichen Einkaufsmenge bei gleichzeitiger Abnahme der durchschnittlichen Einkaufshäufigkeit (kostenintensiver Ausbau von Kapazitäten bei gleichzeitig höheren Kapazitätsschwankungen)

2.4 Durchschnittliche Kundenbeziehungsdauer

Formel

$$\frac{\text{Summe der Dauer (Jahre, Monate) aller Kundenbeziehungen}}{\text{Zahl der Kunden}}$$

Beispiel

$$\frac{\text{1.500 Jahre}}{\text{1.000 Kunden}} = \text{1,5 Jahre}$$

Ein Schraubenhersteller analysiert mithilfe seiner Kundenkartei das Einkaufsverhalten seiner Kunden. Insgesamt wurden im letzten Jahr 1.000 Kunden bedient. Das Unternehmen addiert die Zeiträume aller Kundenbeziehungen und erhält einen Wert von insgesamt 1.500 Jahren. Im Durchschnitt dauert die Kundenbeziehung eines Kunden damit 1,5 Jahre.

Erläuterung

Die Kennzahl zeigt an, wie lange die Kunden durchschnittlich bereits eine Kundenbeziehung unterhalten. Bei einer erfolgreichen Kundenbindung wird diese Kennzahl im Zeitablauf wachsen.
Um die Kennzahlenwerte nicht durch eine erfolgreiche Neukundenakquisition zu verzerren, können Kunden, deren Kundenbeziehung unter sechs Monaten beträgt, herausgerechnet werden.

Vorteile	**Nachteile**
• Zeitlicher Ausdruck der Kundenbindung • Besonders aussagekräftig im Längsschnitt- (über mehrere Perioden) und/oder im Querschnittvergleich (z. B. zwischen einzelnen Filialen)	• Grobe Zusammenfassung aller Kunden in der Durchschnittsbetrachtung • Kein Einblick in den Ertragswert der einzelnen Kunden (Ermittlung der Kundenbeziehungsdauer der Top-Kunden als Ergänzung sinnvoll)

2.5 Durchschnittliche Vertragsrestlaufzeit

Formel

$$\frac{\text{Summe aller Vertragsrestlaufzeiten}}{\text{Zahl der Verträge bzw. Vertragskunden}}$$

Beispiel

$$\frac{\text{17.500 Monate}}{\text{1.000 Kunden}} = \text{17,5 Monate}$$

Ein Mobilfunkbetreiber hat in einer Verkaufsregion 1.000 Vertragskunden. Die Restlaufzeit aller Verträge mit den Vertragskunden addiert sich auf 17.500 Monate. Die durchschnittliche Restlaufzeit der Verträge beträgt 17,5 Monate.

Erläuterung

Die Kennzahl ermittelt die durchschnittliche Restlaufzeit der Verträge, die ein Unternehmen mit seinen Kunden geschlossen hat. Sie teilt mit, wie lange die Kunden im Durchschnitt noch durch eine rechtliche Vereinbarung an das Unternehmen gebunden sind. Die Kennzahl ist insbesondere für solche Unternehmen aussagekräftig, die einen hohen Anteil an Vertragskunden haben.
Ein deutliches Absinken der Vertragsrestlaufzeit weist darauf hin, dass viele Verträge näher an das Ende ihrer Geltungsdauer gelangt sind oder ausgelaufen sind, ohne dass neue Verträge mit langen Laufzeiten abgeschlossen werden konnten. Auch bei häufiger Vereinbarung von nur noch kurzen Laufzeiten sinkt die durchschnittliche Vertragsrestlaufzeit.

Vorteile	**Nachteile**
• Wichtige Kennzahl der rechtlichen Kundenbindung	• Nur relevant bei Verträgen mit längeren Laufzeiten
• Besondere Aussagekraft im Längsschnitt- (über mehrere Perioden) und/oder im Querschnittvergleich (z. B. zwischen einzelnen Standorten)	• Kein Einblick in den Ertragswert der rechtlich gebundenen einzelnen Kunden (Ermittlung der durchschnittlichen Vertragsrestlaufzeit der Top-Kunden als Ergänzung sinnvoll)

2.6 Einheiten pro Einkauf

Formel

$$\frac{\text{Gekaufte Einheiten}}{\text{Anzahl der Einkäufe}}$$

Beispiel

$$\frac{\text{92 Artikel}}{\text{18 Einkäufe}} = \text{5,1 Einheiten pro Einkauf}$$

Ein Drogeriemarkt analysiert mithilfe seiner Kundenkarte das Einkaufsverhalten seiner Kunden. Kunde X hat im vergangenen Jahr 18 Einkäufe getätigt und insgesamt 92 Artikel erworben. Im Durchschnitt hat er demnach 5,1 Einheiten pro Einkauf erworben.

Erläuterung

Die Kennzahl gibt an, wie viele Einheiten (Produkte und Leistungen) durchschnittlich pro Einkauf erworben werden. Die Zuordnung zu einzelnen Kunden setzt im Regelfall voraus, dass der Kunde eine Kundenkarte besitzt und diese bei jedem Einkauf einsetzt.
Die Einheiten pro Einkauf können in Verbindung mit Clusteranalysen dazu genutzt werden, lukrative Kundensegmente herauszufiltern und diese gezielt zu bearbeiten. Außerdem liefert diese Kennzahl wichtige Hinweise auf die Qualität eines Unternehmens, seines Sortiments und Angebotsprogramms sowie seiner Mitarbeiter. Nicht zuletzt lässt sich damit der Erfolg von Cross-Selling-Maßnahmen sowie Aktivitäten zur Steigerung der Nutzungsintensität überprüfen.

Vorteile	Nachteile
• Wichtige Kennzahl des Käuferverhaltens • Interessant im Längsschnitt- (über mehrere Perioden) und/oder im Querschnittvergleich (z. B. zwischen einzelnen Filialen)	• Aufwendige Ermittlung • Kein Einblick in den Einkaufswert bzw. den Ertrag pro Einkauf

2.7 Einkaufszeit

Formel

Zeitpunkt, zu dem Kunden ihre Einkäufe durchführen

Beispiel

Ein Supermarkt ermittelt im Rahmen einer Kundenbefragung und der Auswertung von Kundenkartendaten, dass Spirituosen meistens am Samstagnachmittag eingekauft werden.

Erläuterung

Die Einkaufszeit definiert den Einkauf eines Kunden in zeitlicher Hinsicht. Als Zeitabschnitte können je nach erforderlicher Präzision Jahre, Monate, Wochen, Tage oder Stunden gewählt werden. Die getätigten Einkäufe können sich sowohl auf den Besuch einer bestimmten Abteilung eines Betriebes, den Betrieb insgesamt oder eine Ansammlung von Betrieben (z. B. Einkaufszentrum) beziehen als auch auf einzelne Artikel (wann kauft der Kunde ein Produkt?) oder Zusammenfassungen von Artikeln (z. B. Warengruppen, Sortimente eines Geschäfts.
Die Berechnung der Einkaufszeit dient in erster Linie der Planung von Kapazitäten. Bei Herstellern ist dies primär die Produktionskapazität, von der letztlich die Produktionsmenge abhängt. Im Handel dient die Einkaufszeit der Dimensionierung von Kassenplätzen, Personal (u. a. Personaleinsatz- und Urlaubsplanung), Lagermenge und Parkplätzen sowie der Gestaltung der Öffnungszeiten. Letzteres gewinnt infolge der Liberalisierung des Ladenschlussgesetzes zunehmend an Bedeutung.

Vorteile	Nachteile
• Wichtige Kennzahl des Käuferverhaltens • Hilfe bei der Einschätzung, ob es sinnvoll ist, Einkäufe durch zeitbezogene Preisnachlässe und zusätzliche Serviceleistungen von auslastungsstarken in auslastungsschwache Zeiten zu verschieben	• Differenz nach Produkten und Warengruppen mit hohem Erhebungsaufwand verbunden • Pauschale Betrachtung, die angesichts einer immer größeren Ausdifferenzierung von Lebensstilen und Konsummustern schwieriger und weniger aussagekräftig wird

2.8 Image

Formel

Bewertende Einschätzung eines Gegenstandes

Beispiel

Ein Lebensmittelhersteller genießt bei seinen Kunden wegen der Hochwertigkeit und Frische seiner Produkte ein sehr gutes Renommee. Als es nach dem Konsum eines Produktes zu einem unerklärlichen Todesfall kommt, versagt das Krisenmanagement des Unternehmens. Durch schlechte Informationspolitik und Öffentlichkeitsarbeit leidet das Image stark, auch wenn sich bald herausstellt, dass das Produkt nicht für den Tod verantwortlich war.

Erläuterung

Unter dem Begriff des Images (auch: Ansehen, Ruf, Reputation, Renommee, Wert- oder Geringschätzung) versteht man die Wahrnehmung einer Produktgruppe (z. B. der Fruchtsäfte allgemein), einer speziellen Marke (z. B. eines bestimmten naturtrüben Apfelsafts) oder eines Unternehmens (z. B. eines Saftherstellers) durch (potenzielle) Kunden und Öffentlichkeit. Viele Studien belegen übereinstimmend, dass das Image ein wichtiger Einflussfaktor bei Kaufentscheidungen ist und den Absatz- sowie Markterfolg eines Unternehmens wesentlich beeinflusst. Unternehmen mit einem guten Image werden häufig besonders gute Leistungen sowie positive immaterielle Werte wie Glaubwürdigkeit, Vertrauenswürdigkeit und Verlässlichkeit zugestanden, die in einer immer dynamischeren und komplexeren Welt als Entscheidungsargument dienen.

Vorteile	**Nachteile**
• Frühzeitiger Hinweis auf Imageverschlechterungen des Unternehmens, der Marken und einzelner Produkte durch regelmäßige Evaluation • Besondere Aussagekraft im Vergleich zu Konkurrenten und dem Branchendurchschnitt	• Kosten der Marktforschung • Keine Aussage über Wahrscheinlichkeit imagegefährdender Krisen bei Risikomerkmalen wie schutzbedürftige Kundengruppen, Möglichkeit der Gesundheitsgefährdung durch Produkte, umstrittene Akzeptanz der Produkte und den Einsatz von umstrittenen Technologien

2.9 Kaufintensität

Formel

$$\frac{\text{Durchschnittliche Kaufmenge einer bestimmten Marke pro Käufer und Zeiteinheit}}{\text{Durchschnittliche Kaufmenge eines Produkts pro Käufer und Zeiteinheit im Gesamtmarkt}} \times 100\,\%$$

Beispiel

$$\frac{9 \text{ Pakete}}{6 \text{ Pakete}} \times 100\,\% = 150\,\%$$

Der durchschnittliche Vier-Personen-Haushalt kauft pro Jahr sechs Pakete Waschmittel à 2,5 kg ein. Bei der Marke A beträgt die durchschnittliche Einkaufsmenge eines Vier-Personen-Haushalts im gleichen Zeitraum neun Pakete. Die betrachteten Käufer der Marke A erwerben die anderthalbfache Menge eines durchschnittlichen Waschmittelkäufers. Die Kaufintensität beträgt 150 %.

Erläuterung

Die Kaufintensität gibt an, ob ein durchschnittlicher Käufer einer bestimmten Marke weniger oder mehr als ein durchschnittlicher Käufer irgendeiner Marke des betreffenden Produktes erwirbt. Genauso kann die durchschnittliche Kaufintensität auch als relative Bedeutung der Intensiv-, Normal- und Extensivkäufer am Umsatz betrachtet werden.

Vorteile	Nachteile
• Wichtige Kennzahl der Kundenbindung • Steuerung von Maßnahmen zur Erhöhung der Verwendungsintensität und zur Stimulation von Ersatzbedarf, d. h. der Motivation des Kunden, ein Produkt zu erwerben, bevor es eigentlich notwendig wäre	• Keine Möglichkeit, die Daten des Gesamtmarktes selbst zu erheben • Nichtbetrachtung der Kundenakquisition, was in jungen bzw. wachsenden Märkten problematisch sein kann

2.10 Kundenbindungsgrad

Formel

Maßzahl für die Bindung der Kunden an das Unternehmen

Beispiel

Ein Hersteller von spezieller Babynahrung ermittelt in seinem Kundenkreis mithilfe der Marktforschung regelmäßig die Bindung seiner Kunden an das Unternehmen. Zu diesem Zweck werden die Kunden in einer Befragung um Auskunft darüber gebeten, wie oft sie bei dem Unternehmen einkaufen, ob und wie häufig sie auch bei Konkurrenten einkaufen, welche Wertschätzung und Eigenschaften sie mit dem Unternehmen verbinden und unter welchen Umständen sie die Produkte des Unternehmens nicht mehr einkaufen würden. Die Antworten der befragten Kunden werden skaliert und in einem Kennzahlenwert zusammengefasst, der z. B. von 0 für völlig ungebunden bis 10 für völlig gebunden reichen kann.

Erläuterung

Der Kundenbindungsgrad ist eine Kennzahl, die als Ergebnis einer umfassenden Marktforschungsuntersuchung die Bindung der Kunden an das Unternehmen in einer absoluten Zahl oder in einer Prozentzahl ausdrückt. Kundenbindung entsteht, wenn der Kunde sich wegen vertraglich-rechtlicher Verpflichtung (z. B. Abonnement), wegen technisch-funktionaler Abhängigkeit (z. B. Softwarekompatibilität), wegen ökonomischer Vorteile (z. B. günstige Preise, Treuerabatt) oder wegen großer Zufriedenheit mit den Produkten und Dienstleistungen des Unternehmens an das Unternehmen gebunden fühlt.

Vorteile	Nachteile
• Umfassendes und aktuelles Bild über den Status der Kundenbindung bei regelmäßiger Ermittlung • Zeitnahe Ursachensuche bei gravierenden Veränderungen	• Ermittlung mithilfe von aufwendigen Marktforschungsuntersuchungen • Aufwendige Differenzierung nach Kundengruppen oder Kunden

2.11 Kundenfluktuation

Formel

$$\frac{\text{Zahl der neu gewonnenen Kunden}}{\text{Zahl der verlorenen Kunden}} \times 100\,\%$$

Beispiel

$$\frac{\text{900.000 gewonnene Kunden}}{\text{600.000 abgewanderte Kunden}} \times 100\,\% = 150\,\%$$

Ein Mobilfunkanbieter hat im Betrachtungszeitraum 900.000 neue Kunden gewonnen. Im gleichen Zeitraum haben 600.000 Kunden ihre Verträge gekündigt. Damit betrug die Kundenfluktuation 150 %. Demnach konnten 50 % mehr Kunden gewonnen werden, als im gleichen Zeitraum abgewandert sind.

Erläuterung

Die Kundenfluktuation bringt das Verhältnis von neu gewonnenen zu verlorenen Kunden zum Ausdruck. Die Daten für die Berechnung der Kundenfluktuation sind der Kundenstatistik zu entnehmen. Eine Kundenfluktuation über 100 % bringt zum Ausdruck, dass mehr Kunden gewonnen als verloren werden. D. h. der Kundenstamm nimmt zu, was insbesondere in wachsenden Märkten von hoher Bedeutung ist. Eine Kundenfluktuation kleiner als 100 % bedeutet, dass mehr Kunden abwandern, als neue hinzugewonnen werden, d. h. der Kundenstamm schrumpft.

Vorteile	Nachteile
• Einfache Ermittlung • Unterstützung der Entscheidung, ob Neukundenakquisition betrieben werden und/oder der Abwanderungsbewegung entgegengewirkt werden soll (Steigerung der Kundenzufriedenheit, ökonomische, juristische, technologische und soziale Instrumente der Kundenbindung)	• Keine Betrachtung der Tatsache, dass es durchaus ökonomisch sinnvoll sein kann, wenn unrentable Kunden abwandern • Notwendigkeit einer großen Aktualität der Kundendatenbank

2.12 Kundenfrequenz

Formel

$$\frac{\text{Anzahl der Kunden gesamt}}{\text{Anzahl der Perioden}}$$

Beispiel

$$\frac{\text{4.455 Kunden}}{\text{6 Tage}} = \text{742,5 Kunden pro Tag}$$

Wochentag	Mo	Di	Mi	Do	Fr	Sa	Summe
Anzahl Kunden	958	732	1.017	510	324	914	4.445

Ein Unternehmen verzeichnet von Montag bis Samstag insgesamt 4.455 Kunden. Die Kundenfrequenz pro Tag beträgt 742,5 Kunden.

Erläuterung

Steigende Kundenfrequenz kann zum einen auf eine erhöhte Besuchsintensität der bisherigen Kunden und zum anderen auf erfolgreiche Neukundenakquisition zurückgeführt werden. Letzteres geschieht, wenn Nichtkäufer zu Käufern werden, weil sie von den Vorteilen des jeweiligen Produkts bzw. Unternehmens überzeugt werden, und wenn Käufer von Konkurrenten abgeworben werden konnten.

Vorteile	Nachteile
• Einblick in den Erfolg der Neukundenakquisition und/oder der Kundenbindung • Starke Abhängigkeit des Umsatzes von der Kundenfrequenz	• Unterschied von Umsatz- und Ertragsveränderungen • Verdeckung von Schwankungen in der Kundenzahl zwischen den Perioden durch die Durchschnittsbetrachtung

2.13 Kundenzufriedenheit

Formel

$$GZ = \sum_{i}^{n} EZ_i \times W_i$$

GZ = Gesamte Kundenzufriedenheit
EZ_i = Zufriedenheit mit einer Leistungskomponente (Einzelzufriedenheit)
W_i = Wichtigkeit der Leistungskomponente i
$_i$ = Art der Leistungskomponente (z. B. Beratungsqualität, Öffnungszeiten)

Rechenbeispiel

Leistungskomponente i	Qualität	Preis	Beratung
Einzelzufriedenheit EZ_i	1,5	3,0	2,5
Wichtigkeit W_i	60 %	30 %	10 %
$EZ_i \times W_i$	0,9	0,9	0,25
Kundenzufriedenheit	Summe = 0,9 + 0,9 + 0,25 = **2,05**		

Die Kunden geben mithilfe der Schulnotenskala an, wie zufrieden sie mit einzelnen Leistungskomponenten des Unternehmens sind (1 = sehr zufrieden bis 6 = völlig unzufrieden). Weil manche Leistungskomponenten wichtiger als andere sind, werden die Notendurchschnitte (EZ_i) vor ihrer Addition noch gewichtet.

Erläuterung

Kundenzufriedenheit entsteht, indem der Kunde zwischen seinen Erwartungen (= Soll-Leistung) und den wahrgenommenen Leistungen eines Unternehmens (= Ist-Leistung) vergleicht. Unzufriedenheit wird durch zu hohe Erwartungen des Kunden und/oder eine zu geringe Leistung des Unternehmens hervorgerufen. Zufriedenheit stellt sich ein, wenn die Erwartungen des Kunden an das Unternehmen erfüllt wurden.

Vorteile	Nachteile
• Kundenzufriedenheit häufig Ursache von Kundenbindung • Wachstumspotenziale durch Kundenzufriedenheit	• Kundenzufriedenheit nicht alleiniges Kriterium für Kundenbindung • Kundenabwanderung trotz hoher Kundenzufriedenheit, weil Kunden Abwechslung suchen (sog. Variety Seeking)

2.14 Marktsättigungsgrad

Formel

$$\frac{\text{Marktvolumen}}{\text{Marktpotenzial}} \times 100\,\%$$

Beispiel

$$\frac{\text{2,8 Mio. Fahrzeuge}}{\text{3,5 Mio. Fahrzeuge}} \times 100\,\% = 80\,\%$$

Im Betrachtungszeitraum werden in Deutschland 2,8 Mio. Personenwagen abgesetzt. Experten gehen davon aus, dass sich das Marktpotenzial in Deutschland auf 3,5 Mio. Neuzulassungen pro Jahr beläuft. Damit beträgt der Marktsättigungsgrad 80 %.

Erläuterung

Diese Kennzahl bestimmt das Verhältnis von Marktvolumen zu Marktpotenzial. Der Marktausschöpfungsgrad bringt das noch unausgeschöpfte Potenzial eines Unternehmens zum Ausdruck und kann zwischen 0 und 100 % liegen. Der Marktsättigungsgrad ist damit nichts anderes als der Marktausschöpfungsgrad sämtlicher Unternehmen einer Branche. Je stärker die Marktsättigung gegen 100 % strebt, desto schlechter stehen die Wachstumsaussichten für ein Unternehmen. Demnach muss das Augenmerk auf der Kundenbindung liegen. Hierfür bieten sich neben einer Steigerung der Kundenzufriedenheit durch Produktqualität und Kundendienst die ökonomischen, juristischen, technologischen und sozialen Instrumente der Kundenbindung an.

Vorteile	Nachteile
• Wichtige Marktkennzahl	• Hohe Aggregationsebene
• Veröffentlichung in Branchenzeitschriften, Verbandsstatistiken, Veröffentlichungen der statistischen Behörden oder Marktforschungsuntersuchungen	• Gefahr der Ausschöpfung unausgenutzten Marktpotenzials ohne Beachtung der Kosten der Neukundenakquisition sowie des Wertes der noch auszuschöpfenden Kunden

2.15 Marktvolumen

Formel

Realisierter Absatz bzw. Umsatz aller Anbieter auf einem Markt

Beispiel

Der zuständige Branchenverband ermittelt für ein Kalenderjahr alle Umsätze der Hersteller von Katzennahrung und gibt in seiner Branchenzeitschrift bekannt, dass das Marktvolumen im Vergleich zum Vorjahr um 3,1 Mio. € auf insgesamt 683 Mio. € gewachsen ist.

Erläuterung

Das Marktvolumen ist jene Größe, die durch den Umsatz bzw. Absatz aller relevanten Anbieter (d. h. des eigenes Unternehmen und aller Mitbewerber) erreicht wird. Es kann wertmäßig, d. h. als Summe aller Umsätze, oder mengenabhängig, d. h. als Summe aller Absätze in Stück-, Volumen- oder Gewichtseinheiten, dargestellt werden. Während das Marktvolumen den Ist-Zustand beschreibt, bezieht sich das Marktpotenzial auf die Zukunft. Demnach handelt es sich beim Marktvolumen um den Teil des Marktpotenzials, den die gesamte Branche realisiert hat. Setzt man beide Größen zueinander in Beziehung, ergibt sich daraus der Marktsättigungsgrad.
Wichtigste Quelle für das Marktvolumen sind die Geschäftsberichte der Konkurrenten, Marktstatistiken und Informationen der Industrie- und Handelskammern. Auch Fach- und Branchenverbände sowie Kreditinstitute, die Branchenanalysen veröffentlichen, informieren regelmäßig über Marktvolumina.

Vorteile	Nachteile
• Wichtige Kennzahl, um die Größe und Relevanz eines Marktes abzuschätzen • Auskunft über die damit verbundenen Chancen im Vorfeld von Markteintrittsentscheidungen oder bei internationaler Expansion	• Eingeschränkte Vergleichbarkeit durch räumlich oder zeitlich unterschiedliche Abgrenzung des Marktvolumens bei statistischen Erhebungen des Marktvolumens • Schwierige Ermittlung verlässlicher Daten, je enger der betrachtete Markt räumlich und sachlich abgegrenzt ist (z. B. bei einem Nischenmarkt)

2.16 Marktwachstum

Formel

$$\frac{\text{Änderung des Marktvolumens im Betrachtungszeitraum}}{\text{Marktvolumen im vergangenen Zeitraum}} \times 100\,\%$$

Beispiel

$$\frac{16{,}1 \text{ Mio. €} - 14{,}0 \text{ Mio. €}}{14{,}0 \text{ Mio. €}} \times 100\,\% = 15\,\%$$

Ein Hersteller von MP3-Playern ermittelt für das aktuelle Kalenderjahr in einem osteuropäischen Land ein Markvolumen von 16,1 Mio. €. Im Vorjahr hatte das Marktvolumen noch 14,0 Mio. € betragen. Das Marktwachstum beträgt 15 %.

Erläuterung

Das Marktwachstum informiert über die Entwicklung des Gesamtmarkts, aus der das einzelne Unternehmen Chancen und Risiken auf dem Markt ableiten kann. Wächst ein Markt, ist das Marktwachstum größer als 0. Insbesondere neue, junge Märkte, die eine große Nachfrage verzeichnen, wachsen. Stagniert bzw. schrumpft ein Markt, beträgt das Maktwachstum gleich null bzw. ist kleiner als null. Ein Markt ist umso attraktiver, je stärker er wächst. Dementsprechend gilt das Marktwachstum als eine der Haupteinflussgrößen des Unternehmenserfolges. Studien belegen, dass sich das Marktwachstum meist positiv auf den Gewinn auswirkt.

Vorteile	**Nachteile**
• Wichtige Marktkennzahl • Hinweis auf Konzentration der Marketingmaßnahmen auf die besonders attraktiven Märkte, um Streuungsverluste zu vermeiden	• Keine Aussage über die Ursachen des Marktwachstums • Gefahr eines hohen Marktwachstums ist, dass der Blick auf ein unterproportionales Wachstum des eigenen Unternehmens verstellt wird (Verlust absoluter Marktanteile)

2.17 Preisnachlasskundenquote

Formel

$$\frac{\text{Anzahl der Kunden, denen ein Preisnachlass gewährt wurde}}{\text{Gesamtzahl der Kunden}} \times 100\,\%$$

Beispiel

$$\frac{1.200 \text{ Kunden}}{2.000 \text{ Kunden}} \times 100\,\% = 60\,\%$$

Ein Unternehmen verkauft seine Produkte in einem Monat an 2.000 Kunden. Dabei wird 1.200 Kunden ein Preisnachlass in Form eines Bonus, eines Rabatts oder eines Skontos gewährt. Die Preisnachlasskundenquote beträgt demnach 60 %.

Erläuterung

Die Preisnachlasskundenquote gibt zu erkennen, wie häufig Preisnachlässe als Mittel zur Preisdifferenzierung eingesetzt werden. Die üblichen Preisnachlässe sind Boni, Skonti und Rabatte. Ein hoher Kennzahlenwert weist darauf hin, dass die Verkaufsmitarbeiter bei einem erheblichen Teil der Kunden Preisnachlässe einsetzen (müssen). Dieses Verkaufsverhalten kann auf unrealistisch hohe Listenpreise mit entsprechend negativer Außenwirkung, auf mangelnde Konkurrenzfähigkeit der Produkte infolge eines veralteten technischen Standards oder eines Imageproblems, auf einen Gewöhnungseffekt bei den Kunden bezüglich der Preisnachlässe und/oder auf Bequemlichkeit bzw. unzureichende Schulung der Verkaufsmitarbeiter hinweisen.

Vorteile	Nachteile
• Schnelle Einschätzung der Preisnachlässe • Besonders aussagekräftig bei Differenzierung nach Kundengruppen, Produkten, Vertriebsregionen, Standorten, Mitarbeitern oder Preisnachlassarten	• Keine Aussage über Häufigkeit und Höhe der gewährten Preisnachlässe und damit über die Konsequenzen für die Entwicklung des Gewinns • Keine Unterscheidung der verschiedenen Arten von Preisnachlässen

2.18 Rabattkundenquote

Formel

$$\frac{\text{Anzahl der Kunden, denen ein Rabatt gewährt wurde}}{\text{Gesamtzahl der Kunden}} \times 100\,\%$$

Beispiel

$$\frac{800 \text{ Kunden}}{2.000 \text{ Kunden}} \times 100\,\% = 40\,\%$$

Ein Unternehmen verkauft seine Produkte in einem Monat an 2.000 Kunden. Dabei wird 800 Kunden ein Rabatt gewährt. Die Rabattkundenquote beträgt demnach 40 %.

Erläuterung

Die Rabattkundenquote sagt aus, wie häufig der Rabatt als Mittel zur Preisdifferenzierung eingesetzt wird. Ein hoher Kennzahlenwert weist darauf hin, dass die Verkaufsmitarbeiter bei einem erheblichen Teil der Kunden Rabatte einsetzen (müssen). Dieses Verkaufsverhalten kann auf unrealistisch hohe Listenpreise mit entsprechend negativer Außenwirkung, auf mangelnde Konkurrenzfähigkeit der Produkte infolge eines veralteten technischen Standards oder eines Imageproblems, auf einen Gewöhnungseffekt bei den Kunden bezüglich der Preisnachlässe und/oder auf Bequemlichkeit bzw. unzureichende Schulung der Verkaufsmitarbeiter hinweisen.

Vorteile	Nachteile
• Hinweis darauf, die Ursachen der Rabattausweitung und die Auswirkungen auf die Rentabilität des Unternehmens zu analysieren • Besonders aussagekräftig bei weiterer Differenzierung	• Keine Aussage über Häufigkeit und Höhe der gewährten Rabatte und damit über die Konsequenzen für die Entwicklung des Gewinns • Erhöhte Anforderungen an die Konzeption und Führung der Kundendatenbank

2.19 Rabattquote

Formel

$$\frac{\text{Summe der gewährten Rabatte}}{\text{Bruttoumsatzerlöse}} \times 100\,\%$$

Beispiel

$$\frac{4.000\text{ € Rabattwert}}{80.000\text{ € Umsatz}} \times 100\,\% = 5\,\%$$

Ein Unternehmen erzielt in einem Monat Umsatzerlöse von 80.000 €. Dabei wurden insgesamt Rabatte von 4.000 € gewährt. Die Rabattquote beträgt demnach 5%.

Erläuterung

Die Kennzahl stellt dar, wie hoch der Anteil des Gesamtrabattwerts am Bruttoumsatz ist. Damit gibt die Rabattquote den Durchschnittsrabatt an, der den Kunden gewährt wurde. Eine hohe Rabattquote kann aus mehreren Gründen problematisch sein: Das Unternehmen schafft es offensichtlich nur durch die Gewährung von hohen Rabatten, seine Produkte am Markt zu verkaufen. Dies kann seinen Grund in unrealistisch hohen Listenpreisen oder der Rabattgewöhnung der Kunden haben. Eine steigende Rabattquote sollte daher Anlass sein, die Ursachen der Rabattausweitung und die Auswirkungen der hohen Rabattquote auf die Rentabilität des Unternehmens zu analysieren.

Vorteile	**Nachteile**
• Besonders aussagekräftig im Vergleich zwischen verschiedenen Zeitperioden, Produkten, Verkaufsmitarbeitern, Kunden und Rabattarten • Zeitnahe Ermittlung von Abweichungen der spezifischen Rabattquote vom durchschnittlichen Rabatt bei Verkaufsmitarbeitern, Produkten oder Kunden	• Kein endgültiger Rückschluss auf Veränderungen des Erfolgs eines Unternehmens • Erhöhte Anforderungen an die Konzeption und Führung der Kundendatenbank

2.20 Rücklastschriftquote

Formel

$$\frac{\text{Anzahl bzw. Wert der Rücklastschriften}}{\text{Anzahl bzw. Wert sämtlicher Lastschriften}} \times 100\,\%$$

Beispiel

$$\frac{75.000\text{ € Wert der Rücklastschriften}}{2.500.000\text{ € Wert der Lastschriften}} \times 100\,\% = 3\,\%$$

Ein Versender von Freizeitkleidung verzeichnet in der vergangenen Periode bei insgesamt 50.000 Lastschriften, die sich auf insgesamt 2,5 Mio. € belaufen, 1.000 Rücklastschriften im Wert von 75.000 €. Die mengenmäßige Rücklastschriftquote beläuft sich demnach auf 2%. Mit 3% fällt die monetäre Rücklastschriftquote deutlich höher aus. Das bedeutet, dass die Zahlungsausfälle insbesondere bei höheren Rechnungsbeträgen zu verzeichnen sind.

Erläuterung

Die Rücklastschriftquote gibt den Anteil der Rücklastschriften an sämtlichen Lastschriften an. Die Kennzahl lässt sich sowohl mengenmäßig nach der Anzahl der Rücklastschriften als auch wertmäßig nach deren Wert berechnen. Die Rücklastschriftquote ist von erheblichem Stellenwert bei Betriebstypen, bei denen nicht bar bezahlt wird.
Die Rücklastschriftquote lässt sich durch eine Auswertung des bisherigen Zahlungsverhaltens sowie eine Qualifizierung der Kundenadressen und der Zahlungsarten reduzieren.

Vorteile	Nachteile
• Dokumentation des steuerlichen Effekts der Rücklastschriften durch wertmäßige Rücklastschriftquote • Hinweis auf die mit Rücklastschriften verbundenen Prozesskosten	• Keine Differenzierung nach Kunden • Gefahr zu hoher Bonitätsanforderungen an Neukunden, so dass zahlreiche Geschäftsabschlüsse mit Neukunden nicht zustande kommen

2.21 Skontoquote

Formel

$$\frac{\text{Summe der gewährten Skonti}}{\text{Bruttoumsatzerlöse}} \times 100\,\%$$

Beispiel

$$\frac{2.000\text{ € Skontowert}}{80.000\text{ € Umsatz}} \times 100\,\% = 2{,}5\,\%$$

Ein Unternehmen erzielt in einem Monat Umsatzerlöse von 80.000 €. Dabei wurden insgesamt Skonti von 2.000 € gewährt. Die Skontoquote beträgt demnach 2,5 %.

Erläuterung

Die Kennzahl bestimmt den Anteil des Gesamtskontowerts am Bruttoumsatz. Damit gibt die Skontoquote den durchschnittlichen Skontosatz an, der den Kunden gewährt wurde, weil sie ihre Rechnungen innerhalb der Skontofrist beglichen haben.
Eine hohe Skontoquote sollte zum Anlass genommen werden zu überprüfen, ob die Skontofristen, innerhalb derer Skonto gewährt wird, zu lang bemessen sind und ob die Zahlungsbereitschaft sowie -fähigkeit der Kunden unterschätzt und daher unnötigerweise ein zu hohes Skonto angeboten wird. Umgekehrt kann eine sinkende Skontoquote darauf hinweisen, dass sich wichtige Kunden in Zahlungsschwierigkeiten befinden.

Vorteile	Nachteile
• Wichtige Kennzahl zur Einschätzung der Skontohäufigkeit • Höhere Aussagekraft durch Differenzierung nach Produkten, Vertriebssparten und Kundengruppen	• Keine Aussage über die Zahl der Kunden, die Skonto in Anspruch nehmen • Verfälschung der Kennzahl, wenn nur wenige umsatzstarke Kunden das Skonto in Anspruch nehmen, viele umsatzschwache Kunden aber nicht

2.22 Stammkundenquote

Formel

$$\frac{\text{Zahl der Stammkunden}}{\text{Gesamtzahl der Kunden}} \times 100\,\%$$

Beispiel

$$\frac{\text{900 Stammkunden}}{\text{2.000 Kunden}} \times 100\,\% = 45\,\%$$

Ein Unternehmen bedient in einem Jahr 2.000 Kunden. Davon gelten 900 Kunden nach den Kriterien des Unternehmens als Stammkunden. Die Stammkundenquote beträgt 45 %.

Erläuterung

Die Kennzahl setzt die Zahl der Stammkunden ins Verhältnis zur Gesamtzahl der Kunden. Wann ein Kunde als Stammkunde gilt, legt das Unternehmen in eigener Verantwortung und in Abhängigkeit von branchentypischen Vergleichswerten fest. So können die Kriterien für die Bewertung eines Kunden als Stammkunden z. B. die Einkaufshäufigkeit, die Dauer der Geschäftsbeziehung und ein Mindestumsatz in einem bestimmten Zeitraum sein.

Eine hohe Stammkundenquote deutet darauf hin, dass viele der Kunden regelmäßig und in relevantem Maße Umsätze mit dem Unternehmen tätigen. Sie ist daher Ausweis einer guten Kundenbindung.

Vorteile	**Nachteile**
• Höhere Aussagekraft durch Differenzierung nach Produkten, Vertriebssparten und Kundengruppen (z. B. nach Altersklassen der Kunden)	• Keine Aussage über den Kundenwert der Stammkunden • Ergänzend sollte daher untersucht werden, wie groß der Anteil der Stammkunden an den umsatzstärksten Kunden ist

2.23 Umsatzanteil der Top-Kunden

Formel

$$\frac{\text{Anzahl der umsatzstärksten Kunden, die ein Drittel des Umsatzes auf sich vereinen}}{\text{Gesamtzahl der Kunden}} \times 100\,\%$$

Beispiel

$$\frac{400 \text{ Kunden}}{5.000 \text{ Kunden}} \times 100\,\% = 8\,\%$$

Ein Unternehmen hat in einem Jahr insgesamt 5.000 Kunden. Die 400 umsatzstärksten Kunden vereinen ein Drittel des Umsatzes auf sich. Der Umsatzanteil der Top-Kunden beläuft sich auf 8 %.

Erläuterung

Ein Unternehmen will mithilfe der ABC-Analyse die Umsatzbedeutung der einzelnen Kunden untersuchen. Zu diesem Zweck werden sämtliche Kunden zunächst nach ihrer Umsatzhöhe angeordnet, d. h. auf Rang 1 steht der umsatzstärkste Kunde, den letzten Platz nimmt der umsatzschwächste Kunde ein. In einem nächsten Schritt werden drei Kundenklassen gebildet: In Klasse A befinden sich diejenigen umsatzstärksten Kunden, die ein Drittel des Umsatzes auf sich vereinen. Der Klasse B gehören die Kunden an, die ein weiteres Drittel des Umsatzes auf sich vereinen. Die restlichen und damit umsatzschwächsten Kunden bilden Gruppe C.

Vorteile	Nachteile
• Übersicht über die wichtigen Kundengruppen • Hinweis darauf, dass die Ressourcen und Aktivitäten zukünftig noch stärker auf die Top-Kunden konzentriert werden sollten	• Unterschied von umsatz- und ertragsstarken Kunden ist zu berücksichtigen • Gefahr bei ausschließlicher Konzentration auf Top-Kunden, falls diese ausfallen • Keine Berücksichtigung von Wachstumspotenzialen aufgrund der Vergangenheitsbetrachtung

2.24 Wiederkaufrate

Formel

$$\frac{\text{Die von den Erstkäufern bei Wiederholungskäufen gekaufte Menge, die auf Marke A entfällt}}{\text{Gekaufte Menge in der Produktklasse, die von A-Käufern nach Erstkauf getätigt wird}} \times 100\,\%$$

Beispiel

$$\frac{\text{1,2 kg gekaufte Hautpflegecreme A}}{\text{2,0 kg insgesamt eingekaufte Hautpflegecreme}} \times 100\,\%$$

Die Erstkäufer der Hautpflegecreme A kaufen im folgenden Jahr insgesamt 10 Dosen à 200 g Hautpflegecreme ein, davon erneut 6 Dosen der Hautpflegecreme A. Die Wiederkaufrate beträgt 60 %.

Erläuterung

Die Wiederkaufrate misst das mengenabhängige Ausmaß, mit dem Käufer einer Marke (sog. Erstkäufer) diese auch wiederkaufen. Demnach lässt sich diese Kennzahl interpretieren als Marktanteil der Marke A im Segment der Erstkäufer von Marke A. Damit dient die Wiederkaufrate der Erfassung der Markentreue und der Prognose des langfristigen Marktanteils.
Bei der Berechnung der Wiederkaufrate wird allgemein davon ausgegangen, dass zufriedene Kunden das Produkt bei Bedarf erneut kaufen, wohingegen unzufriedene Kunden abwandern. Dieser Zusammenhang gilt jedoch nur in den Fällen, in denen die Kunden nicht durch andere (ökonomische, juristische, technologische oder soziale) Instrumente gebunden sind.

Vorteile	Nachteile
• Dokumentation des Erfolgs der Kundenbindung • Einblick in die Kaufintensität im Vergleich zur Wiederkäuferrate (vgl. S. 67)	• Komplexe Ermittlung • Notwendigkeit, dass die Erst- und Wiederholungskäufer und deren Kaufmengen in der betrieblichen Praxis identifiziert werden können

2.25 Wiederkäuferrate

Formel

$$\frac{\text{Zahl der Wiederholungskäufer der Marke A in Periode 2}}{\text{Zahl der Erstkäufer der Marke A in Periode 1}} \times 100\,\%$$

Beispiel

$$\frac{125.000 \text{ Wiederholungskäufer}}{500.000 \text{ Erstkäufer}} \times 100\,\% = 25\,\%$$

Eine neue Marke für Kartoffelchips wird auf dem deutschen Markt eingeführt. Im ersten Jahr kaufen 500.000 Personen dieses Produkt. Von diesen Erstkäufern bleiben im zweiten Jahr 125.000 Kunden der Marke treu, der Rest wendet sich anderen Produkten zu. Demnach beträgt die Wiederkäuferrate 25 %.

Erläuterung

Die Wiederkäuferrate bringt zum Ausdruck, wie hoch der Anteil der Erstkäufer der Marke A ist, die in der nächsten Periode wieder die Marke A kaufen. Damit dient die Wiederkäuferrate neben der Wiederkaufrate der Ermittlung der Markentreue von Kunden und ist letztlich eine Kennzahl für das Ausmaß der Kundenbindung und Kundenzufriedenheit.
Die Ermittlung der Kennzahl ist nicht einfach und kann mittels Daten geschehen, die in Haushaltspanels erhoben werden. Als Panel bezeichnet man einen bestimmten, gleich bleibenden Kreis von Adressaten (im vorliegenden Fall Haushalte), bei dem wiederholt (in regelmäßig zeitlichen Abständen) Erhebungen zum (im Prinzip) gleichen Untersuchungsgegenstand durchgeführt werden. Entsprechende Daten können bei Vorhandensein auch einer Kundendatenbank entnommen werden, die eventuell vom Einsatz einer Kundenkarte flankiert wird.

Vorteile	**Nachteile**
• Dokumentation des personellen Erfolgs der Kundenbindung • Ergänzung zur Wiederkaufrate (vgl. S. 66)	• Komplexe Berechnung • Notwendigkeit, dass die Erst- und Wiederholungskäufer in der betrieblichen Praxis identifiziert werden können

Kapitel 3

Beschwerdemanagement und Kundenrückgewinnung

3.1 Beschwerdequote

Formel

$$\frac{\text{Anzahl der sich beschwerenden Kunden}}{\text{Gesamtzahl der Kunden}} \times 100\,\%$$

Beispiel

$$\frac{125 \text{ Kunden}}{5.000 \text{ Kunden}} \times 100\,\% = 2{,}5\,\%$$

Ein Unternehmen weist einen durchschnittlichen Bestand von 5.000 Kunden auf. Die Beschwerdestatistik zeigt, dass sich im vergangenen Jahr 30 Kunden auf schriftlichem und 95 Kunden auf mündlichem Wege beschwert haben. Dies entspricht einer Beschwerdequote von 2,5 %.

Erläuterung

Die Berechnung der Beschwerdequote setzt voraus, dass die anfallenden Beanstandungen systematisch dokumentiert und ausgewertet werden. Die Vergleichbarkeit der in diesem Zuge anfallenden Daten kann sichergestellt werden, indem eine entsprechende Prüfliste mit Antwortkategorien zum Ankreuzen (Erleichterung der späteren Auswertung und Vergleichbarkeit der Angaben) angefertigt wird. Da es bereits vor einem Kaufabschluss Grund zur Klage geben kann (z. B. unfreundliche Bedienung, unzulängliche Beratung, ungünstige Öffnungszeit), überschreiten Beschwerden den Rahmen rechtlich begründeter Reklamationen.

Vorteile	Nachteile
• Einfache Ermittlung • Schaffung der Möglichkeit, frühzeitig Unzufriedenheit aufzuspüren (sog. Frühwarnsignal) und durch Schaffung von Beschwerdezufriedenheit die Loyalität sowie die positive Mundpropaganda der Kunden zu erhöhen	• Beschwerden führen bei entsprechender Reaktion des Unternehmens nicht unbedingt zur Unzufriedenheit der Kunden • Nicht jede Beschwerde ist auf eine unbefriedigende Leistung des Unternehmens zurückzuführen (z. B. bei Nörglern, Querulanten, Fehlverhalten des Kunden)

3.2 Beschwerdezufriedenheit

Formel

$$GZ = \sum_{i}^{n} EZ_i \times W_i$$

GZ = Gesamte Beschwerdezufriedenheit
EZ_i = Zufriedenheit mit einer Beschwerdekomponente (Einzelzufriedenheit)
W_i = Wichtigkeit der Beschwerdekomponente i
$_i$ = Art der Beschwerdekomponente (z. B. Bearbeitungszeit, Ergebnis)

Rechenbeispiel

Leistungskomponente i	Ergebnis	Reakt.zeit	Freundlichkeit
Einzelzufriedenheit EZ_i	1,5	3,0	2,5
Wichtigkeit W_i	60 %	30 %	10 %
$EZ_i \times W_i$	0,9	0,9	0,25
Beschwerdezufriedenheit	Summe = 0,9 + 0,9 + 0,25 = **2,05**		

Die Kunden geben mithilfe der Schulnotenskala an, wie zufrieden sie mit einzelnen Beschwerdekomponenten des Unternehmens sind (1 = sehr zufrieden bis 6 = völlig unzufrieden). Weil manche Beschwerdekomponenten wichtiger als andere sind, werden die Notendurchschnitte (EZ_i) vor ihrer Addition noch gewichtet.

Erläuterung

Beschwerdezufriedenheit entsteht, indem der Kunde zwischen seinen mit der Beschwerde verbundenen Erwartungen und den wahrgenommenen Beschwerdeleistungen eines Unternehmens vergleicht. Beschwerdeunzufriedenheit wird durch zu hohe Erwartungen des Kunden und/oder eine zu geringe Leistung des Unternehmens hervorgerufen.

Vorteile	Nachteile
• Wichtige Kennzahl des Beschwerdemanagements	• Kein alleiniges Kriterium für Kundenbindung
• Bedeutung der hohen Beschwerdezufriedenheit für die Kundenbindung (bei Kunden, die nach einer berechtigten Beschwerde zufriedengestellt wurden)	• Niedrige Beschwerdezufriedenheit bei allzu hohen Beschwerdeerwartungen des Kunden, weil unberechtigte Erwartungen des Kunden vom Unternehmen nicht erfüllt werden

3.3 Durchschnittliche Beschwerdereaktionszeit

Formel

$$\frac{\text{Summe der Zeiträume zwischen Beschwerde und der Beschwerdebearbeitung}}{\text{Zahl der Beschwerden}}$$

Beispiel

$$\frac{180 \text{ Tage}}{20 \text{ Beschwerden}} \times 100\,\% = 9 \text{ Tage je Beschwerde}$$

Im letzten Monat wurden von einem Unternehmen insgesamt 20 Beschwerden bearbeitet. Ein Unternehmen ermittelt im Rahmen seines Beschwerdemanagements, dass insgesamt 180 Tage zwischen den Beschwerdezeitpunkten und den endgültigen Bearbeitungen lagen. Der Kunde musste mithin nach einer Beschwerde im Durchschnitt neun Tage auf seine Antwort warten.

Erläuterung

Die Kennzahl bringt zum Ausdruck, welchen Stellenwert die Kundenzufriedenheit in einem Unternehmen einnimmt. Dabei versteht man unter Beschwerdebearbeitung nicht die endgültige Lösung des Kundenproblems. Vielmehr geht es darum, dem Kunden zu signalisieren, dass seine Beschwerde beim Unternehmen angekommen ist und man sich um eine schnellstmögliche Lösung des Problems bemüht.

Vorteile	Nachteile
• Wichtige Kennzahl für Kundenzufriedenheit • Reduzierung der schädlichen Effekte durch negative Mundpropaganda bei einer Verkürzung der durchschnittlichen Beschwerdereaktionszeit	• Keine Aussage über die Qualität der Beschwerdebearbeitung • Verzerrung der Kennzahl in der Durchschnittsbetrachtung durch »Ausreißer«

3.4 Durchschnittliche Kundenbeziehungsdauer bei verlorenen Kunden

Formel

$$\frac{\text{Summe der Dauer (Jahre, Monate) aller Geschäftsbeziehungen zu mittlerweile verlorenen Kunden}}{\text{Gesamtzahl der verlorenen Kunden}}$$

Beispiel

$$\frac{\text{1.500 Jahre}}{\text{1.000 Kunden}} = \text{1,5 Jahre}$$

Ein Schraubenhersteller analysiert mithilfe seiner Kundenkartei das Einkaufsverhalten seiner Kunden. Insgesamt wurden im letzten Jahr 1.000 Kunden verloren. Das Unternehmen addiert die Zeiträume all dieser Kundenbeziehungen und erhält einen Wert von insgesamt 1.500 Jahren. Im Durchschnitt dauert die Beziehung zu einem verlorenen Kunden damit 1,5 Jahre.

Erläuterung

Die Kennzahl zeigt an, wie lange Kunden, die das Unternehmen zwischenzeitlich verloren hat, durchschnittlich eine Kundenbeziehung unterhalten haben. Ist die Streuung zwischen den einzelnen Werten nicht groß, liefert die Kennzahl dem Unternehmen wichtige Anhaltspunkte, zu welcher Zeit der Kundenbeziehung verstärkt Kundenbindungsmaßnahmen ergriffen werden sollten, um die Abwanderung der Kunden zu verhindern.

Vorteile	Nachteile
• Orientierung darüber, zu welcher Zeit Kundenbindungsmaßnahmen greifen müssen • Besonders interessant im Längsschnitt- (über mehrere Perioden) und/oder im Querschnittvergleich (z. B. zwischen einzelnen Filialen)	• Verfälschung der Kennzahl als Durchschnittsbetrachtung bei »Ausreißern« • Kein Einblick in den Ertragswert der einzelnen Kunden (Ermittlung der durchschnittlichen Kundenbeziehungsdauer der verlorenen Top-Kunden als Ergänzung)

3.5 Durchschnittliche Lieferzeit

Formel

$$\frac{\text{Summe der Lieferzeiten aller Lieferungen}}{\text{Gesamtzahl der Lieferungen}}$$

Beispiel

$$\frac{\text{1.600 Tage gesamte Lieferzeit}}{\text{400 Lieferungen}} = \text{4 Tage pro Lieferung}$$

In einem Monat werden vom Lieferservice eines Unternehmens insgesamt 400 Lieferungen abgewickelt. Rechnet man die Lieferzeiten der einzelnen Lieferungen zusammen, ergeben sich 1.600 Tage. Die durchschnittliche Lieferzeit beträgt demnach 4 Tage.

Erläuterung

Die durchschnittliche Lieferzeit sagt aus, wie lange die Kunden im Durchschnitt auf die Lieferung der bestellten Waren warten müssen. Grundsätzlich sollten Unternehmen anstreben, möglichst geringe Lieferzeiten zu erreichen. Geringe Lieferzeiten haben positive Effekte auf Kundenzufriedenheit, weil sie bedeuten, dass die Kunden nicht lange auf ihre bestellten Produkte, Waren oder Stoffe warten müssen. Gleichzeitig sind sie aber auch mit entsprechend hohen Kosten verbunden.

Vorteile	**Nachteile**
• Große Bedeutung für den Lieferservice (vgl. S. 83) • Besondere Aussagekraft im Vergleich von Perioden und (wenn möglich) zu Wettbewerbern • Zielvorgabe, anhand derer sich die Leistungsfähigkeit der Lieferabteilung überprüfen lässt	• Verdeckung von »Ausreißern« durch die Durchschnittbetrachtung • Keine Aussage über die Kosten, die dem Unternehmen im Zuge der Auslieferung entstehen • Keine Aussage darüber, welche Lieferzeit die Kunden als angemessen betrachten

3.6 Garantiequote (Gewährleistungsquote)

Formel

$$\frac{\text{Wert der Garantieleistungen}}{\text{Gesamtumsatz}} \times 100\,\%$$

Beispiel

$$\frac{51.000\ \text{€ Garantieleistungen}}{3{,}4\ \text{Mio. € Umsatz}} \times 100\,\% = 1{,}5\,\%$$

Ein Unternehmen verbucht in einem Jahr Umsätze in Höhe von 3,4 Mio. €. Gleichzeitig muss es Garantieleistungen im Wert von 51.000 € erbringen. Daraus ergibt sich eine Garantiequote von 1,5 %.

Erläuterung

Die Garantiequote setzt den Wert der erbrachten Garantieleistungen ins Verhältnis zum Gesamtumsatz und ist somit Ausweis der nachträglichen Umsatz- und damit Gewinneinbußen, die durch gesetzliche und freiwillige Garantieverpflichtungen hervorgerufen werden. Grundsätzlich ist vom Unternehmen eine niedrige Garantiequote anzustreben. Sie spricht für die Qualität der Unternehmensleistungen (Produkte, Service) und bietet die Chance einer hohen Kundenzufriedenheit.

Vorteile	Nachteile
• Insbesondere interessant im Zeitvergleich und im Vergleich zu anderen Unternehmen (falls Daten bekannt) • Möglichkeit, die Kennzahl nach Produktgruppen, Produkten, Verkaufsgebieten und Ursachen für die Gewährleistungen sowie genaueren Ursachen für die Gewährleistungspflichten (gesetzlich oder freiwillig) zu ordnen	• Hohe Garantiequote durch freiwillige Garantieleistungen (aktives Instrument im Kundenzufriedenheits- und Kundenbindungsmanagement) • Unbedingte Notwendigkeit, die Garantieleistungen mit denjenigen Umsatzvorgängen zu vergleichen, aus denen heraus die Garantieansprüche erwachsen sind

3.7 Gutschriftenquote

Formel

$$\frac{\text{Wert der Gutschriften}}{\text{Gesamtumsatz}} \times 100\,\%$$

Beispiel

$$\frac{1.020\text{ € Gutschriftenwert}}{85.000\text{ € Gesamtumsatz}} \times 100\,\% = 1{,}2\,\%$$

Ein Unternehmen verbucht in einem Monat Umsätze in Höhe von 85.000 €. Gleichzeitig werden aus verschiedenen Gründen Gutschriften an Kunden im Wert von 1.020 € ausgestellt. Die Gutschriftenquote beträgt 1,2 %.

Erläuterung

Die Gutschriftenquote setzt den Wert der an Kunden gegebenen Gutschriften ins Verhältnis zum Gesamtumsatz. Gutschriften erhalten Kunden, die von einem Fehler des Unternehmens betroffen sind. Gründe können z. B. fehlerhafte Rechnungen, Qualitätsmängel der Produkte, fehlerhafte Lieferungen oder die Nichteinhaltung des Liefertermins (bei vereinbarter Konditionalstrafe) sein. Grundsätzlich sollte eine niedrige Gutschriftenquote angestrebt werden. Die Kennzahl ist besonders aussagekräftig, wenn sie geordnet nach Produkten, Verkaufsgebieten und den Ursachen für die Gutschriften erhoben wird.

Vorteile	**Nachteile**
• Ausweis der nachträglichen Umsatzverluste, die auf Gutschriften zurückzuführen sind • Sie dient dazu, Maßnahmen zur Verbesserung des Vertriebswesens oder die Effizienz des Qualitätsmanagements zu überprüfen	• Verursachung einer hohen Gutschriftenquote durch eine besonders kundenfreundliche Kulanzpolitik (Lösung: separate Erfassung der freiwilligen Kulanzzahlungen von den Gutschriften) • Notwendigkeit, die Gutschriften in der Buchhaltung mit den sie verursachenden Umsätzen in Beziehung zu setzen

3.8 Kulanzquote

Formel

$$\frac{\text{Wert der Kulanzleistungen}}{\text{Gesamtumsatz}} \times 100\,\%$$

Beispiel

$$\frac{102.000\text{ € Wert der Kulanzleistungen}}{6{,}8\text{ Mio. € Umsatz}} \times 100\,\% = 1{,}5\,\%$$

Ein Unternehmen verbucht in einem Jahr Umsätze in Höhe von 6,8 Mio. €. Gleichzeitig erbringt es gegenüber seinen Kunden Kulanzleistungen im Wert von 102.000 €. Daraus ergibt sich eine Kulanzquote von 1,5 %.

Erläuterung

Diese Kennzahl weist die nachträglichen Umsatz- bzw. Gewinneinbußen aus, die durch kulantes Verhalten verursacht wurden.
Ist die Kulanzquote dadurch gestiegen, dass sich die Anzahl der aus Kundenbeschwerden resultierenden Kulanzanträge erhöht hat, gilt es, die Beschwerdeursachen zu beheben. Dies kann beispielsweise geschehen durch die Verbesserung des Versand- und Vertriebswesens und Einführung eines Qualitätsmanagements, um mangelhafte Produktqualität als Kulanzursache auszuschalten.

Vorteile	Nachteile
• Wichtige Kennzahl zur Berechnung des Kundenwerts (Customer Lifetime Value) • Beachtung der Kulanz als wesentliches Kriterium für Kundenzufriedenheit, aber auch als Kostenfaktor	• Keine Differenzierung der Kulanzursachen • Hohe bzw. gestiegene Kulanzquote nicht in allen Fällen als negativ einzustufen: Kulanzleistungen als Instrument im Zuge des Managements von Kundenzufriedenheit und Kundenbindung

3.9 Kundenabwanderungsquote

Formel

$$\frac{\text{Zahl der verlorenen Kunden}}{\text{Durchschnittlicher Kundenbestand}} \times 100\,\%$$

Beispiel

$$\frac{\text{800 abgewanderte Kunden}}{\text{4.000 Kunden insgesamt}} \times 100\,\% = 20\,\%$$

Ein Unternehmen hat einen durchschnittlichen Bestand von 4.000 Kunden und verliert davon im betrachteten Jahr 800 Kunden. Die Kundenabwanderungsquote beträgt 20 %.

Erläuterung

Diese Kennzahl bringt zum Ausdruck, wie viel Prozent der Kunden dem Unternehmen im Betrachtungszeitraum den Rücken kehren. Sie ist damit das Gegenteil der Neukundenquote. Da es im Regelfall deutlich kostengünstiger ist, Kunden an das Unternehmen zu binden, als neue Kunden zu gewinnen, müssen den Ursachen der Abwanderung auf den Grund gegangen und entsprechende Gegenmaßnahmen eingeleitet werden.
Im Regelfall wird die Kundenabwanderungsquote bestimmt, indem man feststellt, wie viele Kunden auf Folgeaufträge verzichten. Erste Anhaltspunkte hierfür bieten die Kündigungen (z. B. bei Zeitschriftenanbietern, Versicherungen) oder der Verzicht auf die Befriedigung von Ersatzbedarf (z. B. bei Bürofachgeschäften, Kopiergeräteherstellern).

Vorteile	Nachteile
• Unterstützung, die Notwendigkeit von Maßnahmen zur Erhöhung der Kundenzufriedenheit und -bindung festzustellen	• Keine Möglichkeit zur Rückgewinnung eines bestimmten Anteils abgewanderter Kunden trotz aller Anstrengungen
• Besonders aussagekräftig im Zeitvergleich und im Vergleich verschiedener Standorte	• Abwanderung unrentabler Kunden unter Ertragsgesichtspunkten sinnvoll

3.10 Lieferbeanstandungsquote

Formel

$$\frac{\text{Anzahl der beanstandeten Lieferungen}}{\text{Gesamtzahl der Lieferungen}} \times 100\,\%$$

Beispiel

$$\frac{\text{24 beanstandete Lieferungen}}{\text{400 Lieferungen}} \times 100\,\% = 6\,\%$$

Von insgesamt 400 Lieferungen in einem Monat werden 24 wegen Mängeln beanstandet. Die Lieferbeanstandungsquote beträgt 6 %.

Erläuterung

Die Lieferbeanstandungsquote gibt darüber Auskunft, welcher Anteil der Lieferungen aus Sicht des Kunden nicht einwandfrei war und deswegen beanstandet wurde. Sie sollte demnach möglichst gering gehalten werden.
Ursachen für die Beanstandung einer Lieferung können die nicht eingehaltene Lieferzeit, die fehlerhafte Liefermenge, die Nichteinhaltung von vereinbarten besonderen Lieferbedingungen (z. B. besondere Verpackungsformen), die unzureichende Beschaffenheit der Lieferung (z. B. falsche Sorten oder Beschädigung durch Transport) oder Qualitätsmängel der angelieferten Güter sein.

Vorteile	Nachteile
• Wichtige Kennzahl für die Beurteilung des Lieferservices durch den Kunden (vgl. S. 83) • Besonders aussagekräftig im Vergleich von Perioden und (wenn möglich) zu Wettbewerbern • Zielvorgabe, anhand derer sich die Leistungsfähigkeit der Lieferabteilung überprüfen lässt	• Keine Auskunft über die Ursachen der Beanstandungen (Verzögerung, falsche Menge und Art, Qualitätsmängel), deren Häufigkeit und deren Folgen • Keine Aussage über die Größe und Wichtigkeit der Lieferungen und der Kunden

3.11 Lieferflexibilität

Formel

$$\frac{\text{Anzahl der erfüllten Sonderwünsche}}{\text{Gesamtzahl der Sonderwünsche}} \times 100\,\%$$

Beispiel

$$\frac{\text{4.800 rechtzeitig abgelieferte Bestellungen}}{\text{5.000 Bestellungen}} \times 100\,\% = 96\,\%$$

Bei einem Internetversender bestellen 5.000 Kunden noch zwei Tage vor Weihnachten Geschenke, obwohl die vertraglich zugesicherte Lieferzeit drei Tage beträgt. Es gelingt dem Unternehmen, noch 4.800 dieser Bestellungen rechtzeitig zum Weihnachtsfest beim Kunden abzuliefern. Die Lieferflexibilität beträgt 96 %.

Erläuterung

Die Lieferflexibilität bezeichnet die Fähigkeit eines Lieferanten, bei Auftrags- und Liefermodalitäten sowie der Informationspolitik auf die Sonderwünsche der Abnehmer einzugehen, um einen reibungslosen Prozessablauf zu gewährleisten (z. B. Einhaltung bestimmter Zeitfenster für die Anlieferung, unverzügliche, flexible und pragmatische Abwicklung bei Änderung der Bestellung, bei Sonder- und Eilbestellungen oder Retouren). Die Lieferflexibilität hängt von den festgelegten Auftrags- und Liefermodalitäten, dem Grad des Informationsaustauschs und der Kompatibilität der Logistiksysteme der Partner ab.

Vorteile	Nachteile
• Große Bedeutung bei dringlichem Bedarf des Kunden sowie als Zielvorgabe für die Logistikabteilung • Besonders aussagekräftig im Vergleich von Perioden und zu Wettbewerbern	• Entsprechend hohe Kosten bei hoher Lieferflexibilität: Kompensation durch höhere Umsätze, die auf eine höhere Preisbereitschaft des Kunden zurückzuführen sind • Keine Differenzierung nach Sonderwünschen bei der Lieferung

3.12 Lieferqualität

Formel

$$\frac{\text{Anzahl der einwandfreien Lieferungen (ohne Mängel bei Liefergenauigkeit und -beschaffenheit)}}{\text{Gesamtzahl der Lieferungen}} \times 100\,\%$$

Beispiel

$$\frac{400 \text{ Lieferungen} - 30 \text{ fehlerhafte Lieferungen}}{400 \text{ Lieferungen}} \times 100\,\% = 92{,}5\,\%$$

Ein Spezialversender für Maschinenzubehör verspricht seinen gewerblichen Kunden eine Lieferzeit von sieben Tagen von der Bestellung bis zum Eingang der Ware. Von monatlich 400 Bestellungen konnten 380 in dieser Frist abgewickelt werden. Zehn pünktliche Lieferungen wurden vom Kunden beanstandet, weil die Menge oder die Sorte der gelieferten Schrauben nicht mit der Bestellung übereinstimmte. Insgesamt waren somit 30 von 400 Lieferungen fehlerhaft. Die Lieferqualität beträgt 92,5 %.

Erläuterung

Die Lieferqualität beschreibt, mit welcher Genauigkeit die Bestellungen vom Lieferanten nach Art und Menge ausgeführt werden (Liefergenauigkeit) und ob die Ware beschädigt oder unbeschädigt eintrifft (Lieferbeschaffenheit). Im Vergleich zur Lieferzuverlässigkeit, die ausschließlich auf die Einhaltung der Lieferzeit fokussiert, dokumentiert die Lieferqualität die Erfüllung quantitativer und qualitativer Leistungsversprechen.

Vorteile	**Nachteile**
• Beurteilung des Lieferservices (vgl. S. 83) • Zielvorgabe für die Logistik eines Unternehmens	• Entsprechend hohe Kosten bei kurzen Lieferzeiten und gleichzeitig hoher Lieferqualität • Keine Unterscheidung nach Wichtigkeit und Umsatzgröße der mangelhaften Lieferung und des betroffenen Kunden

3.13 Lieferservice

Formel

$$\frac{\text{Anzahl der beanstandeten Lieferungen}}{\text{Gesamtzahl der Lieferungen}} \times 100\,\%$$

Beispiel

Beispiele zum Lieferservice finden Sie unter den relevanten Kennzahlen Lieferbeanstandungsquote, Lieferflexibilität, Lieferqualität und Lieferzuverlässigkeit.

Erläuterung

Der Lieferservice bezeichnet eine Dienstleistung, welche die organisierte Auslieferung eigener oder fremder Produkte umfasst. Qualität und Beschaffenheit des Lieferservice lassen sich anhand folgender Kennzahlen ermitteln:

- Die durchschnittliche Lieferzeit misst die Zeitspanne zwischen Auftragserteilung und dem Eintreffen der Ware beim Besteller.
- Die Lieferzuverlässigkeit (Liefertreue), vgl. S. 84, gibt die Wahrscheinlichkeit an, mit welcher der zugesagte Liefertermin eingehalten werden kann. Sie ist abhängig von den Arbeitsabläufen und der Lieferbereitschaft des Lieferanten.
- Die Lieferqualität, vgl. S. 82, drückt aus, mit welcher Genauigkeit die Bestellungen nach der im Auftrag festgelegten Art und Menge ausgeführt werden (Liefergenauigkeit) und mit welcher Wahrscheinlichkeit die Ware unbeschädigt eintrifft (Lieferungsbeschaffenheit).
- Die Lieferflexibilität, vgl. S. 81, misst, inwieweit der Lieferant bei Auftrags- und Liefermodalitäten sowie der Informationspolitik auf die spezifischen Wünsche der Abnehmer eingeht, um einen reibungslosen Prozessablauf zu gewährleisten (z. B. Einhaltung bestimmter Zeitfenster für die Anlieferung, unverzügliche, flexible und pragmatische Abwicklung bei Änderung der Bestellung, bei Sonder- und Eilbestellungen oder Retouren).

Vorteile	Nachteile
• Besonders aussagekräftig im Vergleich von Perioden und zu Wettbewerbern • Zielvorgabe, anhand derer sich die Leistungsfähigkeit der Lieferabteilung überprüfen lässt	• Entsprechend höhere Kosten bei gutem Lieferservice • Keine Unterscheidung nach Wichtigkeit und Umsatzgröße der betroffenen Lieferung und des betroffenen Kunden

3.14 Lieferzuverlässigkeit

Formel

$$\frac{\text{Anzahl der Lieferungen, die innerhalb der zugesagten Lieferfrist ausgeliefert wurden}}{\text{Gesamtzahl der Lieferungen}} \times 100\,\%$$

Beispiel

$$\frac{\text{266 Bestellungen innerhalb von 6 Tagen}}{\text{400 Bestellungen insgesamt}} \times 100\,\% = 66{,}5\,\%$$

In einem Monat liefert ein Unternehmen 400 Bestellungen aus. 266 davon können in der zugesagten Frist von sechs Tagen vollständig abgewickelt werden. Dies entspricht einer Lieferzuverlässigkeit von 66,5 %.

Erläuterung

Die Lieferzuverlässigkeit gibt die Wahrscheinlichkeit an, mit welcher der zugesagte Liefertermin eingehalten werden kann. Sie ist abhängig von den Arbeitsabläufen und der Lieferbereitschaft des Lieferanten. Im Vergleich zur durchschnittlichen Lieferzeit, die nur den Mittelwert betrachtet, vermittelt diese Kennzahl einen Einblick in die Spannweite bzw. Streuung der Lieferzeiten und macht damit auch auf »Ausreißer« aufmerksam.
Grundsätzlich sollte ein Unternehmen versuchen, eine hohe Lieferzuverlässigkeit zu erreichen. Sie hat positive Effekte auf die Kundenzufriedenheit.

Vorteile	Nachteile
• Bedeutsam für den Lieferservice (vgl. S. 83) • Besonders aussagekräftig im Vergleich von Perioden und (wenn möglich) zu Wettbewerbern • Zielvorgabe, anhand derer sich die Leistungsfähigkeit der Lieferabteilung überprüfen lässt	• Entsprechend hohe Kosten bei kurzen Lieferzeiten und gleichzeitig hoher Lieferzuverlässigkeit • Keine Unterscheidung nach der Wichtigkeit und der Umsatzgröße der verspäteten Lieferung und des betroffenen Kunden

3.15 Out-of-Stock-Quote (Fehlmengenquote)

Formel

$$\frac{\text{Anzahl der nicht verfügbaren Artikel}}{\text{Anzahl der geführten bzw. nachgefragten Artikel}} \times 100\,\%$$

Beispiel

$$\frac{\text{3.933 Fehlartikel}}{\text{158.003 Artikel}} \times 100\,\% = 2{,}5\,\%$$

Ein Internetversender konnte von den im vergangenen Monat insgesamt bestellten 158.003 Artikeln 3.933 Stück nicht innerhalb der zugesagten drei Tage nach Bestellung zusenden, weil es Fehlmengen gab. Die Out-of-Stock-Quote beträgt demnach 2,5 %.

Erläuterung

Die Out-of-Stock-Quote gibt den Anteil der nicht verfügbaren Artikel an der Gesamtzahl der geführten bzw. nachgefragten Artikel an. Je nachdem, auf welche Ursachen die Out-of-Stock-Situation zurückzuführen ist, können Fehlmengen durch Inventur bzw. visuelle Kontrolle der Regale, durch ein geschlossenes Warenwirtschaftssystem oder durch Hinweise von Kunden entdeckt werden.

Vorteile	Nachteile
• Rückschlüsse auf die Qualität der Absatzplanung sowie der Logistik und Warenwirtschaft • Hinweise auf Umsatzverluste durch nicht befriedigte Nachfrage sowie auf mögliche Imageverluste	• Keine unbedingte Nachfrage durch Kunden bei Entdeckung einer Regallücke durch visuelle Kontrolle • Beachtung der mit der Lieferbereitschaft verbundenen Kosten bei Verringerung der Out-of-Stock-Quote

3.16 Produktreklamationsquote

Formel

$$\frac{\text{Anzahl der von Kunden reklamierten Produkte}}{\text{Anzahl der verkauften Produkte}} \times 100\,\%$$

Beispiel

$$\frac{\text{90 reklamierte Produkte}}{\text{6.000 verkaufte Produkte}} \times 100\,\% = 1{,}5\,\%$$

Ein Unternehmen stellt am Tag 6.200 Stück eines Produkts her. Davon werden 200 Stück wegen Fehlern aussortiert. Von den übrigen 6.000 Stück, die in den regulären Verkauf gehen, reklamieren Kunden aufgrund von Mängeln 90 Stück. Die Produktreklamationsquote beträgt demnach 1,5 %.

Erläuterung

Die Produktreklamationsquote erfasst den Anteil der Produkte an der Gesamtproduktion, die im Rahmen der unternehmensinternen Qualitätsüberprüfung zwar als fehlerfrei beurteilt, von Kunden aber reklamiert wurden. Mittels dieser Kennzahl beurteilt man also nicht nur die Güte des Produktionsprozesses, sondern auch die des Qualitätsmanagements. Demnach sollte ein Unternehmen immer eine möglichst niedrige Produktreklamationsquote anstreben.

Vorteile	Nachteile
• Funktion der Optimierung des Produktionsprozesses und des Qualitätsmanagements • Besonders aussagekräftig im Zeitvergleich, da sich so Verschlechterungen frühzeitig erkennen und rechtzeitig Gegenmaßnahmen ergreifen lassen	• Begrenzte Aussagekraft zur Kundenzufriedenheit, da Bezug nur auf das zugrunde gelegte Produkt und damit Ausschluss weiterer zentraler Leistungsbestandteile (z. B. Standort, Freundlichkeit, Beratungsqualität, Öffnungszeiten, Service) • Keine Differenzierung nach Reklamationsgründen

3.17 Reaktivierungsquote

Formel

$$\frac{\text{Anzahl der reaktivierten Kunden}}{\text{Anzahl der ruhenden Kunden}} \times 100\,\%$$

Beispiel

$$\frac{\text{750 reaktivierte Kunden}}{\text{5.000 ruhende Kunden}} \times 100\,\% = 15\,\%$$

Ein Versandshandelsunternehmen weiß aus der Kundenstatistik, dass 5.000 Kunden seit mehr als 24 Monaten nichts mehr bestellt haben. In einer Mailing-Aktion werden diese Kunden gesondert angeschrieben. Daraufhin geben 750 Kunden eine neue Bestellung auf. Die Reaktivierungsquote beträgt 15 %.

Erläuterung

Die Reaktivierungsquote bringt zum Ausdruck, wie viele der ruhenden Kunden durch entsprechende Maßnahmen wieder aktiviert werden können. Grundsätzlich handelt es sich hierbei um einen vergleichbaren Sachverhalt wie bei der Rückgewinnungsquote (vgl. S. 92).
Grundsätzlich ist eine hohe Reaktivierungsquote anzustreben. Auf Basis der Kundenwertbetrachtung und der Prognose der Reaktivierungswahrscheinlichkeit sollte dann eine Klassifizierung der ruhenden Kunden mittels der ABC-Analyse durchgeführt werden. Nun müssen die passiven Kunden entsprechend ihrer Ratings, d. h. ihrer Einstufung nach Kundenwert, kontaktiert werden.

Vorteile	**Nachteile**
• Anhaltspunkt für Maßnahmen zur Erhöhung der Kundenzufriedenheit und Kundenbindung • Besonders aussagekräftig im Zeitvergleich	• Keine Aussage über Gründe der Nichtreaktivierbarkeit • Reaktivierung eines bestimmten Anteils ruhender Kunden trotz aller Anstrengungen nicht mehr möglich, z. B. Kunden, die nicht mehr im Einzugsgebiet des Unternehmens ansässig sind oder die keinen Bedarf mehr haben

3.18 Reklamationsquote

Formel

$$\frac{\text{Anzahl der reklamierenden Kunden}}{\text{Gesamtzahl der Kunden}} \times 100\,\%$$

Beispiel

$$\frac{\text{375 Kunden mit Reklamationen}}{\text{7.500 Kunden}} \times 100\,\% = 5\,\%$$

Ein Unternehmen weist einen durchschnittlichen Bestand von 7.500 Kunden auf. Die Reklamationsstatistik fördert zutage, dass im vergangenen Jahr 100 Kunden auf schriftlichem und 275 Kunden auf mündlichem Wege reklamiert haben. Dies entspricht einer Reklamationsquote von 5 %.

Erläuterung

Die Vermeidung zukünftiger Reklamationen setzt voraus, dass die anfallenden Beanstandungen systematisch dokumentiert und ausgewertet werden. Die Vergleichbarkeit der in diesem Zuge anfallenden Daten kann sichergestellt werden, indem eine entsprechende Prüfliste mit Antwortkategorien zum Ankreuzen (Erleichterung der späteren Auswertung und Vergleichbarkeit der Angaben) angefertigt wird.
Über die gesetzlich vorgeschriebenen Gewährleistungspflichten von Hersteller- oder Handelsunternehmen im Bereich von Ersatz-, Reparatur- oder Wartungsleistungen gewähren zahlreiche Unternehmen freiwillige Garantieleistungen. Sie werden dem Käufer auf Basis separater Garantieverträge eingeräumt und können sich auf verschiedene Leistungskomponenten, aber auch auf den Preis oder die Zufriedenheit beziehen (sog. Preis- oder Zufriedenheitsgarantie).

Vorteile	Nachteile
• Hinweis auf Leistungsdefizite • Erhöhung der Loyalität sowie der positiven Mundpropaganda der Kunden durch systematisches Reklamationsmanagement	• Nicht unbedingt Unzufriedenheit bei Reklamation • Nicht jede Reklamation wegen unbefriedigender Leistung

3.19 Retourenquote

Formel

$$\frac{\text{Anzahl bzw. Umsatzwert der Retouren}}{\text{Anzahl bzw. Umsatzwert der Gesamtverkäufe}} \times 100\,\%$$

Beispiel

$$\frac{100.000 \text{ Retouren}}{500.000 \text{ Artikel}} \times 100\,\% = 20\,\%$$

Ein Textilversender verzeichnet im Untersuchungszeitraum einen Gesamtabsatz von 500.000 Artikeln. Hiervon senden die Kunden 100.000 Artikel zurück. Demnach beläuft sich die Retourenquote auf 20 %.

Erläuterung

Die Retourenquote gibt das Verhältnis zwischen retournierter bzw. verweigerter Ware und insgesamt verkaufter Ware an. Sie lässt sich sowohl monetär (in Geldeinheiten) als auch mengenmäßig (in Stück) berechnen.
Die Retourenquote sollte möglichst gering gehalten werden, da die Wiedervereinnahmung der Produkte sehr kostspielig ist. Kosten entstehen z. B. bei der Sortierung und Kontrolle der retournierten Ware, der neuerlichen Einlagerung, der Überarbeitung der Ware sowie der Verwaltung der Gutschriften. Weitere Kosten verursacht die existierende gesetzliche Regelung, dass Kosten und Gefahr der Rücksendung der Unternehmer trägt. Diese einseitige Kostentragungspflicht ist außer in Deutschland nur noch in Finnland gesetzlich verankert.

Vorteile	Nachteile
• Besonders aussagekräftig im Zeitvergleich und im Vergleich zu anderen Unternehmen (falls Daten bekannt) • Interessant in der Ordnung nach Produktgruppen, Produkten, Verkaufsgebieten oder Ursachen für die Retoure	• Keine Details über die Ursachen für Retouren • Kein Gradmesser für Kundenzufriedenheit durch geringe Retourenquoten: Versandhandelskunden bestellen z. B. häufig mehrere Modelle, um Textilien und Schuhe prüfen zu können

3.20 Rückgabequote

Formel

$$\frac{\text{Anzahl bzw. Wert der zurückgegebenen Ware}}{\text{Anzahl der Gesamtverkäufe bzw. Gesamtumsatz}} \times 100\,\%$$

Beispiel

$$\frac{12.600\text{ € Umtauschwert}}{420.000\text{ € Umsatz}} \times 100\,\% = 3\,\%$$

Ein Unternehmen verbucht in einem Monat Umsätze in Höhe von 420.000 €. Gleichzeitig tauschen Kunden aus verschiedenen Gründen Waren im Wert von 12.600 € wieder gegen Geld um. Daraus ergibt sich eine Rückgabequote von 3 %.

Erläuterung

Die Rückgabequote setzt die Anzahl bzw. den Wert der von Kunden wieder zurückgegebenen Produkte ins Verhältnis zur Anzahl der Gesamtverkäufe bzw. zum Gesamtumsatz. Sie ist somit Ausweis der nachträglichen Absatz- bzw. Umsatz- und damit Gewinneinbußen, die nach dem Kauf entstanden sind. Grundsätzlich sollte eine niedrige Rückgabequote Ziel eines Unternehmens sein. Sie spricht für die Qualität der Produkte sowie die Effizienz der Vertriebsorganisation und bietet die Chance einer hohen Kundenzufriedenheit.

Vorteile	**Nachteile**
• Wichtige Kennzahl zur Bewertung von nachträglichen Umsatzverlusten • Besonders interessant im Zeitvergleich, im Vergleich zu anderen Unternehmen (falls Daten bekannt) und geordnet nach Produktgruppen, Produkten, Verkaufsgebieten oder Ursachen für den Umtausch	• Keine Differenzierung nach Gründen der Produktrückgabe • Bestimmte Rückgabequote unvermeidlich bei Gewährung einer uneingeschränkten Geld-zurück-Garantie, d. h. die Kunden können erworbene Waren innerhalb einer bestimmten Frist ohne Angabe von Gründen wieder umtauschen und erhalten ihr Geld zurück

3.21 Rückgewinnungskosten je zurückgewonnenem Kunden

Formel

$$\frac{\text{Gesamte Rückgewinnungskosten}}{\text{Gesamtzahl der zurückgewonnenen Kunden}}$$

Beispiel

$$\frac{144.000\ €\ \text{Rückgewinnungskosten gesamt}}{4.800\ \text{zurückgewonnene Kunden}} = 30\ €$$

Einem Mobilfunkanbieter gelingt es, in einem Monat 4.800 Kunden zurückzugewinnen. Für Rückgewinnungsaktivitäten wurden in diesem Zeitraum insgesamt 144.000 € aufgewendet. Demnach belaufen sich die Rückgewinnungskosten je zurückgewonnenem Kunden auf 30 €.

Erläuterung

Rückgewinnungskosten sind Kosten, die entstehen, um einen abgewanderten Kunden für das Unternehmen zurückzugewinnen. Rückgewinnungskosten fallen im Zusammenhang mit der Befragung nach den Gründen für die Abwanderung und Beseitigung der Ursachen, im Zusammenhang mit speziellen Serviceleistungen im Sinne einer Aufwertung des Kunden (Upgrading) sowie im Zusammenhang mit kleinen Geschenken (Incentives) an.

Vorteile	Nachteile
• Wichtige Kennzahl für das Rückgewinnungscontrolling • Besonders aussagekräftig im Branchen- und Zeitvergleich	• Keine Aussage über den voraussichtlichen Kundenwert des zurückgewonnenen Kunden • Verdeckung von »Ausreißern« durch die Durchschnittsbetrachtung

3.22 Rückgewinnungsquote

Formel

$$\frac{\text{Anzahl der zurückgewonnenen Kunden}}{\text{Anzahl der abgewanderten Kunden}} \times 100\,\%$$

Beispiel

$$\frac{30.000 \text{ Kunden}}{200.000 \text{ Kunden}} \times 100\,\% = 15\,\%$$

Ein Mobilfunkanbieter verliert pro Jahr 200.000 Kunden. Durch entsprechende Aktivitäten können 30.000 Kunden zurückgewonnen werden. Die Rückgewinnungsquote liegt bei 15 %.

Erläuterung

Die Rückgewinnungsquote bringt zum Ausdruck, wie viele der abgewanderten Kunden durch entsprechende Maßnahmen wieder zurückgewonnen werden konnten.
Um abgewanderte Kunden zurückzugewinnen, sollten die Kunden zunächst nach den Gründen für die Abwanderung gefragt werden und mit vertretbarem Aufwand die Ursachen beseitigt werden. Spezielle Serviceleistungen, die den Kunden aufwerten (Upgrading), sowie kleine Geschenke (Incentives) helfen bei der Rückgewinnung des Kunden.

Vorteile	Nachteile
• Einschätzung von Maßnahmen zur Erhöhung der Kundenzufriedenheit und -bindung • Besonders aussagekräftig im Zeitvergleich, wenn unterschiedliche Rückgewinnungsmaßnahmen bewertet werden sollen	• Keine Rückgewinnungsmöglichkeit bei einem bestimmten Anteil abgewanderter Kunden, z. B. bei Kunden, die nicht mehr im Einzugsgebiet des Unternehmens ansässig sind oder die keinen Bedarf mehr haben • Keine Aussage zur Rentabilität der zurückgewonnenen Kunden (Kundenrentabilität, vgl. S. 111)

3.23 Stornoquote

Formel

$$\frac{\text{Stornierter Umsatz von Kunden}}{\text{Ursprünglicher Auftragsumsatz der Kunden}} \times 100\,\%$$

Beispiel

$$\frac{32.000\text{ € stornierter Umsatz}}{400.000\text{ € Auftragsumsatz der Kunden}} = 8\,\%$$

Ein Hersteller von Gewerbespülmaschinen akquiriert an seinem bayerischen Vertriebsstandort in einem Jahr bei Kunden einen Auftragswert von insgesamt 400.000 €. Aufträge im Wert von 32.000 € werden innerhalb der vertraglich vereinbarten Fristen von den Kunden wieder storniert. Die Stornoquote beträgt 8 %.

Erläuterung

Die Stornoquote zeigt an, welcher Anteil des Auftragsvolumens von den Kunden wegen einer Stornierung nicht zur Ausführung kommt. Eine hohe Stornoquote lässt im Normalfall vermuten, dass der Vertrieb den Kunden mit unseriösen Verkaufsmethoden Aufträge aufdrängt, die diese anschließend stornieren, weil sie die Leistungen gar nicht benötigen. Die mit solchen Verkaufspraktiken einhergehende Verärgerung des Kunden führt kaum zu dessen Bindung. Selbst wenn der Kunde aus Scheu, Höflichkeit oder Verpflichtung den Auftrag nicht storniert, wird er spätestens nach Erbringung der Leistung dem Unternehmen den Rücken zuwenden. Das negative Image, das ein Unternehmen durch solche Verkaufspraktiken in der Öffentlichkeit erhält, kann potenzielle Kunden abschrecken.

Vorteile	Nachteile
• Bewertung des Stornovolumens • Besonders aussagekräftig im Vergleich verschiedener Perioden, verschiedener Vertriebsstandorte und verschiedener Vertriebsmitarbeiter (bei Zurechenbarkeit)	• Keine Aussage über die Zahl der stornierten Aufträge (Stornierungen kleinerer Umsätze mit Prozesskosten und verlorenem Kundenpotenzial verbunden) • Keine Aussage über Stornogründe

3.24 Termintreue der Transportmittel

Formel

$$\frac{\text{Anzahl der Transporte, bei denen die Termine eingehalten wurden}}{\text{Gesamtzahl der Transporte}} \times 100\,\%$$

Beispiel

$$\frac{\text{1.350 termingerechte Transporte}}{\text{1.500 Transporte}} \times 100\,\% = 90\,\%$$

Ein Logistikdienstleister liefert mit seinen LKW pro Jahr an die Franchisenehmer einer Fast-Food-Restaurant-Kette 1.500 Bestellungen aus. Bei 1.350 Anlieferungen konnte das vertraglich fixierte Zeitfenster von +/– 30 Minuten Abweichung vom zugesagten Liefertermin eingehalten werden. Die Termintreue des Transportmittels LKW beträgt demnach 90 %.

Erläuterung

Grundsätzlich ist eine möglichst hohe Termintreue anzustreben. Ursachen für eine abnehmende Termintreue können technische Defekte, Behinderungen/Wartezeiten (etwa Verkehrsstaus, Zollabfertigung, Streik), Wartungsarbeiten oder Sonderaufträge sein. Infolge immer kleiner werdender Zeitfenster gewinnt eine hohe Termintreue an Bedeutung, um nachgelagerte Prozesse störungsfrei abwickeln bzw. Konventionalstrafen vermeiden zu können.

Vorteile	Nachteile
• Wichtige Kennzahl zur Berechnung des Lieferservices (vgl. S. 83) sowohl bei eigenen als auch bei externen Transportmitteln • Besonders aussagekräftig im Vergleich von Perioden, zu Wettbewerbern (sog. Benchmarking), zwischen Transportmitteln sowie bei Make-or-buy-Entscheidungen	• Entsprechend hohe Kosten bei einer hohen Termintreue, die durch eine höhere Preisbereitschaft des Kunden kompensiert werden müssen • Keine Unterscheidung nach Wichtigkeit und Umsatzgröße der betroffenen Lieferung bzw. des betroffenen Kunden

3.25 Zurückweisungsquote

Formel

$$\frac{\text{Anzahl zurückgewiesener Lieferungen}}{\text{Gesamtzahl der Lieferungen}} \times 100\,\%$$

Beispiel

$$\frac{\text{30 zurückgewiesene Lieferungen}}{\text{1.500 Lieferungen insgesamt}} \times 100\,\% = 2\,\%$$

Ein Logistikdienstleister liefert mit seinen LKW pro Jahr an die Franchisenehmer einer Fast-Food-Restaurant-Kette 1.500 Lieferungen aus. Davon werden wegen Mängeln bzw. Verspätung 30 Lieferungen zurückgewiesen. Die Zurückweisungsquote beläuft sich auf 2 %.

Erläuterung

Diese Kennzahl bringt den Anteil aufgrund von Mängeln oder Verspätung zurückgewiesener Lieferungen an der Gesamtzahl der Lieferungen zum Ausdruck. Diese Kennzahl kann bzw. sollte weiter differenziert werden nach den Ursachen für Zurückweisung, z. B. einer nicht eingehaltenen Lieferzeit, einer fehlerhaften Liefermenge, der Nichteinhaltung von vereinbarten besonderen Lieferbedingungen (z. B. besondere Verpackungsformen), einer unzureichenden Beschaffenheit der Lieferung (z. B. falsche Sorten, Beschädigung durch Transport) oder Qualitätsmängel der angelieferten Güter.

Vorteile	**Nachteile**
• Wichtige Kennzahl bei Betrachtung des Lieferservices (vgl. S. 83) sowohl bei eigenen Leistungen als auch bei externen Dienstleistern • Hilfe bei Entscheidungen für Transportmittel sowie bei Make-or-buy-Entscheidungen (Outsourcing)	• Entsprechend hohe Kosten bei geringer Zurückweisungsquote • Keine Unterscheidung nach Wichtigkeit und Umsatzgröße der betroffenen Lieferung bzw. des betroffenen Kunden

Kapitel 4

Kundenwert

4.1 ABC-Analyse

Formel

Anordnung und Klassifizierung von Objekten nach ihrer Bedeutung

Beispiel

Ein Unternehmen ordnet sämtliche Produkte zunächst nach ihrer Umsatzhöhe an (Rang 1 = umsatzstärkstes Produkt; letzter Rang = umsatzschwächstes Produkt). Anschließend werden drei Produktklassen gebildet: In Klasse A befinden sich im Regelfall die ersten 10 %, d. h. die umsatzstärksten Produkte (im vorliegenden Fall 50 % des Umsatzes). Der Klasse B gehören die nächsten 20 % der Produkte an (= 25 % Umsatzanteil). Die restlichen 70 % der Produkte bilden Gruppe C (= 25 % Umsatzanteil).

Erläuterung

Diese Methode dient dazu, eine Menge von Objekten bzw. Betrachtungsgegenständen (Produkte, Kunden, Regionen, Mitarbeiter oder Lieferanten, aber auch Aufgaben) hinsichtlich ihrer Bedeutung zu strukturieren und zu klassifizieren. Die Strukturierung ist anhand unterschiedlicher Kriterien möglich. In der Unternehmenspraxis am häufigsten anzutreffen sind ABC-Analysen, die sich am Umsatz ausrichten.
Als Konsequenz aus den Ergebnissen der ABC-Analyse lässt sich ableiten, dass die Ressourcen und Aktivitäten zukünftig noch stärker auf die A-Produkte konzentriert und jene für C-Produkte erheblich zurückgeschraubt bzw. eliminiert werden müssen.

Vorteile	Nachteile
• Einfache Handhabung und flexibler Einsatz • Umsatz nach wie vor eine der wichtigsten Zielgrößen eines Unternehmens (bei allen damit verbundenen Schwierigkeiten)	• Keine Aussage zu Ertragswert der Kunden (Return on Investment oder Deckungsbeitrag) wegen der Umsatzorientierung • Erhebliche Risiken und Nichtberücksichtigung möglicher Verbundeffekte bei ausschließlicher Konzentration auf A-Produkte

4.2 Akquisitionskosten je Neukunde

Formel

$$\frac{\text{Akquisitionskosten gesamt}}{\text{Gesamtzahl der Neukunden}}$$

Beispiel

$$\frac{34.030.000\text{ € Akquisitionskosten}}{410.000\text{ Neukunden}} = 83\text{ € pro Neukunde}$$

Ein Telekommunikationsunternehmen gewinnt in einem Quartal 410.000 Neukunden bei gleichzeitigen Akquisitionskosten von 34.030.000 €. Damit betragen die Akquisitionskosten 83 € pro Neukunde.

Erläuterung

Akquisitionskosten sind Kosten, die entstehen, um einen Neukunden anzusprechen, zu informieren und zum Kauf zu bewegen. Letztlich sind Akquisitionskosten also nichts anderes als eine Investition in den Neukunden, die sich durch zukünftige Zahlungsüberschüsse amortisieren muss. Hohe Akquisitionskosten führen dazu, dass die mit dem Kunden in Zukunft erwirtschafteten Erträge nicht ausreichen, um einen Gewinn zu erzielen bzw. einen positiven Kundenwert zu erreichen.

Vorteile	Nachteile
• Wichtig zur Berechnung des Kundenwerts (Customer Lifetime Value) • Möglicher flankierender Einsatz bei der Neukundengewinnung	• Keine Differenzierung nach Art der Akquisitionskosten • Akzeptanz hoher Akquisitionskosten je Neukunde, wenn diesen entsprechend hohe zukünftige Umsätze bzw. Gewinne gegenüberstehen

4.3 Cross-Selling-Umsatz

Formel

Umsatz eines Kunden mit Produkten, die der Kunde zusätzlich zum bereits erworbenen Produkt kauft

Beispiel

Ein typisches Beispiel für Cross-Selling-Umsatz ist der Verkauf von passenden Winterreifen, Dachgepäckträger, Kofferset, etc. im Anschluss an den Verkauf eines Autos. Eine Spielart des Cross-Selling-Umsatzes, bei denen die zusätzlichen Produkte und Leistungen keinen unmittelbaren Bezug zu dem vom Kunden bereits erworbenen Produkt aufweisen, ist beispielsweise Tanken mit anschließendem Erwerb von Getränken und Süßigkeiten im Tankstellenshop.

Erläuterung

Im Falle des Cross-Selling (Querverkauf, Kreuzverkauf) versuchen Unternehmen, demselben Kunden weitere Produkte oder Dienstleistungen zu verkaufen. Dabei müssen die zusätzlichen Produkte und Leistungen nicht unbedingt einen unmittelbaren Bezug zu dem vom Kunden bereits erworbenen Produkt aufweisen. Vielmehr geht es darum, im Zuge einer ganzheitlichen Verkaufsstrategie den umfassenden Bedarf des Kunden festzuhalten und so weit wie möglich mit eigenen Leistungen abzudecken. Hierbei gilt es, verschiedene Erlebnis- und Kaufsituationen sowie Lebensphasen des Kunden ins Kalkül zu ziehen. Vom Cross-Selling unterscheidet sich das Up-Selling, das darauf abzielt, eine höherwertige Variante des Produkts zu verkaufen.

Vorteile	Nachteile
• Keine bzw. niedrige Akquisitionskosten beim Cross-Selling	• Zurechenbarkeit von Umsätzen auf den einzelnen Kunden
• Ansatzpunkte für Mischkalkulation, indem die hohen Preise für später erworbene Produkte und Dienstleistungen den als »Türöffner« niedrig gestalteten Anschaffungspreis der Erstleistung kompensieren	• Beschränkung auf reinen Cross-Selling-Umsatz als Umsatzbetrachtung, so dass keine Aussagen über Erträge möglich sind

4.4 Durchschnittlicher Bestellwert

Formel

$$\frac{\text{Umsatz über einen bestimmten Bestellweg}}{\text{Zahl der Bestellungen über diesen Bestellweg}}$$

Beispiel

$$\frac{48.000\text{ € Umsatz über schriftliche Bestellungen}}{600\text{ schriftliche Bestellungen}} = 80\text{ €}$$

Ein Weinversender erhält in einem Monat insgesamt 600 Bestellungen über seine Internetseite mit einem Gesamtauftragswert von 48.000 €. Der durchschnittliche Bestellwert schriftlicher Aufträge liegt demnach bei 80 €.

Erläuterung

Der durchschnittliche Bestellwert benennt den Umsatz, den ein Kunde durchschnittlich mit einer Bestellung über einen bestimmten Bestellweg tätigt. Diese Kennzahl vermittelt einen Einblick in die Bedeutung einzelner Vertriebswege sowie im Zeitvergleich in Änderungen im Kundenbestellverhalten.
Bestellwege können zum Beispiel das persönliche Erscheinen des Kunden beim Unternehmen, der Auftrag beim Außendienst, die schriftliche oder telefonische Bestellung des Kunden, die Messebestellung oder die Bestellung über Internet und E-Mail sein. Insbesondere bei der Einführung von modernen Bestellverfahren wie Internet-Shopping hilft der durchschnittliche Bestellwert zu erkennen, inwieweit sich diese Prozessinnovationen bei den Kunden durchsetzen.

Vorteile	**Nachteile**
• Einfache Ermittlung • Hinweis auf nötige Maßnahmen zur Umsatzerhöhung pro Bestellung, z. B. durch Gewährung von Sonderkonditionen an Kunden, die über den gewünschten Weg bestellt haben	• Keine Aussage darüber, wie gewinnträchtig die einzelnen Bestellwege sind (auch Deckungsbeiträge als Grundlage dieser Kennzahl möglich) • Verdeckung von »Ausreißern« durch die Durchschnittsbetrachtung

4.5 Durchschnittsbon

Formel

$$\frac{\text{Gesamtumsatz (im Betrachtungszeitraum)}}{\text{Anzahl der Bons}}$$

Beispiel

$$\frac{240.000\ \text{€ Umsatz}}{9.600\ \text{Kunden}} = 25\ \text{€ pro Kunde}$$

Die Filiale eines Lebensmittel-Einzelhandelsunternehmens erwirtschaftet in einer Kalenderwoche einen Umsatz von 240.000 €. Die Zahl der Kunden lag im gleichen Zeitraum bei 9.600. Damit belief sich der Durchschnittsbon auf 25 €.

Erläuterung

Die Kennzahl ist im Lebensmittelhandel weit verbreitet, wobei im Regelfall der Tages- oder Wochenumsatz zugrunde gelegt wird. Der Durchschnittbon steht im Regelfall in einer positiven Beziehung zur Betriebsgröße: je größer die Verkaufsfläche, desto höher der Durchschnittsbon. Der durchschnittliche Einkaufsbetrag steht auch in einem Abhängigkeitsverhältnis zur durchschnittlichen Einkaufshäufigkeit. Mit abnehmender Einkaufshäufigkeit ist eine Zunahme des durchschnittlichen Einkaufsbetrages pro Kaufakt anzunehmen. Die Höhe des Durchschnittsbons wird festgelegt durch die Menge, die von einem Artikel erworben wird, den Preis pro Packungseinheit eines Artikels sowie der Zahl der gemeinsam gekauften Artikel (sog. Verbundkäufe).

Vorteile	**Nachteile**
• Im Periodenvergleich Ausweis eines Bildes der Attraktivität des Geschäftes und seines Sortiments	• Keine Erfassung des Kaufvolumens pro Kunde im Falle von Wiederholungskäufen
• Möglichkeit der Erfolgskontrolle von Cross-Selling-Aktivitäten sowie Maßnahmen zur Reduzierung von Out-of-Stock-Situationen	• Keine Aussage über die Rentabilität eines Unternehmens wegen der Umsatzbetrachtung

4.6 Einkaufshäufigkeit

Formel

Häufigkeit, in der in einer bestimmten Zeitspanne bestimmte Güter (einzelne Artikel, Artikel aus einer Produkt- oder Warengruppe) gekauft oder Käufe in einem bestimmten Unternehmen oder einer Gruppe von Unternehmen (z. B. Einkaufszentrum) durchgeführt werden

Beispiel

Im Rahmen einer Marktforschungsstudie ermittelt ein Verbrauchermarkt, dass die Kunden im Durchschnitt alle sechs Tage das Unternehmen aufsuchen und im Durchschnitt alle 18 Tage ein Produkt aus dem Sortimentsbereich Kosmetik kaufen.

Erläuterung

Alternativ zur Einkaufshäufigkeit (auch Einkaufsfrequenz, Kauffrequenz, Kaufhäufigkeit) kann die Wartezeit zwischen zwei Einkäufen ermittelt werden. Häufig werden auch Einkaufsfrequenz-Verteilungen aufgestellt (sog. Lorenz-Kurven). In diesen Fällen versteht man unter Einkaufshäufigkeit die Anzahl der Käufer, die während des Betrachtungszeitraums einmal, zweimal, dreimal usw. im Produktfeld gekauft haben. Dabei hat es sich als zweckmäßig erwiesen, die Käufergruppen der einzelnen Häufigkeitsklassen nach weiterführenden Merkmalen zu analysieren (z. B. nach Käuferstrukturen, Wahl der Einkaufsstätten bzw. Marken, Wahl der Packungsgrößen).

Vorteile	Nachteile
• Wichtig vor allem für Handelsbetriebe als Basis für die Bildung von Kundentypologien (Intensivkäufer, Seltenkäufer) • Besonders aussagekräftig im Zeitvergleich sowie im Vergleich zu Wettbewerbern	• Aufgrund der wachsenden Bedeutung von Großeinkäufen müssen Haushalte, die selten einkaufen, nicht zwangsläufig wenig einkaufen • Notwendigkeit aufwendiger Kundenbefragungen, falls die Erfassung der Daten auf elektronischem Wege unter Einsatz von Kundenkarten nicht möglich ist

4.7 Forderungsausfallquote

Formel

$$\frac{\text{Endgültig ausgefallene Forderungen}}{\text{Summe der fälligen Forderungen}} \times 100\,\%$$

Beispiel

$$\frac{10.000\text{ € ausgefallene Forderungen}}{500.000\text{ € Forderungen gesamt}} \times 100\,\% = 2\,\%$$

Ein Großhandelsunternehmen verbucht im Betrachtungszeitraum Forderungen in Höhe von 500.000 €. Rechnungen in Höhe von 10.000 € werden trotz Mahnverfahren nicht beglichen und müssen abgeschrieben werden. Die Forderungsausfallquote beläuft sich demnach auf 2 %.

Erläuterung

Die Forderungsausfallquote bringt zum Ausdruck, wie hoch der Anteil ausgefallener Forderungen an der Summe der Forderungen ist.
Ansatzpunkte zur Reduzierung der Forderungsausfallquote bieten Bonitätsprüfungen, Kundenlimits und/oder Instrumente wie Akkreditive, Dokumenteninkasso, (Export-)Kreditversicherungen sowie Verkauf von Forderungen (Factoring). Daneben bietet es sich insbesondere für Versandhandelsunternehmen an, mittels mikrogeografischer Segmentierung Adressen mit einem geringen Ausfallrisiko zu selektieren bzw. bei bestimmten Zielgruppen nur bestimmte Zahlungsformen (etwa Zahlung per Nachname) zu akzeptieren.

Vorteile	Nachteile
• Kennzahl für nachträglich entgangene Umsätze • Wichtig für Betriebstypen, bei denen nicht bar bezahlt wird	• Keine Differenzierung nach Ursachen des Forderungsausfalls • Gefahr, dass zahlreiche Geschäftsabschlüsse überhaupt nicht zustande kommen, wenn zu hohe Bonitätsanforderungen gestellt werden

4.8 Forderungsverschiebungsquote

Formel

$$\frac{\text{Nicht pünktlich gezahlte Forderungen}}{\text{Summe der fälligen Forderungen}} \times 100\,\%$$

Beispiel

$$\frac{25.000\text{ € nicht pünktlich gezahlte Forderungen}}{500.000\text{ € fällige Forderungen}} \times 100\,\% = 5\,\%$$

Ein Großhandelsunternehmen verbucht im Betrachtungszeitraum Forderungen in Höhe von 500.000 €. Rechnungen in Höhe von 25.000 € werden nicht pünktlich beglichen und müssen daher angemahnt werden. Die Forderungsverschiebungsquote beläuft sich demnach auf 5 %.

Erläuterung

Die Forderungsverschiebungsquote bringt zum Ausdruck, wie hoch der Anteil nicht pünktlich erfüllter Forderungen an der Summe der insgesamt fälligen Forderungen innerhalb eines Zeitraumes ist. Damit verbunden sind der verspätete Eingang von Zahlungen sowie ein teilweise völliger Forderungsausfall.
Ansatzpunkte zur Reduzierung der Forderungsverschiebungsquote bietet der verstärkte Hinweis an die Kunden, mit welchen Kosten ein Mahnverfahren auch für sie verbunden ist. Des Weiteren haben sich in der Praxis Bonitätsprüfungen, Kundenlimits und Instrumente wie Akkreditive, Dokumenteninkasso, (Export-)Kreditversicherungen sowie der Verkauf von Forderungen (Factoring) bewährt.

Vorteile	Nachteile
• Wichtig auch für die Liquiditätsplanung • Besonders relevant für Betriebstypen, bei denen nicht bar bezahlt wird	• Eventuelle Akzeptanz der Überziehung von Zahlungszielen durch mächtige Kunden • Gefahr, dass ein rigides Mahnwesen dazu führen kann, dass Kunden die Geschäftsbeziehung abbrechen und/oder zu hohe Bonitätsanforderungen gestellt werden

4.9 Kartenzahlerquote

Formel

$$\frac{\text{Zahl der Kartenzahler}}{\text{Zahl der Zahlungsvorgänge}} \times 100\,\%$$

Beispiel

$$\frac{\text{2.250 Kartenzahler}}{\text{5.500 Zahlungsvorgänge}} \times 100\,\% = 40{,}1\,\%$$

Ein Discounter verzeichnet in einem Monat 5.500 Zahler, von denen 2.250 den Rechnungsbetrag per Karte begleichen. Die Kartenzahlerquote beläuft sich auf 40,1 %.

Erläuterung

Die Kennzahl gibt den Anteil der Käufer, die mit der Maestro- oder Kreditkarte bezahlen, an der Gesamtzahl der Käufer an. Die einschlägigen Untersuchungen belegen, dass Kunden, die mit der Maestro- oder Kreditkarte bezahlen, einen durchschnittlich höheren Einkaufsbon aufweisen als Barzahler. Neben der unmittelbaren Umsatzsteigerung bietet das Zahlverhalten demnach Ansatzpunkte für die Strukturierung des Kundenstamms nach dessen Wertigkeit. Nicht zuletzt können die Daten der Kartenzahler für zukünftige Maßnahmen im Direktmarketing genutzt werden.

Vorteile	Nachteile
• Problemlose Entnahme der Daten aus dem Warenwirtschaftssystem bei elektronischen Kassensystemen und im Idealfall einer Kundenkarte • Hinweis auf Ansatzpunkte zur Erhöhung der Kartenzahlerquote: Bereitstellung benutzerfreundlicher Hardware, offensive Propagierung dieser Zahlungsmöglichkeit in Medien oder über Incentive-Programme	• Keine Aussage über die Gründe, deretwegen die Kunden mit Karte bzw. nicht mit Karte bezahlen • Abweichungen zwischen der Zahl der Käufer von der Zahl der Zahlungsvorgänge bei Wiederholungskäufen

4.10 Klassifikationsschlüssel

Formel

Verdichtung der Informationen über den Kunden mithilfe eines firmenspezifischen Kundenschlüssels

Beispiel

Neben kundenspezifischen (z. B. 1 für Großhandel, 2 für Einzelhandel) und geografischen Größen (z. B. nach Postleitzahlengebiet) erfasst ein Unternehmen die Kundenbedeutung durch die Höhe des Deckungsbeitrags (etwa 1 für Deckungsbeitrag bis 1.000 € p. a., 2 für Deckungsbeitrag bis 2.000 € p. a. usw.) ausgedrückt werden.
Der Zahlenschlüssel 2-69-2 würde beispielsweise für einen Einzelhandelskunden aus dem Raum Heidelberg stehen, mit dem ein Deckungsbeitrag zwischen 1.000 € und 2.000 € p. a. erwirtschaftet wird.

Erläuterung

Mit dieser Methode verdichtet man die Informationen über den Kunden mithilfe eines firmenspezifischen Kundenschlüssels. Dies erleichert die Analyse und Steuerung der Kundenbeziehungen.

Vorteile	Nachteile
• Systematische Behandlung der Kunden • Pragmatischer Ansatz, um zahlreiche Informationen bzw. Kriterien in Bezug auf Kunden zu verwalten	• Gefahr von »Zahlenfriedhöfen«, wenn die erfassten Daten in der Praxis nicht benötigt werden • Gefahr, dass Kunden wegen Datenschutzvorbehalten abwandern

4.11 Kundendeckungsbeitrag I

Formel	Beispiel
Kunden-Bruttoerlöse pro Periode	10,204 Mio. €
– kundenbezogene Erlösschmälerungen (Boni, Skonti, Rabatte)	– 0,204 Mio. €
= Kunden-Nettoerlöse pro Periode	**= 10,000 Mio. €**
– Kosten der vom Kunden bezogenen Produkte (variable Stückkosten, multipliziert mit den Kaufmengen)	– 5,000 Mio. €
= Kundendeckungsbeitrag I	**= 5,000 Mio. €**

Ein großes Einzelhandelsunternehmen kauft in einer Periode 10.000 Computer im Wert von insgesamt 10,204 Mio. € exkl. Mehrwertsteuer. Gewährte Rabatte und Skonti sind bereits abgezogen. Der Großhändler hat diese Computer zu einem Einzelpreis von 500 € exkl. Mehrwertsteuer erworben. Am Jahresende erhält der einen Bonus von 3 % auf die getätigten Umsätze. Demnach beträgt der Kundendeckungsbeitrag I 5 Mio. €

Erläuterung

Bei der Deckungsbeitragsrechnung wird der Kostenblock in mengenabhängige variable Kosten und zeitabhängige fixe Kosten aufgeteilt. Der Deckungsbeitrag ist jener Betrag, der von den Erlösen nach Abzug der variablen Kosten übrig bleibt. Unter variablen Kosten versteht man alle einem Bezugsobjekt (z.B. Produkt, Bezirk, Reisender, Absatzweg) direkt zurechenbare Kosten. Der Deckungsbeitrag steht dem jeweiligen Kostenträger (z.B. Produkt, Kunde, Verkaufsregion) zur Abdeckung der fixen Kosten sowie gegebenenfalls zur Erwirtschaftung eines Gewinns zur Verfügung. Die Kundendeckungsbeitragsrechnung zielt darauf ab, den kundenindividuellen Beitrag zum Periodengewinn zu ermitteln und damit Aussagen über die momentane Rentabilität des Kunden zu treffen. Dabei muss der Kundendeckungsbeitrag I, II und III unterschieden werden (vgl. S. 110).

Vorteile	Nachteile
• Verursachungsgerechte Zuordnung von Erlösen und Kosten • Wichtig für die Berechnung des Kundenwerts	• Ausblendung der Tatsache, dass Investitionen in den Kunden durchaus über den Betrachtungszeitraum hinaus wirken können • Erforderlichkeit des Kundenbezugs

4.12 Kundendeckungsbeitrag II und III

Formel	Beispiel
Kundendeckungsbeitrag I	**5,000 Mio. €**
– eindeutig kundenbedingte Auftragskosten (z.B. Vorrichtungen, Versandkosten)	– 0,200 Mio. €
= Kundendeckungsbeitrag II	**= 4,800 Mio. €**
– eindeutig kundenbedingte Besuchskosten (z.B. Kosten der Anreise zum Kunden)	– 0,050 Mio. €
– sonstige relative Einzelkosten des Kunden pro Periode (z.B. Gehalt eines speziell zuständigen Key Account-Managers)	– 0,200 Mio. €
= Kundendeckungsbeitrag III	**= 4,550 Mio. €**

Ausgehend vom ermittelten Kundendeckungsbeitrag I (vgl. S. 109) fallen bei dem Einzelhandelsunternehmen Versandkosten für die Computer von insgesamt 200.000 € an. Sonstige eindeutig kundenbedingten Auftragskosten entstehen nicht. Daraus resultiert ein Kundendeckungsbeitrag II von 4,8 Mio. €. Des Weiteren fallen eindeutig kundenbedingte Besuchskosten von 50.000 € und sonstige relative Einzelkosten von 200.000 €. Demnach beträgt der Kundendeckungsbeitrag III 4,55 Mio. €.

Erläuterung

Der Kundendeckungsbeitrag ist jener Betrag, der von den Erlösen nach Abzug der variablen Kosten übrig bleibt. Unter variablen Kosten versteht man alle einem Bezugsobjekt (z.B. Produkt, Bezirk, Reisender, Absatzweg) direkt zurechenbare Kosten. Der Deckungsbeitrag steht dem jeweiligen Kostenträger (z.B. Produkt, Kunde, Verkaufsregion) zur Abdeckung der fixen Kosten sowie gegebenenfalls zur Erwirtschaftung eines Gewinns zur Verfügung. Die Kundendeckungsbeitragsrechnung zielt darauf ab, den kundenindividuellen Beitrag zum Periodengewinn zu ermitteln und damit Aussagen über die momentane Rentabilität des Kunden zu treffen.

Vorteile	Nachteile
• Verursachungsgerechte Zuordnung von Erlösen und Kosten • Wichtig für die Berechnung des Kundenwerts	• Ausblendung der Tatsache, dass Investitionen in den Kunden durchaus über den Betrachtungszeitraum hinaus wirken können • Erforderlichkeit des Kundenbezugs

4.13 Kundenrentabilität

Formel

$$\frac{\text{Nettogewinn einer Kundengruppe}}{\text{Nettoumsatz der Kundengruppe}} \times 100\,\%$$

Beispiel

$$\frac{50.000\text{ € Nettogewinn}}{1{,}5\text{ Mio. € Nettoumsatz}} \times 100\,\% = 3{,}3\,\%$$

Ein Unternehmen der Elektronikbranche erzielt mit seinen Kunden im Alter von über 65 Jahren einen Nettoumsatz von 1,5 Mio. € und einen Nettogewinn von 50.000 €. Die Kundenrentabilität dieser Kundengruppe beträgt 3,3 %.

Erläuterung

Der Nettoumsatz ist der Umsatz ohne Mehrwertsteuer, vermindert um Erlösschmälerungen wie Rabatte, Skonti, Boni, Preisnachlässe sowie Warenrücksendungen. Der Nettogewinn ist die Differenz von Deckungsbeitrag und zugerechneten fixen Kosten. Die Kennzahl Kundenrentabilität gilt als eine zentrale Kennzahl zur Beurteilung des Kundenwerts. Bei der Berechnung der Kundenrentabilität ist neben den Einnahmen und Ausgaben pro Periode auch die Dauer der Kundenbeziehung zu berücksichtigen.
Aufgabe von Marketing, Service und Vertrieb sollte es sein, durch gezielte Kundenbetreuung die rentablen Kunden an das Unternehmen zu binden. Ferner sollten unrentable Kunden z. B. durch entsprechende Maßnahmen zu rentablen Kunden umgewandelt werden. Gilt dies nicht als Erfolg versprechend, sollte die Bearbeitung unrentabler Segmente eingestellt werden.

Vorteile	Nachteile
• Gezielte Bearbeitung der Kundenbeziehungen • Erleichterung strategischer Entscheidungen wie z. B. der Abschied aus unrentablen Kundensegmenten	• Gefahr, aktuell unrentable Kunden zu kündigen, obschon sie in Zukunft rentabel geworden wären • Aufwändige Zurechnung des Nettogewinns auf eine einzelne Kundengruppen

4.14 Kundenwert

Formel

$$DB_{t0} + \frac{DB_{t1}}{(1+i)} + \frac{DB_{t2}}{(1+i)^2} + \ldots\ldots + \frac{DB_{tn}}{(1+i)^n}$$

DB = Deckungsbeitrag III t = Jahr i = Kalkulationszinssatz

Beispiel

Jahr	1	2	3	4	5
Kundendeckungsbeitrag III	1.250 €	350 €	300 €	300 €	300 €
Kalkulationszins	1,00	0,91	0,83	0,75	0,68
Abgezinster Kundenwert	1.250 €	318,50	249 €	225 €	204 €
Kundenwert	**Summe der Jahreswerte: 2.246,50 €**				

Ein Unternehmen prognostiziert, dass es mit einem bestimmten Kunden in den nächsten fünf Jahren die angegebenen Kundendeckungsbeiträge III erwirtschaften kann und der Kunde danach abwandert. Bei einem Abzinsungssatz von 10 % beträgt der Kundenwert dieses Kunden 2.246,50 €.

Erläuterung

Der Kundenwert (auch Customer-Lifetime-Value, CLV) basiert auf der Kapitalwertmethode und dient zur Beurteilung der Wirtschaftlichkeit von Geschäftsbeziehungen. Dabei werden zukünftige Ein- und Auszahlungen prognostiziert, die sich durch eine Kundenbeziehung ergeben, mit einem Kalkulationszinssatz abgezinst und addiert. Anhand des sich daraus ergebenden Kapitalwertes kann die Geschäftsbeziehung mit dem Kunden im Hinblick auf ihre Profitabilität beurteilt werden.

Vorteile

- Verdeutlichung, was ein Kunde für das Unternehmen wert ist, und welche Folgen es hat, wenn er wegen Unzufriedenheit frühzeitig abwandert
- Unterstützung beim rentablen Management der Kundenbeziehung

Nachteile

- Keine Beachtung der Tatsache, dass Kunden, die vom heutigen Standpunkt einen geringen Kundenwert besitzen, durch gezielte Kundenentwicklung in Zukunft an Attraktivität gewinnen können

4.15 Nebeneinanderverwendungsquote

Formel

$$\frac{\text{Anzahl der Käufer von Marke A, die auch Marke B, C oder D erwerben}}{\text{Anzahl Käufer von Marke A}} \times 100\,\%$$

Beispiel

$$\frac{100.000 \text{ Konsumenten}}{500.000 \text{ Konsumenten}} \times 100\,\% = 20\,\%$$

Aus den Daten eines Haushaltspanels entnimmt ein Schokoladenhersteller, dass in der vergangenen Periode hochgerechnet auf den Gesamtmarkt 500.000 Konsumenten den Schokoriegel seines Hauses zumindest einmal erworben haben. Hiervon haben 100.000 Konsumenten im selben Zeitraum auch den Schokoriegel zumindest eines Wettbewerbers erworben. Die Nebeneinanderverwendungsquote beträgt demnach 20 %.

Erläuterung

Die Kennzahl gibt den Anteil der Kunden, die im Betrachtungszeitraum neben einer Marke noch zumindest eine weitere Marke der gleichen Warenkategorie erworben haben, an der Gesamtzahl der Kunden an. Damit weist die Nebeneinanderverwendungsquote zum einen auf die Gefahr der Abwanderung von Kunden und zum anderen auf unausgeschöpftes Umsatzpotenzial hin.

Vorteile	**Nachteile**
• Wichtig im Rahmen der Positionierung von Marken sowie bei Preisveränderungen • Ausdruck der Loyalität zu bzw. der Identifikation mit einer Marke bzw. einem Unternehmen • Aussagekräftig insbesondere im Periodenvergleich	• Im Regelfall aufwendige Ermittlung • Kosten für entsprechende Panel-Daten von Marktforschungsunternehmen oder für kostenintensive Kundenbefragungen

4.16 Nettoumsatz

Formel | **Beispiel**

Formel	Beispiel
Umsatz ohne MwSt.	1.200.000 €
– Erlösschmälerungen (Rabatte, Skonti, Boni)	60.000 €
– Preisnachlässe aufgrund von Mängelrügen und Warenrücksendungen	36.000 €
– Forderungsminderungen oder -ausfälle	32.000 €
= Nettoumsatz	**1.072.000 €**

Ein Computerhersteller verkauft in einer Periode 1.000 Notebooks zu Listenpreisen im Wert von insgesamt 1,2 Mio. € exkl. Mehrwertsteuer an einen Handelskonzern. Gewährte Rabatte belaufen sich auf 60.000 €, Skonti auf 36.000 €. Am Jahresende erhält der Einzelhändler einen Bonus von 32.000 € auf die getätigten Umsätze. Preisnachlässe müssen nicht gewährt werden, es fallen keine Forderungen aus. Demnach beträgt der Nettoumsatz mit diesem Kunden 1,072 Mio. €.

Erläuterung

Die Kennzahl Nettoumsatz zeigt auf, wie Erlösschmälerungen und Warenrücksendungen und Preisnachlässe den Umsatz verringern. Ein Preisnachlass liegt bei jeder Minderung eines Preises vor, der für ein Gut oder eine Leistung verlangt wird. Man unterscheidet Preisnachlässe, die vor Rechnungsstellung feststehen (z. B. Rabatt oder Barzahlungsskonto oder erst nach Rechnungsstellung bekannt werden (z. B. Skonto, Preisnachlass infolge einer Mängelrüge und Forderungsausfälle). Im Marketing hat der Preisnachlass die Funktionen, den Anschein besonderer Kaufvorteile zu erwecken, die Zahlung des Kunden zu beschleunigen, indem Preisnachlässe an Zahlungsfristen gekoppelt werden (Skonto), Stammkunden zu binden, Anbieterwechsel zu verhindern oder zu erschweren sowie berechtigte Beschweren und Mängelrügen zu »entschärfen«.

Vorteile	Nachteile
• Schneller Überblick über die tatsächlichen Einkünfte des Unternehmens	• Kaum Aussagekraft ohne Vergleich zu Wettbewerbern oder Branchendurchschnitt
• Wichtige Kennzahl für die Kundenwertanalyse	• Keine Aussage über Effizienz der Preisnachlässe

4.17 Return on Marketing Investment (ROMI)

Formel

$$\frac{\text{Erzielter Mehrgewinn}}{\text{Marketinginvestition}} \times 100\,\%$$

Beispiel

$$\frac{20.000\text{ € Mehrgewinn}}{100.000\text{ € Marketinginvestition}} \times 100\,\% = 20\,\%$$

Ein Versandhandelsunternehmen investiert 100.000 € in eine Direkt-Mailing-Aktion und erzielt damit einen Mehrumsatz von 500.000 €. Die Rendite beträgt 4 %. Der auf Umsätzen basierende ROMI beläuft sich demnach auf 20 %.

Erläuterung

Der Return on Investment (ROI) ist das Verhältnis des Gewinns zum eingesetzten Kapital. In Analogie hierzu drückt der ROMI das Verhältnis des durch die Marketingaktivitäten erzielten Mehrgewinns im Verhältnis zu den Marketing-Ausgaben aus. Vereinfacht dargestellt bringt der ROMI zum Ausdruck, welche Ertragssteigerung jeder ins Marketing investierte Euro bewirkt. Auf diese Weise soll überprüft werden, inwieweit sich Investitionen in Werbung, Kundenbindung, Marke, etc. in einem entsprechenden Mehrgewinn niederschlagen. Die Kennzahl stellt das Marketing demnach auf den Prüfstand.

Vorteile	Nachteile
• Zunehmende Bedeutung im Marketingcontrolling • Besonders aussagekräftig im Vergleich zwischen einzelnen Marketingaktionen	• Schwierige Zurechenbarkeit des Mehrgewinns auf Marketingaktion • Aufwendige Berechnung, da Marketinginvestitionen ausstrahlen können (Spill-Over-Effekt), sich normalerweise auch auf den Umsatz der Folgeperioden auswirken (Carry-Over-Effekt) und erst zeitverzögert wirken (Decay-Effekt)

4.18 RFMR-Wert

Formel

Recency $\frac{1}{t_{heute} - t_{Letztkauf}}$

Frequency $\frac{Kauf_1, Kauf_2, ..., Kauf_n}{t_{Periode}}$

Monetary ratio $\frac{Umsatz_1, Umsatz_2, ..., Umsatz_n}{Kauf_1, Kauf_2, ..., Kauf_n}$

RFMR = R x F x MR

Legende:

t_{heute} = Datum der Berechnung, numerisch ausgedrückt
$t_{Letztkauf}$ = Datum des letzten Kaufs, numerisch ausgedrückt
$t_{Periode}$ = Anzahl der Tage im Betrachtungszeitraum (im vorliegenden Fall 365 Tage)
$Kauf_n$ = Kaufvorgang n
$Umsatz_n$ = Umsatz des Kaufvorgangs n

Beispiel

$$= \frac{1}{50} \times \frac{15}{365} \times \frac{1.647,49}{15} = 0,02 \times 0,041 \times 109,83 = 0,09006$$

Heute sei der 27. April 2008. Der Betrachtungszeitraum beträgt ein Jahr (= 365 Tage). Während dieser Zeit hat ein Kunde 15 mal im Unternehmen eingekauft, zuletzt vor 50 Tagen (= am 8. März 2008). Insgesamt hat die betreffende Person 1.647,49 € ausgegeben (= 109,83 € pro Kauf). Der RFMR-Wert beträgt 0,09006 (= [1/50] x [15/365] x [1.647,49/15] = 0,02 x 0,041 x 109,83). Dabei gilt: Je höher der RFMR-Wert, desto größer der Kundenwert.

4.18 RFMR-Wert

Erläuterung

Der in den 1930er Jahren entwickelte RFMR-Ansatz eröffnet eine sehr pragmatische Möglichkeit, den Kundenwert zu berechnen. Dieser ergibt sich aus

- dem letzten Kauf (= Recency),
- der Kaufhäufigkeit (= Frequency) sowie
- der Kaufsumme (= Monetary ratio).

Dabei gilt bspw.: Kunden, die erst in der jüngeren Vergangenheit etwas erworben haben, werden höher bewertet als Kunden, die bereits vor längerer Zeit ihren letzten Einkauf getätigt haben. Mit anderen Worten: Kunden, die oft bzw. viel kaufen, sind »mehr wert« als Kunden, die selten bzw. wenig kaufen.

Vorteile	Nachteile
• Der RFMR-Ansatz ist, sofern die erforderlichen Daten ermittelt sind, eine einfach handhabbare Methode, mit der sich eine Momentaufnahme vom Wert eines Kunden anfertigen lässt	• Der Erhebungsaufwand sollte nicht unterschätzt werden • Die reine Vergangenheitsorientierung blendet das Kundenpotenzial aus

4.19 Share of Wallet (Geschätzter eigener Anteil als Lieferant)

Formel

$$\frac{\text{Umsatzvolumen des Lieferanten mit dem Kunden}}{\text{Gesamtes Einkaufsvolumen des Kunden (ggf. in der Warengruppe)}} \times 100\,\%$$

Beispiel

$$\frac{\text{3 Mio. € Umsatz des Verbrauchermarkts}}{\text{12 Mio. € Einkaufsvolumen des Verbrauchermarkts}} \times 100\,\% = 25\,\%$$

Ein Mineralwasserproduzent liefert im Betrachtungszeitraum Produkte im Wert von 3 Mio. € an einen Verbrauchermarkt. Insgesamt kauft der Verbrauchermarkt Mineralwasser im Wert von 12 Mio. € ein. Der Share of Wallet des Unternehmens beim Verbrauchermarkt in der Warengruppe Mineralwasser beträgt 25 %.

Erläuterung

Der Share of Wallet gibt an, wie hoch der Anteil eines Unternehmens als Lieferant am gesamten Einkaufsvolumen des belieferten Kunden ist. Die Kennzahl spielt bei der im Zuge der Kundenbewertung eingesetzten Variante der Portfolioanalyse anhand der Kriterien »Umsatzanteil« und »Geschätzter eigener Anteil als Lieferant« eine wichtige Rolle.

Vorteile	Nachteile
• Hinweis auf Stellenwert des Lieferanten beim Kunden	• Keine Ertragsgesichtspunkte, da auf Umsatzgrößen basiert
• Besonders aussagekräftig im Zeitvergleich sowie im Vergleich zu Wettbewerbern, sofern die Daten erhoben werden können	• Keine Erhöhung des Share of Wallet durch noch so große Marketing- und Vertriebsanstrengungen bei Multi-Sourcing-Strategie des Kunden

4.20 Umsatzanteil des Kunden

Formel

$$\frac{\text{Umsatz mit einem speziellen Kunden}}{\text{Gesamtumsatz}} \times 100\,\%$$

Beispiel

$$\frac{\text{1 Mio. € Umsatz mit einem Kunden}}{\text{20 Mio. € Gesamtumsatz}} \times 100\,\% = 5\,\%$$

Ein Unternehmen verzeichnet im Jahr einen Gesamtumsatz von 20 Mio. €. Hiervon entfällt ein Umsatz von 1 Mio. € auf den Kunden A. Dessen Umsatzanteil beläuft sich demnach auf 5 %.

Erläuterung

Die Kennzahl gibt Auskunft über die Umsatzbedeutung eines Kunden für das Unternehmen. Eine Verringerung des Umsatzanteils sollte zum Anlass genommen werden, die Marketingaktivitäten gegenüber dem Kunden zu intensivieren bzw. zu motivieren.
Die Kennzahl spielt bei der im Zuge der Kundenbewertung eingesetzten Variante der Portfolioanalyse anhand der Kriterien »Umsatzanteil« und »Geschätzter eigener Anteil als Lieferant« eine wichtige Rolle. Die Kennzahl ist insbesondere aussagekräftig im Vergleich verschiedener Zeiträume, Produkte und mit Wettbewerbern (sofern Daten vorliegen).

Vorteile	Nachteile
• Einfache Ermittlung, da die Umsatzgrößen bekannt sind • Besonders aussagekräftig im Vergleich verschiedener Zeiträume und mit Wettbewerbern (sofern Daten vorliegen)	• Keine Aussage über das Potenzial einzelner Neukunden mit niedrigen Umsätzen • Verfälschung durch einmalige große Umsätze • Nichtbeachtung der Ertragsgesichtspunkte bei reiner Umsatzbetrachtung

4.21 Up-Selling-Quote

Formel

$$\frac{\text{Anzahl der Wiederholungskäufer, die ein höherwertiges Produkt erwerben}}{\text{Anzahl sämtlicher Wiederholungskäufer}} \times 100\,\%$$

Beispiel

$$\frac{\text{6.500 Wiederholungskäufer, die ein höherwertiges Produkt erwerben}}{\text{10.000 Wiederholungskäufer}} \times 100\,\% = 65\,\%$$

Ein Kfz-Hersteller verzeichnet im Betrachtungszeitraum 15.000 Kunden, von denen 10.000 Kunden Wiederholungskäufer sind. Bei 6.500 Wiederholungskäufern gelingt es, ein höherwertiges als das Vorgängerfahrzeug zu verkaufen. Demnach beläuft sich die Up-Selling-Quote auf 65 %.

Erläuterung

Up-Selling zielt darauf ab, im Falle des Wiederholungskaufs eine höherwertige Variante des Produkts (etwa teureres Fahrzeug, Haftpflichtversicherung mit höherer Deckung, Designer-Haarschnitt) zu verkaufen. Dazu sollen dem Kunden durch plausible Argumente und gegebenenfalls durch Produktvorführungen die Vorzüge der höheren Produkt- oder Dienstleistungskategorie veranschaulicht werden (z. B. größere/r Nutzen, Komfort, Sicherheit). Gleichzeitig sollte der Verkäufer die Finanzierung so kalkulieren und präsentieren, dass die zusätzlichen Kosten als vergleichsweise gering erscheinen.

Vorteile	Nachteile
• Wichtige Einschätzung des realisierten Kundenpotenzials	• Besondere Anforderungen an Kundendatenbank
• Wichtige Kennzahl bei der Ermittlung des Kundenwerts, da der Verkauf höherwertiger Produkte im Regelfall höhere Erträge bedeutet	• Beschränkung auf eine reine Mengenbetrachtung, so dass keine Aussagen über Umsätze und Erträge möglich sind

4.22 Vertriebskosten je Kunde

Formel

$$\frac{\text{Vertriebskosten gesamt}}{\text{Gesamtzahl der Kunden}}$$

Beispiel

$$\frac{21.900.000\ €\ \text{Vertriebskosten}}{15.000\ \text{Kunden}} = 1.460\ €\ \text{pro Kunde}$$

Ein Kfz-Hersteller verkauft im Betrachtungszeitraum an private Kunden 15.000 Fahrzeuge. Aus Vereinfachungsgründen werden die verkauften Einheiten mit der Zahl der Kunden gleichgesetzt. Insgesamt fallen Vertriebskosten von 21,9 Mio. € an. Die Vertriebskosten pro Kunde belaufen sich demnach auf 1.460 €.

Erläuterung

Vertriebskosten sind sämtliche Kosten, die beim Absatz der Erzeugnisse anfallen, z. B. Personalkosten, Vertreterprovisionen, Verpackungskosten, Zollkosten, Frachtkosten oder Werbekosten. Je nach Zurechenbarkeit auf die Kostenträger trennt man in Sondereinzelkosten des Vertriebs und Vertriebsgemeinkosten. Erstere können direkt den Kostenträgern zugerechnet werden, letztere indirekt mithilfe von Vertriebsgemeinkostenzuschlägen auf die Herstellkosten der verkauften Leistungen oder die Vertriebsaufträge. Vertriebskosten bestehen zum größeren Teil aus Vertriebsgemeinkosten, die sich den Erzeugnissen nicht direkt zurechnen lassen. Zum kleineren Teil sind sie Vertriebseinzelkosten (Sondereinzelkosten des Vertriebs).

Vorteile	**Nachteile**
• Wichtig bei der Ermittlung des Kundenwerts	• Keine Differenzierung nach Art der Vertriebskosten
• Besonders aussagekräftig im Zeitvergleich, im Vergleich zur Konkurrenz sowie in Bezug auf einzelne Kundengruppen	• Betrachtung der Kostenseite, nicht aber der Ertragsseite

4.23 Weiterempfehlungsquote

Formel

$$\frac{\text{Anzahl der Kunden, die das Produkt bzw. das Unternehmen weiterempfehlen}}{\text{Anzahl sämtlicher Kunden}} \times 100\,\%$$

Beispiel

$$\frac{\text{1.050 Kunden}}{\text{8.400 Kunden}} \times 100\,\% = 12{,}5\,\%$$

Ein Unternehmen hat im Betrachtungszeitraum insgesamt 8.400 Kunden. Eine Marktforschungsuntersuchung ergibt, dass davon 1.050 das Produkt weiterempfehlen. Die Weiterempfehlungsquote beträgt 12,5%.

Erläuterung

Ist ein Kunde zufrieden, führt dies neben Kundenbindung auch zu positiver Mundpropaganda bei Freunden, Bekannten und Kollegen und damit zur für das Unternehmen vorteilhaften Verbreitung positiver Erfahrungen.
Bei Unzufriedenheit hingegen kommt es neben Abwanderung und Beschwerden zu negativer Mund-zu-Mund-Werbung, d.h. der Kunde bringt seine Unzufriedenheit mit den Leistungen des Unternehmens in seinem sozialen Umfeld zum Ausdruck. Durch sog. »Hate sites« sowie Internet-Meinungsforen, die in jüngerer Zeit an Bedeutung gewonnen haben, besteht die Gefahr, dass negative Erlebnisse unzufriedener Kunden um ein Vielfaches potenziert werden.

Vorteile	Nachteile
• Einschätzung des Umfangs quasi kostenloser Werbung durch die Weiterempfehlung zufriedener Kunden (positive Mundpropaganda) • Hohe Glaubwürdigkeit durch persönliche authentische Weiterempfehlungen	• Keine Aussage darüber, wie oft ein zufriedener Kunde seine Empfehlung weitergibt • Negative Erfahrungen werden meist häufiger als positive Erfahrungen kommuniziert

4.24 Werbekosten pro Kunde bzw. verkaufter Einheit

Formel

$$\frac{\text{Werbekosten gesamt}}{\text{Gesamtzahl der Kunden bzw. verkauften Einheiten}}$$

Beispiel

$$\frac{144.000\text{ € Werbekosten}}{1.200\text{ Kunden}} = 120\text{ € Werbekosten pro Kunde}$$

Ein Hersteller von gewerblichen Spezialmaschinen, der im Durchschnitt 1.200 Kunden hat, investiert in einem Jahr 144.000 € in Werbung. Die Werbekosten pro Kunde belaufen sich auf 120 €. Wenn im betrachteten Jahr insgesamt 2.400 Spezialmaschinen verkauft werden konnten, betragen die Werbekosten je verkaufter Einheit 60 €.

Erläuterung

Werbekosten (nicht zu verwechseln mit den Werbungskosten im steuerrechtlichen Sinn) umfassen die Kosten für die in der Werbeabteilung beschäftigten Personen und dort benötigten Sachwerte, die Kosten für Entwurf und Her-stel-lung von Werbemitteln im eigenen Betrieb, die Kosten für Werbemittel aus fremden Betrieben (Drucksachen, Kinowerbung, TV-Werbung, Werbegeschenke), die Kosten für den Einsatz von Werbemitteln (Gebühren für Inserate, Filme, Rundfunk- und Fernsehsendungen; Mieten für Plakatsäulen und -wände, Giebelwände; Energiekosten für Leuchtreklame, Schaufenster- und Raumbe-leuchtung; Postgebühren für Werbesendungen) sowie die anteiligen Gemein-kosten für die Werbeabteilung (Verwaltung, Rechnungswesen, Steuern, Raum-, Beleuchtungs-, Heizungs-, Reinigungskosten).

Vorteile	Nachteile
• Wichtige Größe bei der Ermittlung des Kundenwerts	• Keine Differenzierung nach Art der Werbeausgaben
• Aussagekräftig als Vergleichsmaßstab in der Werbewirkungskontrolle	• Nichtbeachtung von Ertragsgesichtpunkten bei der Kostenbetrachtung

4.25 Zahlungszielabweichung

Formel

	Summe der positiven Abweichungen des Zahlungseingangs vom -ziel
–	Summe der negativen Abweichungen des Zahlungseingangs vom -ziel
=	**Zahlungszielabweichung (in Tagen)**

Beispiel

30 Tage – 25 Tage = +5 Tage

Die Tage, welche die Kunden eines Unternehmens ihre Rechnungen vor dem Zahlungsziel beglichen haben, addieren sich auf 30 Tage. Gleichzeitig haben andere Kunden ihre Rechnungen insgesamt erst 25 Tage nach Ablauf der Zahlungsfrist gezahlt. Die Zahlungszielabweichung beträgt demnach + 5 Tage.

Erläuterung

Eine positive Zahlungszielabweichung spricht für eine gute Zahlungsmoral der Kunden und/oder die Wirksamkeit der gegebenen Skonti. Der Unternehmer könnte bei großen positiven Abweichungen über eine Verkürzung der Zahlungsfristen nachzudenken, um Skonti einzusparen.
Eine negative Zahlungszielabweichung gibt es, weil viele Kunden die Rechnung erst nach Überschreiten des Zahlungsziels beglichen haben. Verspätete Zahlungseingänge haben zur Konsequenz, dass die entsprechenden Mittel nicht angelegt werden können bzw. zwischenfinanziert werden müssen. Weitere Kosten entstehen bei Überschreiten der Zahlungsziele durch das Mahnwesen. Ein dauerhaft negativer Kennzahlenwert sollte zum Anlass genommen werden, über die Einführung oder Erhöhung der Skonto-Vergütung nachzudenken und die Kunden über deren Kosten des Mahnverfahrens zu informieren.

Vorteile	Nachteile
• Einfache und zeitnahe Ermittlung • Schneller Überblick, ob das Skontoangebot wirksam ist • Erkennen von Veränderungen der Zahlungsmoral im Periodenvergleich	• Möglichkeit der Verzerrung durch positive oder negative Ausreißer • Keine Unterscheidung oder Gewichtung nach der Höhe der Rechnungen

Stichwortverzeichnis

Stichwortverzeichnis

Stichwortverzeichnis

Literaturverzeichnis

Schneider, W.; Hennig, A.	Lexikon Kennzahlen für Marketing und Vertrieb, Berlin 2008
Schneider, W.	Marketing und Käuferverhalten, 2. Aufl., München 2006
Schneider, W.	Marketing, Heidelberg 2007
Brickau, R.; Kreikenberg, A.; Rettowski, U.	100 Marketing- & Vertriebskennzahlen, Wiesbaden 2007
Hofmann, M.; Mertiens, M. (Hrsg.)	Customer-Lifetime-Value-Management, Wiesbaden 2000
Meffert, H.	Marketing, 10. Aufl., Wiesbaden 2007
Simon, H.	Preismanagement, 3. Aufl., Wiesbaden 2008
Winkelmann, P.	Vertriebskonzeption und Vertriebssteuerung: die operativen Elemente des Marketing, 3. Aufl., München 2005
Zerres, M. P.; Zerres, C.	Handbuch Marketing-Controlling, Berlin 2007

Impressum

Sonderausgabe in Kooperation mit der Handelsblatt GmbH

Konzeption:

Prof. Dr. Willy Schneider
Prof. Dr. Alexander Hennig
Ulrich Wiehle

Autoren:

Prof. Dr. Willy Schneider
Prof. Dr. Alexander Hennig

Cover:

cometis publishing GmbH & Co. KG

Projektleitung:

Ulrich Wiehle

Verantwortlich:

cometis publishing GmbH & Co. KG
Unter den Eichen 7
65195 Wiesbaden

Tel.: 0611/205855-0
Fax: 0611/205855-66

E-Mail: info@cometis.de

www.cometis.de
www.cometis-publishing.de

Originalquelle:

Prof. Dr. Schneider, W.; Prof. Dr. Hennig, A.
100 Kennzahlen für profitable Kundenbeziehungen, cometis publishing GmbH & Co. KG, Wiesbaden, 2008, 1. Auflage, ISBN 978-3-940828-27-9

Leseproben

USA: Verbrauchervertrauen

Veröffentlichung:

Turnus	Monatlich
Zeitpunkt	Am letzten Dienstag des Berichtsmonats um 16:00 Uhr
Quelle	Conference Board

Beschreibung:

Für das Verbrauchervertrauen werden landesweit 5.000 repräsentative Haushalte schriftlich befragt. Auf der Basis von fünf Fragen werden zwei Teilkomponenten ermittelt, die Lage- und die Erwartungskomponente, die mit den Gewichten 40 % bzw. 60 % in den Gesamt*index* eingehen. Erstere ergibt sich aus den Teilfragen nach der wirtschaftlichen Lage und der Arbeitsmarktlage. Letztere wird aus den Erwartungen bezüglich der wirtschaftlichen Entwicklung, der Arbeitsmarktentwicklung und der Einkommensentwicklung jeweils in sechs Monaten ermittelt. Der *Index* ist *saisonbereinigt*. Seine Zuverlässigkeit ist niedrig bis mittel.

Interpretation:

Das Verbrauchervertrauen ist der wichtigste Indikator für die Stimmung der privaten Haushalte. Bei Werten über 120 Punkten kann von einer sehr hohen Dynamik des privaten Konsums ausgegangen werden. Fällt der *Index* für mehrere Monate unter 80 Punkte, so ist mit einer Phase der Konsumschwäche zu rechnen. *Rezessionen* gingen in der Vergangenheit mit *Index*werten unter 60 Punkten einher. Änderungen dieses Indikators um 2 bis 3 Punkte können als übliche Schwankung interpretiert werden, ohne dass eine gravierende Änderung des Konsumentenverhaltens zu erwarten ist. Großen Einfluss auf die Befragungsergebnisse haben Bewegungen des Benzinpreises, Arbeitsmarktzahlen der vergangenen Monate und die Höhe der Kreditzinsen.

Finanzmarktbedeutung	gering	mittel	**hoch**
Konjunkturbezug	**Vorlauf**	Gleichlauf	Nachlauf
Hoch/Tief/ Durchschnitt	H: 144,7 Punkte Mai 2000	T: 47,3 Punkte Feb. 1992	D: 99,7 Punkte 1991 - 2008

Leseprobe:
100 Energiekennzahlen

Grid Parity

Formel

$$\frac{\text{Gestehungskosten des Stroms aus einer Photovoltaikanlage}}{\text{Strompreis für den Endkunden}} \leq 1$$

Rechenbeispiel (T7)

$$\frac{0{,}40\ €/\text{kWh}}{0{,}206\ €/\text{kWh}} > 1$$

Erläuterung

Die Grid Parity oder Netzparität ist erreicht, wenn die Gestehungskosten (vgl. 4.1) des Stroms aus der Photovoltaikanlage auf dem Dach für einen Hausbesitzer mindestens genauso günstig ist wie der Strom aus der Steckdose. Die Grid Parity bedeutet nicht, dass die Gestehungskosten von Solarstrom den Gestehungskosten anderer Energiequellen entsprechen, denn der Strom aus der Steckdose beinhaltet neben den Stromgestehungskosten zudem Steuern, Abgaben, Transportkosten und andere Belastungen (vgl. 6.10).
Wann die Grid Parity erreicht wird, ist abhängig von den Kosten einer Photovoltaikanlage, den Strompreisen der jeweiligen Gegend und der regionalen Sonneneinstrahlung. Geringere Kosten für die Anlage, höhere Strompreise für den Strom aus der Steckdose und mehr Sonneneinstrahlung werden mittelfristig in vielen Gegenden zur Grid Parity führen.

Vorteile	Nachteile
• Mit Erreichen der Grid Parity hat jeder Hauseigentümer einen wirtschaftlichen Anreiz, eine Photovoltaikanlage auch ohne staatliche Förderung aufzustellen • Unter Marketing-Gesichtspunkten ist dies für die Photovoltaik eine wichtige Kennzahl • Mit Erreichen der Grid Parity sollte die Nachfrage nach Solaranlagen signifikant ansteigen	• Wann die Grid Parity erreicht wird, ist regional unterschiedlich • Grid Parity sagt nichts über die Wettbewerbsfähigkeit mit den Gestehungskosten anderer Energieträger aus • Auch mit erreichter Grid Parity hat die Photovoltaik weitere Probleme (z. B. kostengünstige Speicherung von Energie)

Funds from Operations – FFO

Formel		Rechenbeispiel
	Jahresüberschuss (Konzernergebnis)	200,67 Mio. €
+	Abschreibungen	3,8 Mio. €
+/–	Bewertungsergebnis der Immobilien	– 114,67 Mio. €
+/–	Veräußerungserlöse bzw. -verluste	– 91,87 Mio. €
+/–	Ergebnis aus der Bewertung derivativer Finanzinstrumente	0 Mio. €
=	FFO	–2,07 Mio. €

Erläuterung

FFO ist eine wichtige Kennzahl zur Ermittlung des tatsächlich ausschüttungsfähigen Gewinns einer Immobilien-AG. Zur Ermittlung wird der ermittelte Jahresüberschuss um die Abschreibungskosten für Immobilien bereinigt. Auch Immobilienveräußerungserlöse und -verluste werden in der Regel aus dem Reineinkommen herausgerechnet. Heraus kommt ein Maß für die betriebliche Leistung einer Immobilien-AG, FFO genannt.

Ein Problem mit dieser einfachen FFO-Definition liegt in der fehlenden Berücksichtigung echter Wertminderungen in den Immobilienbeständen. Regelmäßige Investitionen, die lediglich dem Erhalt der Vermietbarkeit dienen, werden meist kapitalisiert und abgeschrieben. Auch dieser Kapitalaufwand muss deshalb aus dem FFO herausgerechnet werden, um die Profitabilität einer Immobilien-AG beurteilen zu können. Die Mittel aus der laufenden Geschäftstätigkeit bilden schließlich die Grundlage für die Ausschüttungen einer Immobilien-AG.

Vorteile	Nachteile
• Zeigt Stärke und Qualität des operativen Geschäfts an • Im Unterschied zum EBITDA (vgl. Seite 134) wird das Kerngeschäft einer Immobilien-AG, die Vermietungstätigkeit, transparenter herausgearbeitet • Erlaubt Ausblick auf das zukünftige Wachstum des Kerngeschäfts sowie die Fähigkeit, den Anteil stabiler, wiederkehrender Erträge am Gesamtergebnis zu erhöhen	• Fehlende Berücksichtigung echter Wertminderungen in Immobilienbeständen • Manipulierbarkeit durch Anwendung unterschiedlicher Buchhaltungsstandards

Autoren

Jürgen Bauer
Egbert Hayessen

100 Produktions-kennzahlen

Sonderausgabe in Kooperation mit der Handelsblatt GmbH

Cover: cometis publishing GmbH & Co. KG

Anmerkung:
Die Erläuterungen und Interpretationen der einzelnen Kennzahlen geben zum Teil die persönliche Einschätzung der Autoren wieder. Trotz sorgfältiger Recherche und Prüfung der Inhalte kann eine Garantie oder Haftung für die Richtigkeit oder Vollständigkeit nicht übernommen werden.

Dieses Buch ist Teil der Sonderausgabe »Kennzahlen kompakt« mit der ISBN 978-3-940828-80-4

Vorwort

Liebe Leser,

der Produktion kommt im Streben nach Wettbewerbsfähigkeit und Profitabilität des Unternehmens eine herausragende Rolle zu. Hoher Kapitalbedarf, komplexe Fertigungsstrukturen, Sicherung des Know-hows, hoher technologischer Fortschritt, Integration in überbetriebliche Prozessketten und die Ansprüche sich rasch wandelnder Märkte stellen hohe Anforderungen an das Produktionsmanagement und das Controlling. Kennzahlen werden hier zu unentbehrlichen Orientierungsgrößen und dienen in Form von Prozess-Benchmarks als Grundlagen von Abweichungsanalysen und als Planungsvorgaben für die zukünftige Entwicklung. Die im Produktionsmanagement lange geübte Fokussierung auf Produktivität und Kostensenkung (Prozesszentrik) genügt diesen Ansprüchen nicht mehr.

Produktionsmanagement und Produktionscontrolling benötigen vielmehr Kennzahlen, die sowohl den finanziellen Aspekt produktionsbezogener Aktivitäten als auch deren erhebliche Außenwirkung gegenüber Kunden und Lieferanten abbilden. Nicht zu vernachlässigen ist ferner der vom Produktionspersonal getriebene innovative Beitrag zur Unternehmensentwicklung wie auch der Beitrag einer leistungsfähigen IT-Struktur zum Reengineering der Geschäftsprozesse.

Ein solchermaßen integrativer Ansatz ist das Leitbild des vorliegenden Kennzahlenführers. Deshalb wird auf die bewährte Methode der Balanced Scorecard (BSC) als Strukturschema zurückgegriffen und die Kennzahlen werden in die vier Perspektiven der BSC zu gegliedert.

Um Kennzahlenfriedhöfe zu vermeiden, erfordern praktikable Kennzahlen eine Hierarchie. Dieser Führer unterscheidet demzufolge Schlüsselkennzahlen (Key Performance Indicators, kurz KPI), die Vorrang haben vor weniger bedeutsamen Kennzahlen (Performance Indicators, kurz PI). Diese werden durch folgende Symbole in der Fußzeile gekennzeichnet: KPI PI

Die getroffene Unterscheidung mag zu Diskussionen Anlass geben, orientiert sich aber weitgehend an der Controllingpraxis.

Strategische und operative Maßnahmen werden aus Kennzahlenwerten abgeleitet. Um dem Leser Hinweise zu geben, sind deshalb zu den Kennzahlen häufig praktizierte Aktivitäten als Schlagworte aufgeführt. Sie sind keinesfalls vollständig, der Leser wird hier aus eigener Erfahrung Handlungsalternativen finden.

Rentabilitäts- und Profitabilitätskennzahlen (z. B. Ergebnis, Cashflow, Deckungsbeitrag) sind in der Produktion nur eingeschränkt verwendbar, da hier selten

Vorwort

absatzbestimmte Leistungen erstellt werden. Dennoch versucht man heute mit dem Profit-Center-Ansatz, die Leistung durch Verrechnungspreise oder auch durch Zielpreise (Target Prices) zu bewerten. Dies wird auch im vorliegenden Kennzahlenführer praktiziert. Dadurch sind wichtige finanzielle Wirkungen produktionsorientierter Maßnahmen quantifizierbar, die reine Kostenzentrik ist damit aufgebrochen. Die Praktikabilität finanzieller Kennzahlen in der Produktion bedarf dann allerdings einer Anpassung der Kennzahlen: Ergebnis- und Cashflowkennzahlen sind nach indirekten Methoden vorwiegend aus der Kosten- und Leistungsrechnung abzuleiten.

Die aufgeführten Kennzahlen sind mit Beispielen unterlegt. Dazu wird eingangs der Datenrahmen eines Beispielunternehmens (Getriebefertigung) dargestellt, auf den diese Beispiele zugreifen. Die darin enthaltenen Tabellen sollen dem Leser die Ermittlung von Kennzahlen erleichtern, stellen aber auch ein ausbaufähiges Datengerüst für dessen eigenes Unternehmen dar. Der dargestellte Datenrahmen kann nicht erschöpfend dargestellt werden. Annahmen und offenbleibende Fragen sind deshalb nicht ausgeschlossen, sollten jedoch dem Produktionscontroller keine Probleme bereiten.

Kennzahlen können unterschiedlich konfiguriert werden: als Einzel-, Gruppen- oder Durchschnittswerte. Unterschiedliche Granularitätsausprägungen können vom Anwender leicht vorgenommen werden. Variiert werden kann auch die Basis einiger Kennzahlen: Ob Kosten auf die Fertigungsstunde, die Mengeneinheit oder anteilig auf die Selbstkosten bezogen werden, bleibt dem Bedarf des Lesers im speziellen Anwendungsfall überlassen.

Das moderne Controlling bedient sich leistungsfähiger IT-Systeme zur Kennzahlenermittlung und -analyse. ERP-Systeme und Data Warehouses bieten interessante Möglichkeiten zur Auswertung von Prozessdaten. Hier wird kurz auf die Anwendung dieser Systeme zur Kennzahlengenerierung verwiesen.

Kennzahlen im Produktionsmanagement bilden Schnittmengen zu anderen Bereichskennzahlen. Deshalb beschränkt sich der Führer nicht auf die Produktion. Dem Leser werden dazu die bewährten cometis-Nachschlagewerke in den angrenzenden Bereichen Logistik, Personal und Finanzwesen nahegelegt.

Prof. Jürgen Bauer   Prof. Dr. Egbert Hayessen

PS: Mailen Sie Ihre Kommentare und konstruktive Kritik:
produktionskennzahlen@cometis.de

Inhaltsverzeichnis

Inhaltsverzeichnis

Inhaltsverzeichnis

Inhaltsverzeichnis

Kapitel 1

Performance Excellence Produktion

1.1 Erfolgspotenziale im Produktionsmanagement

Die Produktion sieht sich heute mit neuen und rasch wechselnden Herausforderungen konfrontiert. Die statische, abgegrenzte Stellung der Produktion im Funktionsspektrum des Unternehmens mit klar definierten Abteilungsgrenzen ist überholt. Inner- und außerbetriebliche Standortkonkurrenz, neue reale und virtuelle Unternehmensstrukturen, sich verändernde Strategien, die zunehmende Internetfokussierung der Geschäftsprozesse, Out- und Insourcing von Prozessen, die B2B-Kommunikation mit Geschäftspartnern und Entwicklungskooperationen kennzeichnen die aktuellen Herausforderungen.

Gleichzeitig ist eine zunehmende Ökonomisierung im Produktionsmanagement zu konstatieren. Die Aktivitäten der Planungsinstanzen in der Produktion sehen sich immer stärker mit wirtschaftlichen und finanziellen Kriterien konfrontiert. Treffend dazu ist die Aussage von Kaplan / Norton: »... doing the same job over and over, at the same level of efficiency and productivity, is no longer sufficient for organizational success.«

Wildemann hat die wesentlichen Erfolgspotenziale in der Produktion definiert:

- Marktorientierung
- Qualität
- Automatisierung und Nutzungszeitverlängerung
- Flussorientierung mit kurzen Durchlaufzeiten und niedrigen Beständen
- Mitarbeiterorientierter Führungsstil
- Implementierung eines Informations- und Entscheidungssystems für dezentrale Entscheidungen
- Anpassung der Organisations- und Arbeitsstrukturen an Markt, Technologie und Mitarbeiter

Die Kostenorientierung der Produktion ist notwendig, aber für die Wettbewerbsfähigkeit nicht mehr hinreichend: »Cutting costs is not a business plan« (Gary Chaison, Clark University in Atlanta). Daraus leitet sich die Forderung nach weitgehender Ergänzung der Leistungskennzahlen durch Finanzkennzahlen (Kosten, Deckungsbeiträge, Cashflow) ab. Das Nachschlagewerk enthält zu diesem Zweck **Finanzkennzahlen**, soweit sie im Einflussbereich des Produktionsmanagements liegen. Damit sind die produktionsbezogenen Aktivitäten finanziell quantifizierbar.

1.1 Erfolgspotenziale im Produktionsmanagement

Zunehmend gewinnt auch der Wert-Ansatz für einzelne Unternehmensbereiche an Bedeutung. Die Produktion beeinflusst – u. a. als grösster Kapitalnachfrager – den langfristigen Unternehmenswert nachhaltig. Entsprechende produktionsbezogene Kennzahlen sind in diesem Werk ebenfalls zu finden.

Die Produktion bestimmt wesentlich die Kundenbindung, Kundenzufriedenheit und die Neukundengewinnung. Im Kennzahlenführer ist deshalb ein eigenes Kapitel mit **Kundenkennzahlen** enthalten.

Die eigentliche Wertschöpfung erfolgt in den Kernprozessen der Produktion: Kundenaufträge und Produktionsaufträge abwickeln. Material für die Produktion beschaffen und Lagerbewegungen optimieren sind die direkten Prozesse, welche durch indirekte Prozesse unterstützt werden: das Management von Projekten, die von der Produktion verantwortet werden, aber auch einige Hilfsprozesse in der Instandhaltung, Arbeitsplanung, Produktkalkulation und Kostenplanung. Zur Optimierung sind **Prozesskennzahlen** als Benchmarks erforderlich.

Daneben weist ein erfolgreiches Produktionsmanagement den Mitarbeitern und Mitarbeiterinnen mit ihren Fähigkeiten und Kompetenzen eine viel stärkere Rolle zu. Eigenverantwortlichkeit, Selbstoptimierung, Selbstkontrolle, Cost Center und Profit Center sind Ansätze, um die Ergebnisverantwortung des Mitarbeiters und der Mitarbeiterin in den Prozess hineinzutragen. Gleichzeitig erhält die Wissensbasis (Knowledge Base) des Unternehmens eine große Bedeutung für die Neuentwicklung von Produkten und Verfahren. Dazu Peter Drucker: »Der einzige dauerhafte Wettbewerbsvorteil basiert auf der Fähigkeit, schneller zu lernen als die Konkurrenz.« Ferner verlangt ein modernes Produktionsmanagement eine hohe IT-Performance und IT-Kompetenz. Darauf zielen **Kennzahlen der Lern- und Innovationsperspektive**.

Moderne Unternehmen interagieren und kooperieren mit Kunden und Lieferanten im Ansatz Supply Chain Management. Darin werden interne Kennzahlen auf die gesamte Lieferkette angewandt. Ein gesondertes Kapitel mit den wichtigsten **SCM-Kennzahlen** soll dem entsprechen.

1.2 Produktionsstrategien

Die gewählte Unternehmensstrategie bestimmt den Handlungsrahmen im Produktionsmanagement. Die Beurteilung von Kennzahlen ist folglich immer im Kontext mit der jeweiligen Strategie zu sehen. Produktionsstrategien leiten sich aus den Unternehmensstrategien ab, die nach Kaplan/Norton in **Growth, Sustain, Harvest** und nach Porter in **Kostenführerschaft, Beschränkung auf Kernkompetenzen** (das produzieren, was man gut kann) und **Differenzieren** (alles produzieren, was der Kunde verlangt) unterschieden werden. Für die Produktion bieten sich demnach die in Bild 1 gezeigten Strategien an.

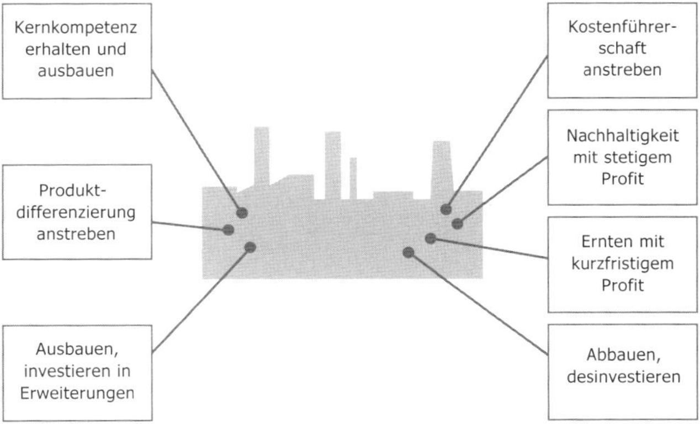

Bild 1: Produktionsstrategien (Quelle: Bauer/Hayessen)

1.2 Produktionsstrategien

Die Strategie wird durch die Stellung des Produkts im Portfolio aus Marktwachstum und relativem Marktanteil bestimmt (Bild 2). Unterschieden werden Star-Produkte (hoher relativer Marktanteil, hohes Marktwachstum), Cash-Cow-Produkte (niedriges Marktwachstum, hoher relativer Marktanteil), Poor-Dog-Produkte (niedriger relativer Marktanteil und niedriges Marktwachstum) und die Question-Mark-Produkte (hohes Marktwachstum, niedriger relativer Marktanteil).

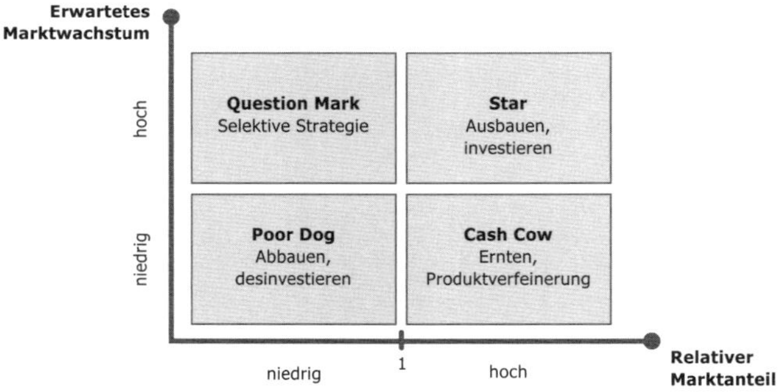

Bild 2: Portfolio und Normstrategien (Quelle: BCG)

Die Beurteilung der Kennzahlen orientiert sich am Produktportfolio. Dieses wird damit zum wichtigen Instrument des Produktionscontrollings.

Beispiele: Die Durchlaufzeiten eines Produktdifferenzierers (z.B. Anlagenbauer) sind nicht vergleichbar mit denen eines Kostenführers im Automobilbau. Der Investitionsgrad (siehe Kapitel 4) bei der Produktion von Cash Cows (Erntestrategie) ist anders zu bewerten als bei der Produktion von Star-Produkten (Strategie *Ausbauen*). Bei der Strategie der Kostenführerschaft steht die Kostensenkung im Vordergrund der Investitionsentscheidung. Diese hat auch bei den anderen Wettbewerbsstrategien eine herausgehobene Bedeutung, allerdings erhalten Bestandsreduzierung und Senkung der Durchlaufzeiten bei der Differenzierungsstrategie zunehmend Bedeutung. Monetäre Ziele haben generell eine hohes Gewicht bei der Strategie der Kostenführerschaft und – wenn auch geringer – bei der Strategie der Beschränkung auf Kernkompetenz.

1.3 Entwicklung ausgewogener Kennzahlen

Die praktische Anwendung von Kennzahlen lässt teilweise eine Systematik vermissen: Kennzahlen werden häufig ohne Bezug zur Unternehmensstrategie eingesetzt. Es sollte jedoch die Strategie sein, die das operative Produktionsmanagement und die dort anzuwendenden Kennzahlen bestimmt.

Produktionsstrategien orientieren sich an den in 1.2 betrachteten Normstrategien. Die Ableitung von Kennzahlen vollzieht sich heute üblicherweise mithilfe der Balanced Scorecard (Bild 3).

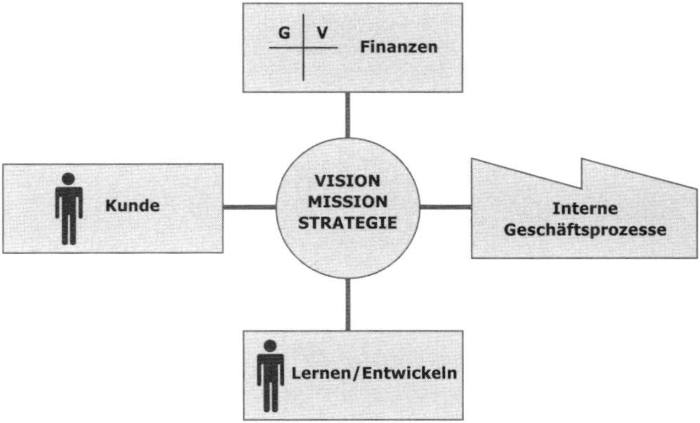

Bild 3: Perspektiven der Balanced Scorecard

Die Balanced Scorecard ist Ausgangspunkt zur Entwicklung strategisch fundierter, ausgewogener Schlüsselkennzahlen (Key Performance Indicators = KPI). Diese Schlüsselkennzahlen werden auch als Level-1-Metrics bezeichnet und bilden den Kern der Führungsinformationen für die Produktionsleitung. In der operativen Anwendung werden sie ergänzt um hierarchisch untergeordnete Kennzahlen (PI = Performance Indicators). Die Einordnung der Kennzahl erfolgt jeweils in der Fußzeile.

1.4 Erfolgsfaktoren

Die in der Balanced Scorecard praktizierte vierdimensionale Sicht auf das Unternehmen und die Entwicklung und Transformation einer Unternehmensstrategie führt zu Erfolgsfaktoren im Produktionsmanagement, die Ausgangspunkt für formelbasierte Kennzahlen sind.

Die zunehmende Bedeutung von unternehmensübergreifender kooperativer Logistikplanung im Supply Chain Management macht die Erweiterung um diesbezügliche Erfolgsfaktoren sinnvoll. Daraus entsteht ein System der produktionsorientierten Erfolgsfaktoren (Bild 4).

Erfolgsfaktoren im Produktionsmanagement

Rentabilität Cash Flow Produktionswert Kapitalbindung Working Capital Betriebsergebnis	Kundenprofit Kundenzufriedenheit Kundenbindung Kooperation mit Kunden Neukundengewinnung
Wirtschaftlichkeit: Deckungsbeitrag, Produktkosten, Zielkosten/Zielpreise, Projektkosten **Materialeinsatz:** Materialumschlag, Lagerbestand, Servicegrad **Zeit/Termine:** Durchlaufzeit, Terminabweichung, Projekttermine **Programm:** Produktportfolio, Produktqualität, Auftragsbestand **Ressourcen:** Anlagennutzung, Personaleinsatz	
IT-Anwendung: IT-Kompetenz, IT-Performance **Innovation:** Time to Market, Innovationsgrad **Mitarbeiter:** Mitarbeitermotivation, Mitarbeiterqualifikation	**Supply Chain Erfolgsfaktoren:** ATP-Menge, SCM-Durchlaufzeit, SCM-Kosten, SCM-Kooperation, SCM-Kapitalbindung, SCM-Ressourcen, SCM-Servicegrad

Bild 4: Erfolgsfaktoren im Produktionsmanagement

1.5 Wertmanagement in der Produktion

Die Ausrichtung der internen Prozesse am finanziellen Erfolg des Unternehmens konfrontiert die Produktion mit der Frage, was sie zum Unternehmenswert beizutragen vermag mittels der Fähigkeit: »... to deliver the value propositions and shareholder expectations of excellent financial returns«.

Eine wertorientierte Produktion generiert nachhaltigen Cashflow. Eine eher langfristige Wertsteigerung (Long Wave of Value Creation) betrifft die Produkt- und Investitionsplanung. Die kurzfristige Wertsteigerung wird mit bestehenden Produkten realisiert. Beide Formen der Wertsteigerung werden mithilfe von Werttreibern realisiert, deren wichtigste in Bild 5 dargestellt sind.

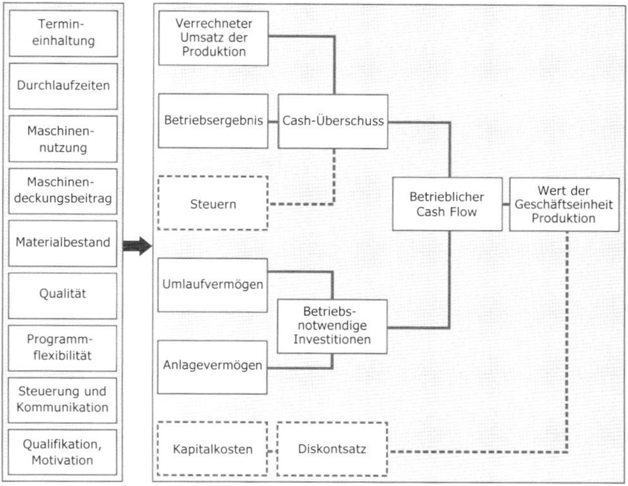

Bild 5: Werttreiber in der Produktion (Quelle: Bauer, in Anlehnung an Rappaport)

1.5 Wertmanagement in der Produktion

Steuern und Diskontsatz gelten aus Produktionssicht als keine beeinflussbaren Faktoren, während Kapitalkosten bedingt beeinflussbar sind. Dagegen bilden die links dargestellten Faktoren die für das Produktionsmanagement bedeutsamen Werttreiber. Sie sind in den Kennzahlen der folgenden Abschnitte enthalten.

Die in den folgenden Kapiteln dargestellten Kennzahlen

- orientieren sich an der Unternehmensstrategie,
- sollen eine Hierarchisierung in wichtige (Schlüsselkennzahlen) und untergeordnete Kennzahlen ermöglichen,
- vermeiden eine einseitige Prozesszentrik durch Einbeziehung aller Unternehmensperspektiven,
- berücksichtigen den Aspekt des Unternehmenswertes,
- beziehen kooperative Logistikansätze (SCM) ein
- und sind mit modernen Analysesystemen ermittelbar.

Kapitel 2

Das Beispielunternehmen

2.1 Profit Center Getriebe

Die ab Kapitel 3 beschriebenen Kennzahlen werden zur Verdeutlichung durch Zahlenbeispiele unterlegt, die von einem Modellunternehmen abgeleitet sind. Das Unternehmen stellt Getriebe und Bohrwerkzeuge her. In einzelnen Szenarien wird im folgenden die Zahlenbasis für die Kennzahlenbeispiele beschrieben. Im Beispielunternehmen werden in zwei strategischen Geschäftseinheiten die Produktgruppen Getriebe und Werkzeuge produziert. Jede Produktgruppe ist als Profit Center organisiert.

Tabelle T1: Die Daten zum Profit Center Getriebe im Geschäftsjahr (ohne die in Tabelle T2 genannten Maßnahmen zur Bestandssenkung und Werksmodernisierung):

Neuwert des Anlagevermögens (Anschaffungswert) €	12.500.000
Buchwert des investierten Anlagevermögens €	8.000.000
Verfügbares Eigenkapital €	3.000.000
Langfristig verfügbares Fremdkapital €	7.000.000
Materialbestand €	290.000
Kurzfristige Verbindlichkeiten aus Lieferantenschulden €	15.000
Flüssige Mittel €	1.725.000
Kapitalkostensatz % / Jahr	10
Fixkosten des Profit Centers € / Jahr	2.000.000
In Fixkosten enthaltene Abschreibung € / Jahr	1.600.000
Produktionsmenge Stück / Jahr	6.000
Preis € / Stück	1.200
Target Price aus Konkurrenzanalyse € / Stück	1.180
Variable Selbstkosten € / Stück	600
Durchschnittliches Maschinenalter Jahre	3,4
Durchschnittliche Auftragslosgröße Stück	120
Fertigungsstunden / Jahr	30.000
Anzahl Vollzeitmitarbeiter	26
Anteil flexibler Fertigungseinrichtungen %	20

2.1 Profit Center Getriebe

Tabelle T2: Im Geschäftsjahr wurden zahlungswirksame Maßnahmen zur Bestandssenkung und Erhaltungsinvestitionen durchgeführt:

Erreichte Bestandssenkung €	500.000
Erhaltungsinvestitionen €	300.000

Tabelle T3: Im Profit Center wird ferner eine Werksmodernisierung geplant (zahlungswirksam ab nächstem Geschäftsjahr):

Kapitaleinsatz €	1.500.000
Kostenreduzierung €/Jahr	200.000
Umsatzsteigerung €/Jahr	50.000

Tabelle T4: Die Kalkulationsdaten eines Getriebetyps:

Kostenart	€/Stück	Davon variabel
Materialeinzelkosten	120	120
Materialgemeinkosten	30	0
Fertigungskosten*	545	275
Sondereinzelkosten der Fertigung	5	5
Entwicklungsgemeinkosten	70	30
Verwaltungsgemeinkosten	140	55
Vertriebsgemeinkosten	140	65
Sondereinzelkosten Vertrieb	50	50

* inklusive der Fertigungsgemeinkosten

2.2 Investitionsmaßnahmen

Tabelle T5: Im kommenden Geschäftsjahr werden weitere Investitionen getätigt:

	Invest.-objekt A	Invest.-objekt B	Invest.-objekt C
Anschaffungswert €	200.000	80.000	120.000
Wirtschaftliche Nutzdauer Jahre	5	8	6

Gesamte Abschreibungen im folgenden Geschäftsjahr €/Jahr	1.200.000

Tabelle T6: Die Daten des Investitionsobjekts A aus Tabelle T5:

Kaufpreis €	200.000
Wirtschaftliche Nutzdauer Jahre	5
Geforderte Mindestverzinsung %/Jahr	20
Mehrumsatz €/Jahr	360.000
Materialkosten €/Jahr	40.000
Fertigungslohn inkl. Lohnnebenkosten €/Jahr	160.000
Instandhaltung €/Jahr	10.000
Werkzeugausstattung €/Jahr	20.000
Hilfslohn €/Jahr	26.000
Raumkosten €/Jahr	20.000
Energie €/Jahr	4.000
Zahlungswirksame Zinskosten €/Jahr	5.000
Abschreibung €/Jahr	40.000

2.3 Absatzdaten der Produkte und Kunden

Tabelle T7: Daten der Segmente:
Produziert wird in zwei Segmenten in jeweils eigenen Profit Centern.

	Getriebe	Werkzeuge
Umsatz €/Jahr	7.200.000	9.000.000
Fixe Kosten des Segments €/Jahr	2.000.000	1.000.000
Anzahl Kundenaufträge pro Jahr	550	720
Anzahl Kunden	70	190
Variable Kosten des Umsatzes €/Jahr	3.600.000	4.000.000
Erwartetes Marktwachstum	hoch	niedrig
Umsatz Hauptkonkurrent €/Jahr	6.000.000	17.000.000
Die restlichen fixen Kosten des Gesamtunternehmens, die keinem der beiden Segmente zurechenbar sind, betragen 1.200.000 €/Jahr.		

Tabelle T8: Das Kundenportfolio:
Es gibt zwei Hauptkunden des Segments Getriebe.

	Kunde 4712	Kunde 4714	Restliche Kunden
Umsatz €/Jahr	5.600.000	1.200.000	400.000
Variable Kosten des Umsatzes	2.800.000	600.000	200.000

2.3 Absatzdaten der Produkte und Kunden

Tabelle T9: Termindaten eines Kundenauftrags:

Eingangsdatum	28.7. (Montag)
Solltermin	1.8. (Freitag)
Isttermin	4.8. (Montag)
Zahlungseingang	11.8. (Montag)

Tabelle T10: Der Bestand an Kundenaufträgen (Getriebe):

Auftrag	Stückzahl	Standardpreis € / Stück
KA1	800	1.800
KA2	400	1.600
KA3	1.200	2.000

Tabelle T11: Produktionsbedingte Kundenbeziehungen im Profit Center Getriebe:

Produktionsbedingte Reklamationen pro Jahr	45
Produktionsbedingte Kundenverluste	3
Produktionsbedingte Neukundengewinnung	5

2.4 Kostenplanung und -kontrolle

Zur Produktkalkulation und Kostenkontrolle sind die Kostenstellen zu planen. Eine verursachungsgerechte Kalkulation sowie die üblichen Optimierungsentscheidungen in der Produktion erfordern eine detaillierte Kostenstellengliederung. Es empfiehlt sich deshalb, kapitalintensive Maschinen mit unterschiedlichen Leistungsdaten als eigenständige Kostenstellen anzulegen. Im Profit Center Getriebe sind mehrere Produktionssysteme im Einsatz. Eines dieser Produktionssysteme wird hier als eigenständige Kostenstelle geplant:

Tabelle T12:

Anschaffungswert €	300.000
Wiederbeschaffungswert (aktueller Kaufpreis) €	400.000
Planauslastung aufgrund Auftragsprognose Std / Jahr	1.200
Bruttoarbeitszeit Std / Woche	38,5
Arbeitswochen pro Jahr	50
Bruttoarbeitszeit Std / Jahr	1.925
Ausfallzeiten Reparaturen, Urlaub, Krankheit Std / Jahr	400
Verfügbare Kapazität Std / Jahr	1.525

2.4 Kostenplanung und -kontrolle

Tabelle T13: Die Kostendaten in € / Jahr bei Planauslastung:

Kostenart	Plankosten fix	Plankosten variabel
Abschreibung	50.000	0
Kalkulatorische Zinsen	12.000	0
Instandhaltung	2.000	10.000
Fertigungslohn	3.000	30.000
Lohnnebenkosten	1.000	17.000
Stromkosten	1.000	2.000
Raumkosten	2.000	0
Universalwerkzeuge	1.000	1.000
Summe € / Jahr	**72.000**	**60.000**

Tabelle T14: Nach Ablauf des Jahres werden folgende Istdaten ermittelt:

Tatsächliche Auslastung Std / Jahr	1.600
Istkosten laut Buchhaltung € / Jahr	150.000
Davon ungeplante Tariferhöhung € / Jahr	2.000

2.5 Fertigungsprozess

Der Fertigungsprozess liefert eine Anzahl wichtiger Schlüsselkennzahlen. Hier ist ein typischer Fertigungsauftrag beschrieben. Er bezieht sich auf den Durchlauf eines Fertigungssystems bzw. auf *einen* Arbeitsgang.

Tabelle T15: Plandaten Auftrag:

Losgröße	100
Fertigungszeit te min/Stück	10
Rüstzeit min/Los	60
Auftragsstart (Freigabe)	25.7. Fr (Schichtbeginn)
Endtermin geplant	30.7. Mi (Schichtbeginn)

Tabelle T16: Istdaten Auftrag:

Fertigungszeit te min/Stück	9
Rüstzeit min/Los	54
Endtermin Ist	1.8. Fr (Schichtbeginn)

Tabelle T17: Abgeschlossene und rückgemeldete Aufträge im Planungszeitraum:

Auftrag	Losgröße	Solltermin	Isttermin
A	100	30.7. Mi	1.8.
B	120	29.7. Di	31.7.
C	100	28.7. Mo	31.7.
D	160	1.8. Fr	30.7.

2.5 Fertigungsprozess

Tabelle T18: Ausschuss- und Nacharbeitskosten:

Planausschuss Auftrag A in T17 Stück	2
Istausschuss lt. BDE-Rückmeldung Stück	4
Ausschusskosten (Material- und Fertigungskosten) eines Fehlteiles €/Stück	200
Nacharbeitskosten der Aufträge in T17 €	300

Tabelle T19: Verfahrenswahl Make or Buy:

Preis des Zulieferers (ohne Material) €/Stück	17
Abbaufähige Fixkosten bei Fremdbezug	keine

Tabelle T20: Work in Process (Begonnene, noch nicht rückgemeldete Aufträge):

Auftrag	Stückzahl	Bisher angefallene Material-kosten* € / Stück	Bisher angefallene Fertigungs-kosten* € / Stück
E	100	3.000	1.500
F	50	1.500	750
G	80	2.400	1.200

* bis inkl. der nächsten Fertigungsstufe

2.5 Fertigungsprozess

Tabelle T21: Der Prozess Auftragsabwicklung in der Produktionssteuerung:

Anzahl Fertigungsaufträge/Jahr	400
Personen in der Auftragsabwicklung	4
Personalkosten Produktionssteuerung €/Jahr	200.000
Betriebsmittelkosten Produktionssteuerung €/Jahr	30.000
Anteilige Leitungskosten €/Jahr	25.000
Auftragsbestand Getriebefertigung Fertigungsstunden	25.000
Kapazitätsangebot (verfügbare Kapazität) Fertigungsstunden/Monat	4.200
Planbeschäftigung Fertigungsstunden/Monat	2.500
Auftragsrückstand (Solltermin bereits überfällig) in Fertigungsstunden	750

Tabelle T22: Kostendaten Fertigungsprozess:
Bei Planauslastung von 30.000 Std/Jahr fallen folgende Kosten an:

Qualitätskosten €/Jahr	180.000
IT-Kosten €/Jahr	50.000
CNC-Programmierung €/Jahr	115.000
Nacharbeitskosten (in Qualitätskosten enthalten) €/Jahr	42.000

2.5 Fertigungsprozess

Tabelle T23: Planung Fließfertigungsanlage (Montageband):
Im Profit Center ist ein Montageband mit folgenden Daten geplant:

Anzahl Montagebänder	2
Anzahl Schichten / Tag	3
Schichtzeit min / Tag	480
Auslastungsgrad %	90
Vorgegebene Taktzeit min / Stück	12

2.6 Materialprozess

Der Materialprozess beliefert über das Eingangslager die Produktion mit beschafften Materialien und stellt die fertigen Produkte im Fertiglager bereit.

Tabelle T24: Eingangslager Getriebegehäuse:

Bedarf durch Getriebefertigung Stück/Jahr	6.000
Erfolgreiche Nachfragen/Jahr	90
Gesamtzahl Nachfragen/Jahr	100
Durchschnittlicher Bestand Stück	1.000
Materialwert €/Stück	30
Lieferverbindlichkeiten Getriebegehäuse €	2.000

Tabelle T25: Fertiglager Getriebe:

Bestellmenge (wöchentlicher Zugang aus Montage)	100
Abgang (Verbrauch) Stück/Tag	20
Verbrauchtage/Jahr	250
Mindestbestand Stück	200
Aktueller Bestand Stück	300
Lagerwert fertiges Getriebe €/Stück	1.000
Kalkulatorischer Zinssatz Lager %	5
Abschreibungskosten Lager €/Jahr	30.000
Personalkosten Lager €/Jahr	20.000
IT-Kosten Lagerverwaltung €/Jahr	4.000
Energiekosten €/Jahr	5.000

2.6 Materialprozess

Tabelle T26: Durchschnittsbestände der gesamten Lagerwirtschaft inklusive Produktionsbestände:

Artikel	Bestand	€ / Stück	Kapital-bindung €
Getriebedeckel	1.000	30	30.000
Getriebe	250	1.000	250.000
Sonstiges Kleinmaterial	500	20	10.000
Verbindlichkeiten aus Lieferungen €	15.000		

Tabelle T27: Lieferungen des Zulieferers an das Eingangslager (Getriebedeckel):

	Bestellung 1	Bestellung 2	Bestellung 3
Istmenge Stück	280	300	500
Sollmenge Stück	300	300	500
Planwiederbeschaffungszeit Tage	3	2	5
Liefertermin Soll	28.7. Mo	30.7. Mi	1.8. Fr
Liefertermin Ist	30.7. Mi	31.7. Do	4.8. Mo
Einstandspreis Ist €/Stück	33	30	32
Einstandspreis Soll €/Stück	30	30	30
Ausschussmenge Stück	20	0	10

2.6 Materialprozess

Tabelle T28: Kanban-Belieferung der Montage mit Schrauben:

Bedarf Stück/Tag	200
Wiederbeschaffungszeit Tage	2
Menge/Kanban in Stück	20

2.7 Produktionsprojekt

Die Getriebeproduktion plant die Installation eines BDE-Systems.

Tabelle T29: Die Daten des Projekts:

Projektbezeichnung	BDE-System installieren
Projektstart	29.7. (Dienstag)

Tabelle T30: Das Projekt besteht aus den Vorgängen:

Vorgang Nr.	Bezeichnung	Dauer (Arbeitstage)	Vorgänger
1	Installation BDE-Server	4	-
2	Installation Terminals	2	-
3	Testen	3	1,2

Tabelle T31: Die Vorgänge benötigen folgende Personalkapazität:

Vorgang Nr.	Kapazitätsbedarf (Stunden)	Kosten € / Stunde
1	64	80
2	16	80
3	24	80

2.8 Personal und Innovationen

Tabelle T32: Innovationen:
In den vergangenen vier Jahren wurden im Unternehmen folgende neue Produkte durch Entwicklungsprojekte zur Markteinführung gebracht:

Entwicklungsprojekt	Umsatz Mio. € / Jahr	Time-to-Market-Arbeitstage
Projekt A	0,5	720
Projekt B	2,8	440
Projekt C	1,9	360

Tabelle T33: Personalstruktur im Profit Center Getriebe:

Mitarbeiter in selbstorganisierten Fertigungssystemen*	12 von 26
Mitarbeiter in B2B-Prozessen	3 von 4
Weiterbildungsaufwand €/Jahr	80.000
Anzahl Mitarbeiterabgänge/Jahr	3
Anwesenheitszeit Personal Std/Jahr	40.000
Personenbedingte Ausfallzeiten Std/Jahr	2.300
Anzahl Verbesserungsvorschläge/Jahr	60

* Eingebunden in die Materialbedarfsplanung, kurzfristige Kapazitätsplanung, Reihenfolgeplanung der Aufträge.

2.9 Supply Chain Management

Der Getriebeproduzent ist als Hersteller (Make) eingebunden in eine Lieferkette mit dem Lieferanten der Getriebedeckel (Source) und dem Abnehmer der Getriebe (Deliver).

Tabelle T34: Die Strukturdaten der Supply Chain:

Anzahl kooperativer Projekte/Jahr zwischen Make, Source und Deliver	8
Planungskosten SCM €/Jahr	120.000
Lagerkosten SCM €/Jahr	80.000
Transportkosten SCM €/Jahr	140.000

Tabelle T35: Auftragsdurchlauf SCM:

Auftragsstatus	Termin
Bedarf erkannt beim Getriebeabnehmer (Process Deliver)	29.7. Di*
Auftragseingang beim Getriebehersteller (Process Deliver)	30.7. Mi
Bestelleingang beim Teilelieferanten (Process Source)	1.8. Fr
Wareneingang Teile beim Gertriebehersteller (Process Source)	4.8. Mo
Beginn Produktion bem Getriebehersteller (Process Make)	4.8. Mo
Ende Produktion beim Getriebehersteller (Process Make)	5.8. Di
Transport und Wareneingang beim Endkunden (Getriebeabnehmer) (Process Deliver)	7.8. Do

* Alle Termine jeweils bei Schichtbeginn

2.9 Supply Chain Management

Tabelle T36: SCM-Aufträge:

SCM-Auftrag	Aussteller	Solltermin	Isttermin	Menge, Preis und Qualität erfüllt
A	Endkunde	1.8. Fr	8.8. Fr	ja
B	Endkunde	29.7. Di	1.8. Fr	ja
C	Endkunde	28.7. Mo	28.7. Mo	ja
D	Endkunde	1.8. Fr	31.7. Do	nein

Tabelle T37: Bestand Getriebedeckel:

	Verfügbarer Bestand	€ / Stück	Kapitalbindung €
Lieferant (Source)	2.000	30	60.000
Getriebehersteller (Make)	1.000	30	30.000
Getriebeabnehmer (Deliver)	500	30	15.000
Zugänge	600		
Bedarfe	2.500		

2.9 Supply Chain Management

Tabelle T38: Working Capital SCM:

Artikel	Bestand	€ / Stück	Kapital-bindung €
Getriebedeckel	3.500	30	105.000
Getriebe	300	1.000	300.000
Sonst. Kleinmaterial	1.500	20	30.000
Gesamte Verbindlich-keiten aus Lieferungen €	30.000		

Tabelle T39: Lieferungen in der SCM:

Auftragsart	Anzahl pro Jahr Stück	Summe Sollmenge Stück	Summe Istmenge Stück
Bestellungen Getriebe-deckel	20	20.000	19.000
Kundenaufträge Getriebe	30	6.000	5.500
Bestellungen Klein-material	80	8.000	8.000

2.9 Supply Chain Management

Tabelle T40: Kapazitätsgruppen in der SCM:

Auftragsart	Verfügbare Fertigungsstunden pro Jahr	Ist-Fertigungsstunden pro Jahr
Fertigungsanlage Getriebedeckel (Source)	20.000	15.000
Profit Center Getriebe (Make)	30.000	29.500
Getriebeeinbau Endkunde (Deliver)	40.000	39.000

Kapitel 3

Kennzahlen Finanzperspektive

3.1 Return on Investment (ROI)

Formel

$$\frac{\text{Betriebsergebnis}}{\text{Kapitaleinsatz}} \times 100\,\%$$

Beispiel (Daten siehe 2.1 / Tabelle T3)

$$\frac{0{,}25 \text{ Mio.}}{1{,}5 \text{ Mio.}} \times 100\,\% = 16{,}7\,\%$$

Erläuterung

Der ROI ist die Spitzenkennzahl in der Finanzperspektive, aber auch in Kennzahlensystemen (z. B. Dupont-System). Er ist die wichtigste Benchmark für den wirtschaftlichen Kapitaleinsatz im Gesamtunternehmen, in Investitionsprojekten (Projekt-ROI), aber auch in Produktionsbereichen (siehe dazu auch den ROCE). Das Betriebsergebnis ermittelt sich top down als EBIT, d. h. vor dem Finanzergebnis und den Steuern, bottom up aus Umsätzen minus den Kosten.

Der ROI wird häufig als Mindestgröße im Unternehmen vorgegeben (häufig im Bereich zwischen 10 und 20 % vor Steuern). Bei Projekten wird das Ergebnis abgeleitet aus Kosten- und Umsatzänderungen durch das geplante Projekt. Mit einem vorgegebenen Mindest-ROI kann eine wirtschaftliche Kapitalverwendung unterstützt werden (Filterfunktion). Zu hohe Schwellenwerte können allerdings Zukunftsprojekte gefährden.

Maßnahmen

- Kapitalarme Produktion durch Bestandssenkung
- Realisierung des Pull-Prinzips mit JIT und die Beschaffung im VMI
- Konsequentes Investitionscontrolling
- Etablierung von Kostensenkungsprogrammen

3.2 Return on Capital Employed (ROCE)

Formel

$$\frac{\text{operatives Betriebsergebnis}}{\text{gebundenes Kapital}} \times 100\,\%$$

Beispiel (2.1/T1)

Gebundenes Kapital: 8 Mio. + 1,725 Mio. + 0,275 Mio. = 10 Mio. €

$$\frac{1{,}6 \text{ Mio.}}{10 \text{ Mio.}} \times 100\,\% = 16\,\%$$

Erläuterung

Die Spitzenkennzahl beurteilt die Rendite des in einer Periode (Geschäftsjahr) gebundenen Kapitals eines Bereichs (Profit Center). Das Betriebsergebnis ermittelt sich als EBIT aus den dem Profit Center zurechenbaren jährlichen Umsätzen abzüglich der variablen Kosten des Umsatzes und der Fixkosten des Bereichs (Umsatzkostenverfahren). Wenn Marktpreise fehlen, können ersatzweise Verrechnungspreise oder Zielpreise (Target Prices) angesetzt werden. Das eingesetzte Kapital ergibt sich aus dem im Bereich gebundenen Anlagevermögen auf der Basis der Buchwerte und dem Umlaufvermögen abzüglich der Lieferantenschulden. Die Ermittlung des eingesetzten Kapitals erfolgt somit aus der Aktivseite der Bilanz. Der ROCE enthält auch flüssige Mittel, die allerdings für Produktionsbereiche schwierig abzugrenzen sind. Aussagefähiger ist deshalb die Kennzahl RONA (Return on Net Asset). Bei einem veralteten Maschinenpark ist diese Kennzahl nicht aussagefähig. Hier empfiehlt sich die Anwendung des ROACE (Return on Average Capital Employed), ermittelt aus:

Grundstücksvermögen + 0,5 x Anschaffungswert der Maschinen und Anlagen + Working Capital

Maßnahmen

- Kapitalarme Produktion
- Outputsteigerung und Kostensenkung
- Einsatz von Pull-Strategien (JIT) sowie lieferantengetriebene Lagerung (VMI)
- Gewinnung profitabler Kunden

3.3 Return on Net Asset (RONA)

Formel

$$\frac{\text{operatives Betriebsergebnis}}{\text{gebundenes Kapital ohne flüssige Mittel}} \times 100\,\%$$

Beispiel (2.1 / T1)

Gebundenes Kapital ohne flüssige Mittel: 8 Mio. + 0,275 Mio. = 8,275 Mio. €

$$\frac{1{,}6 \text{ Mio.}}{8{,}275 \text{ Mio.}} \times 100\,\% = 19{,}3\,\%$$

Erläuterung

Die Kennzahl beurteilt die Rendite des gebundenen Kapitals eines Profit Centers. Das gebundene Kapital ohne flüssige Mittel ermittelt sich aus dem zurechenbaren Anlage- und dem materialbezogenen Umlaufvermögen (Net Asset, siehe 3.9). Im Gegensatz zum Capital Employed im ROCE enthält das Net Asset im RONA keine flüssigen Mittel. Wenn Marktpreise fehlen, können wiederum ersatzweise Verrechnungspreise oder Zielpreise (Target Prices) angesetzt werden. Langfristig problematisch ist das Streben nach hohem RONA durch Vermeiden notwendiger Investitionen. Da flüssige Mittel separiert werden, ist die Kennzahl für operative Bereiche leichter zu ermitteln, so z. B. bottom up aus den Anlagen und den bezahlten Materialbeständen.

Ein hoher RONA in der Produktion trägt zum Unternehmenserfolg bei. Aktionsparameter sind sowohl die Erhöhung des Umsatzes, die Kostensenkung als auch die Verringerung des Kapitaleinsatzes z. B. durch Bestandsverringerungen. Deshalb ist die Kennzahl auch als operative Spitzenkennzahl und dabei besonders für Erntestrategien geeignet.

Maßnahmen

- Kapitalarme Produktion
- Bestandssenkung (JIT, VMI)
- Kostensenkungsprogramme
- Gewinnung profitabler Kunden

3.4 Cashflow Produktion

Formel **Beispiel (2.1, 2.2/T1, T2)**

	operatives Betriebsergebnis	1,6 Mio.
+	Abschreibungskosten	+ 1,6 Mio.
+	Abbau (– Aufbau) von Beständen	+ 0,5 Mio.
–	nicht strategische Investitionen (+ Desinvestitionen)	– 0,3 Mio.
=	**Cashflow Produktion**	**= 3,4 Mio.**

Erläuterung

Der operative Cashflow definiert sich als Differenz der Zahlungsströme (Einzahlungen – Auszahlungen) aus der laufenden Geschäftstätigkeit eines Unternehmens.

Da die Kosten- und Leistungsrechnung das dominierende operative Instrument darstellt, wird in der Praxis statt der direkten Methode (Einzahlungen – Auszahlungen) die indirekte Methode auf der Basis zahlungswirksamer Umsätze und Kosten angewandt.

Die Kennzahl orientiert sich am operativen Cashflow, berücksichtigt aber auch die Cashflow-Maßnahmen der Produktionsinstanzen durch Erhaltungsinvestitionen und Bestände (siehe auch die Definition nach Rappaport).

Der in der Produktion generierte Cashflow erhöht die finanzielle Stabilität und die Fähigkeit zur Eigenfinanzierung im Unternehmen. Werden die Kapitalkosten des Centers subtrahiert, erhält man den CVA® (siehe 3.5).

Maßnahmen

- Kapitalarme Produktion, Bestandssenkung durch JIT und JIS
- Kapitalfreisetzung durch Verlagerung von Produktionskapazität
- Lieferantengetriebene Lagerhaltung (VMI) und Industrieparks
- Umsatzsteigerung durch kundenorientierte Produktion

3.5 Cash Value Added (CVA®)

Formel

Cashflow Produktion
– Kapitalkosten
= **Cash Value Added (CVA®)**

Beispiel (2.1/T1)

$$\text{Kapitalkosten: } \frac{8{,}275 \text{ Mio. x } 10}{100} = 0{,}8275 \text{ Mio. €/Jahr}$$

CVA®: 3,4 Mio. – 0,8275 Mio. = 2,5725 Mio. €/Jahr

Erläuterung

Werden vom operativen Cashflow (3.4) die Kapitalkosten des Bereichs subtrahiert, erhält man den CVA® (Cash Value Added). Der Cash Value Added ist der operative Beitrag zum Unternehmenswert. Die Kapitalkosten errechnen sich dabei aus:

$$\frac{\text{gebundenes Kapital x Kapitalkostensatz}}{100}$$

Das gebundene Kapital kann als Capital Employed (siehe 3.2) oder Net Asset (3.3) ermittelt werden. Der Kapitalkostensatz kann aus dem Kalkulationszins für Investitionen oder als gewichteter Satz (WACC) angesetzt werden. Der CVA® ist die zur Beurteilung des Beitrags zum Unternehmenswert und zur Finanzkraft bestgeeignete operative Kennzahl. Eine starke Fokussierung auf den CVA® kann dazu führen, dass betriebsnotwendige Investitionen unter-bleiben. Die Beurteilung des CVA® hängt von der Unternehmensstrategie ab.

Maßnahmen

- Kapitalarme Produktion durch Bestandssenkung (JIT, VMI)
- Desinvestition bzw. Verlagerung nicht benötigter Maschinen
- Umsatzsteigerung durch kundenorientierte Produktion
- Wertsteigerung der Produkte
- Verringerung der Kapitalkosten durch geringere Verschuldung

3.6 Kapitalwert von Investitionen

Formel

	Barwert der Rückflüsse
–	Investitionssumme
=	**Kapitalwert von Investitionen**

Beispiel (2.2/T6)

Rückfluss:
360.000 – 40.000 – 160.000 – 10.000 – 20.000 – 26.000 – 20.000 – 4.000 – 5.000 + 40.000 = 115.000 €/Jahr

Kapitalwert:

$$\frac{115.000}{(1,2)} + \frac{115.000}{(1,2)^2} + \frac{115.000}{(1,2)^3} + \ldots + \frac{115.000}{(1,2)^5} - 200.000 = 343.918\ €$$

> 0 → Investition absolut gesehen wirtschaftlich!

Erläuterung

Der Rückfluss R eines Jahres ergibt sich aus der Kostenveränderung ohne Abschreibung und der Umsatzveränderung durch das Investitionsobjekt. Der Barwert der Rückflüsse ergibt sich nach der Formel:

$$\frac{R_1}{\left(1+\frac{i_k}{100}\right)} + \frac{R_2}{\left(1+\frac{i_k}{100}\right)^2} + \ldots + \frac{R_n}{\left(1+\frac{i_k}{100}\right)^n} - I_0$$

R_1 ist dabei der Rückfluss am Ende des ersten Jahres und R_n der des letzten Jahres der wirtschaftlichen Nutzungsdauer des Investitionsobjekts.
Der Kalkulationszins i_k ist die von der Unternehmensleitung bzw. den Anteilseignern geforderte Mindestverzinsung, ermittelt z. B. in Anlehnung an den WACC (Weighted Average Cost of Capital). Gegebenenfalls sind Risikoaspekte der Investition einzubeziehen. I_0 ist der sofort zu entrichtende Kaufpreis zuzüglich Installationskosten. Ist der Kapitalwert > 0, so ist die Investition absolut gesehen lohnend.

Maßnahmen

- Optimierung der zugrundeliegenden Produktionsprozesse
- Schematisierte Antragsverfahren

3.7 Interner Zinssatz von Investitionen

Formel

Summe Barwerte der Rückflüsse bei internem Zinssatz
− Investitionssumme
= 0

Beispiel (2.2/T6)

C1 = 343.918 € bei i_{k1} = 20 %. Die Alternativrechnung z. B. mit i_{k2} = 30 % ergibt C2 = 141.484 €/Jahr. Die C- und i_k-Punkte werden markiert und dann verbunden. Die Verlängerung schneidet die Ordinate im internen Zinssatz von ca. 36 %

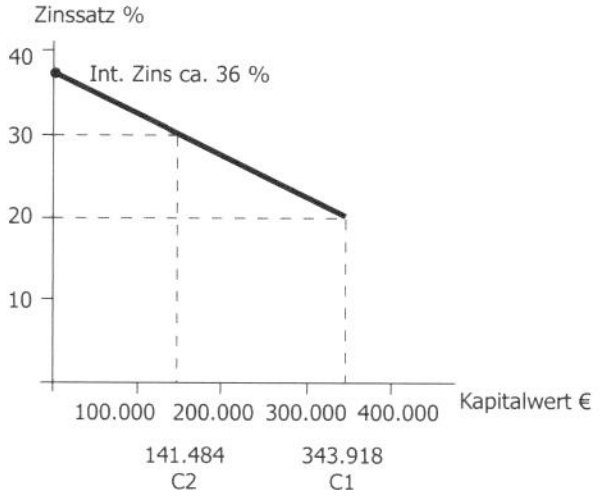

Erläuterung

Der interne Zinssatz i_r ist definiert als der Zinssatz, bei dem der Kapitalwert null beträgt. Er kann durch stufenweise Veränderung des Kalkulationszinses z. B. in einem EXCEL-Sheet simulativ ermittelt werden. Es gilt:

$$\frac{R_1}{\left(1+\frac{i_r}{100}\right)} + \frac{R_2}{\left(1+\frac{i_r}{100}\right)^2} + \ldots + \frac{R_n}{\left(1+\frac{i_r}{100}\right)^n} - I_0 = 0$$

Die grafische Näherungslösung verwendet eine iterative Berechnung von C mit zwei unterschiedlichen Zinssätzen i_k (Skizze siehe oben). Daneben ist auch eine Näherungsformel anwendbar. Der interne Zinssatz definiert die Rendite einer Investition (relative Wirtschaftlichkeit). Ist er höher als der geforderte Mindestzins, ist die Investition absolut betrachtet wirtschaftlich. Der interne Zinssatz i_r dient ferner zum Vergleich konkurrierender Investitionen. Gilt z. B. I_r (Objekt A) > i_r (Objekt B), so ist Objekt A wirtschaftlicher als Objekt B.

Maßnahmen

- Auswahl der besten Investitionen anhand des internen Zinssatzes
- Optimierung der zugrundeliegenden Produktionsprozesse
- Schematisierte Antragsverfahren
- Abwicklung von Investitionen im Projektmanagement

3.8 Amortisationszeit

Formel

$$\frac{\text{Investitionssumme}}{\text{Rückfluss pro Jahr}}$$

Beispiel (2.2/T6)

Rückfluss:
360.000 – 40.000 – 160.000 – 10.000 – 20.000 – 26.000 – 20.000 – 4.000 – 5.000 + 40.000 = 115.000 €/Jahr

$$T_A: \frac{200.000}{115.000} = 1{,}74 \text{ Jahre} \rightarrow \text{wirtschaftlich}$$

Erläuterung

Die Amortisationszeit T_A ist die Zeitspanne, innerhalb derer sich die Investitionssumme durch Rückflüsse amortisiert. Der Rückfluss ergibt sich aus der Kosteneinsparung ohne Abschreibung zuzüglich einer eventuellen Umsatzsteigerung durch das Investitionsobjekt. Die Rückflüsse R von Jahr 1 bis Jahr n (n = wirtschaftliche Nutzungsdauer des Investitionsobjekts) sind als konstant angesetzt. Die Amortisationszeit bei nicht konstanten Rückflüssen ist durch Simulation zu ermitteln (Dynamische Amortisationsdauer). T_A sollte für Produktionsmaschinen mit einer wirtschaftlichen Nutzungsdauer von fünf bis sechs Jahren kleiner sein als ca. drei Jahre, bei erhöhtem Risiko oder hohen Ertragsansprüchen kleiner als zwei Jahre. Unabhängig davon sollte die Amortisationsdauer generell kleiner als die wirtschaftliche Nutzungsdauer sein.

Eine kurze T_A ist ein Indikator für eine wirtschaftliche Investition. Die Kennzahl eignet sich wegen fehlender Zinseffekte allerdings nur zur Grobbeurteilung von Investitionen. Größere Investitionen sind durch den Kapitalwert und den internen Zinssatz zu beurteilen.

Maßnahmen

- Optimierung der zugrundeliegenden Produktionsprozesse
- Schematisierte Antragsverfahren

3.9 Net Asset

Formel **Beispiel (2.1/T1)**

	Anlagevermögen	8 Mio.
+	materialbezogenes Umlaufvermögen	+ 0,275 Mio.
=	**Net Asset**	**= 8,275 Mio. €**

Erläuterung

Die Ermittlung des Anlagevermögens erfolgt als Summe der Buchwerte der Anlagen aus der Anlagenbuchhaltung. Das materialbezogene Umlaufvermögen ermittelt sich aus den Beständen abzüglich der Lieferantenverbindlichkeiten, entspricht also dem Working Capital (Definition in 3.12).

Ein niedriges Net Asset ist Ausdruck einer angestrebten kapitalarmen Fertigung, kann aber auch auf einen eingetretenen Substanzverlust des Maschinenparks hinweisen. Das Anlagevermögen ist u. a. beeinflusst durch die Unternehmensstrategie und das Produktportfolio. Anzustreben ist ein geringes Anlagevermögen bei langfristig gesicherter Produktionssubstanz. Das materialbezogene Umlaufvermögen sollte im Rahmen des vorgegebenen Servicegrades minimiert werden (siehe auch 3.12). Zu beachten ist die Zusammensetzung des Net Assets im Hinblick auf die Kostenstruktur: Ein hohes Anlagevermögen führt zu einem hohen Fixkostenanteil und verschlechtert die Reagibilität bei Nachfragerückgang.

Maßnahmen

- Investitionen auf Profitabilität prüfen (Investitionsrechnung)
- Einsatz flexibler Einrichtungen (Agile Fertigungssysteme)
- Montagestraßen für mehrere Typen
- Optimale Nutzung vorhandener Anlagen
- Strategien zur Senkung der Lagerbestände

3.10 Anlagevermögen Produktion

Formel

	Anlagevermögen der Produktionsgebäude
+	Betriebsmittel
+	Lagereinrichtungen
+	Transporteinrichtungen
+	sonstige Geschäftsausstattung
=	**Anlagevermögen Produktion**

Beispiel (2.1 / T1)

Aus Vereinfachungsgründen wird hier ein Buchwert von 8 Mio. € unterstellt.

Erläuterung

Die Ermittlung des Anlagevermögens erfolgt durch die Summe der Buchwerte aus den Zahlen der Anlagenbuchhaltung. Wiederbeschaffungswerte (Marktwerte) der Einrichtungen ergeben ein realistischeres Bild des tatsächlichen Anlagevermögens als die Buchwerte, sind jedoch aufwendiger zu ermitteln. Vereinfacht kann bei einer stetigen Reinvestitionspolitik ein durchschnittliches Anlagevermögen (0,5 x Anschaffungswert) angesetzt werden.

Ein niedriges Anlagevermögen ist Ausdruck einer angestrebten kapitalarmen Fertigung, kann aber auch auf einen eingetretenen Substanzverlust des Maschinenparks hinweisen. Die Beurteilung des Anlagevermögens ist u. a. beeinflusst durch die Unternehmensstrategie und das Produktportfolio. Durch Leasing verringert sich das Anlagevermögen bei gleicher Produktionssubstanz.

Maßnahmen

- Investitionen auf Profitabilität prüfen (Investitionsrechnung)
- Einsatz flexibler Einrichtungen (Agile Fertigungssysteme)
- Montagestraßen für mehrere Typen
- Maximale Nutzung vorhandener Anlagen

3.11 Anlagendeckung Produktion

Formel

$$\frac{\text{Eigenkapital + langfristiges Fremdkapital}}{\text{Anlagevermögen}}$$

Beispiel (2.1/T1)

$$\frac{3\text{ Mio.} + 7\text{ Mio.}}{8\text{ Mio.}} = 1{,}25$$

Erläuterung

Die Kennzahl zeigt an, in welchem Umfang das Anlagevermögen (siehe 3.10) durch langfristig verfügbares Kapital gedeckt ist. Anzustreben ist ein Wert nahe oder größer 1. Die Forderung dient der Vermeidung risikoreicher kurzfristiger Finanzierungen für langfristig benötigte Einrichtungen und berücksichtigt die Forderung, langfristig benötigtes Vermögen auch langfristig zu finanzieren (Fristenkongruenz). Die Kennzahl wird üblicherweise für das Gesamtunternehmen ermittelt, ist aber auch für die Produktion als weitaus größtem Kapitalverbraucher angezeigt. Die Kennzahl wird auch als Anlagendeckungsgrad II bezeichnet.

Der alternativ einsetzbare Anlagendeckungsgrad I bezieht lediglich das Eigenkapital auf das Anlagevermögen, ist allerdings in der Betriebspraxis kaum realistisch.

Maßnahmen

- Produktionsinvestitionen mit Finanzplanung abstimmen
- Eigenkapitalanteil erhöhen durch höheren Cashflow
- Gewinnung von Gesellschaftern bzw. Kapitalerhöhung
- Vorgabe eines mit der Strategie abgestimmten Investitionsbudgets
- Investitionen auf Profitabilität prüfen (Investitionsrechnung)
- Einsatz flexibler Einrichtungen (Agile Fertigungssysteme)
- Montagestraßen für mehrere Typen
- Maximale Nutzung vorhandener Anlagen

3.12 Working Capital Produktion

Formel **Beispiel (2.1/T1)**

	Materialbestand	290.000
–	kurzfristige Verbindlichkeiten aus Lieferungen	– 15.000
=	**Working Capital**	**= 275.000 €**

Erläuterung

Das Working Capital ermittelt sich top down aus der Bilanz, indem das Umlaufvermögen um die Lieferantenverbindlichkeiten reduziert wird. Da flüssige Mittel vom Produktionsmanagement kaum beeinflussbar und schwierig zu operationalisieren sind, werden zudem häufig auch die flüssigen Mittel abgezogen. Die für das Produktionsmanagement praktikablere, hier verwendete bottom-up-Berechnung ermittelt die bewerteten Materialbestände und bringt dazu die Lieferantenverbindlichkeiten aus der Kreditorenbuchhaltung zum Abzug.

Ein Bestandsaufbau erhöht das Working Capital und zwar auf Kosten der Liquidität 1. Grades und zugunsten der Liquidität 3. Grades und ist deshalb abzulehnen. Eindeutig ist deshalb im Produktionsmanagement immer ein geringes Working Capital anzustreben. Unternehmen reagieren darauf mit gezieltem Working Capital-Management. Die Kennzahl ist über die Kapitalbindung und die Lagerkosten eine wirksame Stellgröße auf den ROI und weiterer Erfolgsfaktoren der Finanzperspektive.

Ein hohes Working Capital kann innerbetrieblich bedingt, aber auch ein Indikator für eine schlechte Absatzsituation sein (Lageraufbau).

Maßnahmen

- Gezieltes Working Capital-Management
- Just in Time, klassisches Kanban, B2B-Kanban
- Production on Demand, Packaging on Demand
- Vendor Managed Inventory
- Cross Docking zur Verringerung der Lagerbestände
- Bestandscontrolling mit ERP-System

3.13 Work in Process

Formel

Σ Bestandswert der unfertigen Erzeugnisse im Produktionsprozess

Beispiel (2.5 / T20)

3.000 + 1.500 + 1.500 + 750 + 2.400 + 1.200 = 10.350 €

Erläuterung

Work in Process (WIP) bewertet die unfertigen Produkte auf der Basis der Auftragskalkulation. Im Bestandswert enthalten sind die aktuell angefallenen Fertigungskosten der in Arbeit befindlichen Produkte einschließlich der bereits entnommenen Materialien. Bei Auftragsende (Lagerzugang der fertigen Produkte) wird der WIP-Wert entlastet.

Ein hohes WIP signalisiert eine hohe Kapitalbindung mit entsprechender Liquiditätsbelastung und Kapitalkosten. Dies kann vor allem im Anlagenbau zu kritischen Liquiditätssituationen führen. Ferner fallen hohe Zinskosten in den vorfinanzierten Geschäftsprozessen an.

Hauptstellgrößen auf die Kennzahl sind die Beschleunigung des Auftragsdurchlaufs sowie Pull-Szenarien in der Auftragsabwicklung.

Maßnahmen

- Maßnahmen zur Duchlaufzeitreduzierung und Bestandssenkung
- Übergang vom Szenario Make to Order zu Make to Stock
- Postponing-Strategien mit späterem Variantenbestimmungspunkt
- Maßnahmen zur Vorfinanzierung der Aufträge
- Mass Customization
- Prozess- und Projektterminierung mit ERP

3.14 Operatives Betriebsergebnis

Formel	**Beispiel (2.1/T1)**
Umsatz	(6.000 x 1.200)
– variable Kosten des Umsatzes	– (6.000 x 600)
– Fixkosten	– 2 Mio.
= Operatives Betriebsergebnis	**= 1,6 Mio. € / Jahr**

Erläuterung

Das Betriebsergebnis kann sowohl mit dem Gesamtkostenverfahren (hier werden u. a. Bestandszunahmen als Leistung behandelt) als auch mit dem Umsatzkostenverfahren ermittelt werden. Letzteres eignet sich wegen der geringeren Manipulationsgefahr und der einfacheren Ermittlung besser für operative Bereiche, wird also hier präferiert. Der Umsatz ermittelt sich wie folgt:

Outputmenge x Standardpreis / Stück

Die variablen Kosten umfassen die beschäftigungsabhängigen Selbstkosten des Umsatzes.

Im Gegensatz zum Betriebsergebnis des Unternehmens können die Leistungen eines operativen Bereichs häufig nicht zum Marktpreis bewertet werden. Ersatzpreise können dann Verrechnungspreise der produzierten Leistungen oder Target Prices sein, letztere ermittelt mit dem Target Costing. Die Fixkosten bestehen im Wesentlichen aus den kalkulatorischen Abschreibungskosten (soweit der Zeitverschleiß überwiegt), kalkulatorischen Zinskosten, den Raumkosten, Fertigungsgehältern und den Lohnkosten des Fixpersonals. Die Kennzahl wird vor Steuern ermittelt. Sie ist als Benchmark zum Vergleich von Produktionsbereichen geeignet.

Maßnahmen

- Höhere Zielpreise durch Funktionsverbesserung der Produkte
- Fixkostenabbau durch schlankere Organisation
- Prozessoptimierung mit geringeren variablen Stückkosten

3.15 Break-Even-Menge

Formel

$$\frac{\text{Fixkosten pro Jahr}}{\text{Stückdeckungsbeitrag}}$$

Beispiel (2.1/T1)

BEP-Menge:

$$\frac{2.000.000}{(1.200 - 600)} = 3.333 \text{ Stück/Jahr}$$

Iststückzahl: 6.000 > BEP-Menge = 3.333 → Gewinnzone erreicht

Erläuterung

Der Break Even Point (BEP) zeigt die Jahresmenge, die zum Erreichen eines ausgeglichenen Betriebsergebnisses (3.14) notwendig ist. Er kann für das Unternehmen, aber auch für einen operativen Bereich (z. B. Produktion, Produktionssegment) ermittelt werden. Ist die tatsächliche Jahresstückzahl größer als die Break-Even-Menge, so arbeitet der Produktionsbereich mit positivem Ergebnis (siehe 3.14). Bei heterogenem Produktionsprogramm sind Äquivalenzmengen anzusetzen.

Die Break-Even-Analyse wird vor allem zur Planung neuer Werke erstellt, wobei die prognostizierte Absatzstückzahl größer als die geplante BEP-Menge sein soll. Eine relativ zur Maximalausbringung hohe Break-Even-Menge erhöht dabei das finanzielle Risiko des jeweiligen Bereichs.

Maßnahmen

- Erzielen höherer Stückdeckungsbeiträge
- Fixkostenabbau durch schlankere Organisation
- Geringere Fixkosten durch Fremdvergabe von Teilen
- Ermitteln der BEP-Menge mit alternativen Szenarien (Konkurrenzaktionen)
- Ausnutzen von Skalierungseffekten

3.16 Abnutzungsgrad Anlagen

Formel

$$\frac{\text{kumulierte Abschreibungen}}{\text{Anschaffungswerte der Anlagen}}$$

Beispiel (2.1 / T1)

$$\frac{12{,}5\text{ Mio.} - 8\text{ Mio.}}{12{,}5\text{ Mio.}} = 0{,}36$$

Erläuterung

Die Kennzahl dient zur Überwachung der Substanzerhaltung der Produktionsanlagen. Ein hoher Abnutzungsgrad (nahe 1) ist ein Indikator für einen drohenden Verlust der Produktionssubstanz durch einen veralteten Maschinenpark.

Die Abschreibungen sind aus der Anlagenbuchhaltung z. B. aus Anschaffungswert abzüglich Buchwert ermittelbar. Da die Forderung nach Substanzerhaltung auch mit Leasing-Anlagen erfüllt werden kann, sind diese angemessen zu berücksichtigen, beispielsweise durch Ansatz eines Anschaffungswertes und einer fiktiven kalkulatorischen Abschreibung.

Die Kennzahl sollte im Kontext mit der Unternehmensstrategie beurteilt werden. So rechtfertigen Poor-Dog-Produkte einen höheren Abnutzungsgrad als Question-Mark- und Star-Produkte mit ihrer offensiven Investitionspolitik. Alternativ kann statt des Anschaffungswertes der Wiederbeschaffungswert als Basis verwendet werden.

Als ergänzende Kennzahl dient der Investitionsgrad (3.17).

Maßnahmen

- Mit der Unternehmensstrategie abgestimmte Investitionspolitik
- Vermeiden eines Substanzverlusts durch Ersatzinvestitionen

3.17 Investitionsgrad

Formel

$$\frac{\text{jährliche Investitionen}}{\text{jährliche Abschreibungen auf Produktionsanlagen}}$$

Beispiel (2.2/T5)

$$\frac{400.000}{1{,}2\ \text{Mio.}} = 0{,}33$$

→ die langfristige Substanzerhaltung ist nicht gewährleistet

Erläuterung

Die Kennzahl dient als jährlicher Indikator für die Substanzerhaltung der Produktionsanlagen. Die Ermittlung erfolgt bottom up aus den getätigten Investitionen (Anlagenbuchhaltung) und den kalkulatorischen Abschreibungen.

Ein Wert > 1 zeigt, dass in die Produktionssubstanz mehr investiert wird als verloren geht. Werte < 1 zeigen langfristig einen Substanzverlust. Eine starre Orientierung ist allerdings nicht sinnvoll. Die Kennzahl sollte vielmehr im Kontext mit der Unternehmensstrategie beurteilt werden.

Da die Forderung nach Substanzerhaltung auch mit Leasing-Anlagen erfüllt werden kann, sind diese angemessen zu berücksichtigen, beispielsweise durch Ansatz eines Anschaffungswertes und einer fiktiven kalkulatorischen Abschreibung.

Maßnahmen

- Mit der Unternehmensstrategie abgestimmte Investitionspolitik
- Orientierung an der Wirtschaftlichkeit der Investitionen

Kapitel 4

Kennzahlen Kundenperspektive

4.1 Relativer Marktanteil

Formel

$$\frac{\text{Umsatz eines Produktes}}{\text{Umsatz des Konkurrenzprodukts des größten Wettbewerbers}}$$

Beispiel (2.3/T7)

$$\frac{7{,}2 \text{ Mio.}}{6 \text{ Mio.}} = 1{,}2$$

→ Das Unternehmen ist Marktführer

Erläuterung

Der Marktanteil eines Produktes bzw. einer Produktgruppe ist ein wesentlicher Einflussfaktor auf die Produktion. Langfristig bestimmt der relative Marktanteil den Handlungsrahmen der Produktion und über das Portfolio auch die empfohlenen Normstrategien. Ein relativer Marktanteil > 1 bedeutet die Marktführerschaft. Diese sichert Wettbewerbsvorteile durch Skalierungseffekte. In der Produktion sind dadurch Kostenvorteile durch höhere Losgrößen und durch Fixkostendegression möglich. Häufig kann durch einen hohen Marktanteil der Übergang von Ein- auf Mehrschichtbetrieb erreicht werden. Die Verhandlungsposition mit Zulieferern wird gestärkt. Ein niedriger relativer Marktanteil steht für gegenteilige Wirkungen.

Maßnahmen

- Kundenbindung verbessern (z. B. durch CRM-System)
- Einrichten zusätzlicher Vertriebskanäle (E-Sales)
- Sicherung des Marktanteils durch Produktverbesserung
- Markteinführung neuer Produkte
- Kostenvorteile durch Produktstandardisierung nutzen

4.2 Deckungsbeitrag pro Kunde

Formel **Beispiel (2.3/T8)**

	Umsätze eines Kunden	5,6 Mio.
–	variable Kosten des Umsatzes (Kunde 4712)	– 2,8 Mio.
=	**Deckungsbeitrag pro Kunde**	**= 2,8 Mio.**

Erläuterung

Ausgangspunkt ist der Stückdeckungsbeitrag, errechnet aus Stückpreis – variable Selbstkosten. Die Addition der Deckungsbeiträge über alle Aufträge eines Kunden ergibt den Kundendeckungsbeitrag:

Deckungsbeitrag pro Kunde = Σ (Auftragsmenge x Stückdeckungsbeitrag)

Der Deckungsbeitrag pro Kunde ermöglicht eine Kundensegmentierung: Kunden, die ca. 80 % des gesamten Jahresdeckungsbeitrags des Unternehmens ausmachen, sind A-Kunden (hier: 4.712) mit großem Einfluß auf das Unternehmensergebnis. Kunden mit ca. 5 % des Jahresdeckungsbeitrags sind C-Kunden. In der Mitte liegen die B-Kunden (hier: 4.714).

Kundenaufträge mit hohem Deckungsbeitrag bzw. Aufträge von A-Kunden haben einen großen Einfluss auf das Unternehmensergebnis. A-Kunden sind risikoreicher bei Qualitätsproblemen und anspruchsvoller bezüglich der Kundenbindung. C-Kunden verursachen i. d. R. einen relativ hohen Aufwand zur Auftragsabwicklung. C-Kunden erfordern oft einen relativ hohen Planungsaufwand und hohe Werkzeugkosten. Die Produktionsverfahren sollten gezielt nach Kundenklassifizierung eingesetzt werden (teure Verfahren für A- und B-Kunden, einfachere für C-Kunden).

Maßnahmen

- Aufwendigere Verfahren nur für A-Kunden
- Einfachere Verfahren oder Fremdvergabe für C-Kunden
- Kooperative Produktentwicklung mit A-Kunden zur Funktionsverbesserung

4.3 Umsatzanteile Produktportfolio

Formel

$$\frac{\text{Umsatz Produktklassifizierung}}{\text{Gesamtumsatz}} \times 100\,\%$$

Beispiel (2.3/T7)

Umsatzanteil Stars: $\frac{7{,}2 \text{ Mio.}}{16{,}2 \text{ Mio.}} \times 100\,\% = 44{,}4\,\%$ (Getriebe)

Umsatzanteil Cash Cows: $\frac{9 \text{ Mio.}}{16{,}2 \text{ Mio.}} \times 100\,\% = 55{,}6\,\%$ (Werkzeuge)

Erläuterung

Entsprechend der Klassifizierung der Produkte im Portfolio (1.2) kann das gesamte Programm nach Marktwachstum und relativem Marktanteil evaluiert werden. Aufschlussreich ist dabei der Umsatzanteil der Portfoliopositionen. Star-Produkte im Produktionsprogramm sichern die Wettbewerbsfähigkeit in der Zukunft, erfordern aber einen hohen Kapitalaufwand, sind jedoch zukünftige Cash-Generatoren. Cash Cows sind die Profitbringer des Unternehmens. Star- und Cash-Cow-Produkte rechtfertigen aufwendigere Produktionsverfahren und höhere Investitionen. Niedriges Wachstum bei hohen Segmentdeckungsbeiträgen rechtfertigt allein noch keinen Marktaustritt (siehe auch Beispiel 2.3, Segment Werkzeuge).

Nachteilig an der Kennzahl ist ferner die starke Marketingfokussierung (Marktwachstum und Marktanteil). Die Profitabilität wird nicht berücksichtigt. Hier liefert das Wettbewerbsstärke- und Marktattraktivitätsportfolio weitere Aufschlüsse.

Maßnahmen

- Erweiterungsinvestitionen auf Star-Produkte konzentrieren
- Erhaltungsinvestitionen vorwiegend für Cash-Cow-Produkte
- Kostengünstigere Verfahren und Fremdbezug für Poor-Dog-Produkte
- Produktüberarbeitung (Relaunch) für Poor-Dog-Produkte

4.4 Stufenweise Deckungsbeiträge

Formel

DB1 = Umsatz – variable Kosten des Erzeugnisses
DB2 = DB1 – Erzeugnisfixkosten
DB3 = DB2 – Erzeugnisgruppenfixkosten
DB4 = DB3 – unternehmensfixe Kosten

Beispiel (2.3/T7)

DB1 (Getriebe) = 7,2 Mio. – 3,6 Mio. = 3,6 Mio.	Getriebe kurzfristig erfolgreich
DB2 = DB3 (Getriebe) = 3,6 Mio. – 2 Mio. = 1,6 Mio.	Getriebe langfristig erfolgreich
DB1 (Werkzeuge) = 9 Mio. – 4 Mio. = 5 Mio.	Werkzeuge kurzfristig erfolgreich, auch im Vergleich mit Getrieben
DB2 (Werkzeuge) = DB3 = 5 Mio. – 1 Mio. = 4 Mio.	Werkzeuge langfristig erfolgreich, auch im Vergleich mit Getrieben
DB4 = 1,6 Mio. + 4 Mio. – 1,2 Mio. = 4,4 Mio.	Unternehmen langfristig erfolgreich

Erläuterung

Durch Zuordnung von Deckungsbeiträgen zu Erzeugnissen (DB1 und DB2), Erzeugnisgruppen (DB3) und Unternehmen (DB4) wird eine abgestufte Erfolgsbeurteilung ermöglicht. Dazu sind ab dem DB2 die jeweiligen Fixkosten einer Aggregationsstufe zu berücksichtigen.

Der DB1 als der übliche Deckungsbeitrag ist der kurzfristige Erfolgsmaßstab für ein Produkt.

4.4 Stufenweise Deckungsbeiträge

Der DB2 entsteht durch Abzug der erzeugnisfixen Kosten (z. B. Gehälter für Ingenieure, die nur für dieses Erzeugnis tätig sind) vom DB1. Er ist ein langfristiger Erfolgsmaßstab für ein Produkt.

Der DB3 errechnet sich durch Abzug der Fixkosten, die nur für diese Erzeugnisgruppe anfallen (z. B. Fixkosten einer Produktionsabteilung, die für die gesamte Erzeugnisgruppe arbeitet). Er zeigt den langfristigen Erfolg einer Produktgruppe.

Der DB4 ermittelt sich nach Abzug der Fixkosten, die keinem Erzeugnis oder keiner Erzeugnisgruppe zugeordnet werden können (z. B. Fixkosten der zentralen Personalverwaltung). Der DB4 zeigt, ob das Gesamtunternehmen erfolgreich arbeitet. Er entspricht dem Betriebsergebnis (3.14).

Bei tiefer gestuften Erzeugnishierarchien sind entsprechend mehr Deckungsbeitragsstufen zu berücksichtigen. Besteht das Segment aus nur einem Produkt, ist DB2 mit dem Segmentergebnis DB3 identisch.

Sofern Erzeugnisgruppen mit Absatzsegmenten identisch sind, wird mit dem D3 der Segmentdeckungsbeitrag ausgewiesen. Daraus leitet sich der Begriff Absatzsegmentrechnung für die stufenweise Deckungsbeitragsrechnung ab. Daneben können Segmente auch innerbetrieblich definiert werden als selbstverantwortlich gesteuerte Produktionsbereiche mit Ergebnisverantwortung. Für beide Arten von Segmenten wie auch für die zugrundeliegenden Produkte lassen sich die Erfolge mit Deckungsbeiträgen beurteilen.

Problematisch bei der Erfolgsbeurteilung ist die Prognoseunsicherheit.

Maßnahmen

- DB1 < 0: Produktbezogene Rationalisierungsmaßnahmen bzw. Funktionsverbesserung
- DB2 < 0: Produktbezogene Fixkostenabbau bzw. Prüfen eines Marktausstiegs
- DB3 < 0: Marktausstieg der Erzeugnisgruppe prüfen
- DB4 < 0: Unternehmensbezogene Rationalisierungsmaßnahmen, u. U. Unternehmensverkauf

4.5 Produktionsbedingte Reklamationen

Formel

$$\frac{\text{Kundenaufträge mit produktionsbedingten Reklamationen}}{\text{Gesamtzahl der Kundenaufträge}} \times 100\,\%$$

Beispiel (2.3/T7, T11)

$$\frac{45}{550} \times 100\,\% = 8{,}2\,\%$$

Erläuterung

Die Kennzahl ist ein Teilaspekt der Kundenzufriedenheit. Kundenzufriedenheit wird produktionsseitig durch Fertigungsqualität, aber auch durch Termineinhaltung und Durchlaufzeiten beeinflusst. Erfasst werden von Kunden erhaltene produktionsbedingte Reklamationen durch fertigungsverursachte Qualitätsmängel, Falschlieferungen und Terminüberschreitungen. Fallweise können Schadensmeldungen auch bewertet werden:

$$\frac{\text{Wert der produktionsbedingten Reklamationen}}{\text{Gesamtumsatz pro Jahr}} \times 100\,\%$$

Besonders kritisch sind Reklamationen bei A-Kunden. Reklamationen bei einem Kleinauftrag für einen A-Kunden beinhalten ein zur Stückzahl überproportionales Unzufriedenheitspotenzial. Die Kennzahl sollte deshalb für A-, B- und C-Kunden getrennt überwacht werden.

Die produktionsbedingte Zufriedenheit kann auch im Rahmen einer Kundenbefragung zum Customer Satisfaction Index (CSI) ermittelt werden.

Maßnahmen

- Reduzierung der Durchlaufzeit und der Terminabweichungen
- Null-Fehler-Strategie
- Einsatz eines Internet-Kanals zum Beschwerdemanagement (E-Claims)
- Erfassung objektiver Ausschussgründe im BDE-System

4.6 Produktionsbedingte Kundenverluste

Formel

$$\frac{\text{Produktionsbedingte Kundenverluste}}{\text{Anzahl Kunden}} \times 100\,\%$$

Beispiel (2.3/T7, T11)

$$\frac{3}{70} \times 100\,\% = 4{,}3\,\%$$

Erläuterung

Die Kennzahl ist ein Indikator für die Kundenbindung. Kundenverluste werden teilweise durch produktionsbedingte Qualitätsmängel und durch Lieferterminüberschreitungen ausgelöst (siehe 4.5). Weitere Gründe sind fehlende oder mängelbehaftete Kooperationsbeziehungen bei der gemeinsamen Produkt- und Verfahrensentwicklung und mangelnde Flexibilität in der Berücksichtigung von Kundenanforderungen. Die Kennzahl sollte wiederum für A-, B- und C-Kunden getrennt ermittelt werden.

Maßnahmen

- Termincontrolling mit ERP-Systemen (Durchlaufzeit, Terminabweichung)
- Mass Customization (kundenindividuelle Massenfertigung)
- Verbesserung der B2B-Kommunikation
- B2B-Beschwerdemanagement (E-Claims)
- Aufbau langfristiger Entwicklungskooperationen mit Kunden
- Production on Demand
- ATP-Prüfung vor Auftragsbestätigung

4.7 Produktionsbedingte Neukunden

Formel

$$\frac{\text{Produktionsbasierte Neukunden pro Jahr}}{\text{Gesamtzahl der Kunden}} \times 100\,\%$$

Beispiel (2.3/T7, T11)

$$\frac{5}{70} \times 100\,\% = 7{,}1\,\%$$

Erläuterung

Neukunden sichern die zukünftige Wettbewerbsfähigkeit des Programm-Portfolios und die Profitabilität und erweitern den Handlungsspielraum des Produktionsmanagements. Zu erfassen sind Neukunden, die wesentlich aufgrund von Produktionsbedingungen gewonnen wurden – z. B. durch Kosten-, Termin- oder Qualitätsvorteile. Die Kennzahl ist relativ unscharf, jedoch von großer Bedeutung für die Kundengewinnung. Bestandskunden sind für die aktuelle Profitabilität wichtig, Neukunden für die zukünftige.

Zu fragen ist: »Welchen Beitrag kann das Produktionsmanagement zur Neukundengewinnung liefern? Welche Wünsche haben potenzielle Neukunden an die Produktion?«

Die Kennzahl sollte für A-, B- und C-Kunden getrennt ermittelt werden.

Maßnahmen

- Lead Management mit Auswertung der produktionsrelevanten Wünsche von potenziellen Neukunden
- Kooperative Produktentwicklung mit Bestandskunden und Auswertung des Neukundenpotenzials
- KAIZEN, KVP mit Ausrichtung auf potenzielle Neukunden

4.8 Durchlaufzeit Kundenauftrag (Cycle Time)

Formel	**Beispiel (2.3/T9)**
Termin Auslieferung	4. August
– Termin Auftragseingang	28. Juli
– Nichtarbeitstage	– 2
= Durchlaufzeit Kundenauftrag (Cycle Time)	**= 5 Arbeitstage***

Erläuterung

Die Durchlaufzeit (Cycle Time) eines Kundenauftrages ist Maßstab für die schnelle Antwort auf Kundenwünsche. Sie wird auch als Customer Response Time bezeichnet. Der Auslieferungszeitpunkt ist dabei abhängig von der vereinbarten Incoterm-Bedingung anzusetzen. Die Kennzahl kann als Plan- und Istwert ermittelt werden. Eine besondere Bedeutung erhält die Kennzahl im Make-to-Order-Szenario (z. B. im Anlagenbau) wegen der lang andauernden Kapitalbindung (siehe auch 3.13).

Eine geringe Durchlaufzeit verbessert die Kundenzufriedenheit (siehe 4.5 und 4.6) und stellt einen Wettbewerbsvorteil dar. Ferner beeinflusst die Kennzahl die Kapitalbindung: Eine kurze Cycle Time bedeutet i. d. R. einen schnellen Kapitalrückfluss.

Maßnahmen

- Verkürzung der Auftragsübermittlungszeit durch EDI und E-Sales
- Auftragsüberwachung mit ERP
- Verkürzen der Durchlaufzeiten der Produktionsaufträge z. B. durch Production on Demand
- Verkürzen der Wiederbeschaffungszeiten für Kaufteile
- Vermeiden von Medienbrüchen (z. B. telefonische Annahme, Eingabe in Rechner, Ausdruck und anschließender Faxversand) bei der Auftragsabwicklung

* von Schichtbeginn zu Schichtbeginn

4.9 Time-to-Cash-Kundenauftrag

Formel	**Beispiel (2.3/T9)**
Termin Zahlungseingang	11. August
– Termin Auftragseingang	– 28. Juli
– Nichtarbeitstage	– 4
= Time-to-Cash-Kundenauftrag	**= 10 Arbeitstage**

Erläuterung

Die Kennzahl Time to Cash beinhaltet die Durchlaufzeit des Kundenauftrages und enthält zusätzlich die Zeiten für den Fakturierungsprozess und den Zahlungsvorgang durch den Kunden. Die Ermittlung kann alternativ auf Basis der Kalendertage erfolgen.

Eine kurze Time to Cash reduziert den Umfang der Vorfinanzierung und damit die Kapitalbindung sowie die Lagerkosten. Die Kennzahl wird damit zur Haupteinflussgröße der Renditekennzahlen ROI, RONA und ROCE.

Maßnahmen

- Optimierung des Mahnprozesses
- Zahlungscontrolling
- Verkürzung der Durchlaufzeiten und der Wiederbeschaffungszeiten in der Produktion
- Autragsabwicklung im Szenario Make to Stock statt Make to Order
- Sofortige Auftragsrückmeldung in der Produktion durch BDE-System
- Cross Docking im Auslieferungslager

4.10 Terminabweichung Kundenauftrag

Formel | **Beispiel (2.3/T9)**

Formel	Beispiel (2.3/T9)
Istliefertermin	4. August
– Sollliefertermin	– 1. August
– Nichtarbeitstage	– 2
= Terminabweichung Kundenauftrag	**= 1 Arbeitstag**

Erläuterung

Die Termineinhaltung (OTD = On Time Delivery) der Aufträge wird durch die Terminabweichung evaluiert. Sie kann als Einzel- oder als Durchschnittswert ermittelt werden:

$$\frac{\text{Summe Terminabweichungen der Aufträge}}{\text{Anzahl Aufträge}}$$

Geringe Terminabweichungen verbessern die Kundenzufriedenheit und die Kundenbindung. Da die Terminzuverlässigkeit aus Kundensicht häufig Bestandteil der Lieferantenbewertung ist, verbessert sich die Wettbewerbssituation. Im Make-to-Order-Szenario und speziell im Anlagenbau haben Terminabweichungen gravierende finanzielle Konsequenzen (Konventionalstrafen). Immer mit zu überwachen sind die 5 % der Aufträge mit den größten Terminabweichungen. Besonders kritisch sind hohe Abweichungen bei A-Kunden.

Maßnahmen

- Überwachen der Auftragsrückstände im ERP-System
- Gezielte Auflösung der Rückstände beginnend mit A-Kunden
- Übergang von kundenorientierter Fertigung zu Lagerfertigung
- Production on Demand
- Effizientere Kapazitätsplanung, Engpassbeseitigung (Constraint Management)

4.11 Kundenauftragsreichweite

Formel

$$\frac{\Sigma\text{ (Auftragsmenge x Standardpreis Produkt)}}{\text{Monatsumsatz}}$$

Beispiel (2.3/T7, T10)

$$\frac{(1{,}44\text{ Mio.} + 0{,}64\text{ Mio.} + 2{,}4\text{ Mio.})}{7{,}2\text{ Mio.}/12} = 5{,}18\text{ Monate}$$

Erläuterung

Der Auftragsbestand besteht aus den bestätigten, noch nicht begonnenen Kundenaufträgen, die mit dem jeweiligen Standardpreis aus der Produktkalkulation oder einem Verrechnungspreis bewertet werden. Aus dem Auftragsbestand lässt sich die Auftragsreichweite in Monaten ermitteln aus:

$$\frac{\text{Wert Auftragsbestand gesamt}}{\text{Umsatz pro Monat bei Vollbeschäftigung}}$$

Die Kennzahl ist ein wichtiger Parameter für die operative Planung in der Material- und Produktionsplanung. Daraus wird das Beschaffungsvolumen und die erforderliche Produktionskapazität abgeleitet. Unter Berücksichtigung des Eigenfertigungsanteils dient sie als Frühindikator für die Beschäftigung der Produktion. So können rechtzeitig Maßnahmen zur Kapazitätsanpassung angestoßen werden.

Maßnahmen

- Gewinnung von Neukunden (Lead Management, Opportunity Management)
- Verkaufsförderungsmaßnahmen (u.a. Cross Selling)
- Annahme von Zusatzaufträgen (Kriterium: Deckungsbeitrag muss erhöht werden)

Kapitel 5

Prozessperspektive

5.1 Durchlaufzeit Produktionsauftrag

Formel

  Auftragsende
– Auftragsstart
– Nichtarbeitstage

= Durchlaufzeit Produktionsauftrag

Beispiel (2.5/T15, T16)

Plandurchlaufzeit
(25.7. bis 30.7. bei 2 Nichtarbeitstagen) = 5 – 2 = 3 Arbeitstage

Istdurchlaufzeit (vom 25.7. bis 1.8.) = 5 Arbeitstage

Erläuterung

Die Durchlaufzeit (Cycle Time) eines Auftrags ist eine Kennzahl mit weitreichender Wirkung sowohl auf die Finanz- als auch die Kundenperspektive (siehe 4.8). Lange Durchlaufzeiten binden Kapital, erfordern eine Vorfinanzierung von Material- und Fertigungskosten und beeinträchtigen die Wettbewerbssituation. Die Ermittlung erfolgt aus den geplanten bzw. erfassten Auftragszeiten. Der Auftragsstart entsteht durch Freigabe des Auftrags (Statussetzung im ERP-System) bzw. durch Eintritt des Auftrags in die Produktion. Das Auftragsende erhält man durch Lagerzugang oder Rückmeldung im BDE-System. Die Durchlaufzeit ist nicht zu verwechseln mit der Belegungszeit (siehe 5.3) auf dem Betriebsmittel. Die Durchlaufzeit korreliert durch Wartezeiten vor dem Produktionssystem mit der Kapazitätsauslastung und ist damit auch konjunktursensitiv.

Als Planwert lässt sich die Durchlaufzeit bottom up aus den Zeitelementen eines Arbeitsgangs ermitteln. Dies sind: Vorliegezeit + Rüstzeit + (Losgröße x Bearbeitungszeit/Stück) + Nachliegezeit + Transportzeit zum nächsten Arbeitsgang. Die Durchlaufzeit des Auftrags ermittelt sich dann aus der Summe der Arbeitsgangdurchlaufzeiten.

Maßnahmen

- Production on Demand, Kanban-Einsatz
- Belastungsorientierte Freigabe (BOA)
- Vermeiden von Liege- und Transportzeiten
- Auftragscontrolling mit ERP
- Losgrößenoptimierung
- Modular Sourcing (Beschaffung ganzer Baugruppen von Systemlieferanten)

5.2 Terminabweichung der Aufträge

Formel

$$\frac{\Sigma \text{ (Isttermin – Solltermin – Nichtarbeitstage)}}{\text{Anzahl Aufträge}}$$

Beispiel (2.5/T17)

$$\frac{(2 + 2 + 3 - 2)}{4} = 1{,}25 \text{ Arbeitstage/Auftrag}$$

Maximale Terminabweichung = 3 Arbeitstage

Erläuterung

Die Termineinhaltung (OTD = On Time Delivery) ist ein Indikator für die Termintreue. Er beeinflusst die Kundenzufriedenheit und die Kundenbindung. Als zugehörige Kennzahl dient die Terminabweichung. Der Solltermin ist der geplante Endtermin in der Auftragssteuerung, gegebenenfalls korrigiert um Abweichungen der Menge bzw. Losgröße. Die Ermittlung erfolgt üblicherweise in Arbeitstagen. Der Isttermin wird z. B. am BDE-System bei Rückmeldung erfasst, ersatzweise auch durch Lagerzugang der gefertigten Produkte.

Die Terminabweichung ist besonders im Make to Order-Szenario zu überwachen. Hier drohen – speziell im Großanlagenbau – hohe Konventionalstrafen. Immer mit zu überwachen sind die 5 % der Aufträge mit den größten Terminabweichungen. Besonders kritisch sind hohe Terminabweichungen bei A-Kunden. Die Terminabweichung ist auslastungssensitiv.

Maßnahmen

- Überwachen der Auftragsrückstände im ERP-System
- Gezielte Auflösung der Rückstände (5.7) nach A-, B- und C-Kunden
- Ersatz der kundenorientierten Fertigung durch Lagerfertigung
- Production on Demand
- Effizientere Kapazitätsplanung (Beseitigen von Engpässen durch Constraint Management)
- Verfügbarkeitsprüfung (ATP) vor Terminzusage

5.3 Belegungszeit Auftrag

Formel

Rüstzeit + (Losgröße x Fertigungszeit pro Stück)

Beispiel (2.5/T15, T16)

Planbelegungszeit: 60 + (100 x 10) = 1.060 min/Los (2,2 Tage)
Istbelegungszeit: 54 + (100 x 9) = 954 min/Los (1,99 Tage)

Erläuterung

Die Belegungszeit beginnt mit dem Rüstvorgang und endet mit der Freigabe des Produktionssystems für den nächsten Auftrag. Sie steht für die eigentliche Wertschöpfung am Produkt.

Ermittelt wird sie als Plan- und Istwert. Der Planwert ermittelt sich auf der Basis eines Zeitgrades von 100 % (siehe 5.5). Durch Multiplikation der Planbelegungszeiten mit dem Kostensatz des Produktionssystems (Stundensatz) lassen sich die Planfertigungskosten als Basis der Produktkalkulation errechnen. Die Einlastung der Planbelegungszeit eines Auftrags in die Maschinenkapazität ergibt den Kapazitätsbedarf. Belegungszeiten sind damit kosten- und kapazitätsrelevant. Die Istbelegungszeiten werden z. B. durch das BDE-System ermittelt. Sie sind Ergebnis der individuellen Leistung des Mitarbeiters.

Maßnahmen

- Rüstzeiten reduzieren (Auftragsreihenfolge optimieren)
- Losgrößenoptimierung
- Motivation und Eigenverantwortung der Mitarbeiter stärken
- Verfahrensoptimierung (Technologie, Logistik, Ergonomie)

5.4 Durchlaufzeitfaktor

Formel

$$\frac{\text{Istdurchlaufzeit}}{\text{Istbelegungszeit}}$$

Beispiel (2.5/T15, T16)

$$\frac{5}{1{,}99} = 2{,}51$$

Erläuterung

Die Kennzahl ist ein Maßstab für den nicht wertschöpfenden Anteil an der Durchlaufzeit. Der Idealwert ist 1, d.h. der Auftrag wurde ohne Warte- oder Liegezeiten abgewickelt. Die Ermittlung geschieht durch Auswertung der Auftragsrückmeldungen im BDE-System. Ein hoher Durchlaufzeitfaktor weist auf hohe Liege- oder Wartezeiten hin und ist ein Indikator für geringe Wertschöpfung und höhere Logistikkosten. Häufig gibt er auch Hinweise auf eine nicht optimale Produktionssteuerung.

Der Kehrwert des Durchlaufzeitfaktors wird als Manufacturing Cycle Effectiveness (MCE) bezeichnet. Im obigen Beispiel wäre dies: 1,99/5 = 0,4. Der Idealwert ist wiederum 1. Die Kennzahl zeigt den Wertschöpfungsanteil an der Durchlaufzeit.

Kritisch zu prüfen ist die Verbesserung des Durchlaufzeitfaktors durch Investitionen in den Maschinenpark ohne entsprechende Wirtschaftlichkeitsrechnung.

Maßnahmen

- Vorzeitige Auftragsfreigabe vermeiden
- Production on Demand
- Belastungsorientierte Freigabe der Aufträge (BOA)
- Optimierung des Auftragsdurchlaufs
- Vermeiden unnötiger Transporte

5.5 Zeitgrad

Formel

$$\frac{\text{Sollbelegungszeit pro Auftrag}}{\text{Istbelegungszeit pro Auftrag}} \times 100\,\%$$

Beispiel (2.5/T15, T16)

$$\frac{1.060}{954} \times 100\,\% = 111\,\%$$

Erläuterung

Der Zeitgrad ist ein Maß für die Performance aller an einem Auftrag beteiligten Personen im Zusammenwirken mit dem Produktionssystem.

Die Sollbelegungszeit eines Auftrags (Auftragszeit) ermittelt sich bei Stückproduktion entsprechend 5.3 auf der Basis eines normalen Leistungsniveaus der Mitarbeiter. Üblicherweise wird sie auf das Betriebsmittel, bei vorwiegend manueller Produktion auch auf den Mitarbeiter bezogen. Die Methoden der Ermittlung (z. B. REFA-Zeitstudie, Systeme vorbestimmter Zeiten oder Planzeitschätzung) werden hier nicht dargestellt. Die Istbelegungszeit ist die tatsächlich gebrauchte Zeit, gemessen am Betriebsmittel (Maschine). Ein hoher Zeitgrad erhöht den Output pro Zeiteinheit, verringert die Kapazitätsbelegung und damit die Fertigungskosten / Stück. Ferner kann der Zeitgrad als Basis für einen Leistungslohn (Akkord oder Ausbringungsprämien) dienen. Durch Aggregation des Auftragszeitgrades pro Arbeitsplatz bzw. pro Bereich erhält man Produktivitäts-Benchmarks, die technisch-wirtschaftliche Optimierungsmaßnahmen anstoßen. Der Einfluss des Mitarbeiters auf den Zeitgrad eines Produktionssystems sinkt mit zunehmendem Automatisierungsgrad.

Maßnahmen

- Lohnanreizsysteme (Prämienlohn, Akkordlohn)
- Motivation und Commitment der Mitarbeiter stärken
- Einführung selbststeuernder Fertigungsinseln
- Optimierung der Produktionsverfahren und Produktionsprozesse

5.6 Auftragsreichweite Produktion

Formel

$$\frac{\text{Auftragsbestand}}{\text{Kapazitätsangebot pro Monat}}$$

Beispiel (2.5 / T21)

$$\frac{25.000}{4.200} = 5{,}95 \text{ Monate}$$

Erläuterung

Der Auftragsbestand der Produktion entsteht aus den mit dem Kapazitätsbedarf in Fertigungsstunden (siehe Belegungszeiten in 5.3) bewerteten Produktionsaufträgen. Dem wird das Kapazitätsangebot (Summe der verfügbaren Kapazität der Anlagen) in Fertigungsstunden gegenübergestellt. Gegebenenfalls bezieht man die Kennzahl auf die Engpassmaschinen.

Die Auftragsreichweite zeigt, wie lange die Produktion durch bestehende Aufträge ausgelastet ist. Ein hoher Auftragsbestand erhöht die Planungssicherheit und senkt die prognostizierten Fixkosten pro Stück. Ein niedriger Auftragsbestand ist ein Frühindikator und Auslöser für Kapazitätsanpassungen und Vertriebsaktivitäten.

Maßnahmen

- Gezielte Beseitigung von Engpässen (Constraint Management)
- Engpassbezogene Planung des Produktionsprogramms
- Aktivierung von Kapazitäten in der Supply Chain
- Einsatz von ERP-Systemen zur Programm- und Kapazitätsplanung

5.7 Auftragsrückstand

Formel

$$\frac{\text{Volumen nicht abgeschlossener Produktionsaufträge}}{\text{Planbeschäftigung pro Monat}} \times 100\,\%$$

Beispiel (2.5/T21)

$$\frac{750}{2.500} \times 100\,\% = 30\,\% \text{ des monatlichen Auftragsvolumens}$$

Erläuterung

Die Kennzahl erfasst alle Aufträge, deren Planendtermin zwar in der Vergangenheit liegt, die aber noch nicht rückgemeldet bzw. noch nicht im Lager eingegangen sind. Als Volumen werden die Rückstandsaufträge mit ihren Belegungszeiten (siehe 5.3) addiert. Die Belegungszeiten der nicht abgeschlossenen Aufträge können aus der Kapazitätsplanung im ERP-System entnommen werden. Der Auftragsrückstand ist ein Indikator für Störgrößen in der Produktion und eine unzureichende Kapazitätsplanung.

Ein hoher Auftragsrückstand bedeutet eine Verschlechterung der Kundenzufriedenheit. Auftragsrückstände sind zudem Störgrößen in einer effektiven Produktionssteuerung mit Zwang zu unwirtschaftlichen Maßnahmen (Abbruch anderer Aufträge, Lossplitting).

Maßnahmen

- Make to Stock statt Make to Order
- Rückstände von A-Kunden mit Vorrang auflösen
- Verbesserung der Kapazitätsplanung
- Flexible Schicht- und Arbeitszeitgestaltung
- Setzen einer maximalen Rückstandszeit in Verspätungstagen, ab welcher der Auftrag zwingend abgeschlossen wird
- Supply Chain Management mit verbesserter Grobplanung in der Lieferkette (siehe Kapitel 7)

5.8 Durchschnittliche Auftragslosgröße

Formel

$$\frac{\Sigma \text{ (Losgröße pro Auftrag)}}{\text{Anzahl Aufträge}}$$

Beispiel (2.5/T17)

$$\frac{480}{4} = 120 \text{ Stück}$$

Erläuterung

Die Auftragslosgröße beeinflusst die Produktkosten, die Nutzung der Ressourcen und die Terminsituation. Die Kennzahl ist die Hauptstellgröße für die Nutzung von Skalierungseffekten (Economies of Scale). Niedrige Losgrößen führen zu anteilig hohen Rüstkosten pro Stück und belegen Maschinenkapazität. Dem stehen geringere Lagerkosten entgegen. Bei kurzen Rüstzeiten, wie sie für CNC-Maschinen typisch sind, können auch niedrige Losgrößen wirtschaftlich sein (Losgröße = 1 ist ein Synonym für ein flexibles Maschinenkonzept für Kleinserien). Die Kennzahl kann auch pro Produkt oder Produktgruppe erhoben werden. Mithilfe von Opimierungsverfahren kann das Minimum von Rüstkosten und Lagerkosten ermittelt werden (Andler'sche Formel, Verfahren von Groff usw.). Sinkende Losgrößen können ferner ein Indikator für eine nicht effiziente Auftragssteuerung sein: Kapazitätsprobleme und Störungen im Materialnachschub führen zusammen mit engen Kundenterminen zu Lossplitting und sogenannten Eilaufträgen mit der Folge kleinerer Lose. Ferner können sie Ausdruck eines ungünstigen Kundenportfolios (Klein- statt Großaufträge) sein. Das Streben nach Rüstkostendegression erfordert größere Lose. Der damit verbundenen Gefahr zu großer Materialvorräte ist durch Pull-Versorgung zu begegnen.

Maßnahmen

- Make to Stock statt Make to Order
- Production on Demand, Postponing-Strategie und Teilefamilienbildung
- Standardisierung der Produkte
- Verfahren zur Losgrößenoptimierung

5.9 Anlagen-Beschäftigungsgrad

Formel

$$\frac{\text{Auslastung}}{\text{Kapazitätsangebot}} \times 100\,\%$$

Beispiel (2.4/T12)

Planbeschäftigungsgrad: $\frac{1.200}{1.525} \times 100\,\% = 78{,}7\,\%$

Istbeschäftigungsgrad: $\frac{1.600}{1.525} \times 100\,\% = 104{,}9\,\%$

Erläuterung

Die Kennzahl drückt aus, welcher Anteil des Kapazitätsangebots (verfügbare Kapazität) der Anlage im Plan oder Ist ausgenutzt wird. Üblich ist auch der Begriff Nutzungsgrad. Das Kapazitätsangebot (verfügbare Kapazität) ist definiert durch die Fertigungsstunden (Maschinenstunden), die eine Anlage bei möglicher Vollauslastung zur Verfügung stellt. Die Ermittlung:

Kapazitätsangebot = Brutto-Arbeitszeit – betriebsbedingte Stillstandszeiten

Stillstandszeiten entstehen durch Wartung und Reparaturen. Die Planauslastung ist Ergebnis der Auftragsprognose bzw. der Auftragslage. Ergebnis ist dann der Planbeschäftigungsgrad (Planauslastungsgrad). Die tatsächlich angefallenen Belegungszeiten der Aufträge sind Basis des Istbeschäftigungsgrades (Istauslastungsgrad). Durch kurzfristige Mehrarbeit sind auch Werte > 100 % möglich. Ein hoher Beschäftigungsgrad ermöglicht Kalkulationsvorteile durch Fixkostendegression.

Maßnahmen

- Desinvestition unterbeschäftigter Maschinen
- Einsatz agiler Fertigungssysteme zur schnellen Verlagerung
- Kapazitätscontrolling mit ERP-Systemen
- Flexible Schichtmodelle
- Kein Aufbau hoher Kapazitäten (abgestimmte Investitionspolitik)

5.10 Leerkosten einer Anlage

Formel

Leerstunden x fixer Kostensatz der Anlage

Beispiel (2.4/T12, T13, T14)

Planleerkosten: $\frac{(1.525 - 1.200) \times 72.000}{1.200} = 19.500$ €/Jahr

Istleerkosten: $\frac{(1.525 - 1.600) \times 72.000}{1.200} = -4.500$ €/Jahr
(das Betriebsergebnis wird um diesen Betrag entlastet)

Erläuterung

Leerkosten entstehen durch Unterbeschäftigung einer Anlage (siehe 5.9). Die Leerstunden ermitteln sich aus Kapazitätsangebot abzüglich der Auslastung. Bewertet werden diese mit dem fixen Kostensatz der Anlage (siehe 5.14). Dieser errechnet sich aus der Plankostenrechnung oder der Maschinenstundensatzrechnung und besteht aus den Jahresfixkosten bezogen auf die verfügbare Kapazität.
Leerkosten als bewertete Unterbeschäftigung einer Anlage stellen generell ein Problem dar. Als nicht gedeckte Fixkosten können sie entweder auf das verbleibende Auftragsvolumen umgelegt oder in das Betriebsergebnis übernommen werden. Im ersten Fall verschlechtert sich die Wettbewerbssituation mit der Folge weiterer Auftragsverluste. Bei Unterbeschäftigung sollte deshalb das Unternehmen nicht mit entsprechenden Preiserhöhungen reagieren. Es besteht ansonsten die Gefahr des Hinauskalkulierens aus dem Markt. Die Kennzahl gehört zu den Kerninformationen des Produktionscontrollings.

Maßnahmen

- Strategiekonforme Investitionspolitik
- Absatzprognosen als Basis von Investitionen
- Agile Produktionsanlagen zur besseren Kapazitätsnutzung
- Auslasten der Anlagen durch Produktionskooperationen mit Fremdunternehmen
- Kapazitätsüberwachung der kapitalintensiven Maschinen mit ERP-Systemen

5.11 Flexibilität der Anlagen

Formel

$$\frac{\text{flexibel einsetzbare Anlagen}}{\text{Gesamtzahl der Anlagen}} \times 100\,\%$$

Beispiel (2.1 / T1)

Aus Vereinfachungsgründen wird ein Anteil flexibler Einrichtungen von 20 % unterstellt.

Erläuterung

Flexibel nutzbare Maschinen und Anlagen sind für mehr als ein eigenständiges Produkt nutzbar (Multi Activity Resource) mit schnellem Standortwechsel und unterschiedlichem Stückzahlbereich. Flexibilität ist somit definiert als Produkt-, Standort- und Skalierungsflexibilität. Eine so definierte Flexibilität erlaubt die Umsetzung von Maschinen in andere Standorte und Nutzung für andere Produkte. Skalierungsflexibilität besteht in der Fähigkeit, mit einer Anlage Stückzahlreduzierungen (z. B. bei Poor Dogs) oder -erweiterungen (z. B. bei Star-Produkten) ohne großen Umbau vorzunehmen.

Flexibilität erhöht die Kundenbindung und erleichtert den Markteintritt bei Neukunden mit abweichenden Produktwünschen. Das finanzielle Risiko von Nachfrageschwankungen wird reduziert und die wirtschaftliche Nutzdauer von Maschinen verlängert. Standortvorteile sind leichter realisierbar.

Maßnahmen

- Anlagenplanung auf breites Produktspektrum ausrichten
- Einsatz flexibler Fertigungssysteme und Anlagen in Baukastenprinzip
- Standardisierung der Produktions-IT
- Agile Bearbeitungszentren mit veränderbarer Stationenzahl (One Piece Flow)

5.12 Durchschnittliches Maschinenalter

Formel

$$\frac{\Sigma \text{ (Alter der Maschine)}}{\text{Anzahl Maschinen}}$$

Beispiel (2.1 / T1)

Aus Vereinfachungsgründen wird ein durchschnittliches Maschinenalter von 3,4 Jahren unterstellt.

Erläuterung

Das Maschinenalter gibt Hinweise auf die praktizierte Investitionspolitik und die daraus resultierende Substanzerhaltung. Die Kennzahl ist in Zusammenhang mit der Unternehmensstrategie zu sehen. Bei Großmaschinen (z. B. Portalfräsmaschinen, Karusselldrehmaschinen) ist ein höheres Maschinenalter üblich. Die Kennzahl ist unabhängig von der Finanzierungsform (Leasing oder Kauf).

Ein hohes Maschinenalter kann Defizite in der Ersatzpolitik aufzeigen. Die Kennzahl kann ferner ein Indikator für einen schleichenden Verlust an Wettbewerbsfähigkeit sein. Die Beurteilung der Kennzahl hängt von der Unternehmensstrategie und der Stellung der Produkte im Portfolio (4.3) ab. Bei Poor-Dog-Produkten ist ein höheres Maschinenalter akzeptabel.

Das Maschinenalter ist nicht immer aussagefähig: So können vorhandene Grundmaschinen durch Anbau neuer Steuerungen modernisiert werden, ohne dass dies im Alter erkennbar wird. Aussagefähiger ist hier der Investitionsgrad der Anlagen (3.17).

Maßnahmen

- Berücksichtigung bei der Festlegung des Investitionsbudgets
- Überwachung der Kennzahl im Zeitablauf
- Abstimmung mit dem Produktportfolio

5.13 Deckungsbeitrag pro Fertigungsstunde

Formel

$$\frac{\text{Jahresdeckungsbeitrag}}{\text{Jahresfertigungsstunden}}$$

Beispiel (2.1/T1)

$$\frac{6.000 \times (1.200 - 600)}{30.000} = 120 \text{ €/Fertigungsstunde}$$

Erläuterung

Die Kennzahl ermittelt den kurzfristigen Erfolg eines Profit Centers oder Produktionsbereichs bezogen auf den Output in Stunden.

Die Ermittlung kann top down erfolgen, indem der dem Bereich zurechenbare Deckungsbeitrag auf die Fertigungsstunden bezogen wird. Einfacher ist die Bottom-Up-Ermittlung aus den Kostendaten der Aufträge und den Verrechnungspreisen oder Zielpreisen der hergestellten Produkte:

Deckungsbeitrag pro Auftrag = Losgröße x (Preis – variable Stückkosten)

Als variable Stückkosten können, je nach Umfang der Wertschöpfung, die variablen Herstellkosten oder die variablen Selbstkosten angesetzt werden. Beide Werte sind aus der Produktkalkulation im ERP-System erkennbar.

Die Kennzahl ist Ausdruck der Wertschöpfung eines Produktionsbereichs und Einflussgröße auf das Betriebsergebnis. Eine wichtige Funktion der Kennzahl ist die Unterstützung des unternehmerischen Handelns der Prozessbeteiligten (Act as an Owner). Die Kennzahl ist aussagefähiger als die Kosten pro Fertigungsstunde, da sie auch die Leistungsseite einbezieht.

Maßnahmen

- Selbstverantwortung und Kompetenzen der Mitarbeiter stärken
- Planungsfunktionen an Mitarbeiter im Produktionssystem übertragen
- Erfolgskontrolle und Erfolgsbeteiligung
- KAIZEN

5.14 Fertigungskosten pro Fertigungsstunde

Formel

$$\frac{\text{Fertigungskosten}}{\text{Fertigungsstunden}}$$

Beispiel (2.4/T12, T13)

Plankostensatz: $$\frac{(72.000 + 60.000)}{1.200} = 110\ €/\text{Std.}$$

Istkostensatz: $$\frac{150.000}{1.600} = 93{,}75\ €/\text{Std.}$$

Erläuterung

Die Fertigungskosten setzen sich im Wesentlichen zusammen aus kalkulatorischen Abschreibungskosten und Zinskosten, Energiekosten, Instandhaltungskosten, Raumkosten, CNC-Programmierkosten, Universalwerkzeugkosten und Fertigungsgehaltskosten. Die Kennzahl enthält im TCO-Ansatz (Total Cost of Ownership) alle Fertigungskosten einschließlich der Kosten für die Produktionssteuerung und Produktionsleitung. In der klassischen Kostenträgerrechnung (Zuschlagskalkulation) sind damit Fertigungseinzel- und Fertigungsgemeinkosten abgedeckt. Als Bottom-Up-Wert kann sie aus dem Maschinenstundensatz ermittelt werden.

Die Kennzahl ist als Plan- oder Istsatz errechenbar und dient zum Kosten-Benchmarking der Fertigung und als Indikator für die wirtschaftliche Fertigung. Der variable Kostensatz bewertet die Fertigungszeiten bei kurzfristigen Verfahrensvergleichen. Der Output findet keine Berücksichtigung, deshalb ist die Aussagekraft gegenüber dem Deckungsbeitrag pro Stunde (5.13) geringer.

Maßnahmen

- Kostenverantwortung für Mitarbeiter stärken
- Anstreben einer hohen Auslastung (Fixkostendegression)
- Standardisierung der Produkte, um Fertigungskosten zu senken
- Verringerung von Ausfallzeiten an Fertigungsanlagen
- Planen rüstkostenminimaler Reihenfolgen der Arbeitsgänge
- Gruppenbildung von Produkten mit ähnlichen Rüstzuständen (Rüstfamilien)

5.15 Kostenabweichung Kostenstelle

Formel

Istkosten – Sollkosten

Beispiel (2.4/T12, T13, T14)

$$\text{Sollkosten:} \quad 72.000 + \left(60.000 \times \frac{1.600}{1.200}\right) = 152.000$$

Verbrauchsabweichung: 150.000 – 152.000 – 2.000 = – 4.000 €/Jahr
Kostenverhalten: wirtschaftlich

Erläuterung

Die Kostenabweichung dient der Beurteilung der Wirtschaftlichkeit einer Kostenstelle. Die Kennzahl – auch als Brutto-Verbrauchsabweichung bezeichnet – zeigt den bewerteten Mehrverbrauch im Ist gegenüber der Vorgabe (Sollkosten). Die Istkosten ermitteln sich aus den in der Buchhaltung erfassten Kosten der Kostenstelle (Fertigungsanlage). Bei Preissteigerungen (hier 2.000 €) oder -verringerungen (Preisabweichungen) sind diese gegebenenfalls noch zu korrigieren, sofern diese nicht von der Stellenleitung zu verantworten sind. Typische Preisabweichungen sind dabei Tariferhöhungen bzw. Preissteigerungen bei Ersatzteilen. Ist die Verbrauchsabweichung > 0 (Istkosten > Sollkosten), so hat die Stelle unwirtschaftlich gearbeitet und der Mehrverbrauch ist von dieser Stelle zu verantworten. Die Kostenkontrolle wird jährlich, teilweise auch monatlich durchgeführt. Eine zu grobe Kostenstellengliederung erschwert die Ursachenforschung von Abweichungen.

Verbrauchsabweichungen zeigen die kurzfristige Kostendisziplin der Stelle. Kostendisziplin sollte jedoch im Zusammenhang mit den langfristigen Erfolgsfaktoren beurteilt werden. Von besonderer Bedeutung ist sie bei der Strategie der Kostenführerschaft.

Maßnahmen

- Wirtschaftlicher Ressourceneinsatz
- Kostencontrolling institutionalisieren, z. B. mit ERP-Systemen
- Kostenstellen an der Planung beteiligen
- Kostenplanung auf Basis der Prozessdaten (Verbräuche, Beschäftigung)

5.16 Rüstkosten pro Auftrag

Formel

Rüstzeit pro Auftrag x Kostensatz des Arbeitsplatzes

Beispiel (2.5/T15, T16)

Sollrüstkosten: $\frac{60}{60} \times 110 = 110$ €/Auftrag

Istrüstkosten: $\frac{54}{60} \times 110 = 99$ €/Auftrag (bewertet zu Plankosten)

Erläuterung

Rüstzeiten entziehen die Anlagen und Personen einer wertschöpfenden Bestimmung. Ferner stellen sie ein Hindernis für eine flexible Fertigung dar. Die Rüstzeit belegt Personal- und Anlagenressourcen. Die Rüstkosten als bewertete Zeiten sind folglich ein wesentlicher Erfolgsfaktor einer wirtschaftlichen Produktion.

Rüstkosten können auftragsweise als Soll- und Istwert oder als Durchschnittswert über alle Aufträge ermittelt werden. Erhöhte Rüstkosten pro Auftrag können auf eine ungünstige Programmstruktur mit hohem Anteil an Kleinaufträgen hindeuten, ferner auf Störgrößen im Produktionsablauf und in der Produktionssteuerung. Skalierungseffekte (Economies of Scale) zeigen sich zuerst in sinkenden Rüstkosten. Höhere Losgrößen verursachen steigende Lagerkosten und Lagerbestände. Neuere Fertigungsszenarien im Pull-System (Production on Demand) durchbrechen diesen Zusammenhang.

Maßnahmen

- Ermittlung optimaler Losgrößen
- Verbesserung der Kapazitätsplanung
- Make to Stock statt Make to Order
- Postponing-Strategie und Teilefamilienbildung
- Standardisierung der Produkte
- Mass Customization

5.17 Lohnkosten pro Fertigungsstunde

Formel

$$\frac{\text{Lohnkosten + Lohnnebenkosten}}{\text{Fertigungsstunden}}$$

Beispiel (2.4/T12, T13)

Lohnkosten pro Fertigungsstunde: $\frac{33.000 + 18.000}{1.200}$ = 42,50 €/Std (als Planwert)

Lohnnebenkostensatz: $\frac{15}{27{,}50} \times 100\,\% = 54{,}5\,\%$

Erläuterung

Die Kennzahl umfasst den Fertigungslohn der direkt (Montagearbeiter, Maschinenbediener) und indirekt (Transportarbeiter, Qualitätsprüfer) am Produkt tätigen Mitarbeiter. Er wird auch als Effektivlohn bezeichnet. Produktionsbezogene Verwaltungsfunktionen (Produktionssteuerung, Arbeitsvorbereitung) werden üblicherweise nicht berücksichtigt. Die Lohnnebenkosten enthalten u.a. Urlaubslöhne, Feiertagslöhne, Arbeitgeberanteile zur Sozial- und Arbeitslosenversicherung, Lohnfortzahlung im Krankheitsfall, Beiträge zur Berufsgenossenschaft und sonstige Healthcare-Aufwendungen für die Produktion. Die Kennzahl ist ein Maßstab für die Personalproduktivität in der Fertigung. Sie ist abhängig vom Automatisierungsgrad, deshalb ist sie bei Unternehmensvergleichen nur bedingt aussagefähig. Lohnkosten und Lohnnebenkosten werden auch als Arbeitskosten bezeichnet.

Der Lohnnebenkostensatz in % vom Lohn ist eine häufig eingesetzte weitere Kennzahl.

Maßnahmen

- Einsatz von Qualitäts- und Produktivitätsprämien
- Personaleinsatzplanung mit ERP-Systemen
- Eigenmotivation erhöhen durch flexible Einsatzfelder
- Rationalisierungsmaßnahmen im Produktionsprozess
- Mehrmaschinenbedienung

5.18 Abschreibungskosten pro Fertigungsstunde

Formel

$$\frac{\text{Abschreibungskosten}}{\text{Fertigungsstunden}}$$

Beispiel (2.4/T12, T13)

$$\frac{50.000}{1.200} = 41{,}67\ \text{€/Std}$$

Erläuterung

Basis der Kennzahl sind die kalkulatorischen Abschreibungen. Diese berechnen sich aus:

$$\frac{\text{Wiederbeschaffungswert}}{\text{wirtschaftliche Nutzdauer}}$$

Der Wiederbeschaffungswert ist der aktuelle Kaufpreis einer Anlage, beinhaltet also Preisänderungen auf den Anschaffungswert. Er wird auf die wirtschaftliche Nutzdauer – zu unterscheiden von der technisch möglichen Nutzdauer (Lebensdauer) – bezogen. Letztere beträgt für Universalmaschinen häufig zwischen fünf und acht Jahren und wird auch von der Dauerhaftigkeit des Produktprogramms beeinflusst. Abschreibungen auf moderne Produktionsmaschinen sind überwiegend Fixkosten. Hohe Abschreibungen führen deshalb zum Verlust von Flexibilität bei Beschäftigungsabbau (mangelnde Reagibilität der Kosten). Wegen ihres bei kapitalintensiven Anlagen hohen Anteils an den Selbstkosten haben die Abschreibungskosten einen großen Einfluss auf die Wettbewerbsfähigkeit. Die verstärkte Produktion mit bereits abgeschriebenen Anlagen stellt allerdings – außer bei Poor-Dog-Produkten – keine sinnvolle Alternative dar.

Maßnahmen

- Wirtschaftlichkeit von Automatisierungsmaßnahmen prüfen
- Einsatz flexibler und agiler Fertigungssysteme
- Hohe Auslastung anstreben (Mehrschichtbetrieb)
- Konsequente Investitionsplanung

5.19 Zinskosten pro Fertigungsstunde

Formel

$$\frac{\text{Zinskosten}}{\text{Fertigungsstunden}}$$

Beispiel (2.4/T12, T13)

$$\frac{12.000}{1.200} = 10\ \text{€/Stunde (als Planwert)}$$

Erläuterung

Die Kennzahl bewertet die kalkulatorischen Zinsen in der Produktion. Diese sind üblicherweise Bestandteil der Kostenträgerrechnung und werden damit dem Kunden weiterverrechnet. Die kalkulatorischen Zinsen errechnen sich praktikabel nach folgender Beziehung:

$$\frac{\text{kalkulatorischer Zinssatz x 0,5 x Anschaffungswert}}{100}$$

Dabei wird von einem konstanten Tilgungsmodell über die wirtschaftliche Nutzdauer ausgegangen, sodass durchschnittlich der halbe Anschaffungswert zu finanzieren ist. Der Zinssatz entsteht unter der Prämisse einer vollen Fremdfinanzierung, auch wenn der Kauf der Anlage mit Eigenkapital erfolgt. In der Praxis wird häufig ein Zinssatz in Höhe des marktüblichen Fremdkapitalzinses angesetzt. Hier ist auch die Forderung nach einer gewissen Kalkulationskonstanz zu berücksichtigen, die kurzfristig schwankende Werte als nicht operabel vermeidet. Zinskosten haben eine Signalfunktion, da sie näherungsweise auf die Finanzierungskosten des Anlagevermögens hinweisen. Sie gehören zu den Fixkosten, beinhalten also ein Risiko bei Beschäftigungsrückgang.

Maßnahmen

- Zinskosten in der Kostenträgerrechnung berücksichtigen
- Wirtschaftlichkeit von Automatisierungsmaßnahmen prüfen
- Einsatz flexibler und agiler Fertigungssysteme
- Hohe Auslastung anstreben (Mehrschichtbetrieb)
- Konsequente Investitionsplanung

5.20 Instandhaltungskosten pro Fertigungsstunde

Formel

$$\frac{\text{Instandhaltungskosten}}{\text{Fertigungsstunden}} \times 100\,\%$$

Beispiel (2.4/T12, T13)

$$\frac{12.000}{1.200} \times 100\,\% = 10\ €/\text{Stunde}$$

Erläuterung

Die Instandhaltungskosten beinhalten Ersatzteilkosten und Prozesskosten der Instandhaltung. Letztere ergeben sich aus dem Kostensatz der Kostenstelle Instandhaltung (auch als Prozesskostensatz anwendbar) und den erfassten Instandhaltungsstunden, ermittelt mit einer Kostenstellenplanung (2.4). Die Kennzahl dient auch als Benchmark für einen effizienten Instandhaltungsprozess.

Instandhaltungskosten stehen in einer Wechselbeziehung zu den Leerkosten der Produktionssysteme (5.10). Sie sind vorwiegend variabel. Eine alternative Kennzahl zur Instandhaltung ist in 5.21 dargestellt.

Maßnahmen

- Berücksichtigung der Instandhaltungskosten bei der Investitionsentscheidung
- Vorbeugende Instandhaltung
- Einsatz von Teleservice
- Erfassung der Instandhaltungsstunden
- Planen der Kostenstelle Instandhaltung und Einsatz der Prozesskostenrechnung
- Outsourcing der Instandhaltung prüfen

5.21 Instandhaltungsfaktor

Formel

$$\frac{\text{Instandhaltungskosten}}{\text{Wiederbeschaffungswert}} \times 100\,\%$$

Beispiel (2.4/T12, T13)

$$\frac{12.000}{400.000} \times 100\,\% = 3\,\%$$

Erläuterung

Erfahrungsgemäß korrelieren die Instandhaltungsaufwendungen mit dem Kaufpreis einer Anlage. Der Instandhaltungsfaktor hat sich deshalb als kapitalsensitive Benchmark vor allem für geplante Investitionen bewährt. Die Kennzahl erlaubt die herstellerbezogene oder maschinenspezifische Planung von Instandhaltungskosten. Im Gegensatz zu den Instandhaltungskosten pro Fertigungsstunde reagiert die Kennzahl Instandhaltungsfaktor auf den betriebsmittelbezogenen Kapitaleinsatz. Die Instandhaltungskosten beziehen sich auf den Wiederbeschaffungswert (aktueller Kaufpreis der Anlage).

Der Instandhaltungsfaktor ermöglicht den Vergleich unterschiedlicher Maschinenhersteller einer bestimmten Maschinenart. Die Wechselwirkungen mit den Ausfallkosten der Maschine (Leerkosten) sind zu beachten.

Maßnahmen

- Berücksichtigung des Faktors bei der Investitionsentscheidung
- Vorbeugende Instandhaltung
- Einsatz von Teleservice (Online-Wartung von Maschinen)
- Selbstorganisation der Instandhaltung durch Profit-Center-Mitarbeiter
- Leerzeitorientierter Prämienlohn
- Outsourcing der Instandhaltung prüfen

5.22 Kapitalabhängige Kosten pro Fertigungsstunde

Formel

$$\frac{\text{Abschreibungskosten} + \text{kalkulatorische Zinskosten} + \text{Instandhaltungskosten} + \text{Leasingkosten}}{\text{Fertigungsstunden}}$$

Beispiel (2.4/T12, T13)

$$\frac{50.000 + 12.000 + 2.000 + 0}{1.200} = 53{,}33\ €/\text{Std}$$

Erläuterung

Kapitalabhängige Kosten werden direkt oder indirekt durch das in Maschinen und Anlagen investierte Kapital hervorgerufen. Sie sind somit Folgekosten der Investitionsentscheidung. In modernen, automatisierten Produktionssystemen übersteigen die kapitalabhängigen Kosten die lohnabhängigen (5.17) um ein Mehrfaches. Sie sind ein Frühindikator für eine kritische Wettbewerbssituation bei zurückgehender Beschäftigung. Kapitalabhängige Kosten zementieren die Kostenstruktur. Wegen ihres Anteils an den Fertigungskosten und wegen ihrer weitgehend beschäftigungsunabhängigen Struktur (Fixkostenprogression bei sinkender Beschäftigung) sollten sie Objekt intensiver Kostenkontrollen sein. Investitionsentscheidungen sollten immer auch die Folgekosten implizieren. Vor allem das Streben nach höchstmöglicher Automatisierung ohne wirtschaftliche Begründung ist kritisch zu hinterfragen, wie die PIMS-Studie in den USA zeigt.

Maßnahmen

- Mehrschichtige Auslastung anstreben
- Verlagerung von Produktionsmaschinen erleichtern (agile Fertigungssysteme)
- Mehrproduktanlagen und flexible Fertigungssysteme einsetzen
- Wirtschaftlichkeit der Investitionen sicherstellen
- Einsatz von Gebrauchtmaschinen prüfen

5.23 Energiekosten pro Fertigungsstunde

Formel

$$\frac{\text{Stromkosten und Kosten für Prozessenergie}}{\text{Fertigungsstunden}}$$

Beispiel (2.4/T12, T13)

$$\frac{3.000}{1.200} = 2{,}50\ €/\text{Std}$$

Erläuterung

Energiekosten entstehen durch Prozessstromverbrauch und durch sonstige Formen der Prozessenergie (z. B. Wärmebehandlung). Energiekosten sind i. d. R. zum größeren Teil variable Kosten (Arbeitspreis), beinhalten jedoch auch fixe Kosten (Grundpreis, Kosten der Energieverteilung im Werk). Bei energieintensiver Produktion (Rohstoffindustrie) sind sie wesentlicher Bestandteil der Standortqualität, während sie im Maschinenbau einen geringeren Anteil an den Fertigungskosten haben. Die Kennzahl lässt sich auch auf die erzeugte Arbeit (z. B. KWh) beziehen und dann als Benchmark für die Energieversorgung des Unternehmens einsetzen.

Maßnahmen

- Energiesensitive Investitionsentscheidungen
- Begrenzung der Spitzenleistung durch Einsatzmanagement energieintensiver Anlagen (Leistungsbegrenzung)
- Nutzung von Prozessabwärme
- Outsourcing oder Insourcing der Energieversorgung

5.24 Werkzeugkosten pro Fertigungsstunde

Formel

$$\frac{\text{Kosten für Universalwerkzeuge und/oder Spezialwerkzeuge}}{\text{Fertigungsstunden}}$$

Beispiel (2.4/T12, T13)

$$\frac{2.000}{1.200} = 1{,}67\ €/\text{Std}$$

Erläuterung

Die Kennzahl für Universalwerkzeuge beinhaltet den gesamten Werkzeugaufwand für typenungebunde Werkzeuge (Fräser, Bohrer, Drehwerkzeuge). Sie werden üblicherweise im Platzkostensatz berücksichtigt. Die Kennzahl umfasst die Beschaffung, Verwaltung, Magazinierung und Instandhaltung der Werkzeuge und ist Benchmark für das Werkzeugmanagement. Sie beeinflusst die Fertigungskosten des Produkts über den Kostensatz der Kostenstelle.

Sonderwerkzeuge (typengebundene Werkzeuge) sind dagegen für bestimmte Produkttypen (z.B. Presswerkzeuge, Spritzgusswerkzeuge) oder Vorrichtungen einsetzbar. Sie sollten dem Auftrag verursachungsgerecht direkt zugeordnet werden. In der Produktkalkulation erscheinen sie als Sondereinzelkosten der Fertigung. Kleinaufträge verursachen i. d. R. höhere Werkzeugkosten als Großaufträge. Eine Umlage auf den Platzkostensatz kann zur Benachteiligung von Großkunden führen.

Maßnahmen

- Werkzeugmanagement als eigenständige Kostenstelle bzw. Cost Center
- Werkzeugversorgung der Produktionsmaschinen mit Kanban
- Vendor Managed Inventory (VMI) für Universalwerkzeuge prüfen
- Produktstandardisierung mit dem Zweck der Mehrfachverwendung
- Einsatz flexibler Fertigungssysteme zur Vermeidung von Sonderwerkzeugen

5.25 IT-Kosten pro Fertigungsstunde

Formel

$$\frac{\text{IT-Kosten}}{\text{Fertigungsstunden}}$$

Beispiel (2.5/T22)

$$\frac{50.000}{30.000} = 1{,}67\ €/\text{Jahr}$$

Erläuterung

IT-Kosten bestehen aus der Abschreibung der in der Fertigung und in der Produktionsplanung und -steuerung installierten Hardware, aus den Kosten der Software (Lizenzen, Abschreibung) und den Schulungs- und Pflegekosten. Dazu gehören auch die durch das ERP-System verursachten Kosten, soweit sie anteilig auf die Produktion entfallen, nicht jedoch die Kosten für integrierte Maschinenrechner und CNC-Software. Letztere sind in den kapitalabhängigen Kosten der Anlagen enthalten. Hohe IT-Kosten beeinträchtigen durch ihren überwiegenden Fixkostencharakter die Flexibilität bei Beschäftigungsrückgang.

Eine effiziente IT ist andererseits ein Mittel zur Optimierung der Material-, Termin- und Kapazitätsplanung.

Maßnahmen

- Standardisierung der Hardware und Software
- Einsatz integrierter Softwaresysteme
- Sanierung bzw. Austausch des ERP-Systems
- ERP-System im ASP-Modus (verwaltet durch Service Provider)
- Outsourcing der IT

5.26 CNC-Programmierkosten pro Fertigungsstunde

Formel

$$\frac{\text{CNC-Programmierkosten}}{\text{Fertigungsstunden}}$$

Beispiel (2.5/T22)

$$\frac{115.000}{30.000} = 3{,}83\ €/\text{Stunde}$$

Erläuterung

Programmierkosten entstehen durch die Erstellung von CNC-Programmen für Werkzeugmaschinen und Roboter. Sie werden in der Produktionsplanung oder direkt an der Maschine (WOP = werkstattorientierte Programmierung) erstellt. Bei letzterer Methode entstehen während der Programmierzeit Stillstandskosten an der Maschine. Die Kennzahl ist eine Benchmark für den Programmierprozess.

Die Optimierung der CNC-Programme kann die Fertigungskosten an den Maschinen senken. Hohe Programmierkosten können Ausdruck einer zu großen Teilevarianz sein. Vor allem der Aufwand für neue Programme ist kritisch zu prüfen. Bei Berücksichtigung der Programmierkosten in den Fertigungsgemeinkosten werden Aufträge mit großen Losgrößen ungerechtfertigt belastet. Deshalb sollte überlegt werden, die Aufträge mit hohen Programmierkosten in die Sondereinzelkosten der Fertigung zu übernehmen und auftragsweise abzurechnen.

Maßnahmen

- Teilestandardisierung
- Programmierung an der Maschine (WOP) begrenzen
- Auftragsweise Verrechnung hoher Programmierkosten
- Zentrale Archivierung der CNC-Programme
- Einsatz der Prozesskostenrechnung in der CNC-Programmierung

5.27 Qualitätskosten pro Fertigungsstunde

Formel

$$\frac{\text{(Prüfkosten + Fehlerverhütungskosten + Fehlerkosten)}}{\text{Fertigungsstunden}}$$

Beispiel (2.5/T22)

$$\frac{180.000}{30.000} = 6\ \text{€/Stunde}$$

Erläuterung

Prüfkosten umfassen die Kosten der Qualitätsprüfung in den Bereichen Wareneingang, Teilefertigung und Endkontrolle. Fehlerverhütungskosten entstehen durch Qualitätsplanung, Schulung und Auditierung. Fehlerkosten fallen durch Ausschuss und Nacharbeit an. Qualitätskosten sind im Kontext mit den Effekten der Qualitätsverbesserung (Kundenzufriedenheit, Kundenbindung) zu sehen.

In der Produktkalkulation sollten Qualitätskosten als direkte Fertigungskosten eingehen, indem die Qualitätsprüfung als gesonderter Arbeitsgang mit eigener Kostenstelle und Kostensatz behandelt wird. Nur so ist eine verursachungsgerechte Kostenermittlung gewährleistet. Eine pauschale Einstellung in die Fertigungsgemeinkosten verhindert den Aussagewert der Kennzahl als Benchmark.

Hier bietet sich auch die Anwendung der Prozesskostenrechnung an.

Maßnahmen

- Einsatz statistischer Prüfverfahren
- Qualitätsprämien
- Automatisierung der Prüfverfahren
- Verlagerung der Qualitätsprüfung zum Zulieferer
- Reengineering der Prozesse im Qualitätswesen mithilfe von Prozesskostensätzen

5.28 Materialkosten pro Stück

Formel

Materialpreis pro Stück + anteilige Materialgemeinkosten pro Stück

Beispiel (2.1/T4)

$$120 + 120 \times \frac{25}{100} = 150\ €/\text{Stück}$$

Erläuterung

Die Materialkosten ermitteln sich aus dem Beschaffungspreis und den beschafften Mengeneinheiten (Materialeinzelkosten) und den Materialgemeinkosten. Letztere enthalten Verwaltungskosten für den Beschaffungsprozess (Gehälter im Einkauf, Kommunikationskosten, Beschaffungsmarketing) sowie Kosten der Lagerhaltung. In der Produktkalkulation werden die Materialgemeinkosten i. d. R. als Prozentsatz auf die Materialeinzelkosten aufgeschlagen. Durch die prozentuale Kopplung entstehen Kalkulationsverzerrungen. Empfehlenswert ist deshalb die Anwendung von Prozesskosten für die Beschaffungsfunktionen. Für die Kostentreiber des Beschaffungsprozesses (z. B. Anzahl Bestellungen) werden dazu Prozesskostensätze mithilfe der Prozesskostenrechnung (Activity Based Costing) ermittelt.

Die Materialeinzelkosten haben variablen Charakter, die Materialgemeinkosten überwiegend fixen. Wird die Fertigungstiefe verringert, erhöht sich der Anteil der variablen Kosten an den Herstellkosten und die Kostenstruktur wird dadurch flexibler.

Maßnahmen

- Einsatz von Systemlieferanten
- Nachfragegesteuerte Materialabrufe (Kanban) statt fester Bestellmengen
- Einsatz von VMI
- Nutzung von Beschaffungsportalen der Lieferanten

5.29 Fertigungskosten pro Stück

Formel

$$\left(\text{Fertigungszeit pro Stück} + \frac{\text{Rüstzeit}}{\text{Losgröße}}\right) \times \text{Platzkostensatz}$$

Beispiel (2.4/T12, T13 und 2.5/T15)

$$\text{Platzkostensatz:} \quad \frac{(72.000 + 60.000)}{1.200} = 110 \text{ €/Std}$$

$$\text{Fertigungskosten Arbeitsgang:} \quad \left(10 + \frac{60}{100}\right) \times \frac{110}{60} = 19{,}43 \text{ €/Stück}$$

Fertigungskosten Produkt Getriebe = 545 €/Stück **(2.1/T4)**

Erläuterung

Die Fertigungskosten pro Stück beziehen sich auf ein Fertigungssystem (Arbeitsgang) und sind eine bevorzugte Benchmark für den Fertigungsprozess. Das Mengengerüst für die Ermittlung besteht aus den Zeiten im Arbeitsplan und dem Platzkostensatz. Im zeitgemäßen TCO-Ansatz (Total Cost of Ownership) werden alle Fertigungskosten einer Anlage in diesen Platzkostensatz eingebunden (siehe 5.14). Dazu ist eine Kostenplanung durchzuführen. Die in der traditionellen Kostenträgerrechnung praktizierte Methode, die Fertigungsgemeinkosten als Prozentsatz auf die Lohneinzelkosten aufzuschlagen, führt zu Kalkulationsverzerrungen und ist nicht zu empfehlen. Kosten der Auftragsabwicklung, die nicht im Platzkostensatz enthalten sind, sind gegebenenfalls mit der Prozesskostenrechnung zu berücksichtigen (siehe 5.34). Durch Addition über alle durchlaufenen Fertigungssysteme (Arbeitsgänge) ergeben sich die Fertigungskosten eines Produkts. Die Kennzahl ist auslastungssensitiv: Bei hoher Auslastung sinken die Stückkosten durch Verteilung der Fixkosten auf einen höheren Output (Economies of Scale, Fixkostendegression).

Maßnahmen

- Abbau von Unterbeschäftigung
- Optimierung des Fertigungsprozesses
- Losgrößenoptimierung
- Anwendung einer kapitalsparenden Materialversorgung
- Selbstorganisation der Fertigungssysteme

5.30 Variable Fertigungskosten pro Stück

Formel

$$\left(\text{Fertigungszeit pro Stück} + \frac{\text{Rüstzeit}}{\text{Losgröße}}\right) \times \text{variabler Platzkostensatz}$$

Beispiel (2.5 / T12, T13)

$$\left(10 + \frac{60}{100}\right) \times \frac{60}{60} = 10{,}6\ \text{€/Stück}$$

Der Vergleich mit den Kosten bei Fremdbezug von 17 €/Stück (2.5/T19) zeigt, dass Eigenfertigung bei unveränderten Fixkosten günstiger ist.
Variable Fertigungskosten Produkt Getriebe = 275 €/Stück (2.1/T4)

Erläuterung

Variable Fertigungskosten umfassen die mit der Ausbringungsmenge variierenden Jahreskosten. Variable Fertigungskosten dienen zum Vergleich von Eigenfertigung und Fremdbezug auf der Basis unveränderter Fixkosten (Make or Buy). Ferner sind sie – zusammen mit anderen variablen Kosten – Basis für die Ermittlung des Deckungsbeitrages und der absoluten Preisuntergrenze. Die Verlagerung von Fertigungskosten an Zulieferer transformiert Fixkosten in variable Kosten, sofern komplette Fertigungsbereiche ausgelagert werden.

Variable Fertigungskosten/Stück sind eine Benchmark für die Kostenstruktur im Fertigungsprozess. Ein hoher Anteil variabler Kosten an den gesamten Fertigungskosten erhöht die Reaktionsfähigkeit des Unternehmens.

Maßnahmen

- Rationalisierung der verbrauchsabhängigen Prozesse
- Make-or-Buy-Entscheidungen und Verfahrensentscheidungen auf der Basis verursachungsgerechter Kosten
- Anstreben einer kapitalarmen Produktion

5.31 Herstellkosten pro Stück

Formel	Beispiel (2.1/T4)
Materialkosten	150
+ Fertigungskosten	+ 545
+ Sondereinzelkosten der Fertigung	+ 5
= Herstellkosten pro Stück	**= 700 € / Stück**

Erläuterung

Die Produktherstellkosten ergeben sich aus den Materialkosten und den über alle Arbeitsgänge des Arbeitsplans aggregierten Fertigungskosten.

Da Material- und Fertigungsprozesse eng verzahnt sind, bilden die Herstellkosten eine geeignete Benchmark für den gesamten Produktionsprozess eines Produkts unabhängig von der jeweiligen Fertigungstiefe. Die Herstellkosten sind Basis für die Zurechnung der Gemeinkosten der Verwaltung, Entwicklung und des Vertriebs in der Kostenträgerrechnung.

Die Herstellkosten sind Grundlage für Make-or-Buy-Entscheidungen: Bei langfristigen Entscheidungen orientiert man sich dabei an den vollen Herstellkosten (Fixkosten voll beeinflussbar).

Eine aussagefähige Herstellkostenkalkulation erfordert genaue Platzkostensätze (TCO-Rechnung) und den Einsatz der Prozesskostenrechnung für Verwaltungsprozesse in der Material- und Fertigungswirtschaft.

Die Kennzahl ist kostenzentriert und vernachlässigt die Leistungsseite im Wertschöpfungsprozess.

Maßnahmen

- Optimierung der Fertigungstiefe durch Make-or-Buy-Entscheidungen
- Integrierte Optimierung von Material- und Fertigungsprozessen

5.32 Selbstkosten pro Stück

Formel	**Beispiel (2.1 / T4)**
Herstellkosten	700
+ Entwicklungsgemeinkosten	+ 70
+ Verwaltungsgemeinkosten	+ 140
+ Vertriebsgemeinkosten	+ 140
+ SEK des Vertriebs	+ 50
= Selbstkosten pro Stück	**= 1.100 € / Stück**

Erläuterung

Die Selbstkosten umfassen alle dem Produkt zugeordneten Kosten. Sie sind ein Abbild aller am Produkt beteiligten Unternehmensbereiche. Die Gemeinkosten für Entwicklung, Verwaltung und Vertrieb werden den Herstellkosten prozentual hinzugerechnet. Die Sondereinzelkosten (SEK) des Vertriebs umfassen z. B. die Verpackungskosten und die Kosten der typengebundenen Werbung.

Die traditionelle Selbstkostenkalkulation führt durch die verursachungsfremde Behandlung der Gemeinkosten und der systemfremden Proportionalisierung der Fixkosten häufig zu Kalkulationsverzerrungen, die insbesondere bei der darauf aufsetzenden Kostenpreisfindung zu Wettbewerbsnachteilen führt.

Hier sind für die Geschäftsprozesse in den Overhead-Funktionen Prozesskostensätze mithilfe der Prozesskostenrechnung (Activity Based Costing) zu ermitteln. Prozesskostensätze bilden die Komplexität des Entwicklungs- und Vertriebsprozesses angemessen ab.

Maßnahmen

- Senkung der Selbstkosten durch Prozessoptimierung in den indirekten Leistungsbereichen
- Anwendung der Prozesskostenrechnung

5.33 Variable Selbstkosten pro Stück

Formel	Beispiel (2.1/T4)
variable Materialkosten	120
+ variable Fertigungskosten	+275
+ variable SEK-Fertigung	+5
+ variable Gemeinkosten für	
Entwicklung,	+30
Verwaltung und	+50
Vertrieb	+65
+ variabler SEK-Vertrieb	+50
= Variable Selbstkosten pro Stück	**= 600 € / Stück**

Erläuterung

Variable Selbstkosten sind Basis der Deckungsbeitragsrechnung und damit eine bevorzugte Kenzahl für Entscheidungen zur Verfahrenswahl, zum Make or Buy, zur Ermittlung des Segmenterfolgs und zur Break-Even-Analyse. Sie bestehen hauptsächlich aus den Materialeinzelkosten, den variablen Fertigungskosten, den Sondereinzelkosten der Fertigung, den Sondereinzelkosten des Vertriebs und – meist geringer – variablen Anteilen der Gemeinkosten für Entwicklung, Verwaltung und Vertrieb.

Ein hoher Anteil variabler Kosten an den Selbstkosten erhöht die Reaktionsfähigkeit des Unternehmens bei Beschäftigungsschwankungen.

Der Anteil variabler Selbstkosten an den Gesamtkosten korreliert mit der Fertigungstiefe. Eine geringe Fertigungstiefe verbessert die Kostenstruktur, führt aber u. U. zu erhöhten Logistik- und Steuerungskosten und zu einer Verringerung der Planungssicherheit.

Maßnahmen

- Rationalisierung der verbrauchsabhängigen Prozesse
- Make-or-Buy-Entscheidungen auf der Basis relevanter Kosten
- Anwendung einer Teilkostenrechnung parallel zur Vollkostenrechnung

5.34 Prozesskostensatz Fertigungsauftragsabwicklung

Formel

$$\frac{\text{Prozesskosten pro Periode}}{\text{Anzahl Aufträge pro Periode}}$$

Beispiel (2.5 / T21)

LMI-Prozesskosten = 230.000 €
LMI-Prozesskostensatz = 230.000 / 400 = 575 €/ Fertigungsauftrag

LMU-Prozesskosten = 25.000 €
LMU-Prozesskostensatz = 25.000 / 400 = 62,5 €/ Fertigungsauftrag

Gesamter Prozesskostensatz = 637,5 €/ Auftrag

Erläuterung

Der Prozesskostensatz zeigt die Verwaltungskosten eines Fertigungsauftrags. Dazu werden die Periodenkosten der am Prozess beteiligten Personen und der Hilfsmittel auf die Anzahl der Aufträge (Cost Driver) bezogen. Prozesskostensätze dienen dem Benchmarking der Verwaltungsprozesse. Ferner sind sie die Basis einer verursachungsgerechten Kalkulation eines Fertigungsauftrags. Gegebenenfalls sind die Prozesse vorher zu segmentieren, z. B. in Kleinaufträge, Großaufträge usw. Bei der Ermittlung wird zwischen leistungsmengenabhängigen Kosten (LMI) und leistungsmengenunabhängigen Kosten (LMU) unterschieden.

Prozesskostensätze können gleichermaßen für Beschaffungs-, Entwicklungs- und Qualitätssicherungsprozesse ermittelt werden. Hohe Prozesskostensätze weisen auf Unwirtschaftlichkeiten im zugrunde liegenden Prozess hin. Hier ist insbesondere der Anteil nicht wertschöpfender Tätigkeiten (Suchen, Transportieren) zu verringern.

Maßnahmen

- Reengineering der Prozesse
- Einsatz von ERP-Systemen zur Beschleunigung und Kostensenkung des Prozesses
- Outsourcing von Prozessen, die nicht zu den Kernkompetenzen gehören
- Einsatz von B2B-Prozessen

5.35 Ausschusskosten

Formel

Ausschussmenge x Kosten pro Ausschussteil

Beispiel (2.5/T18)

Planausschusskosten = 2 x 200 = 400 €/Auftrag
Istausschusskosten = 4 x 200 = 800 €/Auftrag
Ist-Plan-Abweichung = 800 – 400 = 400 €/Auftrag

Erläuterung

Die Kennzahl evaluiert den Ausschuss eines Auftrags in einer Produktionsstufe anhand der Herstellkosten. Diese ermitteln sich aus den bis zur betreffenden Produktionsstufe bzw. im Arbeitsgang angefallenen Material- und Fertigungskosten, sind also Ergebnis einer mitlaufenden Kalkulation durch das ERP-System nach der Beziehung:

Ausschussmenge x Herstellkosten/Mengeneinheit

Die Ausschussmenge ergibt sich aus der Rückmeldung mit dem BDE-System.

Die Kennzahl ist ferner anwendbar als Durchschnittswert pro Auftrag und als Anteil an den gesamten Herstellkosten aller Aufträge. Eine periodische Plan-Ist-Abweichungsermittlung der Ausschusswerte ist angebracht. Die Ausschusskosten sind ergebnisrelevant und ein indirekter Indikator für Störgrößen im Produktionsprozess.

Maßnahmen

- Null-Fehler-Strategie
- Qualitätsprämien
- Ursachenanalyse mit Auswertung von BDE-Daten
- Selbstorganisierte Fertigungssysteme

5.36 Nacharbeitskosten

Formel

$$\frac{\text{Nacharbeitskosten aller Aufträge}}{\text{Anzahl Aufträge}}$$

Beispiel (2.5/T18)

$$\frac{300}{4} = 75\ €/\text{Auftrag}$$

Erläuterung

Nacharbeiten werden meist durch spezielle Nacharbeitsaufträge angestoßen deren Kosten anschließend erfasst werden. Die Kalkulation dieser Nacharbeitsaufträge erfolgt analog zur Fertigungskostenkalkulation mithilfe des ERP-Systems. Die Kennzahl kann auch produkt- oder arbeitsplatzbezogen erhoben werden. Hohe Nacharbeitskosten sind ein indirekter Hinweis auf Störgrößen im Fertigungsprozess. Sie führen häufig zu Kostenabweichungen in der Kostenträgerrechnung.

Nacharbeitskosten sind oft nicht transparent, weil sie in der Kostenrechnung selten verursachungsgerecht erfasst werden. Sie haben jedoch beträchtliche Ergebniswirkungen.

Maßnahmen

- Null-Fehler-Programme
- Qualitätsprämien
- Fehleranalyse mit Auswertung von BDE-Daten
- Selbstorganisierte Fertigungssysteme

5.37 Fertigungskostenanteil

Formel

$$\frac{\text{Fertigungskosten}}{\text{Selbstkosten}} \times 100\,\%$$

Beispiel (2.1 / T4)

$$\frac{550}{1.100} \times 100\,\% \;=\; 50\,\%$$

Erläuterung

Wie alle Kostenstrukturkennzahlen dient die Kennzahl als Benchmark für brancheninterne Vergleiche. Der Anteil wird durch die Fertigungstiefe und damit den Umfang der Fremdvergabe beeinflusst. Ein hoher Fertigungskostenanteil ist vertretbar bei rationellen Fertigungsverfahren und terminsensiblen Produkten (Anlagenbau), kann aber auch im Zeitablauf ein Indikator für unwirtschaftliche Fertigungsprozesse sein. Gehört das Fertigungs-Know-how zu den Kernkompetenzen des Unternehmens, rechtfertigt dies gleichfalls einen höheren Anteil. Nachteilig ist der mit den Fertigungskosten einhergehende hohe Fixkostenanteil. Bei Poor-Dog- und Question-Mark-Produkten kann ein geringer Fertigungskostenanteil sinnvoll sein.

Zusammen mit dem Materialkostenanteil können mit der Kennzahl Kostenverschiebungen zwischen der Herstellung und den sogenannten Overhead-Kosten erkannt werden.

Maßnahmen

- Target Costing mit Zielkosten für die Fertigung
- Bei entsprechender Portfoliosituation (Poor Dog) Outsourcing von Fertigungsstufen prüfen
- Bei Star- und Cash-Cow-Produkten gegebenenfalls Insourcing
- Überprüfung von Make-or-Buy-Entscheidungen

5.38 Materialkostenanteil

Formel

$$\frac{\text{Materialkosten}}{\text{Selbstkosten}} \times 100\,\%$$

Beispiel (2.1/T4)

$$\frac{150}{1.100} \times 100\,\% = 13{,}6\,\%$$

Erläuterung

Materialkosten bestehen aus Einstandskosten für das Material (Materialeinzelkosten) sowie aus den Kosten für Beschaffung, Lagerhaltung und Kosten für innerbetriebliche Materialdistribution (Materialgemeinkosten). Die Fertigungstiefe bestimmt den Anteil der Materialkosten.

Ein höherer Materialkostenanteil bietet einerseits die Möglichkeit, Fixkosten in variable Kosten zu wandeln und erweitert somit die Möglichkeit der Kostenbeeinflussung und -reagibilität. Ferner werden die Verwaltungskosten im Beschaffungsprozess verringert. Andererseits wird die Abhängigkeit von Lieferanten erhöht und teilweise auch ein Know-how-Verlust hervorgerufen, wenn der Lieferant zum Wettbewerber wird.

Maßnahmen

- Abwägung der Vor- und Nachteile bei der Festlegung der Fertigungstiefe
- Nutzung von wirtschaftlichen Alternativen der Materialversorgung (z.B. VMI)
- Langfristige Rahmenverträge mit Systemlieferanten
- Supply Chain Management
- Kooperative Entwicklung mit Lieferanten

5.39 Ausbringung Fließfertigungsanlagen

Formel

$$\frac{\text{Anzahl Schichten x verfügbare Zeit/Schicht x Anzahl paralleler Systeme x Auslastungsgrad in \%}}{\text{Taktzeit x 100\%}}$$

Beispiel (2.5/T23)

$$\frac{3 \times 480 \times 2 \times 90\,\%}{12 \times 100\,\%} = 216 \text{ Stück pro Arbeitstag}$$

Erläuterung

Die Kennzahl dient der Planung und Überwachung von Fließsystemen (Montageband, Transfersysteme). Sie geht von einer festen, vorgegebenen Taktzeit aus, die vom wiederum vorgegebenen Produktionsprogramm bestimmt wird. Diese und die weiteren Parameter bestimmen die Ausbringung in Mengeneinheiten pro Arbeitstag. Bei der Wahl der vorgegebenen Taktzeit sind die Anforderungen aus der Arbeitsstrukturierung zu berücksichtigen – u.a. ist ein ausreichend großer Arbeitsinhalt pro Takt erforderlich. Kann mit einer als ausreichend erachteten Taktzeit die Programmstückzahl nicht erreicht werden, ist gegebenenfalls die Zahl der parallelen Fließsysteme und die Anzahl der Schichten zu erhöhen.

Ein hoher Output ermöglicht eine hohe Fixkostendeckung und damit Kalkulationsvorteile mit Auswirkung auf das Betriebsergebnis und die Wettbewerbsfähigkeit. Fließsysteme mit engem Produktspektrum sind wenig flexibel bei Produktänderungen und engen den Spielraum bei Kundenwünschen ein.

Maßnahmen

- Kapazitätsmaßnahmen sollten im Engpass ansetzen
- Mehrprodukt- statt Einproduktsysteme
- Flexible Schichtmodelle
- Montage im Bypass, um Störungen zu begrenzen

5.40 Umschlagshäufigkeit

Formel

$$\frac{\text{Verbrauch pro Tag x Verbrauchstage pro Jahr}}{\text{durchschnittlicher Bestand}}$$

Beispiel (2.6/T25)

$$\frac{20 \times 250}{250} = 20$$

Erläuterung

Die Umschlagshäufigkeit ist die bevorzugte Schlüsselkennzahl zur Beurteilung der Bestandsführung und Lagerwirtschaft. Sie ermittelt sich aus dem durchschnittlichen Bestand (siehe 5.41) und dem Jahresverbrauch der betreffenden Lagerposition. Eine hohe Umschlagshäufigkeit ist ein Indikator für eine effiziente Materialwirtschaft. Dadurch verringert sich die Kapitalbindung im Umlaufvermögen mit direkter Auswirkung auf den ROI. Eine hohe Umschlagshäufigkeit verbessert zudem die Liquidität 1. Grades.

Nachteilig ist ein dadurch möglicherweise verschlechterter Servicegrad mit Auswirkungen auf die Kundenzufriedenheit. Die Umschlagshäufigkeit kann auf einen Artikel, eine Artikelgruppe, ein Lager oder Werk bezogen werden.

Maßnahmen

- Artikel mit geringer Umschlagshäufigkeit (Ladenhüter) auflösen
- Just-in-Time-Versorgung der Fertigung
- Klassisches Kanban und B2B-Kanban
- Production on Demand
- Postponing-Strategien zur Vereinheitlichung der Lagerwirtschaft
- Vendor Managed Inventory
- Cross Docking
- Bestandscontrolling mit ERP-System
- Produktstandardisierung

5.41 Durchschnittlicher Lagerbestand

Formel

Mindestbestand + 0,5 x Bestellmenge

Beispiel (2.6/T25)

200 + 0,5 x 100 = 250 Stück

Erläuterung

Der Lagerbestand bindet Kapital und verursacht Lagerkosten. Er ist damit einerseits eine Stellgröße für den ROI, das Working Capital und das Betriebsergebnis. Andererseits gleicht er Differenzen zwischen Nachfrage und Materialzugang aus. Die angegebene Formel ist bei relativ konstanter Bestellmenge anwendbar. Bei unregelmäßigen Bestellzeitpunkten und Bestellmengen kann der durchschnittliche Lagerbestand alternativ ermittelt werden aus:

$$\text{Durchschnittlicher Lagerbestand} = \frac{\text{Anfangsbestand} + (12 \times \text{Monatsendbestand})}{13}$$

Ein zunehmender Lagerbestand kann Indikator einer verschlechterten Auftragslage sein.

Maßnahmen

- Mindestbestand senken durch zuverlässige Lieferbeziehungen
- Just-in-Time-Versorgung der Fertigung
- Klassisches Kanban und B2B-Kanban
- Production on demand
- Postponing-Strategien zur Vereinheitlichung der Lagerwirtschaft
- Vendor Managed Inventory
- Cross Docking
- Bestandscontrolling mit ERP-System
- Produktstandardisierung

5.42 Kapitalbindung Lager

Formel

Lagerbestand x Wert pro Mengeneinheit

Beispiel (2.6/T25)

250 x 1.000 = 250.000 €

Erläuterung

Das im Lager gebundene Kapital ist als Kennzahl aussagefähiger als der Lagerbestand. Der Wert pro Stück ist für Controllingzwecke als Einstandspreis, Standardpreis oder als Herstellkosten pro Stück – entsprechend der Fertigungsstufe – anzusetzen. Die Ermittlung erfolgt pro Artikel oder Artikelgruppe und stellt eine leicht zu ermittelnde Größe zum Working Capital (3.12) dar.

Die durch einen Artikel hervorgerufene Kapitalbindung verringert den ROI auf doppelte Weise: durch das höhere Kapital und das durch die Lagerkosten verringerte Ergebnis. Preisänderungen führen zu unterschiedlichen Wertansätzen, weshalb die Kennzahl als branchenübergreifende Benchmark nur bedingt geeignet ist.

Das Auflösen vermeidbarer Lagerbestände generiert Cashflow (siehe 3.4).

Maßnahmen

- Bestandsüberwachung besonders der A-Positionen
- Just-in-Time-Versorgung der Fertigung
- Klassisches Kanban und B2B-Kanban
- Production on Demand
- Postponing-Strategien zur Vereinheitlichung der Lagerwirtschaft
- Vendor Managed Inventory
- Cross Docking
- Bestandscontrolling mit ERP-System
- Produktstandardisierung

5.43 Lagerkostensatz

Formel

$$\frac{\text{Lagerkosten}}{\text{Kapitalbindung}} \times 100\,\%$$

Beispiel (2.6/T25)

Zinskosten Bestände: $\frac{5 \times 250.000}{100} = 12.500\ €/\text{Jahr}$

Lagerkostensatz inkl. Zinskosten: $\frac{(30.000 + 20.000 + 3.000 + 4.000 + 5.000 + 12.500)}{250.000} \times 100\,\% = 29{,}8\,\%$

Erläuterung

Der Lagerkostensatz ist eine Benchmark für die effiziente Lagerung, abhängig von Art und Objekt der Lagerung. Er zeigt, welcher Prozentsatz eines Lagerwerts jährlich für die Lagerkosten anzusetzen ist. Er wird aus den in der Kostenplanung des Lagerbereichs angesetzten Lagerkosten (siehe 5.44) und der durchschnittlichen Kapitalbindung (5.42) in diesem Bereich errechnet. Ein so ermittelter Lagerkostensatz dient im Lauf des Planjahres zur retrograden Kalkulation der jährlichen Lagerkosten für ganze Artikelgruppen (5.44), oftmals auch als Benchmark für die gesamte Materialwirtschaft.

Als Bruttowert (TCO-Satz) enthält er die kalkulatorischen Zinskosten des Lagerbestands, als Nettowert wird er teilweise ohne Zinskosten verwendet. In der traditionellen Bestellmengenoptimierung nach Andler ist er zusammen mit den Bestellkosten Gegenstand der Kostenminimierung. Nachteilig an der Kennzahl ist die ausschließliche Kostensicht.

Maßnahmen

- Kostenkontrolle der Bestandsführung
- Bestandsüberwachung besonders der A-Positionen
- Lager durch Lieferanten betreiben lassen
- Zuverlässige Lieferanten, um Mindestbestand senken zu können
- Bestellmengen senken durch Just in Time
- Cross Docking, Kanban-Versorgung der Produktion

5.44 Lagerkosten Artikel

Formel

$$\frac{\text{Kapitalbindung x Lagerkostensatz}}{100}$$

Beispiel (2.6 / T25)

$$\frac{250.000 \text{ x } 29{,}8\,\%}{100} = 74.500\ \text{€/Jahr}$$

Erläuterung

Diese Kennzahl zeigt die Kostenkomponente der Bestandsführung. Die Kapitalbindung ermittelt sich entsprechend 5.42. Der Lagerkostensatz ist ein auf das Jahr bezogener Prozentwert, der die Abschreibung der Lagereinrichtungen, die Personalkosten, die Instandhaltung, die Energiekosten, die IT-Kosten der Lagersteuerung und die kalkulatorische Zinskosten für Lagerwerte umfasst (Berechnung siehe 5.43).

Hohe Lagerkosten beeinträchtigen das Betriebsergebnis und gehen über die Materialgemeinkosten auch in die Herstellkosten ein.

Maßnahmen

- Kostenkontrolle der Bestandsführung
- Bestandsüberwachung besonders der A-Positionen
- Lager durch Lieferanten betreiben lassen
- Zuverlässige Lieferanten, um Mindestbestand senken zu können
- Bestellmengen senken durch Just in Time
- Cross Docking
- Kanban-Versorgung der Produktion

5.45 Mittlere Wiederbeschaffungszeit (Plan)

Formel

$$\frac{\text{Summe Wiederbeschaffungszeiten}}{\text{Anzahl Bestellungen}}$$

Beispiel (2.6/T27)

$$\frac{(3 + 2 + 5)}{3} = 3{,}33 \text{ Tage (Planwert)}$$

Erläuterung

Die Wiederbeschaffungszeit umfasst die Zeit vom Erkennen des Bedarfs eines zu beschaffenden Artikels bis zur erfolgten Einlagerung. Sie besteht aus den Zeiten der Teilprozesse:

Erkennen des Bedarfs + Auswahl des Lieferanten + Formulieren und Übermitteln der Bestellung + Bereitstellung beim Lieferanten + Transport + Wareneingangsprüfung + Einlagerung

Die Kennzahl beeinflusst die termingerechte Verfügbarkeit eines Artikels in den nachfolgenden Prozessen (Produktion, Vertrieb) und damit auch die Kundenzufriedenheit und die Kundenbindung. Kurze Wiederbeschaffungszeiten erlauben eine Reduzierung der Mindestbestände und sind eine Stellgröße für die Kapitalbindung im Lager.

Maßnahmen

- Elektronische Kanban-Versorgung der Produktion
- E-Procurement
- Abrufe statt Einzelbestellungen
- Bereitstellung des Materials in unternehmensnahen Industrieparks
- Einsatz von EDI (z. B. Edifact) zur elektronischen Übermittlung von Bestellungen

5.46 Terminabweichung Zulieferer

Formel

$$\frac{\Sigma\,(\text{Istliefertermin} - \text{Sollliefertermin} - \text{Nichtarbeitstage})}{\text{Anzahl Bestellungen}}$$

Beispiel (2.6/T27)

$$\frac{(2 + 1 + 1)}{3} = 1{,}33 \text{ Tage pro Bestellung}$$

Erläuterung

Die Kennzahl beurteilt die Termintreue der Zulieferer. Hohe Terminabweichungen wirken als Störgrößen in der Produktion und beeinflussen die Kundenzufriedenheit. Terminabweichungen verursachen ferner eine erhöhte Kapitalbindung durch erforderliche Mindestbestände und Liegezeiten des Materials in den betroffenen Prozessen. Die Terminabweichungen sind Gegenstand des Beschaffungscontrollings unter Einsatz des ERP-Systems. Bei terminkritischen Produkten kann eine Eigenfertigung trotz höherer Kosten angebracht sein. Sofern der Zulieferer keine Terminkonstanz gewährleisten kann, ist dieser gegebenenfalls durch Dispositionsmaßnahmen (z. B. Einplanen der Lieferantenkapazität durch den Besteller) zu unterstützen. Ferner kann dem Lieferanten die Logistikplanung vorgegeben werden.

Maßnahmen

- Vendor Managed Inventory
- Konzentration auf Systemlieferanten
- Lieferantenbeurteilung als Basis der Lieferantenauswahl
- Elektronische Übertragung der Bestellungen (EDI)
- Einbindung der Lieferanten in SCM (siehe Kapitel 7)

5.47 Reichweite des Lagerbestandes

Formel

$$\frac{\text{aktueller Lagerbestand}}{\text{Verbrauch pro Verbrauchstag}}$$

Beispiel (2.6/T25)

$$\frac{300}{20} = 15 \text{ Verbrauchstage}$$

Erläuterung

Die Kennzahl dient vorrangig zur Beurteilung einzelner terminkritischer Materialien in einer konkreten Liefersituation.

Die Reichweite sagt aus, wie lange das Lager bei dem angenommenen Verbrauch lieferfähig ist. Als Durchschnittswert ist sie ferner ein Indikator für eine verschlechterte oder verbesserte Liefersituation. Gegebenenfalls sind offene Bestellungen zum aktuellen Lagerbestand hinzuzurechnen. Die Lagerreichweite sollte immer größer als die artikelspezifische Wiederbeschaffungszeit (siehe 5.45) sein.

Die Kennzahl wird durch Verbrauchsschwankungen beeinflusst. Sie ist deshalb als Steuerungsgröße nur bedingt geeignet.

Maßnahmen

- Einsatz geeigneter Methoden für die Verbrauchsprognose
- Programmgesteuerte Bedarfsermittlung (Stücklistenauflösung) statt verbrauchsgesteuerte
- Kooperative Programmplanung mit Kunden und Lieferanten (SCM)
- Auslieferung aus produktionsnahen Lieferantenlagern (Industrieparks)

5.48 Anzahl Material-Kanbans

Formel

$$\frac{\text{Bedarf/Tag x Wiederbeschaffungszeit in Tagen}}{\text{Menge/Kanban}}$$

Beispiel (2.6 / T28)

$$\frac{200 \times 2}{20} = 20 \text{ Behälter (Kanbans)}$$

Erläuterung

Kanbans sind die Karten, die jeweils einem standardisierten Behälter zugeordnet sind. Mit diesen Behältern und den zugehörigen Karten wird durch das Fertigungssystem Material vom Lager oder einer anderen Quelle angefordert. Die Zahl der Behälter mit ihren zugeordneten, konstanten Inhalten repräsentiert die Gesamtmenge im Versorgungs-Regelkreis. Die Menge pro Behälter (Kanbans) in einer Strecke (Regelkreis) wird als Planungsvorgabe festgelegt. Zur errechneten Anzahl Kanbans sind noch Sicherheitszuschläge hinzuzurechnen.

Zu geringe Kanban-Zahlen in einer Regelstrecke führen zu Störungen im Produktionsablauf (Abreißen der Kanban-Versorgung), zu viele Kanbans erhöhen die Kapitalbindung und beeinträchtigen den Kanban-Effekt. Kanbans erhöhen ferner die Kompetenz und Verantwortung des Mitarbeiters.

Maßnahmen

- Simulation der Kanban-Strecke, bis die optimale Anzahl der Kanbans erreicht ist
- Elektronisches Kanban-System

5.49 Servicegrad

Formel

$$\frac{\text{Anzahl bedienter Materialanforderungen}}{\text{Gesamtzahl Materialanforderungen}} \times 100\,\%$$

Beispiel (2.6/T24)

$$\frac{90}{100} \times 100\,\% = 90\,\%$$

Erläuterung

Die Kennzahl ist ein Indikator für die Lieferfähigkeit eines Materialversorgungsbereichs (Materiallager, Zulieferer, Produktionsvorstufe) entsprechend der Anforderungen der Produktion.

Ein niedriger Servicegrad (Lieferbereitschaftsgrad) führt zu Störungen im Produktionsprozess (z. B. erhöhte Rüstkosten durch Auftragsunterbrechung) mit Auswirkungen auf die Durchlaufzeit, Termineinhaltung und die Kundenzufriedenheit. Maximale Servicegrade sind andererseits keine geeignete Zielgröße, da sie mit einer hohen Kapitalbindung und hohen Lagerkosten verbunden sind. Das Optimum ist nur unternehmensspezifisch ermittelbar. Unterschiedliche Regelungen für den Servicegrad für A-, B- und C-Kunden sind empfehlenswert.

Maßnahmen

- Vendor Managed Inventory
- Cross Docking
- Bestandscontrolling mit ERP-System
- Senkung der Wiederbeschaffungszeiten durch elektronisches Kanban-System
- ATP-Prüfungen bei Kunden und Lieferanten im Rahmen von SCM

5.50 Mengentreue Zulieferer

Formel

$$\frac{\text{Anzahl Lieferungen ohne Fehlmengen}}{\text{Gesamtzahl der Lieferungen}} \times 100\,\%$$

Beispiel (2.6/T27)

$$\text{Mengentreue: } \frac{2}{3} \times 100\,\% = 66{,}6\,\%$$

$$\text{Mengenabweichung: } \frac{-20}{1.100} \times 100\,\% = -1{,}8\,\%$$

Erläuterung

Die Kennzahl ist Grundlage für die mengenmäßige Beurteilung des Zulieferers oder eines innerbetrieblichen Materialversorgungsbereichs.

Fehlmengen führen zu Störungen im Produktionsprozess. Sie verlängern die Durchlaufzeiten der nachfolgenden Prozesse und verursachen beträchtliche Fehlmengenkosten. Ferner beeinträchtigen sie die Kundenzufriedenheit. Die Mengentreue ist ein Kriterium bei der Lieferantenauditierung.

Ursachen von Mengenabweichungen sind häufig gelieferte Ausschussware, aber auch Kapazitätsengpässe beim Zulieferer. Alternativ kann die prozentuale Mengenabweichung ermittelt werden, indem die Fehlmenge auf die Sollmenge bezogen wird.

Maßnahmen

- Vendor Managed Inventory
- Konzentration auf wenige Systemlieferanten
- Bestandscontrolling mit ERP-System
- Verlagerung der Wareneingangskontrolle zum Zulieferer

5.51 Preisabweichung Zulieferer

Formel

$$\frac{\text{Sollmenge x (Istpreis – Sollpreis)}}{\text{Sollmenge x Sollpreis}} \text{ x } 100\,\%$$

Beispiel (2.6 / T27)

Preisabweichung absolut: 3 x 300 + 0 x 300 + 2 x 500 = 1.900 €

$$\text{relativ: } \frac{1.900}{(300 \text{ x } 30 + 300 \text{ x } 30 + 500 \text{ x } 30)} \text{ x } 100\,\% = 5{,}75\,\%$$

Erläuterung

Die Kennzahl beurteilt die Preisdisziplin eines einzelnen oder einer Gruppe von Lieferanten, ausgehend vom Istpreis und dem vereinbarten Preis (Sollpreis) einer Lieferung. Positive Preisabweichungen schwächen die Wettbewerbssituation und führen zur Verschlechterung des Betriebsergebnisses. Die Kennzahl ist, wie gezeigt, als relative Preisabweichung ermittelbar. Die Summe über alle Lieferungen eines Lieferanten evaluiert dessen gesamte relative Preisabweichung eines Jahres:

$$\frac{\text{Summe Preisabweichungen}}{\text{Bestellvolumen zu Sollwerten}} \text{ x } 100\,\%$$

Maßnahmen

- Rahmenvereinbarungen mit Lieferanten
- Vendor Managed Inventory
- Überwachung des Bestellprozesses mit ERP
- Vorgabe von Konditionsbedingungen für einzelne Produkte und Lieferanten
- Gemeinsame Produktentwicklung mit Lieferanten zur Erschließung von Rationalisierungspotenzialen

5.52 Qualitätsabweichung Zulieferer

Formel

$$\frac{\text{fehlerhafte Menge}}{\text{Sollmenge}} \times 100\,\%$$

Beispiel (2.6/T27)

$$\frac{30}{1.100} \times 100\,\% = 2{,}73\,\%$$ bezogen auf Sollmengen aller Bestellungen

Erläuterung

Die Kennzahl beurteilt das Qualitätsniveau einer einzelnen Lieferung, eines Zulieferers oder eines internen Materialversorgungsbereichs.

Qualitätsabweichungen beeinträchtigen den Produktionsprozess und verursachen zusätzliche Kosten im Beschaffungsprozess. Sie haben eine direkte Auswirkung auf die Kundenzufriedenheit und erhöhen die Qualitätskosten nachfolgender Produktionsstufen. Qualitätsabweichungen sind bevorzugtes Kriterium zur Lieferantenbewertung. Besonders kritisch sind Qualitätsabweichungen bei Lieferung in einer Kanban-Strecke oder bei JIT. Durch die geringen Pufferbestände kommt es sehr schnell zum Abreißen der Kanban-Kette mit anschließendem Produktionsstillstand. Neben der dargestellten relativen Qualitätsabweichung ist ferner ein Summenwert über mehrere Bestellungen eines Lieferanten möglich.

Maßnahmen

- Verlagern der Eingangskontrolle zum Lieferanten
- Auditierung und Zertifizierung der Lieferanten
- Konzentration auf wenige Systemlieferanten
- Verbesserung des Reklamationsprozesses gegenüber Lieferanten (Nutzung von Einkaufsportalen)
- Überwachung des Bestellprozesses mit ERP

5.53 Durchlaufzeit Produktionsprojekte

Formel

  Projektendtermin
– Projektstarttermin
– Nichtarbeitstage

= **Durchlaufzeit Produktionsprojekte**

Beispiel (2.7 / T30)

Kritischer Weg: Vorgang 1 und Vorgang 3
Projektdurchlaufzeit: Projektstart Di. 29.7. / Projektende Do. 7.8.
4 (Vorgang 1) + 3 (Vorgang 3) = 7 Arbeitstage

Erläuterung

Produktionsprojekte sind Planungs- und Entwicklungsvorhaben für neue Verfahren, neue Produkte, Werksgründungen, Investitionen, IT-Vorhaben. Ihre effiziente Abwicklung bestimmt langfristig die Wettbewerbsfähigkeit der Produktion und auch des Gesamtunternehmens. Ferner ist ihr Erfolg Voraussetzung für die Realisierung der Unternehmensstrategie. Kurze Projektdurchlaufzeiten verringern die Kapitalbindung und die Projektkosten. Sie ermöglichen eine schnellere Nutzung des Umsatz- und Ertragspotenzials von Innovationen. Grundlage zur Berechnung der Arbeitstage ist der Projektkalender des Unternehmens.

Die Durchlaufzeit des Projekts wird auch als Projektdauer bezeichnet. Sie addiert sich aus den zeitlängsten (kritischen) Vorgängen eines Projekts im Produktionsplan.

Maßnahmen

- Überlappung kritischer Vorgänge z. B. durch Simultaneous Engineering
- Kapazitätsplanung im Engpass
- Einsatz von Projektsteuerungssoftware (z. B. MS-Project®, SAP®-ERP-Software)
- Beurteilung des Projekts mit Tollgates (Teilziele im Projektablauf)

5.54 Projektkosten

Formel

Σ (Belegungszeit x Kostensatz der Ressource) + Σ Materialkosten über alle Vorgänge

Beispiel (2.7 / T30, T31)

64 x 80 + 16 x 80 + 24 x 80 = 7.320 €

Erläuterung

Die Projektkosten ermitteln sich aus den Belegungszeiten (Bearbeitungszeit) der Ressource (Person, Arbeitsplatz, Kostenstelle) für jeden Vorgang des Projekts. Liege- und Wartezeiten werden dabei nicht berücksichtigt. Zusätzlich sind anfallende Materialkosten zu berücksichtigen, womit der entsprechende Vorgang direkt belastet wird. Projektkosten sind eine bevorzugte Benchmark zur Beurteilung der Projekteffizienz.

Hohe Projektkosten sind ein allgemeines Problem im Unternehmen. Häufig versucht man dies durch eine Worst-Case-Betrachtung zu beherrschen.

Die Projektkosten reduzieren den Rückfluss und gehen in das Betriebsergebnis ein. Für die Liquidität besonders von Anlagenbauern können sie eine ernste Bedrohung darstellen.

Maßnahmen

- Kostenplanung und Kostenüberwachung (z. B. mit MS-Project®, SAP®-ERP-Software)
- Mitlaufende (projektbegleitende) Soll-Ist-Kostenvergleiche

Kapitel 6

Kennzahlen Lern- und Innovationsperspektive

6.1 Innovationsrate

Formel

$$\frac{\text{Umsatz mit neuen Produkten}}{\text{Gesamtumsatz}} \times 100\,\%$$

Beispiel (2.3/T7 und 2.8/T32)

$$\frac{5{,}2 \text{ Mio.}}{16{,}2 \text{ Mio.}} \times 100\,\% = 32\,\%$$

Erläuterung

Die Kennzahl zeigt, welcher Anteil des Umsatzes mit neuen Produkten realisiert wird. Neue Produkte sichern die Wettbewerbsfähigkeit der Produktion und vermeiden Poor-Dog-Situationen mit den damit verbundenen geringen Cashflow-Beiträgen.

Was als neues Produkt definiert wird, hängt vom Innovationstempo der Branche ab. Bei Produkten mit langer Marktlebensdauer können dies Produkte sein, die nicht älter als vier Jahre sind. Bei kurzlebigen Produkten kann auch die Einjahresgrenze verwendet werden. Zu kurze Innovationszeiträume beinhalten die Gefahr, dass der Kunde Produktgenerationen überspringt. Bei nicht vorhandenen Preisen kann der Umsatz wiederum aus Verrechnungspreis x Menge ermittelt werden. Die Produktion ist in den Innovationsprozess durch Planung von Verfahren für neue Produkte involviert. Damit bestimmt sie das Innovationstempo wesentlich mit.

Maßnahmen

- Anwendung von Innovationsmethoden (KAIZEN, Wertanalyse)
- Straffes Projektmanagement
- Kooperative Entwicklung mit Kunden und Lieferanten

6.2 Time to Market

Formel

	Beginn Markteinführung
–	Beginn Entwicklung
–	Nichtarbeitstage
=	**Time to Market**

Beispiel (2.8/T32)

$$\frac{(720 + 440 + 360)}{3} = 507 \text{ Arbeitstage}$$

Erläuterung

Time to Market ist die bevorzugte Benchmark zur zeitlichen Beurteilung des Innovationsprozesses. Kurze Time to Market sichert ein wettbewerbsfähiges Produktportfolio und bewirkt einen schnelleren Rückfluss durch Kundenerlöse. Die Produktion ist dabei beteiligt durch Aktivitäten zur fertigungsgerechten Konstruktion, Prototypenfertigung sowie Planung und Bereitstellung der Ressourcen für die Fertigung des neuen Produkts. Nachteil einer kurzen Time to Market ist die hohe Liquiditätsbelastung, die durch eine genaue Finanzplanung kontrolliert werden muss. Der Termin der Markteinführung kann ersatzweise aus dem Produktionsstart abgeleitet werden. Die Kennzahl ist auch als Durchschnittswert der Entwicklungsprojekte ermittelbar.

Maßnahmen

- Projektmanagement der Produktentwicklung
- Abstimmung mit Finanzplanung
- Anwendung von Innovationsmethoden (KAIZEN, Wertanalyse)
- Kooperative Entwicklung mit Kunden und Lieferanten
- Cross-funktionale Entwicklungsteams
- Einsatz von Systemlieferanten
- Concurrent Engineering, Simultaneous Engineering

6.3 Anteil Mitarbeiter in selbstorganisierten Fertigungssystemen

Formel

$$\frac{\text{Mitarbeiter in selbstorganisierten Fertigungssystemen}}{\text{Gesamtzahl der Fertigungsmitarbeiter}} \times 100\,\%$$

Beispiel (2.8/T33)

$$\frac{12}{26} \times 100\,\% = 46\,\%$$

Erläuterung

Mitarbeiter in selbstorganisierten Fertigungssystemen sind involviert in Programmplanung, Materialdisposition, Kapazitätsplanung und Terminplanung. Durch unternehmerisches Agieren soll die Motivation und die Identifikation mit den Unternehmenszielen erreicht werden. Selbstorganisierte Fertigungssysteme reagieren flexibler auf Veränderungen der Produkte, Marktbedingungen und Kundenwünsche wie auch auf Störgrößen im Produktionsprozess. Die gegenüber der arbeitsteiligen Organisation etwas höheren Fertigungskosten werden mehr als aufgewogen. Selbstorganisierte Systeme erleichtern zudem moderne Produktionskonzepte wie z. B. Kanban und Production on Demand.

Durch Konzentration auf ein zu fertigendes Produkt (seltener: Verfahren) erhöht sich die Identifikation der Mitarbeiter mit dem Produkt. Die organisatorische Realisierung bedient sich des Cost oder Profit Centers.

Maßnahmen

- Bilden von produkt- oder verfahrensorientierten Fertigungssegmenten
- Weitgehende Dezentralisierung der Planung und Disposition
- Organisation von Fertigungsbereichen als Fertigungssegment
- Organisation als Cost oder Profit Center

6.4 Anteil Mitarbeiter in B2B-Geschäftsprozessen

Formel

$$\frac{\text{Mitarbeiter in B2B-Prozessen}}{\text{Gesamtzahl der Mitarbeiter in Geschäftsprozessen}} \times 100\,\%$$

Beispiel (2.8/T33)

$$\frac{3}{4} \times 100\,\% = 75\,\%$$

Erläuterung

B2B-Prozesse verbessern die Zeit- und Kostenkennzahlen der Geschäftsprozesse. Ferner ermöglichen Sie den einfachen Zugang zu Beschaffungsmärkten und zu den Kunden. Diese Informationen sind auch für das Produktionsmanagement nutzbar. Die Kennzahl zeigt die Kompetenz des Personals, moderne B2B-Techniken in ihren Geschäftsprozessen zu nutzen. Dazu zählen die produktionsnahe Materialdisposition, Beschaffungsprozesse mit Zulieferern und vorgelagerten Produktionsstufen, Arbeitsplanung, Produktionscontrolling, Employee Self Service und Reklamationsbearbeitung. Die Mitarbeiterkompetenz ist Voraussetzung für die Nutzung der Zeit-, Service- und Kostenvorteile von B2B. Dies setzt allerdings die Bereitstellung moderner B2B-Ressourcen voraus.

Maßnahmen

- Einführung von Internetportalen für die Produktionslogistik mit personalisiertem Zugang zu allen Logistikanwendungen
- Schulung der Mitarbeiter in der Anwendungssoftware
- Innerbetriebliche Nutzung im Employee Self Service , z. B. für Urlaubsanträge, Recruiting usw.
- Materialbeschaffung mit B2B-Kanban
- Zugang zu global agierenden Zulieferern
- Reklamationsbearbeitung (E-Claims) über das Internet

6.5 Weiterbildungsaufwand Produktion

Formel

$$\frac{\text{Weiterbildungsaufwand pro Jahr}}{\text{Anzahl Vollzeitmitarbeiter der Produktion}}$$

Beispiel (2.8/T33)

$$\frac{80.000}{26} = 3.076\ €$$

Erläuterung

Die Kennzahl ist ein indirekter Indikator für das Know-how des Produktionspersonals. Hier ist auch die innerbetriebliche Schulung einzubeziehen, i. d. R. jedoch nicht der Aufwand für die Auszubildenden und Praktikanten. Die Schulung umfasst ferner die Weiterbildung von Produktionsmitarbeitern und -mitarbeiterinnen in Montagelernräumen und Montage-Assessment-Centern. Der Aufwand kann alternativ auch auf die Gesamtkosten oder die Personalkosten eines Bereichs bezogen werden. Die Kennzahl sagt nichts aus über die Qualität der Weiterbildung. Ferner bleibt der Innovationsaspekt unberücksichtigt. Hier ist gegegenenfalls eine Beschränkung der Kennzahl auf neue Technologien, Methoden und Verfahren angebracht.

Maßnahmen

- Erhöhen der Schulungseffizienz z. B. durch E-Learning
- Erfolgskontrolle der Schulungsmaßnahmen
- Schulung in internetunterstützten Geschäftsprozessen
- ERP-Schulung on the Job durch Key User

6.6 Fluktuationsrate Produktion

Formel

$$\frac{\text{Abgänge der Produktionsmitarbeiter}}{\text{Anzahl Vollzeitmitarbeiter}} \times 100\,\%$$

Beispiel (2.8/T33)

$$\frac{3}{26} \times 100\,\% = 11{,}5\,\%$$

Erläuterung

Die Fluktuationsrate ist ein Indikator für Motivationsdefizite der Mitarbeiter und für falsche Führungstechnik der Leitungsinstanzen. Die Kennzahl kann ferner auf Organisationsdefizite und ungenügende Anreizsysteme hinweisen. Erfahrungsgemäß sinkt die Fluktuationsrate in selbstorganisierten Produktionssystemen mit höherer Kompetenz und Verantwortung. Eine geringe Fluktuationsrate senkt die Einarbeitungskosten, verringert aber die Chancen, externes Know-how zu erhalten. Der Nutzen der Kennzahl liegt somit vor allem im Hinweis auf organisatorische Defizite.

Maßnahmen

- Arbeitsorganisation mit hoher Eigenverantwortung und Kompetenz der Mitarbeiter
- Einführung von selbstorganisierten Produktionssystemen (Fertigungssegmente)
- Einführung von Profit Centern mit Erfolgsbeteiligung
- Zielorientierte Personal- und Laufbahnentwicklung

6.7 Deckungsbeitrag pro Mitarbeiter

Formel

$$\frac{\text{Jahresdeckungsbeitrag des Bereichs}}{\text{Anzahl Fertigungsmitarbeiter}}$$

Beispiel (2.1 / T1)

$$\frac{6.000 \times (1.200 - 600)}{26} = 138.000 \text{ €}$$

Erläuterung

Die Kennzahl nimmt den Deckungsbeitrag eines Bereichs und setzt ihn in Relation zu den dort arbeitenden Vollzeitmitarbeitern. Ein hoher Deckungsbeitrag pro Mitarbeiter ist ein Maßstab für die Personalprofitabilität, ist aber nur im Branchenvergleich aussagefähig. Die Kennzahl ist bevorzugt für das gesamte Unternehmen gebräuchlich. Die Top-down-Ermittlung der Kennzahl erfolgt dann aus dem Betriebsergebnis (siehe 3.14).

Ihr Einsatz für Teilbereiche erlaubt auch dort Profitabilitätsaussagen, wo keine marktbezogenen Erlöse vorliegen. Die Zurechnung dieser Erlöse ist problematisch, kann aber mithilfe von Verrechnungspreisen oder Zielpreisen gelöst werden (siehe 5.13). Teilzeitpersonal ist in Vollzeitäquivalente umzurechnen.

Maßnahmen

- Beschäftigungssteigerung durch flexible Schichtmodelle
- Steigerung von Kompetenzen und Verantwortung
- Kundenorientierung der Produktion
- Einführung von Profit Centern mit Erfolgsbeteiligung

6.8 Personenbedingte Ausfallrate

Formel

$$\frac{\text{Ausfallzeiten}}{\text{Anwesenheitszeiten} + \text{Ausfallzeiten}} \times 100\,\%$$

Beispiel (2.8/T33)

$$\frac{2.300}{40.000} \times 100\,\% = 5{,}75\,\%$$

Erläuterung

Ausfallzeiten entstehen durch unentschuldigtes Fehlen, Krankheit und Unfälle. Ausfallzeiten beeinflussen das Betriebsergebnis durch entgangene Deckungsbeiträge und Folgekosten. Hohe Ausfallzeiten können ein Indikator für Schwachstellen in der Personalführung und der Arbeitsorganisation sein. Durch ausfallbedingte Stillstände von Maschinen und Anlagen entstehen oft hohe Leerkosten. Die Personaleinsatzplanung hat sich deshalb an den Maschinenkapazitäten zu orientieren. Der Mitarbeiter ist in die Einsatzplanung verantwortlich einzubinden. Die damit einhergehenden höheren Lohnkosten sind vernachlässigbar im Vergleich zu den Nutzungsvorteilen. Ein aktives Health Management informiert im Mitarbeiterportal über Präventionsprogramme.

Maßnahmen

- Arbeitsorganisation mit hoher Eigenverantwortung und Kompetenz der Mitarbeiter
- Einführung von selbstorganisierten Produktionssystemen (Fertigungssegmente)
- Einführung von Profit Centern mit Erfolgsbeteiligung
- Ausfallorientierter Prämienlohn
- Aktives Health Management im Unternehmen

6.9 Verbesserungvorschlagsrate

Formel

$$\frac{\text{Vorschläge pro Jahr}}{\text{Anzahl Vollzeitmitarbeiter}}$$

Beispiel (2.8/T33)

$$\frac{60}{26} = 2{,}3$$

Erläuterung

Die Kennzahl ermittelt die Anzahl der Vorschläge, die über betriebliche Knowledge-Management-Systeme (KAIZEN, KVP usw.) von den Mitarbeitern generiert werden. Die Kennzahl dient als Benchmark zur Aktivierung der Wissensbasis im Unternehmen mit Auswirkungen auf die Stellung der Produkte im Produktportfolio. Eine hohe Vorschlagsrate trägt zur laufenden Rationalisierung der Fertigungsprozesse bei und verkürzt die Time to Market neuer Produkte (siehe 6.2). Realisiert wird dies durch KAIZEN-Teams auf allen Ebenen der Hierarchie, aber auch durch crossfunktionale Teams. Die organisatorischen Voraussetzungen sind geeignete Evaluierungsinstanzen im Unternehmen und ein objektives Anreizsystem.

Maßnahmen

- Evaluierung und Honorierung von Verbesserungsvorschlägen
- Systematische Organisation des Ideenfindungsprozesses
- IT-Einsatz (Knowledge-Management-Systeme, teamunterstützende IT)

Kapitel 7

Kennzahlen im Supply Chain Management (SCM)

7.1 Auftragsdurchlaufzeit SCM

Formel

  Durchlaufzeit Source
+ Durchlaufzeit Make
+ Durchlaufzeit Deliver

= **Auftragsdurchlaufzeit SCM**

Beispiel (2.9 / T35)

Auftragsdurchlaufzeit SCM
(vom 29.7. Di bis 7.8. Do bei 2 Nichtarbeitstagen) = 9 – 2 = 7 Arbeitstage

Erläuterung

Die Kennzahl erfasst die Durchlaufzeit vom Erkennen des Bedarfs in der Lieferkette über die Materialbereitstellung beim Lieferanten (Source), die Herstellung (Make) bis zur erfolgten Anlieferung beim Endkunden (Deliver). Die Durchlaufzeit wird in Arbeitstagen gemessen.

Eine kurze Durchlaufzeit in der Lieferkette verschafft allen beteiligten Unternehmen Wettbewerbsvorteile. Die unternehmensübergreifende Kooperation im SCM legt dabei Optimierungspotenziale frei, die bei isolierter Betrachtung nicht erkennbar sind.

Maßnahmen

- Verbessern der Transparenz über vorhandene Bestände in der Lieferkette
- Vermeiden von Lieferengpässen durch kooperative Bedarfs- und Kapazitätsplanung
- Strategie des Efficient Consumer Response (ECR)
- Einsatz von SCM-Planungssoftware
- Anwendung von Strategien zur Durchlaufzeitverringerung

7.2 Termintreue SCM

Formel

$$\frac{\text{Anzahl termingerecht ausgelieferter Aufträge}}{\text{Gesamtzahl der Aufträge}} \times 100\,\%$$

Beispiel (2.9/T36)

Termintreue: $\frac{1}{4} \times 100\,\% = 25\,\%$ (zu früh geliefert wird hier als nicht termingerecht gewertet)

Terminabweichung: $\frac{5\ (8.8.\ \text{statt}\ 1.8.\ \text{bei 2 Nichtarbeitstagen}) + 3\ (1.8.\ \text{statt}\ 29.7.) + 1\ (31.7.\ \text{statt}\ 1.8.)}{4} = 2{,}25$ Arbeitstage

Erläuterung

Die Kennzahl bemisst die Termintreue der in der Lieferkette abgearbeiteten Aufträge (Kunden-, Produktions-, Bestell- und Transportaufträge). Die Termineinhaltung entsteht im Zusammenwirken der Instanzen der Lieferkette, üblicherweise in überbetrieblichen SCM-Teams. Eine hohe Termintreue erhöht die Kundenzufriedenheit, die Kundenbindung und die Wettbewerbsfähigkeit der beteiligten Unternehmen. Ferner erhöht sich die Planungssicherheit in der Lieferkette. Übliche Hilfsmittel zur Terminplanung sind die lokalen ERP-Systeme und die übergeordnete SCM-Planungssoftware. Zu früh gelieferte Aufträge können möglicherweise Störgrößen in der Logistikplanung sein. Trifft dies zu, gelten solche Aufträge nicht als termingerecht geliefert.

Die Termintreue kann alternativ auch als durchschnittliche Terminabweichung erhoben werden.

Maßnahmen

- Kooperative Termin- und Kapazitätsplanung
- Vermeiden von Engpässen (Bottlenecks) bei Kapazitäten
- Offenlegen verfügbarer Materialien und Kapazitäten gegenüber den Lieferkettenpartnern
- Einsatz von SCM-Software

7.3 ATP-Menge SCM

Formel	**Beispiel (2.9/T37)**
lieferkettenübergreifender Bestand	1.000 + 2.000 + 500
+ Zugänge	+ 600
– Bedarfe	– 2.500
= ATP-Menge SCM	**= 1.600 Stück**

Erläuterung

Die Kennzahl ermittelt für einen bestimmten Artikel oder eine Baugruppe die im Planungshorizont verfügbare Menge in der gesamten Lieferkette. Die ATP-Menge ist die Grundlage für ein Lieferversprechen gegenüber den Kunden. Zugänge durch Fertigungsaufträge, Bestellungen, Retouren und Abgänge durch Kundenaufträge, Lieferungen, Reservierungen sind lieferkettenübergreifend zu berücksichtigen. Die Kennzahl setzt eine funktionierende und aktuelle Bestandsführung in den lokalen ERP-Systemen voraus. Der Zugriff auf Bestandsdaten wird durch einen Zugang auf die ERP-Systeme der Geschäftspartner oder durch Aggregation der lokalen Bestandsdaten durch die SCM-Software ermöglicht.

Maßnahmen

- Zugriff auf die Bestandszahlen für die an der Lieferkette beteiligten Unternehmen
- Meldung verfügbarer Bestände an die SCM-Planung
- Verbesserung der lokalen Bestandsverwaltung im ERP-System
- Auflösung von Hidden Inventories
- Einsatz verbesserter Vorhersagemethoden

7.4 Working Capital SCM

Formel

Bestände in der Supply Chain
– kurzfristige Verbindlichkeiten aus Lieferungen/Leistungen

= **Working Capital SCM**

Beispiel (2.9/T38)

105.000 + 300.000 + 30.000 – 30.000 = 405.000 €

Erläuterung

Die Kennzahl steht für die Kapitalbindung an Materialien in der Lieferkette abzüglich der kurzfristigen Verbindlichkeiten aus Lieferungen und Leistungen. Sie ist Ausdruck für das in Materialien gebundene Kapital und wesentliche Bestimmungsgröße der Kapitalrendite in den beteiligten Unternehmen.
In der Lieferkette werden die Lagerbestände über alle Partnerunternehmen betrachtet. Diese sind aus den im lokalen ERP-System verwalteten Beständen durch Aggregation errechenbar. In einem fortgeschrittenen Zustand der SCM-Anwendung ist auch die Umschlagshäufigkeit (siehe 5.40) als Benchmark zu empfehlen.

Maßnahmen

- Einsatz von Pull-Methoden zur Bestandssenkung (Kanban, Just in Time)
- Production on Demand
- Lieferantengetriebene Bestandsführung (VMI)
- Cross Docking
- Vermeiden eines unnötigen Bestandsaufbaus in der Lieferkette durch falsche Absatzprognosen (Bullwhip-Effekt)
- Anwenden des Hub-and-Spoke-Prinzips bei der Belieferung

7.5 Kooperationsintensität SCM

Formel

$$\frac{\text{Anzahl Kooperationsprojekte in der Lieferkette}}{\text{Jahreserlös in Millionen}}$$

Beispiel (2.1 / T1 und 2.9 / T34)

$$\frac{8}{7{,}2 \text{ Mio.}} = 1{,}11 \text{ Projekte pro Mio. Erlös}$$

Erläuterung

Die Kennzahl ist eine Benchmark für die Kooperation in der Lieferkette. Sie ermittelt sich aus der Zahl der Projekte mit den SCM-Partnern. Bezugsgröße ist der Jahreserlös, alternativ das bewertete Warenvolumen in der Lieferkette. Durch kooperative Projekte wird der Grundstein gelegt für die Erschließung der SCM-Potenziale. Die Kooperationsintensität wird durch Kooperationsteams, IT-Schnittstellen zum standardisierten Datenaustausch und durch IT-Unterstützung logistischer Funktionen zwischen Source, Make und Deliver bestimmt. Kennzeichen einer hohen Kooperationsintensität ist ferner der fortgeschrittene Einsatz von B2B-Geschäftsprozessen.

Maßnahmen

- Kooperative Produktentwicklung mit Kunden und Lieferanten
- Kooperative Bedarfs-, Kapazitäts-, Transport- und Lagerplanung
- Abstimmung der IT-Systeme
- Unternehmensexterner Zugang zu den lokalen ERP-Systemen
- Verbesserung der Funktionalität der SCM-Software

7.6 Servicegrad SCM

Formel

$$\frac{\text{Anzahl erfolgreicher Lieferversprechen}}{\text{Gesamtzahl der Lieferungen}} \times 100\,\%$$

Beispiel (2.9/T36)

$$\frac{1}{4} \times 100\,\% = 25\,\%$$

Erläuterung

Die Kennzahl drückt aus, welchen Anteil die erfolgreichen Lieferungen an der Gesamtzahl der Anfragen bzw. Kundenaufträge an die Lieferkette hat. Sie wird auch als Erfüllungsgrad bezeichnet. Erfolgreich ist ein Lieferung, wenn Menge, Preis, Termin und Qualität den Sollvorgaben entsprechen. Lieferversprechen können in der Lieferkette von Lieferanten, Herstellern und Endkunden abgegeben werden.

Maßnahmen

- ATP-Prüfung bei Lieferanten, Herstellern und Kunden durch IT-Zugang auf die unternehmensspezifischen ERP-Systeme
- Auditierung von Lieferanten
- Einsatz verbesserter Prognosemethoden in der Bedarfsplanung
- Verstärkung von B2B-Beziehungen mit Lieferanten und Kunden
- Verringerung der Lieferantenanzahl

7.7 Mengenabweichung SCM

Formel

$$\frac{\Sigma\,(\text{Istmenge} - \text{Sollmenge})}{\Sigma\,\text{Sollmenge in der Lieferkette}} \times 100\,\%$$

Beispiel (2.9/T39)

Mengenabweichung: $$\frac{(-\,1.000 - 500 + 0)}{34.000} \times 100\,\% = -\,4{,}4\,\%$$

Mengenabweichung pro Lieferung: $$\frac{-\,1.500}{130} = -\,11{,}5 \text{ Stück}$$

Erläuterung

Die Kennzahl erfasst die prozentuale Mengenabweichungen der Aufträge und Bestellungen zwischen erstens Source und Make, zweitens Make und Deliver und drittens zwischen Deliver und Source. Sie können auf eine konkrete Lieferkette, auch auf einzelne Lieferanten, Hersteller, Endkunden wie auch auf Baugruppen bzw. Produkte detailliert werden. Der Wert lässt sich alternativ auf die Zahl der Lieferungen beziehen.

Mengenabweichungen sind Störgrößen der Bedarfsplanung und der Produktionsplanung in der Lieferkette. Sie können auch Folge des Bullwhip-Effekts sein. Durch Austausch von Bedarfs- und Bestandsinformationen in der Lieferkette erübrigt sich jedoch die Verwendung hoher Sicherheitszuschläge als Hauptursache dieses Effekts.

Maßnahmen

- Abstimmung der Bedarfs-, Programm- und Lieferplanung
- Optimierung der ATP-Prüfung
- Aktuelle Bestands- und Bedarfsinformationen für alle Lieferkettenpartner

7.8 Supply-Chain-Kosten

Formel **Beispiel (2.9/T34)**

	Planungskosten	120.000
+	Lagerkosten	+ 80.000
+	Transportkosten einer Supply Chain	+ 140.000
=	**Supply-Chain-Kosten**	**= 340.000 € / Jahr**

Erläuterung

Die Funktionen des SCM überschneiden sich mehr oder weniger mit den bereits bestehenden innerbetrieblichen logistischen Funktionen. Die Kennzahl kann vorzugsweise für ein konkretes SCM-Vorhaben bzw. eine SCM-Strategie ermittelt werden. Die entstehenden SCM-Kosten bestehen vor allem aus Kosten für die Netzwerkplanung, die übergeordnete Bedarfsplanung, Bestandsplanung, Kapazitätsplanung und Transportplanung, ferner aus den Kosten für SCM-Software und Hardware.

Transport- und Lagerkosten fallen an den Schnittstellen von Source zu Make, Make zu Deliver und Source zu Deliver an. Diesen kommt angesichts der logistischen Prozesse in der Lieferkette eine besondere Bedeutung zu.

Die Abgrenzung zu den internen Kosten der beteiligten Unternehmen ist allerdings schwierig, da sich lokale Prozesse und SCM-Prozesse überlagern.

Maßnahmen

- Hub-and-Spoke-Prinzip zur Verringerung der Transportbeziehungen
- Synchronisation der Transportaufträge und Transportmittel
- Kooperative Nutzung der Transportkapazitäten
- Planung der Transportkapazitäten mithilfe der SCM-Software

7.9 Kapazitätsauslastung SCM

Formel

$$\frac{\text{Istauslastung Kapazitätsgruppen}}{\text{verfügbare Kapazität}} \times 100\,\%$$

Beispiel (2.9/T40)

$$\frac{83.500}{90.000} \times 100\,\% = 92{,}8\,\%$$

Erläuterung

Im SCM werden vorzugsweise Kapazitätsgruppen statt Einzelmaschinen beplant. Die hohe und gleichmäßige Auslastung dieser Gruppen ist ein wesentliches Planungsziel in der Lieferkette und Merkmal eines wirtschaftlichen Ressourceneinsatzes. Damit werden Leerkosten (ungedeckte Fixkosten) vermieden und das operative Ergebnis der SC-Komponenten verbessert. Die langfristige Kapazitätsplanung in der Lieferkette vermeidet eine ungleichmäßige Belastung der Ressourcen. Hierzu liefern die lokalen ERP-Systeme verfügbare Kapazitäten der Gruppen an die SCM-Planungsinstanzen. Vor Beginn des Planjahres ist die Planauslastung aufgrund der erwarteten Auftragslage und nach Ablauf des Jahres die realisierte Istauslastung zu ermitteln.

Maßnahmen

- Kooperative Kapazitätsplanung gemeinsam mit Lieferanten und Kunden
- Aktivierung von unternehmensfremden Ressourcen
- Production on Demand, Packaging on Demand
- Postponing-Strategien

Kapitel 8

Kennzahlenermittlung

8.1 Kennzahlenermittlung im ERP-System

Leistungsfähige ERP-Systeme enthalten Informationssysteme, mit denen Kennzahlen generiert und ausgewertet werden können. Diese Kennzahlen basieren auf den Daten der Geschäftsprozesse. Die operativen Daten werden vom ERP-System ausgelesen und in sogenannte Infocubes eingestellt.
Vom Anwender können dieses Infocubes ausgewertet und als Berichte ausgegeben werden. Diese Analyse wird als OLAP (Online Analytical Processing) bezeichnet. Sie stellt ein unerlässliches Hilfsmittel für die rationelle Kennzahlenermittlung dar.

Die Nutzung des ERP-Systems für eine einfache OLAP-Analyse soll am Beispiel gezeigt werden.

Für die Werke eines Unternehmens (Hamburg, Köln) und die dort produzierten Produkte (Pumpen, Deckel, Getriebe) soll die Kennzahl Durchlaufzeit in definierten Zeiträumen (2007, 2008, 2009) als Analyse definiert werden. Die Analyse ist in einem so genannten Infocube darstellbar (Bild 6).

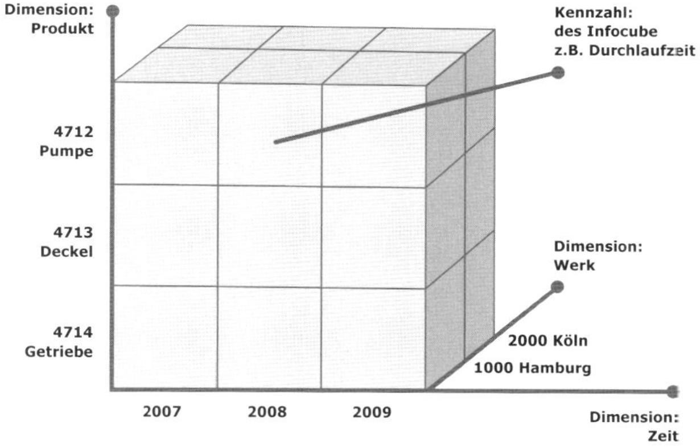

Bild 6: Suchbereich (Infocube) einer Kennzahlenanalyse

8.1 Kennzahlenermittlung im ERP-System

Nachdem der Abfragebereich mit den Dimensionen des Infocubes definiert ist, erfolgt die Auswahl der gewünschten Kennzahlen aus dem im ERP-System angebotenen Kennzahlenvorrat.

Das Ergebnis wird als Kennzahlenbericht vom ERP-System unmittelbar danach angezeigt, vorzugsweise in einem EXCEL-Datenblatt.

A	B	C	D
Werk	**Produkt**	**Jahr**	**Durchlaufzeit in Arbeitstagen**
Hamburg	Getriebe	2009	2,5
	Pumpen	2009	4
	Deckel	2009	1,3
Köln	Getriebe	2009	3,5
	Pumpen	2009	6
	Deckel	2009	1,5

Bild 7: Kennzahlenbericht (Beispiel)

Die Auswertung kann i.d.R. bis auf den einzelnen Auftrag detailliert werden (drill down).

8.2 Kennzahlenermittlung im Data Warehouse

Neben ERP-Systemen werden zunehmend Data Warehouses zur Kennzahlenermittlung und -auswertung eingesetzt. Diese sind leistungsfähiger, flexibler und können alle Arten von Quelldaten auswerten. Das Unternehmen erhält damit ein mächtiges Instrument, allerdings verbunden mit einem höheren Aufwand für Lizenzen, Schulung und Betreuung. Die Funktionsweise ist z.B. in Bauer/Hayessen dargestellt.

Mit dem Data Warehouse können die operativen Daten des ERP-Systems sowie auch Daten von Fremdsoftware – wie z.B. von Office-Systemen – ausgewertet werden. Diese Quelldaten werden in das Data Warehouse geladen, extrahiert, transformiert und dann als Infocube gespeichert. Die Auswertung erfolgt z.B. mit einem EXCEL-basierten Abfragetool.

Der Anwender kann dabei aus einem generierten multidimensionalen Informationswürfel für ihn interessante Dimensionen ausschneiden und Kennzahlen aus einem Vorrat auswählen und dann Reports zusammenstellen.

Durch Data Mining-Werkzeuge lassen sich ferner neue Zusammenhänge zwischen den Daten (z. B. Korrelationen zwischen Herstellern von Maschinen und Ausfallraten) ermitteln und in Maßnahmen umsetzen.

Data Warehouses werden von einer Reihe von Softwareunternehmen angeboten, so z.B. von der SAP AG.

8.2 Kennzahlenermittlung im Data Warehouse

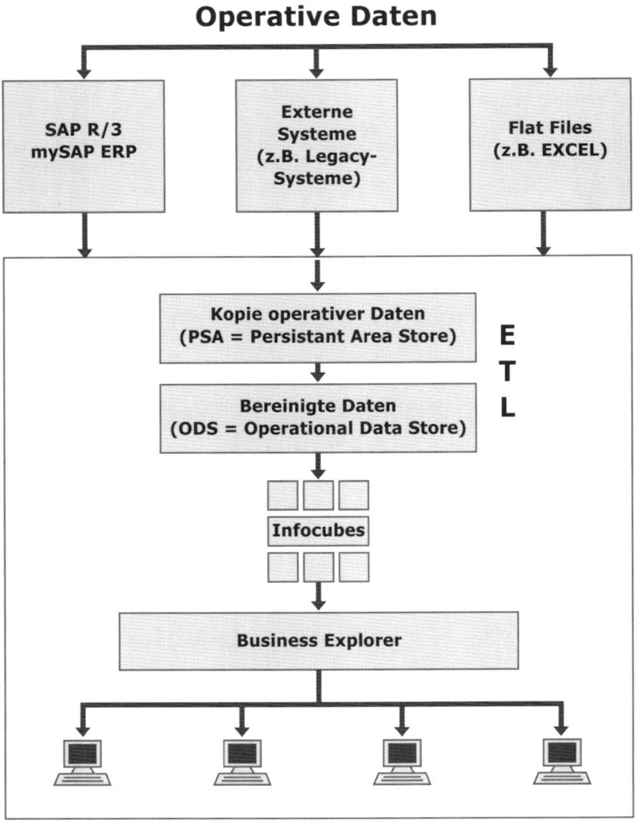

Bild 9: Data Warehouse

Stichwortverzeichnis

Stichwortverzeichnis

Stichwortverzeichnis

Stichwortverzeichnis

Glossar

Begriff	Definition
APS	Advanced Planning Systems, verfeinerte Methoden in der Lieferkettenplanung
ASP	Application Service Provider (Auslagerung kompletter Anwendungen an Provider)
ATP	Available to Promise, Lieferfähigkeit in der Supply Chain
Balanced Scorecard	Methode zur Strategieentwicklung und -durchsetzung
BDE	Betriebsdatenerfassung
BI	Business Intelligence (intelligentes Reporting)
BOA	Belastungsorientierte Auftragsfreigabe
BPI	Business Process Improvement, evolutionäre Verbesserung von Geschäftsprozessen
BPR	Business Process Reengineering, Neugestaltung von Geschäftsprozessen
B2B	Business to Business (elektronische Geschäftsbeziehungen zwischen Unternehmen)
Bullwhip-Effekt	Programmsteigerungen des Nachfragers werden bis zum Lieferanten stark vergrößert
Business Explorer	EXCEL-basiertes Reportingtool im BW der SAP AG
Conjoint-Analyse	Analyse zur Nutzenoptimierung von Produkten
Constraint Management	Kapazitätsplanung von Engpassmaschinen
Cost Driver	Kostenbezugsgröße, Maßstab zur Leistungsermittlung
CRM	Customer Relationship Management (Kundenbeziehungsmanagement)
Cross Docking	Weiterleitung von Material ohne Einlagerung
Data Mart	funktionsbezogenes (z. B. Einkauf) Data Warehouse

Glossar

Data Mining	Suche nach unbekannten Beziehungen zwischen den Daten eines Data Warehouses
Data Warehouse	System zur Erfassung, Strukturierung und Auswertung von Unternehmensdaten
DBMS	Data Base Management, Verwaltung von Unternehmensdaten
Deliver	Synonym für Kunden in der Lieferkette
Economies of Scale	wirtschaftliche Effekte durch Mengenerhöhung
Economies of Scope	wirtschaftliche Effekte durch Differenzierung
EDI	elektronischer Datenaustausch von Geschäftsdaten
EDIFACT	UN-Standard zum elektronischen Austausch von Geschäftsdaten
Efficient Consumer Response	Methoden zur Steigerung der Wertschöpfung durch Kooperation zwischen Handel und Herstellern
Electronic Kanban	Materialversorgung im Hol-Prinzip durch Internetzugriff auf Kanban-Boards
E-Claims	Beschwerdemanagement über das Internet
E-Sales	Vertriebskanal über das Internet
Employee Self Service	Personalanwendungen mithilfe des Firmenportals (Intranet)
E-Procurement	B2B-gestützter Einkauf
ERP	Enterprise Resource Planning (Software zur Unternehmenssteuerung)
ETL	Extrahieren, Transformieren und Laden in ein Data Warehourse
Hub and Spoke	Distributionsprinzip mit Belieferung der Nachfrager vom Zentrallager (Hub) aus
Industriepark	Lager der Lieferanten am Produktionsstandort des Kunden

Glossar

JIS	Just in Sequence (Anlieferung synchron zur Produktionsreihenfolge)
JIT	Just in Time (bedarfssynchrone Anlieferung)
KAIZEN	Methode zur kontinuierlichen Verbesserung
Kanban	Materialversorgung im Hol-Prinzip durch Karten (Kanbans)
KMU	kleine und mittlere Unternehmen
KVP	Kontinuierlicher Verbesserungsprozess
Lead Management	Maßnahmen zum Erkennen potenzieller Neukunden und deren Wünsche
Make	Synonym für Produzenten in der Lieferkette
Make to Order	kundenbezogene Fertigung
Make to Stock	Lagerfertigung (kundenanonyme Fertigung)
Mass Customization	kundenindividuelle Massenfertigung
OLAP	Online Analytical Processing, Onlineanalyse eines multidimensionalen Infocubes
One Piece Flow	Komplettproduktion in einer Aufspannung
Opportunity Management	Kontaktieren und werbliches Bearbeiten der im Lead Management erkannten potenziellen Neukunden
Packaging on Demand	Verpackung im Pull-System (Impuls durch Kunden)
PIMS	Profit Impact of Market Strategies, Datensammlung über die ROI-Relevanz
Portal	webbasierte Integrations- und Präsentationsplattform
Postponing-Strategie	Produktfestlegung (Form, Farbe usw.) so spät wie möglich (Variantenbestimmung)
Production on Demand	Fertigung im Pull-System (Impuls durch Kunden)

Glossar

PVB	Produktionsversorgungsbereich bei Kanban
REFA-Studie	Zeitstudie nach REFA
SCC	Supply Chain Council (Non-Profit-Organisation zur Supply-Chain-Förderung)
SCM	Supply Chain Management (Lieferkettenmanagement)
SCOR	Referenzmodell (Planungsmodell) des Supply Chain Councils
SGE	strategische Geschäftseinheit
Simultaneous Engineering	Aufgaben in Teilaufgaben zerlegen, um diese parallel abzuarbeiten
Source	Synonym für Lieferanten in der Lieferkette
TCO	Total Cost of Ownership, Gesamtkosten eines Systems
VMI	Vendor Managed Inventory (lieferantengetriebene Lagerhaltung)
WOP	werkstattorientierte CNC-Programmierung (an der Maschine)

Literaturverzeichnis

Bauer, J.	»Produktionscontrolling und -management mit SAP® ERP«, Wiesbaden, 2008
	»Value Based Production«, Controller Magazin, 5/2004
	»Shop Floor-Controlling – Prozessorientiertes Controlling zur Sicherung einer wettbewerbsfähigen Produktion«, FB/IE, 1/2002
Bauer, J., Hayessen, E.	»Controlling für Industrieunternehmen«, Wiesbaden, 2006
Bichler, K.	»100 Logistikkennzahlen«, Wiesbaden, 2007
Brown, S.	»Manufacturing the Future«, London, 2000
Buxmann, P. et al.	»Zwischenbetriebliche Kooperation mit mySAP.com«, Berlin u. a., 2003
DGQ	»Qualitätskennzahlen und Qualitätskennzahlensysteme«, 1984
Hammer, M., Stanton, S. A.	»Die Reengineering Revolution«, Frankfurt/M, New York, 1995
Horvath, P.	»Controlling«, 6. Auflage, München, 1996
	»Produktionscontrolling« in: »HWB der Produktionswirtschaft«, 1996
Kaplan, R., Norton, D.	»Balanced Scorecard«, Boston, 1996
Klingler, U.	»100 Personalkennzahlen«, cometis publishing, 2005
Porter, M.	»Wettbewerbsstrategie«, Frankfurt am Main, 1992
Rappaport, A.	»Shareholder Value«, Stuttgart, 1998
Reichmann, T.	»Controlling mit Kennzahlen und Managementberichten«, München, 2001
Stephens, S.	»Supply Chain Operations Reference (SCOR) & Model Overview«, www.supply-chain.org

Literaturverzeichnis

Weber, J.	»Logistik- und Supply Chain Controlling«, Stuttgart, 2002
Wiehle, U., Diegelmann, M., Deter, H., Schömig, P. N., Rolf, M.	»100 Finanzkennzahlen«, 3. Auflage, Wiesbaden, 2008
	»Unternehmensbewertung«, Wiesbaden, 2005
Wildemann, H.	»Produktionscontrolling. Systemorientiertes Controlling schlanker Unternehmensstrukturen«, München, 1997
	»Die modulare Fabrik«, München, 1994
Witt, F. J.	»Werttreiberkonzepte in der Controllingpraxis«, Controller Magazin, 4/2002

Impressum

Sonderausgabe in Kooperation mit der Handelsblatt GmbH

Konzeption:
Ulrich Wiehle
Prof. Jürgen Bauer
Prof. Dr. Egbert Hayessen

Autoren:
Prof. Jürgen Bauer
Prof. Dr. Egbert Hayessen

Cover:
cometis publishing GmbH & Co. KG
Fotolia 6161023

Projektleitung:
Ulrich Wiehle

Verantwortlich:
cometis publishing GmbH & Co. KG
Unter den Eichen 7
65195 Wiesbaden

Tel.: 0611/205855-0
Fax: 0611/205855-66

Mail: info@cometis.de

www.cometis.de
www.cometis-publishing.de

Originalquelle:
Bauer, J.; Hayessen, E.
100 Produktionskennzahlen, cometis publishing GmbH & Co. KG,
Wiesbaden, 2009, 1. Auflage, ISBN 978-3-940828-57-6

Die Autoren

Prof. Jürgen Bauer ist Dozent für ERP-Grundlagen und SAP®-Anwendungen in Produktion, Logistik und Controlling an den Hochschulen Wiesbaden und Fulda.

Prof. Dr. Egbert Hayessen ist Dozent für Controlling an der Rhein-Main-Hochschule in Wiesbaden.

Beide Autoren verfügen über umfangreiche Erfahrungen im Produktions- und Projektmanagement.

Leseprobe

Leseprobe: Die 100 wichtigsten Konjunkturindikatoren – weltweit –

USA: Verbrauchervertrauen

Veröffentlichung:

Turnus	Monatlich
Zeitpunkt	Am letzten Dienstag des Berichtsmonats um 16:00 Uhr
Quelle	Conference Board

Beschreibung:

Für das Verbrauchervertrauen werden landesweit 5.000 repräsentative Haushalte schriftlich befragt. Auf der Basis von fünf Fragen werden zwei Teilkomponenten ermittelt, die Lage- und die Erwartungskomponente, die mit den Gewichten 40 % bzw. 60 % in den Gesamt*index* eingehen. Erstere ergibt sich aus den Teilfragen nach der wirtschaftlichen Lage und der Arbeitsmarktlage. Letztere wird aus den Erwartungen bezüglich der wirtschaftlichen Entwicklung, der Arbeitsmarktentwicklung und der Einkommensentwicklung jeweils in sechs Monaten ermittelt. Der *Index* ist *saisonbereinigt*. Seine Zuverlässigkeit ist niedrig bis mittel.

Interpretation:

Das Verbrauchervertrauen ist der wichtigste Indikator für die Stimmung der privaten Haushalte. Bei Werten über 120 Punkten kann von einer sehr hohen Dynamik des privaten Konsums ausgegangen werden. Fällt der *Index* für mehrere Monate unter 80 Punkte, so ist mit einer Phase der Konsumschwäche zu rechnen. *Rezessionen* gingen in der Vergangenheit mit *Index*werten unter 60 Punkten einher. Änderungen dieses Indikators um 2 bis 3 Punkte können als übliche Schwankung interpretiert werden, ohne dass eine gravierende Änderung des Konsumentenverhaltens zu erwarten ist. Großen Einfluss auf die Befragungsergebnisse haben Bewegungen des Benzinpreises, Arbeitsmarktzahlen der vergangenen Monate und die Höhe der Kreditzinsen.

Finanzmarktbedeutung	gering	mittel	**hoch**
Konjunkturbezug	**Vorlauf**	Gleichlauf	Nachlauf
Hoch/Tief/ Durchschnitt	H: 144,7 Punkte Mai 2000	T: 47,3 Punkte Feb. 1992	D: 99,7 Punkte 1991 - 2008

Leseprobe: 100 Immobilienkennzahlen

Funds from Operations – FFO

	Formel	Rechenbeispiel
	Jahresüberschuss (Konzernergebnis)	200,67 Mio. €
+	Abschreibungen	3,8 Mio. €
+/–	Bewertungsergebnis der Immobilien	– 114,67 Mio. €
+/–	Veräußerungserlöse bzw. -verluste	– 91,87 Mio. €
+/–	Ergebnis aus der Bewertung derivativer Finanzinstrumente	0 Mio. €
=	FFO	–2,07 Mio. €

Erläuterung

FFO ist eine wichtige Kennzahl zur Ermittlung des tatsächlich ausschüttungsfähigen Gewinns einer Immobilien-AG. Zur Ermittlung wird der ermittelte Jahresüberschuss um die Abschreibungskosten für Immobilien bereinigt. Auch Immobilienveräußerungserlöse und -verluste werden in der Regel aus dem Reineinkommen herausgerechnet. Heraus kommt ein Maß für die betriebliche Leistung einer Immobilien-AG, FFO genannt.

Ein Problem mit dieser einfachen FFO-Definition liegt in der fehlenden Berücksichtigung echter Wertminderungen in den Immobilienbeständen. Regelmäßige Investitionen, die lediglich dem Erhalt der Vermietbarkeit dienen, werden meist kapitalisiert und abgeschrieben. Auch dieser Kapitalaufwand muss deshalb aus dem FFO herausgerechnet werden, um die Profitabilität einer Immobilien-AG beurteilen zu können. Die Mittel aus der laufenden Geschäftstätigkeit bilden schließlich die Grundlage für die Ausschüttungen einer Immobilien-AG.

Vorteile	Nachteile
• Zeigt Stärke und Qualität des operativen Geschäfts an • Im Unterschied zum EBITDA (vgl. Seite 134) wird das Kerngeschäft einer Immobilien-AG, die Vermietungstätigkeit, transparenter herausgearbeitet • Erlaubt Ausblick auf das zukünftige Wachstum des Kerngeschäfts sowie die Fähigkeit, den Anteil stabiler, wiederkehrender Erträge am Gesamtergebnis zu erhöhen	• Fehlende Berücksichtigung echter Wertminderungen in Immobilienbeständen • Manipulierbarkeit durch Anwendung unterschiedlicher Buchhaltungsstandards

Leseprobe: 100 Energiekennzahlen

Grid Parity

Formel

$$\frac{\text{Gestehungskosten des Stroms aus einer Photovoltaikanlage}}{\text{Strompreis für den Endkunden}} \leq 1$$

Rechenbeispiel (T7)

$$\frac{0{,}40\ €/\text{kWh}}{0{,}206\ €/\text{kWh}} > 1$$

Erläuterung

Die Grid Parity oder Netzparität ist erreicht, wenn die Gestehungskosten (vgl. 4.1) des Stroms aus der Photovoltaikanlage auf dem Dach für einen Hausbesitzer mindestens genauso günstig ist wie der Strom aus der Steckdose. Die Grid Parity bedeutet nicht, dass die Gestehungskosten von Solarstrom den Gestehungskosten anderer Energiequellen entsprechen, denn der Strom aus der Steckdose beinhaltet neben den Stromgestehungskosten zudem Steuern, Abgaben, Transportkosten und andere Belastungen (vgl. 6.10).
Wann die Grid Parity erreicht wird, ist abhängig von den Kosten einer Photovoltaikanlage, den Strompreisen der jeweiligen Gegend und der regionalen Sonneneinstrahlung. Geringere Kosten für die Anlage, höhere Strompreise für den Strom aus der Steckdose und mehr Sonneneinstrahlung werden mittelfristig in vielen Gegenden zur Grid Parity führen.

Vorteile	Nachteile
• Mit Erreichen der Grid Parity hat jeder Hauseigentümer einen wirtschaftlichen Anreiz, eine Photovoltaikanlage auch ohne staatliche Förderung aufzustellen • Unter Marketing-Gesichtspunkten ist dies für die Photovoltaik eine wichtige Kennzahl • Mit Erreichen der Grid Parity sollte die Nachfrage nach Solaranlagen signifikant ansteigen	• Wann die Grid Parity erreicht wird, ist regional unterschiedlich • Grid Parity sagt nichts über die Wettbewerbsfähigkeit mit den Gestehungskosten anderer Energieträger aus • Auch mit erreichter Grid Parity hat die Photovoltaik weitere Probleme (z. B. kostengünstige Speicherung von Energie)

Autor

Urs Klingler

100 Personalkennzahlen

Sonderausgabe in Kooperation mit der Handelsblatt GmbH

Cover: cometis publishing GmbH & Co. KG

Anmerkung:
Die Erläuterungen und Interpretationen der einzelnen Gliederungspunkte geben zum Teil die persönliche Einschätzung der Autoren wieder. Trotz sorgfältiger Recherche und Prüfung der Inhalte kann eine Garantie oder Haftung für die Richtigkeit oder Vollständigkeit nicht übernommen werden.

Dieses Buch ist Teil der Sonderausgabe »Kennzahlen kompakt« mit der ISBN 978-3-940828-80-4

Vorwort des Autors

Liebe Leser,

die Mitarbeiter machen den entscheidenden Unterschied. Dies belegen verschiedene Studien und es ist eine vielzitierte Aussage der Unternehmen über ihre Mitarbeiter. Trotzdem, dies zeigt die Praxis, wissen die Firmen und die zuständigen Human Resources(HR)-Abteilungen relativ wenig über das sog. »Humankapital«.

Wer sind unsere Leistungsträger? Wo sind die fähigsten Teams? Wie effektiv ist unsere Führung und die Teamarbeit im internen und externen Vergleich? Wo rekrutieren wir die künftigen Mitarbeiter bzw. wo gehen unsere Mitarbeiter hin, wenn sie das Unternehmen verlassen? Dies sind nur einige Fragen, die sich Unternehmen wiederholt stellen müssen oder die ihnen begegnen.

Das vorliegende Handbuch zentraler HR-Kennzahlen soll den HR-Verantwortlichen gezielte Hinweise geben, um die Leistungsfähigkeit der Organisation mithilfe geeigneter Kennzahlen zu optimieren. Nicht nur die ermittelte Kennzahl alleine, sondern insbesondere ihre Entwicklung über die Zeit lässt schlüssige Erkenntnisse zu und ermöglicht gezielte Maßnahmen zur Weiterentwicklung der Organisation. Aus den Ergebnissen können die Prioritäten für das Humankapital für die nahe und mittelfristige Zukunft bestimmt werden. Bauchgefühle werden mit Fakten hinterlegt, Investitionen oder auch Kürzungen können glaubhaft vertreten und gezielte Fortschritte bei der Wirkung des Unternehmens erreicht und gemessen werden. Der Einsatz von HR-Kennzahlen fördert zudem die Transparenz des Unternehmens und dient Mitarbeitern, Investoren und anderen Stakeholdern zur verbesserten Einschätzung und Analyse. Das Unternehmen wird dadurch in Bezug auf das Humankapital vertrauenswürdiger und als echter Geschäftspartner akzeptiert. Das Buch ist daher ein idealer Begleiter für Personalleiter, HR-Manager, HR-Berater und auch für interessierte Studenten.

Sofern Ihr Unternehmen erst beginnt, die Leistungsfähigkeit der Human Ressources zu überprüfen, so messen Sie zu Beginn nicht zu viel auf einmal. Zehn bis 15 zentrale Kenngrößen verhelfen Ihnen und Ihrem Unternehmen, erste wichtige Erkenntnisse zu erlangen und somit zielgerichtete und fundierte Entscheidungen in Bezug auf Ihre wichtigste Ressource – Ihre Mitarbeiter – treffen zu können.

Urs Klingler

Fragen, Anregungen und Kommentare bitte an: **HR@cometis.de**

Inhaltsverzeichnis

Inhaltsverzeichnis

Inhaltsverzeichnis

Inhaltsverzeichnis

Kapitel 1

Beispielhafter HR-Report

1.1 Finanzdaten

in Mio. €

	Berichtsjahr	Vorjahr
Umsatz	14.019	14.226
Operative Kosten	12.567	12.810
EBIT	1.452	1.416
EBT	1.497	1.434
Jahresüberschuss	882	849
NOPAT	1.891	1.788
Kapitalkosten	1.400	1.355
Cash Flow aus operativer Geschäftstätigkeit	1.134	1.100
Operative Kosten (ohne Personalkosten)	10.114	10.407
Umsatz durch neue Produkte	1.682	1.644

1.2 HR-Kennzahlen

Kosten	
Personalkosten (gesamt)	2.453 Mio. €
Beteiligungsmodelle (LTI)	368 Mio. €
Variabler Anteil (STI)	221 Mio. €
Grundgehälter	1.494 Mio. €
Lohnnebenkosten	250 Mio. €
Altersvorsorge	120 Mio. €
Personalkosten Vorjahr	2.403 Mio. €
Gehälter für Geschäftsleitungsmitglieder	124,0 Mio. €
Gehälter für Führungskräfte	1.040 Mio. €
Kosten für Freelancer und Consultants	266,0 Mio. €
Kosten für Zeitarbeiter	45,0 Mio. €
HR-Personalkosten	30,6 Mio. €
HR-Gesamtkosten	70,5 Mio. €
Gesamtkosten für die Lohnabrechnung	16,9 Mio. €
Kosten für Abwesenheit	46,0 Mio. €
Kosten für Fluktuation	92,2 Mio. €
Gesamtkosten für Burnout	1,8 Mio. €
Aufwendungen für externe Sozialberatung	2,3 Mio. €
Rekrutierungskosten (interne und externe)	42,1 Mio. €
Rekrutierungskosten (externe)	29,4 Mio. €
Inseratkosten pro Jahr	2,9 Mio. €
Gesamtfrühpensionierungskosten	22,8 Mio. €
Gesamtkosten für Outplacements	5,1 Mio. €
Aus- und Weiterbildungskosten pro Jahr	11,9 Mio. €
Aus- und Weiterbildungskosten inkl. Trainees und Azubis	60,3 Mio. €
Kosten interne Trainings	25,1 Mio. €
Kosten externe Trainings	4,0 Mio. €

1.2 HR-Kennzahlen

Mitarbeiterstruktur	
Durchschnittliche Mitarbeiteranzahl (Köpfe)	52.100 MA
Anzahl Vollzeitäquivalente (FTE)	46.000 FTE
Anzahl Geschäftsleitungsmitglieder	173 MA
Anzahl Zeitarbeiter	1.410 MA
Anzahl Expatriates	3.560 MA
Anzahl Fremdmitarbeiter	44.000 MA
Anzahl Männer	8.100 MA
Anzahl Frauen	1.200 MA
Anzahl Mitarbeiter mit Beschäftigungsgrad 50 %	42 Jahre
Durchschnittliche Betriebszugehörigkeit	8,6 Jahre
Anzahl Schlüsselpositionen	3.200 Positionen
Anzahl Mitarbeiter mit strategisch wichtigen Qualifikationen	5.750 MA
Bedarf an Mitarbeitern mit strategisch wichtigen Qualifikationen	9.000 MA
HR-FTE	522 FTE
HR-Business-Partner	612 MA
HR-Personen	20 MA
HR-Recruiter	100 MA
Anwesenheitsstruktur	
Durchschnittliche Anzahl abwesender Mitarbeiter	828 MA
Durchschnittliche Anzahl kranker Mitarbeiter	611 MA
Durchschnittliche Krankheitsdauer	6,8 Tage
Durchschnittliche Anzahl verunfallter Mitarbeiter	217 MA
Durchschnittliche Abwesenheit pro Unfall	16,0 Tage
Krankheit	938 MA
Unfall	208 MA
Urlaub	5.731 MA
Aus- und Weiterbildung	1.980 MA
Dienstreise	2.397 MA
Anzahl Burnoutfälle	24 MA
Summe der Resturlaubstage	552.000 Tage
Vertretungsspanne	0,4 MA

1.2 HR-Kennzahlen

Rekrutierung und Abgänge	
Anzahl Blindbewerbungen	131.400
Zugänge (Rekrutierungen im letzten Jahr inklusive interner Wechsel)	3.900 MA
Interne Versetzungen	54 MA
Anzahl Anstellung direkt ab Hochschule	200 MA
Summe aller Vakanzen	24.570 Monate
Anzahl Inserate	2.450
Anzahl Bewerber via Inserat	21.805
Anzahl Interviews	36.660
Abgänge (Gesamt)	3.600 MA
Abgänge mit weniger als fünf Dienstjahren	3.100 MA
Ordentliche Kündigungen	3.245 MA
Kündigungen durch den Betrieb	355 MA
Frühabgänge	400 MA
Summe Dienstalter bei Austritt	33.150 Jahre
Anzahl Pensionierungen	1.322 MA
Anzahl Pensionierungen bei Erreichen der Altersgrenze	1.064 MA
Anzahl frühzeitige Pensionierungen (freiwillige und unfreiwillige)	204 MA
davon aus gesundheitlichen Gründen	54 MA
Anzahl Outplacements	255 MA

Aus- und Weiterbildung	
Anzahl Mitarbeiter in Aus- oder Weiterbildung pro Jahr	1.980 MA
Durchschnittliche Ausbildungstage	8,6 Tage
Anzahl interne Trainingstage	9.034 Tage
Anzahl externe Trainingstage	7.994 Tage

1.2 HR-Kennzahlen

Rekrutierung und Abgänge	
Anzahl Mobbingfälle	121 MA
Zwischenzeugnisse pro Jahr	16.500 Zeugnisse
Anzahl Sozialdienstbesuche pro Jahr	3.420 Besuche
Summe aller Soll-Arbeitsstunden	80,9 Mio. Std.
Summe aller Ist-Arbeitsstunden	93,1 Mio. Std.
Summe der durchgeführten Mitarbeiterbeurteilungen	41.200
Brutto-Personalbedarf	48.000 MA
Freelancer Tage	209.944 Tage
Summe der Monate von Expatriates im Ausland	67.500 Monate
Commitment-Index des eigenen Unternehmens	80
Commitment-Index vergleichbarer Firmen	112

Kapitel 2

Strategie und Prozessplanung (Leistungsfähigkeit der Organisation)

2.1 Human Economic Value Added (HEVA)

Formel

$$\frac{\text{NOPAT} - \text{Kapitalkosten}}{\text{Summe Vollzeitäquivalente*}}$$

* **Definition Vollzeitäquivalent:** Ein Mitarbeiter, der mit dem Unternehmen einen Vertrag über ein Arbeitspensum von 50 % vereinbart hat, wird mit 50 % berücksichtigt. Zwei Mitarbeiter mit 50 % Arbeitspensum und ein Mitarbeiter mit einem 100 % Pensum ergeben zwei Vollzeitäquivalente.

Rechenbeispiel

$$\frac{1.891 \text{ Mio. €} - 1.400 \text{ Mio. €}}{46.000} = \mathbf{10.674€}$$

Erläuterung

Der Human Economic Value Added (HEVA) ist eine Erweiterung des „Economic Value Added"-Gedankens (EVA), bei dem ein Unternehmen nur dann Wert für den Investor generiert, wenn die Rendite auf das eingesetzte Kapital (ROIC) die zugrunde liegenden Kapitalkosten (WACC) eines Unternehmens übersteigt. Diese Überrendite multipliziert mit dem investierten Kapital führt zur jährlichen Wertsteigerung bzw. Wertvernichtung eines Unternehmens. Der EVA eines Jahres dividiert durch die Summe der Vollzeitäquivalente (engl. Full-time equivalents – FTE) führt zur Kennzahl Human Economic Value Added (HEVA). Diese beschreibt die erwirtschaftete Überrendite je Vollzeitkraft.

Vorteile	Nachteile
• Es kann auf jährlicher Basis die Wertgenerierung bzw. Wertzerstörung pro Mitarbeiter ermittelt werden • Kapitalmarktorientierte Kennzahl	• Sollte im Zeitverlauf beachtet werden • HEVA ist nur ein Durchschnittswert pro Mitarbeiter, sollte ggf. auf einzelne Geschäftssparten aufgegliedert werden

2.2 Kapitalrendite des Humankapitals (HCROI)

Formel

$$\frac{\text{Umsatz} - (\text{Operative Kosten} - \text{Personalaufwand})}{\text{Personalaufwand}}$$

Rechenbeispiel

$$\frac{14.019 \text{ Mio. €} - (12.567 \text{ Mio. €} - 2.453 \text{ Mio. €})}{2.453 \text{ Mio. €}} = \mathbf{1{,}59€}$$

Erläuterung

Die Kapitalrendite des Humankapitals errechnet sich aus dem operativen Ergebnis abzüglich des Personalaufwands, dividiert durch den Personalaufwand. Das Ergebnis drückt aus, wie viel Euro durch einen Euro Personalaufwand erwirtschaftet werden konnte. Im errechneten Beispiel wird pro eingesetzten Euro ein operatives Ergebnis von 1,59€ erzielt, was ein überdurchschnittlich gutes Resultat ist. Die Kennzahl erlaubt insbesondere im Zeitverlauf eine Aussage zur Produktivität des Unternehmens bzw. auch zur Wirtschaftlichkeit des eingesetzten Personals.

Vorteile	**Nachteile**
• Einfach zu ermitteln • Gibt im Branchenvergleich Aufschluss über Effizienz des Personaleinsatzes • Setzt Ertrag und Aufwand des Humankapitals ins Verhältnis	• Wird noch relativ selten ermittelt (daher wenig Vergleichszahlen verfügbar) • Nicht sinnvoll für industrieübergreifende Vergleiche, da große Unterschiede festzustellen sind

2.3 Wertschöpfung des Humankapitals (HCVA)

Formel

$$\frac{\text{Umsatz} - (\text{Operative Kosten} - \text{Personalaufwand})}{\text{Summe Vollzeitäquivalente}}$$

Rechenbeispiel

$$\frac{14.019\ \text{Mio. €} - (12.567\ \text{Mio. €} - 2.453\ \text{Mio. €})}{46.000} = \mathbf{84.891\,€}$$

Erläuterung

Früher wurde zur Ermittlung der Produktivität nur der Umsatz pro Mitarbeiter herangezogen, später pro Vollzeitäquivalent (FTE). Mit dem Einsatz des Kostenfaktors Humankapital (HCCF) wird die Formel jedoch erweitert, was die Aussagekraft weiter steigert. Somit wird durch diese Formel die durchschnittliche Wertschöpfung des Humankapitals ermittelt. Alle Unternehmensaufwendungen mit Ausnahme der Personalkosten werden vom Umsatz abgezogen. Durch die Division mit der Summe der Vollzeitäquivalente wird der Durchschnittsertrag pro Vollzeitäquivalent bestimmt. Wahlweise können zusätzlich auch die Kosten für Zeitbeschäftigte, Abwesenheit und Fluktuation als Teil der Personalkosten berücksichtigt werden.

Vorteile	Nachteile
• Vergleichbare Zahl zu Bruttogewinn pro FTE • Ertragsbeitrag pro Mitarbeiter wird aufgedeckt • Im Branchenvergleich kann weiteres Produktivitätspotenzial analysiert werden	• Keine Aussage zur Kapitalrendite • Durchschnittskennzahl, die für einzelne Unternehmensbereiche stark schwanken kann

2.4 Netto-Gewinn (NOPAT) pro Vollzeitäquivalent

Formel

$$\frac{\text{NOPAT}}{\text{Summe Vollzeitäquivalente}}$$

Rechenbeispiel

$$\frac{1.891 \text{ Mio. €}}{46.000} = \mathbf{41.109€}$$

Erläuterung

NOPAT (Net Operating Profit after Tax) ist der operative Nettogewinn nach Steuern. Er beschreibt, welchen Profit das Unternehmen im Falle einer reinen Eigenkapitalfinanzierung erwirtschaften würde. Indem NOPAT ins Verhältnis zur Anzahl der Mitarbeiter gesetzt wird, erhält der Betrachter eine bereinigte Gewinngröße je Vollzeitäquivalent. Diese Kennzahl ist weniger verfälscht als der rein buchhalterische Gewinn (Jahresüberschuss) pro Mitarbeiter und somit aussagekräftiger für die Analyse.

Vorteile	Nachteile
• International vergleichbar • Für innerbetriebliche Vergleiche zwischen Gesellschaften sinnvoll • Lässt im Zeitverlauf den Produktivitätszuwachs erkennen • Durch NOPAT ist die Kennzahl unabhängig von der Finanzierungsstruktur	• Schwierig zu ermitteln, da eine Vielzahl von Adjustierungen zur Ermittlung des NOPAT möglich ist • NOPAT basiert auf Rechnungslegungsmaterial, daher weniger genau als Cash Flows, weil Rechnungslegungsvorschriften zum Tragen kommen

2.5 Jahresüberschuss pro Vollzeitäquivalent

Formel

$$\frac{\text{Jahresüberschuss}}{\text{Summe Vollzeitäquivalente}}$$

Rechenbeispiel

$$\frac{882 \text{ Mio. €}}{46.000} = \mathbf{19.174€}$$

Erläuterung

Der Jahresüberschuss ergibt sich als positive (sonst: Jahresfehlbetrag) Differenz zwischen den Erträgen und den Aufwendungen der betrachteten Periode, in der Regel des Kalenderjahres. Bei der Ermittlung werden Gewinn- bzw. Verlustvortrag sowie Entnahmen und Einstellungen aus/in offene Rücklagen nicht berücksichtigt. Die Kennzahl Jahresüberschuss pro Vollzeitäquivalent ermittelt somit den Gewinnbeitrag pro Vollzeitmitarbeiter. Zu berücksichtigen ist jedoch, dass der Jahresüberschuss z.B. durch einmalige Sondereffekte (Abschreibungen) beeinträchtigt sein kann, was die Aussagekraft der Kennzahl einschränkt.

Vorteile	**Nachteile**
• Vergleiche zwischen Gesellschaften sind einfach zu ermitteln • Einfach zu verstehen • Zusammenhang zwischen Gewinn- und Vollzeitäquivalent-Entwicklung im Zeitverlauf erkennbar	• International nicht vergleichbar • Der Jahresüberschuss pro Mitarbeiter ist weniger aussagekräftig als der Cash Flow oder der NOPAT • Technische Entwicklungen und Rationalisierungen sind im Detail nicht erkennbar

2.6 Durchschnittlicher Personalaufwand

Formel

$$\frac{\text{Personalaufwand}}{\text{Summe Vollzeitäquivalente}}$$

Rechenbeispiel

$$\frac{2.453 \text{ Mio. €}}{46.000} = \mathbf{53.326€}$$

Erläuterung

Der durchschnittliche Personalaufwand bezieht sich auf die durchschnittlichen Gesamtpersonalkosten pro Vollzeitäquivalent. Diese enthalten neben dem Gehalt auch sonstige Zuwendungen, variable Entlohnung (Boni), Lohnnebenkosten sowie Sozialabgaben des Arbeitgebers. Diese Kennzahl ist insbesondere im Branchenvergleich interessant, da ein hoher Personalaufwand alleine nichts über die Effektivität aussagt. Im internationalen Vergleich sind hohe Abweichungen möglich, was zum Beispiel auf unterschiedliche Lohnniveaus oder Sozialversicherungssysteme zurückzuführen ist.

Vorteile	Nachteile
• Einfach zu ermitteln aus dem Geschäftsbericht • Gibt im Vergleich der Jahre wichtige Hinweise auf die Personalkostenentwicklung • Lässt Rückschlüsse auf die Positionierung der Gesamtentlohnung des Unternehmens mit direkten Wettbewerbern zu	• Aus öffentlichen Quellen durch länderspezifische Unterschiede oft ungenau, daher intern zu ermitteln • Die Kennzahl beinhaltet eine gewisse Ungenauigkeit (z. B. durch Sozialabgaben oder Kosten für Überstunden)

2.7 EBIT pro Vollzeitäquivalent

Formel

$$\frac{\text{EBIT}}{\text{Summe Vollzeitäquivalente}}$$

Rechenbeispiel

$$\frac{1.452 \text{ Mio. €}}{46.000} = \mathbf{31.565€}$$

Erläuterung

Der Ertrag pro Vollzeitäquivalent setzt den Gewinn vor Zinsen und Steuern (EBIT) ins Verhältnis zur Anzahl der Vollzeitäquivalenten (FTE) und ist eine wichtige Kenngröße für weitere Vergleiche, z.B. mit den durchschnittlichen Personal- oder Infrastrukturkosten. Das EBIT ist in praktisch allen Geschäftsberichten ersichtlich, z.T. auch aufgeschlüsselt nach einzelnen Segmenten, was die Errechnung der Kennzahl auch für externe Personen vereinfacht. Gleichzeitig wird die Kennziffer häufig als Grundlage von Leistungsbemessungssystemen verwendet.

Vorteile	Nachteile
• Einfach zu ermitteln • Im Branchenvergleich und im Zeitverlauf aussagekräftig • Auch im internationalen Kontext eine gute Vergleichsgröße	• Kann jährlichen Schwankungen unterworfen sein • Kennzahl sollte auch zum Umsatz verglichen werden (EBIT-Marge) • Kann verfälscht sein, sofern ein Konzern hohe Beteiligungserträge erwirtschaftet

2.8 Vollkosten des Humankapitals (HCCF) pro Vollzeitäquivalent

Formel

$$\frac{\text{Personalaufwand} + \text{Kosten für Zeitbeschäftigte} + \text{Kosten für Abwesenheit} + \text{Fluktuationskosten}}{\text{Summe Vollzeitäquivalente}}$$

Rechenbeispiel

$$\frac{2.453\text{ Mio. €} + 311\text{ Mio. €} + 46\text{ Mio. €} + 92{,}2\text{ Mio. €}}{46.000} = \mathbf{63.091\,€}$$

Erläuterung

Diese Kennzahl stellt die vier HR-Hauptkostengruppen Vergütung und Nebenleistungen, Kosten für Zeitbeschäftigte, Kosten durch Abwesenheit und Fluktuationskosten ins Verhältnis zu den Vollzeitäquivalenten. Diese Zahl ist bedeutend genauer als die Betrachtung der »reinen« Personalkosten. Aus der finanziellen Perspektive ergibt diese etwas aufwendigere und detailliertere Zusammenstellung mehr Sinn, da die Aussagekraft verbessert ist. In der Praxis zeigt sich, dass ca. ein Drittel zusätzliche Kosten zu den Personalkosten entstehen können.

Vorteile	Nachteile
• Genauere Kennzahl als nur Personalkosten, da Vollkostenbetrachtung • Kann auch in Beziehung zu anderen Kosten gestellt werden	• Schwierig zu ermitteln • Kann bzw. muss teilweise geschätzt werden, da die Angaben oft nur mit sehr viel Aufwand erhoben werden können • Personalcontrolling zur Ermittlung der Kennzahl erforderlich

2.9 Cash Flow pro Vollzeitäquivalent

Formel

$$\frac{\text{Cash Flow aus operativer Geschäftstätigkeit}}{\text{Summe Vollzeitäquivalente}}$$

Rechenbeispiel

$$\frac{1.134 \text{ Mio. €}}{46.000} = \mathbf{24.652€}$$

Erläuterung

Für die Ermittlung des Cash Flows pro Mitarbeiter wird der operative Cash Flow ins Verhältnis zur Anzahl der Summe der Vollzeitäquivalenten (FTE) gesetzt. Diese Kennzahl ist durch die Verwendung des operativen Cash Flows unabhängiger von unterschiedlichen Rechnungslegungsstandards und damit der Kennzahl »Jahresüberschuss pro Mitarbeiter« überlegen. Der operative Cash Flow beschreibt den Zahlungsmittelüberschuss, der durch die rein betriebliche Tätigkeit erwirtschaftet wurde.

Vorteile	**Nachteile**
• Einfach zu ermitteln • Ermöglicht auch internationale Vergleiche mit Mitbewerbern • Weniger anfällig für bilanzpolitische Maßnahmen	• Kann im Periodenvergleich stark variieren • Investitionserfordernisse werden nicht berücksichtigt • Nicht als branchenübergreifende Kennzahl geeignet

2.10 Umsatz pro Vollzeitäquivalent

Formel

$$\frac{\text{Umsatz}}{\text{Summe Vollzeitäquivalente}}$$

Rechenbeispiel

$$\frac{14.019 \text{ Mio. €}}{46.000} = \mathbf{304.760€}$$

Erläuterung

Durch den Umsatz pro Mitarbeiter erhält der externe Betrachter Informationen zu der Effizienz und der Mitarbeiterintensität und damit den Kosten einer Unternehmung. Indem der Umsatz durch die Anzahl der äquivalenten Vollzeitstellen geteilt wird, bekommt der Analyst einen Einblick in die Fixkosten und dadurch einen Hinweis auf zukünftige Erträge, da eine überdurchschnittliche Kennzahl im Branchenverhältnis auch überdurchschnittliches Ertragspotenzial suggerieren kann. Da die Reduzierung von Mitarbeitern diese Kennzahl stark beeinflusst, sollte die Kennzahl über mehrere Jahre betrachtet werden, um einen aussagekräftigen Trend zu erkennen. Ein kontinuierlich steigender Indikator kann ein Hinweis auf eine verbesserte Organisation, eine durchdachte Investitionspolitik mit anschließenden Effizienzsteigerungen oder neue Produkte sein, die sich besser als die der Wettbewerber verkaufen.

Vorteile	**Nachteile**
• Effizienz der Unternehmung wird im Zeitverlauf sichtbar • Kennzahl zur Bestimmung von Fixkostenstrukturen und zur Schätzung zukünftiger Gewinne • Kennzahl vermittelt schnellen Eindruck zur Position des Unternehmens innerhalb der Peer Group	• Nicht für branchenübergreifende Analysen geeignet • Kennzahl kann im Zeitverlauf stark schwanken • Kennzahl sollte stets in Verbindung mit Gewinnmargen betrachtet werden

2.11 Überstunden pro Vollzeitäquivalent

Formel

$$\frac{\text{Ist-Arbeitszeit} - \text{Soll-Arbeitszeit}}{\text{Summe Vollzeitäquivalente}}$$

Rechenbeispiel

$$\frac{93{,}1 \text{ Mio. Stunden} - 80{,}9 \text{ Mio. Stunden}}{46.000} = \mathbf{265\ Stunden}$$

Erläuterung

Die effektiv erfasste Arbeitszeit wird in Beziehung zur Soll-Arbeitszeit der Vollzeitäquivalenten gesetzt. Ein positiver Saldo macht die Überstunden sichtbar, während ein negativer Saldo Fehlzeiten aufzeigt. Im hier vorgestellten Beispiel haben die Mitarbeiter ca. 15 % bzw. 265 Überstunden geleistet. Dies kann aus rechtlichen Gründen zu erheblichen finanziellen Verpflichtungen und Mehrkosten führen. Zudem kann die Kennzahl Hinweise auf fehlende Human-Kapazitäten geben.

Vorteile	Nachteile
• Über- bzw. Minderstunden werden identifiziert • Personalplanungsbedarf wird identifiziert • Möglicher Indikator für Kapazitätsauslastung der Unternehmung	• Benötigt Auswertungen aus anderen Systemen (Zeiterfassung) • Für Externe kaum zu ermitteln • Je nach Unternehmen fallen verschiedene Mitarbeitergruppen unter verschiedene Arbeitszeitmodelle oder sind sogar davon entbunden

2.12 Personalintensität

Formel

$$\frac{\text{Personalaufwand}}{\text{Umsatz}} \times 100\,\%$$

Rechenbeispiel

$$\frac{2.453 \text{ Mio. €}}{14.019 \text{ Mio. €}} \times 100\,\% = \mathbf{17{,}5\,\%}$$

Erläuterung

Die Personalintensität gibt Aufschluss über die Wirtschaftlichkeit des Faktors Arbeit. Der Personalaufwand umfasst die Löhne und Gehälter, die sozialen Abgaben sowie die Aufwendungen für Altersversorgung und -unterstützung. Mithilfe der Personalintensität kann die Entwicklung der Wirtschaftlichkeit des Personaleinsatzes im Zeitablauf überprüft werden. Je niedriger die Kennzahl, desto rentabler wurde das Personal eingesetzt bzw. wurde Personal gegen Maschinen ersetzt, was sich in einer Erhöhung der Investitionen widerspiegeln würde.
Eine Verschlechterung (= Erhöhung) dieser Kennzahl muss nicht zwingend auf falsche Managemententscheidungen zurückzuführen sein, sondern kann beispielsweise auch auf erhöhten Tarifabschlüssen oder gestiegenen Sozialversicherungsbeiträgen beruhen.

Vorteile	Nachteile
• Große Praxisrelevanz • Identifikation von Rationalisierungspotenzial • Gutes Maß für Arbeitsproduktivität	• Starke Branchenabhängigkeit, z. B. durch Tarifverträge • Überregionales Lohngefälle erschwert den Vergleich • Geringe Aussagekraft bei Auftragsveränderungen (»starre Fixkosten«)

2.13 Jahresüberschuss / Personalaufwandsverhältnis

Formel

$$\frac{\text{Jahresüberschuss}}{\text{Personalaufwand}} \times 100\,\%$$

Rechenbeispiel

$$\frac{882 \text{ Mio. €}}{2.453 \text{ Mio. €}} \times 100\,\% = \mathbf{36{,}0\,\%}$$

Erläuterung

Diese Verhältniszahl gibt Hinweise auf die Lohnentwicklungsmöglichkeiten der Firma. Liegt die Kennzahl unter 5 %, dann kann die mittelfristige Zukunft des Unternehmens gefährdet sein. Entweder müssen die Erträge gesteigert oder bei den Personalkosten kostensenkende Maßnahmen in Erwägung gezogen werden (z. B. Gehaltserhöhungs-, Einstellungs- bzw. Personalentwicklungsstop oder Personalabbau).
Die Kennzahl kann somit im Branchenvergleich auch Hinweise auf mögliche Rationalisierungspotenziale geben. Jedoch sollte die Kennzahl nur im Zeitverlauf analysiert werden, da der Jahresüberschuss einer Periode durch Sondereffekte stark beeinflusst sein kann.

Vorteile	**Nachteile**
• Einfach zu ermitteln • Im Branchenvergleich aussagekräftig • Im Zeitverlauf wichtige Größe • Relevant für langfristige Personal- und Kostenplanung	• Kann jährlichen Schwankungen unterworfen sein • Muss im Zeitverlauf beurteilt werden, da sonst nicht aussagekräftig

2.14 Umsatzrendite

Formel

$$\frac{\text{Jahresüberschuss}}{\text{Umsatz}} \times 100\,\%$$

Rechenbeispiel

$$\frac{882 \text{ Mio. €}}{14.019 \text{ Mio. €}} \times 100\,\% = \mathbf{6{,}3\,\%}$$

Erläuterung

Wird der Gewinn (Jahresüberschuss) ins Verhältnis zum Umsatz gesetzt, so erhält man die Umsatzrendite. Die Kennzahl zeigt auf, welcher Prozentsatz des Umsatzes nach Abzug aller Kosten, des Finanzergebnisses, Steuern und außerordentlicher Positionen dem Unternehmens als Gewinn verbleibt. Die Umsatzrendite ist insbesondere innerhalb einer Unternehmung für den Vergleich einzelner Konzerneinheiten eine sinnvolle Größe, um zu beurteilen, welcher Teilbereich welche Rendite erwirtschaften konnte. Somit lassen sich rentable von unrentablen Geschäftseinheiten unterscheiden. Jedoch ist der Gewinn stark schwankungsanfällig, so dass die EBIT-Marge eine stärkere Aussagekraft hat als die Umsatzrendite. Diese Erkenntnis kann für die HR frühzeitig wichtige Handlungsfelder aufzeigen (z. B. Maßnahmen zur Effizienzsteigerung, Personalabbau, Umbesetzung von Mitarbeitern).

Vorteile	**Nachteile**
• Aussage bezüglich Produktivität • Gegebenenfalls Potenzial zur Kostenreduktion erkennbar • Im Branchenvergleich aussagekräftig • Im Zeitverlauf wichtige Größe	• Starke Produktabhängigkeit, somit eingeschränkte Vergleichbarkeit • Keine Aussage über Umschlaghäufigkeit • Sehr starke Branchenabhängigkeit • Keine Aussage, ob Sondereffekte das Verhältnis verbesserten oder nicht

2.15 Umsatz durch neue Produkte pro Vollzeitäquivalent

Formel

$$\frac{\text{Umsatz durch neue Produkte}}{\text{Summe Vollzeitäquivalente}}$$

Rechenbeispiel

$$\frac{1.682 \text{ Mio. €}}{46.000} = \mathbf{36.571\,€}$$

Erläuterung

Durch den Umsatz durch neue Produkte pro Vollzeitäquivalent erhält der interne Betrachter Informationen zu der Effizienz und der Mitarbeiterintensität in den neuen Produktgruppen. Diese Kennzahl kann ins Verhältnis zur Kennzahl »Umsatz pro Mitarbeiter« gestellt werden. Dies gibt auch intern gute Erkenntnisse über die Entwicklung der neuen Märkte und Produktgruppen.
Die Kennzahl dürfte intern nicht immer einfach zu ermitteln sein, da Kundenbeziehungen sowohl zu den neuen als auch zu den alten Produktgruppen bestehen. Produkte oder Produktgruppen gelten dann als neu, wenn sie maximal seit zwei Jahren auf dem Markt sind. Im laufenden Jahr gelten nur die lancierten Produkte der letzten zwei Jahre als neue Produkte.

Vorteile	Nachteile
• Effizienz der neuen Produktgruppen wird im Zeitverlauf sichtbar • Kennzahl zur Bestimmung von Fixkostenstrukturen und zur Schätzung zukünftiger Gewinne durch neue Produkte • Intern wichtige Kennzahl für Überlegungen zu den Zukunftsaussichten	• Oft keine Vergleichszahlen verfügbar (Vertraulichkeit) • Kennzahl kann im Zeitverlauf stark schwanken • Kennzahl sollte stets in Verbindung mit Gewinnmargen betrachtet werden

2.16 Durchgeführte Mitarbeiterbeurteilungen

Formel

$$\frac{\text{Summe der durchgeführten Mitarbeiterbeurteilungen}}{\text{Anzahl der Mitarbeiter}} \times 100\,\%$$

Rechenbeispiel

$$\frac{41.200}{52.100} \times 100\,\% = \mathbf{79{,}1\,\%}$$

Erläuterung

Die Verhältniszahl der durchgeführten Gespräche zur Mitarbeiterbeurteilung (Appraisals) zeigt die Bedeutung des Instruments. Eine niedrige Verhältniszahl weist auf eine verminderte Wichtigkeit der Mitarbeiterbeurteilung im Unternehmen hin, was auf eine eher informelle Führungskultur im Unternehmen schließen lässt. Die Kennzahl ist ein wichtiges Maß für die Bedeutung der Leistungsbeurteilung und der Leistungsorientierung eines Unternehmens.

Vorteile	Nachteile
• Einfach zu ermitteln, da durchgeführte Mitarbeiterbeurteilungen statistisch geführt werden • Gibt Hinweise auf die Bedeutung des Mitarbeiterbeurteilungssystems • Gibt Hinweise auf die Führungsstärke und Organisation eines Unternehmens	• Eingeschränkte qualitative Aussage. Die Mitarbeiterbeurteilungen müssten auch inhaltlich (Qualitätsmerkmale) ausgewertet werden • Für Externe nicht zu ermitteln

2.17 Verhältniszahl zur Nachfolgeplanung

Formel

$$\frac{\text{Anzahl der Mitarbeiter mit strategisch wichtigen Qualifikationen}}{\text{Anzahl Schlüsselpositionen}}$$

Rechenbeispiel

$$\frac{5.750}{3.200} = \mathbf{1{,}8}$$

Erläuterung

Diese Verhältniszahl gibt Aufschluss über die Qualität der Nachfolgeplanung. Die Anzahl der Schlüsselpositionen wird in Beziehung zu den intern sofort verfügbaren Nachfolgekandidaten gestellt.
Aus der Personalrisikobetrachtung ist diese Kennzahl von hoher Bedeutung. Fehlende Einschätzung über die Verfügbarkeit von Schlüsselwissen und die Flexibilität des Unternehmens sind bei niedrigen Werten mit hohen Risiken verbunden.
Je nach der Tiefe der Gliederung des Unternehmens kann sich die Nachfolgeplanung auf alle Schlüsselpositionen beziehen oder nur die oberen Führungsstufen umfassen.

Vorteile	**Nachteile**
• Gibt eine erste Antwort auf die Qualität der Nachfolgeplanung • Kann als Ausgangslage für vertiefte Analysen verwendet werden • Kann zur Personalrisikobetrachtung und -einschätzung wertvolle Hinweise geben	• Die Kennzahl kann aufgrund von fehlenden internen Kenntnissen über die Anzahl der Schlüsselpositionen oft nicht ermittelt werden • Die Kennzahl macht keine detaillierten Angaben, wo Handlungsbedarf besteht

2.18 Verteilung der Leistungsbemessung

Formel

$$\frac{\text{Skalenwert der Leistung}}{\text{Anzahl der Mitarbeiter}} \times 100\,\%$$

Rechenbeispiel

$$\frac{8.700^{*}}{52.100} \times 100\,\% = \mathbf{16{,}7\,\%}$$

* Annahme: 8.700 Mitarbeiter erhalten ein sehr gute Beurteilung.

Erläuterung

Viele Unternehmen verfügen über Skalen (Rating), mit der die erbrachte unterjährige Leistung zusammenfassend bewertet wird. Oft werden Skalen verwendet wie z. B. sehr gut, ausgezeichnet, überdurchschnittlich, gut, mehrheitlich gut, genügend und ungenügend. Gebräuchlich sind auch Skalen wie A, B, C, D, E, oder ++, + , +−, −, −−.
Eine Auswertung zeigt auf, wie die Häufigkeiten verteilt sind. Bei vielen Unternehmen findet sich eine Häufung bei den Skalenwerten, welche eine gute, solide Leistung bewerten. Falls diese Werte überdurchschnittlich hoch sind, kann dies Hinweise auf fehlendes Differenzierungs- und Leistungsbeurteilungsvermögen der Führungskräfte geben. Die Kennzahl ist insbesondere im Zeitverlauf aussagekräftig.

Vorteile	Nachteile
• Weist auf die Fähigkeit der Führungskräfte hin, Leistung zu qualifizieren • Gibt Hinweise auf die Brauchbarkeit der Leistungsbemessungsskala • Kann für weitergehende Analysen verwendet werden (z. B. Umgang mit leistungsschwächeren oder stärkeren Mitarbeitern)	• Oft sind firmenintern keine einheitlichen Skalen verfügbar

2.19 Verteilung der Leistungsbemessung bei Neuanstellungen

Formel

$$\frac{\text{Skalenwert der Leistung}}{\text{Anzahl Zugänge (Einstellungen) pro Jahr}} \times 100\,\%$$

Rechenbeispiel

$$\frac{645^*}{3.900} \times 100\,\% = \mathbf{16{,}5\,\%}$$

* Annahme: 645 neue Mitarbeiter erhalten ein sehr gute Beurteilung.

Erläuterung

Diese Kennzahl ist eine erweiterte Betrachtung der Kennzahl 2.18. Die neuen Mitarbeiter werden in der Verteilung der Skalenwerte (Ratingverteilung) mit der Gesamtfirma verglichen.

Diese können den Ausgangspunkt für weiterführende, spezifische Maßnahmen darstellen (z. B. Training, Überprüfung der Skalenwerte, Überprüfung des Rekrutierungsprozesses), um die Leistungsfähigkeit des Unternehmens weiter zu erhöhen.

Vorteile	Nachteile
• Gibt Hinweise auf die Leistungsfähigkeit der »neuen« Mitarbeiter • Zeigt die Fähigkeit der Führungskräfte, Leistung zu messen • Gibt Hinweise auf die Brauchbarkeit der Leistungsbemessungsskala	• Oft sind firmenintern keine einheitlichen Skalen verfügbar • Die unterschiedliche Handhabung der innerbetrieblichen Leistungsbeurteilungssysteme kann die Auswertung erschweren

2.20 Personalaufwandsstruktur

Formel

$$\frac{\text{Personalaufwand pro Gruppe}}{\text{Personalaufwand}} \times 100\,\%$$

Rechenbeispiel

$$\frac{124 \text{ Mio. €*}}{2.453 \text{ Mio. €}} \times 100\,\% = \mathbf{5{,}1\,\%}$$

* Beispiel mit Löhnen für Geschäftsleitungsmitglieder

Erläuterung

Die Personalaufwandsstruktur gibt den prozentualen Anteil einer Teilgruppe am gesamten Personalaufwand an (z. B. Geschäftsleitung, Führungskräfte, qualifizierte Mitarbeiter, Angestellte, Arbeiter).

Die Personalaufwandsstrukturen sind je nach Branche und Unternehmenskultur sehr unterschiedlich. Eine sorgfältige Analyse kann entscheidende Erkenntnisse in Bezug auf die wirklichen Strukturen im Unternehmen geben. Die Analyse und die Interpretation ist mit der entsprechenden Sorgfalt und Professionalität anzugehen, da bei Lohnfragen unterschiedliche Ansichten vertreten werden.

Vorteile	Nachteile
• Gibt Hinweise auf die Personalkostenstruktur des Unternehmens • Hinweise zu Personalaufwand in heterogenen Strukturen	• Oftmals schwierig zu erheben, da häufig interne Strukturen und Zuordnungen fehlen • Oft nur firmenspezifisch vorhanden

2.21 Netto-Personalbedarfsbestimmung

Formel	**Rechenbeispiel**
Brutto-Personalbedarf (Vollzeitäquivalente)	48.000
– Personalbestand (Vollzeitäquivalente)	– 46.000
– feststehende Abgänge	– 3.600
+ feststehende Zugänge	+ 3.900
= **Netto-Personalbedarf**	= **2.300**

Erläuterung

Die Kennzahl gibt das Maß einer Personalunter- bzw. -überdeckung an. Sie dient zur Kontrolle und zur weiteren Planung des Personalbedarfs. In der Praxis ist sie oft verknüpft mit der mittelfristigen Stellenplanung sowie der Budget- und Kostenplanung. Zur Identifikation des Brutto-Personalbedarfs kann u. a. auch der Vergleich zwischen Ist- und Soll-Stunden herangezogen werden.

Vorteile	**Nachteile**
• Aktuelle Rekrutierungsbedürfnisse können abgeleitet werden	• Oftmals ist der Bruttopersonalbedarf nicht definiert
• Personalbestandsentwicklung kann überwacht werden	
• Wichtige Schnittstelle zwischen Kosten- und Personalplanung	

2.22 Aufgabendeckungsziffer (Strategic Job Coverage Ratio)

Formel

$$\frac{\text{Anzahl der Mitarbeiter mit strategisch wichtigen Qualifikationen (IST)}}{\text{Anzahl der Mitarbeiter mit strategisch wichtigen Qualifikationen (SOLL)}} \times 100\,\%$$

Rechenbeispiel

$$\frac{5.750}{9.000} \times 100\,\% = \mathbf{63{,}9\,\%}$$

Erläuterung

Die Aufgabendeckungsziffer bedingt die Kenntnis der für das Unternehmen wichtigen Schlüsselkompetenzen und deren Know-how-Träger. Diese sollten mindestens bis zur dritten Führungsebene innerbetrieblich definiert sein. Ohne diese Voraussetzung kann die Kennzahl nicht ermittelt werden. Die Kennzahl dient somit zur Beurteilung des Qualifikationsbedarfs im Rahmen der Mitarbeiterweiterbildung bzw. von zusätzlichem externen Personalbedarf.
Diese Gruppe sollte in der Praxis über eine gewisse Erfahrung im Unternehmen (Dienstjahre im Unternehmen) verfügen.

Vorteile	Nachteile
• Wichtige Kennzahl für die Personalbedarfsplanung • Gibt Hinweise auf möglichen Rekrutierungs- und/oder Entwicklungsbedarf • Kann eines der größten Personalrisiken identifizieren und vermindern (Hinweise für Entwicklungs- oder Rekrutierungsbedarf)	• Setzt die Kenntnis der Schlüsselqualifikationen im Unternehmen voraus • Kann sich unterjährig verändern (Abgänge, veränderte Marktbedürfnisse) • Notwendiges Datenmaterial aufwendig zu ermitteln

2.23 Entsendungsquote (Expatriates-Quote)

Formel

$$\frac{\text{Anzahl der Expatriates}}{\text{Anzahl der Mitarbeiter}} \times 100\,\%$$

Rechenbeispiel

$$\frac{4.210}{52.100} \times 100\,\% = \mathbf{8{,}1\,\%}$$

Erläuterung

Diese Kennzahl sagt aus, wie viel Prozent der gesamten Mitarbeiterschaft innerhalb einer Periode ins Ausland entsandt wurden. Sie ist insbesondere in ihrer Entwicklung interessant, da Expatriates einerseits Mehrkosten verursachen und anderseits eine hohe Quote nichts über die Qualität der Entsendung (z. B. Führungskräfte vs. Praktikanten) aussagt.
Entsendungen sollten mit den strategischen Bedürfnissen des Unternehmens eng verknüpft sein.

Vorteile	Nachteile
• Einfach zu ermitteln • Wichtige Kennzahl im Zeitverlauf (Kosten, innerbetriebliche Bedeutung) • Kann Hinweise auf den Stand und die Entwicklung dieser Mitarbeitergruppe geben	• Die Kennzahl berücksichtigt nicht die entstehenden Kosten • Die Kennzahl sagt nichts über die Qualität der Entsendungen aus

2.24 Durchschnittliche Verweildauer von Expatriates im Ausland

Formel

$$\frac{\text{Summe der Monate von Expatriates im Ausland}}{\text{Summe Expatriates}}$$

Rechenbeispiel

$$\frac{\text{67.500 Monate}}{4.210} = \mathbf{16{,}03 = 1\ Jahr,\ 4\ Monate}$$

Erläuterung

Die Kennzahl zeigt die durchschnittliche Verweildauer der Expatriates im Ausland. Diese sollte regelmäßig überprüft werden, weil Entsendungen immer zeitlich begrenzte Ereignisse und Vertragsverhältnisse voraussetzen. Viele Unternehmen stellen die entsandten Mitarbeiter nach einer gewissen Zeit zu lokalen Konditionen an (z. B. nach drei Jahren). Das heißt, ehemalige Expatriates erhalten neue Verträge zu lokalen Bedingungen, was von diesen nicht unbedingt geschätzt wird.

Vorteile	**Nachteile**
• Wichtige Grundkennzahl • Muss im Zeitverlauf interpretiert werden • Kann zu anderen Erkenntnissen führen, wie z. B. ewige Expatriatespopulation • Gibt Hinweise auf Kostenentwicklung für wichtige Zielgruppe	• Teilweise unterscheiden Unternehmen in kurz- und langfristige Entsendungen • Sagt nichts über die Qualität der Entsendung aus • Gibt keine Hinweise auf die Kosten

2.25 Altersstruktur

Formel

$$\frac{\text{Anzahl der Mitarbeiter nach Alter pro Jahr}}{\text{Anzahl der Mitarbeiter}} \times 100\,\%$$

Rechenbeispiel

Aufgrund der Verschiedenartigkeit der Unternehmen wird an dieser Stelle auf ein Rechenbeispiel verzichtet.

Erläuterung

Die Kennzahl zeigt den altersmäßigen Aufbau der Belegschaft in Prozent. Vermutlich gibt es keine richtige oder falsche Kennzahl. Es gibt jedoch eine Anzahl von Firmen, die eine sehr hohe Überalterung aufweisen und welche in den nächsten Jahren einen erhöhten Prozentsatz der Belegschaft aus dem Arbeitsprozess entlassen werden. Umgekehrt gibt es Firmen, die über eine hohe Anzahl von jungen Mitarbeitern verfügen. Diese haben eine weniger lange Berufserfahrung und sind i. d. R. auch bereit, bei entsprechenden Angeboten den Arbeitgeber zu wechseln (Personalrisiko).
Bei Bedarf kann die Kennzahl zusätzlich in Frauen und Männer aufgefächert werden.

Vorteile	**Nachteile**
• Gibt Hinweise auf die Altersverteilung der Belegschaft • Kann Hinweise zum Rekrutierungsbedarf ergeben	• Alter ist nicht zwangsläufig ein Indikator für den Ausbildungsstand der Mitarbeiter • Nicht aussagekräftig im Vergleich mit anderen Branchen

2.26 Anteil der Fremdmitarbeiter

Formel

$$\frac{\text{Anzahl der Fremdmitarbeiter}}{\text{Anzahl der Mitarbeiter}} \times 100\,\%$$

Rechenbeispiel

$$\frac{3.560}{52.100} \times 100\,\% = 6{,}8\,\%$$

Erläuterung

Die Anzahl der Fremdarbeiter entspricht der Anzahl der Mitarbeiter, die zwar ständig und auch über Jahre hinweg für das Unternehmen arbeiten, aber nicht direkt bei diesem festangestellt sind. Als Beispiele können Mitarbeiter von Leasingfirmen, Mitarbeiter von Mutter- oder Tochterunternehmen, Mitarbeiter von ausgegliederten Unternehmensbereichen (Rechenzentrum, Call Center) oder Mitarbeiter, die spezielle Systeme (hochtechnisierte Anlagen) betreuen, genannt werden.
Zu dieser Gruppe zählen auch Berater und teilweise auch Zeitarbeiter (gesetzliche Regelungen beachten). Eine hohe Prozentzahl ist ein Hinweis darauf, dass unternehmensspezifisches Wissen verstärkt bei externen Mitarbeitern angesiedelt ist, was ein nicht zu unterschätzendes Personalrisiko darstellen kann.

Vorteile	**Nachteile**
• Gibt Hinweise auf wichtige Kostenfelder, welche oft nicht in der Verantwortung der HR sind, jedoch substantielle Kosten für das Unternehmen generieren • Wichtige Personengruppe für IT-Zugriff und Sicherheit • Relevanter Faktor für die mittel- und langfristige Personalplanung	• Schwierig zu ermitteln • Meist nicht in der Kompetenz der Human Ressources • Kann stark variieren

2.27 Beschäftigungsstruktur

Formel

$$\frac{\text{Zahl der Mitarbeiter nach Gruppe}}{\text{Anzahl der Mitarbeiter}} \times 100\,\%$$

Rechenbeispiel

$$\frac{612^*}{52.100} \times 100\,\% = \mathbf{1{,}2\,\%}$$

* Beispiel mit der Anzahl HR-Personen

Erläuterung

Die Beschäftigungsstruktur drückt den prozentualen Anteil einer Teilgruppe an der Gesamtzahl der Beschäftigten aus. Die Kennzahl kann z. B. in die Bereiche Führungsebene, Administration, Produktion, Vertrieb, aber auch nach einzelnen Segmenten oder geografischen Standorten heruntergebrochen werden. Sie kann im Branchenvergleich interessante Erkenntnisse liefern in Bezug auf die Gewichtung der Funktionen und ihre Ressourcenzuteilung.

Vorteile	Nachteile
• Wichtige Grundkennzahl • Interessant im Zeitverlauf, inwiefern sich Gewichtungen verschieben • Gibt Hinweise auf Geschäftsmodell und interne Prioritäten • Kann mit externen Vergleichen überprüft werden	• Muss innerbetrieblich definiert werden • Außerbetrieblich nur eingeschränkt vergleichbar, da keine einheitliche Definition der Kennzahl besteht

2.28 Betriebszugehörigkeitsstruktur

Formel

$$\frac{\text{Summe der Dienstjahre im Unternehmen}}{\text{Anzahl der Mitarbeiter}} \times 100\,\%$$

Rechenbeispiel

Aufgrund der Verschiedenartigkeit der Unternehmen wird an dieser Stelle auf ein Rechenbeispiel verzichtet.

Erläuterung

Die prozentuale Zusammensetzung der Beschäftigten nach der Dauer der Betriebszugehörigkeit gibt einen Hinweis auf die Häufigkeit der Abgänge nach Bereichen. Zudem kann das betriebsnotwendige Wissen pro Funktion oder Bereich beurteilt werden (Personalrisikomanagement). Eine hohe Anzahl an Abgängen im Vertrieb, insbesondere in strategischen Märkten, kann die Beziehungen des Unternehmens mit den Kunden langfristig negativ beeinflussen.

Vorteile	**Nachteile**
• Einfach zu ermitteln • Interessant im Jahresvergleich • Gibt Hinweise auf Unternehmenskultur und Bedeutung von unternehmensspezifischen Kenntnissen • Kann die Grundlage zur Erfragung von spezifischen Bedürfnissen bestimmter Mitarbeitergruppen sein	• Interpretationsbedürftig • Im Vergleich von Unternehmen nur beschränkt aussagekräftig

2.29 Durchschnittsalter der Mitarbeiter

Formel

$$\frac{\sum \text{(Aktuelles Datum – Geburtstag der Mitarbeiter)}}{\text{Anzahl der Mitarbeiter}}$$

Rechenbeispiel

Aufgrund der Komplexität wird an dieser Stelle auf ein Rechenbeispiel verzichtet und ein Durchschnittsalter der Belegschaft von 42 Jahren unterstellt.

Erläuterung

Das Durchschnittsalter der Belegschaft ermittelt sich, indem das Alter aller Mitarbeiter summiert und durch die Anzahl der Mitarbeiter dividiert wird. Ein hohes Durchschnittsalter alleine sagt wenig aus, außer dass die Anzahl der Mitarbeiter, die aus dem Erwerbsleben demnächst ausscheiden, offensichtlich höher ist und dadurch der gezielte Know-how-Transfer und ein erhöhter Rekrutierungsbedarf zu erwarten sind. Auch ein niedriges Durchschnittsalter ist alleine wenig aussagekräftig. Jedoch kann dies darauf hinweisen, dass junge Mitarbeiter tendenziell öfter den Arbeitsplatz wechseln und damit die Einschränkung des Know-how-Verlusts der Betriebe besondere Anstrengung erfordert.

Vorteile	Nachteile
• Durchschnittsalter der Belegschaft eines Betriebes wird ermittelt • Kann für Rekrutierung wichtige Hinweise geben • Aussagekräftig im Vergleich der Jahre	• Ungenauere Kennzahl als die Altersstruktur • Durchschnittliche Mitarbeiterqualifikationen sollten auch berücksichtigt werden

2.30 Frauen- / Männeranteil

Formel

$$\frac{\text{Anzahl der Frauen bzw. Männer}}{\text{Anzahl der Mitarbeiter}} \times 100\,\%$$

Rechenbeispiel

$$\frac{8.100}{52.100} \times 100\,\% = \mathbf{15{,}5\,\%\ (Frauenanteil)}$$

Erläuterung

Das prozentuale Verhältnis der beiden Geschlechter kann einen Hinweis auf die Attraktivität des Unternehmens für das eine oder andere Geschlecht geben. Ist der prozentuale Anteil der Männer sehr hoch, dann kann eine eingeschränkte Attraktivität des Unternehmens für Frauen vorliegen. In diesem Fall sollten im nächsten Schritt die Gründe hierfür ermittelt werden. Interessant sind auch Auswertungen nach Führungsebenen, da sich die Durchlässigkeit bzw. die Verteilung über die Führungsebenen darstellen lässt.

Vorteile	Nachteile
• Hinweis auf die Zusammensetzung der Geschlechter • Hinweis auf die Attraktivität des Unternehmens für Frauen bzw. Männer in Bezug auf Karriere • Aussagekräftig im Branchenvergleich	• Bei produktionsintensiven Schwerindustrien ggf. begrenzte Aussagekraft

2.31 Qualifikationsstruktur

Formel

$$\frac{\text{Anzahl der Personen pro definierter Subgruppe}}{\text{Anzahl der Mitarbeiter}} \times 100\,\%$$

Rechenbeispiel

$$\frac{1.200^{*}}{52.100} \times 100\,\% = \mathbf{2{,}3\,\%}$$

* Annahme: 1.200 Mitarbeiter im Vertrieb

Erläuterung

In Wirtschaftszweigen mit starker Arbeitsintensität kann die Gliederung der Belegschaft für eine ganze Reihe von Messzahlen von mehr oder weniger großer Bedeutung sein, so dass daraus dispositive Entscheidungen getroffen werden können und/oder strukturelle Eigenheiten erkennbar werden. Sinnvoll können funktionsbezogene Aufteilungen (Front-/Back-Office), Segmentierung (Produktion, Vertrieb, Support) oder eine Aufteilung nach Qualifikation bzw. Ausbildung sein (Studium, Lehre, an- oder ungelernte Stellen).

Vorteile	Nachteile
• Hinweise für Rekrutierung und Entwicklung können ermittelt werden • Gute Ausgangslage für weitere Analysen	• Industrieübergreifende Vergleiche kaum möglich • Sagt nichts über die Leistungsfähigkeit und das Potenzial der Belegschaft aus

2.32 Durchschnittlicher Beschäftigungsgrad

Formel

$$\frac{\text{Summe Vollzeitäquivalente}}{\text{Anzahl der Mitarbeiter}} \times 100\,\%$$

Rechenbeispiel

$$\frac{46.000}{52.100} \times 100\,\% = \mathbf{88{,}3\,\%}$$

Erläuterung

Der durchschnittliche Beschäftigungsgrad ermittelt sich, indem die Summe der Vollzeitäquivalente durch die Gesamtsumme der Mitarbeiter geteilt wird. Die Kennzahl gibt einen Hinweis auf die Teilarbeitszeit-Freundlichkeit des Arbeitgebers. Hohe Prozentzahlen lassen auf eine verminderte Durchlässigkeit für Teilzeitbedürfnisse von Mitarbeitern schließen. Andererseits verursacht ein niedriger durchschnittlicher Beschäftigungsgrad zusätzliche Anforderungen an die Planung der Verfügbarkeit der Teilzeitkräfte sowie leicht erhöhten Führungs- und administrativen Aufwand.

Vorteile	Nachteile
• Einfach zu erheben • Interessant im Zeitverlauf und der Entwicklung • Auswertungen auch für Subgruppen möglich	• Mögliche Überstunden sind ggf. nicht in der Kennzahl enthalten • Muss nach Vollzeitäquivalentsubgruppen bzw. nach Unternehmensbereichen analysiert werden

2.33 Prozentsatz nach Vollzeitäquivalenten

Formel

$$\frac{\text{Summe der Mitarbeiter mit Beschäftigungsgrad 50\%}}{\text{Anzahl der Mitarbeiter}} \times 100\,\%$$

Rechenbeispiel

$$\frac{1.200}{52.100} \times 100\,\% = \mathbf{2{,}3\,\%}$$

Erläuterung

Die Beschäftigungsgradverteilung zeigt mögliche (intern beliebte) »Beschäftigungsgrad-Muster« bei der Belegschaft. Eine Anpassung der Teilzeitbedürfnisse auf das Geschäftsmodell soll wiederkehrend sichergestellt werden. Eine Unterteilung nach einzelnen Bereichen ist sinnvoll. Teilzeitkräfte sind tendenziell teurer für das Unternehmen, da der Koordinationsaufwand und der administrative Aufwand gleich hoch ist wie bei Arbeitskräften, die als Vollzeitkraft angestellt sind (Vollzeitäquivalente = 100 %). Andererseits spielt der soziale Hintergrund der Beschäftigten eine Rolle (z. B. Mütter, Alleinerziehende). Diese sind für das Unternehmen ebenfalls ein interessanter Arbeitsmarkt (z. B. Verfügbarkeit der Fähigkeiten, Flexibilität).

Vorteile	**Nachteile**
• Übersicht über wichtige Mitarbeitergruppe • Gibt Aufschluss über Attraktivität des Arbeitgebers für Teilzeitmitarbeiter	• International wenig vergleichbar, da unterschiedliche Arbeitskulturen bestehen, nicht zuletzt auch aufgrund unterschiedlicher Lohnniveaus

2.34 Verhältniszahl Geschäftsleitungsmitglieder zu Mitarbeitern

Formel

$$\frac{\text{Anzahl der Geschäftsleitungsmitglieder}}{\text{Anzahl der Mitarbeiter}}$$

Rechenbeispiel

$$\frac{173}{52.100} = \mathbf{1 : 301}$$

Erläuterung

Diese Kennzahl zeigt die durchschnittliche Mitarbeiterspanne pro Führungsposition an. Die Kennzahl ist oft durch öffentliche Quellen (z. B. Geschäftsbericht) relativ einfach zu ermitteln. Sie gibt Hinweise auf die »Kopflastigkeit« der Organisation. Im Branchenvergleich können sich Unterschiede zeigen, ebenso im Vergleich von sehr großen zu sehr kleinen Unternehmen.

Vorteile	Nachteile
• Gibt erste Hinweise auf die Gliederungstiefe der Organisation • Kann relativ einfach aus externen Quellen ermittelt werden	• Kann im Branchenvergleich stark unterschiedlich sein • Oft sind Führungspositionen nicht eindeutig definiert, abschließende Zuordnungen nicht möglich

2.35 Durchschnittliche Personalkosten pro HR-Mitarbeiter (HR Compensation Factor)

Formel

$$\frac{\text{Summe der Personalkosten für alle HR-Personen}}{\text{Summe Vollzeitäquivalente im HR-Bereich}}$$

Rechenbeispiel

$$\frac{30{,}6 \text{ Mio. €}}{522} = \mathbf{58.620\,€}$$

Erläuterung

HR-Personen sind alle Mitarbeiter, die ausschließlich Funktionen im Personalbereich (HR) ausführen. Die durchschnittliche Entlohnung für alle HR-Funktionen im Vergleich mit anderen Funktionen (z. B. Finanzen, Recht, Produktion) zeigt die Bedeutung der HR-Funktion und die durchschnittlichen Kosten. Der Einfachheit halber werden nur die direkten Personalkosten (Personalaufwand) ermittelt.

Vorteile	Nachteile
• Erster HR-Indikator • Einfach zu ermitteln • Hinweis auf durchschnittliches Lohnniveau im Bereich Human Ressources • Für Branchenvergleiche geeignet	• Als Kennzahl für sich alleine von eher geringer Aussagekraft • Nur intern ermittelbar

2.36 HR-Kosten im Verhältnis zum Gesamtaufwand (HR Expense Percentage)

Formel

$$\frac{\text{HR-Gesamtkosten}}{\text{Gesamtaufwand}} \times 100\,\%$$

Rechenbeispiel

$$\frac{70{,}5 \text{ Mio. €}}{12.567 \text{ Mio. €}} \times 100\,\% = \mathbf{0{,}6\,\%}$$

Erläuterung

Diese Kennzahl drückt aus, welchen Anteil die HR-Kosten im Verhältnis zum Gesamtaufwand ausmachen. Zu den HR-Kosten zählen in erster Linie die HR-Infrastrukturkosten (IT, Arbeitsplätze) und die Personalkosten.

Eine wesentliche Kostenfrage sind meist die Aufwände für Rekrutierung und Ausbildung. Sollten diese Kosten von den Geschäftsbereichen, d. h. den Führungsverantwortlichen budgetiert werden, da HR nur einen geringen Einfluss auf diese Kosten hat? Diese Frage kann in der Praxis kaum abschließend beantwortet werden, jedoch werden Aus- und Weiterbildungskosten sowie Rekrutierungskosten letztlich von den Bereichen verursacht und nicht von den HR-Abteilungen. Nichtsdestotrotz müsste HR eine Vorstellung der externen, direkten Rekrutierungskosten geben können (Effizienz des Rekrutierungsprozesses). Ebenso sollten konkrete Vorstellungen und Vorschläge in Bezug auf Aus- und Weiterbildungsmaßnahmen (Verhältnismäßigkeit) aus dem HR-Bereich an die Vorgesetzten gemacht werden können.

Vorteile	Nachteile
• Relativiert die »reinen« Kosten für die HR-Funktion • Hohe Aussagekraft im Vergleich mit direkten Wettbewerbern	• Wird selten erhoben • Wenig Vergleichszahlen verfügbar • Bildet die Realität nur teilweise ab, da Rekrutierungskosten, Aus- und Weiterbildungskosten und z. B. Fluktuationskosten nicht enthalten sind

2.37 HR-Kosten pro Mitarbeiter (HR FTE Investment Factor)

Formel

$$\frac{\text{HR-Gesamtkosten}}{\text{Summe Vollzeitäquivalente}}$$

Rechenbeispiel

$$\frac{70{,}5 \text{ Mio. €}}{46.000} = \mathbf{1.533€}$$

Erläuterung

Diese Kennzahl zeigt die finanziellen Aufwände pro Vollzeitäquivalent (FTE), welche innerbetrieblich für die HR-Funktion aufgewendet werden. Im Wettbewerbsvergleich kann die Kennzahl eine gute Diskussionsgrundlage bieten, da die HR-Kosten z. B. durch ein teures Personalinformationssystem markant beeinflusst werden können.

Der Autor empfiehlt die externen Rekrutierungs- sowie die Aus- und Weiterbildungskosten nicht in dieser Kennzahl zu berücksichtigen, da die HR-Funktion nur beschränkt Einfluss auf diese beiden Größen hat.

Vorteile	Nachteile
• Relativiert die HR-Kosten • Liefert gute Diskussionsgrundlagen für die Positionierung der HR-Funktion • Grundlage für strategische Entscheidungen wie Outsourcing, Investitionen (HR-Systeme) • Berücksichtigt die externen Kosten (Rekrutierung, Aus- und Weiterbildung) bewusst nicht	• Kann branchenspezifischen Schwankungen unterworfen sein • Nicht sehr einfach zu ermitteln (Abgrenzungsproblematik)

2.38 Quote für HR-Auslagerungskosten (HR Outsourcing Percentage)

Formel

$$\frac{\text{Aufwendungen für HR-Outsourcing}}{\text{HR-Gesamtkosten}} \times 100\,\%$$

Rechenbeispiel

$$\frac{2{,}3 \text{ Mio. €}}{70{,}5 \text{ Mio. €}} \times 100\,\% = \mathbf{3{,}3\,\%}$$

Erläuterung

Diese Kennzahl zeigt das Verhältnis der ausgegliederten Personalkosten zu den intern anfallenden Gesamtkosten für die HR-Funktion. Im obigen Beispiel wurde die Sozialberatung ausgegliedert.

Beispiele für Auslagerungen können die Personaladministration (Lohnbuchhaltung), die Pensionskasse, die HR-Informatiksysteme (Betrieb), die Personalentwicklung (oder Teile davon) sowie die Rekrutierungsaufwände sein. Outsourcing wird vermutlich auch im HR-Bereich an Bedeutung gewinnen, insbesondere wenn es den Unternehmen darum geht, sich auf die Kernkompetenzen zu fokussieren.

Vorteile	Nachteile
• Je höher die Ausgliederungskosten, umso niedriger die internen Personalkosten • Lässt gewisses Kostensenkungspotenzial im HR-Bereich erkennen	• Die Gesamtpersonalkosten (Outsourcing und intern erbrachte Leistungen) müssen ebenfalls bei einem Vergleich berücksichtigt werden • Outsourcing führt nicht in jedem Fall zu einer Kostenersparnis

2.39 Aufgliederung der HR-Organisation (HR Structure Breakdown)

Formel

$$\frac{\text{Anzahl HR-Vollzeitäquivalente pro Funktion}}{\text{Summe Vollzeitäquivalente im HR-Bereich}} \times 100\,\%$$

Rechenbeispiel

$$\frac{20^*}{522} \times 100\,\% = \mathbf{3{,}8\,\%}$$

* Beispiel mit HR-Business Partner. Dies sind sehr erfahrene HR-Spezialisten mit ausgeprägten, geschäftsspezifischen Kenntnissen. In der Regel sind dies erfahrene Bereichspersonal-Verantwortliche.

Erläuterung

Diese Aufstellung gibt einen guten Überblick über die vorhandenen Funktionen und ihre Stelleninhaber. Funktionen können vereinheitlicht werden, Rollen können definiert und Anforderungsprofile mit den Stelleninhabern abgeglichen werden. Folgende Funktionen sind in einem Unternehmen üblich (nicht abschließend): HR-Leiter, Bereichspersonalleiter, HR-Business-Partner, HR-Administration, HR-Controlling, HR-Prozess-Spezialist, Lohnbuchhaltung und Trainer.

Vorteile	**Nachteile**
• Einfach zu erstellen • Gibt schnell einen Überblick und lässt mögliche Fehlentwicklungen erkennen • Gibt Hinweise auf fehlende Rollen und Verteilung der vorhandenen Ressourcen	• Rollen oft nicht beschrieben • Personen oft in Mehrfachfunktionen tätig • In der Praxis nicht so einfach zu erfassen, da sich HR-Personen als Allrounder definieren (Mehrfachrollen)

2.40 Verhältniszahl HR-Vollzeitäquivalente

Formel

$$\frac{\text{Summe Vollzeitäquivalente}}{\text{Summe Vollzeitäquivalente im HR-Bereich}}$$

Rechenbeispiel

$$\frac{46.000}{522} = \mathbf{88 : 1}$$

Erläuterung

Das Verhältnis der Anzahl HR-Vollzeitäquivalente im Vergleich zum Personalbestand (Vollzeitäquivalente) ergibt eine Richtgröße, welche einen Hinweis auf das Verhältnis von HR-Mitarbeitern zur Gesamtzahl der Mitarbeiter liefert. Die Verhältniszahl kann stark schwanken je nach Ausprägung der Personalfunktion und nach Branche.

Niedrige Verhältniszahlen lassen nicht explizit auf eine wirkungsvolle HR-Funktion schließen. Hohe Verhältniszahlen schränken die Möglichkeiten der direkten Einflussnahme der HR-Verantwortlichen aufgrund fehlender Ressourcen eher ein.

Vorteile	Nachteile
• Einfach zu ermitteln • Guter Indikator für weitere Untersuchungen	• Muss mit weiteren Kennzahlen, wie z.B Auswertungen nach HR-Funktionen oder HR-Kosten, im Vergleich beurteilt werden • Kennzahl sagt nichts über die Effizienz und Effektivität im HR-Bereich aus

Kapitel 3

Personal- und Ressourcenplanung

3.1 Blindbewerbungsindikator (Spontanbewerbungen)

Formel

$$\frac{\text{Summe der Blindbewerbungen pro Jahr}}{\text{Summe Vollzeitäquivalente}}$$

Rechenbeispiel

$$\frac{131.400}{46.000} = \mathbf{2{,}9}$$

Erläuterung

Blindbewerbungen belasten die Kapazitäten der HR stark. Trotzdem sind die Anzahl der Blindbewerbungen, die ein Unternehmen erhält, ein Indikator für die Bekanntheit des Unternehmens, evtl. sogar für die Attraktivität des Unternehmens als Arbeitgeber.
Selbstverständlich hat die Kennzahl auch einen Zusammenhang mit der Arbeitsmarktlage. Es ist jedoch hinlänglich bekannt, dass attraktive Unternehmen mehr Blindbewerbungen anziehen. Dabei müssten je nach Rekrutierungsbedarf alternative Bewerbungskanäle aus Effizienzgründen erprobt werden (elektronische Bewerbung). Die Behandlung der Blindbewerbung in angemessener Qualität ist jedoch auch ein Imagefaktor für die Unternehmen.
Die Kennzahl kann Hinweise geben über die Anzahl der Stellen, die für die Bearbeitung notwendig sind.

Vorteile	Nachteile
• Grundsätzlich einfach zu errechnen • Kann mit weiteren Rekrutierungskennzahlen verglichen werden • Ausgangslage für die Analyse von Rekrutierungsprozessen und Instrumenten	• Nur Firmen mit Rekrutierungsdatenbanken, in welchen Blind- oder Spontanbewerbungen erfasst werden, können diese Kennzahl verlässlich ermitteln • Kennzahl sagt nichts über die Antwortzeit und die Qualität des Blindbewerbungsprozesses aus

3.2 Gesamtbesetzungskosten einer Stelle (interne und externe Kosten)

Formel

$$\frac{\text{Gesamtkosten (interne und externe) für Rekrutierung}}{\text{Anzahl Zugänge (Einstellungen) pro Jahr}}$$

Rechenbeispiel

$$\frac{42{,}1 \text{ Mio. €}}{3.900} = \mathbf{10.795€}$$

Erläuterung

Die Gesamtbesetzungskosten bestehen aus internen Kosten (z. B. Löhne für HR, Infrastruktur, Zeit) und externen Kosten (z. B. Inserate, Werbung, Kosten für Personalvermittler). Werden diese durch die Anzahl der rekrutierten Personen pro Jahr geteilt, so erhält man die Gesamtbesetzungskosten einer Stelle. Die Kennzahl ist nicht sehr einfach zu ermitteln, sagt jedoch viel über die »Selbstorganisation« des Rekrutierungsprozesses aus.
Zu Beginn empfehlen wir nur die externen Kosten zu erheben, da diese einfacher zu berechnen sind. Die Gesamtkosten der Rekrutierung berücksichtigen i. d. R. nicht die Vakanzkosten bis zur Stellenbesetzung.

Vorteile	**Nachteile**
• Hohe Aussagekraft zum Rekrutierungsprozess • Kann im Branchenvergleich wichtige Hinweise zur Effizienz des Rekrutierungsprozesses geben	• Schwierig zu ermitteln • Vergleichbarkeit eingeschränkt, weil sich die Profile und die Arbeitsmarktlage stark verändern können

3.3 Anzahl Einstellungen pro Recruiter

Formel

$$\frac{\text{Anzahl Zugänge (Einstellungen) pro Jahr}}{\text{Summe Recruiter}}$$

Rechenbeispiel

$$\frac{3.900}{100} = \mathbf{39}$$

Erläuterung

Diese Kennzahl zeigt die Effizienz der HR-Personen im Rekrutierungsprozess. Insbesondere im internen Vergleich kann sie interessante Aufschlüsse über die unterschiedlichen Arbeitsweisen und die Effizienz der Recruiter geben. Bei einer qualitativen Betrachtung sind die Unterschiede der Profile von hoher Bedeutung. Falls mehrheitlich gleiche oder ähnliche Profile rekrutiert werden, müsste sich dies in einer steigenden Kennzahl widerspiegeln. Die Effizienz kann durch geeignete Software-Lösungen signifikant erhöht werden.

Vorteile	**Nachteile**
• Einfach zu erheben • Im Vergleich innerhalb der HR-Abteilung aufschlussreich • Richtkennzahl zur Ermittlung der Rekrutierungskapazitäten	• Abhängig vom Rekrutierungsbedarf • Abhängig von der Verfügbarkeit der entsprechenden Fähigkeiten auf dem Arbeitsmarkt

3.4 Durchschnittliche Vakanzdauer bis zur Stellenbesetzung

Formel

$$\frac{\text{Summe der Monate aller Vakanzen}}{\text{Anzahl Zugänge (Einstellungen) pro Jahr}}$$

Rechenbeispiel

$$\frac{24.570 \text{ Monate}}{3.900} = \mathbf{6{,}3\ Monate}$$

Erläuterung

Die Anzahl der Vakanzen multipliziert mit den Monaten der Nichtbesetzung zeigt die fehlenden Human-Kapazitäten. Die Anzahl der geplanten Stellen kann auch dauerhaft nicht erreicht werden (ewige Vakanzen). Falls dies über eine längere Zeit der Fall ist, müsste gegebenenfalls der Sollbestand nach unten angepasst werden.

Die Vakanz kann wie folgt definiert werden: Austrittsmonat des Stelleninhabers bis Neubesetzung der Stelle bzw. Arbeitsbeginn (erster Arbeitstag). Eine Person tritt per 31.10. aus dem Unternehmen aus. Die Stelle kann per 1.4. des Folgejahres (erster Arbeitstag) neu besetzt werden. Die Vakanzdauer beträgt somit fünf Monate.

Vakante Stellen, welche nicht mehr besetzt werden, sollten aus der Planung gestrichen werden (Überkapazitäten), da sonst die Kennzahl verfälscht wird.

Vorteile	**Nachteile**
• Durchschnittliche Dauer bis zur Besetzung einer Stelle wird ermittelt • Gibt Hinweise auf die Effizienz der Rekrutierungsprozesse • Gibt Hinweise auf die Soll-Kapazitäten • Hohe Vakanzdauer kann hohe Kosten verursachen (Vertriebsverluste)	• Nicht immer einfach zu ermitteln (Datenquellen, erfasste Daten) • Kann durch die Verfügbarkeit der benötigten Qualifikationen (externe Faktoren) beeinflusst werden

3.5 Inseratkosten pro Einstellung

Formel

$$\frac{\text{Summe der Inseratkosten pro Jahr}}{\text{Anzahl Zugänge (Einstellungen) pro Jahr}}$$

Rechenbeispiel

$$\frac{2{,}9 \text{ Mio. €}}{3.900} = \mathbf{744\,€}$$

Erläuterung

Diese Kennzahl ermittelt die durchschnittlichen Kosten für Inserate und vergleichbare Werbung pro Einstellung. Sie kann im Vergleich mit anderen Kennzahlen zu interessanten Erkenntnissen führen. So können die Kosten z. B. pro Einstellung und pro Rekrutierungskanal weiter untersucht werden.

Hinweis: Die Kosten für Inserate können auf verschiedene Arten beeinflusst werden, z. B. durch Verträge mit Zeitungen und Werbeträgern (Rabatte), durch Koordination der Inserate oder durch die Benutzung anderer Plattformen, wie etwa Firmen-Homepages oder Jobbörsen.

Vorteile	**Nachteile**
• Einfach zu ermitteln • Erfahrungswerte helfen für die Budgetplanung	• Summe der Inseratkosten ist auch stark vom jeweiligen Medium abhängig • Enthält nur einen Teil der Rekrutierungskosten

3.6 Anzahl Bewerber pro Inserat

Formel

$$\frac{\text{Anzahl der Bewerber via Inserat}}{\text{Anzahl Inserate}}$$

Rechenbeispiel

$$\frac{21.805}{2.450} = \mathbf{8{,}9\ Bewerber}$$

Erläuterung

Diese Kennzahl gibt Hinweise auf den erfolgreichen Einsatz von Inseraten. Es ist denkbar, dass mehrere Inserate keinen signifikanten Zuwachs an qualifizierten Bewerbern erbringen, da der falsche Rekrutierungskanal verwendet wird oder das Profil im Markt nicht verfügbar ist. Für interne Zwecke ist es auch sinnvoll, die Wirksamkeit einzelner Medien (Zeitungen, Magazine) zu messen, um das Budget für Inserate möglichst effizient einzusetzen. Die Kennzahl lässt jedoch keine Aussage zur Qualität der Bewerbungen zu.
In dieser Kennzahl wurden die Blindbewerbungen nicht den Inseraten zugeordnet.

Vorteile	Nachteile
• Einfach zu ermitteln • Gibt Hinweise auf Richtigkeit des Mediums oder die Gestaltung des Inserats	• Qualität der Inserate kann nicht ermittelt werden (z. B. Design der Anzeige, Tätigkeit, Ort der Anzeige) • Kennzahl erst aussagekräftig mit Bewerbungen im Verhältnis zu Einstellungen

3.7 Effizienz der Rekrutierungs-Interviews

Formel

$$\frac{\text{Anzahl Interviews pro Jahr}}{\text{Anzahl Zugänge (Einstellungen) pro Jahr}}$$

Rechenbeispiel

$$\frac{36.660}{3.900} = \textbf{9,4 Interviews}$$

Erläuterung

Diese Kennzahl gibt einen Hinweis über die Struktur und Effizienz des Rekrutierungsprozesses. Es ist zudem möglich, Auswertungen nach Subkategorien zu erstellen (z. B. Erst-, Zweit-, Dritt-Interview, evtl. Assessment Center, Anstellungsgespräche, Vertragsvereinbarungen).
Das Beispiel zeigt, dass im Durchschnitt 9,4 Interviews zu einer Anstellung geführt haben.

Vorteile	Nachteile
• Gibt grobe Übersicht über die Struktur des Rekrutierungsprozesses • Mit dieser Kennzahl können die Rekrutierungsdauer und -kosten simuliert werden • Kann im Vergleich zu Mitbewerbern wichtige Hinweise zur Effizienzsteigerung geben	• Kann je nach Branche und Rekrutierungsprozess stark unterschiedlich sein • Trifft keine Aussage über die Qualität der Interviews • Sagt nichts aus über Beurteilung des Rekrutierungsprozesses aus Sicht der Bewerber

3.8 Einstellungseffizienz pro Rekrutierungskanal

Formel

$$\frac{\text{Anzahl der Einstellungen pro Rekrutierungskanal}}{\text{Anzahl Zugänge (Einstellungen) pro Jahr}} \times 100\,\%$$

Rechenbeispiel

$$\frac{200^*}{3.900} \times 100\,\% = \mathbf{5{,}1\,\%}$$

* Beispiel mit rekrutierten Hochschulabsolventen

Erläuterung

Diese Kennzahl gibt Hinweise auf die Quelle der Einstellungen. Dies können – wie im obigen Rechenexempel dargestellt – das eigene Hochschulmarketing oder aber Spontanbewerbungen, Bewerbungen via Internet auf ausgeschriebene Stellen, Personalberater oder interne Wechsel sein. Diese Rekrutierungskanäle müssen definiert sein, um Auswertungen erstellen zu können. Die Kennzahl kann wichtige Erkenntnisse über die lokalen Rekrutierungsmärkte liefern (Bewerberverhalten).

Vorteile	**Nachteile**
• Gibt Hinweise, woher die neuen Mitarbeiter kommen und wie sie zum Unternehmen finden • Kann Hinweise für Rekrutierungsstrategien geben • Kann in Verbindung mit weiteren Kennzahlen Kosteneinsparpotenziale aufdecken	• Es sollte unterschieden werden, ob z. B. ein Vorstandsmitglied durch eine Personalberatung rekrutiert wird oder studentische Kräfte für Aushilfstätigkeiten, d. h. die Qualität der Arbeitskräfte bleibt unberücksichtigt • Keine Aussage zu den entstandenen Kosten

3.9 Einstellungsquote

Formel

$$\frac{\text{Anzahl der Zugänge (Einstellungen) pro Jahr}}{\text{Anzahl der Mitarbeiter}} \times 100\,\%$$

Rechenbeispiel

$$\frac{3.900}{52.100} \times 100\,\% = \mathbf{7{,}5\,\%}$$

Erläuterung

Diese Kennzahl ermittelt den Prozentsatz der neuen Mitarbeiter im Verhältnis zur Mitarbeiteranzahl. Sie kann Erkenntnisse über den Integrationsbedarf und -aufwand geben.

Die Einstellungsquote ist insbesondere in der Betrachtung mit anderen Kennzahlen interessant, wie z. B. Personalwachstum, durchschnittliche Kosten pro Mitarbeiter, durchschnittlicher Personalaufwand, Fluktuation oder Frühfluktuation (siehe 3.14/3.15).

Vorteile	Nachteile
• Gibt Hinweise auf den Integrationsbedarf • Wertvolle Kennzahl in Kombination zu anderen Zahlen • Ein hoher Prozentsatz kann viele Ressourcen für die Einarbeitung der neuen Mitarbeiter binden und daher zu Effizienzverlusten führen. Die Erkenntnisse sind für das Unternehmen wichtig	• Nicht ermittelbar, wenn in Krisenzeiten Mitarbeiterentlassungen stattfinden oder Einstellungsstopp herrscht

3.10 Externe Zugangsquote

Formel

$$\frac{\text{Anzahl der Einstellungen externer Personen}}{\text{Anzahl Zugänge (Einstellungen) pro Jahr}} \times 100\,\%$$

Rechenbeispiel

$$\frac{3.846}{3.900} \times 100\,\% = \mathbf{98{,}6\,\%}$$

Erläuterung

Diese Kennzahl ermittelt die Höhe der Einstellungen von außerhalb des Unternehmens (Neueinstellungen). Dies sind Mitarbeiter, die neu ins Unternehmen eintreten. Ein hoher Prozentsatz, wie im obigen Beispiel unterstellt, lässt auf eine relativ geringe interne Durchlässigkeit bzw. Rotation schließen. Ist dies der Fall, sind die Nachwuchsplanung und das Skills-Management (d. h. die Mitarbeiterweiterentwicklung) zu überprüfen und ggf. zu verbessern.

Vorteile	Nachteile
• Gibt Hinweise auf die Fähigkeit des Unternehmens, Vakanzen mit bestehenden Mitarbeitern zu besetzen • Kann Hinweise auf die Versetzungsbereitschaft der Mitarbeiter liefern • Im Zeitverlauf aussagekräftig	• Nicht aussagekräftig, wenn Unternehmen in neuen Geschäftsbereich eintritt und auf externes Know-how angewiesen ist • Interne Versetzung teilweise nicht einfach festzustellen

3.11 Interne Zugangsquote

Formel

$$\frac{\text{Anzahl Einstellungen interner Personen}}{\text{Anzahl Zugänge (Einstellungen) pro Jahr}} \times 100\,\%$$

Rechenbeispiel

$$\frac{54}{3.990} \times 100\,\% = \mathbf{1{,}3\,\%}$$

Erläuterung

Diese Kennzahl erläutert die Höhe der Einstellungen aus firmeninternen Quellen (z. B. durch Jobrotation, Versetzung oder Beförderung) und ist somit das Gegenstück zur externen Zugangsquote (vgl. 3.10). Ein hoher Prozentsatz lässt auf eine hohe interne Durchlässigkeit schließen. Offensichtlich besteht in einem solchen Falle eine gezielte Planung der zu besetzenden Stellen (Nachfolgeplanung).

Die Kennzahl kann auch ermittelt werden, indem der Kehrwert der externen Zugangsquote herangezogen wird. In der Regel sind die internen Versetzungen im Personalinformationssystem schwierig zu identifizieren, weil diese Angaben je nach Unternehmen unterschiedlich oder nicht im Personalinformationssystem erfasst werden.

Vorteile	Nachteile
• Gibt Hinweise auf die Qualität der Nachfolgeplanung • Gibt Hinweise auf die Entwicklungs- und Förderungsplanung	• Relativ schwierig zu erheben (Daten im Personalinformationssystem, Reorganisationen etc.) • Kann bei erheblichem Wachstum verzerrt werden • Teilweise interpretationsbedürftig

3.12 Externe Personalbeschaffungskosten

Formel

$$\frac{\text{Summe der externen Kosten für Rekrutierung}}{\text{Anzahl Zugänge (Einstellungen) pro Jahr}}$$

Rechenbeispiel

$$\frac{29{,}4 \text{ Mio. €}}{3.900} = \mathbf{7.538\,€}$$

Erläuterung

Diese Kennzahl ermittelt die durchschnittlichen, direkten Kosten der Rekrutierung pro Einstellung. Diese beinhalten alle Aufwendungen für Inserate, Personalvermittlerkosten und »Head Hunter« (Executive Search).

Eine hohe Kennziffer lässt auf eine häufige Verwendung von externen Rekrutierungsquellen schließen (z. B. Personalvermittler). Die externen Personalbeschaffungskosten können als Ausgangspunkt für eine tiefer gehende Kostenanalyse benutzt werden.

Vorteile	**Nachteile**
• Wichtige Kennzahl, weil die Rekrutierungskosten begründet und verglichen werden können • Gibt Hinweise auf die Qualität der firmeninternen Rekrutierung • Gibt Hinweise auf »Personalvermittlerfreundlichkeit« der Firma • Kann großes Einsparpotenzial aufzeigen	• Kennzahlen müssen aus dem Controllingsystem oder dem Finanzsystem ermittelt werden • Kosten stehen ggf. in Zusammenhang mit der Qualität der neuen Mitarbeiter

3.13 Anstellungsquote der Hochschulabsolventen

Formel

$$\frac{\text{Anzahl der rekrutierten Hochschulabsolventen}}{\text{Anzahl Zugänge (Einstellungen) pro Jahr}} \times 100\,\%$$

Rechenbeispiel

$$\frac{200}{3.900} \times 100\,\% = \mathbf{5{,}1\,\%}$$

Erläuterung

Diese Kennzahl zeigt den Bedarf des Unternehmens an Hochschulabgängern. Zudem ist in einer weiteren Analyse auch interessant, welche Hochschulen für das Unternehmen besonders viele neue Mitarbeiter ausbilden, um gezielter rekrutieren zu können. Die Kennzahl kann auch in Bezug gestellt werden zum gesamten Aufwand, der für Hochschulmarketing betrieben wird.

Vorteile	Nachteile
• Zentrale Kennzahl für die Analyse des Hochschulmarketings	• Nicht für alle Firmen von hoher Relevanz
• Kann ins Verhältnis zu weiteren Rekrutierungszahlen gesetzt werden	• Von Branche zu Branche unterschiedlich
• Lässt Bedarf an gut ausgebildetem Personal erkennen	• Abhängig vom wirtschaftlichen Umfeld

3.14 Fluktuationsrate

Formel

$$\frac{\text{Gesamtabgänge pro Jahr}}{\text{Summe Vollzeitäquivalente}} \times 100\,\%$$

Rechenbeispiel

$$\frac{3.600}{46.000} \times 100\,\% = \mathbf{7{,}8\,\%}$$

Erläuterung

Die Fluktuationsrate setzt die Anzahl der Abgänge (freiwillige und unfreiwillige) ins Verhältnis zur durchschnittlichen Gesamtzahl der Mitarbeiter (Vollzeitäquivalente). Die Kennzahl kann auch monatlich ermittelt werden, liefert jedoch keine Aussage zu den im Betrieb verbleibenden Mitarbeitern und ihren Absichten, ggf. auch das Unternehmen zu verlassen. Die Fluktuation wird dabei von externen Faktoren wie z. B. dem Arbeitsmarkt oder der Konjunktur beeinflusst. Eine hohe Fluktuationsrate verursacht i. d. R. hohe zusätzliche Kosten und erheblichen Mehraufwand für die Firma.

Befristete Verträge, welche nicht verlängert werden, sind nicht in dieser Kennzahl zu berücksichtigen.

Vorteile	**Nachteile**
• Kennzahl wird beinahe von allen Firmen gemessen, wodurch viele Vergleichsmöglichkeiten bestehen • Relativ einfach zu ermitteln	• Abhängig von der Konjunktur • Interpretationsbedürftig • Fluktuationsgründe werden nicht sichtbar

3.15 Frühfluktuationsrate

Formel

$$\frac{\text{Anzahl Kündigungen innerhalb von sechs Monaten}}{\text{Anzahl Zugänge (Einstellungen) pro Jahr}} \times 100\,\%$$

Rechenbeispiel

$$\frac{400}{3.900} \times 100\,\% = \mathbf{10{,}3\,\%}$$

Erläuterung

Die Frühfluktuationsrate ermittelt den Prozentsatz der Abgänge (freiwillige und unfreiwillige) innerhalb der ersten sechs Monate im Verhältnis zur Gesamtzahl der Neueinstellungen innerhalb eines Jahres.
Eine hohe Frühfluktuationsrate verursacht hohe zusätzliche Kosten und erheblichen Mehraufwand für die Firma. Es können verdeckte Signale über fehlendes Integrationsvermögen der Firma oder mangelnde Sorgfalt im Rekrutierungsprozess vermutet werden. Abgänge während der Probezeit sind nicht in dieser Kennzahl zu berücksichtigen.

Vorteile	**Nachteile**
• Wichtige Kennzahl, da sie Hinweise auf fehlende Qualität des Rekrutierungsprozesses gibt • Indikator für mögliche fehlende Qualität des Anlernprozesses oder der Integrationsfähigkeit	• Wird selten erhoben • Kennzahl sagt nichts über die Gründe der Frühfluktuation aus • Gibt keine Hinweise auf die Kosten

3.16 Ordentliche Abgangsquote

Formel

$$\frac{\text{Anzahl ordentlicher Kündigungen pro Jahr}}{\text{Gesamtabgänge pro Jahr}} \times 100\,\%$$

Rechenbeispiel

$$\frac{3.245}{3.600} \times 100\,\% = \mathbf{90{,}1\,\%}$$

Erläuterung

Unter ordentlichen Kündigungen versteht man die Anzahl der Mitarbeiter, die selbst die Kündigung einreichen, sei dies aufgrund von neuen Herausforderungen oder aus persönlichen Gründen.

Auswertungen in Bezug auf die Austrittsgründe können erstellt werden, wenn die Austrittsgründe beispielsweise in den Austrittsgesprächen geklärt und anschließend im Personalinformationssystem erfasst werden. Diese Auswertungen sind jedoch mit Vorsicht zu genießen, da nicht immer die wahren Gründe genannt werden.

Vorteile	**Nachteile**
• Einfach zu erstellen • Detaillierte Information, da weiter aufgeschlüsselt als die reine Fluktuation	• Kann nicht immer erstellt werden, weil die Angaben nicht immer erfasst werden • Wirkliche Austrittsgründe können verschleiert werden

3.17 Ordentliche Abgangsquote nach Beschäftigungsdauer

Formel

$$\frac{\text{Summe der Dienstjahre von Mitarbeitern mit ordentlicher Kündigung}}{\text{Gesamtabgänge pro Jahr}}$$

Rechenbeispiel

$$\frac{33.150 \text{ Jahre}}{3.600} = \mathbf{9{,}2\ Jahre}$$

Erläuterung

Diese Kennzahl ergibt die durchschnittliche Dauer nach Dienstjahren für die austretenden Mitarbeiter. Vertiefte Kenntnisse können gewonnen werden, wenn weitere Auswertungen nach Führungsebenen oder nach Berufsgruppen bzw. Segmenten erstellt werden. Erfahrene Mitarbeiter nehmen auch entsprechend viel firmenspezifisches Wissen aus dem Unternehmen mit, welches oft nicht dokumentiert ist. Dies stellt ein Risiko für das Unternehmen dar. Auf der anderen Seite bringen neue Kräfte frischen Wind in den Betrieb.

Die Kennzahl kann in Relation zur durchschnittlichen Betriebszugehörigkeit gebracht werden, was bereits eine gewisse innerbetriebliche Vergleichbarkeit ermöglicht.

Vorteile	**Nachteile**
• Gibt mögliche Hinweise auf den Erfahrungsverlust bei Firmen • Zeigt im Zeitverlauf einen gewissen Personalumschlag	• Eine lange Dienstzugehörigkeit muss nicht zwangsläufig positiv für das Unternehmen sein • Sollte fallweise beurteilt werden, da Durchschnittszahl verzerren kann

3.18 Außerordentliche Abgangsquote

Formel

$$\frac{\text{Anzahl außerordentlicher Kündigungen pro Jahr}}{\text{Gesamtabgänge pro Jahr}} \times 100\,\%$$

Rechenbeispiel

$$\frac{355}{3.600} \times 100\,\% = \mathbf{9{,}9\,\%}$$

Erläuterung

Unter außerordentlichen Kündigungen fallen die Mitarbeiter, die vom Unternehmen die Kündigung erhalten. Mögliche Gründe können fehlende Leistung oder soziale Unverträglichkeit sein. Kündigungen innerhalb der Probezeit werden nicht dazugerechnet.

Personalabbaumaßnahmen beeinflussen diese Kennziffer. Es würde sich dann lohnen, diese Entlassungen auch so zu deklarieren bzw. in der »normalen« Statistik gesondert auszuweisen.

Betriebliche Kündigungen können nicht grundsätzlich vermieden werden. Entlassungen altgedienter Mitarbeiter aufgrund fehlender Leistung sind jedoch zu Recht kritisch zu prüfen (tatsächliche Gründe werden verschleiert).

Vorteile	**Nachteile**
• Gibt Hinweise darauf, wie ein Unternehmen mit Spezialfällen umgeht (z. B. fehlende Leistung) • Kann in Zusammenhang mit personalpolitischen Grundsätzen gestellt werden	• Unklar, ob es sich um Entlassungen aufgrund wirtschaftlicher Schwierigkeiten handelt oder direkt auf den Mitarbeiter zurückzuführen ist

3.19 Frühpensionierungen im Verhältnis zu ordentlichen Pensionierungen

Formel

$$\frac{\text{Anzahl Frühpensionierungen}}{\text{Anzahl Pensionierungen}} \times 100\,\%$$

Rechenbeispiel

$$\frac{204}{1.322} \times 100\,\% = \mathbf{15{,}4\,\%}$$

Erläuterung

Die Gesamtanzahl der Frühpensionierungen (freiwillige und unfreiwillige) vor Erreichen des Pensionsalters im Verhältnis zu den Pensionierungen bei Erreichen des ordentlichen Pensionierungsalters kennzeichnet die Fähigkeit des Unternehmens, die Mitarbeiter bis zu ihrer Pensionierung im Unternehmen einzusetzen.

Frühpensionierungen kann ein Unternehmen veranlassen, um im Falle des Stellenabbaus keine jüngeren Mitarbeiter entlassen zu müssen. Umgekehrt können Frühpensionierungen aber auch einem Bedürfnis der betroffenen Mitarbeiter entsprechen. Dabei sollten die finanziellen Konsequenzen sowohl für das Unternehmen als auch für den Mitarbeiter vorab genau abgeklärt werden.

Vorteile	Nachteile
• Wichtiger Indikator, der den Umgang mit älteren Mitarbeitern beschreibt	• Frühpensionierungen werden oft tabuisiert • Frühpensionierungen können für das Unternehmen hohe Kosten verursachen

3.20 Durchschnittliche Frühpensionierungskosten pro Fall

Formel

$$\frac{\text{Kosten für Frühpensionierungen (Abfindungszahlungen)}}{\text{Anzahl der Frühpensionierungen}}$$

Rechenbeispiel

$$\frac{22{,}8 \text{ Mio. €}}{204} = \mathbf{111.765€}$$

Erläuterung

Die durchschnittlichen Kosten für die Frühpensionierung beinhalten in erster Linie Abfindungszahlungen.

Die Summe pro Fall (der theoretische Einkauf von Renten) errechnet sich aus den fehlenden Altersvorsorgebeiträgen (Arbeitgeberbeiträge), unter der Annahme, dass das versicherte Gehalt gleichgeblieben wäre und die Personen das ordentliche Pensionsalter erreicht hätten.

Im Einzelfall sind die firmenspezifischen Pensionskassenregelungen zu konsultieren.

Vorteile	**Nachteile**
• Transparenz über zusätzlich anfallende Kosten • Die Auswirkungen für Arbeitgeber und Arbeitnehmer können ermittelt werden	• Wird selten ermittelt, da häufig tabuisiert

3.21 Durchschnittliche Outplacementkosten pro Fall

Formel

$$\frac{\text{Kosten aller Outplacements}}{\text{Anzahl bezahlter Outplacements}}$$

Rechenbeispiel

$$\frac{5{,}1 \text{ Mio. €}}{255} = \mathbf{20.000\,€}$$

Erläuterung

Unter Outplacement versteht man die fachliche Unterstützung durch externe Fachkräfte während einer bestimmten Zeit, nachdem Mitarbeiter die Kündigung erhalten haben (professionelle Unterstützung bei der Neuorientierung). Nicht allen entlassenen Mitarbeitern wird ein Outplacement bezahlt. Die Gründe dafür sind vielfältig und kommen in der Kennzahl nicht zum Ausdruck.

Bei dieser Formel werden nur die direkten Kosten für das Outplacement berücksichtigt. Interne Kosten wie fehlende Arbeitsleistung, HR-Kosten für Betreuung (Suche des richtigen Outplacement-Beraters) oder Ersatzanstellungskosten werden hier nicht berücksichtigt.

Vorteile	Nachteile
• Kann gute Richtwerte für die Zukunft ergeben	• Wird selten erhoben (Tabuisierung)
• Die zukünftigen direkten Kosten können entsprechend simuliert und geschätzt werden	• Kennzahl sagt nichts über die Gründe der Outplacements aus

3.22 Fluktuationskosten (direkte und indirekte Kosten) pro Mitarbeiter

Formel

$$\frac{\text{Fluktuationskosten*}}{\text{Gesamtabgänge pro Jahr}}$$

* Fluktuationskosten = Ausstellungskosten** + Einstellungskosten***

** Ausstellungskosten = Kosten der Minderleistung (Freileistung, Abwesenheiten) + Abwicklungskosten (HR-Aufwände)

*** Einstellungskosten = Anwerbungskosten (Rekrutierungskosten für Inserate etc.) + Auswahlkosten (Selektionskosten) + Einarbeitungskosten (Training, Führung)

Rechenbeispiel

$$\frac{92{,}2 \text{ Mio. €}}{3.600} = \mathbf{25.611\,€}$$

Erläuterung

Die Fluktuationskosten beinhalten alle direkten und indirekten Kosten, welche durch die Fluktuation beim Unternehmen entstehen. In der Praxis kann diese Kennzahl nur näherungsweise ermittelt werden.

Bei qualifizierten Funktionen werden in der Literatur sechs und bei Führungsfunktionen zwölf Monatsgehälter als Richtgröße angeführt. Aus der Erfahrung teilen sich die direkten und die indirekten Kosten ca. zu 1/3 in direkte Kosten und zu 2/3 in indirekte Kosten auf.

Vorteile	**Nachteile**
• Beinhaltet direkte und indirekte Kosten	• Muss mit Schätzungen adjustiert werden
• Hohe Transparenz über Gesamtkosten	• Kann im Einzelfall stark abweichen

3.23 Fluktuationskosten im Verhältnis zu Personalkosten

Formel

$$\frac{\text{Fluktuationskosten}}{\text{Personalkosten}} \times 100\,\%$$

Rechenbeispiel

$$\frac{92{,}2 \text{ Mio. €}}{2.453 \text{ Mio. €}} \times 100\,\% = \mathbf{3{,}8\,\%}$$

Erläuterung

Die Fluktuationskosten im Verhältnis zu den Personalkosten geben einen guten Hinweis auf den Prozentanteil der Kosten, der für das Personal aufgewendet werden muss, jedoch für das Unternehmen keinen Mehrwert schafft.

Die Kosten können teilweise vermieden oder beeinflusst werden durch Analyse der Gründe. Hierzu zählen z. B. Führungsprobleme, Rollenunklarheit, Arbeitsplatzkonflikte oder fehlende Entwicklungsmöglichkeiten.

Vorteile	**Nachteile**
• Gibt Hinweise auf den Prozentanteil der Personalkosten, welche keinen Mehrwert geschaffen haben • Kann für personalpolitische Überlegungen weiterverwendet werden (z. B. Entlassungen)	• Schwierig zu ermitteln • Abhängig von firmenspezifischen Rahmenbedingungen (Größe, Branche, Gehälter) • Interpretationsbedürftig

3.24 Anteil Kündigungen von Leistungsträgern

Formel

$$\frac{\text{Anzahl Abgänge von Leistungsträgern}}{\text{Gesamtabgänge pro Jahr}} \times 100\,\%$$

Rechenbeispiel

$$\frac{920^*}{3.600} \times 100\,\% = \mathbf{25{,}6\,\%}$$

* Annahme: zu den 3.600 Abgängen zählen 920 Leistungsträger

Erläuterung

Diese Kennzahl zeigt die Anzahl der Abgänge von Leistungsträgern bzw. von Personen mit einem hohen Skalenwert in der Leistungsbewertung.

Hohe Prozentwerte lassen auf Fehlentwicklungen im Unternehmen schließen, wie z. B. fehlende Attraktivität, ungenügende Entwicklungsmöglichkeiten, mangelhafte Entlohnungskonzepte, fehlende Anreizsysteme oder ungenügende Integration. In diesem Fall sollten umgehend Gegensteuerungsmaßnahmen eingeleitet werden.

Vorteile	**Nachteile**
• Aufwand zur Erstellung ist relativ gering • Hoher Lerneffekt für das Unternehmen möglich • Kann auch für Branchenvergleiche verwendet werden	• Wird in der Praxis teilweise tabuisiert • Bedeutung wird heruntergespielt

Kapitel 4

Vergütung und Lohnnebenleistungen

4.1 Lohnabrechnungskosten pro Jahr (Cost per Payslip)

Formel

$$\frac{\text{Gesamtkosten für die Lohnabrechnung}}{\text{Anzahl der Mitarbeiter}}$$

Rechenbeispiel

$$\frac{16{,}9\ \text{Mio. €}}{52.100} = \mathbf{325€}$$

Erläuterung

Die Gesamtkosten für die Lohnabrechnung beinhalten die Personalkosten für die Abteilung Lohnabrechnung, die Infrastrukturkosten (Arbeitsplätze) und die Aufwände für das Personalinformationssystem (z. B. Lizenzen, jährliche Wartungskosten), die Kosten für die monatlichen Lohnabrechnungen sowie die Steuererklärung. Ebenso sind darin auch die Bankgebühren und Druckkosten für die Abrechnungen enthalten. Ein teures Personalinformationssystem kann die Kosten stark nach oben beeinflussen.
Teilt man diese Gesamtkosten der Lohnabrechnung durch die Gesamtzahl der Mitarbeiter, so erhält man die jährlichen Lohnabrechnungskosten pro Mitarbeiter.

Vorteile	Nachteile
• Übersicht über Kosten für die Gehaltsabrechnung pro Mitarbeiter (Grundlage für unternehmerische Entscheidungen wie z. B. Outsourcing, Systementscheidungen) • Kann als Richtgröße für ein geplantes Outsourcing verwendet werden	• Die Lohnadministration hat oft weitere Aufgaben, welche nicht separiert werden können und daher die Kosten erhöhen • Stark abhängig vom gewählten Personalinformationssystem (Grundkosten)

4.2 Durchschnittliche Vergütung pro Vollzeitäquivalent

Formel

$$\frac{\text{Personalaufwand}}{\text{Summe Vollzeitäquivalente}}$$

Rechenbeispiel

$$\frac{2.453\text{ Mio. €}}{46.000} = \mathbf{53.326€}$$

Erläuterung

Diese Kennzahl gibt einen Hinweis auf die durchschnittlichen Gesamtpersonalkosten pro Vollzeitäquivalent. Sie enthalten neben dem Basisgehalt weitere (monetäre) Zuwendungen, variable Lohnbestandteile (Boni) sowie Lohnnebenkosten inkl. den Sozialabgaben des Arbeitgebers. Diese Kennzahl ist besonders interessant im Branchenvergleich, im Vergleich der Länder und im Verhältnis zum Gewinn und Umsatz. Sie kann Ausgangslage für personalpolitische Entscheidungen sein (z. B. Sparmaßnahmen, Personalabbau, Gehaltsanpassungen). Ebenso ist die Entwicklung der Kennzahl über die Zeit eine verlässliche Größe, um Hinweise zur Personalkostenentwicklung zu erhalten. Firmen mit hohen Zuwachsraten oder hoher Fluktuation haben i. d. R. deutlich höhere durchschnittliche Personalkosten zu erwarten.

Vorteile	**Nachteile**
• Einfach zu ermitteln, auch aus öffentlichen Quellen (z. B. Geschäftsbericht) • Gibt im Jahresvergleich wichtige Hinweise auf die Personalkostenentwicklung • Hinweis auf das Gehaltsniveau im Vergleich zur Branche und damit Indikator für die Attraktivität des Arbeitgebers aus Mitarbeitersicht	• Aus öffentlichen Quellen durch länderspezifische Unterschiede oft ungenau, daher pro Land zu ermitteln • Nicht sehr genau, da Durchschnittswert • Gibt keine Hinweise auf das innerbetriebliche Lohngefälle

4.3 Umsatz-Personalkosten-Vergleich (Arbeitsintensität)

Formel

$$\frac{\text{Umsatz}}{\text{Personalaufwand}}$$

Rechenbeispiel

$$\frac{14.019 \text{ Mio. €}}{2.453 \text{ Mio. €}} = \mathbf{5{,}71\,€}$$

Erläuterung

Die Arbeitsintensität setzt den erzielten Umsatz in Relation zu dem Personalaufwand innerhalb einer Periode. Die Kennzahl bringt damit zum Ausdruck, wie viel Euro Umsatz mit einem Euro Personalaufwand erzielt werden konnte (im obigen Beispiel 5,71 €). Die Kennzahl zeigt im Zeitverlauf, inwiefern sich die Produktivität eines Unternehmens verändert. Hat ein Unternehmen innerhalb einer Branche eine überdurchschnittlich niedrige Arbeitsintensität, so deutet dies auf einen effizienten Personaleinsatz bzw. eine relativ hohe Intensität an Maschinen hin. Zu berücksichtigen ist bei der Analyse dieser Kennzahl gleichzeitig die Materialintensität und die Umsatzmarge, da die Kennzahl alleine nicht aussagekräftig genug ist. Der Kehrwert der Kennzahl (Personalaufwand / Umsatz × 100 %) zeigt, welcher Prozentsatz des Umsatzes allein für Personalaufwendungen verbucht wurde, und dient daher dem Unternehmensvergleich.

Vorteile	**Nachteile**
• Produktivität des Personals im Zeitverlauf erkennbar • Einsparpotenziale können aufgedeckt werden • Personalaufwand weniger beeinflussbar als z. B. Marketingaufwand	• Personalaufwand kann z. B. durch Veränderungen der Sozialversicherungsbeiträge verfälscht sein • Nur im Zusammenhang mit anderen Produktionsaufwendungen und Margen aussagekräftig

4.4 Gesamtvergütungsentwicklung

Formel

$$\frac{\text{Personalaufwand Jahr n}}{\text{Personalaufwand n} - 1} \times 100\,\%$$

Rechenbeispiel

$$\frac{2.453 \text{ Mio. €}}{2.403 \text{ Mio. €}} \times 100\,\% = \mathbf{2{,}1\,\%}$$

Erläuterung

Diese Kennzahl ermittelt die Lohnsummenentwicklung im Jahresvergleich. Im vorliegenden Beispiel erhöhte sich die Gesamtlohnsumme um 2,1 %. Lohnsummenzuwachs kann durch eine gestiegene Anzahl Mitarbeiter entstehen. Es ist jedoch auch möglich, dass neu rekrutierte Mitarbeiter zu höheren Lohnkosten zum Unternehmen stoßen. Alle Arten von Lohnerhöhungen, wie z. B. erhöhte Tarifabschlüsse, führen zu einer steigenden Lohnsumme. In der Regel sinken die Personalkosten nur bei massivem Personalabbau.

Vorteile	Nachteile
• Einfach zu ermitteln • Ausgangspunkt für Ursachenanalyse, wie z.B verdeckte unterjährige Erhöhungen oder höhere Gehälter bei Einstellungen • Interessant im Branchenvergleich, ob Gehaltsniveau überdurchschnittlich stark ansteigt	• Ursache für die Entwicklung nicht auf den ersten Blick erkennbar • Kann durch hohen Zuwachs oder Schrumpfung der Mitarbeiterzahl verzerrt sein

4.5 Lohnformenstruktur

Formel

$$\frac{\text{Lohnkomponente}}{\text{Personalaufwand}} \times 100\,\%$$

Rechenbeispiel

$$\frac{368\text{ Mio. €}^*}{2.453\text{ Mio. €}} \times 100\,\% = \mathbf{15{,}0\,\%}$$

* Beteiligungsmodelle (LTI)

Erläuterung

Die Lohnformenstruktur gibt Hinweise auf den Aufbau der Gesamtentlohnung aller Mitarbeiter. Die wesentlichsten Komponenten sind das Grundgehalt (Fixgehalt), der variable Lohnanteil (Bonus), der variable langfristige Lohnanteil (z. B. LTI, Optionen, Aktien), die Lohnnebenleistungen (»Fringe Benefits«, inkl. Sozialabgaben des Arbeitgebers) und die Leistungen des Arbeitgebers für die Altersvorsorge (Pensionskassen).

Die Struktur variiert von Unternehmen zu Unternehmen und leitet sich aus der Gehaltsstrategie ab. Oft bestehen je nach Führungsebene unterschiedliche Gesamtvergütungsmodelle.

LTI = Long Term Incentive (langfristige Anreizkomponente)
STI = Short Term Incentive (kurzfristige Anreizkomponente)

Vorteile	Nachteile
• Gibt Hinweise auf den Aufbau des Gehaltssystems • Setzt den fixen Lohnanteil in Relation zum Gesamtlohn	• Spezifische Entlohnungserfahrung für eine qualitative Auswertung notwendig

4.6 Variabler Vergütungsanteil in Prozent

Formel

$$\frac{\text{Variabler Vergütungsanteil}}{\text{Personalaufwand}} \times 100\,\%$$

Rechenbeispiel

$$\frac{221\ \text{Mio.}\,€}{2.453\ \text{Mio.}\,€} \times 100\,\% = \mathbf{9{,}0\,\%}$$

Erläuterung

Die Struktur variiert von Unternehmen zu Unternehmen und leitet sich aus der Entlohnungsstrategie ab.

Der variable kurzfristige Gehaltsanteil kann sich von Jahr zu Jahr verändern. Er orientiert sich häufig am Gesamtumsatz bzw. Jahresüberschuss des Unternehmens (Ausnahme: fixe Boni oder keine Verknüpfung mit dem Unternehmenserfolg). Die Höhe ist in der Regel je nach Führungsebene verschieden.

Der variable Lohnanteil sollte in einem vernünftigen Verhältnis zum Gewinn stehen. Die Praxis zeigt jedoch keine Regel, vielmehr sollten die beteiligten Interessen von Aktionären bzw. Gesellschaftern und Mitarbeitern angemessen berücksichtigt werden.

Vorteile	Nachteile
• Zeigt, ob Leistungsanreize im Unternehmen bestehen • Gibt Hinweise auf die Entlohnungsstrategie • Kann für Branchenvergleiche und die Analyse der Unternehmensattraktivität herangezogen werden	• Durchschnittswert, ggf. bekommt nur der Vertrieb und das Management einen variablen Lohnanteil • Keine Hinweise auf die verschiedenen Hierarchien

4.7 Anteil der Lohnnebenkosten

Formel

$$\frac{\text{Summe Lohnnebenkosten}}{\text{Personalaufwand}} \times 100\,\%$$

Rechenbeispiel

$$\frac{250 \text{ Mio. €}}{2.453 \text{ Mio. €}} \times 100\,\% = \mathbf{10{,}2\,\%}$$

Erläuterung

Die Lohnnebenkosten orientieren sich größtenteils am Basisgehalt und sind von daher fixer Lohnbestandteil. Je nach Unternehmen werden freiwillig zusätzliche Lohnnebenleistungen offeriert, wie z. B. Spesen, Gutscheine oder Essensvergünstigungen. Der Autor empfiehlt, nur die quantifizierbaren Lohnnebenleistungen (Sozialabgaben, Versicherungsleistungen) in die Berechnung einzubeziehen. Zusätzliche Urlaubstage oder Betriebsausflüge sollten zwecks besserer Vergleichbarkeit nicht berücksichtigt werden.
Im internationalen Vergleich ist die Höhe der Lohnnebenkosten sehr unterschiedlich.

Vorteile	Nachteile
• Übersicht über die Kosten der Nebenleistungen • Vergleich mit der Branche oder anderen Arbeitgebern wird ermöglicht	• Ermittlung benötigt gewisse zusätzliche Kenntnisse und Erfahrung (Entlohnungsfachkenntnisse) • Summe der Lohnnebenkosten ist durch das Unternehmen nur in geringem Maße beeinflussbar • Kann von Land zu Land stark abweichen

4.8 Vergütungsfaktor Führungskräfte

Formel

$$\frac{\text{Personalkosten für Führungskräfte}}{\text{Personalaufwand}} \times 100\,\%$$

Rechenbeispiel

$$\frac{1.040 \text{ Mio. €}}{2.453 \text{ Mio. €}} \times 100\,\% = \mathbf{42{,}4\,\%}$$

Erläuterung

Diese Kennzahl zeigt, welchen prozentualen Anteil der gesamten Personalkosten die Führungskräfte für sich beanspruchen.

Als Führungskräfte bezeichnet der Autor die Geschäftsleitung und die nächsten zwei bis drei Führungsebenen. Der Vergütungsfaktor kann auch für verschiedene Mitarbeitergruppen erhoben werden (z. B. nach Führungsebenen, Direktionen oder Abteilungen).

Vorteile	Nachteile
• Zeigt den Vergütungsanteil, den alle Führungskräfte beanspruchen • Gibt Hinweise für die Budgetplanung	• Nur beschränkt vergleichbar, da nicht alle Firmen vergleichbare Führungsstrukturen besitzen • International kaum vergleichbar (Bsp. USA versus Europa)

4.9 Vergütungsfaktor Geschäftsleitung

Formel

$$\frac{\text{Personalkosten für Geschäftsleitung}}{\text{Personalaufwand}} \times 100\,\%$$

Rechenbeispiel

$$\frac{124 \text{ Mio. €}}{2.453 \text{ Mio. €}} \times 100\,\% = \mathbf{5{,}1\,\%}$$

Erläuterung

Der Vergütungsfaktor für die Geschäftsleitung zeigt den prozentualen Anteil der Personalkosten, welchen ausschließlich die Geschäftsleitung/Vorstand für sich beansprucht (ohne zweite Führungsebene).

Dabei differieren die Kosten je nach Branche und Land sehr stark. Eine Offenlegung der Gehälter für die Geschäftsleitung wird in mehreren Ländern diskutiert. In Deutschland wird dies z. B. durch den Corporate Governance Kodex für börsennotierte Gesellschaften gefordert.

Vorteile	**Nachteile**
• Zeigt den prozentualen Anteil der gesamten Personalkosten, den die Geschäftsleitung beansprucht • Gibt Hinweise für Budgetplanung • Lässt Branchenvergleich zu im Hinblick auf die Vergütung von Top-Managern	• Nur beschränkt vergleichbar, da nicht alle Firmen ähnliche Führungsstrukturen besitzen • International nur eingeschränkt vergleichbar

4.10 Durchschnittliche Personalkosten pro Arbeitsstunde

Formel

$$\frac{\text{Durchschnittliches Gehalt pro Mitarbeiter}}{\text{Jahressollarbeitszeit pro Mitarbeiter}}$$

Rechenbeispiel

$$\frac{53.326\ €}{1.759\ \text{Stunden}} = \mathbf{30{,}3\,€\,/\,Stunde}$$

Erläuterung

Die Kennzahl »Durchschnittliche Personalkosten pro Arbeitsstunde« kann auf verschiedenen Wegen ermittelt werden. Einfach und praktikabel ist es, das durchschnittliche Gehalt pro Mitarbeiter durch die Jahressollarbeitszeit zu teilen, in diesem Beispiel mit 1.759 Stunden (= Soll-Stunden dividiert durch die Summe der Vollzeitäquivalente) pro Jahr angenommen.

Sofern verfügbar könnten auch die Soll-Arbeitsstunden mit den Soll-Lohnkosten verglichen werden, was zu etwas genaueren Ergebnissen führt. Diese Kennzahl dient auch als Ausgangslage für weitere Berechnungen, wie z. B. für die Ermittlung von Abwesenheitskosten oder Kosten für Überstunden.

Vorteile	Nachteile
• Ausgangslage für weitere Berechnungen und Analysen • Einfach zu ermitteln • Kann auch im Ländervergleich Hinweise auf das Gehaltsniveau geben	• Nur generelle Kennzahl, da alle Personalgruppen durchmischt sind • Für verbesserte Aussagekraft müssten Untergruppen ermittelt werden

4.11 Durchschnittliche Kosten pro Freelancer und Tag

Formel

$$\frac{\text{Gesamtkosten für Freelancer}}{\text{Anzahl Freelancer} \times \text{Anzahl der Tage}}$$

Rechenbeispiel

$$\frac{21{,}6\ \text{Mio. €}}{20.750\ \text{Mio}} = \mathbf{1.041\,€}$$

Erläutung

Zur Ermittlung der Kennzahl müssen die Daten aus dem Finanzsystem ermittelt werden. Zudem ist es nicht immer einfach, die Anzahl der Tage zu ermitteln, da diese nirgends erfasst werden oder aber Leistungen zu Pauschalpreisen vereinbart werden.

Die Kennzahl berücksichtigt nur die variablen Kosten für die freien Mitarbeiter, nicht aber die Infrastrukturkosten der Firma (z.B. Arbeitsplatz vor Ort). Die »Freelancer« (freie Mitarbeiter) sind in der Anzahl der Mitarbeiter nicht enthalten. In einem nächsten Schritt könnten die Kosten für Freelancer den Kosten der festangestellten Mitarbeiter gegenübergestellt werden.

Die Kennzahl kann auch für Zeitmitarbeiter ermittelt werden (temporäre Mitarbeiter).

Vorteile	Nachteile
• Kosten für interne und externe Mitarbeiter können verglichen werden • Andere Anstellungsverhältnisse können geprüft werden • Bedarf an zusätzlichen Stellen kann abgeleitet werden	• Aufwendige Erstellung, muss teilweise geschätzt werden • Kennzahl sagt nichts über die Qualität der Freelancer aus

4.12 Innerbetrieblicher Lohnfaktor

Formel

$$\frac{\text{Höchstes Gehalt im Unternehmen}}{\text{Niedrigstes Gehalt im Unternehmen}}$$

Rechenbeispiel

Um die derzeitige Diskussion um die Höhe der Vorstandsgehälter nicht noch zusätzlich zu belasten, wird auf ein Beispiel verzichtet.

Erläutung

Diese Kennzahl wird derzeit eingehend diskutiert. Während in den USA Verhältniszahlen von 600:1 als teilweise üblich betrachtet werden, d.h. ein Geschäftsleitungsmitglied verdient 600 Mal mehr als die Person mit dem niedrigsten Gehalt, so findet sich in Europa noch keine vernünftige Verhältniszahl. In kleineren Unternehmen dürfte die Kennzahl in der Regel bei einem Faktor vier bis zehn liegen.
Die Verhältniszahl unterliegt starken kulturellen Einflüssen und wird von persönlichen Werthaltungen und Ansichten geprägt. Eine richtige Kennzahl gibt es daher nicht.

Vorteile	Nachteile
• Gibt Hinweise auf die innerbetriebliche Gehaltsstruktur • Kann auch aus öffentlichen Quellen relativ einfach angenähert werden	• Politische Kennzahl • Branchenspezifischen Unterschieden unterworfen

Kapitel 5

Versicherungen und betriebliche Vorsorge

5.1 Krankenquote

Formel

$$\frac{\text{Anzahl kranker Mitarbeiter pro Zeiteinheit}}{\text{Anzahl der Mitarbeiter}} \times 100\,\%$$

Rechenbeispiel

$$\frac{611}{52.100} \times 100\,\% = \mathbf{1{,}2\,\%}$$

Erläuterung

Die Krankenquote wird ermittelt, indem alle krank gemeldeten Personen innerhalb eines bestimmten Zeitraums der Gesamtzahl der Mitarbeiter gegenübergestellt werden. Auswertungen sind täglich, wöchentlich oder monatlich möglich und im Zeitverlauf eine aussagekräftige Kennzahl.

Die Kennzahl kann von Gesundheitsstörungen (z. B. Grippewellen), jedoch auch vom Verhalten der Mitarbeiter (»blauer« Montag oder Freitag) beeinflusst werden. Ist die Krankenquote überdurchschnittlich hoch, sollten hierfür die Gründe näher untersucht werden (z. B. mögliche Unzufriedenheit der Mitarbeiter, ungenügendes Commitment zum Unternehmen, Gleichgültigkeit). Die Kennzahl erlaubt allerdings keine Aussage über die Dauer der Abwesenheit als Folge der Krankheit.

Vorteile	Nachteile
• Einfach zu analysieren • Gibt Hinweise auf den Prozentsatz der Abwesenden • Kann mit anderen Kennzahlen verbunden werden, z. B. Unfallhäufigkeit	• Muss aus dem Zeiterfassungssystem ermittelt werden • In gewissen Firmen nicht ermittelbar, da keine Daten zur Verfügung stehen • Branchenabhängig

5.2 Unfallquote

Formel

$$\frac{\text{Anzahl verunfallter Mitarbeiter pro Zeiteinheit}}{\text{Anzahl der Mitarbeiter}} \times 100\,\%$$

Rechenbeispiel

$$\frac{217}{52.100} \times 100\,\% = \mathbf{0{,}42\,\%}$$

Erläuterung

Die Unfallquote stellt die Anzahl der Personen mit Unfällen (betriebliche, nichtbetriebliche) ins Verhältnis zur Gesamtzahl der Mitarbeiter. Auswertungen sind monatlich und im Zeitverlauf sinnvoll. Die Kennzahl kann beeinflusst werden von der Risikobereitschaft der Mitarbeiter (z. B. junge Mitarbeiter, Extremsportler) oder aber dem Risikoprofil des Arbeitsplatzes (z. B. Büroarbeit versus Bergbau). Die Kennzahl macht keine Aussage über die Dauer der Abwesenheit als Folge des Unfalls.

Vorteile	**Nachteile**
• Einfach zu analysieren • Gibt Hinweise auf den Prozentsatz der Abwesenden • Kann für Präventionsmaßnahmen weiter analysiert werden	• Teilweise nicht verfügbar, da keine Daten erfasst werden • Sagt nichts aus über die Verteilung von Betriebs- oder privaten Unfällen

5.3 Ausfallzeitkosten pro Vollzeitäquivalent und Tag

Formel

$$\frac{(\text{Anzahl kranker Mitarbeiter} \times \text{Dauer der Krankheit}) + (\text{Anzahl verunfallter Mitarbeiter} \times \text{Dauer des Unfalls}) \times \text{durchschnittliches Gehalt pro Tag}}{\text{Summe Vollzeitäquivalente}}$$

Rechenbeispiel

$$\frac{(611 \times 6{,}8 + 217 \times 16) \times 242{,}40\ €}{46.000} = \mathbf{40{,}10\,€}$$

Erläuterung

Die Kennzahl »Ausfallzeitkosten pro Vollzeitäquivalent« zeigt die ungefähren Kosten pro Mitarbeiter, die dem Unternehmen durch Unfälle und Krankheiten entstehen (im oberen Rechenbeispiel 40,10€). Die Kennzahl kann für Vergleiche mit anderen Unternehmen oder weiterführende Analysen verwendet werden. Oft dient die Kennzahl als Ausgangspunkt für die Einleitung präventiver Maßnahmen.

Vorteile	Nachteile
• Relativ einfach zu ermitteln • Als Richtgröße durchaus im Branchenvergleich aussagekräftig • Ausgangslage für weitere Analysen, z. B. Ausfallzeitenreduktion	• Ungenau, da nur Durchschnittsgehälter in die Berechnung einfließen • Die Kosten für die Verscherungen sind nicht enthalten

5.4 Quote der Burnout-Fälle pro Jahr

Formel

$$\frac{\text{Anzahl der Burnout-Fälle}}{\text{Anzahl der Mitarbeiter}} \times 100\,\%$$

Rechenbeispiel

$$\frac{24}{52.100} \times 100\,\% = \mathbf{0{,}05\,\%}$$

Erläuterung

Die Burnout-Quote hat in den vergangenen Jahren zunehmend an Bedeutung gewonnen, da sie den Prozentsatz aller Mitarbeiter berechnet, die unter diesem Symptom leiden. Burnout kann verschiedene Gründe haben, endet jedoch meist mit einer mehrmonatigen Abwesenheit vom Arbeitsplatz. Entscheidend ist daher für das Unternehmen, die Anzahl der Fälle zu kennen, um die Gründe zu analysieren und rechtzeitig Gegenmaßnahmen einleiten zu können.

Es gibt derzeit noch keine verlässlichen Kennzahlen wie viel Burnout effektiv kostet. Die direkten Kosten (z. B. Ärzte, Gehaltsfortzahlung) dürften jedoch zwischen ein und zwei Jahresgehältern liegen.

Vorteile	Nachteile
• Eine hohe Quote zeigt eine übermäßige Belastung für die Belegschaft • Stärkt das Bewusstsein für das Phänomen Burnout • Kann für Kostenanalysen als Basis verwendet werden	• Oft tabuisiert • Quote sagt noch nichts über die entstehenden Kosten aus

5.5 Ordentliche Pensionierungen pro Jahr in Prozent

Formel

$$\frac{\text{Anzahl ordentlicher Pensionierungen}}{\text{Anzahl der Pensionierungen}} \times 100\,\%$$

Rechenbeispiel

$$\frac{1.064}{1.322} \times 100\,\% = \mathbf{80{,}5\,\%}$$

Erläuterung

Mit ordentlichen Pensionierungen werden alle Pensionierungen definiert, die mit Erreichen der innerbetrieblich festgelegten Altersgrenze vollzogen werden. Dieser Prozentsatz ist stark abhängig von der Altersstruktur der Firma und der wirtschaftlichen Situation des Unternehmens. Es gibt Wirtschaftszweige, in denen viele Arbeitnehmer das ordentliche Pensionierungsalter gar nicht mehr erreichen. Volkswirtschaftlich und als zusätzliche Kosten für die arbeitende Bevölkerung ist dies ein belastender und kostenintensiver Prozess.

Vorteile	**Nachteile**
• Gibt Hinweise auf die Altersstruktur • Gibt Hinweise auf die Unternehmenskultur, wie mit älteren Mitarbeitern umgegangen wird	• Kann durch personal- und wirtschaftspolitische Maßnahmen verfälscht sein (z. B. Personalabbau, Restrukturierungen)

5.6 Frühzeitige Pensionierungen pro Jahr in Prozent

Formel

$$\frac{\text{Anzahl frühzeitiger Pensionierungen}}{\text{Anzahl der Pensionierungen}} \times 100\,\%$$

Rechenbeispiel

$$\frac{204}{1.322} \times 100\,\% = \mathbf{15{,}4\,\%}$$

Erläuterung

Unter frühzeitige Pensionierungen fallen alle Pensionierungen, die vor dem Erreichen der innerbetrieblich festgelegten Altersgrenze vollzogen werden. Dieser Prozentsatz ist stark abhängig von der Altersstruktur der Firma. Die Gründe für Frühpensionierungen können vielfältig sein. Hierzu zählen u.a. persönliche Gründe des Mitarbeiters, Verschleiß oder betriebsbedingter Personalabbau. Je nach Plan (Frühpensionierungen aus Reorganisationsgründen) können zusätzliche Kosten für das Unternehmen anfallen, die möglicherweise auch von den aktiv Versicherten mitgetragen werden müssen.

Vorteile	Nachteile
• Gibt Hinweise auf die Altersstruktur • Gibt Hinweise darauf, wie mit älteren Mitarbeitern umgegangen wird	• Kann durch personal- und wirtschaftspolitische Maßnahmen verfälscht sein (z. B. Personalabbau, Restrukturierungen)

5.7 Pensionierungen aus gesundheitlichen Gründen pro Jahr in Prozent

Formel

$$\frac{\text{Anzahl der Pensionierungen aus gesundheitlichen Gründen}}{\text{Anzahl der Pensionierungen}} \times 100\,\%$$

Rechenbeispiel

$$\frac{54}{1.322} \times 100\,\% = \mathbf{4{,}1\,\%}$$

Erläutung

Mit Pensionierungen aus gesundheitlichen Gründen werden alle Pensionierungen definiert, die durch ärztliches Attest festgelegt werden und zum Ausscheiden aus dem Erwerbsleben führen. Hohe Prozentzahlen sollten eingehend untersucht werden. Einerseits führt dies zu Mehrkosten für die Versicherten sowie für das Unternehmen, andererseits kann die Kennzahl Hinweise auf besonders gesundheitlich belastende Arbeitsplätze geben.

Vorteile	Nachteile
• Gibt Hinweise, ob im innerbetrieblichen Vergleich »Überbelastungen« vorkommen • Kann für Präventionsmaßnahmen weiterverfolgt werden • Ausgangslage für vertiefte, weitere Analysen	• Kann durch personal- und wirtschaftspolitische Maßnahmen verfälscht sein (z. B. Personalabbau, Restrukturierungen)

Kapitel 6

Betreuung und Administration

6.1 Unterjährige Abwesenheitsstruktur

Formel

$$\frac{\text{Anzahl der Abwesenden nach Ursachen}}{\text{Anzahl der Mitarbeiter}} \times 100\,\%$$

Rechenbeispiel

$$\frac{1.980^{*}}{52.100} = \mathbf{3{,}8\,\%}$$

* Beispiel mit Mitarbeitern in Aus- oder Weiterbildung

Erläuterung

Im jährlichen Zeitverlauf ergeben sich für das Unternehmen unterschiedliche Einflüsse, warum Arbeitsplätze scheinbar verwaist sind. Ursachen können z. B. Krankheiten, Unfälle, Urlaubszeiten, Aus- und Weiterbildungen, Dienstreisen oder Pensionierungen sein.

Für die Produktionsplanung und die Ermittlung der benötigten HR-Ressourcen können diese Kennzahlen sehr wichtig sein. Sie sind die Ausgangslage für die rechtzeitige Bereitstellung von Human Ressourcen. Gegebenenfalls können oder müssen Urlaubsstops für bestimmte Bereiche verhängt werden.

Vorteile	**Nachteile**
• Übersicht über Abwesenheitsstruktur nach Personen	• Aufwendig in der Erstellung (Abgrenzungsproblematik)
• Kann als Planungsgrundlage für den Soll-Mitarbeiterbestand verwendet werden	• Oft echtzeit- oder vergangenheitsorientiert und daher nicht für die mittelfristige Planung geeignet

6.2 Durchschnittliche Anzahl der Überstunden

Formel

$$\frac{\text{Summe aller Ist-Arbeitsstunden} - \text{Summe aller Soll-Arbeitsstunden}}{\text{Summe Vollzeitäquivalente}}$$

Rechenbeispiel

$$\frac{93{,}1 \text{ Mio. Stunden} - 80{,}9 \text{ Mio. Stunden}}{46.000} = \mathbf{265\ Stunden}$$

Erläuterung

Diese Kennzahl zeigt die angefallenen Überstunden an. Einerseits sind Analysen in Bezug auf die Einhaltung des vereinbarten Arbeitsvertrags möglich. Andererseits können Auswertungen in Bezug auf Bereiche vorgenommen werden, in denen besonders häufig Überstunden anfallen.

Vorteile	Nachteile
• Kann Hinweise auf zeitliche Engpässe geben • Grundsätzlich wichtige Planungskennzahl • Dient als Ausgangslage für weitere Szenarien (z. B. Planung der benötigten Personalkapazitäten) • Kennzahl gibt Hinweise auf zusätzlichen Personalbedarf	• Je nach Umfeld nicht sehr einfach zu erheben (Arbeitszeitmodell) • Nicht alle Unternehmen verfügen über Systeme, um diese Kennzahl zu ermitteln

6.3 Durchschnittlicher Restjahresurlaub

Formel

$$\frac{\text{Summe der Resturlaubstage}}{\text{Anzahl der Mitarbeiter}}$$

Rechenbeispiel

$$\frac{552.000 \text{ Tage}}{52.100} = \mathbf{10{,}6\ Tage}$$

Erläuterung

Die Kennzahl sagt aus, wie hoch der jährliche Resturlaub der Belegschaft im Durchschnitt ist. Resturlaub kann aus Rechtsgründen nicht ersatzlos »gestrichen« werden und von daher besteht eine Verpflichtung des Unternehmens, diese Kennzahl zu pflegen.

Diese Kennzahl kann monatlich, quartalsmäßig, halbjährlich oder einmal pro Jahr ermittelt werden. In der Praxis zeigt sich, dass bereichsweise unterschiedlich mit Restjahresurlaub umgegangen wird.

Vorteile	Nachteile
• Planungsgrundlage für Zukunft • Unterstützt die Ressourcenplanung	• In der Regel von äußeren Umständen wie Schulferien zusätzlich beeinflusst

6.4 Kündigungsquote

Formel

$$\frac{\text{Anzahl der Kündigungen (Abgänge)}}{\text{Anzahl der Mitarbeiter}} \times 100\,\%$$

Rechenbeispiel

$$\frac{3.600}{52.100} \times 100\,\% = \mathbf{6{,}9\,\%}$$

Erläuterung

Die Kündigungsquote ermittelt den Anteil unerwünschter und betrieblicher Kündigungen im Verhältnis zur Gesamtzahl der Mitarbeiter. Die Kennzahl ist ein Indikator für das Betriebsklima sowie die Fähigkeit des Unternehmens, das Personal zu halten. Die Kennzahl ist nicht identisch zur Fluktuation, da alle Abgänge über einen Zeitraum ins Verhältnis zur durchschnittlichen Mitarbeiteranzahl gesetzt werden. Unterjährige Zugänge werden nicht berücksichtigt.

Vorteile	**Nachteile**
• Ermittelt das Verhältnis der Abgänge zur Gesamtbelegschaft • Kann je nach Branche auch branchenübergreifend verglichen werden • Gibt Hinweise auf zusätzliche HR-Aufwendungen	• Manchmal wird die Kennzahl ohne betriebliche Kündigungen definiert, daher eingeschränkte Vergleichbarkeit

6.5 Kündigungsquote der in den letzten fünf Jahren eingestellten Mitarbeiter

Formel

$$\frac{\text{Anzahl der Kündigungen der in den letzten fünf Jahren eingestellten Mitarbeiter}}{\text{Anzahl der Kündigungen (Abgänge)}} \times 100\,\%$$

Rechenbeispiel

$$\frac{3.100}{3.600} \times 100\,\% = \mathbf{86{,}1\,\%}$$

Erläuterung

Diese Kennzahl ist ein Indikator für das Betriebsklima bzw. die Fähigkeit des Betriebs, Personal zu halten. Mitarbeiter mit einem mittleren Dienstalter bzw. einer gewissen Betriebszugehörigkeit, z. B. von drei bis zehn Jahren, gelten innerbetrieblich als die künftigen Wissens- und Erfahrungsträger.

Mitarbeiter benötigen eine gewisse Zeit, um den Betrieb kennen zu lernen und ihre volle Leistungsfähigkeit entfalten zu können. In komplexeren Organisationen kann dieser Zeitraum zwei bis drei Jahre beanspruchen. Insofern ist der Verlust von Mitarbeitern mit einigen Jahren Betriebszugehörigkeit auch mit einem großen Wissensverlust für das Unternehmen verbunden. Daher sollte die Kennzahl genau überwacht werden, um frühzeitig Gegensteuerungsmaßnahmen ergreifen zu können.

Vorteile	Nachteile
• Einfach zu ermitteln • Gibt Hinweise auf die Attraktivität, im Unternehmen zu verbleiben • Gibt Hinweise auf die Qualität der Integrationsmaßnahmen	• Kann von Branche zu Branche unterschiedlich sein • Für stark wachsende Firmen von beschränkter Aussagekraft, da sie in der Regel eine zeitlich eingeschränkte Betriebszugehörigkeit (Dienstalter) haben

6.6 Mitarbeiter-Engagement-Index

Formel

$$\frac{\text{Commitment-Index des eigenen Unternehmens}}{\text{Commitment-Index vergleichbarer Firmen}}$$

Rechenbeispiel

$$\frac{80}{112} = \mathbf{0{,}71}$$

Erläuterung

Commitment ist im Allgemeinen definiert als die Bereitschaft der Mitarbeiter, sich vorbehaltlos für das Unternehmen einzusetzen. Es existiert derzeit kein allgemein anerkannter Commitment-Index im europäischen Raum. Jedoch gibt es Anbieter, die das Commitment der Mitarbeiter messen und mit ähnlichen Firmen vergleichbar machen. I. d. R. fließen in die Berechnung des Commitments Faktoren wie z. B. Verbindung zum Unternehmen, Führungsqualität, Rollen und Funktionsklarheit oder die Qualität der internen Kommunikation mit ein.

Vorteile	Nachteile
• Strategisch relevante Größe • Kann als Ausgangslage für Weiterentwicklungsmaßnahmen des Unternehmens angesehen werden • Sehr gute Möglichkeit, um die Qualität der Mitarbeiterbeziehungen zu analysieren	• Eher wenige Firmen interessieren sich für dieses Thema, das in seinen Auswirkungen auf das Image des Unternehmens unterschätzt wird • Derzeit wird eher die Zufriedenheit der Belegschaft erfragt, was der Autor nur beschränkt als relevante Größe einstuft

6.7 Nutzungsgrad betrieblicher Sozialeinrichtungen

Formel

$$\frac{\text{Anzahl Besuche der Sozialeinrichtung}}{\text{Anzahl der Mitarbeiter}} \times 100\,\%$$

Rechenbeispiel

$$\frac{3.420}{52.100} \times 100\,\% = \mathbf{6{,}5\,\%}$$

Erläuterung

Diese Kennzahl sagt aus, ob eine bestimmte freiwillig zur Verfügung gestellte Sozialeinrichtung, wie z. B. Sozialberatung für die Mitarbeiter – insbesondere im Vergleich zur vorhergehenden betrachteten Periode –, an Attraktivität verloren oder gewonnen hat. Hat sich die Quote verschlechtert, so sollten die Gründe analysiert werden, um ggf. Optimierungen an der Sozialeinrichtung vorzunehmen bzw. das Angebot einzustellen.

Die Kennzahl kann auch Ausgangslage für den Vergleich der intern und extern erbrachten Dienstleistungen sein.

Vorteile	**Nachteile**
• Einfach zu erstellen • Kann als Ausgangspunkt für weitere Auswertungen dienen (z. B. Kostenanalysen)	• Kennzahl gibt keinen Hinweis auf die Gründe der Veränderung • Kosten für die Sozialeinrichtungen werden nicht berücksichtigt • Mehrfachbesuche einzelner Personen werden nicht aufgedeckt

6.8 Überstundenkosten pro Mitarbeiter

Formel

$$\frac{\text{Anzahl der Überstunden} \times \text{durchschnittliche Kosten pro Arbeitsstunde}}{\text{Anzahl der Mitarbeiter}}$$

Rechenbeispiel

$$\frac{12{,}2 \text{ Mio.} \times 30{,}30\ €}{52.100} = \mathbf{7.095\ €}^{*}$$

* Da die gesetzlichen Zuschläge von Land zu Land unterschiedlich sind, werden diese in der Kennzahl nicht miteingerechnet.

Erläuterung

Diese Kennzahl sagt aus, wie hoch der finanzielle Wert der bereits geleisteten Überstunden im betrieblichen Durchschnitt ist. Eine hohe Überstundenquote verursacht erhebliche Kosten.

Die Kennzahl kann auch für die Vollzeitäquivalente ermittelt werden. Wenn das Unternehmen die durchschnittlichen Personalkosten pro Stunde kennt, kann diese Zahl relativ einfach berechnet werden. Präziser ist die Kennzahl, wenn sie für einzelne Bereiche bzw. Hierarchiestufen ermittelt wird.

Vorteile	**Nachteile**
• Wichtige Kennzahl für die Bildung von Rückstellungen • Sollte regelmäßig überwacht werden (Kostenfolgen, Rückstellungen) • Guter Indikator, der in Vergleich zum Geschäftsverlauf gesetzt werden kann	• Kann nicht überall ermittelt werden (fehlende Systeme)

6.9 Kosten für Resturlaub pro Mitarbeiter

Formel

Durchschnittliche Resturlaubstage
× durchschnittlicher Stundensatz
× Tagesarbeitszeit

Rechenbeispiel

$10{,}6 \times 30{,}3 \times 8{,}0 = \mathbf{2.569}$*

* Da die gesetzlichen Zuschläge für nichtbezogene Urlaubsguthaben von Land zu Land unterschiedlich sind, werden diese in der Kennzahl nicht miteingerechnet.

Erläuterung

Der Resturlaub der Mitarbeiter und die daraus resultierenden Kosten sollten aus verschiedenen Gründen regelmäßig überwacht werden. Einerseits besteht in vielen Ländern eine gesetzliche Pflicht, den Urlaub innerhalb bestimmter Fristen zu beziehen. Andererseits gibt es immer wieder Mitarbeiter, die keinen Urlaub nehmen und dadurch erhebliche Urlaubssaldi anhäufen. In den meisten Ländern darf Urlaub nicht mit Geld abgegolten werden. Letztlich besteht für das Unternehmen auch ein gewisses finanzielles Risiko bei Austritten oder anderen Ereignissen wie Firmenverkäufen, da spätestens dann die finanziellen Verpflichtungen in Geldwerten vergütet werden müssen.

Vorteile	**Nachteile**
• Kann relativ einfach überwacht werden • Sollte monatlich erhoben und berichtet werden • Kann finanzielle Risiken minimieren	• Diese Berechnungsart ist nicht sehr genau, da der Durchschnittsstundensatz verwendet wird (könnte differenzierter ermittelt werden für Subgruppen und Bereiche)

6.10 Mobbingquote

Formel

$$\frac{\text{Anzahl der Mobbingfälle}}{\text{Anzahl der Mitarbeiter}} \times 100\,\%$$

Rechenbeispiel

$$\frac{121}{52.100} \times 100\,\% = \mathbf{0{,}2\,\%}$$

Erläuterung

In der gängigen Literatur wird der Begriff Mobbing wie folgt definiert: »Negative kommunikative Handlungen, die gegen eine Person gerichtet sind (von einer oder mehreren anderen) und die sehr oft und über einen längeren Zeitraum hinaus vorkommen und damit die Beziehung zwischen Täter und Opfer kennzeichnen. Mobbing ist dann gegeben, wenn eine oder mehrere von 45 genau beschriebenen Handlungen über ein halbes Jahr oder länger mindestens einmal pro Woche vorkommen«.

Eine erhöhte Mobbingquote lässt auf Schwächen in der Führung, der Unternehmenskultur und fehlende Leistungsorientierung des Unternehmens schließen. Der Leistungsausfall des Unternehmens bleibt jedoch unklar.

Vorteile	**Nachteile**
• Wenn die Fälle bekannt sind, relativ einfach zu erstellen • Ausgangslage für weitere Analysen, wie z. B. Kosten, Aufwände	• Tabu, daher sind die tatsächlichen Fälle kaum vollständig bekannt • Keine Aussage über entstehende Kosten • Sagt nichts über die Hintergründe des Mobbings aus

Kapitel 7

Unternehmensentwicklung

7.1 Anteil geschulter Mitarbeiter pro Jahr

Formel

$$\frac{\text{Anzahl der Mitarbeiter, die eine Aus- oder Weiterbildung absolvieren}}{\text{Anzahl der Mitarbeiter}} \times 100\,\%$$

Rechenbeispiel

$$\frac{1.980}{52.100} \times 100\,\% = \mathbf{3{,}8\,\%}$$

Erläuterung

Diese Kennzahl ermittelt, wie viel Prozent der Mitarbeiter jährlich eine Aus- und Weiterbildung absolvieren und ist Ausgangspunkt für vertiefende Analysen, z. B. in welchen Bereichen diese stattfinden. Die Weiterentwicklung der innerbetrieblich benötigten Kenntnisse und Fähigkeiten spielt insbesondere für innovative Firmen eine zentrale Rolle, sich an schnell verändernde Marktbedingungen anpassen zu können. Zum Teil unterliegen die Unternehmen auch gesetzlichen Vorgaben, die von ihnen eine regelmäßige Deklaration der Fähigkeiten verlangen.

Vorteile	Nachteile
• Einfach zu ermitteln • Wichtige Grundkennzahl, da vermutlich über einen längeren Zeitraum relativ stabil • Ausgangspunkt für weiterführende Auswertungen	• Alleine wenig aussagekräftig • Branchenabhängig • Die Anzahl der laufenden Ausbildungen hat nur beschränkten Einfluss auf das Firmenergebnis • Qualität der Aus- und Weiterbildung wird nicht ermittelt

7.2 Schulungsvergütungsanteil

Formel

$$\frac{\text{Kosten für Aus- und Weiterbildung}}{\text{Personalaufwand}} \times 100\,\%$$

Rechenbeispiel

$$\frac{60{,}3 \text{ Mio. €}}{2.453 \text{ Mio. €}} \times 100\,\% = \mathbf{2{,}5\,\%}$$

Erläuterung

Die Kennzahl Schulungsvergütungsanteil (»Training Compensation Percentage«) ist wichtig, um Analysen durchzuführen, ob die Aus- und Weiterbildungskosten in einem gesunden Verhältnis zu den Personalkosten stehen. Zu den Aus- und Weiterbildungskosten zählen i.d.R. auch die Kosten für interne Ausbildungsmaßnahmen sowie für Auszubildende und Trainees.
Falls ein Unternehmen über sehr qualifizierte Mitarbeiter verfügt, muss eher mit einer niedrigen Prozentzahl gerechnet werden, da i.d.R. gleichzeitig auch die Lohnkosten höher sind. Umgekehrt verursachen schlechter qualifizierte Mitarbeiter geringere Personalkosten zu erhöhten Aus- und Weiterbildungskosten. Im Branchenvergleich lassen sich dadurch wichtige Erkenntnisse erstellen, über welches Leistungspotenzial eine Organisation verfügt.

Vorteile	**Nachteile**
• Ausgangslage für weitere vertiefte Analysen, z.B. in welchen Bereichen wird zu wenig oder zu viel in die Aus- und Weiterbildung investiert • Indikator, ob Aus- und Weiterbildung hohen Stellenwert im Unternehmen genießt	• Schwierig zu ermitteln, da die Angaben nicht in allen Unternehmen einheitlich erfasst werden • Branchenabhängig

7.3 Anzahl Aus- und Weiterbildungstage pro Vollzeitäquivalent und Jahr

Formel

$$\frac{\text{Summe der Weiterbildungstage aller Mitarbeiter}}{\text{Summe Vollzeitäquivalente}}$$

Rechenbeispiel

$$\frac{9.034 \text{ Tage} + 7.994 \text{ Tage}}{46.000} = \mathbf{0{,}4\ Tage}$$

Erläuterung

Die Anzahl der Aus- und Weiterbildungstage ist die Ausgangslage für weitere Analysen. Auszubildende, Trainees oder Stages sind nicht Teil dieser Gruppe. Die Kennzahl repräsentiert die innerbetrieblichen und außerbetrieblichen effektiven Trainingstage. Ausbildungstage für einen MBA sind genauso enthalten wie innerbetriebliche Workshops zur Qualitätssteigerung.

Vorteile	Nachteile
• Relativ einfach zu ermitteln • Kann im Branchenvergleich interessante Angaben liefern, z. B. Häufigkeit im Vergleich zu Mitbewerbern	• Ungenaue Größe • Definition des Begriffs Aus- und Weiterbildung wird nicht einheitlich angewendet • Keine qualitative Betrachtung

7.4 Schulungsinvestitionsfaktor pro Vollzeitäquivalent

Formel

$$\frac{\text{Gesamtkosten für Ausbildungsmaßnahmen (exkl. Trainees)}}{\text{Summe Vollzeitäquivalente}}$$

Rechenbeispiel

$$\frac{11{,}9\ \text{Mio. €}}{46.000} = \mathbf{259€}$$

Erläuterung

Diese Kennzahl gibt einen Hinweis darauf, wie viel in die Ausbildung pro Vollzeitäquivalent investiert wird. Die Kennzahl beinhaltet alle internen und externen Kosten für Aus- und Weiterbildung, jedoch keine Aufwendungen für Lehrlinge, Azubis, Trainees oder Praktikanten. Die externen Kosten können direkt ermittelt werden. Bei den internen Kosten müssten die anteiligen Personalkosten und die Infrastrukturkosten der Aus- und Weiterbildungsbeauftragten zur Berechnung der Kennzahl ermittelt werden.

Vorteile	Nachteile
• Gibt einen ersten Hinweis auf die Höhe der Schulungskosten • Kann für weitere Auswertungen und Vergleiche, z. B. Auswertungen nach organisatorischen Gesichtpunkten, verwendet werden • Kann zur Budgetierung als Richtgröße verwendet werden	• Anspruchsvoll in der Ermittlung (insbesondere interne Kosten) • Branchenspezifisch

7.5 Schulungsinvestitionsfaktor inkl. Trainees

Formel

$$\frac{\text{Gesamtkosten für Ausbildungsmaßnahmen}}{\text{Summe Vollzeitäquivalente}}$$

Rechenbeispiel

$$\frac{60{,}3 \text{ Mio. €}}{46.000} = \mathbf{1.311 €}$$

Erläuterung

Diese Kennzahl gibt einen Hinweis darauf, wie viel in die Aus- und Weiterbildung pro Vollzeitäquivalent investiert wird. Im Gegensatz zur vorherigen Kennzahl werden neben den internen und externen Kosten für Aus- und Weiterbildung auch die Aufwendungen für Lehrlinge, Azubis, Trainees und Praktikanten miteinbezogen. In der Regel erhöhen sich die Ausbildungsinvestitionen dadurch.

Die externen Kosten können die direkt ermittelt werden. Zusätzlich müssten bei den internen Kosten die anteiligen Personalkosten und die Infrastrukturkosten der Aus- und Weiterbildungsbeauftragten zur Berechnung der Kennzahl erhoben werden.

Vorteile	Nachteile
• Gibt Überblick über die anfallenden Gesamtkosten im Aus- und Weiterbildungsbereich • Kann für Branchenvergleiche verwendet werden • Kann als Grundlage zur Budgetierung verwendet werden	• Muss teilweise geschätzt werden und kann daher leicht verzerrt sein • Die Kennzahl sagt nichts über Qualität der Weiterbildungsmaßnahmen

7.6 Kosten pro internem Trainingstag

Formel

$$\frac{\text{Gesamtkosten für interne Aus- und Weiterbildung}}{\text{Anzahl intern durchgeführter Ausbildungstage}}$$

Rechenbeispiel

$$\frac{25{,}1 \text{ Mio. €}}{9.034} = \mathbf{2.778\,€}$$

Erläuterung

Die Kennzahl »Kosten pro internem Trainingstag« stellt die Gesamtkosten für externe Aus- und Weiterbildung der Anzahl an intern durchgeführten Ausbildungstagen gegenüber, woraus eine Durchschnittskennzahl ermittelt wird. Zu den Aufwendungen für interne Ausbildungsmaßnahmen zählen u.a. Personalkosten, Infrastrukturkosten oder Kosten für Lehrmittel. Die Kosten für die Abwesenheit vom Arbeitsplatz werden i.d.R. nicht eingerechnet.
Intern bedeutet, dass die Kurse von internen, vom Unternehmen angestellten Trainern durchgeführt werden.

Vorteile	Nachteile
• Ermöglicht Vergleich zwischen internen und externen Kosten • Grundlage für »Make or Buy«-Entscheidung	• Wird selten erhoben • Sagt nichts über die Qualität der Ausbildung und der Trainer aus

7.7 Kosten pro extern durchgeführtem Trainingstag

Formel

$$\frac{\text{Gesamtkosten für externe Aus- und Weiterbildung}}{\text{Anzahl extern durchgeführter Ausbildungstage}}$$

Rechenbeispiel

$$\frac{4{,}0\text{ Mio. €}}{7.994} = \mathbf{500\,€}$$

Erläuterung

Die Kennzahl »Kosten pro extern durchgeführtem Trainingstag« stellt die Gesamtkosten für interne Aus- und Weiterbildung der Anzahl an extern durchgeführten Ausbildungstagen gegenüber, wodurch eine Durchschnittskennzahl ermittelt wird. Zu den Aufwendungen für externe Ausbildungsmaßnahmen zählen u. a. Infrastrukturkosten, Kursgebühren oder Kosten für Lehrmittel. Die Kosten für die Abwesenheit der Mitarbeiter vom Arbeitsplatz werden i. d. R. nicht eingerechnet.
Extern bedeutet, dass die Kurse von Trainern durchgeführt werden, die nicht im Unternehmen angestellt sind.

Vorteile	**Nachteile**
• Ermöglicht Vergleich extern zu intern • Grundlage für »Make or Buy«-Entscheidung	• Sagt nichts über die Qualität der Ausbildungsmaßnahmen aus

Glossar

Abgang	Alle Mitarbeiter, die das Unternehmen verlassen (Austritte)
Abwesenheit	Alle Möglichkeiten, welche die Abwesenheit des Mitarbeiters am Arbeitsplatz abdecken (z. B. Krankheit, Unfall, Aus- und Weiterbildung, Dienstreisen)
Blindbewerbung	Spontanbewerbung – Bewerbung, die das Unternehmen vom Bewerber initiativ erhält, ohne Aufforderung des Unternehmens und ohne Bezug zu konkreten Aufgaben
Cash Flow	Kennziffer, welche die in einer Abrechnungsperiode vom Unternehmen erwirtschafteten liquiden Mittel darstellt
Cost per Payslip	Kosten für die Lohnadministration pro Person
Dienstalter (Betriebszugehörigkeit)	Anzahl der Jahre, die ein Mitarbeiter in einem Unternehmen verbracht hat
Durchschnittliche Anzahl Mitarbeiter	Beinhaltet die durchschnittliche Summe der Mitarbeiter pro Jahr; es werden die »Köpfe« gezählt
EBIT	Earnings Before Interest and Taxes – Gewinn vor Zinsen und Steuern
EBIT-Marge	Umsatzrendite vor Zinsen und Steuern
Expatriates	Entsandter – Mitarbeiter, der im Ausland eine Tätigkeit für das Unternehmen wahrnimmt mit Vertrag im Heimatland
Fluktuation	Anzahl Austritte im Verhältnis zur durchschnittlichen Mitarbeiteranzahl
Freelancer	Mitarbeiter ohne feste Anstellung; in der Regel im Auftragsverhältnis
FTE	Full Time Equivalent, z. dt. Vollzeitäquivalent – Beschäftigungsgrad der Mitarbeiter in unbefristeten Arbeitsverhältnissen; Azubis, Praktikanten, Trainees sind nicht Teil dieser Gruppe

Glossar

HC	Human Capital – Humankapital, betriebswirtschaftlicher Begriff, welcher Mitarbeiter als mehrwertstiftendes Kapital betrachtet
HCROI	Human Capital Return on Investment – Kapitalrendite des Humankapitals
HCVA	Human Capital Value Added – Wertschöpfung des Humankapitals
HCCF	Human Capital Cost Factor – Humankapital-Kostenfaktor
HEVA	Human Economic Value Added – Wertschöpfung des Humankapitals
HR	Human Resources – Personalwesen
HR Compensation	Gehaltskosten für die Mitarbeiter der Personalabteilung
HR Expense	Gehalts- und Infrastrukturkosten für die Personalabteilung
HR IC	Human Resource Investment Factor – Investitionen ins Humankapital
HR-Report	Enthält alle Angaben, welche für die Auswertung relevant sind; die Datenquellen befinden sich häufig auf unterschiedlichen IT-Systemen; es empfiehlt sich, Kennzahlen monatlich, quartalsmäßig, halbjährlich und jährlich zu erstellen und zu vergleichen
Lohnnebenleistungen	Fringe Benefits – enthalten alle obligatorischen Kosten (Sozialversicherungsbeträge etc.) und alle freiwilligen Zulagen für Mitarbeiter (z. B. Essensvergünstigungen)
MA	Mitarbeiter
NOPAT	Net Operating Profit after Taxes
Outsourcing	Auslagerung von Dienstleistungen oder Kosten

Glossar

Personalaufwand	Alle Gehaltskosten, d. h. alle Gesamtlohnkosten inkl. Arbeitgeberbeiträge für die Altersvorsorge und die Sozialleistungen
Personalkosten	Synonym zu Personalaufwand
Ratio	Verhältniszahl
Rekrutierungskanal	Rekrutierungsquellen wie z. B. Hochschule, Personalberater, Internet bzw. Jobbörsen oder Inserate
Summe Vollzeitäquivalente	Beinhaltet die durchschnittliche Summe der Beschäftigungsgrade pro Jahr
Sign on Bonus	Geldwerte Leistung, welche bei Vertragsunterzeichnung vertraglich vereinbart werden
Temporärangestellter	Mitarbeiter mit zeitlich befristetem Arbeitsverhältnis
Trainee	Mitarbeiter, die Teil eines internen, zeitlich befristeten Trainingsprogramms sind; Trainingsprogramme dieser Art dauern in der Regel zwischen zwei und zwölf Monaten
Variabler Lohnanteil	Bonus – leistungsabhängige, variable Gehaltskomponente
Vergütung	Gesamtentlohnung – beinhaltet in der Regel alle Entlohnungskomponenten, primär jedoch das Grundgehalt und den variablen Lohnanteil
Vollzeitäquivalent	Betrachtung des Beschäftigungsgrades und nicht des Mitarbeiters; zwei Mitarbeiter mit Beschäftigungsgrad 50 % ergeben 100 % FTE, daher immer geringer als die Anzahl der Mitarbeiter
WACC	Weighted Average Cost of Capital – durchschnittliche Kapitalkosten
Zugang	Einstellung neuer Mitarbeiter

Stichwortverzeichnis

Stichwortverzeichnis

Stichwortverzeichnis

Literaturverzeichnis

Bühner, R.	»Mitarbeiter mit Kennzahlen führen: Der Quantensprung zu mehr Leistung«, 4. Auflage, Landsberg/Lech, 2000
Meyer, C.	»Betriebswirtschaftliche Kennzahlen und Kennzahlen-Systeme«, 1. Auflage, Stuttgart: Poeschel, 1976
Ossola-Haring, C.	»Das große Handbuch-Kennzahlen zur Unternehmensführung«, Verlag Moderne Industrie, 2. Auflage, 2003
Schott, G.	»Kennzahlen – Instrument der Unternehmensführung«, 5. Auflage, Wiesbaden, 1988
Online	http://www.saratoga-institute.com, 2004
	http://www.dpwn.de/personalbericht2003/mitarbeiterimmittelpunkt/diversityundchancengleichheit/gegenfremdenfeindlichkeit/, 2004
	http://www.controllerspielwiese.de/index.htm?Inhalte/Toolbox/pw11.htm, 2001/2002
	http://wien.arbeiterkammer.at/pictures/d11/BroschuereKennzahlen.pdf, 2005
	http://www.strata-montana.de/download/unternehmer/wichtige_kennzahlen.pdf+fehlzeitenquote+kennzahlen&hl=de, 2004
Wiehle, U., Diegelmann, M., Deter, H., Schömig, N.P. und Rolf, M.	»100 Finanzkennzahlen«, 1. Auflage, Wiesbaden, 2005

Impressum

Sonderausgabe in Kooperation mit der Handelsblatt GmbH

Idee:

Michael Diegelmann

Konzeption:

Urs Klingler
Ulrich Wiehle

Autoren & Redaktion:

Urs Klingler
Ulrich Wiehle

Cover:

cometis publishing GmbH & Co. KG

Projektleitung:

Ulrich Wiehle

Verantwortlich:

cometis publishing GmbH & Co. KG
Unter den Eichen 7
65195 Wiesbaden

Tel.: 0611 205855-0
Fax: 0611 205855-66

Mail: info@cometis.de
www.cometis.de
www.cometis-publishing.de

Originalquelle:

Klingler, U.
100 Personalkennzahlen, cometis publishing GmbH & Co. KG,
Wiesbaden, 2009, 3. Auflage, ISBN 978-3-940828-62-0

Leseprobe

Leseprobe: 100 Immobilienkennzahlen

Funds from Operations – FFO

Formel		Rechenbeispiel
	Jahresüberschuss (Konzernergebnis)	200,67 Mio. €
+	Abschreibungen	3,8 Mio. €
+/–	Bewertungsergebnis der Immobilien	– 114,67 Mio. €
+/–	Veräußerungserlöse bzw. -verluste	– 91,87 Mio. €
+/–	Ergebnis aus der Bewertung derivativer Finanzinstrumente	0 Mio. €
=	FFO	–2,07 Mio. €

Erläuterung

FFO ist eine wichtige Kennzahl zur Ermittlung des tatsächlich ausschüttungsfähigen Gewinns einer Immobilien-AG. Zur Ermittlung wird der ermittelte Jahresüberschuss um die Abschreibungskosten für Immobilien bereinigt. Auch Immobilienveräußerungserlöse und -verluste werden in der Regel aus dem Reineinkommen herausgerechnet. Heraus kommt ein Maß für die betriebliche Leistung einer Immobilien-AG, FFO genannt.

Ein Problem mit dieser einfachen FFO-Definition liegt in der fehlenden Berücksichtigung echter Wertminderungen in den Immobilienbeständen. Regelmäßige Investitionen, die lediglich dem Erhalt der Vermietbarkeit dienen, werden meist kapitalisiert und abgeschrieben. Auch dieser Kapitalaufwand muss deshalb aus dem FFO herausgerechnet werden, um die Profitabilität einer Immobilien-AG beurteilen zu können. Die Mittel aus der laufenden Geschäftstätigkeit bilden schließlich die Grundlage für die Ausschüttungen einer Immobilien-AG.

Vorteile	Nachteile
• Zeigt Stärke und Qualität des operativen Geschäfts an • Im Unterschied zum EBITDA (vgl. Seite 134) wird das Kerngeschäft einer Immobilien-AG, die Vermietungstätigkeit, transparenter herausgearbeitet • Erlaubt Ausblick auf das zukünftige Wachstum des Kerngeschäfts sowie die Fähigkeit, den Anteil stabiler, wiederkehrender Erträge am Gesamtergebnis zu erhöhen	• Fehlende Berücksichtigung echter Wertminderungen in Immobilienbeständen • Manipulierbarkeit durch Anwendung unterschiedlicher Buchhaltungsstandards

Leseprobe: 100 Energiekennzahlen

Grid Parity

Formel

$$\frac{\text{Gestehungskosten des Stroms aus einer Photovoltaikanlage}}{\text{Strompreis für den Endkunden}} \leq 1$$

Rechenbeispiel (T7)

$$\frac{0{,}40\ €/\text{kWh}}{0{,}206\ €/\text{kWh}} > 1$$

Erläuterung

Die Grid Parity oder Netzparität ist erreicht, wenn die Gestehungskosten (vgl. 4.1) des Stroms aus der Photovoltaikanlage auf dem Dach für einen Hausbesitzer mindestens genauso günstig ist wie der Strom aus der Steckdose. Die Grid Parity bedeutet nicht, dass die Gestehungskosten von Solarstrom den Gestehungskosten anderer Energiequellen entsprechen, denn der Strom aus der Steckdose beinhaltet neben den Stromgestehungskosten zudem Steuern, Abgaben, Transportkosten und andere Belastungen (vgl. 6.10).
Wann die Grid Parity erreicht wird, ist abhängig von den Kosten einer Photovoltaikanlage, den Strompreisen der jeweiligen Gegend und der regionalen Sonneneinstrahlung. Geringere Kosten für die Anlage, höhere Strompreise für den Strom aus der Steckdose und mehr Sonneneinstrahlung werden mittelfristig in vielen Gegenden zur Grid Parity führen.

Vorteile	Nachteile
• Mit Erreichen der Grid Parity hat jeder Hauseigentümer einen wirtschaftlichen Anreiz, eine Photovoltaikanlage auch ohne staatliche Förderung aufzustellen • Unter Marketing-Gesichtspunkten ist dies für die Photovoltaik eine wichtige Kennzahl • Mit Erreichen der Grid Parity sollte die Nachfrage nach Solaranlagen signifikant ansteigen	• Wann die Grid Parity erreicht wird, ist regional unterschiedlich • Grid Parity sagt nichts über die Wettbewerbsfähigkeit mit den Gestehungskosten anderer Energieträger aus • Auch mit erreichter Grid Parity hat die Photovoltaik weitere Probleme (z. B. kostengünstige Speicherung von Energie)

Leseprobe: 100 Versicherungskennzahlen

Combined Ratio

Formel

$$\frac{\text{Zahlungen für Schäden + Verwaltungskosten + Abschlusskosten}}{\text{Nettoprämien}} \times 100\,\%$$

Rechenbeispiel (T3)

$$\frac{700 \text{ Mio. €} + 100 \text{ Mio. €} + 180 \text{ Mio. €}}{1.000 \text{ Mio. €}} \times 100\,\% = 98\,\%$$

Erläuterung

Die Combined Ratio, d. h. die kombinierte Schaden-/Kostenquote, ist eine der wichtigsten Kennziffern im Bereich der Schaden- und Unfallversicherung. Sie setzt die Ausgaben für Schäden, Vertrieb und Verwaltung in ein Verhältnis zu den eingenommenen Nettoprämien. Eine Combined Ratio unter 100 % bedeutet, dass eine Versicherung versicherungstechnische Gewinne erzielt, also auch ohne Investmenterträge profitabel arbeitet. Combined Ratios von über 100 % deuten hingegen auf ein sogenanntes Cashflow Underwriting hin, d. h., die Profitabilität einer Versicherung beruht nur auf den durch die Prämieneinnahmen generierten Kapitalerträgen.

Wie oben beschrieben, wird die Combined Ratio in der Regel auf Basis der Nettoprämien kalkuliert, d. h. nach Berücksichtigung der eigenen Rückversicherung. Vereinzelt wird auch die Combined Ratio auf Basis der Bruttoprämien, also vor Rückversicherung, angegeben; die Aussagekraft dieser Angabe ist aber begrenzt, da auf Bruttobasis der Anteil für eigene Rechnung nicht erkennbar ist.

Vorteile	Nachteile
• Die bedeutendste Kennziffer für Sachversicherungen • Der Ausschluss von Kapitalerträgen ermöglicht eine Beurteilung der Profitabilität des Kerngeschäftes (Versicherungsrisiken) von Sachversicherungen	• Keine einheitliche Definition, welche Kosten in die Combined Ratio einfließen • Keine zeitliche Abgrenzung bezüglich der Schadenfälle; erschwert die Interpretation über einen längeren Zeitraum

Autoren

Alexander Hennig
Willy Schneider
Ulrich Wiehle
Michael Diegelmann
Henryk Deter
Peter Noel Schömig
Michael Rolf
Urs Klingler
Ralf Brickau
Alexander Kreikenberg
Uwe Rettkowski

100 Kennzahlen der Balanced Scorecard

Sonderausgabe in Kooperation mit der Handelsblatt GmbH

Cover: cometis publishing GmbH & Co. KG

Anmerkung:
Die Erläuterungen und Interpretationen der einzelnen Gliederungspunkte geben zum Teil die persönliche Einschätzung der Autoren wieder. Trotz sorgfältiger Recherche und Prüfung der Inhalte kann eine Garantie oder Haftung für die Richtigkeit oder Vollständigkeit nicht übernommen werden.

Dieses Buch ist Teil der Sonderausgabe »Kennzahlen kompakt« mit der ISBN 978-3-940828-80-4

Vorwort der Autoren

Liebe Leserinnen und Leser,

der verschärfte Wettbewerb, ein sich veränderndes Konsumentenverhalten und der technologische Fortschritt stellen den Erfolg eines Unternehmens und damit die Leistungen des Managements in immer kürzer werdenden Zyklen auf den Prüfstand. Angesichts der Chancen und Risiken, die von einem komplexeren und dynamischeren Umfeld ausgehen, werden diejenigen Unternehmen den Wettbewerb für sich entscheiden, die unternehmerische Entscheidungen zeitnah beurteilen, Abweichungen frühzeitig feststellen und auf negative Entwicklungen rechtzeitig reagieren können. In diesem Zusammenhang gilt die Steuerung des Unternehmens anhand von Kennzahlen als wesentlicher Erfolgsgarant.

Mit der Balanced Scorecard bietet sich ein kompaktes, aussagekräftiges und praxiserprobtes Kennzahlensystem, das alle Wertschöpfungsfunktionen eines Unternehmens gleichermaßen einbezieht. Nicht nur finanzielle Größen und damit Spätindikatoren, sondern auch die Qualität von Mitarbeitern, Prozessen und Marktbearbeitung im Sinne sog. »weak signals« fließen in die Unternehmenssteuerung ein. Bereits die regelmäßige Ermittlung von 12 bis 16 Kennzahlen kann wesentlich dazu beitragen, ein Unternehmen auf der Erfolgsspur zu halten.

Zu Beginn dieses Buches werden Sie in Aufbau, Gestaltungsmöglichkeiten und Chancen einer Balanced Scorecard eingeführt. Anschließend stellen wir Ihnen geordnet nach den vier Perspektiven einer Balanced Scorecard (Mitarbeiter, Prozesse, Markt, Finanzen) diejenigen 100 Kennzahlen vor, die sich in der Unternehmenspraxis bewährt haben. Die Berechnungsformel, ein veranschaulichendes Praxisbeispiel, die Interpretation sowie eine kritische Abwägung der Vor- und Nachteile ermöglichen eine sofortige Anwendung der jeweiligen Kennzahl in der Praxis. Hierbei trägt die gleichermaßen kompakte sowie fundierte Darstellung wesentlich zum unmittelbaren Verständnis bei.

Das vielseitig anwendbare Buch richtet sich an Managerinnen und Manager aus allen Branchen, Verantwortungsebenen und Unternehmensgrößen, die entweder ein Kennzahlensystem nach Art der Balanced Scorecard in ihrem Unternehmen installieren möchten oder aber einfach nur punktuell nach dem Nutzenpotenzial einer bestimmten Kennzahl suchen. Darüber hinaus bietet sich Studierenden und Dozenten/-innen die Möglichkeit, einen fundierten Einblick in die praktische Ausgestaltung einer Balanced Scorecard zu gewinnen. Ihnen allen möge das Buch ein nützlicher und verlässlicher Wegweiser sein.

Ihr Autorenteam

Fragen, Anregungen und Kommentare bitte an **bsc@cometis.de**

Einführung

Das Konzept der Balanced Scorecard

Kennzahlen, die einzeln und regelmäßig erhoben werden, haben zweifelsohne ihren Wert für das Controlling. Häufig fokussieren sich Unternehmen bei der Erhebung aber auf solche Kennzahlen, die ausschließlich Veränderungen bei finanzwirtschaftlichen Größen anzeigen. Dies bringt zwei wesentliche Nachteile mit sich:

- Finanzkennzahlen sind im Regelfall Spätindikatoren, die erst mit (teils erheblicher) zeitlicher Verzögerung Hinweise über die Richtigkeit einer Entscheidung geben. So schlägt sich beispielsweise eine Veränderung bei der Motivation der Mitarbeiter erst nach geraumer Zeit im Jahresüberschuss nieder.
- Finanzkennzahlen geben keine Auskunft über die sie beeinflussenden Unternehmensprozesse. Wenn sich nun eine Finanzkennzahl im Zeitablauf verändert, bleiben die Ursachen und damit Ansatzpunkte für unternehmerische Maßnahmen verdeckt.

Das Kennzahlensystem der **Balanced Scorecard**, das von den Amerikanern David Norton und Robert Kaplan entwickelt wurde, setzt an dieser Kritik an und verknüpft nun mehrere Kennzahlen so miteinander, dass auch diejenigen Prozesse mit Kennzahlen durchleuchtet werden, die für die Veränderung der Finanzkennzahlen verantwortlich sind. Mit einem solch ausbalancierten Kennzahlensystem lässt sich ein Unternehmen mittels weniger, aber entscheidender Kennzahlen flexibel und effizient steuern. Außerdem lenkt die Balanced Scorecard das Augenmerk verstärkt auf Frühindikatoren und hilft so, Fehlentwicklungen aufzudecken, bevor sie sich in finanziellem Misserfolg niederschlagen.

Die Balanced Scorecard geht von dem Grundgedanken aus, dass mehrere Kennzahlen aus verschiedenen Ebenen der Wertschöpfungskette miteinander verknüpft werden. Vier Perspektiven der unternehmerischen Tätigkeit werden mit Kennzahlen beleuchtet:

- **Mitarbeiterperspektive**
  Diese Kennzahlen messen die Leistungsfähigkeit, Motivation und Qualifikation der Mitarbeiter und geben so Auskunft über die Human Resources sowie deren Lern- und Entwicklungspotenziale.
- **Prozessperspektive**
  Hier werden die unternehmensinternen Produktions-, Dienstleistungs- und Marketingprozesse beleuchtet und Aussagen zur Effizienz sowie Anpassungsfähigkeit der Aufbau- und Ablauforganisation getroffen.

- **Marktperspektive**
  Diese Kennzahlen beobachten die Entwicklung des relevanten Marktes und betrachten die Positionierung eines Unternehmens gegenüber den Kunden und seinen Konkurrenten.
- **Finanzperspektive**
  Diese Dimension umfasst die Finanzkennzahlen und gibt Auskunft über die Vermögens-, Finanz- und Ertragslage eines Unternehmens.

Die Balanced Scorecard verknüpft nun die vier Perspektiven, indem von folgendem Wirkungszusammenhang unternehmerischen Erfolgs ausgegangen wird:

Fähige und motivierte Mitarbeiter	Mitarbeiterperspektive
↓ sind Voraussetzung für ↓	
Effiziente Geschäftsprozesse	Prozessperspektive
↓ sind Voraussetzung für ↓	
Markterfolg durch zufriedene Kunden	Marktperspektive
↓ ist Voraussetzung für ↓	
Finanziellen Erfolg	Finanzperspektive

Durch die Verknüpfung der vier Perspektiven gelingt es, Management und Mitarbeitern einen laufenden Überblick über die Entwicklung des unternehmerischen (Miss-)Erfolgs und dessen Ursachen zu geben. Dadurch werden Querverbindungen zwischen sowie Abhängigkeiten von verschiedenen Kennzahlen deutlich. Finanzkennzahlen stehen nun nicht mehr isoliert, sondern werden kausal aus den anderen drei Wertschöpfungsebenen abgeleitet. Neben den Spätindikatoren finden sich in der Balanced Scorecard nun auch die Frühindikatoren, die selbst zahlreiche Impulse an andere Kennzahlen weitergeben.

Einführung

In dem folgenden Beispiel hat das Unternehmen etwa den folgenden Ursache-Wirkungs-Zusammenhang ausgemacht: Die Verbesserung der Qualifikationsstruktur führt zu einer gesteigerten Qualität der Produkte und somit zu einer Senkung der Floprate. Wenn nun die Kunden zufriedener sind und damit die Abwanderungsrate sinkt, wird sich dies positiv auf den Return on Investment auswirken.

Mitarbeiterperspektive		
Qualifikationsstruktur	Fluktuationsrate	Aufgabendeckungs-ziffer

Prozessperspektive		
Reichweite einer Kampagne	Floprate	Distributionsgrad

Marktperspektive		
Absoluter Marktanteil	Abwanderungsrate	Reklamationsquote

Finanzperspektive		
Return on Investment	Cashflow	EBITDA

Im Folgenden werden für jede der vier Perspektiven diejenigen 25 Kennzahlen vorgestellt, die sich in der Unternehmenspraxis als bedeutend erwiesen haben. Um die Balanced Scorecard nicht zu überfrachten, sollten Sie je Perspektive diejenigen drei bis fünf Kennzahlen auswählen, die für Ihre Branche und Ihr Unternehmen von zentraler Relevanz sind. Selbst große Unternehmen arbeiten in der Praxis häufig nur mit wenigen Kennzahlen und konzentrieren sich damit auf die wirklich zentralen Sachverhalte und Entwicklungen. »Kennzahlen-Friedhöfe« hingegen lassen sich kaum überwachen, geschweige denn interpretieren.

Inhaltsverzeichnis

Inhaltsverzeichnis

Inhaltsverzeichnis

Inhaltsverzeichnis

Kapitel 1

Beispielhafter Unternehmensreport

1.1 Gewinn- und Verlustrechnung

in Mio. €

	Jahr 2	Jahr 1
Umsatz	**14.019**	**14.226**
Umsatzkosten	5.004	5.178
Bruttoergebnis	**9.015**	**9.048**
Marketing- und Vertriebskosten	6.279	6.294
Forschungs- und Entwicklungskosten	300	279
Allgemeine Verwaltungskosten	753	780
Goodwill-Abschreibungen	90	90
Sonstige betriebliche Erträge	294	288
Sonstige betriebliche Aufwendungen	435	477
Betriebsergebnis (EBIT)	**1.452**	**1.416**
Zinserträge	66	78
Zinsaufwendungen	– 12	– 27
Übrige finanzielle Erträge und Aufwendungen	– 9	– 33
Ergebnis vor Steuern (EBT)	**1.497**	**1.434**
Steuern	– 594	**– 564**
Minderheiten	– 21	**– 21**
Jahresüberschuss	**882**	**849**

Zusatzinformation		
NOPAT	1.891	1.788
Kapitalkosten	1.400	1.355
Operative Kosten	12.567	12.810

1.2 Bilanz – Aktiva

in Mio. €

	Jahr 2	Jahr 1
Immaterielle Vermögensgegenstände	291	384
Sachanlagen	2.736	2.751
Finanzanlagen	66	66
Anlagevermögen	**3.093**	**3.201**
Vorräte	2.016	2.031
Forderungen aus Lieferungen und Leistungen	2.064	2.025
Sonstige Forderungen und Vermögensgegenstände	282	330
Wertpapiere und flüssige Mittel	2.526	2.166
Umlaufvermögen	**6.888**	**6.552**
Latente Steuern	84	66
Rechnungsabgrenzungsposten	69	75
Summe Aktiva	**10.134**	**9.894**

1.2 Bilanz – Passiva

in Mio. €

	Jahr 2	Jahr 1
Grundkapital	645	645
Kapitalrücklagen	141	141
Gewinnrücklagen	3.789	3.486
Jahresüberschuss	882	849
Anteile der Gesellschafter	**5.457**	**5.121**
Minderheiten	36	60
Eigenkapital	**5.493**	**5.181**
Pensionsrückstellungen	1.140	1.191
Sonstige Rückstellungen	1.437	1.533
Rückstellungen	**2.577**	**2.724**
Finanzverbindlichkeiten	288	288
Verbindlichkeiten aus Lieferungen und Leistungen	909	879
Sonstige Verbindlichkeiten	468	444
Verbindlichkeiten	**1.665**	**1.611**
Latente Steuern	372	357
Rechnungsabgrenzungsposten	27	21
Summe Passiva	**10.134**	**9.894**

1.3 Kapitalflussrechnung

in Mio. €

	Jahr 2	Jahr 1
EBIT	**1.452**	**1.416**
Steuern	– 711	– 567
Abschreibungen auf das immaterielle und Sachanlagevermögen	492	483
Veränderung der langfristigen Rückstellungen (ohne Zinsanteil)	– 33	– 12
Gewinn / Verlust aus dem Abgang von Sachanlagevermögen	3	3
Veränderung der Vorräte	15	81
Veränderung der Forderungen aus Lieferungen und Leistungen und sonstiger Vermögensgegenstände	– 27	– 138
Veränderung der Verbindlichkeiten und kurzfristiger Rückstellungen	57	– 90
Cashflow aus operativer Geschäftstätigkeit	**1.248**	**1.176**
Auszahlungen für Investitionen in das Anlagevermögen	– 507	– 726
Einzahlungen aus Abgängen von Vermögensgegenständen des Anlagevermögens	33	45
Einzahlungen aus Zinsen, Dividenden und sonstigem Finanzeinkommen	150	120
Cashflow aus Investitionstätigkeit	**– 324**	**– 561**
Ausgeschüttete Dividenden	– 354	– 327
Veränderungen der Finanzverbindlichkeiten	0	– 99
Zins- und sonstige Finanzausgaben	– 141	– 126
Cashflow aus Finanzierungstätigkeit	**– 495**	**– 552**
Wechselkursbedingte Veränderung des Finanzmittelbestands	– 69	– 39
Änderungen des Finanzmittelbestands	**360**	**24**
Liquide Mittel / Wertpapiere, 01.01.	2.166	2.142
Liquide Mittel / Wertpapiere, 31.12.	2.526	2.166

1.4 Human Resources Report

	in Mio. €
Personalkosten (gesamt)	2.453
Gehälter für Geschäftsleitungsmitglieder	124,0 Mio. €
Anzahl der Mitarbeiter	52.100 MA
Anzahl Vollzeitäquivalente (FTE)	46.000 FTE
Anzahl der Fremdmitarbeiter	3.560 MA
Anzahl Mitarbeiter mit strategisch wichtigen Qualifikationen	5.750 MA
Bedarf an Mitarbeitern mit strategisch wichtigen Qualifikationen	9.000 MA
HR-Personen	612 MA
Kosten für Aus- und Weiterbildung	60,3 Mio. €
Anzahl interne Trainingstage	9.034 Tage
Anzahl externe Trainingstage	7.994 Tage
Durchgeführte Mitarbeiterbeurteilungen	41.200
Zugänge (Rekrutierungen im letzten Jahr inklusive interner Wechsel)	3.900 MA
Abgänge (gesamt)	3.600 MA
Abgänge mit weniger als fünf Dienstjahren	3.100 MA
Frühabgänge (innerhalb von sechs Monaten)	400 MA
Durchschnittliche Anzahl kranker Mitarbeiter	611 MA
Durchschnittliche Anzahl verunfallter Mitarbeiter	217 MA
Abwesende Mitarbeiter wegen Aus- und Weiterbildung	1.980 MA
Anzahl der Mobbingfälle	121 MA
Commitment-Index des eigenen Unternehmens	80
Commitment-Index vergleichbarer Firmen	112

1.5 Produktions-Report

Geplante Produktionsmenge je Betriebsstunde auf der Fertigungsanlage A	200 Stück
Durchschnittliche Produktionsmenge je Betriebsstunde auf der Fertigungsanlage A	180 Stück
Durchschnittliche Menge gut gefertigter Produkte je Betriebsstunde auf der Fertigungsanlage	171 Stück
Geplante Betriebszeit der Fertigungsanlage A pro Woche	125 Std.
Tatsächliche Laufzeit der Fertigungsanlage A pro Woche	120 Std.
Hergestellte Produkte der Fertigungsanlage B pro Tag	3.000 Stück
Fehlerhafte Produkte der Fertigungsanlage B pro Tag	90 Stück
Fehlerhafte Produkte der Fertigungsanlage B pro Tag wegen Maschinenfehler	9 Stück
Kosten eines Fertigungsprozesses pro Jahr (gesamt)	1.500.000 €
Kosten der automatisiert ausgeführten Funktionen eines Fertigungsprozesses pro Jahr	900.000 €
Betriebszeiten der Fertigungsanlage A ohne Ausfälle	12 Std., 20 Std.
Ausfälle der Fertigungsanlage A	2 Ausfälle
Ausfälle der Fertigungsanlage B	3 Ausfälle
Reparaturzeit für Fertigungsanlage B pro Jahr	36 Std.
Wiederbeschaffungswert der Fertigungsanlage B	1.500.000 €
Reparaturkosten für Fertigungsanlage B	300.000 €
Erhaltene Lieferungen in der Produktion pro Monat	200 Lieferungen
Beanstandete Lieferungen in der Produktion pro Monat	16 Lieferungen

1.6 Marketing-Report

Durchschnittliche Zahl der Kunden im letzten Jahr	80.000 Kunden
Verlorene Kunden im letzten Jahr	5.000 Kunden
Zahl der umsatzstärksten Kunden, die ingesamt ein Drittel des Umsatzes ausmachen	6.400 Kunden
Zahl der Produkterstverwender	7.200 Kunden
Zahl der Beschwerden	800 Beschwerden
Nettogewinn der Kundengruppe F	25.000 €
Nettoumsatz der Kundengruppe F	750.000 €
Gesamtumsatz in Branche D	850.000 €
Umsatz mit Neukunden in Branche D	102.000 €
Selbst hergestellte Produkte im Produktprogramm	40 Produkte
Selbst hergestellte Produktinnovationen im vergangenen Jahr	15 Produkte
Selbst hergestellte Produktinnovationen, die nach einem Jahr nicht mehr angeboten werden	5 Produkte
Umsatz der selbst hergestellten Produktinnovationen	2,8038 Mio. €
Absatz des Produktes A im letzten Monat	12.000 Stück
Absatz des Produktes A im vorletzten Monat	10.000 Stück
Zahl der im Rahmen einer einzelnen Marketingaktion verschickten Angebote	50 Angebote
Zahl der Bestellungen infolge einer Marketingaktion	6 Bestellungen
Zahl der vorliegenden Aufträge in einer Vertriebseinheit	54 Aufträge
Durchschnittliche Bearbeitungszeit pro Auftrag in einer Vertriebseinheit	0,5 Tage pro Auftrag
Zahl der Bestellungen (gesamt)	856.945 Bestellungen
Bestellungen über Absatzweg E	256.746 Bestellungen
Umsatz des Artikels A im vorletzten Monat	900.000 €
Zusätzlicher Umsatz des Artikel im letzten Monat	100.000 €
Anzahl der Gesamtverkäufe in Filiale Z	500 Artikel
Anzahl der Retouren in Filiale Z	100 Artikel

1.7 Marketing-Report einer Filiale

Wareneinsatz in Filiale R pro Monat	1.200.000 €
Durchschnittlicher Lagerbestand (wertmäßig) in Filiale R pro Monat	300.000 €
Summe aller Deckungsbeiträge des Sortiments in Filiale R pro Monat	100.000 €
Gesamter eingesetzter Warenwert bei Produkt M in Filiale R Pro Monat	120.000 €
Warenwert der Abschriften bei Produkt M in Filiale R pro Monat	12.000 €
Gesamtzahl der Auslieferungen in Filiale R pro Monat	200 Lieferungen
Anzahl der fehlerhaften Auslieferungen in Filiale R in einem Monat	16 Lieferungen
Geführte Artikel in Filiale R (Sortiment)	52 Artikel
Nicht verfügbare Artikel in Filiale R	2 Artikel
Umsatzerlöse im Sortimentsbereich X der Filiale R pro Monat	210.000 €
Zahl der Bons (Verkaufstransaktionen) der Filiale R pro Monat	700 Bons
Wert der gewährten Preisnachlässe im Sortimentsbereich X der Filiale R pro Monat	10.000 €
Wert der Gutschriften im Sortimentsbereich X der Filiale R pro Monat	2.100 €
Einzelumsatz des Produktes P pro Monat in Filiale R	9.360 €
Verkaufsfläche für Produkt P in Filiale R	7,2 qm
Aktueller Bestand des Produktes P in Filiale R	5.630 Stück
Durchschnittlicher Abverkauf des Produktes P in Filiale R pro Tag	1.253 Stück
Umsatz mit Produkt K in Filiale R pro Monat	12.500 €
Inventurdifferenz mit Produkt K in Filiale R pro Monat	250 €
Einzelumsatz des Produktes H pro Monat in Filiale R	9.360 €
Verkaufsfläche für Produkt H in Filiale R	7,2 qm

1.8 Marktforschungs-Report

Durchschnittliche Kaufkraft (überregional) pro Einwohner	18.136 €
Durchschnittliche Kaufkraft einer Region pro Einwohner	23.000 €
Umsatz des Unternehmens in der Branche D	25 Mio. €
Marktvolumen der Branche D	300 Mio. €
Marktpotenzial der Branche D	500 Mio. €
Zahl der belieferten Einkaufsstätten in einer Region	8.000
Gesamtzahl der Einkaufsstätten in einer Region	40.000
Zahl der Kunden, die das Unternehmen oder ein Produkt weiterempfehlen	8.000 Kunden
Personen, die im Rahmen einer Befragung nach dem Unternehmen gefragt wurden	750 Personen
Personen, die im Rahmen einer Befragung das Unternehmen kannten	563 Personen
Zahl der Kunden, die ein Produkt in der Filiale A mindestens zweimal gekauft haben	506 Kunden
Zahl der Kundenkäufe in der Filiale A	2.065 Kunden
Zahl der mit einer Werbeaktion erreichbaren Personen	900.000 Personen
Zahl der mit einer Werbeaktion erreichten Personen	300.000 Personen

Kapitel 2

Mitarbeiterkennzahlen

2.1 Altersstruktur

Formel

$$\frac{\text{Anzahl der Mitarbeiter nach Alter pro Jahr}}{\text{Anzahl der Mitarbeiter}} \times 100\,\%$$

Rechenbeispiel

Aufgrund der Verschiedenartigkeit der Unternehmen wird an dieser Stelle auf ein Rechenbeispiel verzichtet.

Erläuterung

Die Kennzahl zeigt den altersmäßigen Aufbau der Belegschaft in Prozent. Vermutlich gibt es keine richtige oder falsche Kennzahl. Es gibt jedoch eine Anzahl von Firmen, die eine sehr hohe Überalterung aufweisen und welche in den nächsten Jahren einen erhöhten Prozentsatz der Belegschaft aus dem Arbeitsprozess entlassen werden. Umgekehrt gibt es Firmen, die über eine hohe Anzahl von jungen Mitarbeitern verfügen. Diese haben eine weniger lange Berufserfahrung und sind i.d.R. auch bereit, bei entsprechenden Angeboten den Arbeitgeber zu wechseln (Personalrisiko).
Bei Bedarf kann die Kennzahl zusätzlich in Frauen und Männer aufgefächert werden.

Vorteile	Nachteile
• Gibt Hinweise auf die Altersverteilung der Belegschaft • Kann Hinweise zum Rekrutierungsbedarf ergeben	• Alter ist nicht zwangsläufig ein Indikator für den Ausbildungsstand der Mitarbeiter • Nicht aussagekräftig im Vergleich mit anderen Branchen

2.2 Anteil der Fremdmitarbeiter

Formel

$$\frac{\text{Anzahl der Fremdmitarbeiter}}{\text{Anzahl der Mitarbeiter}} \times 100\,\%$$

Rechenbeispiel

$$\frac{3.560}{52.100} \times 100\,\% = \mathbf{6{,}8\,\%}$$

Erläuterung

Die Anzahl der Fremdarbeiter entspricht der Anzahl der Mitarbeiter, die zwar ständig und auch über Jahre hinweg für das Unternehmen arbeiten, aber nicht direkt bei diesem festangestellt sind. Als Beispiele können Mitarbeiter von Leasingfirmen, Mitarbeiter von Mutter- oder Tochterunternehmen, Mitarbeiter von ausgegliederten Unternehmensbereichen (Rechenzentrum, Call Center) oder Mitarbeiter, die spezielle Systeme (hochtechnisierte Anlagen) betreuen, genannt werden.
Zu dieser Gruppe zählen auch Berater und teilweise auch Zeitarbeiter (gesetzliche Regelungen beachten). Eine hohe Prozentzahl ist ein Hinweis darauf, dass unternehmensspezifisches Wissen verstärkt bei externen Mitarbeitern angesiedelt ist, was ein nicht zu unterschätzendes Personalrisiko darstellen kann.

Vorteile	Nachteile
• Gibt Hinweise auf wichtige Kostenfelder, welche oft nicht in der Verantwortung des HR sind, jedoch substanzielle Kosten für das Unternehmen generieren • Wichtige Personengruppe für IT-Zugriff und Sicherheit • Relevanter Faktor für die mittel- und langfristige Personalplanung	• Schwierig zu ermitteln • Meist nicht in der Kompetenz der Human Resources • Kann stark variieren

2.3 Anzahl der Aus- und Weiterbildungstage pro Vollzeitäquivalent und Jahr

Formel

$$\frac{\text{Summe der Aus- und Weiterbildungstage aller Mitarbeiter}}{\text{Summe Vollzeitäquivalente}}$$

Rechenbeispiel

$$\frac{9.034 \text{ Tage} + 7.994 \text{ Tage}}{46.000} = \mathbf{0{,}4\ Tage}$$

Erläuterung

Die Anzahl der Aus- und Weiterbildungstage ist die Ausgangslage für weitere Analysen. Auszubildende, Trainees oder Stages sind nicht Teil dieser Gruppe. Die Kennzahl repräsentiert die innerbetrieblichen und außerbetrieblichen effektiven Trainingstage. Ausbildungstage für einen MBA sind genauso enthalten wie innerbetriebliche Workshops zur Qualitätssteigerung.

Vorteile	**Nachteile**
• Relativ einfach zu ermitteln • Kann im Branchenvergleich interessante Angaben liefern, z. B. Häufigkeit im Vergleich zu Mitbewerbern	• Relativ ungenaue Größe • Definition des Begriffs Aus- und Weiterbildung wird nicht einheitlich angewendet • Keine qualitative Betrachtung

2.4 Aufgabendeckungsziffer (Strategic Job Coverage Ratio)

Formel

$$\frac{\text{Anzahl der Mitarbeiter mit strategisch wichtigen Qualifikationen (Ist)}}{\text{Anzahl der Mitarbeiter mit strategisch wichtigen Qualifikationen (Soll)}} \times 100\,\%$$

Rechenbeispiel

$$\frac{5.750}{9.000} \times 100\,\% = \mathbf{63{,}9\,\%}$$

Erläuterung

Die Aufgabendeckungsziffer bedingt die Kenntnis der für das Unternehmen wichtigen Schlüsselkompetenzen und deren Know-how-Träger. Diese sollten mindestens bis zur dritten Führungsebene innerbetrieblich definiert sein. Ohne diese Voraussetzung kann die Kennzahl nicht ermittelt werden. Die Kennzahl dient somit zur Beurteilung des Qualifikationsbedarfs im Rahmen der Mitarbeiterweiterbildung bzw. zu zusätzlichem externen Personalbedarf.
Diese Gruppe sollte in der Praxis eine gewisse Erfahrung bzw. ein gewisses Dienstalter im Unternehmen aufweisen.

Vorteile	Nachteile
• Wichtige Kennzahl für die Personalbedarfsplanung • Gibt Hinweise auf möglichen Rekrutierungs- und/oder Entwicklungsbedarf • Kann eines der größten Personalrisiken identifizieren und vermindern (Hinweise für Entwicklungs- oder Rekrutierungsbedarf)	• Setzt die Kenntnis der Schlüsselqualifikationen im Unternehmen voraus • Kann sich unterjährig verändern (Abgänge, veränderte Marktbedürfnisse) • Notwendiges Datenmaterial aufwändig zu ermitteln

2.5 Beschäftigungsstruktur

Formel

$$\frac{\text{Zahl der Mitarbeiter nach Gruppe}}{\text{Anzahl der Mitarbeiter}} \times 100\,\%$$

Rechenbeispiel

$$\frac{612^*}{52.100} \times 100\,\% = \mathbf{1{,}2\,\%}$$

* Beispiel mit der Anzahl HR-Personen

Erläuterung

Die Beschäftigungsstruktur drückt den prozentualen Anteil einer Teilgruppe an der Gesamtzahl der Beschäftigten aus. Die Kennzahl kann z. B. in die Bereiche Führungsebene, Administration, Produktion, Vertrieb, aber auch nach einzelnen Segmenten oder geografischen Standorten heruntergebrochen werden.

Sie kann im Branchenvergleich interessante Erkenntnisse liefern in Bezug auf die Gewichtung der Funktionen und ihre Ressourcenzuteilung.

Vorteile	Nachteile
• Wichtige Grundkennzahl • Interessant im Zeitverlauf, inwiefern sich Gewichtungen verschieben • Gibt Hinweise auf Geschäftsmodell und interne Prioritäten • Kann mit externen Vergleichen überprüft werden	• Muss innerbetrieblich definiert werden • Außerbetrieblich nur eingeschränkt vergleichbar, da keine einheitliche Definition der Kennzahl besteht

2.6 Betriebszugehörigkeitsstruktur

Formel

$$\frac{\text{Summe der Dienstjahre im Unternehmen}}{\text{Anzahl der Mitarbeiter}} \times 100\,\%$$

Rechenbeispiel

Aufgrund der Verschiedenartigkeit der Unternehmen wird an dieser Stelle auf ein Rechenbeispiel verzichtet.

Erläuterung

Die prozentuale Zusammensetzung der Beschäftigten nach der Dauer der Betriebszugehörigkeit gibt einen Hinweis auf die Häufigkeit der Abgänge nach Bereichen. Zudem kann das betriebsnotwendige Wissen pro Funktion oder Bereich beurteilt werden (Personalrisikomanagement).

Eine hohe Anzahl an Abgängen im Vertrieb, insbesondere in strategischen Märkten, kann die Beziehungen des Unternehmens mit den Kunden langfristig negativ beeinflussen.

Vorteile	Nachteile
• Einfach zu ermitteln • Interessant im Jahresvergleich • Gibt Hinweise auf Unternehmenskultur und Bedeutung von unternehmensspezifischen Kenntnissen • Kann die Grundlage zur Erfragung von spezifischen Bedürfnissen bestimmter Mitarbeitergruppen sein	• Interpretationsbedürftig • Im Vergleich von Unternehmen nur beschränkt aussagekräftig

2.7 Durchgeführte Mitarbeiterbeurteilungen

Formel

$$\frac{\text{Summe der durchgeführten Mitarbeiterbeurteilungen}}{\text{Anzahl der Mitarbeiter}} \times 100\,\%$$

Rechenbeispiel

$$\frac{41.200}{52.100} \times 100\,\% = \mathbf{79{,}1\,\%}$$

Erläuterung

Die Verhältniszahl der durchgeführten Gespräche zur Mitarbeiterbeurteilung (Appraisals) zeigt die Bedeutung des Instruments. Eine niedrige Verhältniszahl weist auf eine verminderte Wichtigkeit der Mitarbeiterbeurteilung im Unternehmen hin, was auf eine eher informelle Führungskultur im Unternehmen schließen lässt. Die Kennzahl ist ein wichtiges Maß für die Bedeutung der Leistungsbeurteilung und der Leistungsorientierung eines Unternehmens.

Vorteile	Nachteile
• Einfach zu ermitteln, da durchgeführte Mitarbeiterbeurteilungen statistisch erfasst werden • Gibt Hinweise auf die Bedeutung des Mitarbeiterbeurteilungssystems • Gibt Hinweise auf die Führungsstärke und Organisation eines Unternehmens	• Eingeschränkte qualitative Aussage. Die Mitarbeiterbeurteilungen müssten auch inhaltlich (Qualitätsmerkmale) ausgewertet werden • Für Externe nicht zu ermitteln

2.8 Durchschnittsalter der Mitarbeiter

Formel

$$\frac{\Sigma\ (\text{Aktuelles Datum} - \text{Geburtstag der Mitarbeiter})}{\text{Anzahl der Mitarbeiter}}$$

Rechenbeispiel

Aufgrund der Komplexität wird an dieser Stelle auf ein Rechenbeispiel verzichtet und ein Durchschnittsalter der Belegschaft von 42 Jahren unterstellt.

Erläuterung

Das Durchschnittsalter der Belegschaft ermittelt sich, indem das Alter aller Mitarbeiter summiert und durch die Anzahl der Mitarbeiter dividiert wird. Ein hohes Durchschnittsalter alleine sagt wenig aus, außer dass die Anzahl der Mitarbeiter, die aus dem Erwerbsleben demnächst ausscheiden, offensichtlich höher ist und dadurch der gezielte Know-how-Transfer und ein erhöhter Rekrutierungsbedarf zu erwarten sind. Auch ein niedriges Durchschnittsalter ist alleine wenig aussagekräftig. Jedoch kann dies darauf hinweisen, dass junge Mitarbeiter tendenziell öfter den Arbeitsplatz wechseln und damit die Einschränkung des Know-how-Verlusts der Betriebe besondere Anstrengung erfordert.

Vorteile	Nachteile
• Durchschnittsalter der Belegschaft eines Betriebes wird ermittelt • Kann für Rekrutierung wichtige Hinweise geben • Aussagekräftig im Vergleich der Jahre	• Ungenauere Kennzahl als die Altersstruktur • Durchschnittliche Mitarbeiterqualifikationen sollten auch berücksichtigt werden

2.9 Fluktuationsrate

Formel

$$\frac{\text{Gesamtabgänge pro Jahr}}{\text{Summe Vollzeitäquivalente}} \times 100\,\%$$

Rechenbeispiel

$$\frac{3.600}{46.000} \times 100\,\% = \mathbf{7{,}8\,\%}$$

Erläuterung

Die Fluktuationsrate setzt die Anzahl der Abgänge (freiwillige und unfreiwillige) ins Verhältnis zur durchschnittlichen Gesamtzahl der Mitarbeiter (Vollzeitäquivalente). Die Kennzahl kann auch monatlich ermittelt werden, liefert jedoch keine Aussage zu den im Betrieb verbleibenden Mitarbeitern und ihren Absichten, ggf. auch das Unternehmen zu verlassen. Die Fluktuation wird dabei von externen Faktoren wie z. B. dem Arbeitsmarkt oder der Konjunktur beeinflusst. Eine hohe Fluktuationsrate verursacht i. d. R. hohe zusätzliche Kosten und erheblichen Mehraufwand für die Firma.

Befristete Verträge, welche nicht verlängert werden, sind nicht in dieser Kennzahl zu berücksichtigen.

Vorteile	Nachteile
• Kennzahl wird beinahe von allen Firmen gemessen, wodurch viele Vergleichsmöglichkeiten bestehen • Relativ einfach zu ermitteln	• Abhängig von der Konjunktur • Interpretationsbedürftig • Fluktuationsgründe werden nicht sichtbar

2.10 Frühfluktuationsrate

Formel

$$\frac{\text{Anzahl Kündigungen innerhalb von sechs Monaten}}{\text{Anzahl Zugänge (Einstellungen) pro Jahr}} \times 100\,\%$$

Rechenbeispiel

$$\frac{400}{3.900} \times 100\,\% = \mathbf{10{,}3\,\%}$$

Erläuterung

Die Frühfluktuationsrate ermittelt den Prozentsatz der Abgänge (freiwillige und unfreiwillige) innerhalb der ersten sechs Monate im Verhältnis zur Gesamtzahl der Neueinstellungen innerhalb eines Jahres.
Eine hohe Frühfluktuationsrate verursacht hohe zusätzliche Kosten und erheblichen Mehraufwand für die Firma. Es können verdeckte Signale über fehlendes Integrationsvermögen der Firma oder mangelnde Sorgfalt im Rekrutierungsprozess vermutet werden.
Abgänge während der Probezeit sind nicht in dieser Kennzahl zu berücksichtigen.

Vorteile	Nachteile
• Wichtige Kennzahl, da sie Hinweise auf fehlende Qualität des Rekrutierungsprozesses gibt • Indikator für mögliche fehlende Qualität des Anlernprozesses oder der Integrationsfähigkeit	• Wird selten erhoben • Kennzahl sagt nichts über die Gründe der Frühfluktuation aus • Gibt keine Hinweise auf die Kosten

2.11 Human Economic Value Added (HEVA)

Formel

$$\frac{\text{NOPAT} - \text{Kapitalkosten}}{\text{Summe Vollzeitäquivalente*}}$$

* **Definition Vollzeitäquivalent:** Ein Mitarbeiter, der mit dem Unternehmen einen Vertrag über ein Arbeitspensum von 50% vereinbart hat, wird mit 50% berücksichtigt. Zwei Mitarbeiter mit 50% Arbeitspensum und ein Mitarbeiter mit einem 100%-Pensum ergeben zwei Vollzeitäquivalente.

Rechenbeispiel

$$\frac{1.891 \text{ Mio. €} - 1.400 \text{ Mio. €}}{46.000} = \mathbf{10.674\,€}$$

Erläuterung

Der Human Economic Value Added (HEVA) ist eine Erweiterung des »Economic Value Added«-Gedankens (EVA), bei dem ein Unternehmen nur dann Wert für den Investor generiert, wenn die Rendite auf das eingesetzte Kapital (ROIC) die zugrunde liegenden Kapitalkosten (WACC) eines Unternehmens übersteigt. Diese Überrendite multipliziert mit dem investierten Kapital führt zur jährlichen Wertsteigerung bzw. Wertvernichtung eines Unternehmens. Der EVA eines Jahres dividiert durch die Summe der Vollzeitäquivalente (Full-time Equivalents, FTE) führt zur Kennzahl Human Economic Value Added (HEVA). Diese beschreibt die erwirtschaftete Überrendite je Vollzeitkraft.

Vorteile	Nachteile
• Es kann auf jährlicher Basis die Wertgenerierung bzw. Wertzerstörung pro Mitarbeiter ermittelt werden • Kapitalmarktorientierte Kennzahl	• Sollte im Zeitverlauf beachtet werden • HEVA ist nur ein Durchschnittswert pro Mitarbeiter, sollte ggf. auf einzelne Geschäftssparten aufgegliedert werden

2.12 Kapitalrendite des Humankapitals (HCROI)

Formel

$$\frac{\text{Umsatz} - (\text{Operative Kosten} - \text{Personalaufwand})}{\text{Personalaufwand}}$$

Rechenbeispiel

$$\frac{14.019 \text{ Mio. €} - (12.567 \text{ Mio. €} - 2.453 \text{ Mio. €})}{2.453 \text{ Mio. €}} = \mathbf{1{,}59\,€}$$

Erläuterung

Die Kapitalrendite des Humankapitals errechnet sich aus dem operativen Ergebnis abzüglich des Personalaufwands, dividiert durch den Personalaufwand. Das Ergebnis drückt aus, wie viel Euro durch einen Euro Personalaufwand erwirtschaftet werden konnte. Im errechneten Beispiel wird pro eingesetzten Euro ein operatives Ergebnis von 1,59€ erzielt, was ein überdurchschnittlich gutes Resultat ist. Die Kennzahl erlaubt insbesondere im Zeitverlauf eine Aussage zur Produktivität des Unternehmens bzw. auch zur Wirtschaftlichkeit des eingesetzten Personals.

Vorteile	**Nachteile**
• Einfach zu ermitteln • Gibt im Branchenvergleich Aufschluss über Effizienz des Personaleinsatzes • Setzt Ertrag und Aufwand des Humankapitals ins Verhältnis	• Wird noch relativ selten ermittelt (daher wenig Vergleichszahlen verfügbar) • Nicht sinnvoll für industrieübergreifende Vergleiche, da große Unterschiede festzustellen sind

2.13 Krankenquote

Formel

$$\frac{\text{Anzahl kranker Mitarbeiter pro Zeiteinheit}}{\text{Anzahl der Mitarbeiter}} \times 100\,\%$$

Rechenbeispiel

$$\frac{611}{52.100} \times 100\,\% = \mathbf{1{,}2\,\%}$$

Erläuterung

Die Krankenquote wird ermittelt, indem alle krank gemeldeten Personen innerhalb eines bestimmten Zeitraums der Gesamtzahl der Mitarbeiter gegenübergestellt werden. Auswertungen sind täglich, wöchentlich oder monatlich möglich und im Zeitverlauf eine aussagekräftige Kennzahl.

Die Kennzahl kann von Gesundheitsstörungen (z. B. Grippewellen), jedoch auch vom Verhalten der Mitarbeiter (»blauer« Montag oder Freitag) beeinflusst werden. Ist die Krankenquote überdurchschnittlich hoch, sollten hierfür die Gründe näher untersucht werden (z. B. mögliche Unzufriedenheit der Mitarbeiter, ungenügendes Commitment zum Unternehmen, Gleichgültigkeit). Die Kennzahl erlaubt allerdings keine Aussage über die Dauer der Abwesenheit als Folge der Krankheit.

Vorteile	Nachteile
• Einfach zu analysieren • Gibt Hinweise auf den Prozentsatz der Abwesenden • Kann mit anderen Kennzahlen verbunden werden, z. B. Unfallhäufigkeit	• Muss aus dem Zeiterfassungssystem ermittelt werden • In gewissen Firmen nicht ermittelbar, da keine Daten zur Verfügung stehen • Branchenabhängig

2.14 Kündigungsquote

Formel

$$\frac{\text{Anzahl der Kündigungen (Abgänge)}}{\text{Anzahl der Mitarbeiter}} \times 100\,\%$$

Rechenbeispiel

$$\frac{3.600}{52.100} \times 100\,\% = \mathbf{6{,}9\,\%}$$

Erläuterung

Die Kündigungsquote ermittelt den Anteil unerwünschter und betrieblicher Kündigungen im Verhältnis zur Gesamtzahl der Mitarbeiter. Die Kennzahl ist ein Indikator für das Betriebsklima sowie die Fähigkeit des Unternehmens, das Personal zu halten. Die Kennzahl ist nicht identisch zur Fluktuation, da alle Abgänge über einen Zeitraum ins Verhältnis zur durchschnittlichen Mitarbeiteranzahl gesetzt werden. Unterjährige Zugänge werden nicht berücksichtigt.

Vorteile	Nachteile
• Ermittelt das Verhältnis der Abgänge zur Gesamtbelegschaft • Kann je nach Branche auch branchenübergreifend verglichen werden • Gibt Hinweise auf zusätzliche HR-Aufwendungen	• Einfach zu ermitteln • Manchmal wird die Kennzahl ohne betriebliche Kündigungen definiert, daher eingeschränkte Vergleichbarkeit

2.15 Kündigungsquote der in den letzten fünf Jahren eingestellten Mitarbeiter

Formel

$$\frac{\text{Anzahl der Kündigungen der in den letzten fünf Jahren eingestellten Mitarbeiter}}{\text{Anzahl der Kündigungen (Abgänge)}} \times 100\,\%$$

Rechenbeispiel

$$\frac{3.100}{3.600} \times 100\,\% = \mathbf{86{,}1\,\%}$$

Erläuterung

Diese Kennzahl ist ein Indikator für das Betriebsklima bzw. die Fähigkeit des Betriebs, Personal zu halten. Mitarbeiter mit einem mittleren Dienstalter bzw. einer gewissen Betriebszugehörigkeit, z. B. von drei bis zehn Jahren, gelten innerbetrieblich als die künftigen Wissens- und Erfahrungsträger.

Mitarbeiter benötigen eine gewisse Zeit, um den Betrieb kennenzulernen und ihre volle Leistungsfähigkeit entfalten zu können. In komplexeren Organisationen kann dieser Zeitraum zwei bis drei Jahre beanspruchen. Insofern ist der Verlust von Mitarbeitern mit einigen Jahren Betriebszugehörigkeit auch mit einem großen Wissensverlust für das Unternehmen verbunden. Daher sollte die Kennzahl genau überwacht werden, um frühzeitig gegensteuern zu können.

Vorteile	**Nachteile**
• Einfach zu ermitteln • Gibt Hinweise auf die Attraktivität, im Unternehmen zu verbleiben • Gibt Hinweise auf die Qualität der Integrationsmaßnahmen	• Kann von Branche zu Branche unterschiedlich sein • Für stark wachsende Firmen von beschränkter Aussagekraft, da sie i. d. R. von einer zeitlich eingeschränkten Betriebszugehörigkeit (Dienstalter) gekennzeichnet sind

2.16 Mitarbeiter-Engagement-Index

Formel

$$\frac{\text{Commitment-Index des eigenen Unternehmens}}{\text{Commitment-Index vergleichbarer Firmen}}$$

Rechenbeispiel

$$\frac{80}{112} = \mathbf{0{,}71}$$

Erläuterung

Commitment ist im Allgemeinen definiert als die Bereitschaft der Mitarbeiter, sich vorbehaltlos für das Unternehmen einzusetzen. Es existiert derzeit kein allgemein anerkannter Commitment-Index im europäischen Raum. Jedoch gibt es Anbieter, die das Commitment der Mitarbeiter messen und mit ähnlichen Firmen vergleichbar machen. I. d. R. fließen in die Berechnung des Commitments Faktoren wie z. B. Verbindung zum Unternehmen, Führungsqualität, Rollen und Funktionsklarheit oder die Qualität der internen Kommunikation mit ein.

Vorteile	Nachteile
• Strategisch relevante Größe • Kann als Ausgangslage für Weiterentwicklungsmaßnahmen des Unternehmens angesehen werden • Sehr gute Möglichkeit, um die Qualität der Mitarbeiterbeziehungen zu analysieren	• Eher wenige Firmen interessieren sich für dieses Thema, das in seinen Auswirkungen auf das Image des Unternehmens unterschätzt wird • Derzeit wird eher die Zufriedenheit der Belegschaft erfragt, was von Kritikern nur beschränkt als relevante Größe eingestuft wird

2.17 Mobbingquote

Formel

$$\frac{\text{Anzahl der Mobbingfälle}}{\text{Anzahl der Mitarbeiter}} \times 100\,\%$$

Rechenbeispiel

$$\frac{121}{52.100} \times 100\,\% = \mathbf{0{,}2\,\%}$$

Erläuterung

In der gängigen Literatur wird der Begriff Mobbing wie folgt definiert: »Negative kommunikative Handlungen, die gegen eine Person gerichtet sind (von einer oder mehreren anderen) und die sehr oft und über einen längeren Zeitraum hinaus vorkommen und damit die Beziehung zwischen Täter und Opfer kennzeichnen. Mobbing ist dann gegeben, wenn eine oder mehrere von 45 genau beschriebenen Handlungen über ein halbes Jahr oder länger mindestens einmal pro Woche vorkommen«.

Eine erhöhte Mobbingquote lässt auf Schwächen in der Führung, der Unternehmenskultur und / oder auf fehlende Leistungsorientierung des Unternehmens schließen. Der Leistungsausfall des Unternehmens bleibt jedoch unklar.

Vorteile	Nachteile
• Wenn die Fälle bekannt sind, relativ einfach zu erstellen • Ausgangslage für weitere Analysen wie z. B. Kosten, Aufwände	• Tabu, daher sind die tatsächlichen Fälle kaum vollständig bekannt • Keine Aussage über entstehende Kosten • Sagt nichts über die Hintergründe des Mobbings aus

2.18 Personalaufwandsstruktur

Formel

$$\frac{\text{Personalaufwand pro Gruppe}}{\text{Personalaufwand}} \times 100\,\%$$

Rechenbeispiel

$$\frac{124 \text{ Mio. €*}}{2.453 \text{ Mio. €}} \times 100\,\% = \mathbf{5{,}1\,\%}$$

* Beispiel mit Löhnen für Geschäftsleitungsmitglieder

Erläuterung

Die Personalaufwandsstruktur gibt den prozentualen Anteil einer Teilgruppe am gesamten Personalaufwand an (z. B. Geschäftsleitung, Führungskräfte, qualifizierte Mitarbeiter, Angestellte, Arbeiter).

Die Personalaufwandsstrukturen sind je nach Branche und Unternehmenskultur sehr unterschiedlich. Eine sorgfältige Analyse kann entscheidende Erkenntnisse in Bezug auf die wirklichen Strukturen im Unternehmen geben. Die Analyse und die Interpretation sind mit der entsprechenden Sorgfalt und Professionalität anzugehen, da bei Lohnfragen unterschiedliche Ansichten vertreten werden.

Vorteile	Nachteile
• Gibt Hinweise auf die Personalkostenstruktur des Unternehmens • Hinweise zu Personalaufwand in heterogenen Strukturen	• Oftmals schwierig zu erheben, da häufig interne Strukturen und Zuordnungen fehlen • Oft nur firmenspezifisch vorhanden

2.19 Qualifikationsstruktur

Formel

$$\frac{\text{Anzahl der Personen pro definierte Subgruppe}}{\text{Anzahl der Mitarbeiter}} \times 100\,\%$$

Rechenbeispiel

$$\frac{1.200^{*}}{52.100} \times 100\,\% = \mathbf{2{,}3\,\%}$$

* Annahme: 1.200 Mitarbeiter im Vertrieb

Erläuterung

In Wirtschaftszweigen mit starker Arbeitsintensität kann die Gliederung der Belegschaft für eine ganze Reihe von Messzahlen von mehr oder weniger großer Bedeutung sein, so dass daraus dispositive Entscheidungen getroffen werden können und/oder strukturelle Eigenheiten erkennbar werden.

Sinnvoll können funktionsbezogene Aufteilungen (Front-/Back-Office), Segmentierung (Produktion, Vertrieb, Support) oder eine Aufteilung nach Qualifikation bzw. Ausbildung sein (Studium, Lehre, an- oder ungelernte Stellen).

Vorteile	Nachteile
• Hinweise für Rekrutierung und Entwicklung können ermittelt werden • Gute Ausgangslage für weitere Analysen	• Industrieübergreifende Vergleiche kaum möglich • Sagt nichts über die Leistungsfähigkeit und das Potenzial der Belegschaft aus

2.20 Schulungsvergütungsanteil

Formel

$$\frac{\text{Kosten für Aus- und Weiterbildung}}{\text{Personalaufwand}} \times 100\,\%$$

Rechenbeispiel

$$\frac{60{,}3 \text{ Mio. €}}{2.453 \text{ Mio. €}} \times 100\,\% = \mathbf{2{,}5\,\%}$$

Erläuterung

Die Kennzahl Schulungsvergütungsanteil (Training Compensation Percentage) ist wichtig, um Analysen durchzuführen, ob die Aus- und Weiterbildungskosten in einem gesunden Verhältnis zu den Personalkosten stehen. Zu den Aus- und Weiterbildungskosten zählen i. d. R. auch die Kosten für interne Ausbildungsmaßnahmen sowie für Auszubildende und Trainees.

Falls ein Unternehmen über sehr qualifizierte Mitarbeiter verfügt, muss eher mit einer niedrigen Prozentzahl gerechnet werden, da im Allgemeinen gleichzeitig auch die Lohnkosten höher sind. Umgekehrt verursachen schlechter qualifizierte Mitarbeiter geringere Personalkosten zu erhöhten Aus- und Weiterbildungskosten. Im Branchenvergleich lassen sich dadurch erkenntnisreiche Quervergleiche erstellen, über welches Leistungspotenzial eine Organisation verfügt.

Vorteile	Nachteile
• Ausgangslage für weitere vertiegende Analysen, z. B. in welchen Bereichen wird zu wenig oder zu viel in die Aus- und Weiterbildung investiert • Indikator, ob Aus- und Weiterbildung hohen Stellenwert im Unternehmen genießt	• Schwierig zu ermitteln, da die Angaben nicht in allen Unternehmen einheitlich erfasst werden • Branchenabhängig

2.21 Unfallquote

Formel

$$\frac{\text{Anzahl verunfallter Mitarbeiter pro Zeiteinheit}}{\text{Anzahl der Mitarbeiter}} \times 100\,\%$$

Rechenbeispiel

$$\frac{217}{52.100} \times 100\,\% = \mathbf{0{,}42\,\%}$$

Erläuterung

Die Unfallquote stellt die Anzahl der Personen mit Unfällen (betriebliche, nichtbetriebliche) ins Verhältnis zur Gesamtzahl der Mitarbeiter. Auswertungen sind monatlich und im Zeitverlauf sinnvoll. Die Kennzahl kann beeinflusst werden von der Risikobereitschaft der Mitarbeiter (z. B. junge Mitarbeiter, Extremsportler) oder aber dem Risikoprofil des Arbeitsplatzes (z. B. Büroarbeit versus Bergbau). Die Kennzahl trifft keine Aussage über die Dauer der Abwesenheit als Folge des Unfalls.

Vorteile	**Nachteile**
• Einfach zu analysieren • Gibt Hinweise auf den Prozentsatz der Abwesenden • Kann für Präventionsmaßnahmen weiter analysiert werden	• Teilweise nicht verfügbar, da keine Daten erfasst werden • Sagt nichts aus über die Verteilung von Betriebs- oder privaten Unfällen

2.22 Unterjährige Abwesenheitsstruktur

Formel

$$\frac{\text{Anzahl der Abwesenden nach Ursachen}}{\text{Anzahl der Mitarbeiter}} \times 100\,\%$$

Rechenbeispiel

$$\frac{1.980^{*}}{52.100} \times 100\,\% = \mathbf{3{,}8\,\%}$$

* Beispiel mit Mitarbeitern in Aus- oder Weiterbildung

Erläuterung

Im jährlichen Zeitverlauf ergeben sich für das Unternehmen unterschiedliche Einflüsse, warum Arbeitsplätze scheinbar verwaist sind. Ursachen können z. B. Krankheiten, Unfälle, Urlaubszeiten, Aus- und Weiterbildungen, Dienstreisen oder Pensionierungen sein.

Für die Produktionsplanung und die Ermittlung der benötigten HR-Ressourcen können diese Kennzahlen sehr wichtig sein. Sie sind die Ausgangslage für die rechtzeitige Bereitstellung von Human Resources. Gegebenenfalls können oder müssen Urlaubsstopps für bestimmte Bereiche verhängt werden.

Vorteile	Nachteile
• Übersicht über Abwesenheitsstruktur nach Personen • Kann als Planungsgrundlage für den Soll-Mitarbeiterbestand verwendet werden	• Aufwändig in der Erstellung (Abgrenzungsproblematik) • Oft echtzeit- oder vergangenheitsorientiert und daher nicht für die mittelfristige Planung geeignet

2.23 Verteilung der Leistungsbemessung

Formel

$$\frac{\text{Anzahl der Mitarbeiter, die einen bestimmten Skalenwert erreichen}}{\text{Anzahl der Mitarbeiter}} \times 100\,\%$$

Rechenbeispiel

$$\frac{8.700^{*}}{52.100} \times 100\,\% = \mathbf{16{,}7\,\%}$$

* Annahme: 8.700 Mitarbeiter erhalten eine sehr gute Beurteilung

Erläuterung

Viele Unternehmen verfügen über Skalen (Rating), mit denen die erbrachte unterjährige Leistung zusammenfassend bewertet wird. Oft werden Skalen verwendet wie z. B. sehr gut, ausgezeichnet, überdurchschnittlich, gut, mehrheitlich gut, genügend und ungenügend. Gebräuchlich sind auch Skalen wie A, B, C, D, E oder ++, + , +−, −,−−.

Eine Auswertung zeigt auf, wie die Häufigkeiten verteilt sind. Bei vielen Unternehmen findet sich eine Häufung bei den Skalenwerten, welche eine gute, solide Leistung bewerten. Falls diese Werte überdurchschnittlich hoch sind, kann dies Hinweise auf fehlendes Differenzierungs- und Leistungsbeurteilungsvermögen der Führungskräfte geben. Die Kennzahl ist insbesondere im Zeitverlauf aussagekräftig.

Vorteile	Nachteile
• Weist auf die Fähigkeit der Führungskräfte hin, Leistung zu qualifizieren • Gibt Hinweise auf die Brauchbarkeit der Leistungsbemessungsskala • Kann für weitergehende Analysen verwendet werden (z. B. Umgang mit leistungsschwächeren oder -stärkeren Mitarbeitern)	• Oft sind firmenintern keine einheitlichen Skalen verfügbar

2.24 Verteilung der Leistungsbemessung bei Neuanstellungen

Formel

$$\frac{\text{Anzahl der Mitarbeiter, die einen bestimmten Skalenwert erreichen}}{\text{Anzahl Zugänge (Einstellungen) pro Jahr}} \times 100\,\%$$

Rechenbeispiel

$$\frac{645^{*}}{3.900} \times 100\,\% = \mathbf{16{,}5\,\%}$$

* Annahme: 645 neue Mitarbeiter erhalten eine sehr gute Beurteilung

Erläuterung

Diese Kennzahl ist eine erweiterte Betrachtung der Kennzahl 2.23. Die neuen Mitarbeiter werden in der Verteilung der Skalenwerte (Ratingverteilung) mit der Gesamtfirma verglichen.

Diese können den Ausgangspunkt für weiterführende, spezifische Maßnahmen darstellen (z. B. Training, Überprüfung der Skalenwerte, Überprüfung des Rekrutierungsprozesses), um die Leistungsfähigkeit des Unternehmens weiter zu erhöhen.

Vorteile	Nachteile
• Gibt Hinweise auf die Leistungsfähigkeit der »neuen« Mitarbeiter • Zeigt die Fähigkeit der Führungskräfte, Leistung zu messen • Gibt Hinweise auf die Brauchbarkeit der Leistungsbemessungsskala	• Oft sind firmenintern keine einheitlichen Skalen verfügbar • Die unterschiedliche Handhabung der innerbetrieblichen Leistungsbeurteilungssysteme kann die Auswertung erschweren

2.25 Wertschöpfung des Humankapitals (HCVA)

Formel

$$\frac{\text{Umsatz} - (\text{Operative Kosten} - \text{Personalaufwand})}{\text{Summe Vollzeitäquivalente}}$$

Rechenbeispiel

$$\frac{14.019 \text{ Mio. €} - (12.567 \text{ Mio. €} - 2.453 \text{ Mio. €})}{46.000} = \mathbf{84.891\,€}$$

Erläuterung

Früher wurde zur Ermittlung der Produktivität nur der Umsatz pro Mitarbeiter ermittelt, später pro Vollzeitäquivalent (FTE). Mit dem Einsatz des Kostenfaktors Humankapital (HCCF) wird die Formel jedoch erweitert, was die Aussagekraft weiter steigert. Somit wird durch diese Formel die durchschnittliche Wertschöpfung des Humankapitals ermittelt. Alle Unternehmensaufwendungen mit Ausnahme der Personalkosten werden vom Umsatz abgezogen. Durch die Division mit der Summe der Vollzeitäquivalente wird der Durchschnittsertrag pro Vollzeitäquivalent bestimmt. Wahlweise können zusätzlich auch die Kosten für Zeitbeschäftigte, Abwesenheit und Fluktuation als Teil der Personalkosten berücksichtigt werden.

Vorteile	**Nachteile**
• Vergleichbare Zahl zu Bruttogewinn pro Vollzeitäquivalent • Ertragsbeitrag pro Mitarbeiter wird aufgedeckt • Im Branchenvergleich kann weiteres Produktivitätspotenzial analysiert werden	• Keine Aussage zur Kapitalrendite • Durchschnittskennzahl, die zwischen einzelnen Unternehmensbereichen stark schwanken kann

Kapitel 3

Prozesskennzahlen

3.1 Abschriftenquote

Formel

$$\frac{\text{Warenwert der Abschriften (zum Einkaufspreis)}}{\text{Gesamter eingesetzter Warenwert (zum Einkaufspreis)}} \times 100\,\%$$

Rechenbeispiel

$$\frac{12.000€}{120.000€} \times 100\,\% = \mathbf{10\,\%}$$

Erläuterung

Die Kennzahl Abschriftenquote gibt an, welche Warenwerte, bezogen auf einen realisierten Gesamtumsatz (zu Einstandspreisen), abgeschrieben werden mussten.
Die Abschriftenquote hat eine große bis sehr große Bedeutung in den Bereichen, in denen erhebliche Warenverluste aufgrund von Verfallsdaten (Mindesthaltbarkeit, Mode, Saison) anfallen und zur Vermeidung von erheblichen wirtschaftlichen Schäden gesteuert werden müssen.

Vorteile	Nachteile
• Kenngröße mit häufig erheblicher Ertrags- und Steuerungswirkung • Effizientes Steuerungsinstrument für bestimmte Warenbereiche	• Bei hohen Abschriftenquoten, aber hohen Warenumschlagshäufigkeiten ist die Quote nur über häufige Inventuren zu errechnen • Abschriftenquoten vernachlässigen z. B. Handlingskosten

3.2 Anlagenausbeute (Quality Efficiency)

Formel

$$\frac{\text{Gut gefertigte Produktionsmenge je Zeiteinheit (Gut-Leistung)}}{\text{Tatsächliche Produktionsmenge je Zeiteinheit (Ist-Leistung)}} \times 100\,\%$$

Rechenbeispiel

$$\frac{\text{171 gut gefertigte Produkteinheiten je Betriebsstunde}}{\text{180 Produkteinheiten je Betriebsstunde}} \times 100\,\% = \mathbf{95\,\%}$$

Erläuterung

Die Anlagenausbeute (Quality Efficiency) setzt die Zahl der gefertigten Produkteinheiten, die den Qualitätsanforderungen des Unternehmens entsprechen, ins Verhältnis zur Gesamtzahl der produzierten Einheiten. Sie gibt damit Aufschluss darüber, wie qualitativ hochwertig eine Anlage produziert und wie hoch der Effizienzverlust infolge defekter und zu überarbeitender Produkteinheiten ausfällt. Eine Anlagenausbeute von 100 % ist in der Praxis kaum zu erreichen, weil sie bedeuten würde, dass alle produzierten Teile dem gewünschten Standard entsprechen.
Zur Berechnung der Anlagenausbeute müssen von der Gesamtzahl der produzierten Einheiten alle Ausschussprodukte, alle Nacharbeitsprodukte und die Produkte der Anlaufphase von minderer Qualität abgezogen werden. Die Anlagenausbeute kann sowohl für eine einzelne Maschine als auch für eine ganze Fertigungsanlage berechnet werden.

Vorteile	Nachteile
• Einfache Ermittlung bei Einzelanlagen • Besonders aussagekräftig im Zeitvergleich (Qualitätsentwicklung) • Gibt Hinweis auf die Notwendigkeit einer verfahrenstechnischen Untersuchung des Prozesses	• Bei Kombination mehrerer Maschinen zu einer Fertigungsanlage wird die mangelnde Anlagenausbeute häufig nicht an der Maschine entdeckt, die sie verursacht hat. Dies macht die Zuordnung schwierig • Gibt keinen Aufschluss über die Art der möglichen Weiterverwendung der qualitativ unter Standard gefertigten Produkte

3.3 Anlagenleistung (Performance Efficiency)

Formel

$$\frac{\text{Tatsächliche Produktionsmenge je Zeiteinheit (Ist-Leistung)}}{\text{Geplante Produktionsmenge je Zeiteinheit (Soll-Leistung)}} \times 100\,\%$$

Rechenbeispiel

$$\frac{\text{180 tatsächliche Produktionseinheiten je Betriebsstunde}}{\text{200 geplante Produkteinheiten je Betriebsstunde}} \times 100\,\% = \mathbf{90\,\%}$$

Erläuterung

Unter der Anlagenleistung (Performance Efficiency) wird das Verhältnis des tatsächlichen zum geplanten Output einer Anlage je Betriebszeiteinheit verstanden. Dabei ist wichtig, dass die tatsächliche und nicht die geplante Betriebszeit für die Berechnung zugrunde gelegt wird (siehe Anlagenverfügbarkeit). Die Anlagenleistung kann sowohl auf eine einzelne Maschine als auch auf eine ganze Fertigungsanlage bezogen sein.

In der Praxis gestaltet es sich häufig schwierig, die Soll-Leistung einer Anlage zu definieren. Liegen keine Angaben des Anlagenherstellers über die maximale Produktionskapazität vor, wird häufig die sog. »bestdemonstrierte Leistung« herangezogen: Als Soll-Leistung wird die beste Leistung definiert, die in der Vergangenheit mit einer Anlage erzielt werden konnte.

Die Anlagenleistung zeigt mithin, wie gut eine Anlage ausgenutzt wird. Geringere Taktraten, reduzierte Geschwindigkeiten, nicht lückenlose Belegungen, Leerläufe und überschrittene Zykluszeiten können die Ursachen für Leistungsverminderungen sein. Bei einer Anlagenleistung von 100 % läuft die Anlage so gut, dass die Sollleistung und damit die bestmögliche Leistung erreicht werden.

Vorteile	Nachteile
• Besonders aussagekräftig im Zeitvergleich	• Mitunter schwierige Ermittlung der Soll-Leistung
• Gibt konkreten Hinweis auf verschlechterte Anlagenperformance	• Komplexe Berechnung, wenn auf einer Anlage mehrere Produkte hergestellt werden

3.4 Anlagenverfügbarkeit (Availability Efficiency)

Formel

$$\frac{\text{Tatsächliche Laufzeit einer Anlage}}{\text{Geplante Betriebszeit einer Anlage}} \times 100\,\%$$

Rechenbeispiel

$$\frac{\text{120 tatsächliche Betriebsstunden}}{\text{125 geplante Betriebsstunden}} \times 100\,\% = \mathbf{94\,\%}$$

Erläuterung

Wesentliche Voraussetzung einer effizienten Produktion ist eine hohe Anlagenverfügbarkeit (Availability Efficiency). Diese Kennzahl gibt Aufschluss darüber, wie viel Prozent der geplanten Produktionszeit eine Anlage tatsächlich produziert hat. Sie kann sowohl für einzelne Maschinen als auch für ganze Fertigungsanlagen ermittelt werden.
Eine Anlagenverfügbarkeit von 100 % bedeutet, dass die Anlage während der gesamten festgelegten Produktionszeit tatsächlich gelaufen ist. Niedrigere Werte und die damit einhergehenden Verfügbarkeitsverluste deuten auf ungeplante Stillstände hin. Deren Ursachen sind z. B. kurzfristig fehlendes Material oder Personal, ein Stromausfall, das Warten auf Freigaben oder Instandhaltungen, der komplette Ausfall der Anlage mit nachfolgender Reparatur und Testzeiten sowie längere Rüst- und Wartungszeiten, als sie bei der Festlegung der Produktionszeit geplant waren.
Eine Verschlechterung der Anlagenverfügbarkeit muss zum Anlass für eine genaue Ursachenanalyse genommen werden, um über eine Verbesserung des Störungsmanagements, veränderte Wartungs- und Inspektionszyklen, neue Maschinen und Weiterqualifikation der Mitarbeiter nachzudenken.

Vorteile	Nachteile
• Relativ einfach zu ermitteln • Gibt frühzeitig Aufschluss über Ausweitung der ungeplanten Stillstandszeiten	• Sagt nicht über Stillstandsursachen aus • Sagt nichts über die Effizienzpotenziale bei der geplanten Produktionszeit aus

3.5 Anlieferbeanstandungsquote

Formel

$$\frac{\text{Anzahl der beanstandeten Anlieferungen}}{\text{Gesamtzahl der erhaltenen Anlieferungen}} \times 100\,\%$$

Rechenbeispiel

$$\frac{\text{16 beanstandete Anlieferungen}}{\text{200 erhaltene Anlieferungen}} \times 100\,\% = \mathbf{8\,\%}$$

Erläuterung

Die Anlieferbeanstandungsquote gibt mit Blick auf die Beschaffung Aufschluss darüber, welcher Anteil der Anlieferungen von Roh-, Hilfs- und Betriebsstoffen sowie Vorleistungen nicht einwandfrei war und deswegen beim Lieferanten beanstandet werden musste.
Ursachen für die Beanstandung einer Anlieferung können die nicht eingehaltene Lieferzeit, die fehlerhafte Liefermenge, die Nichteinhaltung von vereinbarten besonderen Lieferbedingungen (z. B. besondere Verpackungsformen), die unzureichende Beschaffenheit der Lieferung (z. B. falsche Sorten oder Beschädigung durch Transport) und/oder Qualitätsmängel der angelieferten Güter sein.
Fehlerhafte Anlieferungen sind für das Unternehmen kostenträchtig: durch Verlangsamung oder Unterbrechung des Produktionsprozesses, durch Sortimentslücken und daraus resultierende Fehlmengenkosten sowie durch vermehrte Kosten durch häufigere Qualitätskontrollen, Beschwerdekosten und Handlingskosten bei der Rückabwicklung der Anlieferung.
Werden fehlerhafte Lieferungen nicht entdeckt, können Maschinenschäden, Qualitätsmängel der Fertigung, Ausschussprodukte und Lieferverzögerungen die Folge sein.

Vorteile	**Nachteile**
• Relativ einfach zu ermitteln • Besonders aussagekräftig im Zeitvergleich und in der Betrachtung einzelner Lieferanten	• Gibt keine Auskunft über Beanstandungsursachen • Gibt keine Auskunft über Beanstandungsfolgen für die Produktion

3.6 Ausschussquote

Formel

$$\frac{\text{Anzahl der fehlerhaften Produkte}}{\text{Anzahl der hergestellten Produkte}} \times 100\,\%$$

Rechenbeispiel

$$\frac{\text{90 Stück}}{\text{3.000 Stück}} \times 100\,\% = \mathbf{3\,\%}$$

Erläuterung

Ausschuss sind Produkte, die während oder am Ende des Produktionsprozesses aussortiert werden müssen, weil sie nicht den Qualitätsansprüchen des Unternehmens genügen. Durch Ausschussprodukte entstehen im Regelfall die gleichen Produktionskosten wie bei qualitativ einwandfreien Erzeugnissen. Erlöse gibt es aber keine oder allenfalls geringe, wenn die fehlerhaften Produkte zu ermäßigten Preisen über alternative Vertriebswege wie z. B. Werksverkauf oder Havariehandel verkauft werden.
Werden Produkte mit qualitativen Mängeln vor dem Verkauf nicht entdeckt, kann es zu erheblicher Unzufriedenheit der Kunden sowie kostenträchtigen Reklamationen und Retouren kommen. Kunden, die nicht reklamieren, werden mit hoher Wahrscheinlichkeit abwandern und/oder negative Mundpropaganda betreiben.
Interessant ist die Ermittlung der Ausschussquote an verschiedenen Stationen des Produktionsprozesses, zu verschiedenen Tageszeiten und im Zeitvergleich.

Vorteile	Nachteile
• Einfach zu ermitteln • Gibt im Zeitverlauf Hinweis auf Verschlechterung der Produktionsprozesse	• Gibt keine Auskunft über die Ursachen der Qualitätsmängel • Gibt keine Auskunft über die Verkaufsmöglichkeit zu ermäßigten Preisen

3.7 Ausschussstruktur

Formel

$$\frac{\text{Ausschussprodukte mit einer bestimmten Fehlerursache}}{\text{Gesamtzahl der Ausschussprodukte}} \times 100\,\%$$

Rechenbeispiel

$$\frac{\text{90 Ausschussprodukte wegen Maschinenfehler}}{\text{900 Ausschussprodukte}} \times 100\,\% = \mathbf{10\,\%}$$

Erläuterung

Die Ausschussstruktur gibt den Anteil an, den eine bestimmte Fehlerursache an der Gesamtzahl der fehlerhaften Produkte auf sich vereinigt. Dabei kommen grundsätzlich Ursachen in Betracht, die sich den sog. fünf M-Bereichen (Mensch, Maschine, Material, Methode und Mitwelt) zuordnen lassen:

- Mangelnde Qualität des eingesetzten Materials
- Mangelnde Qualität der maschinellen Verarbeitung
- Mangelnde Qualität der verwendeten Werkzeuge
- Schwierigkeiten und Fehler im Prozess
- Fehlbedienung der Maschinen durch Mitarbeiter
- Mangelhafte Verarbeitung durch Mitarbeiter
- Umweltbedingungen am Produktionsstandort (Maschinenbett, Erschütterung, Temperatur, Feuchtigkeit)

Besonders aussagekräftig ist diese Kennzahl in Verbindung mit einer ABC-Analyse, welche den Ausschuss nach den wichtigsten Ausschussursachen ordnet. Sie bietet Anhaltspunkte, welche häufigen Fehlerursachen im Rahmen des Qualitätsmanagements mit besonderem Augenmerk behandelt werden sollten.

Vorteile	Nachteile
• Bietet Anhaltspunkte für die Ausrichtung des Qualitätsmanagements	• Gibt keine Auskunft über die Kosten der fehlerhaften Produktion • Gibt keine Auskunft über grundsätzliche Konstruktionsmängel

3.8 Automatisierungsgrad

Formel

$$\frac{\text{Kosten der automatisiert ausgeführten Funktionen}}{\text{Kosten der gesamten innerhalb eines Systems ausgeführten Funktionen}} \times 100\,\%$$

Rechenbeispiel

$$\frac{900.000\ €}{1.500.000\ €} \times 100\,\% = \mathbf{60\,\%}$$

Erläuterung

Ein steigender Automatisierungsgrad belegt eine zunehmende maschinelle Orientierung des Unternehmens. Die Möglichkeiten zur technischen Umsetzung erstrecken sich vom Einsatz einfacher Werkzeuge (Schrauber, Zange) bis hin zu hochautomatisierten Fertigungs- und Montagesystemen der Massenfertigung. Dabei steht entweder Substitution oder Unterstützung der menschlichen Arbeitskraft im Vordergrund. In der extremen Form wird die Arbeit ausschließlich von Maschinen durchgeführt. Vorteile eines hohen Automatisierungsgrades liegen in der meist qualitativ höherwertigen, schnelleren, präziseren und/oder kostengünstigeren Produktion.
Neben der Möglichkeit, den Automatisierungsgrad über die im Produktionsprozess entstehenden Kosten zu ermitteln, bietet sich der funktionenorientierte Ansatz an. Dabei wird der Automatisierungsgrad als Verhältnis der Anzahl der automatisierten Fertigungsschritte zu der Gesamtzahl der automatisierten und manuellen Fertigungsschritte errechnet.

Vorteile	Nachteile
• Einfach zu ermitteln • Gibt im Vergleich zu Wettbewerbern Hinweise auf Kosteneinspar- und/oder Qualitätssteigerungspotenziale	• Ein hoher Automatisierungsgrad ist im Regelfall mit abnehmender Flexibilität verbunden • Neben betriebswirtschaftlichen müssen auch gesellschaftliche Aspekte (Entlassungen, Durchführung gesundheitlich bedenklicher Aufgaben durch Menschen) in die Überlegungen einbezogen werden

3.9 Distributionsgrad (Distributionsdichte)

Formel

$$\frac{\text{Anzahl von Einkaufsstätten, die ein bestimmtes Produkt führen}}{\text{Gesamtzahl der Einkaufsstätten}} \times 100\,\%$$

Rechenbeispiel

$$\frac{8.000}{40.000} \times 100\,\% = \mathbf{20\,\%}$$

Erläuterung

Der Distributionsgrad gibt an, welcher Anteil einer Gruppe von Einkaufsstätten (z. B. Betriebstypen, Absatzgebiete) ein Produkt führt (Intensität der Marktpräsenz).
Es wird zwischen den gewichteten und ungewichteten Distributionsgrad unterschieden. Während der ungewichtete Distributionsgrad lediglich die Anzahl von Einkaufsstätten erfasst, berücksichtigt der gewichtete Distributionsgrad zusätzlich die umsatzmäßige Größe bzw. Bedeutung einer Filiale. Formeltechnisch werden entsprechend die Umsätze aller Einkaufsstätten summiert und durch den Gesamtumsatz des relevanten Gesamtmarktes dividiert.
Im Rahmen marketing- und vertriebsstrategischer Aktivitätsplanungen wird häufig ein Mindestdistributionsgrad als Ziel festgelegt. Eine häufige Anwendung findet der Distributionsgrad bei der Neuprodukteinführung. Bei eingeführten Produkten deutet ein hoher Distributionsgrad auf ein Produkt mit hoher Konsumentenattraktivität hin. Gleichzeitig ist die Kennzahl ein Indikator für das ausgeschöpfte Marktpotenzial.

Vorteile	**Nachteile**
• Einfache und vielfältig verwendbare Kennzahl • Wichtig für die Marketing- und Vertriebsplanung	• Kennzahl nur mit hohem Aufwand (Marktforschung) zu ermitteln • Gehaltvolle Aussage nur über gewichteten Distributionsgrad möglich

3.10 Durchlaufzeit

Formel

Zeitpunkt des Prozessendes – Zeitpunkt des Prozessstarts

Rechenbeispiel

31.05. (Auslieferung) – 01.02. (Auftragserteilung) = **121 Tage**

Erläuterung

Die Durchlaufzeit ist die Zeitspanne, die für die Bearbeitung eines Objektes von der Annahme des Auftrages bis zur Fertigstellung notwendig ist. Die Durchlaufzeit kann also einen einzelnen Fertigungsschritt (Arbeitsplatzdurchlaufzeit) oder einen Produktionsauftrag bzw. Kundenauftrag (Auftragsdurchlaufzeit) repräsentieren.
In der Fertigung setzt sich die Durchlaufzeit zusammen aus Rüstzeit (Zeit, um die Ressource in den richtigen Zustand zu versetzen), Bearbeitungszeit (Zeit, die technologisch für die Herstellung des Produktes benötigt wird) und Liegezeit (ungewollte Wartezeit des Erzeugnisses innerhalb des Produktionssystems).
Das Ziel in der Fertigung sollte es immer sein, die Kosten eines Fertigungsauftrages so gering wie möglich zu halten. Dies kann durch Reduzierung der Durchlaufzeit erreicht werden, wobei die Verkürzung die Qualität der Fertigung nicht beeinträchtigen darf.

Vorteile	**Nachteile**
• Durch eine Reduzierung der Durchlaufzeiten lassen sich erhöhte Umlaufbestände, damit verbundene erhöhte Kapitalbindung sowie Lager- und Transportkosten abbauen • Eine verkürzte Wartezeit der Kunden kann bei homogenen Produkten mit ähnlichen Preisen als zentraler Wettbewerbsvorteil genutzt werden	• Eine Verkürzung der Durchlaufzeiten durch Kapazitätsausbau kann durchaus mit höheren Kosten verbunden sein

3.11 Flächenproduktivität

Formel

$$\frac{\text{Umsatz des Produktes}}{\text{Für das Produkt benötigte Verkaufsfläche}}$$

Rechenbeispiel

$$\frac{9.360\ €}{7{,}2\ \text{qm}} = \mathbf{1.300\ €/qm}$$

Erläuterung

Die Kennzahl setzt den Umsatz eines Produktes ins Verhältnis zur Verkaufsfläche, die zur Präsentation des Produktes eingesetzt wird. Sie ergänzt die Umsatzermittlung dergestalt, dass Produkte die Flächenkapazität des Unternehmens in unterschiedlichem Maße in Anspruch nehmen. Da die Verkaufsfläche häufig ein Engpassfaktor ist, ist es für das Unternehmen wichtig zu wissen, wie produktiv die Verkaufsfläche eingesetzt wird. Besonders aussagekräftig wird die Flächenproduktivität, wenn verschiedene Produkte und verschiedene Ladengeschäfte herangezogen werden. Bei einer im Zeitvergleich sinkenden Flächenproduktivität oder einer im Vergleich zum Wettbewerber (sofern Daten vorliegen) schlechten Flächenproduktivität sollte das Unternehmen über eine veränderte Gestaltung der Verkaufsfläche oder gar über ein verändertes Sortiment nachdenken.

Vorteile	Nachteile
• Einfache Ermittlung, da Umsatzgrößen und Verkaufsflächen bekannt • Unterstützt Sortimentsentscheidungen, wie z. B. die Fragen nach größerer Präsentation oder Zweitplatzierung	• Verkaufsfläche ist nicht der einzige Kostenfaktor. Daher muss eine hohe Flächenproduktivität nicht zwingend eine hohe Rentabilität bedeuten • Einmalige große Umsätze können den Kennzahlenwert verfälschen

3.12 Floprate

Formel

$$\frac{\text{Anzahl der Innovationen, die nach einem bestimmten Zeitraum nicht mehr am Markt sind}}{\text{Anzahl der gesamten Innovationen}} \times 100\,\%$$

Rechenbeispiel

$$\frac{5 \text{ Produkte}}{15 \text{ Produkte}} \times 100\,\% = \mathbf{33{,}3\,\%}$$

Erläuterung

Die Floprate setzt die Zahl der gescheiterten Produkte ins Verhältnis zur Gesamtzahl der Innovationen und ist damit ein Maßstab für den Erfolg der Forschungs- und Entwicklungsabteilung. Gleichzeitig lassen sich anhand der Kennzahl aber auch die Aktivitäten der Marketing- und Vertriebsabteilung beurteilen.
Der (Miss-)Erfolg von Innovationen ist im Regelfall auf zwei Faktoren zurückführen, nämlich den relativen Nutzen des Produktes und die Marktkommunikation. Die Floprate lässt sich verringern, indem die einzelnen Phasen des Innovationsmanagements (Ideenentwicklung, Selektion, technische Realisation, Test, Markteintritt) kritisch überprüft werden. Des Weiteren hängt der Erfolg einer Innovation wesentlich davon ab, welcher Anbieter mit seinem Produkt als erster auf den Markt kommt (sog. Zeitwettbewerb). Vor diesem Hintergrund muss der Zeitraum von der Ideenentwicklung bis zum Markteintritt verringert werden. Schließlich gilt es, den Marketing-Mix für das neue Produkt zu optimieren.

Vorteile	Nachteile
• Einfach zu ermitteln • Besonders aussagekräftig im Zeitablauf sowie im Vergleich zu Wettbewerbern	• An der Floprate lässt sich nicht unmittelbar ablesen, ob der (Miss-)Erfolg eines Produktes auf dessen relativen Nutzen oder den Marktauftritt zurückzuführen ist • Eine geringe Floprate sagt noch nichts über den finanziellen Erfolg (Gewinn, Deckungsbeitrag) der neuen Produkte aus

3.13 Innovationsquote

Formel

$$\frac{\text{Anzahl bzw. Umsatz der neuen oder veränderten Produkte}}{\text{Gesamtzahl der Produkte bzw. Gesamtumsatz}} \times 100\,\%$$

Rechenbeispiel

$$\frac{10 \text{ Produkte}}{40 \text{ Produkte}} \times 100\,\% = \mathbf{25\,\%}$$

$$\frac{2{,}8038 \text{ Mio. €}}{14.019 \text{ Mio. €}} \times 100\,\% = \mathbf{20\,\%}$$

Erläuterung

Die Innovationsquote eröffnet einen Einblick in die Innovations- und Zukunftsfähigkeit eines Unternehmens. Innovationen verringern die Abhängigkeit von überalterten Produkten, bieten die Gewähr, sowohl Pioniergewinne als auch langfristige Deckungsbeiträge zu erzielen, und steigern die Wettbewerbsfähigkeit.

Vorteile	**Nachteile**
• Einfach zu ermitteln • Hohe Aussagekraft im Vergleich zu Wettbewerbern sowie im Zeitablauf	• Eine niedrige Innovationsquote kann auch ein Beleg dafür sein, dass ein Unternehmen über sog. »Klassiker« verfügt, die schon seit Langem erfolgreich am Markt positioniert sind • Infolge der Mengen- bzw. Umsatzbetrachtung sagt die Innovationsquote nichts über Gewinne bzw. Deckungsbeiträge der Innovationen aus

3.14 Inventurdifferenzquote

Formel

$$\frac{\text{Inventurdifferenz zu EK}}{\text{Umsatz zu EK}} \times 100\,\%$$

Rechenbeispiel

$$\frac{250\,€}{12.500\,€} \times 100\,\% = \mathbf{2\,\%}$$

Erläuterung

Eine Inventurdifferenz ist die Differenz zwischen dem Soll-Bestand (Wert des buchmäßig errechneten Warenbestandes) und dem Ist-Bestand von Waren (am Inventurtag tatsächlich festgestellter Warenbestand), jeweils zu Einkaufspreisen. Voraussetzung für die Ermittlung einer Inventurdifferenz ist eine fortlaufende Bestandsrechnung. Bei Gegenüberstellung der Bestandsrechnung und der durch die Inventur ermittelten Bestände zeigt sich, ob eine Inventurdifferenz vorliegt oder nicht.

Ursachen für Inventurdifferenzen liegen im Diebstahl durch Kunden, Personal, Lieferanten wie auch in Fehlern und Organisationsmängeln bei der Warenbestandserfassung, Preisauszeichnung, Kassieren, in Schwund, Verderb oder Bruch von Waren. Der Gewinn wird durch Inventurdifferenzen erheblich beeinflusst.

Die Inventurdifferenzquote gibt das Verhältnis zwischen Inventurdifferenz und Gesamtumsatz wieder.

Vorteile	**Nachteile**
• Wichtige Erfolgskennzahl	• Aufwändige Ermittlung über die physische Inventur

3.15 Lagerleistung der Artikel

Formel

$$\frac{\Sigma \text{ Deckungsbeitrag aller Artikel (1-n) des Sortiments}}{\text{Durchschnittlicher wertmäßiger Lagerbestand}} \times 100\,\%$$

Rechenbeispiel

$$\frac{100.000\,€}{300.000\,€} \times 100\,\% = \mathbf{33{,}3\,\%}$$

Erläuterung

Die Kennzahl Lagerleistung der Artikel setzt die erwirtschafteten Deckungsbeiträge aller Artikel des Sortiments in Relation zum wertmäßigen Lagerbestand bzw. zum hierfür eingesetzten Kapital innerhalb einer Periode. Je höher dabei die Deckungsbeiträge ausfallen, umso besser werden die Lagerkosten des Warenbestandes aufgefangen. Diese Analyse lässt sich verfeinern, indem das Sortiment in A-, B-, C-Sortimente aufgegliedert wird und für die einzelnen Sortimentsgruppen eine entsprechende Kennzahl ermittelt wird.
Die Lagerleistung der Artikel ist interpretierbar als vorstufige Kapitalrendite, die durch betriebsinterne Prozesskosten weiter optimiert werden kann.

Vorteile	Nachteile
• Deckungsbeitragsstarke Artikelgruppen können identifiziert und gefördert werden • Lässt sich für beliebige Teilmengen des Sortiments durchführen	• Die Anwendung dieser Kennzahl ist weniger universell. Sie kommt nur für spezielle Bereiche und Fragestellungen zum Einsatz • Unter Umständen werden Artikel, die Kundenfrequenz generieren, ausgelistet

3.16 Lagerumschlagsgeschwindigkeit

Formel

$$\frac{\text{Wareneinsatz}}{\text{Durchschnittliches Warenlager}}$$

Rechenbeispiel

$$\frac{1.200.000€}{300.000€} = \textbf{4 (Lagerumschlagshäufigkeit p. a.)}$$

Erläuterung

Das richtige Maß der Lagerhaltung ist stark abhängig vom Branchen- und Betriebstyp. Für die Beurteilung der eigenen Lagerumschlagsgeschwindigkeit ist die Gegenüberstellung mit Branchenvergleichskennziffern unerlässlich. Der Lagerumschlag ist ein entscheidender Faktor für die Rentabilität eines Einzelhandelsunternehmens. Hierbei sind zu beachten: Kapitalbindung und die Finanzierungskosten, Spannenverlust bei Preisabschriften, höhere Teilwerte bei der Bewertung der Warenlager, wenn künftige Risiken beim Abverkauf zu erwarten sind.
Ein zu hoher Lagerumschlag – gemessen an der Vergleichskennziffer – kann andererseits den Umsatz schmälern, weil hochaktuelle Ware im Angebot fehlt. Es können sowohl Einstands- als auch Verkaufspreise genutzt werden. Wichtig ist, dass die Wertigkeiten im Zähler und Nenner stets gleich sind – d. h. entweder zu Einkaufs- oder zu Verkaufspreisen angegeben werden.

Vorteile	**Nachteile**
• Sortimentskontrolle in Handelsbetrieben beruht wesentlich auf dieser Kennzahl	• Ohne entsprechende Vergleichszahlen aus der Branche kaum Aussagekraft
• Ermöglicht Kostenkontrolle von Lagerhaltungs- und Kapitalbindungskosten	• Kann je nach Branche stark differieren

3.17 Lieferzuverlässigkeit

Formel

$$\frac{\text{Anzahl der fehlerfreien Lieferungen}}{\text{Anzahl aller Lieferungen}} \times 100\,\%$$

Rechenbeispiel

$$\frac{\text{184 Lieferungen}}{\text{200 Lieferungen}} \times 100\,\% = \mathbf{92\,\%}$$

Erläuterung

Zahlreiche Studien belegen übereinstimmend die große Bedeutung, die dem Lieferservice von Fertigungs- und Handelsunternehmen zukommt. Wichtiges Kriterium des Lieferservice ist die Lieferzeit, d. h. die Zeitspanne zwischen der Erteilung des Auftrags durch den Kunden und dem Erhalt der Ware. Außerdem umfasst der Lieferservice die Beschaffenheit der Lieferung und die Lieferflexibilität, mit der das Unternehmen auf Sonderwünsche des Kunden (z. B. individuelle Liefertermine und Verpackungseinheiten) reagieren kann.
Wird ein bestimmter Lieferservice von einem Unternehmen zwar als Leistungsversprechen gegeben, aber dann in der Realität nicht eingehalten, spricht man von mangelnder Lieferzuverlässigkeit. Die Überschreitung von Lieferzeiten kann beim Kunden zu Unzufriedenheit, Kosten und Produktionsausfällen führen sowie Regressansprüche und Abwanderung des Kunden zur Folge haben. Bei pünktlichen Lieferungen kann es Schwierigkeiten mit der Lieferbeschaffenheit geben, wenn die Produkte den Kunden in der falschen Anzahl, in der falschen Sorte oder durch den Transport defekt versendet werden.

Vorteile	**Nachteile**
• Relativ einfach zu ermitteln • Gibt Hinweis auf Prozessqualität im Lieferservice, der wichtig für die Kundenzufriedenheit ist	• Keine Differenzierung nach Wichtigkeit und Umsatzgröße der fehlerhaften Lieferung • Keine Aussage über Kundenwünsche bezüglich Lieferservice

3.18 Mean Time between Failures (MTBF)

Formel

$$\frac{\text{Summe der Betriebszeit ohne Ausfälle}}{\text{Anzahl der Anlagenausfälle}}$$

Rechenbeispiel

$$\frac{12 \text{ Std.} + 20 \text{ Std.}}{2} = \mathbf{16 \text{ Std.}}$$

Erläuterung

Die Mean Time between Failures (MTBF, mittlere Zeitspanne zwischen zwei Ausfällen) ist ein Indikator für die Zuverlässigkeit einer Anlage und gibt die durchschnittliche Anzahl der Betriebsstunden zwischen zwei Ausfällen eines Systems an. Die Kennzahl MTBF ist also der statistische Durchschnittswert für die ununterbrochen störungsfreie Betriebsdauer einer Anlage, einer Maschine, eines Netzes oder eines einzelnen Bauteils. Je höher die MTBF, desto weniger störungsanfälliger ist die Anlage und desto seltener fällt sie aus.

Vorteile	Nachteile
• Gibt im Vergleich zu Wettbewerbern sowie im Zeitablauf Hinweise auf Qualitätsverbesserungen • Gibt Hinweis auf die Gewährung über den gesetzlichen Rahmen hinausgehender Garantieleistungen sowie deren Kalkulation	• Die Durchschnittsbetrachtung verdeckt, dass bei günstigeren bzw. ungünstigeren Betriebsbedingungen (z. B. Umgebungstemperatur, Anzahl der Start-/Stopp-Zyklen pro Tag, Einhaltung von Wartungsvorschriften) wesentlich höhere bzw. niedrigere MTBF-Werte auftreten können • Da es sich bei der MTBF um eine reine Zeitbetrachtung handelt, bleiben Kosten außen vor

3.19 Mean Time to Repair (MTTR)

Formel

$$\frac{\text{Reparaturzeit}}{\text{Anzahl der Anlagenausfälle}}$$

Rechenbeispiel

$$\frac{36 \text{ Std.}}{3} = \mathbf{12\ Std.}$$

Erläuterung

Die Kennzahl Mean Time to Repair (MTTR) wird als die mittlere Zeit zur Wiederherstellung nach einem Ausfall eines Systems definiert. Sie ist somit eine wichtige Kennzahl für die Systemverfügbarkeit. Dagegen hängt die Systemzuverlässigkeit stark von der Mean Time between Failures (MTBF) ab.
In der Wiederherstellung nach einem Ausfall ist auch das Planen der Aufgaben sowie der Betriebsmittel enthalten. Die MTTR sollte so kurz wie möglich gehalten werden.

Vorteile	Nachteile
• Einfach zu ermitteln • Gibt Hinweise auf Prozessverbesserungen (Beschleunigung der Reparaturen, besseres Störungsmanagement) • Kann als Garantieversprechen gegenüber Kunden eingesetzt werden	• Da es sich bei der MTTR um eine reine Zeitbetrachtung handelt, bleiben Kosten außen vor • Sagt nicht über Ursachen des Ausfalls aus

3.20 Out-of-Stock-Quote

Formel

$$\frac{\text{Anzahl der nicht verfügbaren Artikel}}{\text{Anzahl der geführten bzw. nachgefragten Artikel}} \times 100\,\%$$

Rechenbeispiel

$$\frac{2 \text{ Artikel}}{52 \text{ Artikel}} \times 100\,\% = \mathbf{3{,}8\,\%}$$

Erläuterung

Die Out-of-Stock-Quote misst z. B. die Anzahl fehlender Produkte in eigenen Regalen, die dem Kunden zum Kauf angeboten werden sollten. Diese Kennzahl dient zur Optimierung von Bestellvorgängen seitens des Anbieters, so dass die Out-of-Stock-Quote möglichst gering ist und der Konsument immer alle Waren im Regal zum Kauf vorfindet. So lässt sich die Out-of-Stock-Quote für Produkte, Produktgruppen oder für das gesamte Unternehmen berechnen. Das Ergebnis lässt Rückschlüsse auf die Qualität des Absatzplanungssystems bzw. der Logistik/Warenwirtschaft und auf mögliche Umsatzeinbußen zu.

Vorteile	Nachteile
• Gegebenenfalls bei entsprechender Regalanordnung einfach und visuell zu ermitteln • Maßzahl für die Servicelevel der Warenwirtschaft • Maßzahl für den potenziellen Umsatz-/Ertragsverlust durch nicht vollzogenen Verkauf	• Neben der visuellen Kontrolle, die evtl. nicht möglich ist, fallen Out-of-Stock-Situationen nur über das Warenwirtschaftssystem auf • Out-of-Stocks aufgrund von falschen Daten im Warenwirtschaftssystem bedürfen der Inventur, um aufzufallen

3.21 Overall Equipment Effectiveness (OEE)

Formel

Anlagenverfügbarkeit x Anlagenleistung x Anlagenausbeute

Rechenbeispiel

$$\frac{\text{120 tatsächliche Betriebsstd.}}{\text{125 geplante Betriebsstd.}} = \text{94 \% Anlagenverfügbarkeit}$$

$$\frac{\text{180 tatsächliche Produkteinheiten je Betriebsstd.}}{\text{200 geplante Produkteinheiten je Betriebsstd.}} = \text{90 \% Anlagenleistung}$$

$$\frac{\text{171 gut gefertigte Produkteinheiten je Betriebsstd.}}{\text{180 Produkteinheiten je Betriebsstd.}} = \text{95 \% Anlagenausbeute}$$

94 % x 90 % x 95 % = **82,08 % Anlageneffizienz**

Erläuterung

Die Kennzahl Overall Equipment Effectiveness (OEE) bewertet die tatsächliche Leistung einer Anlage und kann sowohl auf eine einzelne Maschine als auch auf eine ganze Fertigungsanlage bezogen werden. Sie ergibt sich aus dem Produkt der jeweiligen Anlagenverfügbarkeit, der jeweiligen Anlagenleistung und der jeweiligen Anlagenausbeute. Die OEE zeigt also an, wie viel von der optimalen Produktionskapazität, die in der geplanten Betriebszeit zu erreichen gewesen wäre, tatsächlich durch Verfügbarkeits-, Leistungs- und Qualitätsverluste eingebüßt wurde.

Vorteile	Nachteile
• Einfache Ermittlung bei Vorliegen der drei Produktionskennzahlen • Gute Kennzahl bei Zielvereinbarungen im Produktionsbereich	• Erfordert Vorliegen dreier weiterer Produktionskennzahlen • Dient nicht der Mitarbeiterbeurteilung im Produktionsbereich

3.22 Preisnachlassquote

Formel

$$\frac{\text{Gewährte Preisnachlässe}}{\text{Umsatzerlöse}} \times 100\,\%$$

Rechenbeispiel

$$\frac{10.000\,€}{210.000\,€} \times 100\% = \mathbf{4{,}76\,\%}$$

Erläuterung

Die Kennzahl Preisnachlassquote zeigt die Relation zwischen den Kunden gewährten Preisnachlässen und den erzielten Umsatzerlösen. Daraus lässt sich erkennen, wie viel Prozent Rabatt und Boni im Durchschnitt in einer betrachteten Periode eingeräumt wurden. Ist diese Quote innerhalb der Preiskalkulation im Vorfeld berücksichtigt worden, ist keine Margenverschlechterung eingetreten. Die Preisnachlassquote kann für einzelne Produkte, Warengruppen oder das Gesamtsortiment erhoben werden.
Kritisch anzumerken ist, dass großzügige Preisnachlässe, die in der Preiskalkulation zuvor einkalkuliert wurden, von den Kunden als unseriös wahrgenommen werden könnten. Andererseits existieren Branchen, in denen großzügige Nachlässe zu den Ursachen gehören (etwa Baumärkte, Elektronik-Fachmärkte).

Vorteile	Nachteile
• Fokus auf Kostendeckung und Margen • Schneller Überblick, ob zu hohe Preisnachlässe gewährt wurden	• Aussagekraft nur in Verbindung mit Branchenvergleichszahlen gegeben • Bei der Gesamtsortimentsbetrachtung können einzelne Produkte mit sehr hohen Preisnachlässen unbeachtet bleiben

3.23 Reichweite einer Kampagne

Formel

$$\frac{\text{Anzahl der erreichten Personen}}{\text{Anzahl der potenziell erreichbaren Personen}} \times 100\,\%$$

Rechenbeispiel

$$\frac{300.000}{900.000} \times 100\,\% = \mathbf{33{,}33\,\%}$$

Erläuterung

Die Kennzahl Reichweite einer Kampagne stellt die Relation zwischen allen potenziell erreichbaren Personen einer Zielgruppe durch die eingesetzten Medien und die tatsächlich erreichte Anzahl der Personen dieser Zielgruppe dar. Gewünscht ist die Vermeidung von Streuverlusten, d.h., dass Werbemaßnahmen erfolglos »verpuffen«. Deshalb kommt es hierbei auf den Einsatz zielgruppenadäquater Medien an. Es wurde z.B. festgestellt, dass eine Kombination aus Online- und TV-Einsatz die Werbeerinnerung verdoppelt, die Kaufbereitschaft signifikant erhöht und die Marke mit Sympathiewerten auflädt. Die Kampagnenreichweite stieg dabei z.B. von 41 % bei reinem TV-Einsatz auf 61 % bei einer cross-medialen Kampagne. Eine mehrkanalige Ansprache durch Online- und Printmedien führt zu einer höheren Werbeerinnerung und einer intensiveren Verarbeitung von Kampagneninhalten bei den Werberezipienten, wodurch die Kampagnenreichweite steigt.

Vorteile	Nachteile
• Aufdecken von Streuverlusten • Identifikation geeigneter Medien durch Nutzung unterschiedlicher Medien	• Valide Zahlen sind nur über fundierte Marktforschung zu erhalten • Aussagekraft bezieht sich nur auf Erreichbarkeit der Zielgruppe • Zahl sollte mit anderen Kennzahlen wie Eindrucksqualität, Erstkaufrate etc. verknüpft werden

3.24 Reichweite von Beständen

Formel

$$\frac{\text{Aktueller Bestand}}{\text{Durchschnittlicher Verbrauch pro Tag}}$$

Rechenbeispiel

$$\frac{5.630 \text{ Stück}}{1.253 \text{ Stück}} = \mathbf{4{,}49\ Tage}$$

Erläuterung

Die Reichweite von Beständen gibt an, wie lang der Lagerbestand eines Artikels oder Produktes für den Verkauf noch ausreicht. Die Einheit, in der gemessen wird, sind Tage. Die Erhebung kann stichtagsbezogen erfolgen, um im Jahresvergleich vergleichbare Daten zu erhalten. Die Reichweite von Beständen wird gleich der Lagerreichweite berechnet.
Sie ist somit eine wichtige Basiskennzahl, die, in Verbindung mit weiteren Kennzahlen (z. B. Meldemenge), für eine bestands- und absatzorientierte Warendisposition herangezogen werden kann. Ein wichtiger Aspekt dieser Kennzahl ist es, eine Out-of-stock-Situation zu vermeiden, da dies meist mit einer großen Kundenunzufriedenheit einhergeht.

Vorteile	Nachteile
• Wichtige Steuerungskennzahl für die Kapitalbindung und Warenfrische (siehe Abschriftenquote) • Wichtige Dispositionskennzahl	• Teilweise schwer zu ermitteln • Kennzahl steht häufig nicht zeitnah zur Verfügung

3.25 Unterhaltsintensität

Formel

$$\frac{\text{Aufwand für Reparatur und Instandhaltung}}{\text{Wiederbeschaffungswert der Anlage}}$$

Rechenbeispiel

$$\frac{300.000\ €}{1.500.000\ €} = \mathbf{12\ Std.}$$

Erläuterung

Die Unterhaltsintensität erlaubt Aussagen über die Qualität der Produktionsanlagen sowie den Instandhaltungsaufwand. Sie kann sowohl auf einzelne Maschinen als auch auf ganze Fertigungsanlagen bezogen werden.
Je höher die Unterhaltsintensität ausfällt, desto schlechter ist dies für das betroffene Unternehmen. Mithilfe der Unterhaltsintensität lassen sich Entscheidungen über Investitionen in die Erneuerung von Produktionsanlagen und Betriebsmitteln treffen. Des Weiteren lässt sich berechnen, inwieweit Leasingverträge (einschließlich Wartung und Reparatur) dem Kauf und damit dem Eigentumserwerb vorzuziehen sind.

Vorteile	**Nachteile**
• Relativ einfach zu ermitteln • Besonders aussagekräftig im Zeitvergleich und in Relation zu Wettbewerbern	• Eine hohe Unterhaltsintensität kann am Ende des Produktlebenszyklus durchaus akzeptabel sein • Sagt nichts über die Ursachen der Reparaturnotwendigkeit (Verschleiß und/oder Bedienungsfehler) aus

Kapitel 4

Marktkennzahlen

4.1 Absatzänderung

Formel

$$\frac{\text{Absatz (neu)} - \text{Absatz (alt)}}{\text{Absatz (alt)}} \times 100\,\%$$

Rechenbeispiel

$$\frac{\text{2.000 Stück (Absatzsteigerung im Monat August)}}{\text{10.000 Stück (abgesetzte Menge in Monat Juli)}} \times 100\,\% = \mathbf{20\,\%}$$

Erläuterung

Die Absatzänderung (in Prozent) stellt die Relation zwischen der absoluten Absatzmengenveränderung einer Periode (Woche, Monat, Jahr) zur absoluten Absatzmenge einer betrachteten Vorperiode dar. Hierdurch lässt sich erkennen, um wie viel Prozent sich die Absatzzahlen verändert haben. Dies wird üblicherweise flankiert durch die Betrachtung von Begleitparametern, die Einfluss auf diese Mengenveränderung gehabt haben könnten (z. B. Preisveränderungen, Werbemaßnahmen, äußere Einflüsse).

Vorteile	Nachteile
• Basis vieler weiterer Kennzahlen (z. B. Preiselastizität der Nachfrage) • Bei Preisänderungen kann der Absatz als Führungskennzahl Vorteile gegenüber der Umsatzkennzahl haben	• Veränderungen lassen keine Rückschlüsse auf Umsatzzahlen zu (positive Absatzänderung kann eine negative Umsatzentwicklung begleiten, z. B. bei massivem Preisnachlass) • Gesamtwertbildung über mehrere Artikel ist wenig sinnvoll (hier besser: Umsatzveränderung)

4.2 Abwanderungsrate

Formel

$$\frac{\text{Beendete Kundenbeziehungen}}{\text{Mittlere Anzahl an Kundenbeziehungen pro Periode}} \times 100\,\%$$

Rechenbeispiel

$$\frac{5.000}{80.000} \times 100\,\% = \mathbf{6{,}3\,\%}$$

Erläuterung

Die Kennzahl Abwanderungsrate gibt an, wie viele Kunden in einer definierten Periode die Geschäftsbeziehung zum Unternehmen beendet haben. Des Weiteren gibt sie Auskunft über Zu- oder Abnahme des Kundenstamms.
Eine überdurchschnittliche Abwanderungsrate ist ein deutliches Signal für Probleme bei den Produkt- und/oder Serviceleistungen.

Vorteile	Nachteile
• Wichtige Kennzahl für die Geschäftsattraktivität bzw. Kundenbindung, bezogen auf das Geschäftsmodell oder bezogen auf die Führungsqualität z. B. einer Filiale oder Niederlassung	• Gleichzeitige Zuwanderungen werden nicht berücksichtigt • Gelegentlich kann diese Kennzahl von eher nachgelagerter Bedeutung sein, so ist z. B. für einen im Aufbau befindlichen Betrieb eher die Aufbaugeschwindigkeit des Kundenstammes von Bedeutung

4.3 Angebotserfolgsquote (Responsequote)

Formel

$$\frac{\text{Anzahl der Kaufakte}}{\text{Anzahl der Angebote}} \times 100\,\%$$

Rechenbeispiel

$$\frac{\text{6 Bestellungen}}{\text{50 Angebote}} \times 100\,\% = \mathbf{12\,\%}$$

Erläuterung

Die Kennzahl Angebotserfolgsquote gibt Auskunft über die Attraktivität der abgegebenen Angebote. Je nach Qualität des verwendeten Adressenmaterials (Adresspool) ist eine Responsequote von 1 % in einer Mailing-Aktion bereits als guter Wert anzusehen. Im Vertrieb müssen die Vertriebsaktionen direkt messbar sein, um auch durchgeführt werden zu können. Ein Beispiel hierfür sind die Kundenbesuche eines Key-Account-Managers. Die direkte Response in Form von Bestellungen beschreibt die Angebots- bzw. Besuchserfolgsquote.
Die Erfahrungen aus derartigen Aktionen fließen unmittelbar in die Gestaltung neuer Aktionen ein und führen in der Regel zu einer erheblichen Qualifizierung der Vertriebs- und Marketingmaßnahmen.
Ein hoher Wert bei der Angebotserfolgsquote kann auf einen niedrigen Preis oder eine hohe Produktattraktivität deuten. Gleichzeitig gibt diese Kennzahl, bei vergleichbaren Aktionen, Auskunft über die Qualität der durchgeführten Aktion.

Vorteile	**Nachteile**
• Direkte Erfolgsmessung einer Aktion wird ermöglicht • Kennzahl einsetzbar zur Beurteilung und Steuerung von Werbeaktivitäten	• Gegebenenfalls schwierige Zuordnung einer Kundenreaktion auf ein konkretes Angebot • Keine Aussage über den Auftragswert bzw. Gesamtwert der erhaltenen Aufträge

4.4 Anteil Top-Kunden

Formel

$$\frac{\text{Anzahl der umsatzstärksten Kunden, die ein Drittel des Umsatzes auf sich vereinen}}{\text{Gesamtzahl der Kunden}} \times 100\,\%$$

Rechenbeispiel

$$\frac{6.400 \text{ Kunden}}{80.000 \text{ Kunden}} \times 100\,\% = \mathbf{8\,\%}$$

Erläuterung

Ein Unternehmen will mithilfe der ABC-Analyse die Umsatzbedeutung der einzelnen Kunden untersuchen. Zu diesem Zweck werden sämtliche Kunden zunächst nach ihrer Umsatzhöhe angeordnet, d. h., auf Rang 1 steht der umsatzstärkste Kunde, den letzten Platz nimmt der umsatzschwächste Kunde ein. In einem nächsten Schritt werden drei Kundenklassen gebildet: In Klasse A befinden sich diejenigen umsatzstärksten Kunden, die ein Drittel des Umsatzes auf sich vereinen. Der Klasse B gehören die Kunden an, die ein weiteres Drittel des Umsatzes auf sich vereinen, und die restlichen und damit umsatzschwächsten Kunden bilden Gruppe C.

Vorteile	**Nachteile**
• Gute Übersicht über die wichtigen Kundengruppen • Die Ressourcen und Aktivitäten können zukünftig noch stärker auf die Top-Kunden konzentriert werden • Die Betreuungsintensität von C-Kunden ohne weiteres Umsatzpotenzial sollte erheblich zurückgeschraubt werden	• Umsatzstarke Kunden sind nicht unbedingt die ertragsstärksten. Deshalb sollten neben dem Umsatz noch Kriterien wie Deckungsbeitrag, Rentabilität etc. in die Analyse einbezogen werden • Eine ausschließliche Konzentration auf Top-Kunden birgt erhebliche Risiken in sich, falls diese ausfallen • Aufgrund der Vergangenheitsbetrachtung bleibt unberücksichtigt, wie sich einzelne Kunden in Zukunft entwickeln werden

4.5 Auftragsreichweite

Formel

$$\frac{\text{Anzahl der Aufträge}}{\text{Bearbeitungszeit pro Auftrag}}$$

Rechenbeispiel

$$\frac{\text{54 Aufträge}}{\text{2 Aufträge / Tag}} = \textbf{27 Tage (entspricht 5 ½ Arbeitswochen)}$$

Erläuterung

Die Kennzahl Auftragsreichweite gibt an, für welchen Zeitraum die unbearbeiteten Aufträge bis zu ihrer Fertigstellung die vollen Betriebskapazitäten beanspruchen werden. Sie findet überall dort Anwendung, wo ein Auftrag nicht sofort erfüllt werden kann, wie z. B. in Produktions- bzw. Montageunternehmen. Kurze Auftragsreichweiten deuten auf eine Unterauslastung der Betriebskapazitäten. Sie können aufgrund von Leerzeiten bzw. einer suboptimalen Ablaufsteuerung zu einer ineffizienten Produktion führen. Lange Auftragsreichweiten bieten dem Unternehmen ein Sicherheitspolster für die Beschäftigung, können aber aufgrund langer Lieferzeiten Anlass zu Kundenunzufriedenheit geben. Liegen häufig lange Auftragsreichweiten vor und wird für die Zukunft eine ähnliche Situation erwartet, so kann eine Kapazitätserweiterung für den Betrieb empfehlenswert sein.

Vorteile	**Nachteile**
• Einfache Kennzahl mit einem allg. hohen Informationsgehalt • Aussagen über mögliche Kapazitätserweiterungen oder Personalplanung wird möglich	• Bei der Interpretation ist Vorsicht geboten: Eine große Auftragsreichweite kann durch Wartezeiten bei den Kunden zu Unzufriedenheit führen

4.6 Bekanntheitsgrad

Formel

$$\frac{\text{Anzahl der positiven Antworten}}{\text{Gesamtprobandenanzahl}} \times 100\,\%$$

Rechenbeispiel

$$\frac{563}{750} \times 100\,\% = \mathbf{75\,\%}$$

Erläuterung

Der Bekanntheitsgrad gibt das Verhältnis der Personen, die z. B. eine Marke, ein Produkt oder ein Unternehmen kennen. Sie wird meistens aus Befragungen abgeleitet und dient zur Werbeerfolgskontrolle.
Hierbei wird zwischen gestütztem und ungestütztem Bekanntheitsgrad unterschieden. Wird in der gestellten Frage nach einem bestimmten Objekt gefragt oder gibt man mehrere Objekte vor, spricht man bei der Auswertung vom gestützten Bekanntheitsgrad. Wird hingegen keine Auswahl vorgegeben (offene Frage), so handelt es sich um einen ungestützten Bekanntheitsgrad.

Vorteile	Nachteile
• Im Periodenvergleich hohe Aussagekraft	• Nur durch Marktforschung zu ermittelnde Kennzahl
• Gibt langfristig Aufschluss über eine Richtung bzw. Tendenz	• Keine eindeutige Aussage über die Ursachen der Bekanntheit
	• Ergebnis unterliegt starken Einflüssen bei der Erhebung
	• Nicht zwangsläufig repräsentativ ausgewählt

4.7 Beschwerdequote

Formel

$$\frac{\text{Anzahl Beschwerden}}{\text{Anzahl Kunden}} \times 100\,\%$$

Rechenbeispiel

$$\frac{800 \text{ Beschwerden}}{80.000 \text{ Kunden}} \times 100\,\% = \mathbf{1\,\%}$$

Erläuterung

Die Beschwerdequote gibt Aufschluss darüber, wie viele Kunden sich innerhalb einer definierten Periode (Monat, Quartal, Jahr) beschwert haben. Im Vergleich zu vergangenen Perioden gibt sie Auskunft, wie sich das Verhältnis zu den zufriedenen Kunden verändert hat. Neu umgesetzte Maßnahmen können so z. B. in den Zusammenhang der Kundenzufriedenheit eingeordnet werden. Zudem gibt die Beschwerdequote beim Periodenvergleich einen Anhaltspunkt über die Problemlösungsfähigkeit des Unternehmens. Dabei ist zu beachten, dass auf eine Kundenbeschwerde sehr häufig zehn und mehr unzufriedene Kunden kommen, die lediglich auf eine Beschwerde verzichtet haben, jedoch wiederum anderen Konsumenten ihre schlechte Erfahrung mitteilen. Der Wert aus obigem Rechenbeispiel wäre somit dramatisch schlecht, denn er deutet i. d. R. auf über 10 % unzufriedene Kunden hin. Im Branchenvergleich mit dem besten Unternehmen können weitere Rückschlüsse auf die aktuelle Wettbewerbsposition gezogen werden.

Vorteile	**Nachteile**
• Gute Kennzahl für die Qualität der betrieblichen Leistung • Teilweise zur Qualitätssteuerung bzw. -messung verwendbar	• Kennzahl ist schwer zu ermitteln und häufig nur über schriftlich festgehaltene Beschwerden erfassbar • Beschwerdequoten lassen sich häufig nur im Zeitvergleich interpretieren

4.8 Bestellwegquote

Formel

$$\frac{\text{Bestellungen Absatzweg A}}{\text{Anzahl der Gesamtbestellungen}} \times 100\,\%$$

Rechenbeispiel

$$\frac{256.746}{856.945} \times 100\,\% = \mathbf{29{,}96\,\%}$$

Erläuterung

Die Bestellwegquote ist die Relation zwischen den Bestellungen eines Absatzweges zur Gesamtzahl der eingegangenen Bestellungen. Die Bestellwegquote identifiziert die Bedeutung der verschiedenen Absatzwege eines Unternehmens. Ferner kann mit dieser Kennzahl die Veränderung des Bestellverhaltens der Kunden aufgezeigt werden.
Durch einen effizient gestalteten Bestellweg, wie etwa das Internet, kann das Unternehmen für den Kunden einen Mehrwert schaffen und gleichzeitig Kosten sparen.
Es ist darauf zu achten, dass ein Online-Auftragsformular für den Kunden einfach zu handhaben ist. Wirft nämlich dieser Vorgang Fragen seitens des Kunden auf, so dass ein Kundenbetreuer kontaktiert werden muss, ist die Internetbestellung nicht effektiver als andere Bestellwege wie etwa das Telefon oder Fax.

Vorteile	**Nachteile**
• Identifikation der Bedeutung der Bestellwege • Schnelle Ermittlung der Kennzahl möglich	• Verschiedene Kundengruppen oder Branchen haben unterschiedliche Präferenzen • Effizienzen und Kundenrentabilitäten werden über diese Kennzahl nicht abgebildet, d. h., es sind entsprechende Relationen zu anderen Kennzahlen herzustellen

4.9 Durchschnittsbon

Formel

$$\frac{\text{Gesamtumsatz (im Betrachtungszeitraum)}}{\text{Anzahl der Bons}}$$

Rechenbeispiel

$$\frac{210.000\ €}{700\ \text{Bons}} = \mathbf{300\ €}$$

Erläuterung

Die Kennzahl Durchschnittsbon ist eine sehr zentrale Erfolgskennzahl im Handel und vergleichbar mit dem Auftragswert pro Kunde in anderen Branchen. Der Umsatz pro Kunde p. a. wird hierbei i. d. R. nicht ermittelt.
Der Durchschnittsbon ist für den Handel eine wichtige Kennzahl für die Verkaufsqualität des Personals auf Filial- und Vertriebsebene sowie für das Gesamtunternehmen. Gleichzeitig fungiert sie als Indikator für die Attraktivität des Sortiments. Ihre Interpretation sollte an die Betrachtung der Einheiten pro Kauf gekoppelt werden.
In einem stagnierenden Geschäft geht häufig eine leichte Durchschnittsbonsteigerung mit einem Kundenrückgang einher, wobei über einen längeren Zeitraum der Gesamtumsatz ebenfalls zurückgeht.

Vorteile	**Nachteile**
• Im Periodenvergleich ergibt sich ein Bild der Attraktivität des Geschäftes und seines Sortiments • Erfolgskontrolle von Cross-Selling-Aktivitäten möglich	• Keine Erfassung des Kaufvolumens pro Kunde • Erst über mehrere Erfassungsperioden hinweg aussagekräftig

4.10 Erstkaufrate

Formel

$$\frac{\text{Anzahl der Produkterstverwender}}{\text{Gesamtkunden}} \times 100\,\%$$

Rechenbeispiel

$$\frac{7.200 \text{ Kunden}}{80.000 \text{ Kunden}} \times 100\,\% = \mathbf{9\,\%}$$

Erläuterung

Die Erstkaufrate ist eine Kennzahl der Werbeerfolgsmessung und bestimmt den Anteil der Erstkäufer im Vergleich zu den Gesamtkunden. Sie dient maßgeblich zur Kontrolle des für die Bewerbung eines Produktes bereitgestellten Budgets. Hierbei geht es zum einen um die Einhaltung und Überprüfung des aktuellen Budgets. Zum anderen kann so zukünftig das »optimale Budget« für Werbemaßnahmen genauer berechnet werden.

Die Korrelation zwischen Erstkaufrate und Bekanntheitsgrad ist dabei zu berücksichtigen: Steigt der Bekanntheitsgrad, so sinkt üblicherweise die Erstkaufrate.

Die Erstkaufrate als Kennzahl ist nicht nur eine wichtige Größe für das Marketing, sie wird auch gern vom Einkauf zur Unterstützung beim Jahresgespräch mit Lieferanten eingesetzt.

Vorteile	Nachteile
• Kennzahl zur Wirkungsmessung von Werbemaßnahmen sehr nützlich • Fokus liegt auf Kostendeckung der eingesetzten Maßnahmen	• Die Kennzahl steht nicht sofort zur Verfügung, da die genutzten Parameter erst über einen Zeitraum ermittelt werden müssen • Muss nicht direkt im Zusammenhang mit einer eigenen Werbeaktion stehen

4.11 Gutschriftenquote

Formel

$$\frac{\text{Wert der Gutschriften}}{\text{Gesamtumsatz}} \times 100\,\%$$

Rechenbeispiel

$$\frac{2.100\ €}{210.000\ €} \times 100\,\% = \mathbf{1\,\%}$$

Erläuterung

Gutschriften erhalten Kunden, die von einem Fehler des Unternehmens betroffen sind. Gründe können z.B. fehlerhafte Rechnungen, Qualitätsmängel der Produkte, fehlerhafte Lieferungen oder die Nichteinhaltung des Liefertermins (bei vereinbarter Konditionalstrafe) sein. Die Gutschriftenquote setzt den Wert der an Kunden gegebenen Gutschriften ins Verhältnis zum Gesamtumsatz. Grundsätzlich sollte eine niedrige Gutschriftenquote angestrebt werden.
Die Kennzahl ist besonders aussagekräftig, wenn sie im Zeitvergleich, im Vergleich zu anderen Unternehmen (sofern Daten vorliegen) oder geordnet nach Produkten, Verkaufsgebieten und/oder nach den Ursachen für die Gutschriften erhoben wird.

Vorteile	Nachteile
• Weist die nachträglichen Umsatzverluste aus, die auf Gutschriften zurückzuführen sind • Dient dazu, Maßnahmen zur Verbesserung des Vertriebswesens oder die Effizienz des Qualitätsmanagements zu überprüfen	• Eine hohe Gutschriftenquote kann durch eine besonders kundenfreundliche Kulanzpolitik verursacht sein. Deshalb sollten freiwillige Kulanzzahlungen separat von den Gutschriften erfasst werden • Gutschriften müssen in der Buchhaltung mit den sie verursachenden Umsätzen (gegebenenfalls des Vor- bzw. Vorvormonats) in Beziehung gesetzt werden

4.12 Kaufkraftindex

Formel

$$\frac{\text{Durchschnittliche Kaufkraft einer Region pro Einwohner}}{\text{Durchschnitt Gesamtkaufkraft pro Einwohner}} \times 100\,\%$$

Rechenbeispiel

$$\frac{23.000\,€}{18.136\,€} \times 100\,\% = \mathbf{126{,}82\ (Index)}$$

Erläuterung

Als Kaufkraft wird der Geldbetrag der Einwohner oder Haushalte bezeichnet, der für Konsumzwecke zur Verfügung steht (verfügbares Einkommen). Das verfügbare Einkommen ist definiert als die Summe vom Bruttoeinkommen, Vermögensverzehr und Kreditaufnahme abzüglich Steuern, Sparbeiträge und Schuldtilgung (wiederkehrende Zahlungsverpflichtungen).
In der Regel wird die Kaufkraft als auf das monatliche bzw. jährliche Einkommen bezogene Größe dargestellt. Der Kaufkraftindex einer Region gibt das Kaufkraftniveau dieser Region pro Einwohner im Vergleich zum nationalen Durchschnitt an. Der deutsche Durchschnitt hat den Normwert 100.

Vorteile	Nachteile
• Aussagekräftige Kennzahl für das Kaufpotenzial einer Region • Einfacher Bezug z. B. über GfK (Gesellschaft für Konsumforschung) oder Marcon	• Eine hohe / niedrige Kaufkraft gibt keine Auskunft darüber, in welcher Warengruppe (Miete vs. Lebensmittel) Ausgaben getätigt werden • Andere Einkünfte (z. B. aus der Schattenwirtschaft) werden nicht erfasst

4.13 Kundenfrequenz

Formel

$$\frac{\text{Anzahl der Kunden gesamt}}{\text{Anzahl der Perioden}} \times 100\,\%$$

Rechenbeispiel

Wochentag	Mo	Di	Mi	Do	Fr	Sa	**Summe**
Anzahl Kunden	958	732	1.017	510	324	914	**4.455**

Die Kundenfrequenz beläuft sich auf 4.455 Kunden geteilt durch 6 Tage = **742,5 Kunden am Tag**.

Erläuterung

Steigende Kundenfrequenz kann zum einen auf eine erhöhte Besuchsintensität der bisherigen Kunden und zum anderen auf erfolgreiche Neukundenakquisition zurückgeführt werden. Letzteres geschieht, wenn Nichtkäufer zu Käufern werden, weil sie von den Vorteilen des jeweiligen Produktes bzw. Unternehmens überzeugt werden konnten, und wenn Käufer von Konkurrenten abgeworben werden konnten.

Vorteile	Nachteile
• Steigende Kundenfrequenz belegt den Erfolg der Neukundenakquisition und/oder der Kundenbindung • Mit zunehmender Kundenfrequenz steigen im Regelfall die Umsätze	• Mehr Umsatz durch mehr Kunden bedeutet nicht unbedingt mehr Gewinn, da eventuell auch ein überproportionaler Anstieg der Kosten pro Kunde zu verzeichnen ist • Die durchschnittliche Kundenfrequenz verdeckt Schwankungen in der Kundenzahl zwischen den Perioden • Es wird nicht deutlich, ob steigende Kundenfrequenz auf Neukundenakquisition und/oder Kundenbindung zurückzuführen ist

4.14 Kundenrentabilität

Formel

$$\frac{\text{Nettogewinn einer Kundengruppe}}{\text{Nettoumsatz der Kundengruppe}} \times 100\,\%$$

Rechenbeispiel

$$\frac{25.000\,€}{750.000\,€} \times 100\,\% = \mathbf{3{,}33\,\%}$$

Erläuterung

Die Kennzahl Kundenrentabilität zeigt die Relation der realisierten Nettogewinne einer Kundengruppe im Verhältnis zu den erzielten Nettoumsätzen dieser Kundengruppe.
Die Kundenrentabilität ist zur Beurteilung der Kundensituation eine zentrale Kennzahl. Ein gewinnbringender Kunde zeichnet sich für das Unternehmen durch einen höheren Zahlungs- als Kostenstrom aus. Bei der Berechnung der Kundenrentabilität ist neben den Einnahmen und Ausgaben auch die Dauer der Kundenbeziehung zu berücksichtigen. Aufgabe von Marketing und Vertrieb muss es sein, durch gezielte Kundenbetreuung die rentablen Kunden an das Unternehmen zu binden. Ferner sollten unrentable Kunden z. B. durch eine neue Preis-Strategie zu rentablen Kunden gemacht werden.
Der Nettogewinn eines Unternehmens ist stark abhängig von der Auftragsanzahl sowie der Auftragsgröße.

Vorteile	**Nachteile**
• Gezielte Bearbeitung der Kundenbeziehungen möglich • Mögliche Erleichterung von strategischen Entscheidungen	• Geschäftsmodell muss die Erfassung der Kundengruppe ermöglichen (z. B. Versandhandel) • Gefahr der Nichtberücksichtigung von zukünftig rentablen Kunden

4.15 Kundenwert

Formel

$$DB_{t0} + \frac{DB_{t1}}{(1 + i)} + \frac{DB_{t2}}{(1 + i)^2} + \ldots\ldots + \frac{DB_{tn}}{(1 + i)^n}$$

DB = Deckungsbeitrag t = Jahr i = Kalkulationszinssatz

Rechenbeispiel

Jahr	1	2	3	4	5
Deckungsbeitrag	1.250,–	350,–	300,–	300,–	300,–
Kalkulationszins	1,00	0,91	0,83	0,75	0,68
Abgezinster Kundenwert	1.250,–	318,50	249,–	225,–	204,–
Kundenwert	**Summe der Jahreswerte: 2.246,50**				

i = 10 %

Erläuterung

Der Kundenwert (engl: Customer-Lifetime-Value, CLV) basiert auf der Kapitalwertmethode und dient zur Beurteilung der Wirtschaftlichkeit von Geschäftsbeziehungen. Dabei werden zukünftige Ein- und Auszahlungen prognostiziert, die sich durch eine Kundenbeziehung ergeben, mit einem Kalkulationszinssatz abgezinst und addiert. Anhand des sich daraus ergebenden Kapitalwertes kann die Geschäftsbeziehung mit dem Kunden im Hinblick auf ihre Profitabilität beurteilt werden.

Vorteile

- Der Kundenwert verdeutlicht, was ein Kunde für das Unternehmen wert ist und welche Folgen es hat, wenn er wegen Unzufriedenheit frühzeitig abwandert
- Der Kundenwert unterstützt beim rentablen Management der Kundenbeziehungen

Nachteile

- Kunden, die vom heutigen Standpunkt einen geringen Kundenwert besitzen, können durch gezielte Kundenentwicklung in Zukunft an Attraktivität gewinnen
- Qualitative Kundenwertfaktoren (z. B. Funktion des Kunden als Lead Customer, Weiterempfehlungspotenzial) spiegeln sich nicht wider

4.16 Kundenzufriedenheit

Formel

$$GZ = \sum_{i}^{n} EZ_i \times W_i$$

GZ = Gesamte Kundenzufriedenheit
EZ_i = Zufriedenheit mit einer Leistungskomponente (Einzelzufriedenheit)
W_i = Wichtigkeit der Leistungskomponente i
$_i$ = Art der Leistungskomponente (z. B. Beratungsqualität, Öffnungszeiten)

Rechenbeispiel

Leistungskomponente i	Qualität	Preis	Beratung
Einzelzufriedenheit EZ_i	1,5	3	2,5
Wichtigkeit W	60 %	30 %	10 %
EZ x W	0,9	0,9	0,25
Kundenzufriedenheit	Summe = 0,9 + 0,9 + 0,25 = **2,05**		

Erläuterung

Kundenzufriedenheit entsteht, indem der Kunde zwischen seinen Erwartungen (= Soll-Leistung) und den wahrgenommenen Leistungen eines Unternehmens (= Ist-Leistung) vergleicht. Unzufriedenheit wird durch zu hohe Erwartungen des Kunden und/oder eine zu geringe Leistung des Unternehmens hervorgerufen. Zufriedenheit stellt sich ein, wenn die Erwartungen des Kunden an das Unternehmen erfüllt wurden. Wenn ein Anbieter die Erwartungen deutlich übertroffen hat, spricht man von Kundenbegeisterung.

Vorteile

- Kundenzufriedenheit geht häufig mit Kundenbindung einher
- Zufriedene Kunden
  - kaufen bevorzugt weitere Produkte beim Unternehmen ein (sog. Cross-Selling)
  - reagieren weniger sensibel auf Preiserhöhungen
  - betreiben positive Mund-zu-Mund-Werbung
  - sind kostengünstiger zu betreuen

Nachteile

- Kundenzufriedenheit ist nicht alleiniges Kriterium für Kundenbindung
- Kunden wandern trotz hoher Kundenzufriedenheit ab, weil sie Abwechslung suchen (sog. Variety Seeking). In diesen Fällen können ökonomische, rechtliche, technologische und/oder soziale Wechselbarrieren den Kunden binden (Gebundenheitsstrategie)

4.17 Marktanteil

Formel

$$\frac{\text{Unternehmensumsatz}}{\text{Marktvolumen}} \times 100\,\%$$

Rechenbeispiel

$$\frac{25\,\text{Mio.}\,€}{300\,\text{Mio.}\,€} \times 100\,\% = \mathbf{8{,}3\,\%}$$

Erläuterung

Die Kennzahl des einfachen bzw. absoluten Marktanteils setzt die eigene verkaufte Menge oder den erzielten Umsatz in das Verhältnis zur von allen Anbietern der Branche verkauften Menge oder zum erzielten Umsatz. Der relative Marktanteil vergleicht den eigenen Umsatz mit dem Umsatz des größten Wettbewerbers. Das Ergebnis wird oft als Indikator für die Marktstellung genutzt und sehr häufig in der Praxis eingesetzt, da umfassende Branchendaten oft sehr teuer und schwer zu erfassen sind. Der relative Marktanteil kommt häufig beim Einsatz in einer Portfolio-Analyse zum Einsatz.
In einem Markt mit wenigen Produkten und Wettbewerbern ist der relative Marktanteil aussagekräftig. Diese Aussagekraft verliert sich bei einer Vielzahl von betrachteten Produkten und Anbietern. Man nutzt dann den absoluten Marktanteil.

Vorteile	Nachteile
• Hohe Aussagekraft für die Marktstellung des Unternehmens bezogen auf sein Sortiment • Über eine Zeitperiode kann der Erfolg von Marketing- oder Vertriebsmaßnahmen abgeleitet werden	• Branchen- oder wettbewerberbezogene Vergleichsdaten sind schwer zu ermitteln • In stark fragmentierten Märkten geringere Aussagekraft

4.18 Marktwachstum der Artikel

Formel

$$\frac{\text{Zusätzlicher Umsatz des Artikels}}{\text{Umsatz des Artikels in Vorperiode}} \times 100\,\%$$

Rechenbeispiel

$$\frac{100.000\,€}{900.000\,€} \times 100\,\% = \mathbf{11{,}11\,\%}$$

Erläuterung

Das Marktwachstum eines Artikels wird als Relation des neu generierten Umsatzes zum Umsatzvolumen der Vorperiode berechnet. Der sich daraus ergebende Prozentsatz kann dann mit dem Marktwachstum des Artikels in der Branche verglichen werden. Liegt das Marktwachstum hinter dem Wachstum der Branche zurück, lässt dies Rückschlüsse auf mögliche Nachteile des eigenen Produktes aus Kundensicht oder nicht ausreichende Marketing- oder Vertriebsmaßnahmen zu.

Vorteile	Nachteile
• Gute Kontrolle, ob das eigene Produkt im Vergleich zu den Wettbewerbern ausreichendes Umsatzwachstum generiert • Hinweis auf mögliche Nachteile des Produktes oder fehlerhafte Marketing- bzw. Vertriebsbemühungen werden offensichtlich	• Gründe für mangelndes Marktwachstum können vielfältig sein • Aussagekraft nur im Wettbewerbs- oder Branchenvergleich gegeben

4.19 Preiselastizität der Nachfrage

Formel

$$\frac{\text{Prozentuale Mengenänderung}}{\text{Prozentuale Preisänderung}}$$

Rechenbeispiel

$$\frac{0{,}5\,\%}{10\,\%} = \mathbf{0{,}05}$$

Erläuterung

Die Preiselastizität der Nachfrage bringt die relative Veränderung der Nachfrage (neue zu alter Absatzmenge) im Verhältnis zur relativen Veränderung des Angebotspreises eines Produktes (neuer zu altem Preis) zum Ausdruck. Es lässt sich erkennen, ob eine Veränderung des Angebotspreises eine Mengenänderung nach sich zieht. Ist der errechnete Wert = 0, bedeutet dies, dass die Nachfrage starr ist und nicht auf Preisänderungen reagiert. Ist der Wert < 1, ist die Nachfrage unelastisch und Preisänderungen wirken sich nur gering aus (siehe Rechenbeispiel). Bei einem Wert > 1 reagiert die Nachfrage elastisch: Preisänderungen wirken sich auf das Nachfrageverhalten stark aus. Unternehmen können durch die Ermittlung der Preiselastizität erkennen, ob Preisanpassungen nach unten (Sonderpreise) eine entsprechende Erhöhung der Absatzmenge erreichen bzw. ob eine Preiserhöhung den Verlust von Absatzmengen riskiert.

Vorteile	Nachteile
• Mögliche Preisreaktionen der Konsumenten können vorher bestimmt werden	• Verhalten der Konkurrenten in ihrer Preisgestaltung bleibt unberücksichtigt
• Die Preissteuerung wird optimiert	• Die Elastizitäten sind häufig schwer zu ermitteln bzw. nicht verfügbar
	• Keine Aussagen auf Entwicklung der Gewinne möglich

4.20 Retourenquote

Formel

$$\frac{\text{Anzahl der Retouren}}{\text{Anzahl der Gesamtverkäufe}} \times 100\,\%$$

Rechenbeispiel

$$\frac{100\ \text{(Artikel)}}{500\ \text{(Artikel)}} \times 100\,\% = \mathbf{20\,\%}$$

Erläuterung

Die Retourenquote beschreibt das Verhältnis der retournierten Ware zu der Gesamtanzahl der verkauften Ware. Die Retourenquote kann sowohl in monetärem Wert als auch in quantitativer Form angegeben werden. Sie wird zur Beurteilung der eigenen Tätigkeit, aber auch die der Lieferanten herangezogen und sollte möglichst gering ausfallen, so dass die dadurch begründeten zusätzlichen Kosten möglichst gering sind.
Je nach Betrieb, Handelsform oder Branche gibt es erhebliche Unterschiede in der Retourenquote. Retouren entstehen nicht nur durch objektiv fehlerhafte Produkte (Reklamation) – hier bietet sich ein Betriebsvergleich an –, sondern auch durch vom Kunden subjektiv falsch eingeschätzte Produkte. So fehlt dem Versandkunden z. B. bei Textilien oder Schuhen die notwendige Haptik.
Kunden bestellen bei haptisch relevanten Artikeln häufig mehrere Produkte, um sich zu Hause »in Ruhe« zu entscheiden. Daher ist die Retourenquote nicht mit der Reklamationsquote gleichzusetzen.

Vorteile	**Nachteile**
• Potenzielle Kosteneffizienz wird erkennbar	• Kennzahl allein liefert keine Details über Grund der Retoure
• Eine geringe Beanstandungsquote kann zu höherer Kundenzufriedenheit führen	• Eingeschränkte Aussagekraft sollte durch parallel erhobene Retourengründe verbessert werden
	• Geringe Retourenquoten sind kein Indiz für Kundenloyalität

4.21 Sättigungsgrad

Formel

$$\frac{\text{Marktvolumen}}{\text{Marktpotenzial}} \times 100\,\%$$

Rechenbeispiel

$$\frac{300 \text{ Mio. €}}{500 \text{ Mio. €}} \times 100\,\% = \mathbf{60\,\%}$$

Erläuterung

Der Sättigungsgrad beschreibt die Relation zwischen der Größe des bestehenden Marktvolumens (von allen Anbietern zurzeit realisierter Umsatz oder Menge) und dem Marktpotenzial. Sie dient dem Unternehmen zur Marktanalyse. Das Marktpotenzial ist hier eine geschätzte Größe (z.B. Expertenschätzung). Der Sättigungsgrad sollte für jedes Marktsegment errechnet werden, um für jedes Segment geeignete Maßnahmen im Rahmen des Marketing-Mix aufgreifen zu können. Gerade homogene Märkte haben sehr schnell ihren Sättigungsgrad erreicht. In der Sättigungsphase ist dann das Marken-Management von hoher Bedeutung, da die Marke der zentrale Auslöser für die Kaufentscheidung ist und sich Umsatzzuwächse nur noch durch Verdrängung von Wettbewerbern erzielen lassen.

Vorteile	Nachteile
• Ansatzpunkt für strategische Marketing- und Vertriebsentscheidungen	• Kann nur als geschätzte Größe bestimmt werden

4.22 Umsatzanteil der Neukunden

Formel

$$\frac{\text{Umsatz mit Neukunden}}{\text{Gesamtumsatz}} \times 100\,\%$$

Rechenbeispiel

$$\frac{102.000\ €}{850.000\ €} \times 100\,\% = \mathbf{12\,\%}$$

Erläuterung

Die Kennzahl gibt Auskunft über den Erfolg der Neukundenakquisition. Insbesondere in frühen Phasen des Produktlebenszyklus eines Produktes und in wachsenden Märkten ist die Gewinnung von neuen Kunden ein zentraler Faktor des Unternehmenserfolges. Eine Verringerung des Umsatzanteils der Neukunden sollte das Unternehmen zum Anlass für eine Revision der Marketingaktivitäten zur Neukundengewinnung nehmen. Die Kennzahl ist insbesondere aussagekräftig im Vergleich verschiedener Zeiträume, Produkte und mit Wettbewerbern (sofern Daten vorliegen).

Vorteile	Nachteile
• Einfache Ermittlung, da Umsatzgrößen bekannt • Preisermäßigungen für Neukunden sind eingerechnet	• Neukundengewinnung ist in Märkten und Branchen unterschiedlich relevant • Keine Aussage über das Potenzial der einzelnen Neukunden • Einmalige große Umsätze (bei Stamm- oder Neukunden) können den Kennzahlenwert verfälschen

4.23 Weiterempfehlungsquote

Formel

$$\frac{\text{Anzahl der Kunden, die das Produkt/Unternehmen weiterempfehlen}}{\text{Anzahl sämtlicher Kunden}} \times 100\,\%$$

Rechenbeispiel

$$\frac{8.000 \text{ Kunden}}{80.000 \text{ Kunden}} \times 100\,\% = \mathbf{10\,\%}$$

Erläuterung

Ist ein Kunde zufrieden, führt dies neben Kundenbindung auch zu positiver Mundpropaganda bei Freunden, Bekannten sowie Kollegen und damit zur für das Unternehmen vorteilhaften Verbreitung positiver Erfahrungen.
Bei Unzufriedenheit hingegen kommt es neben Abwanderung und Beschwerden zu negativer Mund-zu-Mund-Werbung, d. h., der Kunde bringt seine Unzufriedenheit mit den Leistungen des Unternehmens in seinem sozialen Umfeld zum Ausdruck. Durch sog. »Hate sites« sowie Internet-Meinungsforen, die in jüngerer Zeit an Bedeutung gewonnen haben, besteht die Gefahr, dass negative Erlebnisse unzufriedener Kunden um ein Vielfaches potenziert werden.

Vorteile	Nachteile
• Durch die Weiterempfehlung zufriedener Kunden (positive Mundpropaganda) erhält das Unternehmen quasi auf kostenlosem Wege Werbung • Persönliche authentische Weiterempfehlungen genießen bei Konsumenten eine hohe Glaubwürdigkeit	• Negative Erfahrungen werden häufiger kommuniziert als positive • Gibt nicht an, wie oft ein zufriedener Kunde seine Empfehlung weitergibt

4.24 Wiederkaufsrate

Formel

$$\frac{\text{Kunden, die mindestens zweimal die Marke gekauft haben}}{\text{Anzahl aller Kundenkäufe}} \times 100\,\%$$

Rechenbeispiel

$$\frac{506}{2.065} \times 100\,\% = \mathbf{24{,}5\,\%}$$

Erläuterung

Die Kennzahl Wiederkaufsrate gibt an, wie viele Kunden ein definiertes Produkt in einer definierten Periode wenigstens zweimal gekauft haben. Mithilfe dieser Kennzahl können z. B. Rückschlüsse auf den Erfolg einer Produkteinführung gewonnen werden. Je höher die Wiederkaufsrate des Produktes, desto erfolgreicher die Einführung. Diese Daten können zu ersten vorsichtigen Absatzprognosen für zukünftige Perioden beitragen.

Vorteile	Nachteile
• Hilfe bei der Produkteinführung • Hochrechnung der Abverkäufe wird bedingt möglich	• Schwer zu erheben, da Befragung notwendig

4.25 Zahlungszielabweichung

Formel

  Summe der positiven Abweichungen des Zahlungseingangs vom -ziel
– Summe der negativen Abweichungen des Zahlungseingangs vom -ziel

= Zahlungszielabweichung (in Tagen)

Rechenbeispiel

30 Tage – 25 Tage = **+5 Tage**

Erläuterung

Eine positive Zahlungszielabweichung spricht für eine gute Zahlungsmoral der Kunden und/oder die Wirksamkeit der gegebenen Skonti. Der Unternehmer könnte bei großen positiven Abweichungen über eine Verkürzung der Zahlungsfristen nachdenken, um Skonti einzusparen.
Eine negative Zahlungszielabweichung ergibt sich, wenn viele Kunden die Rechnung erst nach Überschreiten des Zahlungsziels beglichen haben. Verspätete Zahlungseingänge haben zur Konsequenz, dass die entsprechenden Mittel nicht angelegt werden können bzw. zwischenfinanziert werden müssen. Weitere Kosten entstehen bei Überschreiten der Zahlungsziele durch das Mahnwesen. Ein dauerhaft negativer Kennzahlenwert sollte zum Anlass genommen werden, über die Einführung oder Erhöhung der Skonto-Vergütung nachzudenken und die Kunden über deren Kosten des Mahnverfahrens zu informieren.

Vorteile	Nachteile
• Einfache und zeitnahe Ermittlung (Debitorenbuchhaltung) • Veränderungen in Zahlungsmoral im Periodenvergleich schnell erkennbar	• Verzerrung durch positive oder negative Ausreißer möglich (einmalige, besonders große Zahlungszielabweichungen aus Berechnung herauszunehmen) • Keine Unterscheidung nach Höhe der Rechnungen

Kapitel 5

Finanzkennzahlen

5.1 Cashflow aus Investitionstätigkeit

Formel **Rechenbeispiel**

Auszahlungen für Investitionen ins Anlagevermögen, netto (Capex)	– 474 Mio. €
+ Auszahlungen für Investitionen in Finanzanlagen, netto (Finex)	0 Mio. €
± Sonstige Aus- und Einzahlungen aus Investitionstätigkeit	150 Mio. €
= Cashflow aus Investitionstätigkeit	**= – 324 Mio. €**

Erläuterung

Der Cashflow aus Investitionstätigkeit gibt den Saldo der Zahlungsmittel an, die das Unternehmen in den Erwerb von Finanz- und Sachanlagen investiert bzw. aus der Veräußerung von Finanz- und Sachanlagen erlöst hat.
In der Regel sollte der Cashflow aus Investitionen negativ sein, zeigt er doch, dass das Unternehmen erwirtschaftete Mittel in den Fortbestand bzw. das Wachstum des Unternehmens reinvestiert. Der Cashflow aus Investitionen in das Anlagevermögen wird häufig auch als Capex (Capital Expenditure), der Cashflow aus Investitionen in das Finanzanlagevermögen auch als Finex (Financial Expenditure) bezeichnet.

Vorteile	Nachteile
• Gibt Aufschluss über Mittelverwendung • Gibt im Zusammenhang mit dem operativen Cashflow Aufschluss über zusätzlich notwendiges Finanzierungsvolumen	• Keine Aussage darüber, ob Erweiterungs- oder Ersatzinvestitionen getätigt wurden • Variiert stark im Zeitablauf • Keine Aussage über Sinnhaftigkeit der Investition

5.2 Cashflow aus operativer Geschäftstätigkeit

Formel | **Rechenbeispiel**

EBIT	1.452 Mio. €
– Steuern	– 711 Mio. €
+ Abschreibungen (- Zuschreibungen)	492 Mio. €
± Δ Langfristige Rückstellungen (exkl. Zinsanteil)	– 33 Mio. €
± Gewinn/Verlust aus Abgang des Sachanlagevermögens	3 Mio. €
+ Δ Working Capital	45 Mio. €
= Cashflow aus operativer Geschäftstätigkeit	**= 1.248 Mio. €**

Erläuterung

Der Cashflow aus operativer (oder laufender) Geschäftstätigkeit stellt eine finanzielle Stromgröße dar und gibt den Zahlungsmittelüberschuss an, der durch das operative Geschäft in der betrachteten Periode erzielt wurde. Der Cashflow gibt damit gewissermaßen das finanzielle Betriebsergebnis an. Dies geschieht, indem das EBIT bzw. alternativ der Jahresüberschuss durch Größen bereinigt wird, die nicht zu Zahlungsströmen geführt haben bzw. die nicht dem operativen Geschäft zuzuordnen sind. Insbesondere bei der Unternehmensbewertung kommt dem Cashflow eine große Bedeutung zu, da zu diesem Zweck die Summe der prognostizierten Cashflows auf den heutigen Tag abgezinst werden (vgl. auch »Discounted Cashflow«-Methode).

Vorteile	Nachteile
• Gibt Aussage über »freie Mittel« • Weniger manipulierbar als Jahresüberschuss • Guter retrospektiver Indikator für Unternehmenserfolg • Berechnung zeigt, inwieweit Abschreibungen das Ergebnis beeinflussen (Abschreibungen müssen erwirtschaftet sein)	• Vergleich zwischen Unternehmen kaum möglich • Cashflow allein trifft keine Aussage, ob ein Unternehmen Shareholder Value generiert

5.3 Days Sales Outstanding (DSO)

Formel

$$\frac{\text{Durchschnittlicher Forderungsbestand}}{\text{Umsatzerlöse}} \times 365$$

Rechenbeispiel

$$\frac{\frac{(2.064 + 2.025)}{2}}{14.019} \times 365 = \mathbf{53{,}23}$$

Erläuterung

Die Kennzahl (auch Debitorenlaufzeit oder Debitorenziel genannt) gibt an, nach wie vielen Tagen eine Forderung im Durchschnitt beglichen wird (Kundenziel). Je länger diese Zeitspanne andauert, umso schlechter für das Unternehmen, da dem Debitor in diesem Zeitraum ein (i. d. R.) zinsloser Kredit gewährt wird. Je kürzer die Debitorenlaufzeit, desto niedriger ist die Zinsbelastung für den Kreditor und umso geringer ist das Risiko des Forderungsausfalls. Maßnahmen zur Verringerung der Days Sales Outstanding können z. B. eine Erhöhung bzw. Gewährung des Skonto, ein verbessertes Mahnwesen/Forderungsmanagement, die Umstellung auf Lastschrifteinzug oder Factoring sein. Die Ursache für die Erhöhung der DSO kann auch darin begründet sein, dass kurz vor Jahresfrist große Umsätze gebucht werden, die erst im folgenden Geschäftsjahr zur Zahlung fällig sind oder Kunden Zahlungen in die Folgeperiode verzögern.

Vorteile	**Nachteile**
• Aussage bezüglich Kapitalbindung/Finanzierungsintensität • Erkennung von Risiken des Forderungsausfalls • Dient im Zeitvergleich als Indikator zur Beurteilung des Forderungsmanagements	• Hohe Abhängigkeit von Kundengruppen (Großhandel – Einzelhandel) • Keine Aussage über Anzahl der Kunden (Risikoverteilung)

5.4 Discounted Cashflow-Methode (DCF)

Formel

$$\sum_{t=1}^{n} \frac{\text{Free Cashflow}_t}{(1 + \text{WACC})^t} + \frac{\text{Restwert}_n}{(1 + i)^{n-1}}$$

Rechenbeispiel

$$\frac{851{,}40}{(1 + 0{,}0643)} + \frac{936{,}54}{(1 + 0{,}0643)^2} + \frac{1030{,}19}{(1 + 0{,}0643)^3} + \frac{1.133{,}21}{(1 + 0{,}0643)^4}$$

$$+ \frac{1.246{,}53}{(1 + 0{,}0643)^5} + \frac{\frac{1.246{,}53}{0{,}0643}}{(1 + 0{,}0643)^5} = 4.277{,}29 + 14.196{,}18 = \mathbf{18.473{,}47}$$

Erläuterung

Beim »Discounted Cashflow-Verfahren« wird der aktuelle Unternehmenswert ermittelt, indem die Barwerte der Kapitalzuflüsse der kommenden Jahre addiert werden. Im vereinfachten Modell werden die Free Cashflows der zukünftigen fünf Jahre explizit geschätzt und abgezinst (hier: 10 % Wachstum p.a., Ausgangsbasis Free Cashflow des zweiten Jahres, vgl. S. 120). Zur Ermittlung des Restwertes werden konstante Kapitalzuflüsse (ohne weiteres Wachstum) für alle weiteren Jahre unterstellt und ebenfalls abgezinst. Die Summe aus abgezinsten Cashflows und Restwert führt dann zum Unternehmenswert. Der Marktwert des Eigenkapitals ergibt sich, indem vom errechneten Unternehmenswert noch der Marktwert des Fremdkapitals abgezogen wird. Problematisch bei der DCF-Methode sind die Schätzung der zukünftigen Cashflows und die richtige Auswahl des Abzinsungsfaktors (in der Regel der sog. WACC).

Vorteile	Nachteile
• Dient der Unternehmensbewertung • Überkommt Nachteile, die mit der reinen Betrachtung von Multiples einhergeht • Sehr variables Unternehmensbewertungskonzept	• Sehr komplex • Der Restwert hat nachhaltigen Einfluss auf den Gesamtwert des Unternehmens • Unternehmenswert durch Manipulation (oder Fehlschätzung) der Kapitalkosten schwerwiegend beeinflusst werden

5.5 EBIT

Formel | **Rechenbeispiel**

Formel	Rechenbeispiel
Jahresüberschuss	882 Mio. €
± Außerordentliches Ergebnis	0 Mio. €
+ Minderheiten	21 Mio. €
+ Steuern	594 Mio. €
± Finanzergebnis	– 45 Mio. €
= **EBIT**	= **1.452 Mio. €**

Erläuterung

EBIT steht für »Earnings before Interest and Taxes«. In den USA wird die Kennzahl EBIT als Operating Income bezeichnet. Dieses operative Ergebnis vor Zinsen und Steuern wird gewöhnlich für die Beurteilung der Ertragssituation des Unternehmens, insbesondere im internationalen Vergleich herangezogen. Jedoch ist das EBIT nicht nur das reine Ergebnis vor Zinsen und Steuern, wie es weitläufig bezeichnet wird, sondern genauer gesagt das operative Ergebnis vor dem Finanz- und damit Beteiligungsergebnis, was je nach Unternehmen großen Einfluss auf den Gewinn vor Steuern haben kann. Das EBIT kann alternativ auch berechnet werden, indem von den Umsätzen (inkl. sonstiger betrieblicher Erträge) alle operativen Kosten abgezogen werden.

Vorteile

- Lässt Rückschlüsse auf das reine operative Geschäft zu
- Insbesondere unter Zuhilfenahme anderer Kennzahlen (z. B. Umsätze) werden branchenweite Vergleiche der operativen Ergebnisse ermöglicht
- Verzerrungen durch steuerliche Einflüsse bleiben außen vor
- Findet international Anwendung

Nachteile

- Nur in Bezug zu anderen Kennzahlen (z. B. Umsätze) aussagefähig
- Auch Zinseinkünfte, die keine Berücksichtigung im EBIT finden (Einkünfte aus Finanzierungstätigkeit, z. B. Ratenfinanzierungen), können Bestandteil des operativen Einkommens sein
- Es finden sich ggf. Einkünfte, die nicht zum originären Geschäftsfeld gehören (Mieteinkünfte), in dieser Kennzahl wieder

5.6 EBITDA

Formel | **Rechenbeispiel**

Jahresüberschuss	882 Mio. €
± Außerordentliches Ergebnis	0 Mio. €
+ Minderheiten	21 Mio. €
+ Steuern	594 Mio. €
± Finanzergebnis	– 45 Mio. €
+ Abschreibungen	492 Mio. €
= **EBITDA**	= **1.944 Mio. €**

Erläuterung

EBITDA steht für »Earnings before Interest, Taxes, Depreciation and Amortization«. Dieses Ergebnis vor Zinsen, Steuern, Abschreibungen auf Sachanlagen und Amortisation von immateriellen Wirtschaftsgütern hat Cashflow-Charakter, da die liquiditätsunwirksamen Abschreibungen ähnlich wie bei der indirekten Cashflow-Berechnung zum Jahresüberschuss hinzuaddiert werden. Das EBITDA wird häufig für junge, wachstumsstarke Unternehmen oder Unternehmen mit außergewöhnlich hohem Abschreibungsbedarf als Kennzahl verwendet, die gegebenenfalls negative Jahresüberschüsse erwirtschaften. Das EBITDA lässt sich auch berechnen, indem von den Umsätzen (inkl. sonstiger betrieblicher Erträge) alle operativen Kosten abgezogen und Abschreibungen hinzuaddiert werden.

Vorteile	Nachteile
• Die Einflüsse unterschiedlicher Finanzierungsformen finden keine Berücksichtigung (gilt ggf. nicht für Leasing) • Frei von Abschreibungseinflüssen • Dient als Cashflow-Annäherung • Vereinfacht internationale Vergleiche, da nationale Steuern keine Berücksichtigung finden	• Nur in Bezug zu anderen Kennzahlen wirklich aussagefähig (z. B. EVA/EBITDA) • Branchenübergreifend nur schwer vergleichbar • Einkommen, das nicht unmittelbar dem reinen operativen Geschäft zuzuordnen ist (Mieteinkünfte), wird mit eingerechnet

5.7 Economic Value Added (EVA)

Formel

(ROIC – WACC) × Investiertes Kapital

Rechenbeispiel

(11,52 % – 6,43 %) × 7.389 Mio. € = **376,10 Mio. €**

Erläuterung

Die Kennzahl Economic Value Added (EVA) basiert auf dem Ansatz, dass ein Unternehmen nur dann Wert für den Investor generiert, wenn die Rendite auf das eingesetzte Kapital (ROIC) die zugrunde liegenden Kapitalkosten (WACC) eines Unternehmens übersteigt. Diese Überrendite multipliziert mit dem investierten Kapital führt zur jährlichen Wertsteigerung bzw. Wertvernichtung eines Unternehmens. Im obigen Beispiel wäre der EVA mit 376,1 Mio. € positiv, was sich ceteris paribus im Zeitverlauf in einer Steigerung der Marktkapitalisierung um diesen Wert widerspiegeln sollte.
Der EVA sollte stets zusätzlich zu der reinen Betrachtung der Cashflows herangezogen werden, denn obwohl ein Unternehmen positive Cashflows generiert, kann es trotzdem Wert vernichten und einen negativen EVA besitzen.

Vorteile	Nachteile
• Im Gegensatz zum Cashflow kann selbst auf jährlicher Basis die Wertgenerierung bzw. Wertzerstörung eines Unternehmens ermittelt werden • Überwindet traditionelle Probleme der Multiple-Bewertung	• Vielzahl von Adjustierungen möglich • Nicht sinnvoll in einem Umfeld mit hohen inflationären Tendenzen • EVA sollte im Zeitablauf Beachtung finden • Beteiligungen, die ggf. aus operativen Überlegungen getätigt wurden, aber nicht vollkonsolidiert werden, finden ggf. keine Berücksichtigung

5.8 Eigenkapitalquote

Formel

$$\frac{\text{Eigenkapital}}{\text{Gesamtkapital}} \times 100\,\%$$

Rechenbeispiel

$$\frac{5.493 \text{ Mio. €}}{10.134 \text{ Mio. €}} \times 100\,\% = \mathbf{54{,}20\,\%}$$

Erläuterung

Die Eigenkapitalquote beschreibt die Beziehung zwischen Eigen- und Gesamtkapital. Je mehr Eigenkapital ein Unternehmen zur Verfügung hat, desto besser ist in der Regel die Bonität eines Unternehmens, desto höher ist die finanzielle Stabilität und desto unabhängiger ist das Unternehmen von Fremdkapitalgebern. Da Eigenkapital jedoch teurer ist als Fremdkapital (vgl. auch WACC, S. 123), belastet eine hohe Eigenkapitalquote die Rendite auf das eingesetzte Kapital. Für die Berechnung des Gesamtkapitals kann entweder die Bilanzsumme oder aber, wie von Finanzanalysten insbesondere für die Berechnung der Kapitalkosten üblich, nur die Summe aus Eigenkapital und zinstragendem Fremdkapital genommen werden.

Vorteile	Nachteile
• Stellt Art und Zusammensetzung des Kapitals dar • Einfach zu ermitteln • Dient zur Ermittlung der Verschuldung (Fremdkapitalquote) und lässt Rückschlüsse über die Stabilität eines Unternehmens zu • Hilfreich als Indikator für die relative finanzielle Stärke eines Unternehmens	• Stark branchen- und bewertungsabhängig • Stille Reserven schmälern den tatsächlichen Wert des Eigenkapitals • Bilanzielle Werte stehen heute zunehmend den häufig genutzten Marktwerten gegenüber (z. B. Nutzung der Marktkapitalisierung anstelle des bilanziellen Eigenkapitals für die Errechnung der Kapitalkosten)

5.9 Eigenkapitalrendite

Formel

$$\frac{\text{Jahresüberschuss}}{\text{Eigenkapital}} \times 100\,\%$$

Rechenbeispiel

$$\frac{882 \text{ Mio. €}}{5.493 \text{ Mio. €}} \times 100\,\% = \mathbf{16{,}06\,\%}$$

Erläuterung

Die Eigenkapitalrendite setzt den Jahresüberschuss, bereinigt um das außerordentliche Ergebnis, ins Verhältnis zu dem bilanziellen Eigenkapital der Periode. Die Kennzahl gibt somit Aufschluss darüber, wie das Kapital der Aktionäre verzinst wurde. Bleiben die Gewinne konstant, so steigt die Rendite umso stärker, je niedriger das hierfür eingesetzte Eigenkapital ist (Hebeleffekt des Fremdkapitals, Leverage-Effekt).
Ziel eines Unternehmens muss es sein, eine Rendite zu erzielen, die über dem Kapitalmarktzins zuzüglich einer branchenabhängigen Risikoprämie liegt (insgesamt ca. 5–10 %).

Vorteile	Nachteile
• Sehr praxisrelevant • Guter Indikator für Investitionsentscheidungen • Aussagekräftig auch für branchenübergreifende Analysen	• Renditen sollten über einen längeren Zeitraum betrachtet werden • Verschuldung wird nicht berücksichtigt • Bilanzierungswahlrechte können die Kennzahl verfälschen

5.10 Free Cashflow

Formel | **Rechenbeispiel**

Formel	Rechenbeispiel
Cashflow aus operativer Tätigkeit	1.248 Mio. €
– Capex, netto	– 474 Mio. €
= **Free Cashflow**	= **774 Mio. €**

Erläuterung

Der Free Cashflow bezeichnet die freien, dem Unternehmen zur Verfügung stehenden Mittel. Diese beschreiben das Wertpotenzial für Eigen- und Fremdkapitalgeber und stehen für die Ausschüttung von Dividenden, Gewinnthesaurierung und/oder Zahlung von Zinsen und Tilgung zur Verfügung. Der Free Cashflow ist in der Regel der Ausgangspunkt einer Unternehmensbewertung.

Vorteile	Nachteile
• Kann als Grundlage zur Wertermittlung eines Unternehmens herangezogen werden • Ist unabhängig von der Finanzierungsform • Aus dem Jahresabschluss zu ermitteln	• Die Höhe der Fremdkapital- und Eigenkapitalkosten ist separat zu ermitteln • Kann z. B. durch Investitionszyklen starken Schwankungen unterliegen

5.11 Gesamtkapitalrentabilität

Formel

$$\frac{\text{Jahresüberschuss} + \text{Steuern} + \text{Fremdkapitalzinsen}}{\text{Gesamtkapital (Eigenkapital + Fremdkapital)}} \times 100\,\%$$

Rechenbeispiel

$$\frac{882 \text{ Mio. €} + 594 \text{ Mio. €} + 12 \text{ Mio. €}}{10.134 \text{ Mio. €}} \times 100\,\% = \mathbf{14{,}68\,\%}$$

Erläuterung

Die Gesamtkapitalrentabilität zeigt die Verzinsung des eingesetzten sowohl Eigen- als auch Fremdkapitals. Dabei wird der Jahresüberschuss um Steuern und Zinsen erweitert, um eine bessere Vergleichbarkeit zu erzielen. Im Zeitverlauf kann der Bilanzleser die Leistung der Unternehmung interpretieren und Vergleiche mit anderen Unternehmen vornehmen. Diese Kennzahl dient generell als Ausgangspunkt für alle weiteren Analysen mithilfe von Rentabilitätskennzahlen.

Vorteile	**Nachteile**
• Gute Aussagekraft bezüglich der Verzinsung des Gesamtkapitals • Branchenübergreifende Vergleichbarkeit	• Große Abhängigkeit von Bilanzpolitik • Schlechte Aussagekraft bei Wachstumswerten

5.12 Gesamtkapitalumschlag

Formel

$$\frac{\text{Umsatz}}{\text{Eigenkapital + Fremdkapital}}$$

Rechenbeispiel

$$\frac{14.019 \text{ Mio. €}}{5.493 \text{ Mio. €} + 2.577 \text{ Mio. €} + 1.665 \text{ Mio. €}} = \mathbf{1{,}44}$$

Erläuterung

Der Gesamtkapitalumschlag berechnet sich aus dem Umsatz im Verhältnis zum bilanziellen Eigen- und Fremdkapital. Je höher der Kapitalumschlag ist, desto niedriger kann die Umsatzrendite sein (vgl. S. 133). Indem ein Unternehmen die Vermögensgegenstände schnell umschlägt, werden Margen erzielt. Ein Unternehmen mit gleicher Umsatzrendite, aber niedrigerem Kapitalumschlag würde aufgrund der höheren Fixkosten und Kapitalbindungskosten einen niedrigeren Gewinn ausweisen.
Dabei gilt auch: Je rascher der Kapitalumschlag, desto niedriger ist der erforderliche Kapitaleinsatz (aufgrund der kürzeren Vorfinanzierungsdauer).

Vorteile	Nachteile
• Kann zur Erweiterung der traditionellen Du-Pont-Formel (Kennzahlenbaum zur Errechnung des ROI) genutzt werden • Indikator für die Effektivität des Kapitaleinsatzes	• Die Bilanzsumme ist nur eine unzureichende Kennzahl für die Ermittlung des tatsächlich eingesetzten Kapitals, welches der Umsatzerzielung dient, da z. B. Leasingaufwendungen nicht berücksichtigt werden

5.13 Gewichteter Kapitalkostensatz (WACC)

Formel

$$\left(\frac{\text{Eigenkapital}}{\text{Eigenkapital + Zinstragendes Fremdkapital}} \times \text{Eigenkapitalkosten}\right) + \left(\frac{\text{Zinstragendes Fremdkapital}}{\text{Eigenkapital + Zinstragendes Fremdkapital}} \times \text{Fremdkapitalkosten}\right)$$

Rechenbeispiel

$$\left(\frac{5.493}{5.493 + 1.896} \times 7{,}65\,\%\right) + \left(\frac{1.896}{5.493 + 1.896} \times 2{,}90\,\%\right) = \mathbf{6{,}43\,\%}$$

Erläuterung

Der gewichtete Kapitalkostensatz WACC (Weighted Average Cost of Capital) ist der am Kapitalmarkt gängige Abzinsungsfaktor für die Berechnung des Unternehmenswertes. Für die richtige Gewichtung der Kapitalkosten werden üblicherweise nur das zinstragende Fremdkapital (d. h. keine Rückstellungen) und das bilanzielle Eigenkapital (alternativ: die Marktkapitalisierung) verwendet.
Sowohl im »Discounted Cashflow«-Methode als auch im EVA-Modell hat der WACC wesentlichen Einfluss auf die Unternehmensbewertung. Gewöhnlich liegt der Kapitalkostensatz WACC zwischen 5 und 10 %, je nach Kapitalstruktur und Branchenzugehörigkeit. Bei Wachstumsunternehmen kann aufgrund der höheren Risikoprämie der WACC auch 10 % übersteigen.

Vorteile	**Nachteile**
• Dient als Abzinsungsfaktor für die Unternehmensbewertung	• Vergangenheitsorientierte Kennzahl
• Stellt eine Mindestrendite auf das investierte Kapital (vgl. ROIC) dar	• Keine einheitliche Berechnung
• Überwindet Nachteile, die mit der alleinigen Betrachtung von Zinsaufwendungen einhergeht	• Häufig manipulierte Kennzahl

5.14 Gewinn vor Steuern

Formel	**Rechenbeispiel**
Jahresüberschuss	882 Mio. €
± Außerordentliches Ergebnis	0 Mio. €
+ Minderheiten	21 Mio. €
+ Steuern	594 Mio. €
= Gewinn vor Steuern (EBT)	**= 1.497 Mio. €**

Erläuterung

Der Gewinn vor Steuern (EBT, Earnings before Taxes) dient als Vergleichskennzahl für die Ertragskraft von Unternehmen im internationalen Vergleich, da die Ertragsteuern unberücksichtigt bleiben. Jedoch beinhaltet der Gewinn vor Steuern bereits Finanzierungskosten, die ebenfalls nationalen Steuergesetzen unterliegen, sowie Erlöse aus dem Verkauf von Vermögensgegenständen. Dies schränkt die internationale Vergleichbarkeit wiederum ein. Der Vorsteuergewinn ist insbesondere in Verbindung mit dem Umsatz eine häufig eingesetzte Kennzahl (Vorsteuermarge).

Vorteile	**Nachteile**
• Unterschiedliche nationale Steuervorschriften haben keinen Einfluss	• Nur unter Berücksichtigung anderer Kennzahlen aussagekräftig (z. B. Umsatz)
• Kapitalkosten finden teilweise Berücksichtigung	• Kann im Zeitablauf stark variieren
• Zinseinkünfte, die Bestandteil des operativen Einkommens sind (Finanzierungseinnahmen), finden Berücksichtigung	• Durch den großen Einfluss nationaler Bilanzierungsvorschriften, die sich in dieser Zahl niederschlagen, international schwer vergleichbar

5.15 Jahresüberschuss (Gewinn)

Formel	Rechenbeispiel
Umsatz	14.019 Mio. €
+ Sonstige betriebliche Erträge	294 Mio. €
– Operative Kosten	– 12.861 Mio. €
± Finanzergebnis	45 Mio. €
– Steuern	– 594 Mio. €
– Minderheiten	– 21 Mio. €
± Außerordentliches Ergebnis	0 Mio. €
= **Jahresüberschuss**	= **882 Mio. €**

Erläuterung

Der Jahresüberschuss ergibt sich als positive Differenz (sonst: Jahresfehlbetrag) zwischen den Erträgen und den Aufwendungen der betrachteten Periode und entspricht damit dem Endergebnis der Gewinn- und Verlustrechnung. Er stellt den Periodenerfolg einer Kapitalgesellschaft dar. Bei der Ermittlung werden Gewinn- bzw. Verlustvortrag sowie Entnahmen und Einstellungen aus/in offene/n Rücklagen nicht berücksichtigt. Der Jahresüberschuss ist wiederum eine zentrale Größe für die Errechnung von entscheidenden Kennzahlen wie z. B. Gewinn pro Aktie, Eigenkapital- oder Umsatzrendite.

Vorteile	Nachteile
• Zukunftsschätzungen für börsennotierte Gesellschaften verfügbar (insbesondere bezogen auf den Gewinn pro Aktie) • Intuitiv verständlich • Steuern und damit konkreter Aufwand finden Berücksichtigung	• International nicht vergleichbar • Der Jahresüberschuss ist dem höchstmöglichen bilanzpolitischen Ermessen ausgesetzt, was wiederum alle Kennzahlen in Verbindung mit dem Jahresüberschuss betrifft • Jahresüberschuss ist weniger aussagekräftig als der Cashflow

5.16 Kapitalbindung

Formel

$$\frac{\text{Kurzfristige Verbindlichkeiten + Verbindlichkeiten aus Lieferungen und Leistungen}}{\text{Umsatz}} \times 100\,\%$$

Rechenbeispiel

$$\frac{1.437 \text{ Mio. €} + 909 \text{ Mio. €} + 468 \text{ Mio. €}}{14.019 \text{ Mio. €}} \times 100\,\% = \mathbf{20{,}07\,\%}$$

Erläuterung

Mit der Kapitalbindung wird berechnet, welcher Teil des Umsatzes kurzfristig zur Tilgung von Verbindlichkeiten fällig ist. Je kleiner diese Prozentzahl ausfällt, desto positiver für die Unternehmung. Durch die Erwirtschaftung von liquiden Mitteln aus dem operativen Prozess sollte die Kennzahl Kapitalbindung auch im Zuge der Liquiditätsanalyse betrachtet werden.
Werden Zähler und Nenner vertauscht (14.019 / 2.814 = 4,98), ergibt sich daraus der Faktor, wie oft der Umsatz die kurzfristigen Verbindlichkeiten in dieser Periode eingespielt hat. In Tagen ausgedrückt: 365 / 4,98 = 73,29 Tage. Das bedeutet, dass das Unternehmen ca. zehn Wochen benötigt, um mit dem Umsatz (bei linearen Umsatzerlösen) die kurzfristigen Verbindlichkeiten zu tilgen.

Hinweis: Die hier erläuterte Kapitalbindung ist nicht mit der Kapitalbindung im Rahmen der Investitionsrechnung zu verwechseln, die an dieser Stelle nicht erläutert wird.

Vorteile	Nachteile
• Überblick über relative Höhe der kurzfristigen Verbindlichkeiten • Liquiditätsinformation darüber, welcher Teil des Umsatzes nach Tilgung der kurzfristigen Verbindlichkeiten verbleibt • Findet Einsatz im Kreditvergabeprozess	• Geringe Aussagekraft • Kurzfristige Verbindlichkeiten sind stichtagsbezogen • Kostenstruktur bleibt unbeachtet

5.17 Liquidität 2. Grades

Formel

$$\frac{\text{Umlaufvermögen} - \text{Vorräte}}{\text{Kurzfristige Verbindlichkeiten}} \times 100\,\%$$

Rechenbeispiel

$$\frac{6.888 \text{ Mio. €} - 2.016 \text{ Mio. €}}{1.437 \text{ Mio. €} + 909 \text{ Mio. €} + 468 \text{ Mio. €}} \times 100\,\% = \mathbf{173{,}13\,\%}$$

Erläuterung

Die Liquidität 2. Grades, im Englischen auch als Acid Test oder Quick Ratio bezeichnet, wird häufig zur Ermittlung der Kreditwürdigkeit herangezogen. Banken können hieraus etwa erkennen, wie schnell sich die kurzfristigen Verbindlichkeiten tilgen ließen, sofern die Vermögensgegenstände in liquide Mittel gewandelt würden. Die Liquidität 2. Grades berücksichtigt nicht die Vorräte eines Unternehmens. Dahinter verbirgt sich die Überlegung, dass Vorräte bereits bezahlt sind und diese einen Wert besitzen und daher nicht sofort wieder veräußert werden können. Als Faustregel gilt, dass die Liquidität 2. Grades 100 % übersteigen soll, wodurch die kurzfristigen Verbindlichkeiten durch liquide Mittel und Forderungen gedeckt sind.

Vorteile	Nachteile
• Risikokennzahl, falls Regeln nicht beachtet werden	• Zeitpunktsbetrachtung, d. h. statische Größe
• In der Praxis etabliert	• Zu eng mit der Bilanz verknüpft
• Dient zur Ermittlung der Kreditwürdigkeit	• Trade off zwischen Liquidität und Rentabilität
	• Keine Berücksichtigung, ob Forderungen tatsächlich eingetrieben werden können

5.18 Personalintensität

Formel

$$\frac{\text{Personalaufwand}}{\text{Gesamtaufwand}} \times 100\,\%$$

Rechenbeispiel

$$\frac{2.453 \text{ Mio. €}}{5.004 \text{ Mio. €} + 7.857 \text{ Mio. €}} \times 100\,\% = \mathbf{19{,}07\,\%}$$

Erläuterung

Die Personalintensität gibt Aufschluss über die Wirtschaftlichkeit des Faktors Arbeit. Der Personalaufwand umfasst die Löhne und Gehälter, die sozialen Abgaben sowie die Aufwendungen für Altersversorgung und Unterstützung. Mithilfe der Personalintensität kann die Entwicklung der Wirtschaftlichkeit des Personaleinsatzes im Zeitablauf überprüft werden. Umso niedriger die Kennzahl, desto rentabler wurde das Personal eingesetzt bzw. wurde Personal gegen Maschinen ersetzt, was sich in einer Erhöhung der Investitionen widerspiegeln würde.
Eine Verschlechterung (= Erhöhung) dieser Kennzahl muss nicht zwingend auf falsche Managemententscheidungen zurückzuführen sein, sondern kann beispielsweise auch auf erhöhten Tarifabschlüssen oder gestiegenen Sozialversicherungsbeiträgen beruhen.

Vorteile	Nachteile
• Große Praxisrelevanz • Erkennung von Rationalisierungspotenzial • Gutes Maß für Arbeitsproduktivität	• Starke Branchenabhängigkeit, z. B. durch Tarifverträge • Überregionales Lohngefälle erschwert den Vergleich • Geringe Aussagekraft bei Auftragsveränderungen (»starre Fixkosten«)

5.19 Return on Capital Employed (ROCE)

Formel

$$\frac{\text{EBIT}}{\text{(Netto-) Anlagevermögen + Working Capital}} \times 100\,\%$$

Rechenbeispiel

$$\frac{1.452 \text{ Mio. €}}{3.093 \text{ Mio. €} + 3.453 \text{ Mio. €}} \times 100\,\% = \mathbf{22{,}18\,\%}$$

Erläuterung

Der Return on Capital Employed (ROCE) stellt das EBIT dem eingesetzten Kapital einer Periode gegenüber, wodurch die Ertragskraft des Gesamtkapitals ermittelt wird. Das Capital Employed ist in der Regel aktivisch definiert, passivisch würde es dem Eigenkapital plus Pensionsrückstellungen und Netto-Finanzverbindlichkeiten entsprechen.
Die Problematik des ROCE besteht darin, dass die Kennzahl auf (bereits abgeschriebenen) Restbuchwerten basiert. Somit würde sich die Renditegröße im Zeitverlauf stets erhöhen, selbst wenn das Unternehmen keine weiteren Investitionen tätigt.

Vorteile	Nachteile
• Der reine operative Erfolg wird bewertet	• Basiert auf buchhalterischem Zahlenmaterial
• Es findet eine Bereinigung von Gewinn und Vermögen statt, die nicht dem operativen betrieblichen Prozess dienen	• Kapitalkosten bleiben unberücksichtigt
• Die Rendite wird in das Verhältnis zum eingesetzten Kapital gesetzt (deutlich verbesserte Kennzahl als der Gewinn nach Steuern)	

5.20 Return on Investment (ROI)

Formel

Umsatzrentabilität x Umschlaghäufigkeit (bzw. Kapitalumschlag)

$$= \frac{\text{Gewinn}}{\text{Umsatz}} \times \frac{\text{Umsatz}}{\text{Gesamtkapital}} \times 100\,\%$$

Rechenbeispiel

$$\frac{882 \text{ Mio. €}}{14.019 \text{ Mio. €}} \times \frac{14.019 \text{ Mio. €}}{10.134 \text{ Mio. €}} \times 100\,\% = \mathbf{8{,}70\,\%}$$

Erläuterung

Der Return on Investment setzt sich aus der Umsatzrentabilität multipliziert mit der Umschlaghäufigkeit des Gesamtkapitals zusammen.
Zusammengefasst (Umsatz aus den Gleichungen jeweils kürzen) würde es nur den Gewinn auf das Gesamtkapital darstellen. Doch zeigt die erweiterte Formel transparenter die Werttreiber des Return on Investment. Die Kennzahl dient im Zeitverlauf der Performance Messung des eingesetzten Kapitals und lässt in der verlängerten Formel die Gründe für Veränderungen schneller erkennen.

Vorteile	Nachteile
• Wichtige Kennzahl für Anlageentscheidungen • Branchenübergreifende Vergleichbarkeit • Transparenz der Faktoren, die Veränderungen im Zeitverlauf bringen (Kosten, Preis, Marge)	• Investitionstätigkeiten können negativen Einfluss auf Kennzahl nehmen • Abschreibungen auf Anlagevermögen wirken stark beeinflussend • Unternehmen, die nicht investieren, werden mit besserem ROI belohnt

5.21 Rohertragsmarge

Formel

$$\frac{\text{Bruttoergebnis}}{\text{Umsatz}} \times 100\,\%$$

Rechenbeispiel

$$\frac{9.015 \text{ Mio. €}}{14.019 \text{ Mio. €}} \times 100\,\% = \mathbf{64{,}31\,\%}$$

Erläuterung

Die Rohertragsmarge (oder auch Bruttogewinnspanne) sagt aus, wie viel Prozent der Umsatzerlöse dem Unternehmen als Rohertrag (Umsatz minus direkter Produktions-/Materialaufwand) zur Verfügung stehen. Im Handel wird auch von der Handelsspanne gesprochen. Die Kennzahl zeigt in der Entwicklung, wie sich die Beschaffungspreise eines Unternehmens verändern. Die Kennzahl gibt unter anderem Aufschluss darüber, wie groß der mögliche Preissenkungsspielraum ist, falls sich die Wettbewerbssituation verschärft.

Vorteile	Nachteile
• Die Rohertragsmarge ermöglicht Rückschlüsse auf die Produktions- bzw. Einkaufseffizienz • Dient dem Industrievergleich • Gibt Aufschluss über die Wettbewerbsstärke eines Unternehmens (Möglichkeit der Preisreduzierung)	• Die Rohertragsmarge ist nur in Verbindung mit der EBIT-Marge aussagekräftig, da aufgrund unterschiedlicher Zuordnung von Produktionskosten bilanzpolitische Veränderungen vorgenommen werden können • Bankenübergreifend nicht aussagekräftig

5.22 Umsatz pro Mitarbeiter

Formel

$$\frac{\text{Umsatz}}{\text{Vollzeitäquivalente}}$$

Rechenbeispiel

$$\frac{14.019 \text{ Mio. €}}{46.000 \text{ Mio. €}} = \mathbf{304.760\ €}$$

Erläuterung

Durch den Umsatz pro Mitarbeiter erhält der externe Betrachter Informationen zu der Effizienz und der Mitarbeiterintensität und damit den Kosten einer Unternehmung. Indem der Umsatz durch die Anzahl der Vollzeitäquivalente geteilt wird, bekommt der Analyst einen Einblick in die Fixkosten und dadurch einen Hinweis auf zukünftige Erträge, da eine überdurchschnittliche Kennzahl im Branchenverhältnis auch überdurchschnittliches Ertragspotenzial suggerieren kann. Da die Reduzierung von Mitarbeitern diese Kennzahl stark beeinflusst, sollte die Kennzahl über mehrere Jahre betrachtet werden, um einen aussagekräftigen Trend zu erkennen. Ein kontinuierlich steigender Indikator kann ein Hinweis auf eine verbesserte Organisation, eine durchdachte Investitionspolitik mit anschließenden Effizienzsteigerungen und/oder neue Produkte, die sich besser als die der Wettbewerber verkaufen, sein.

Vorteile	Nachteile
• Effizienz der Unternehmung wird im Zeitverlauf sichtbar • Kennzahl zur Bestimmung von Fixkostenstrukturen und zur Schätzung zukünftiger Gewinne • Kennzahl vermittelt schnellen Eindruck zur Position des Unternehmens im Wettbewerbsumfeld	• Nicht für branchenübergreifende Analysen geeignet • Kennzahl sollte stets in Verbindung mit Gewinn betrachtet werden

5.23 Umsatzrendite

Formel

$$\frac{\text{Gewinn}}{\text{Umsatz}} \times 100\,\%$$

Rechenbeispiel

$$\frac{882 \text{ Mio. €}}{14.019 \text{ Mio. €}} \times 100\,\% = \mathbf{6{,}3\,\%}$$

Erläuterung

Wird der Gewinn (Jahresüberschuss) ins Verhältnis zum Umsatz gesetzt, so ergibt sich daraus die Umsatzrendite. Die Kennzahl zeigt auf, welcher Prozentsatz des Umsatzes nach Abzug aller Kosten, des Finanzergebnisses, der Steuern und außerordentlicher Positionen dem Unternehmens als Gewinn zufließt. Die Umsatzrendite ist insbesondere innerhalb einer Unternehmung für den Vergleich einzelner Konzerneinheiten eine sinnvolle Größe, um zu beurteilen, welcher Teilbereich welche Rendite erwirtschaften konnte. Somit lassen sich rentable von unrentablen Geschäftseinheiten unterscheiden. Jedoch ist der Gewinn stark schwankungsanfällig, so dass die EBIT-Marge eine stärkere Aussagekraft hat als die Umsatzrendite.

Vorteile	Nachteile
• Aussage bezüglich Produktivität • Ggf. Potenzial zur Kostenreduktion erkennbar	• Starke Produktabhängigkeit, somit eingeschränkte Vergleichbarkeit • Sehr starke Branchenabhängigkeit • Keine Aussage, ob Sondereffekte das Verhältnis verbesserten oder nicht • Gewinn ist manipulierbarer als Cashflow

5.24 Verschuldungskoeffizient

Formel

$$\frac{\text{Fremdkapital}}{\text{Eigenkapital}} \times 100\,\%$$

Rechenbeispiel

$$\frac{2.577 \text{ Mio. €} + 1.665 \text{ Mio. €}}{5.493 \text{ Mio. €}} \times 100\,\% = \mathbf{77{,}23\,\%}$$

Erläuterung

Der Verschuldungskoeffizient (gearing Ratio) gibt an, in welchem Verhältnis das Unternehmen von außenstehenden Dritten zum Anteil der Unternehmenseigentümer finanziert wurde. Grundsätzlich gilt: Je höher die Kennzahl, desto abhängiger ist das Unternehmen von externen Kreditoren. Wird bei der Beurteilung des Verschuldungskoeffizienten der Leverage-Effekt berücksichtigt, so zeigt sich, dass unter bestimmten Voraussetzungen aus Rentabilitätsgründen ein höherer Verschuldungskoeffizient positiv beurteilt werden könnte. Folglich sollte der Verschuldungskoeffizient nie isoliert, sondern immer in Verbindung mit der Ertragslage des Unternehmens beurteilt werden.

Vorteile	Nachteile
• Ein Zusammenhang zwischen Verschuldungsgrad und Eigenkapitalrentabilität lässt sich formal darstellen (je niedriger der Verschuldungskoeffizient, desto eher kann zusätzliches Fremdkapital zur Ausnutzung des Leverage-Effekts aufgenommen werden) • Im Zusammenhang mit Fristigkeiten von Vermögensteilen lässt sich ein Risikoprofil ermitteln	• Kosten der Fremdfinanzierung bleiben unberücksichtigt • Bilanzpolitische Adjustierungen des Eigenkapitals können zu Verzerrungen führen • Bilanzexterne Finanzierungsformen (z.B. Leasing) bleiben in der Regel unberücksichtigt

5.25 Working Capital

Formel	**Rechenbeispiel**
Umlaufvermögen	6.888 Mio. €
– Liquide Mittel	– 2.526 Mio. €
– Kurzfristiges, nicht-zinstragendes Fremkapital	– 909 Mio. €
= **Working Capital**	= **3.453 Mio. €**

Erläuterung

Das Working Capital berechnet sich, indem vom bilanziellen Umlaufvermögen die liquiden Mittel und die nicht-zinstragenden Verbindlichkeiten abgezogen werden (primär Verbindlichkeiten aus Lieferungen und Leistungen). Die Kennzahl beschreibt den Anteil des Umlaufvermögens, der für das Unternehmen arbeitet (d.h. Umsätze generiert) ohne im engeren Sinne Kapitalkosten zu verursachen. Das Working Capital stellt gleichzeitig den langfristig finanzierten Teil des Umlaufvermögens dar. Je höher das Working Capital, desto besser die Liquiditätssituation eines Unternehmens. Aus Analystensicht kann je nach Branche auch ein negatives Working Capital positiv interpretiert werden, da Lieferanten ggf. die Umsätze eines Unternehmens vorfinanzieren.

Vorteile	**Nachteile**
• Gibt Aufschluss über die Investitionserfordernisse bei Kapazitätserweiterung	• Ein nicht optimaler Liquiditätsgrad kann zu Verzerrungen führen
• Deutet an, wie stark das Unternehmen die Möglichkeiten hat, Kosten an Produzenten und Lieferanten weiterzugeben	• Das Umlaufvermögen kann durch die Ausnutzung von Bilanzierungswahlrechten unterschiedlich hoch ausgewiesen werden

Stichwortverzeichnis

Stichwortverzeichnis

Stichwortverzeichnis

Literaturverzeichnis

Armbruster, Bernt (Hrsg.)	»Instrumente des Marketing-Controlling«, kassel university press GmbH, 2005
Auerbach, Heiko	»Internationales Marketing-Controlling«, VWF Verlag für Wissenschaft und Forschung GmbH, 1994
Baum, Heinz-Georg	»Strategisches Controlling«, Schäffer-Poeschel Verlag für Wirtschaft · Steuern · Recht GmbH, 1999
Benzel, W.; Wolz, E.	»Bilanzanalyse für Aktionäre«, 2. Auflage, Walhalla Fachverlag, Regensburg/Berlin, 2000
Bühner, R.	»Mitarbeiter mit Kennzahlen führen: Der Quantensprung zu mehr Leistung«, 4. Auflage, Landsberg/Lech, 2000
Bussiek, J.; Fraling, R.; Hesse, K.	»Unternehmensanalyse mit Kennzahlen«, Gabler-Verlag, Wiesbaden, 1993
Brickau, R.; Kreikenberg, A.; Rettkowski, U.	»100 Marketing- & Vertriebskennzahlen«, 1. Auflage, Wiesbaden, 2007
Certo, Samuel C.	»The McGraw-Hill Company«, 1990
DATEV eG	»Tabellen und Informationen für den steuerlichen Berater«, DATEV eG Nürnberg, 2003
Deutsches Steuerberaterinstitut e.V.	»Steuerberater Handbuch 2002/03«, Stollfuß Verlag, Bonn, 2002
Ehrmann, Harald	»Marketing-Controlling«, Kiehl, 2004
Gabler	»Gabler Wirtschafts-Lexikon«, 14. Auflage, Gabler Verlag, Wiesbaden, 1997
Klingler, U.	»100 Personalkennzahlen«, 2. Auflage, Wiesbaden, 2007
Knief, P.	»Steuerberater und Wirtschaftsprüfer Jahrbuch 2003«, 21. Auflage, Deutscher Sparkassen Verlag GmbH, Stuttgart, 2002

Literaturverzeichnis

Kruschwitz, L.	»Investition«, 9. Auflage, Kiehl Verlag, Ludwigshafen, 2003
Link, Jörg	»Marketing-Controlling«, Verlag Franz Vahlen GmbH, 2000
Manz, Klaus	»Kompaktstudium Wirtschaftswissenschaften; Band 3: Kostenrechnung/Controlling«, Verlag Franz Vahlen GmbH, 1996
Meyer, C.	»Betriebswirtschaftliche Kennzahlen und Kennzahlen-Systeme«, 1. Auflage, Stuttgart: Poeschel, 1976
Olbrich, Rainer (Hrsg.)	»Marketing-Controlling mit POS-Daten«, Deutscher Fachverlag GmbH, 2006
Olfert, K.	»Investition«, 9. Auflage, Kiehl Verlag, Ludwigshafen, 2003
	»Finanzierung«, 8. Auflage, Kiehl Verlag, Ludwigshafen, 1994
Onlinequelle	www.ifrs-portal.com, Februar 2005
	http://www.saratoga-institute.com, 2004
	http://www.dpwn.de/personalbericht2003/mitarbeiterimmittelpunkt/diversityundchancengleichheit/gegenfremdenfeindlichkeit/, 2004
	http://www.controllerspielwiese.de/index.htm?Inhalte/Toolbox/pw11.htm, 2001/2002
	http://wien.arbeiterkammer.at/pictures/d11/BroschuereKennzahlen.pdf, 2005
	http://www.strata-montana.de/download/unternehmer/wichtige_kennzahlen.pdf+fehlzeitenquote+kennzahlen&hl=de, 2004

Literaturverzeichnis

Ossola-Haring, C.	»Das große Handbuch Kennzahlen zur Unternehmensführung«, Verlag Moderne Industrie, Landsberg/Lech, 1999
Perridon, L.; Steiner, M.	»Finanzwirtschaft der Unternehmung«, 10. Auflage, Verlag Vahlen, München, 1999
Preißner, Andreas	»Marketing-Controlling«, Oldenbourg Wissenschaftsverlag GmbH, 1999
Pufahl, Mario	»Vertriebscontrolling«, Gabler Verlag/GWV Fachverlage GmbH, 2003
Reichmann, Thomas	»Controlling mit Kennzahlen und Management-Tools«, Verlag Franz Vahlen GmbH, 2006
Reinecke, Sven	»Marketing- und Verkaufskennzahlen«, Werd Verlag AG, 2004
	»Marketing Performance Management«, Deutscher Universitäts-Verlag/GWV Fachverlage GmbH, 2004
Schneider, Willy; Hennig, Alexander	»Lexikon Kennzahlen für Marketing und Vertrieb«, 2. Aufl., Springer-Verlag, Heidelberg 2008
Schott, G.	»Kennzahlen – Instrument der Unternehmensführung«, 5. Auflage, Wiesbaden, 1988
Siegwart, H.	»Kennzahlen für die Unternehmensführung«, 6. Auflage, Verlag Paul Haupt, Bern, 2002
Wiehle, U.; Diegelmann, M.; Deter, H.; Schömig, P. N.; Rolf, M.	»100 Finanzkennzahlen«, 2. Auflage, Wiesbaden, 2007
Witt, Frank-Jürgen	»Handelscontrolling«, Verlag Franz Vahlen GmbH, 1992
Wöhe, G.	»Einführung in die Betriebswirtschaftslehre«, 18. Auflage, Verlag Vahlen, München, 1993
Zenz, Andreas	»Strategisches Erfolgscontrolling«, Deutscher Universitäts-Verlag/GWV Fachverlage GmbH, 1998

Impressum

Sonderausgabe in Kooperation mit der Handelsblatt GmbH

Konzeption:

Ulrich Wiehle
Alexander Hennig
Willy Schneider

Autoren:

Alexander Hennig
Willy Schneider
Ulrich Wiehle
Michael Diegelmann
Henryk Deter
Peter Noel Schömig
Michael Rolf
Urs Klingler
Ralf Brickau
Alexander Kreikenberg
Uwe Rettkowski

Cover:

cometis publishing GmbH & Co. KG

Projektleitung:

Ulrich Wiehle

Verantwortlich:

cometis publishing GmbH & Co. KG
Unter den Eichen 7
65195 Wiesbaden

Tel.: 0611 / 205855-0
Fax: 0611 / 205855-66

E-Mail: info@cometis.de

www.cometis.de
www.cometis-publishing.de

Originalquelle:

Hennig, A.; Schneider, W.; Wiehle, U.; Diegelmann, M.; Deter, H.; Schömig, P. N.; Rolf, M.; Klingler, U.; Brickau, R.; Kreikenberg, A.; Rettkowski, U.
100 Kennzahlen der Balanced Scorecard, cometis publishing GmbH & Co. KG, Wiesbaden, 2008, 1. Auflage, ISBN 978-3-940828-19-4

Leseprobe: Die 100 wichtigsten Konjunkturindikatoren – weltweit –

USA: Verbrauchervertrauen

Veröffentlichung:

Turnus	Monatlich
Zeitpunkt	Am letzten Dienstag des Berichtsmonats um 16:00 Uhr
Quelle	Conference Board

Beschreibung:

Für das Verbrauchervertrauen werden landesweit 3.500 repräsentative Haushalte schriftlich befragt. Auf der Basis von fünf Fragen werden zwei Teilkomponenten ermittelt, die Lage- und die Erwartungskomponente, die mit den Gewichten 40 % bzw. 60 % in den Gesamt*index* eingehen. Erstere ergibt sich aus den Teilfragen nach der wirtschaftlichen Lage und der Arbeitsmarktlage. Letztere wird aus den Erwartungen bezüglich der wirtschaftlichen Entwicklung, der Arbeitsmarktentwicklung und der Einkommensentwicklung jeweils in sechs Monaten ermittelt. Der *Index* ist *saisonbereinigt*. Seine Zuverlässigkeit ist niedrig bis mittel.

Interpretation:

Das Verbrauchervertrauen ist der wichtigste Indikator für die Stimmung der privaten Haushalte. Bei Werten über 120 Punkten kann von einer sehr hohen Dynamik des privaten Konsums ausgegangen werden. Fällt der *Index* für mehrere Monate unter 80 Punkte, so ist mit einer Phase der Konsumschwäche zu rechnen. *Rezessionen* gingen in der Vergangenheit mit *Index*werten unter 60 Punkten einher. Änderungen dieses Indikators um 2 bis 3 Punkte können als übliche Schwankung interpretiert werden, ohne dass eine gravierende Änderung des Konsumentenverhaltens zu erwarten ist. Großen Einfluss auf die Befragungsergebnisse haben Bewegungen des Benzinpreises, Arbeitsmarktzahlen der vergangenen Monate und die Höhe der Kreditzinsen.

Finanzmarktbedeutung	gering	mittel	**hoch**
Konjunkturbezug	**Vorlauf**	Gleichlauf	Nachlauf
Hoch/Tief/ Durchschnitt	H: 144,7 Punkte Mai 2000	T: 47,3 Punkte Feb. 1992	D: 99,7 Punkte 1991 - 2008

Autoren

Ulrich Wiehle
Michael Diegelmann
Henryk Deter
Dr. Peter Noel Schömig
Michael Rolf

100 Finanzkennzahlen

Sonderausgabe in Kooperation mit der Handelsblatt GmbH

Cover: cometis publishing GmbH & Co. KG

Anmerkung:
Die Erläuterungen und Interpretationen der einzelnen Gliederungspunkte geben zum Teil die persönliche Einschätzung der Autoren wieder. Trotz sorgfältiger Recherche und Prüfung der Inhalte kann eine Garantie oder Haftung für die Richtigkeit oder Vollständigkeit nicht übernommen werden.

Dieses Buch ist Teil der Sonderausgabe »Kennzahlen kompakt« mit der ISBN 978-3-940828-80-4

Vorwort der Autoren

Liebe Leser,

die Verwendung und Interpretation von Kennzahlen gewinnt im täglichen Wirtschaftsleben zunehmend an Bedeutung. Investoren oder Kreditgeber prüfen die Unternehmensentwicklung anhand zentraler Kennzahlen, wie z. B. EBIT, Working Capital oder Cash Flow, um in kürzester Zeit Investitionsentscheidungen treffen zu können. Doch was verbirgt sich hinter diesen Kennzahlen? Was ist deren Aussagekraft? Und warum eignen sich diese für die Unternehmensanalyse?

Das Buch »100 Finanzkennzahlen« fasst die wichtigsten Kennzahlen übersichtlich und prägnant zusammen. Es richtet sich dabei an Vorstände und Geschäftsführer, Controller und Finanzexperten, aber auch an Banken, Wirtschaftsprüfer, Steuerberater, Wirtschaftsjournalisten und Studenten. Die Inhalte des vorliegenden Handbuchs unterstützen Sie, Ihr Know-how über Finanzkennzahlen zu stärken und sich optimal auf den Dialog mit kreditgebenden Banken oder Investoren vorzubereiten.

Neben einer Definition jeder Kennzahl wird deren Berechnung anhand eines Zahlenbeispiels dargestellt sowie die entsprechenden Einsatzgebiete erläutert. Anhand der Gegenüberstellung der wesentlichsten Vor- und Nachteile wird jede Kennziffer einer kritischen Würdigung unterzogen. Bitte berücksichtigen Sie, dass durchaus internationale Unterschiede in der Berechnung von Kennzahlen bestehen können.

Wichtig im Umgang mit Kennzahlen ist, diese nie isoliert, sondern immer im Zeitverlauf, in der Relation zu Peer-Group-Unternehmen oder in Abhängigkeit der branchenüblichen Gegebenheiten zu betrachten. Schließlich ist die übergreifende Analyse mehrerer Indikatoren der Schlüssel dazu, Kennzahlen in ein aussagekräftiges Ergebnis zu transferieren. Hierzu liefert Ihnen das vorliegende Nachschlagewerk eine wertvolle Unterstützung.

Herzlichst, Ihre Autoren

P. S. Mailen Sie uns: **kennzahlen@cometis.de**

Hinweise zur Benutzung des Handbuches

Die beschriebenen Kennzahlen haben folgende Struktur:

- Formel
- Rechenbeispiel anhand eines beispielhaften IFRS-Jahresabschlusses
- Erläuterung
- Vor- und Nachteile

Alle in dem Handbuch erläuterten Kennzahlen wurden sorgfältig recherchiert. Dabei wird für jede einzelne Kennzahl die Formel verwendet, die in der Praxis und Literatur regelmäßig Anwendung findet. Gleichzeitig existieren für die Berechnung einzelner Kennzahlen unterschiedliche Ansätze (je nach Komplexität), über die sich jeder Leser des Handbuchs im Dialog mit Fondsmanagern, Wirtschaftsprüfern, Bankern oder Ratingexperten bewusst sein sollte.

Das jeweilige Rechenbeispiel ergibt sich in der Regel aus dem Jahr 2 des im Kapitel 1 beispielhaft aufgeführten Jahresabschlusses nach IFRS (Bilanz, Gewinn- und Verlustrechnung und Kapitalflussrechnung). Nicht aus dem Jahresabschluss ersichtliche Informationen, die für die Rechenbeispiele notwendig sind, können der Seite 17 »Zusatzinformationen« im Anschluss an den Jahresabschluss in Kapitel 1 entnommen werden.

Der jeweilige Erläuterungstext gibt Aufschluss über die Herleitung einzelner Kennzahlen sowie deren Aussagekraft als Indikator oder aber in Verbindung mit weiteren Kennzahlen als Grundlage für eine schlüssige Interpretation der Unternehmenssituation. Die Vor- und Nachteile geben dem Leser die Möglichkeit, sich unabhängig vom Ergebnis des Rechenbeispiels kritisch mit jeder Kennzahl auseinandersetzen zu können sowie Sinn und Zweck der Ergebnisse zu hinterfragen.

Zu beachten ist, dass aufgrund der großen Fülle der zugänglichen Informationen weder Art und Umfang noch Inhalte der einzelnen Kennzahlen Anspruch auf Vollständigkeit besitzen.

Inhaltsverzeichnis

Inhaltsverzeichnis

Inhaltsverzeichnis

Inhaltsverzeichnis

Kapitel 1

Beispielhafter Jahresabschluss

1.1 Gewinn- und Verlustrechnung

in Mio. EUR

Gewinn- und Verlustrechnung	Jahr 2	Jahr 1
Umsatz	**14.019**	**14.226**
Umsatzkosten	5.004	5.178
Bruttoergebnis	**9.015**	**9.048**
Marketing- und Vertriebskosten	6.279	6.294
Forschungs- und Entwicklungskosten	300	279
Allgemeine Verwaltungskosten	753	780
Goodwill Abschreibungen	90	90
Sonstige betriebliche Erträge	294	288
Sonstige betriebliche Aufwendungen	435	477
Betriebsergebnis (EBIT)	**1.452**	**1.416**
Zinserträge	66	78
Zinsaufwendungen	– 12	– 27
Übrige finanzielle Erträge und Aufwendungen	– 9	– 33
Ergebnis vor Steuern (EBT)	**1.497**	**1.434**
Steuern	– 594	– 564
Minderheiten	– 21	– 21
Jahresüberschuss	**882**	**849**

1.2 Bilanz

in Mio. EUR

Bilanz - Aktiva	Jahr 2	Jahr 1
Immaterielle Vermögensgegenstände	291	384
Sachanlagen	2.736	2.751
Finanzanlagen	66	66
Anlagevermögen	**3.093**	**3.201**
Vorräte	2.016	2.031
Forderungen aus Lieferungen und Leistungen	2.064	2.025
Sonstige Forderungen und Vermögens-gegenstände	282	330
Wertpapiere und flüssige Mittel	2.526	2.166
Umlaufvermögen	**6.888**	**6.552**
Latente Steuern	84	66
Rechnungsabgrenzungsposten	69	75
Summe Aktiva	**10.134**	**9.894**

1.2 Bilanz

in Mio. EUR

Bilanz - Passiva	Jahr 2	Jahr 1
Grundkapital	645	645
Kapitalrücklagen	141	141
Gewinnrücklagen	3.789	3.486
Jahresüberschuss	882	849
Anteile der Gesellschafter	**5.457**	**5.121**
Minderheiten	36	60
Eigenkapital	**5.493**	**5.181**
Pensionsrückstellungen	1.140	1.191
Sonstige Rückstellungen	1.437	1.533
Rückstellungen	**2.577**	**2.724**
Finanzverbindlichkeiten	288	288
Verbindlichkeiten aus Lieferungen und Leistungen	909	879
Sonstige Verbindlichkeiten	468	444
Verbindlichkeiten	**1.665**	**1.611**
Latente Steuern	372	357
Rechnungsabgrenzungsposten	27	21
Summe Passiva	**10.134**	**9.894**

1.3 Kapitalflussrechnung

in Mio. EUR

Kapitalflussrechnung	Jahr 2	Jahr 1
EBIT	**1.452**	**1.416**
Steuern	– 711	– 567
Abschreibungen auf das Immaterielle und Sachanlagevermögen	492	483
Veränderung der langfristigen Rückstellungen (ohne Zinsanteil)	– 33	– 12
Gewinn / Verlust aus dem Abgang von Sachanlagevermögen	3	3
Veränderung der Vorräte	15	81
Veränderung der Forderungen aus Lieferungen und Leistungen und sonstiger Vermögensgegenstände	– 27	– 138
Veränderung der Verbindlichkeiten und kurzfristiger Rückstellungen	57	– 90
Cash Flow aus operativer Geschäftstätigkeit	**1.248**	**1.176**
Auszahlungen für Investitionen in das Anlagevermögen	– 507	– 726
Einzahlungen aus Abgängen von Vermögensgegenständen des Anlagevermögens	33	45
Einzahlungen aus Zinsen, Dividenden und sonstigem Finanzeinkommen	150	120
Cash Flow aus Investitionstätigkeit	**– 324**	**– 561**
Ausgeschüttete Dividenden	– 354	– 327
Veränderungen der Finanzverbindlichkeiten	0	– 99
Zins- und sonstige Finanzausgaben	– 141	– 126
Cash Flow aus Finanzierungstätigkeit	**– 495**	**– 552**
Wechselkursbedingte Veränderung des Finanzmittelbestandes	– 69	– 39
Änderungen des Finanzmittelbestands	**360**	**24**
Flüssige Mittel / Wertpapiere, 01.01.	2.166	2.142
Flüssige Mittel / Wertpapiere, 31.12.	2.526	2.166

1.4 Zusatzinformationen

Position	Wert
Ausstehende Stammaktien	354 Mio. Stück
Ausstehende Vorzugsaktien	0
Aktueller Aktienkurs	35,00 EUR
Dividende je Stamm- und Vorzugsaktie	1,00 EUR
Personalaufwendungen	2.453 Mio. EUR
Vollzeit-Mitarbeiter	46.000
Kapitalisierte Forschungs- und Entwicklungskosten	
Jahr 1	500 Mio. EUR
Jahr 2	550 Mio. EUR
Kumulierte Abschreibungen	2.650 Mio. EUR
Durchschnittliche Wachstumsrate (CAGR)	10%
Rating/Corporate bond spread	AA/0,3%
Risikofreier Zinssatz	4,5%
Marktrisikoprämie	3,5%

Kapitel 2

Kennzahlen der Gewinn- und Verlustrechnung

2.1 EBIT

Formel	Rechenbeispiel
Jahresüberschuss	882
± Außerordentliches Ergebnis	0
+ Minderheiten	21
+ Steuern	594
± Finanzergebnis	– 45
= **EBIT**	= **1.452**

Erläuterung

EBIT steht für »Earnings before interest and taxes«. In den USA wird die Kennzahl EBIT als Operating income bezeichnet. Dieses operative Ergebnis vor Zinsen und Steuern wird gewöhnlich für die Beurteilung der Ertragssituation des Unternehmens, insbesondere im internationalen Vergleich herangezogen. Jedoch ist das EBIT nicht nur das reine Ergebnis vor Zinsen und Steuern, wie es weitläufig bezeichnet wird, sondern genauer gesagt das operative Ergebnis vor dem Finanz- und damit Beteiligungsergebnis, was je nach Unternehmen großen Einfluss auf den Gewinn vor Steuern haben kann. Das EBIT kann alternativ auch berechnet werden, indem von den Umsätzen (inkl. sonstiger betrieblicher Erträge) alle operativen Kosten abgezogen werden.

Vorteile	Nachteile
• Lässt Rückschlüsse auf das reine operative Geschäft zu	• Nur in Bezug zu anderen Kennzahlen (z. B. Umsätze) aussagefähig
• Insbesondere unter Zuhilfenahme anderer Kennzahlen (z. B. Umsätze) werden industrieweite Vergleiche der operativen Ergebnisse ermöglicht	• Auch Zinseinkünfte, die keine Berücksichtigung im EBIT finden (Einkünfte aus Finanzierungstätigkeit, z. B. Ratenfinanzierungen) können Bestandteil des operativen Einkommens sein
• Verzerrungen durch steuerliche Einflüsse bleiben außen vor	• Es finden sich ggf. Einkünfte, die nicht zum originären Geschäftsfeld gehören (Mieteinkünfte) in dieser Kennzahl wieder
• Findet international Anwendung	

2.2 EBITDA

Formel	**Rechenbeispiel**
Jahresüberschuss	882
± Außerordentliches Ergebnis	0
+ Minderheiten	21
+ Steuern	594
± Finanzergebnis	– 45
+ Abschreibungen	492
= **EBITDA**	= **1.944**

Erläuterung

EBITDA steht für »Earnings before interest, taxes, depreciation and amortization« aus dem Englischen. Dieses Ergebnis vor Zinsen, Steuern, Abschreibungen auf Sachanlagen und Amortisation von immateriellen Wirtschaftsgütern hat Cash Flow-Charakter, da die liquiditätsunwirksamen Abschreibungen ähnlich wie bei der indirekten Cash Flow-Berechnung zum Jahresüberschuss hinzu addiert werden. Das EBITDA wird häufig für junge, wachstumsstarke Unternehmen oder Unternehmen mit außergewöhnlich hohem Abschreibungsbedarf als Kennzahl verwendet, die gegebenenfalls negative Jahresüberschüsse erwirtschaften. Das EBITDA lässt sich auch berechnen, indem von den Umsätzen (inkl. sonstiger betrieblicher Erträge) alle operativen Kosten abgezogen und Abschreibungen hinzu addiert werden.

Vorteile	**Nachteile**
• Die Einflüsse unterschiedlicher Finanzierungsformen finden keine Berücksichtigung (gilt ggf. nicht für Leasing)	• Nur in Bezug zu anderen Kennzahlen wirklich aussagefähig (z. B. EV / EBITDA)
• Frei von Abschreibungseinflüssen	• Industrieübergreifend nur schwer vergleichbar
• Dient als Cash Flow-Annäherung	• Einkommen, das nicht unmittelbar dem reinen operativen Geschäft zuzuordnen ist (Mieteinkünfte) wird miteingerechnet
• Vereinfacht internationale Vergleiche, da nationale Steuern keine Berücksichtigung finden	

2.3 Gewinn vor Steuern

Formel	**Rechenbeispiel**
Jahresüberschuss	882
± Außerordentliches Ergebnis	0
+ Minderheiten	21
+ Steuern	594
= **Gewinn vor Steuern (EBT)**	= **1.497**

Erläuterung

Der Gewinn vor Steuern (oder EBT: Earnings before taxes) dient als Vergleichskennzahl für die Ertragskraft von Unternehmen im internationalen Vergleich, da die Ertragssteuern unberücksichtigt bleiben. Jedoch beinhaltet der Gewinn vor Steuern bereits Finanzierungskosten, die ebenfalls nationalen Steuergesetzen unterliegen sowie Erlöse aus dem Verkauf von Vermögensgegenständen. Dies schränkt die internationale Vergleichbarkeit wiederum ein. Der Vorsteuergewinn ist insbesondere in Verbindung mit dem Umsatz eine häufig eingesetzte Kennzahl (Vorsteuermarge).

Vorteile	**Nachteile**
• Unterschiedliche nationale Steuervorschriften haben keinen Einfluss	• Nur unter Berücksichtigung anderer Kennzahlen aussagekräftig (Bsp. Umsatz)
• Kapitalkosten finden teilweise Berücksichtigung	• Kann im Zeitablauf stark variieren
• Zinseinkünfte, die Bestandteil des operativen Einkommens sind (Finanzierungseinnahmen), finden Berücksichtigung	• Durch den großen Einfluss nationaler Bilanzierungsvorschriften, die sich in dieser Zahl niederschlagen, international schwer vergleichbar

2.4 Jahresüberschuss (Gewinn)

Formel	Rechenbeispiel
Umsatz	14.019
+ Sonstige betriebliche Erträge	294
– Operative Kosten	– 12.861
± Finanzergebnis	45
– Steuern	– 594
– Minderheiten	– 21
± Außerordentliches Ergebnis	0
= Jahresüberschuss	**= 882**

Erläuterung

Der Jahresüberschuss ergibt sich als positive (sonst: Jahresfehlbetrag) Differenz zwischen den Erträgen und den Aufwendungen der betrachteten Periode und entspricht damit dem Endergebnis der Gewinn- und Verlustrechnung. Er stellt den Periodenerfolg einer Kapitalgesellschaft dar. Bei der Ermittlung werden Gewinn- bzw. Verlustvortrag und Entnahmen und Einstellungen aus/in offene Rücklagen nicht berücksichtigt. Der Jahresüberschuss ist wiederum eine zentrale Größe für die Errechnung von entscheidenden Kennzahlen wie z. B. Gewinn pro Aktie, Eigenkapital- oder Umsatzrendite.

Vorteile	Nachteile
• Zukunftsschätzungen für börsennotierte Gesellschaften verfügbar (insbesondere bezogen auf den Gewinn pro Aktie ggf. nach Adjustierung) • Intuitiv verständlich • Steuern und damit konkreter Aufwand finden Berücksichtigung	• International nicht vergleichbar • Der Jahresüberschuss ist dem höchstmöglichen bilanzpolitischen Ermessen ausgesetzt, was wiederum alle Kennzahlen in Verbindung mit dem Jahresüberschuss betrifft • Jahresüberschuss ist weniger aussagekräftig als der Cash Flow

2.5 Finanzergebnis

Formel	**Rechenbeispiel**
Zinserträge	66
+ Zinsaufwendungen	– 12
± Abschreibungen/Zuschreibungen auf Finanzanlagen	0
± Abschreibungen/Zuschreibungen auf kurzfristige Wertpapiere	0
+ Sonstige finanzielle Erträge und Aufwendungen	– 9
= **Finanzergebnis**	= **45**

Erläuterung

Das Finanzergebnis ist der Unterschiedsbetrag zwischen dem EBIT und dem EBT. Bei den meisten Industrieunternehmen ist das Finanzergebnis negativ, da die Zinslast für das aufgenommene Fremdkapital i.d.R. die Erträge aus Zinserträgen und aus Beteiligungen (Dividenden) übersteigt. Hat ein Unternehmen über mehrere Perioden hinweg ein positives Finanzergebnis, ist zu prüfen, wie viel Kapital zu welchem Zinssatz angelegt ist und ob dieses Kapital nicht stärker rentieren würde, wenn es in das Wachstum des eigenen Unternehmens investiert wäre. Aus Sicht des Investors stellt sich bei konstant positivem Finanzergebnis die Frage nach einer Sonderausschüttung an die Aktionäre.

Vorteile	**Nachteile**
• Das Finanzergebnis gibt Rückschlüsse auf Finanzierungskosten • Es können Hinweise auf nicht konsolidierte Unternehmen entnommen werden	• Das Finanzergebnis kann operative Bestandteile beinhalten (Ergebnis aus Finanzierungstätigkeit) • Das Beteiligungsergebnis als Bestandteil des Finanzergebnisses gibt keinen Rückschluss auf das Risiko dieser Beteiligung • Kann stark im Zeitablauf variieren

2.6 Net operating profit after taxes (NOPAT)

Formel	**Rechenbeispiel**
EBIT	1.452
+ Abschreibungen auf immaterielle Vermögensgegenstände	90
+ Δ Rückstellungen	– 147
– Operative Steuern	– 594
+ Zinsen für Leasingaufwendungen	0
+ Δ Kapitalisierte F&E-Aufwendungen	50
= **NOPAT**	= **851**

Erläuterung

Das NOPAT ist der operative Nettogewinn nach Steuern. Es beschreibt, welchen Profit das Unternehmen im Falle einer reinen Eigenkapitalfinanzierung erwirtschaften würde. Daher ist für jedes Unternehmen, das die Hebelwirkung des Fremdkapitals ausnutzt, das NOPAT eine Alternative, um den operativen Erfolg zu messen.
Das NOPAT berücksichtigt im Gegensatz zum EBIT nicht die Steuerersparnisse, die ein Unternehmen aufgrund hoher Schulden erzielt.

Vorteile	**Nachteile**
• Ist unabhängig von der Finanzierungsform	• Vielzahl von Adjustierungen möglich
• Betrachtet das rein operative Ergebnis	• Basiert auf Rechnungslegungsmaterial, daher weniger genau als Cash Flows, weil Rechnungslegungsvorschriften zum Tragen kommen
• Steuern finden als Aufwand Berücksichtigung	
• Leasing-Finanzierungen werden in der Regel adjustiert	

2.7 Steuerquote

Formel

$$\frac{\text{Steuern}}{\text{Ergebnis vor Steuern (EBT)}} \times 100\%$$

Rechenbeispiel

$$\frac{594}{1.497} \times 100\% = \mathbf{39{,}68\%}$$

Erläuterung

Die Steuerquote beschreibt die Relation der Ertragssteuern zum Vorsteuerergebnis, um die relative Ergebnisbelastung durch die Besteuerung darzustellen. In der globalisierten Wirtschaftswelt ist die Steuerquote häufig ein wichtiges Kriterium der Standortentscheidung eines Unternehmens. Die Steuerquote steht wiederum in engem Bezug zur Ermittlung der Fremdkapitalkosten, da der Steuereffekt hinsichtlich der Zinsen für Fremdkapital hierfür berücksichtigt werden muss.

Vorteile	**Nachteile**
• Für den nationalen Vergleich sinnvoll • Bei relativ stabilen Steuersystemen sinnvoller Indikator für die zukünftigen Steuerquoten eines Unternehmens • Stellt tatsächliche Aufwandsgröße dar	• Kann stark im Zeitablauf schwanken • Verlustvorträge sowie Steuerrückstellungen erschweren die Prognose für die tatsächlichen Steueraufwendungen in der Zukunft • Bei internationalen Konzernen ist eine analytische Herleitung zukünftiger Steuerzahlungen aufgrund der Komplexität kaum möglich

2.8 Forschungskostenquote

Formel

$$\frac{\text{Forschungs- und Entwicklungskosten}}{\text{Umsatz}} \times 100\%$$

Rechenbeispiel

$$\frac{300}{14.019} \times 100\% = \mathbf{2{,}14\%}$$

Erläuterung

Die Forschungskostenquote zeigt, welchen Anteil der Umsatzerlöse das Unternehmen in Forschung & Entwicklung (F&E) reinvestiert. In der Regel haben Unternehmen, die in forschungsintensiven Branchen, wie z.B. Pharma oder Biotechnologie tätig sind, und deren Erfolg von Produktinnovationen abhängig ist, höhere Forschungskostenquoten. Eine Erhöhung der Quote hängt gewöhnlich mit einer verstärkten F&E-Investition zusammen, kann aber auch durch Umsatzeinbrüche herrühren. Eine Verringerung der Forschungskostenquote kann in der Regel mit verringerter Forschungstätigkeit gedeutet werden, kann aber z.B. auch mit Produktivitätssteigerungen und damit verringerten Kosten zusammenhängen.

Vorteile	**Nachteile**
• Ermöglicht Rückschlüsse auf Forschungseffizienz	• Aus der GuV oftmals nicht eindeutig identifizierbar
• Bietet Anhaltspunkte der Wettbewerbsfähigkeit	• F&E Kosten sind nicht eindeutig ermittelbar (Zuordnung)
• Dient dem Unternehmensvergleich	• Die Variation der F&E Kosten ist ggf. einfacher als andere Kostenblöcke und wird genutzt, um Gewinnziele einzuhalten (Folge: Variation der Gewinnqualität)

2.9 Umsatzkosten zu Gesamtkosten

Formel

$$\frac{\text{Umsatzkosten}}{\text{Gesamtkosten}} \times 100\%$$

Rechenbeispiel

$$\frac{5.004}{12.861} \times 100\% = \mathbf{38{,}90\%}$$

Erläuterung

Die Kennzahl Umsatzkosten im Verhältnis zu den Gesamtkosten zeigt auf, wie wirtschaftlich die Materialen bzw. Leistungen, die direkt zu Umsätzen führen, im Verhältnis zu den Gesamtkosten eingesetzt werden. Bei der Analyse der Kennzahl müssen jedoch schwankende Beschaffungspreise (z.B. Rohstoffe) und veränderte Lagerhaltungskosten berücksichtigt werden. Auch sollte die Kennzahl im Verhältnis zur Umsatzentwicklung betrachtet werden (Umsatzkostenquote).
Je höher der Anteil der Umsatzkosten an den Gesamtkosten ist, desto stärker wirkt sich eine Veränderung der Kennzahl auf die Unternehmensgewinne aus. Dies kann z.B. durch Verlagerung der Produktionsstätten mit niedrigeren Kostenstrukturen oder durch die Ausnutzung von Währungsvorteilen erreicht werden. Die Kennzahl sollte jedoch stets in Zusammenhang mit der Produktqualität betrachtet werden, d.h. Unternehmen sollten nicht um jeden Preis eine Verbesserung der Kennzahl anstreben.

Vorteile	**Nachteile**
• Guter Indikator für Unternehmensvergleiche • In Verbindung mit der Kennzahl Personalintensität sinnvoller Indikator für die Produktivität • Zentrale Kennzahl, da die Umsatzkosten zumeist eine der größten Kostenpositionen darstellt	• Stark branchenabhängig • Abhängig vom Beschaffungsmarkt

2.10 Abschreibungsintensität

Formel

$$\frac{\text{Abschreibungsaufwand}}{\text{Gesamtaufwand}} \times 100\%$$

Rechenbeispiel

$$\frac{492}{12.861} \times 100\% = \mathbf{3{,}83\%}$$

Erläuterung

Die Abschreibungsintensität ist ein Maßstab für die Wirtschaftlichkeit des eingesetzten Anlagevermögens. Steigt die Abschreibungsintensität, so führt dies in der Regel zu einem erhöhten Gewinnausweis in den Folgejahren. Eine hohe Abschreibungsintensität kann also ein Indikator für eine aggressive Investitionspolitik des Unternehmens sein.
Niedriger Abschreibungsaufwand kann dagegen ein Zeichen für veraltetes Anlagevermögen sein, das Möglichkeiten für Neuinvestitionen und damit Rationalisierungen bzw. Produktivitätssteigerungen bietet.

Vorteile	Nachteile
• Hinweis auf Rationalisierungsgrad in Bezug auf Gesamtaufwand • Hohe Aussagekraft in Kombination mit Personalintensität und Materialintensität • Erkennung von Produktivitätspotenzial	• Schwierig zu ermitteln, da Abschreibungsaufwand durch Bilanzpolitik stark beeinflusst wird • Starke Branchenabhängigkeit • Hohe Abhängigkeit von Investitionstätigkeit

2.11 Abschreibungsquote (I)

Formel

$$\frac{\text{Abschreibungen}}{\text{Umsatz}} \times 100\%$$

Rechenbeispiel

$$\frac{492}{14.019} \times 100\% = \mathbf{3{,}51\%}$$

Erläuterung

Die Abschreibungsquote ergibt sich aus den Abschreibungen dividiert durch den Jahresumsatz. Zu den Abschreibungen zählen in der Regel nur die Abschreibungen auf Sachanlagen und immaterielle Vermögensgegenstände (Goodwill), nicht aber außerordentliche Abschreibungen auf Finanzanlagen oder Abschreibungen auf geringwertige Wirtschaftsgüter.
Eine steigende Abschreibungsquote kann mit Neuinvestitionen einhergehen, die sich im Umsatz noch nicht widerspiegeln oder aber mit der Bildung stiller Reserven. Eine fallende Abschreibungsquote kann ein Indikator für eine sinkende Investitionsbereitschaft sein.

Vorteile	**Nachteile**
• Gute Aussage bezüglich Produktivität (Verbrauch des Wirtschaftsgutes pro Einheit Umsatz) • Dient dem Sektorvergleich • Dient der Analyse im Zeitablauf	• Abhängigkeit von Abschreibungsmethode • Starke Branchenabhängigkeit • Künstliche Verbesserung bei reduzierter Reinvestition

2.12 Abschreibungsstruktur

Formel

$$\frac{\text{Abschreibungsart}}{\text{Abschreibungen, gesamt}} \times 100\%$$

Rechenbeispiel

Hier: Goodwill-Abschreibungen

$$\frac{90}{492} \times 100\% = \mathbf{18{,}29\%}$$

Erläuterung

Die Abschreibungsstruktur setzt eine bestimmte Abschreibungsart (hier: Goodwillabschreibungen) ins Verhältnis zu den gesamten Abschreibungen. Strukturkennzahlen können z. B. auch, sofern für Externe vorhanden, auf einzelne Konzerneinheiten aufgeschlüsselt werden. Diese lassen erkennen, wie sich eine gewisse Aufwands- oder Ertragsart (z. B. Umsätze) untergliedert und dienen einer detaillierteren Analyse eines Unternehmens. Der hohe Anteil an Goodwillabschreibungen kann im obigen Beispiel ein Indiz dafür sein, dass das Unternehmen für vergangene Akquisitionen zu hohe Preise bezahlt hat, oder aber dass im Verhältnis dazu die bestehenden Anlagen größtenteils schon abgeschrieben sind. Im Falle von Goodwillabschreibungen sind gleichzeitig die unterschiedlichen Rechnungslegungsvorschriften zu beachten.

Vorteile	Nachteile
• Erlaubt detaillierte Analyse • Schieflagen von Unternehmen können erkennbar werden	• Kann im Zeitverlauf stark schwanken • Nur im Verhältnis mit Bilanzkennzahlen (z. B. Sachanlagen) aussagekräftig

2.13 Personalintensität

Formel

$$\frac{\text{Personalaufwand}}{\text{Gesamtaufwand}} \times 100\%$$

Rechenbeispiel

$$\frac{2.453}{5.004 + 7.857} \times 100\% = \mathbf{19{,}07\%}$$

Erläuterung

Die Personalintensität gibt Aufschluss über die Wirtschaftlichkeit des Faktors Arbeit. Der Personalaufwand umfasst die Löhne und Gehälter, die sozialen Abgaben sowie die Aufwendungen für Altersversorgung und Unterstützung. Mit Hilfe der Personalintensität kann die Entwicklung der Wirtschaftlichkeit des Personaleinsatzes im Zeitablauf überprüft werden. Um so niedriger die Kennzahl, desto rentabler wurde das Personal eingesetzt bzw. wurde Personal gegen Maschinen ersetzt, was sich in einer Erhöhung der Investitionen widerspiegeln würde.
Eine Verschlechterung (= Erhöhung) dieser Kennzahl muss nicht zwingend auf falsche Managemententscheidungen zurückzuführen sein, sondern kann beispielsweise auch auf erhöhten Tarifabschlüssen oder gestiegenen Sozialversicherungsbeiträgen beruhen.

Vorteile	Nachteile
• Große Praxisrelevanz	• Starke Branchenabhängigkeit, z. B. durch Tarifverträge
• Erkennung von Rationalisierungspotenzial	• Überregionales Lohngefälle erschwert den Vergleich
• Gutes Maß für Arbeitsproduktivität	• Geringe Aussagekraft bei Auftragsveränderungen (»starre Fixkosten«)

2.14 Arbeitsintensität

Formel

$$\frac{\text{Umsatz}}{\text{Personalaufwand}}$$

Rechenbeispiel

$$\frac{14.019}{2.453} = \mathbf{5{,}72}$$

Erläuterung

Die Arbeitsintensität setzt den erzielten Umsatz in Relation zu dem Personalaufwand innerhalb einer Periode. Die Kennzahl bringt damit zum Ausdruck, wie viel Euro Umsatz mit einem Euro Personalaufwand erzielt werden konnte (im obigen Beispiel 5,72 EUR). Die Kennzahl zeigt im Zeitverlauf, inwiefern sich die Produktivität eines Unternehmens verändert. Hat ein Unternehmen innerhalb einer Branche eine überdurchschnittlich hohe Arbeitsintensität, so deutet dies auf einen effizienten Personaleinsatz bzw. einer relativ hohen Intensität an Maschinen hin. Zu berücksichtigen ist bei der Analyse dieser Kennzahl gleichzeitig die Materialintensität und die Umsatzmarge, da die Kennzahl alleine nicht aussagekräftig genug ist. Der Kehrwert der Kennzahl (Personalaufwand / Umsatz x 100%) zeigt, welcher Prozentsatz des Umsatzes allein für Personalaufwendungen verbucht wurde und dient daher dem Unternehmensvergleich.

Vorteile	**Nachteile**
• Produktivität des Personals im Zeitablauf erkennbar • Einsparpotenziale können aufgedeckt werden • Personalaufwand weniger beeinflussbar als z. B. Marketingaufwand	• Personalaufwand kann z. B. durch Veränderungen der Sozialver-sicherungsbeiträge verfälscht sein • Nur im Zusammenhang mit anderen Produktionsaufwendungen und Margen aussagekräftig

2.15 Umsatz pro Mitarbeiter

Formel

$$\frac{\text{Umsatz}}{\text{Vollzeit-Mitarbeiter}}$$

Rechenbeispiel

$$\frac{14.019 \text{ Mio.}}{46.000} = \mathbf{304.760}$$

Erläuterung

Durch den Umsatz pro Mitarbeiter erhält der externe Betrachter Informationen zu der Effizienz und der Mitarbeiterintensität und damit den Kosten einer Unternehmung. Indem der Umsatz durch die Anzahl der äquivalenten Vollzeitstellen geteilt wird, bekommt der Analyst einen Einblick in die Fixkosten und dadurch einen Hinweis auf zukünftige Erträge, da eine überdurchschnittliche Kennzahl im Branchenverhältnis auch überdurchschnittliches Ertragspotenzial suggerieren kann. Da die Reduzierung von Mitarbeitern diese Kennzahl stark beeinflusst, sollte die Kennzahl über mehrere Jahre betrachtet werden, um einen aussagekräftigen Trend zu erkennen. Ein kontinuierlich steigender Indikator kann ein Hinweis auf eine verbesserte Organisation, eine durchdachte Investitionspolitik mit anschließenden Effizienzsteigerungen oder neue Produkte, die sich besser als die der Wettbewerber verkaufen, sein.

Vorteile	**Nachteile**
• Effizienz der Unternehmung wird im Zeitverlauf sichtbar	• Nicht für branchenübergreifende Analysen geeignet
• Kennzahl zur Bestimmung von Fixkostenstrukturen und zur Schätzung zukünftiger Gewinne	• Kennzahl sollte stets in Verbindung mit Gewinn betrachtet werden
• Kennzahl vermittelt schnellen Eindruck zur Position des Unternehmens innerhalb der Peer Group	

Kapitel 3

Bilanzkennzahlen

3.1 Stille Reserven

Formel	**Rechenbeispiel**
Marktkapitalisierung	12.390
– Bilanzielles Eigenkapital	– 5.493
	= **6.897**

(Vgl. auch Berechnung der Marktkapitalisierung, S. 117)

Erläuterung

Stille Reserven sind der nicht aus der Bilanz ersichtliche Teil des Eigenkapitals. Folge: Der Gewinn oder das Eigenkapital erscheinen geringer als es der Wirklichkeit am Bilanzstichtag entspricht. Stille Reserven können entstehen durch:

- Unterbewertung oder Nichtaktivierung aktivierungsfähiger Vermögensgegenstände oder
- Verzicht bzw. Verbot von möglichen Zuschreibungen oder
- Überbewertung von Passiva.

Stille Reserven treten entweder a) zwangsläufig, b) durch Ausnutzung von Ermessensspielräumen, c) aufgrund von Schätzfehlern oder d) aufgrund willkürlicher Bildung auf. Das Auflösen stiller Reserven führt in der Regel zu einem höheren Gewinnausweis.

Vorteile	**Nachteile**
• Bildung eines Steuerstundungseffekts, da der Aufbau stiller Reserven den Gewinnausweis drückt • Bietet ggf. zusätzlichen Finanzierungsspielraum • Die Möglichkeit der Bildung von stillen Reserven dient dem Sicherheitsaspekt	• Nicht unmittelbar nutzbar (Marktpreis muss erzielt werden) • Extern kaum oder nur schwer ermittelbar, sofern Marktpreise nicht bekannt sind • Stille Reserven erschweren die Ermittlung von Rentabilitätskennzahlen, die z. B. das eingesetzte Kapital zugrunde legen

3.2 Nettoverschuldung

Formel | **Rechenbeispiel**

Formel	Rechenbeispiel
Zinstragendes Fremdkapital	288 + 468
– Liquides Vermögen	– 2.526
– Wertpapiere des Umlaufvermögens	0
= Nettoverschuldung	**= – 1.770**

Erläuterung

Die Nettoverschuldung wird aus dem zinstragenden Fremdkapital abzüglich der flüssigen Mittel berechnet. Alternativ wird auch das gesamte bilanzielle Fremdkapital abzüglich der flüssigen Mittel und abzüglich der Pensionsrückstellungen (diese besitzen häufig Eigenkapitalcharakter) zur Berechnung herangezogen.
Die Nettoverschuldung gibt an, wie hoch die Verschuldung eines Unternehmens ist, sofern alle Verbindlichkeiten durch kurzfristige Vermögensgegenstände getilgt würden. Hat ein Unternehmen wie beispielsweise im obigen Rechenbeispiel eine höhere Position an liquiden Mitteln als Fremdkapital, so ist das Unternehmen de facto schuldenfrei und nutzt durch die Hebelwirkung des eingesetzten Fremdkapitals (Leverage Effekt) die positiven Effekte auf die Eigenkapitalrentabilität aus. Zu beachten ist jedoch, dass eine hohe Cash-Position wiederum wenig Rendite einspielt und daher aus Sicht eines Investors nicht sinnvoll ist. Um die Nettoverschuldung richtig zu interpretieren, sollte diese in Verbindung mit dem Cash Flow (vgl. dazu »Dynamischer Verschuldungsgrad«) betrachtet werden.

Vorteile	Nachteile
• Die Berücksichtigung des liquiden Vermögens ermöglicht eine genauere Risikobetrachtung	• Im Zuge der Vergleichbarkeit sollten auch Leasingverträge (z. B. Operating Leases) mit berücksichtigt werden
• Insbesondere unter Berücksichtigung des Cash Flows (Dynamischer Verschuldungsgrad) eine sinnvolle Größe als Frühindikator für Finanzierungsrisiken	• Als absolute Größe wenig aussagekräftig
	• Fristigkeiten bleiben außer Acht

3.3 Goodwill

Formel

Derivativer Goodwill = Kaufpreis – Substanzwert

Substanzwert = Σ Aller Vermögensteile – Verbindlichkeiten

Rechenbeispiel

Für ein akkurates Rechenbeispiel müsste an dieser Stelle ein gesamter Beteiligungserwerb dargestellt werden, worauf aus Vereinfachungsgründen verzichtet wird.

Erläuterung

Der Goodwill (auch Geschäftswert oder Firmenwert genannt) entspricht dem Betrag, den ein Käufer als Ganzes unter Berücksichtigung zukünftiger Ertragserwartungen über den Wert aller materiellen und immateriellen Vermögensgegenstände nach Abzug der Schulden bereit ist zu zahlen. Goodwill darf sowohl in der Handels- als auch in der Steuerbilanz nur aktiviert werden, wenn er im Rahmen eines Unternehmenskaufes tatsächlich erworben wurde (derivativ). Ein selbstgeschaffener (originärer) Goodwill darf nicht angesetzt werden. Der Goodwill ist gesondert unter den immateriellen Vermögensgegenständen auszuweisen. Goodwill wird im Gegensatz zu der HGB-Bilanzierung nach US-GAAP und IFRS nicht mehr abgeschrieben, sondern nur bei festgestellter, dauerhafter Wertminderung im Rahmen eines Impairment Tests wertberichtigt.

Vorteile	Nachteile
• Bestandteil des investierten Kapitals • In Zusammenhang mit dem Gesamtanlagevermögen lassen sich Rückschlüsse auf die »Substanz« des Vermögens ziehen	• HGB erlaubt eine Verrechnung des Goodwill mit dem Eigenkapital. Dies kann in der Folge zu Verzerrungen führen

3.4 Durchschnittsbestand

Formel

$$\frac{\text{Anfangsbestand} + \text{Endbestand}}{2}$$

Rechenbeispiel

$$\frac{2.016 + 2.031}{2} = \mathbf{2.023{,}5}$$

(vgl. Bilanzposition Vorräte)

Erläuterung

Der Durchschnittsbestand entspricht dem arithmetischen Mittel aus den Eckbeständen des Geschäftsjahres. Er wird insbesondere errechnet für Waren und Materialen sowie Forderungen und Verbindlichkeiten. Der Durchschnittsbestand hat z. B. Bedeutung bei der Bestimmung des Kapitalbedarfs, der Umschlaghäufigkeit sowie der Umschlagsdauer.

Vorteile	**Nachteile**
• Außergewöhnliche Abweichungen im Jahresverlauf werden geglättet • Erlaubt die exaktere Bildung von Beziehungszahlen, wie z. B. sog. Effizienzkennzahlen (z. B. Umsatz zu durchschnittlichem Lagerbestand)	• Verfälschtes Ergebnis, wenn Anfangs- und Endbestand stark vom Jahresmittel abweichen • Bestandsgröße und damit stichtagsabhängig • Abhängig von der Wahl des Bilanzstichtages (z. B. bei verschobenem Geschäftsjahr)

3.5 Investiertes Kapital

Formel	**Rechenbeispiel**
Eigenkapital	5.493
+ Langfristige Rückstellungen	1.140
+ Zinstragendes Fremdkapital	288 + 468
= **Investiertes Kapital**	= **7.389**

Erläuterung

Das investierte Kapital ist das tatsächlich verzinste und kostenverursachende Kapital eines Unternehmens und ist folglich das Kapital, das dem originären Geschäftszweck dient. Es ist damit die kritische Größe, die dem Gewinn gegenüberzustellen ist, um eine Rendite zu errechnen. Um erfolgreich zu wirtschaften, muss ein Unternehmen die Kapitalkosten auf das verzinste Kapital einspielen (vgl. auch EVA). Bei der Ermittlung des investierten Kapitals sind in der Regel auch die Barwerte zukünftiger Off-Balance Sheet Activities hinzuzurechnen, worauf Investoren ebenfalls eine Rendite erwarten (im obigen Beispiel nicht zutreffend). Hierzu zählen in erster Linie Leasingaufwendungen, die kapitalisiert werden.

Vorteile	**Nachteile**
• Dient als Grundlage zur Ermittlung der durch die betrieblichen Tätigkeiten erzielbaren Rentabilität • Durch Adjustierungen ökonomisch sinnvoller als reine Buchwerte	• Es existieren eine Vielzahl möglicher Anpassungen • Analytischer Spielraum

3.6 Rückstellungsquote

Formel

$$\frac{\text{Rückstellungen}}{\text{Gesamtkapital}} \times 100\%$$

Rechenbeispiel

$$\frac{1.140}{10.134} \times 100\% = \mathbf{11{,}25\%}$$

Erläuterung

Die Rückstellungsquote gibt an, zu welchem Grad das Unternehmen aus Rückstellungsgegenwerten finanziert ist. Rückstellungen können – obwohl sie bilanziell eindeutig dem Fremdkapital zugeordnet sind – unter Finanzierungsaspekten dem Eigenkapital nahe kommen, wenn sie langfristig gebildet werden (z. B. Pensionsrückstellungen).
Möglich ist die Finanzierung durch Rückstellungsgegenwerte dadurch, dass der Aufwand für die Rückstellungen sofort in die GuV fließt und somit gewinnmindernd wirkt. Die Auszahlung erfolgt jedoch erst in späteren Perioden (Zahlungsaufschub) bzw. werden die Rückstellungen bei Nichtinanspruchnahme gewinnbringend aufgelöst. Im dazwischen liegenden Zeitraum steht dem Unternehmen dieses Kapital für den Produktionsprozess zur Verfügung.

Vorteile	Nachteile
• Pensionsrückstellungen haben nicht ausschließlichen Fremdkapitalcharakter und führen nicht zu konstanten Zinszahlungen • Bietet im Gesamtkontext Informationen zur Kapitalstruktur	• Kann stark schwanken ohne ersichtlichen Grund für den externen Analysten (z. B. Rückstellungen für Urlaub der Mitarbeiter) • Geringe Aussagekraft, wenn mehr als Pensionsrückstellungen einfließen, da Verfügungszeitraum unklar (kurzfristige Rückstellungen dienen nicht der Finanzierung)

3.7 Rücklagenintensität

Formel

$$\frac{\text{Kapitalrücklagen} + \text{Gewinnrücklagen}}{\text{Gesamtkapital}} \times 100\%$$

Rechenbeispiel

$$\frac{141 + 3.789}{10.134} \times 100\% = \mathbf{38{,}78\%}$$

Erläuterung

Die Rücklagenintensität beschreibt den Anteil der in der Bilanz ausgewiesenen Rücklagen am Gesamtkapital. Rücklagen sind Eigenkapitalbestandteile und bestehen aus der Kapitalrücklage (als Zuführung von Mehrbeträgen von außerhalb des Unternehmens, z. B. Agio bei Aktienemissionen) und der Gewinnrücklage (z. B. als Zuführung von Beträgen aus dem Jahresüberschuss). Aus Gläubigersicht haben die Rücklagen eine Garantiebedeutung. Je höher die Rücklagenintensität, desto geringer ist das Risiko, dass das nominell gebundene Haftungskapital durch Verluste aufgezehrt wird. Bei Betrachtung dieser Kennzahl im Zeitverlauf ist zu erkennen, ob der Anteil der Rücklagen, also die Kapitalbasis des Unternehmens zu- oder abnimmt. Eine abnehmende Rücklagenintensität kann auf einen Verzehr des Eigenkapitals und damit auf eine Substanzgefährdung des Unternehmens hindeuten.

Vorteile	Nachteile
• Dient der Ermittlung von Sicherheiten • Hinweise auf Innenfinanzierungstendenzen der Unternehmung • Je höher der Eigenkapitalanteil, desto höher der Anteil des haftenden Vermögens	• Nicht in der Bilanz ausgewiesene Rücklagen (stille Reserven) finden keine Berücksichtigung • Nur unter Berücksichtigung der Dauer des Unternehmensbestandes aussagekräftig • Rücklagen können bei US-GAAP Bilanzierung aufgrund von Fremdwährungseinflüssen stark schwanken

3.8 Vorratsintensität

Formel

$$\frac{\text{Vorräte}}{\text{Gesamtvermögen bzw. -kapital}} \times 100\%$$

Rechenbeispiel

$$\frac{2.016}{10.134} \times 100\% = \mathbf{19{,}89\%}$$

Erläuterung

Die Vorratsintensität beschreibt den Anteil der in der Bilanz ausgewiesenen Vorräte am Gesamtvermögen und gibt damit Aufschluss über die Vermögensverteilung des Unternehmens. Diese Kennzahl sollte stets in Beziehung zur Branche des Unternehmens gesehen werden (so ist z. B. im produzierenden Gewerbe die Vorratsintensität höher als im Dienstleistungssektor). Im Zeitverlauf kann eine sich erhöhende Vorratsintensität bei konstanten Umsätzen ein Indikator für Absatzschwierigkeiten sein.
Bestreben vieler Unternehmen, insbesondere im Automobilsektor war und ist es, die Kosten für Vorratshaltung nachhaltig z. B. durch »Just in Time«-Produktion zu senken. Für den externen Betrachter liefert die Kennzahl auch erste Informationen bezüglich der Liquidierbarkeit des Vermögens.

Vorteile	Nachteile
• Es existieren i.d.R. branchenspezifische Vergleichszahlen • Im Zeitvergleich erster Indikator für grundlegende, strukturelle Veränderungen	• Bewertung der Vorräte stark von Bilanzierungspolitik abhängig (IFRS / US-GAAP / HGB) • Bezug zur GuV fehlt (z. B. Lageraufwand), dadurch geringere Aussagekraft • Unterscheidung von Rohstoffen, Halb- und Fertigerzeugnissen für genaue Analyse notwendig

3.9 Anlagenabnutzungsgrad

Formel

$$\frac{\text{Kumulierte Abschreibungen auf Sachanlagen}}{\text{Anschaffungs- und Herstellungskosten der Sachanlagen}}$$

Rechenbeispiel

$$\frac{2.650 + 402}{2.736 + 2.650 + 402} = \mathbf{0{,}53}$$

Erläuterung

Der Anlagenabnutzungsgrad wird nicht in Jahren ausgedrückt, sondern als Grad der Abschreibung aller Sachanlagen. Er liegt immer zwischen null und eins. Null bedeutet, dass alle Anlagen neu sind, eins dagegen, dass die Sachanlagen komplett abgeschrieben sind.
Ein Wert von nahe eins kann bei der Interpretation auf eine veraltete Produktionstechnologie (= Wettbewerbsnachteil) hinweisen und damit ein Hinweis auf eine im Branchenvergleich unterdurchschnittliche Produktivität sein. Die Kennzahl sollte stets in Verbindung mit dem technologischen Fortschritt der entsprechenden Branche bzw. der entsprechenden Technologie gesehen werden. Jedoch ist zu berücksichtigen, dass der Anlagenabnutzungsgrad von der Abschreibungspolitik des Unternehmens abhängt. So werden z.B. Anlagen oftmals in der kürzest möglichen Zeit abgeschrieben, die wirtschaftliche Nutzung findet jedoch über Jahre hinaus noch statt.

Vorteile	**Nachteile**
• Wichtige Kennzahl bei Produktionsunternehmen • Hinweis auf Investitionszyklen und Investitionsbedarf	• Vergleich ist verzerrt durch nicht durchgeführte Abgangsbuchungen (Restbuchwert in Bilanz) • Geringe Aussagekraft bei Dienstleistungsunternehmen • Kann zu Verzerrungen führen, falls unterschiedliche Abschreibungsmethoden verwendet werden • Vermögensstruktur ist beeinflussbar (Kauf vs. Leasing)

Kapitel 4

Cash Flow-Kennzahlen

4.1 Cash Flow aus operativer Geschäftstätigkeit

Formel	**Rechenbeispiel**
EBIT	1.452
– Steuern	– 711
+ Abschreibungen (– Zuschreibungen)	492
± Δ Langfristige Rückstellungen (exkl. Zinsanteil)	– 33
± Gewinn/Verlust aus Abgang des Sachanlagevermögens	3
+ Δ Working Capital	45
= Cash Flow aus operativer Geschäftstätigkeit	**= 1.248**

Erläuterung

Der Cash Flow aus operativer (oder laufender) Geschäftstätigkeit stellt eine finanzielle Stromgröße dar und gibt den Zahlungsmittelüberschuss an, der durch das operative Geschäft in der betrachteten Periode erzielt wurde. Der Cash Flow gibt damit gewissermaßen das finanzielle Betriebsergebnis an. Dies geschieht, indem das EBIT bzw. alternativ der Jahresüberschuss durch Größen bereinigt wird, die nicht zu Zahlungsströmen geführt haben bzw. die nicht dem operativen Geschäft zuzuordnen sind. Insbesondere bei der Unternehmensbewertung kommt dem Cash Flow eine große Bedeutung zu, da zu diesem Zweck die Summe der prognostizierten Cash Flows auf den heutigen Tag abgezinst werden (vgl. auch Discounted Cash Flow-Methode).

Vorteile	**Nachteile**
• Gibt Aussage über »freie Mittel«	• Vergleich zwischen Unternehmen kaum möglich
• Weniger manipulierbar als Jahresüberschuss	• Cash Flow alleine trifft keine Aussage, ob ein Unternehmen Shareholder Value generiert
• Guter retrospektiver Indikator für Unternehmenserfolg	
• Berechnung zeigt, inwieweit Abschreibungen das Ergebnis beeinflussen (»Abschreibungen müssen erwirtschaftet sein«)	

4.2 Cash Flow aus Investitionstätigkeit

Formel **Rechenbeispiel**

Auszahlungen für Investitionen ins Anlagevermögen, netto (Capex)	– 474
+ Auszahlungen für Investitionen in Finanzanlagen, netto (Finex)	0
± Sonstige Aus- und Einzahlungen aus Investitionstätigkeit	150
= Cash Flow aus Investitionstätigkeit	**= – 324**

Erläuterung

Der Cash Flow aus Investitionstätigkeit gibt den Saldo der Zahlungsmittel an, die das Unternehmen in den Erwerb von Finanz- und Sachanlagen investiert bzw. aus der Veräußerung von Finanz- und Sachanlagen erlöst hat.
In der Regel sollte der Cash Flow aus Investition negativ sein, zeigt er doch, dass das Unternehmen erwirtschaftete Mittel in den Fortbestand bzw. das Wachstum des Unternehmens reinvestiert. Der Cash Flow aus Investitionen in das Anlagevermögen wird häufig auch als Capex (Capital Expenditure), der Cash Flow aus Investitionen in das Finanzanlagevermögen auch als Finex (Financial Expenditure) bezeichnet.

Vorteile	Nachteile
• Gibt Aufschluss über Mittelverwendung • Gibt im Zusammenhang mit dem operativen Cash Flow Aufschluss über zusätzlich notwendiges Finanzvolumen	• Keine Aussage darüber, ob Erweiterungs- oder Ersatzinvestitionen getätigt wurden • Variiert stark im Zeitablauf • Keine Aussage über Sinnhaftigkeit der Investition

4.3 Cash Flow aus Finanzierungstätigkeit

Formel	**Rechenbeispiel**
Einzahlungen aus Eigenkapitalzuführungen	0
– Auszahlungen an Unternehmenseigner (z. B. Dividenden)	– 354
+ Einzahlungen aus Anleiheemission und Kreditaufnahme	0
– Auszahlungen für Tilgung von Anleihen und Krediten	0
– Zinsaufwendungen und andere Finanzierungskosten	– 141
= Cash Flow aus Finanzierungstätigkeit	**= – 495**

Erläuterung

Der Cash Flow aus Finanzierung gibt Aufschluss über den Saldo der Zahlungsströme, die aus der Finanzierungstätigkeit zu- bzw. abgeflossen sind. Zuflüsse können dabei aus der Aufnahme von Eigenkapital (z. B. über einen Börsengang oder eine Sekundärplatzierung einer Kapitalerhöhung am Aktienmarkt) oder aus der Aufnahme von Fremdkapital (z. B. über die Begebung einer Anleihe oder die Aufnahme eines Darlehens) stammen, Abflüsse kommen durch die Ausschüttung an Anteilseigner oder die Tilgung von Verbindlichkeiten zustande.

Vorteile	**Nachteile**
• Verdeutlicht die Herkunft zusätzlicher Finanzmittel	• Alleine nicht aussagekräftig
• Gibt dem Betrachter wichtige Informationen über die Finanzierungstätigkeit und -fähigkeit der Unternehmung	• Variiert stark im Zeitablauf
• Durch die Zusammenführung des operativen Cash Flows, des Cash Flows aus Investitionstätigkeit und des Cash Flows aus Finanzierungstätigkeit lässt sich die Veränderung der liquiden Mittel ermitteln	• Lässt nur bedingt Rückschlüsse auf die zukünftige Entwicklung zu

4.4 Free Cash Flow

Formel **Rechenbeispiel**

Formel	Rechenbeispiel
Cash Flow aus operativer Tätigkeit	1.248
– Capex, netto	– 474
= **Free Cash Flow**	= **774**

Erläuterung

Der Free Cash Flow bezeichnet die freien, dem Unternehmen zur Verfügung stehenden Mittel. Diese beschreiben das Wertpotenzial für Eigen- und Fremdkapitalgeber und stehen für die Ausschüttung von Dividenden, Gewinnthesaurierung oder Zahlung von Zinsen und Tilgung zur Verfügung. Der Free Cash Flow ist in der Regel der Ausgangspunkt einer Unternehmensbewertung.

Vorteile	Nachteile
• Kann als Grundlage zur Wertermittlung eines Unternehmens herangezogen werden	• Die Höhe der Fremdkapital- und Eigenkapitalkosten sind separat zu ermitteln
• Ist unabhängig von der Finanzierungsform	• Kann z. B. durch Investitionszyklen starken Schwankungen unterliegen
• Aus dem Jahresabschluss zu ermitteln	

4.5 Cash Flow

Formel	**Rechenbeispiel**
Jahresüberschuss	882
+ Abschreibungen	492
± Δ Langfristige Rückstellungen	– 51
= **Cash Flow**	= **1.323**

Erläuterung

Ein alternativer Ansatz zum operativen Cash Flow ist die klassische Cash Flow Definition, bei der zum Jahresüberschuss lediglich die Abschreibungen und die Erhöhungen der langfristigen Rückstellungen hinzugezählt werden. Da Abschreibungen nicht zu einer Auszahlung führen, haben diese keine Auswirkung auf die Liquiditätssituation eines Unternehmens und werden daher im Zuge der Cash Flow-Berechnung zum Jahresüberschuss addiert. Der Cash Flow dient als besserer Indikator als der Jahresüberschuss, da unterschiedliche Abschreibungsmethoden eliminiert werden, was den Unternehmensvergleich vereinfacht. Jedoch sollte berücksichtigt werden, dass unterschiedliche Cash Flow Definitionen existieren. So werden z. B. für die Berechnung auch die Veränderungen des Working Capitals berücksichtigt.

Vorteile	**Nachteile**
• Cash Flow ist weniger manipulierbar als der Jahresüberschuss	• Unterschiedliche Cash Flow Definitionen bestehen, was die Vergleichbarkeit einschränkt
• Einfach verständlich	• Kann z. B. durch Investitionszyklen starken Schwankungen unterliegen
• Einfache Berechnung möglich	• Branchenübergreifende Vergleiche sind kaum möglich

4.6 Capex zu Abschreibungen

Formel

$$\frac{\text{Capex (Auszahlungen für Investitionen ins Anlagevermögen)}}{\text{Abschreibungen}} \times 100\%$$

Rechenbeispiel

$$\frac{474}{492} \times 100\% = \mathbf{96{,}34\%}$$

Erläuterung

Diese Kennzahl setzt den Cash Flow aus Investitionen ins Anlagevermögen (oder Capital Expenditure = Capex) ins Verhältnis zu den Abschreibungen der Periode. Das Rechenbeispiel zeigt, dass die Neuinvestitionen niedriger als die Abschreibungen sind, wenn auch nur minimal. Die Abschreibungen wurden somit nicht vollständig reinvestiert, was darauf schließen lässt, dass keine Erweiterungsinvestitionen getätigt wurden und das operative Geschäft durch Reinvestitionen stabil aufrecht erhalten wird. Der große Mehrwert dieser Kennzahl ist, dass der Betrachter eine Orientierungsgröße und somit ein Gefühl für die Höhe der Neuinvestitionen bekommt.

Vorteile	**Nachteile**
• Die Höhe der Erweiterungsinvestitionen kann ermittelt werden	• Abhängigkeit von Abschreibungsmethode
• Es können Rückschlüsse auf Erhaltungsinvestitionen getroffen werden	• Capex darf nicht verwechselt werden mit Finex (Financial Expenditure)
	• Nur im Zeitablauf eine sinnvolle Größe

4.7 Capex zu Umsatz

Formel

$$\frac{\text{Capex (Auszahlungen für Investitionen ins Anlagevermögen)}}{\text{Umsatz}} \times 100\%$$

Rechenbeispiel

$$\frac{474}{14.019} \times 100\% = \mathbf{3{,}38\%}$$

Erläuterung

Die Kennzahl Capex zu Umsatz setzt die jährlichen Investitionen in das Anlagevermögen als Bestandteil des Cash Flows aus Investitionstätigkeit ins Verhältnis zum Umsatz.
Die Kennzahl drückt somit aus, wie viel Prozent des Umsatzes neu investiert werden. Diese Kennzahl ist dynamisch und somit schwieriger zu beeinflussen als statische Kennzahlen.

Vorteile	Nachteile
• Ermöglicht die Ermittlung von Effizienzsteigerungen • Erlaubt Rückschlüsse auf Versäumnisse der Investitionspolitik • Umsatz ist weniger anfällig für bilanzpolitische Maßnahmen (somit reinere Kennzahl als Abschreibungen)	• Keine eindeutige Aussage, da eine niedrige Verhältniszahl sowohl Effizienzsteigerungen als auch Versäumnisse in der Investitionspolitik ausdrücken kann • Lediglich im Zeitablauf sinnvolle Größe • Kann im Zeitablauf stark schwanken

Kapitel 5

Profitabilitätskennzahlen

5.1 EBIT-Marge

Formel

$$\frac{\text{EBIT}}{\text{Umsatz}} \times 100\%$$

Rechenbeispiel

$$\frac{1.452}{14.019} \times 100\% = \mathbf{10{,}36\%}$$

Erläuterung

Die EBIT-Marge (EBIT = Earnings before Interest and Taxes) zeigt, wie viel Prozent des operativen Gewinns vor Zinsen, Steuern und Finanzergebnis ein Unternehmen pro Umsatzeinheit erwirtschaften konnte. Die Kennzahl gibt somit Auskunft über die Ertragskraft eines Unternehmens. Je höher die EBIT-Marge ist, desto stärker wirkt sich eine Umsatzveränderung auf das Ergebnis aus. Werden über einen längeren Zeitraum keine positiven EBIT-Margen erzielt, so stellt dies bei einem etablierten Unternehmen das Geschäftsmodell in Frage. Die EBIT-Marge ist als relative Kennzahl geeignet, Unternehmen international und über verschiedene Branchen hinweg zu vergleichen. Sie gibt im Zeitverlauf betrachtet Aufschluss darüber, ob ein Unternehmen seine Ertragskraft steigern konnte. Ist dies nicht der Fall, sollten die genauen Gründe dafür hinterfragt werden.

Vorteile	**Nachteile**
• Vereinfacht die internationale Vergleichbarkeit • Unabhängig von nationalen Steuervorschriften • Unabhängig von der Finanzierungsform • Dient dem Vergleich im Zeitablauf	• Unterschiedliche Abschreibungsmodalitäten erschweren den Vergleich • Verzerrung durch die Einbeziehung von Einkommen, welches nicht direkt dem operativen Geschäft zugerechnet werden kann • Die Qualität des operativen Ergebnisses kann verschlechtert, das Ergebnis an sich aber erhöht werden (z. B. Senkung F&E-Kosten)

5.2 EBITDA-Marge

Formel

$$\frac{\text{EBITDA}}{\text{Umsatz}} \times 100\%$$

Rechenbeispiel

$$\frac{1.944}{14.019} \times 100\% = \mathbf{13{,}87\%}$$

Erläuterung

Die EBITDA-Marge zeigt, wie viel Prozent des operativen Gewinns vor Zins- und Steuerzahlungen und Abschreibungen ein Unternehmen pro Umsatzeinheit erwirtschaften konnte.
Die Kennzahl gibt somit Auskunft über die Ertragskraft eines Unternehmens. Die EBITDA-Marge ist insbesondere im internationalen Vergleich eine wertvolle Kennzahl, da unterschiedliche Rechnungslegungsvorschriften, Steuergesetze oder die Abschreibungspolitik keinen Einfluss auf die Berechnung der Kennzahl haben. Zudem eignet sich die Kennzahl unter anderem für junge Unternehmen, die noch keinen Gewinn erwirtschaften. Eine positive EBITDA-Marge ist in diesem Fall ein Indikator für die Funktionsfähigkeit des Geschäftsmodells.

Vorteile	**Nachteile**
• Vereinfacht den internationalen Vergleich • Nicht durch unterschiedliche Abschreibungsmodalitäten beeinflusst • Erlaubt Aussagen über die Kostenentwicklung im Zeitablauf	• Strategische Beteiligungen finden bei Nicht-Konsolidierung keine Berücksichtigung • Durch die Bildung von Joint Ventures können ggf. erhebliche Kostenblöcke aus der GuV eliminiert werden • Durch die Variation von Aufwandsbestandteilen kann die Höhe und die Qualität dieser Kennzahl beeinflusst werden

5.3 Rohertragsmarge

Formel

$$\frac{\text{Bruttoergebnis}}{\text{Umsatz}} \times 100\%$$

Rechenbeispiel

$$\frac{9.015}{14.019} \times 100\% = \mathbf{64{,}31\%}$$

Erläuterung

Die Rohertragsmarge (oder auch Bruttogewinnspanne) sagt aus, wie viel Prozent der Umsatzerlöse dem Unternehmen als Rohertrag (Umsatz minus direkter Produktions-/Materialaufwand) zur Verfügung stehen. Im Handel wird auch von der Handelsspanne gesprochen. Die Kennzahl zeigt in der Entwicklung, wie sich die Beschaffungspreise eines Unternehmens verändern. Die Kennzahl gibt unter anderem Aufschluss darüber, wie groß der mögliche Preissenkungsspielraum ist, falls sich die Wettbewerbssituation verschärft.

Vorteile	Nachteile
• Die Rohertragsmarge ermöglicht Rückschlüsse auf die Produktions- bzw. Einkaufseffizienz • Dient dem Industrievergleich • Gibt Aufschluss über die Wettbewerbsstärke eines Unternehmens (Möglichkeit der Preisreduzierung)	• Die Rohertragsmarge ist nur in Verbindung mit der EBIT-Marge aussagekräftig, da aufgrund unterschiedlicher Zuordnung von Produktionskosten bilanzpolitische Veränderungen vorgenommen werden können • Industrieübergreifend nicht aussagekräftig

5.4 Gesamtkapitalrentabilität

Formel

$$\frac{\text{Jahresüberschuss + Steuern + Fremdkapitalzinsen}}{\text{Gesamtkapital (Eigenkapital + Fremdkapital)}} \times 100\%$$

Rechenbeispiel

$$\frac{882 + 594 + 12}{10.134} \times 100\% = \mathbf{14{,}68\%}$$

Erläuterung

Die Gesamtkapitalrentabilität zeigt die Verzinsung des eingesetzten Kapitals, sowohl Eigen- als auch Fremdkapital. Dabei wird der Jahresüberschuss um Steuern und Zinsen erweitert, um eine bessere Vergleichbarkeit zu erzielen. Im Zeitverlauf kann der Bilanzleser die Leistung der Unternehmung interpretieren und Vergleiche mit anderen Unternehmen vornehmen. Diese Kennzahl dient generell als Ausgangspunkt für alle weiteren Analysen mit Hilfe von Rentabilitätskennzahlen.

Vorteile	**Nachteile**
• Gute Aussagekraft bezüglich der Verzinsung des Gesamtkapitals	• Große Abhängigkeit von Bilanzpolitik
• Branchenübergreifende Vergleichbarkeit	• Schlechte Aussagekraft bei Wachstumswerten

5.5 Return on Capital Employed (ROCE)

Formel

$$\frac{\text{EBIT}}{\text{(Netto-) Anlagevermögen + Working Capital}} \times 100\%$$

Rechenbeispiel

$$\frac{1.452}{3.093 + 3.453} \times 100\% = \mathbf{22{,}18\%}$$

Erläuterung

Der Return on Capital Employed (ROCE) stellt das EBIT dem eingesetzten Kapital einer Periode gegenüber, wodurch die Ertragskraft des Gesamtkapitals ermittelt wird. Das Capital Employed ist in der Regel aktivisch definiert, passivisch würde es dem Eigenkapital plus Pensionsrückstellungen und Netto-Finanzverbindlichkeiten entsprechen.
Die Problematik des ROCE besteht darin, dass die Kennzahl auf (bereits abgeschriebenen) Restbuchwerten basiert. Somit würde sich die Renditegröße im Zeitverlauf stets erhöhen, selbst wenn das Unternehmen keine weiteren Investitionen tätigt.

Vorteile	Nachteile
• Der reine operative Erfolg wird bewertet	• Basiert auf buchhalterischem Zahlenmaterial
• Es findet eine Bereinigung von Gewinn und Vermögen statt, die nicht dem operativen betrieblichen Prozess dienen	• Kapitalkosten bleiben unberücksichtigt
• Die Rendite wird in das Verhältnis zum eingesetzten Kapital gesetzt (deutlich verbesserte Kennzahl als der Gewinn nach Steuern)	

5.6 Eigenkapitalrendite

Formel

$$\frac{\text{Jahresüberschuss}}{\text{Eigenkapital}} \times 100\,\%$$

Rechenbeispiel

$$\frac{882}{5.493} \times 100\% = \mathbf{16{,}06\%}$$

Erläuterung

Die Eigenkapitalrendite setzt den Jahresüberschuss ins Verhältnis zu dem bilanziellen Eigenkapital der Periode. Die Kennzahl gibt somit Aufschluss darüber, wie das Kapital der Aktionäre verzinst wurde. Bleiben die Gewinne konstant, so steigt die Rendite je niedriger das hierfür eingesetzte Eigenkapital ist (Hebeleffekt des Fremdkapitals).
Ziel eines Unternehmens muss es sein, eine Rendite zu erzielen, die über dem Kapitalmarktzins zuzüglich einer branchenabhängigen Risikoprämie liegt (insgesamt ca. 5–10%).

Vorteile	**Nachteile**
• Sehr praxisrelevant • Guter Indikator für Investitionsentscheidungen • Aussagekräftig auch für branchenübergreifende Analysen	• Renditen sollten über einen längeren Zeitraum betrachtet werden • Verschuldung wird nicht berücksichtigt • Bilanzierungswahlrechte können die Kennzahl verfälschen

5.7 Durchschnittliche Anlagenrendite

Formel

$$\frac{\text{Jahresüberschuss}}{\text{Durchschnittliches Gesamtvermögen}} \times 100\%$$

Rechenbeispiel

$$\frac{882}{\frac{(10.134 + 9.894)}{2}} \times 100\% = \mathbf{8{,}81\%}$$

Erläuterung

Die durchschnittliche Anlagenrendite ähnelt der Gesamtkapitalrendite, jedoch wird hierbei nur der Jahresüberschuss ins Verhältnis zu den durchschnittlich gebunden Vermögensgegenständen gesetzt. Die Tatsache, dass Steuern und Zinsaufwendungen nicht adjustiert werden, beeinträchtigt die Vergleichbarkeit der Kennzahl, da der Jahresüberschuss durch viele Rechnungslegungsvorschriften und Wahlrechte beeinflusst wird. Im Zeitverlauf wird jedoch die Performance eines Unternehmens sichtbar.

Vorteile	Nachteile
• Langfristig guter Indikator für die Leistungsstärke eines Unternehmens • Einfach zu berechnen • Der durchschnittliche Bestand an Anlagen macht die Kennzahl etwas weniger statisch	• Branchenübergreifende Vergleiche sehr schwierig • Abschreibungspolitik hat starken Einfluss auf den Jahresüberschuss • Unternehmen, die über Jahre hinweg nicht investieren, erzielen steigende, durchschnittliche Anlagenrenditen • Nicht bilanziertes Leasing findet keine Berücksichtigung

5.8 Return on Invested Capital (ROIC)

Formel

$$\frac{\text{NOPAT}}{\text{Investiertes Kapital}} \times 100\%$$

Rechenbeispiel

$$\frac{851}{7.389} \times 100\% = \mathbf{11{,}52\%}$$

Erläuterung

Der Return on Invested Capital (ROIC) ist die Rendite auf das eingesetzte, bereinigte Kapital eines Unternehmens. Um unterschiedliche Finanzierungsstrukturen zu berücksichtigen, wird für die Errechnung der Kennzahl das NOPAT (vgl. S. 26) dem investierten Kapital gegenübergestellt (Berechnung vgl. S. 43). Der ROIC ist gleichzeitig die Vorstufe für die Ermittlung des Economic Value Added (vgl. S. 133), der besagt, dass ein Unternehmen nur Wert für die Aktionäre schafft (sog. Shareholder Value), sofern der ROIC die Kapitalkosten eines Unternehmens übersteigt.

Vorteile	Nachteile
• Dient der Ermittlung der rein durch betriebliche Tätigkeit erzielbaren Rentabilität • Das investierte Kapital spiegelt das rein operative Betriebsvermögen wider • Es werden auch Komponenten berücksichtigt, die nicht in der Bilanzsumme erscheinen (z. B. Leasing)	• Adjustierungen erlauben einen gewissen Freiheitsgrad • Kapitalkosten finden keine Berücksichtigung • Es sollte nicht vergessen werden, dass auch Vermögensgegenstände, die keine Berücksichtigung innerhalb des operativen Betriebsvermögens finden, eine Rendite zu erwirtschaften haben

5.9 Return on Investment (ROI)

Formel

Umsatzrentabilität × Umschlaghäufigkeit (bzw. Kapitalumschlag)

$$= \frac{\text{Gewinn}}{\text{Umsatz}} \times \frac{\text{Umsatz}}{\text{Gesamtkapital}} \times 100\%$$

Rechenbeispiel

$$\frac{882}{14.019} \times \frac{14.019}{10.134} \times 100\% = 0{,}063 \times 1{,}38 \times 100\% = \mathbf{8{,}69\%}$$

Erläuterung

Der Return on Investment setzt sich aus der Umsatzrentabilität multipliziert mit der Umschlaghäufigkeit des Gesamtkapitals zusammen.
Zusammengefasst (Umsatz aus den Gleichungen jeweils kürzen) würde es nur den Gewinn auf das Gesamtkapital darstellen. Doch zeigt die erweiterte Formel transparenter die Werttreiber des Return on Investment. Die Kennzahl dient im Zeitverlauf der Performance-Messung des eingesetzten Kapitals und lässt in der verlängerten Formel die Gründe für Veränderungen schneller erkennen.

Vorteile	**Nachteile**
• Wichtige Kennzahl für Anlageentscheidungen	• Investitionstätigkeiten können negativen Einfluss auf Kennzahl nehmen
• Branchenübergreifende Vergleichbarkeit	• Abschreibungen auf Anlagevermögen wirken stark beeinflussend
• Transparenz der Faktoren, die Veränderungen im Zeitverlauf bringen (Kosten, Preis, Marge)	• Unternehmen, die nicht investieren, werden mit besserem ROI belohnt

5.10 Umsatzrendite

Formel

$$\frac{\text{Gewinn}}{\text{Umsatz}} \times 100\%$$

Rechenbeispiel

$$\frac{882}{14.019} \times 100\% = \mathbf{6{,}3\%}$$

Erläuterung

Wird der Gewinn (Jahresüberschuss) ins Verhältnis zum Umsatz gesetzt, so erhält man die Umsatzrendite. Die Kennzahl zeigt auf, welcher Prozentsatz des Umsatzes nach Abzug aller Kosten, des Finanzergebnisses, Steuern und außerordentlicher Positionen dem Unternehmens als Gewinn zufließt. Die Umsatzrendite ist insbesondere innerhalb einer Unternehmung für den Vergleich einzelner Konzerneinheiten eine sinnvolle Größe, um zu beurteilen, welcher Teilbereich welche Rendite erwirtschaften konnte. Somit lassen sich rentable von unrentablen Geschäftseinheiten unterscheiden. Jedoch ist der Gewinn stark schwankungsanfällig, so dass die EBIT-Marge eine stärkere Aussagekraft hat, als die Umsatzrendite.

Vorteile	Nachteile
• Aussage bezüglich Produktivität • Ggf. Potenzial zur Kostenreduktion erkennbar	• Starke Produktabhängigkeit, somit eingeschränkte Vergleichbarkeit • Sehr starke Branchenabhängigkeit • Keine Aussage, ob Sondereffekte das Verhältnis verbesserten oder nicht • Gewinn ist manipulierbarer als Cash Flow

5.11 Cash Flow-Marge

Formel

$$\frac{\text{Cash Flow aus operativer Geschäftstätigkeit}}{\text{Umsatz}} \times 100\%$$

Rechenbeispiel

$$\frac{1.248}{14.019} \times 100\% = \mathbf{8{,}90\%}$$

Erläuterung

Die Cash Flow-Marge, oder auch Cash Flow-Profitabilität bzw. Umwandlungsquote genannt, errechnet sich, indem der operative Cash Flow dem Umsatz der jeweiligen Periode gegenübergestellt wird. Die Cash Flow-Marge gibt an, wie viel Prozent der Umsatzerlöse dem Unternehmen für Investitionen, Schuldentilgung und Dividendenzahlungen zur Verfügung stehen. Sie ist ebenfalls ein guter Indikator für die operative Ertrags- und Finanzierungskraft eines Unternehmens, da der Cash Flow weniger bilanzpolitisch beeinflusst ist als etwa das EBIT. So kann beispielsweise eine im Zeitverlauf sinkende EBIT-Marge aufgrund gestiegener Abschreibungen durch zusätzliche Betrachtung der Cash Flow-Marge objektiviert werden.

Vorteile	Nachteile
• Bilanzpolitisch kaum beeinflussbar	• Kann im Zeitablauf stark schwanken
• Guter Indikator für operative Ertragskraft eines Unternehmens im Zeitverlauf	• Der Cash Flow eines Jahres hat nur geringe Aussagekraft

5.12 Reinvestitionsquote

Formel

$$\frac{\Delta \text{ Investiertes Kapital}}{\text{NOPAT}} \times 100\%$$

Rechenbeispiel

$$\frac{7.389 - 7.104}{851} \times 100\% = \mathbf{33{,}49\%}$$

Erläuterung

Die Reinvestitionsquote beschreibt, welcher Teil des operativen Ergebnisses nach Steuern (NOPAT, Berechnung vgl. S. 26) wieder in neue Vermögensgegenstände investiert wurde, mit denen in den Folgejahren Erträge erwirtschaftet werden sollen (Berechnung des investierten Kapitals vgl. S. 43). Im obigen Beispiel ist die Reinvestitionsquote positiv, da das investierte Kapital im Vergleich zur Vorperiode anstieg. Sofern das NOPAT in zukünftigen Perioden auf diesem Niveau verharrt, würde sich der ROIC (vgl. S. 68) leicht verringern.

Vorteile	Nachteile
• Aussage bezüglich der Finanzkraft (NOPAT gute Annäherung für den Cash Flow) • Aussage bezüglich der Innovationskraft bzw. -freudigkeit • Produktivitätssteigerungsabsicht erkennbar	• Stark branchenabhängig • Schlechte Aussage bei Produktionsveränderungen

5.13 Working Capital zu Umsatz

Formel

$$\frac{\text{Working Capital}}{\text{Umsatz}} \times 100\%$$

Rechenbeispiel

$$\frac{3.453}{14.019} \times 100\% = \mathbf{24,63\%}$$

Erläuterung

Diese Kennzahl setzt das Working Capital (vgl. S. 92) ins Verhältnis zum Umsatz und vermittelt so dem externen Betrachter über den Umschlagsgrad des Working Capital zur Generierung von Umsätzen. Die Kennzahl ist i.d.R. stark branchenabhängig, da z.B. Handelsunternehmen mit sehr kurzer Umschlagsdauer weit weniger Working Capital benötigen als Unternehmen aus der Maschinen- oder Automobilbau-Branche.
Im obigen Beispiel ist das Working Capital mit annähernd 25% vom Umsatz sehr stark vertreten. Berücksichtigt man jetzt noch einen zusätzlichen Ratio, bspw. Umlaufvermögen/Kurzfristige Verbindlichkeiten ((6.888/2.814) x 100% = 244,78%), so verfügt die Unternehmung über mehr als doppelt soviel kurzfristige Mittel, als nötig wären, um die kurzfristigen Verbindlichkeiten zu tilgen. In diesem Falle würde die hohe Liquidität zwar zunächst einen sehr positiven Eindruck machen, ginge aber zu Lasten der Rentabilität.

Vorteile	**Nachteile**
• Zeigt die Kapitalbindung eines Unternehmens auf	• Industrieübergreifende Vergleiche sind nicht aussagefähig
• Insbesondere bei Kapazitätsausweitungen können zusätzliche Investitionserfordernisse errechnet werden	• Es kann bei Kapazitätsausweitungen (-veränderungen) zu einer Verwässerung der Aussagefähigkeit kommen
• Erlaubt Rückschlüsse auf die Effizienz des Produktionsablaufes im Wettbewerbsvergleich	

5.14 Umschlaghäufigkeit der Vorräte

Formel

$$\frac{\text{Umsatz}}{\text{Durchschnittsbestand der Vorräte}}$$

Rechenbeispiel

$$\frac{14.019}{2.023,5} = \mathbf{6{,}93}$$

Erläuterung

Die Kennzahl zeigt, wie häufig im Laufe einer Periode die Vorräte umgeschlagen werden. Steigt die Umschlaghäufigkeit über eine Zeitreihe ist dies grundsätzlich positiv zu bewerten, da weniger Kapital in Form von Warenbeständen gebunden ist. Ziel des Unternehmens muss es sein, die Vorratshaltung möglichst niedrig zu halten ohne dass es zu Lieferverzögerungen kommt. Dies liegt in erster Linie daran, dass das gebundene Kapitel keine Rendite abwirft, sondern im Gegenteil durch Schwund oder höhere Lagerhaltungskosten negativen Einfluss auf die Rendite hat. Diese Kennzahl sollte immer im Verhältnis der Branche und deren Entwicklung gesehen werden, denn so ist bei Handelsunternehmen durchaus üblich, dass diese die Produkte Ihrer Zulieferer nur auf Kommission nehmen. Das bedeutet für den Lieferanten, dass obwohl die Ware ausgeliefert wurde, diese immer noch als Vorräte bilanziert werden, solange der Handel diese nicht verkauft hat.

Vorteile	**Nachteile**
• Kapazitätsnotwendigkeit kann abgeschätzt werden • Aussage bezüglich Finanzierungsbedarf • Erkennbares Optimierungspotenzial	• Stichtagsbetrachtung • Stark branchenabhängig • Veränderungen sind oft nicht eindeutig erklärbar, da sie durch Einmaleffekte (Stichtagsbetrachtung) oder Kommissionsware (Handelsmacht) beeinflusst sein können

5.15 Sachanlagen zu Umsatz

Formel

$$\frac{\text{Sachanlagevermögen}}{\text{Umsatz}} \times 100\%$$

Rechenbeispiel

$$\frac{2.736}{14.019} \times 100\% = \mathbf{19{,}52\%}$$

Erläuterung

Diese Kennzahl setzt den Wert der eingesetzten Anlagen (zu Buchwerten) ins Verhältnis zu den damit erzielten Umsatzerlösen und zeigt somit auf, wie anlagenintensiv der Produktionsprozess eines Unternehmens ist. Jedoch ist diese Kennzahl im Zusammenhang mit der »Investitionsdeckung« (siehe S. 99) sowie den Nettoinvestitionen zu sehen (wichtige Kennzahl insbesondere bei anlageintensiven Unternehmen). Auch die Kenntnisse bezüglich der Nutzungsdauer der verwendeten Anlagen, bzw. der Zeitraum bis zur Ersatzinvestition, gibt dem Bilanzleser Hinweise für den Vergleich mit Vorjahreszahlen und Konkurrenzunternehmen.

Vorteile	**Nachteile**
• Dient der Ermittlung der Produktionseffizienz im Zeitablauf • Hilfreich bei produzierenden Unternehmen • Schafft bei gegebener Umsatzplanung Klarheit über notwendige Erweiterungsinvestitionen	• Nur in Verbindung mit den kumulierten Abschreibungen und der Investitionsdeckung aussagekräftig • Hoher Bestand an Gebäuden und Grundstücken verfälscht die Kennzahl • Keine Berücksichtigung von Leasing

5.16 Umschlaghäufigkeit des Sachanlagevermögens

Formel

$$\frac{\text{Abschreibungen auf Anlagevermögen}}{\text{Durchschnittsbestand des Anlagevermögens zu Anschaffungs- und Herstellungskosten}}$$

Rechenbeispiel

$$\frac{402}{\frac{[(2.736 + 2.650) + (2.751 + 2.248)]}{2}} = \frac{402}{5.192,5} = \mathbf{0,08}$$

Erläuterung

Diese Kennzahl, deren Werte der Bilanzleser aus dem Anlagenspiegel entnehmen kann, stellt den Anteil des Anlagevermögens dar, der in dieser Periode wieder »verdient« wurde. Diese Zahl sagt aus, dass das Anlagevermögen zu historischen Anschaffungskosten mit einer Umschlaghäufigkeit von 0,08 Mal umgeschlagen wurde. Eine Zunahme des Faktors bedeutet, dass sich die Einsatzdauer des Anlagevermögens reduziert, ist aber durch Abschreibungsmethoden nach Gruppen und Investitionsschwerpunkten leicht verzerrbar. In Jahren ausgedrückt würde es mit einer Umschlaghäufigkeit von 0,08 12,5 Jahre dauern, bis die Abschreibungen und Abgänge die Anschaffungskosten eingespielt hätten.

Vorteile	Nachteile
• Guter Branchenvergleich	• Abhängigkeit von Abschreibungsmethoden
• Aussagekraft bezüglich technischer Innovationen	• Keine Aussage bezüglich Produktivität und Nutzungsdauer
• Hohe Transparenz bezüglich Investitionstätigkeit	• Geringe Aussagekraft durch nicht transparente Investitionsschwerpunkte

5.17 Umschlaghäufigkeit des Umlaufvermögens

Formel

$$\frac{\text{Umsatz}}{\text{Durchschnittsbestand des Umlaufvermögens}}$$

Rechenbeispiel

$$\frac{14.019}{\frac{(6.888 + 6.552)}{2}} = \mathbf{2{,}09}$$

Erläuterung

Die Umschlaghäufigkeit des Umlaufvermögens gibt an, wie oft ein Posten des Umlaufvermögens in der betrachteten Periode umgeschlagen wurde. Dabei entspricht der Durchschnittsbestand des Umlaufvermögens dem arithmetischen Mittel aus Anfangs- und Endbestand des Umlaufvermögens.
Die Umschlaghäufigkeit zeigt die Bindungsdauer des Umlaufvermögens und lässt Rückschlüsse auf die Höhe des Kapitalbedarfs zu. Je höher diese Kennzahl ist, desto positiver ist sie zu beurteilen. Konsequenz einer zu niedrigen Umschlaghäufigkeit sollte die Reduzierung des Lagerbestands (z. B. durch »Just in Time«), des Kassenbestands (z. B. durch Reinvestition) oder der Abbau von Forderungen (z. B. Factoring) sein. Im Handel ist die Umschlaghäufigkeit die zentrale Kennzahl für die Steuerung der Warenwirtschaft.
Um die Umschlaghäufigkeit des Umlaufvermögens in Tagen auszudrücken: 365 / 2,09 = 174,64 Tage. Das bedeutet, dass es ca. sechs Monate dauert, bis das gesamte Umlaufvermögen einmal umgeschlagen wurde.

Vorteile	Nachteile
• Dient dem Vergleich innerhalb der Branche	• Industrieübergreifend schwer vergleichbar
• Erlaubt Aussagen über die Effizienz des Umsatzprozesses, z. B. bei Handelsunternehmen	• Je differenzierter Unternehmen agieren, desto geringer die Aussagekraft
• Bei Handelsunternehmen größere Aussagekraft als Gesamtvermögensumschlag	• Nur aussagekräftig für vergleichbare Produkte

5.18 Umschlaghäufigkeit des Gesamtvermögens

Formel

$$\frac{\text{Umsatz}}{\text{Gesamtvermögen}}$$

Rechenbeispiel

$$\frac{14.019}{10.134} = \mathbf{1{,}38}$$

Erläuterung

Die Umschlaghäufigkeit des Gesamtvermögens gibt an, wie oft alle Vermögensgegenstände (und damit auch das gesamte Kapital) im betrachteten Zeitraum umgeschlagen wurden, d. h. in welchem Ausmaß sich die vorgehaltenen Vermögensgegenstände tatsächlich im Umsatz niederschlagen.
Auch hier kann die Umschlaghäufigkeit in Tagen ausgedrückt werden: 365/1,38 = 264,5 Tage. Somit dauert es ca. neun Monate, um den Betrag des Gesamtvermögens einmal einzuspielen.

Vorteile	Nachteile
• Aussage über Dauer der Kapitalbindung	• Hohe Branchenabhängigkeit
• Aussage über Kapazitätsbedarf	• Keine Aussage bezüglich Rentabilität
• Gute Aussage über Umschlagsdauer	

5.19 Debitorenumschlag

Formel

$$\frac{\text{Umsatz}}{\text{Durchschnittlicher Forderungsbestand}}$$

Rechenbeispiel

$$\frac{14.019}{\frac{(2.064 + 2.025)}{2}} = \mathbf{6{,}86}$$

Erläuterung

Der Debitorenumschlag gibt an, um welchen Faktor der Umsatz den durchschnittlichen Forderungsbestand des Unternehmens übersteigt. Je niedriger diese Kennzahl ist, desto gefährdeter ist das Unternehmen, bei Zahlungsunfähigkeit des/der Kunden ebenfalls in Liquiditätsschwierigkeiten zu geraten. Zu betrachten ist bei der Analyse dieser Kennzahl ebenfalls, auf wie viele Debitoren sich der Forderungsbestand durchschnittlich verteilt.
Sind es nur sehr wenige, steigt die Abhängigkeit von der Solvenz und Zahlungsbereitschaft des Debitors. Je größer der Debitorenumschlag, umso schneller werden die Forderungen des betrachteten Unternehmens beglichen. Ein zu hoher Debitorenumschlag kann i.d.R. durch ein aktives Forderungsmanagement minimiert werden. Somit spiegelt diese Kennzahl auch die Fähigkeit der Unternehmung wider, ausstehende Forderungen einzusammeln. Der Kehrwert des Debitorenumschlags entspricht der Kennzahl Days Sales Outstanding (DSO), vgl. dazu S. 80.

Vorteile	Nachteile
• Aussage bezüglich Liquiditätsgrad • Aussage bezüglich Debitorenbonität • Aussage bezüglich Finanzierungsnotwendigkeit • Aussage über Forderungsmanagement der Unternehmung	• Mögliche Verzerrung durch wenige, sehr alte Forderungen • Keine Aussage bezüglich Anzahl der Kunden (Risikoverteilung) • Keine Aussage bezüglich durchschnittlicher Größe der Außenstände • Industrieübergreifend schwierig vergleichbar

5.20 Days Sales Outstanding (DSO)

Formel

$$\frac{\text{Durchschnittlicher Forderungsbestand}}{\text{Umsatzerlöse}} \times 365$$

Rechenbeispiel

$$\frac{\frac{(2.064 + 2.025)}{2}}{14.019} \times 365 = \mathbf{53{,}23}$$

Erläuterung

Die Kennzahl (auch Debitorenlaufzeit oder Debitorenziel genannt) gibt an, nach wie vielen Tagen eine Forderung im Durchschnitt beglichen wird (Kundenziel). Je länger diese Zeitspanne andauert, umso schlechter für das Unternehmen, da dem Debitor in diesem Zeitraum ein (i. d. R.) zinsloser Kredit gewährt wird. Je kürzer die Debitorenlaufzeit, desto niedriger ist die Zinsbelastung für den Kreditor und umso geringer ist das Risiko des Forderungsausfalls. Maßnahmen zur Verringerung der Days Sales Outstanding können z. B. eine Erhöhung bzw. Gewährung des Skonto, ein verbessertes Mahnwesen / Forderungsmanagement, die Umstellung auf Lastschrifteinzug oder Factoring sein. Die Ursache für die Erhöhung der DSO kann auch darin begründet sein, dass kurz vor Jahresfrist große Umsätze gebucht werden, die erst im folgenden Geschäftsjahr zur Zahlung fällig sind oder Kunden Zahlungen in die Folgeperiode verzögern.

Vorteile	Nachteile
• Sinnvoller Bestandteil für die Schätzung des zukünftigen Nettoumlaufvermögens	• Hohe Abhängigkeit von Kundengruppen (Großhandel – Einzelhandel)
• Aussage bezüglich Kapitalbindung / Finanzierungsintensität	• Keine Aussage über Anzahl der Kunden (Risikoverteilung)
• Erkennung von Risiken des Forderungsausfalls	• Industrieübergreifend schwierig vergleichbar
• Dient im Zeitvergleich als Indikator zur Beurteilung des Forderungsmanagements	

5.21 Kreditorenlaufzeit

Formel

$$\frac{\text{Durchschnittlicher Bestand der Verbindlichkeiten aus L\&L}}{\text{Umsatzkosten}} \times 365$$

Rechenbeispiel

$$\frac{\frac{(909 + 879)}{2}}{5.004} \times 365 = \mathbf{65{,}21}$$

Erläuterung

Die Kreditorenlaufzeit berechnet die durchschnittliche Zeit in Tagen, in der ein Lieferantenkredit in Anspruch genommen wird (hier: ca. zwei Monate). Im angelsächsischen Raum werden für die Berechnung der Kennzahl anstelle der Umsätze die Kosten für die erbrachten Leistungen (Umsätze) angesetzt. Eine lange Umschlagsdauer verbessert zunächst die Liquiditätssituation im Unternehmen. Grundsätzlich ist der Lieferantenkredit ein zinsloses Darlehen, das das operative Geschäft finanziert. Aufgrund eines möglichen Skontoverlustes kann jedoch die Finanzierung über Lieferantenkredite teuer sein, sofern kein professionelles Zahlungsmanagement besteht. Aus diesem Grund kann eine lange Umschlagsdauer auch ein Indiz für Liquiditätsprobleme sein.

Vorteile	Nachteile
• Zeigt an, welcher Teil der Umsätze von Lieferanten finanziert wird	• Keine Aussage über Fälligkeiten und Zahlungsmoral der Unternehmung
• Hinweis auf Bonität des Unternehmens	• Altersstruktur der Verbindlichkeiten ist nicht dargestellt
• Aussage bezüglich Zahlungsfähigkeit bzw. Zahlungsgewohnheiten des Unternehmens	• Forderungen werden nicht berücksichtigt

5.22 Umsatzkosten zu Vorräten

Formel

$$\frac{\text{Umsatzkosten}}{\text{Durchschnittsbestand der Vorräte}}$$

Rechenbeispiel

$$\frac{5.004}{\frac{(2.016 + 2.031)}{2}} = \mathbf{2{,}47}$$

Erläuterung

Die Kennzahl gibt Aufschluss über die Schnelligkeit des Verkaufs der Vorräte und dient dem Betrachter zur Ermittlung der Leistung der Unternehmung. Im Zeitverlauf betrachtet liefert diese Kennzahl Informationen über die Bestrebungen und Erfolge der Geschäftsführung, die Umschlaghäufigkeit zu erhöhen. In Tagen ausgedrückt: 365/2,47 = 147,8 Tage. Das bedeutet, dass das Unternehmen ca. fünf Monate benötigt, um die eingekauften Vorräte zu verkaufen. Die Kennzahl ähnelt der Umschlaghäufigkeit der Vorräte, mit dem Unterschied, dass im Zähler die Umsatzkosten anstelle des Umsatzes verwendet werden. Um den kompletten operativen Prozess in Tagen darzustellen, also die Anzahl der benötigten Tage vom Einkauf der Vorräte bis zum Tag an dem die Forderungen eingesammelt werden, benötigt man folgende Informationen: Umschlaghäufigkeit der Vorräte in Tagen + Umschlaghäufigkeit der Forderungen in Tagen (DSO) = 147,8 + 53,2 = 201 Tage. Das bedeutet, die Unternehmung benötigt für ihren operativen Zyklus etwas mehr als ein halbes Jahr.

Vorteile	Nachteile
• Hilfreich für Analyse des operativen Geschäftes der Unternehmung • Beurteilung des Umsatzprozesses und des Lagerhaltungsprozesses • Performance der Vorratshaltung gibt Aufschluss über Kapitalbindung und -kosten	• Bei diversifizierten Unternehmen Betrachtung einzelner Produktgruppen nötig • Sehr branchenabhängig

5.23 Kreditorenumschlaghäufigkeit

Formel

$$\frac{\text{Umsatzkosten} \times (1+\text{MwSt.})}{\text{Verbindlichkeiten aus Lieferungen und Leistungen}}$$

Rechenbeispiel

$$\frac{5.004 \times 1{,}19}{\frac{(909 + 879)}{2}} = \mathbf{6{,}66}$$

Erläuterung

Die Kreditorenumschlaghäufigkeit trifft eine Aussage über die Zahlungsgewohnheit des Unternehmens in der betrachteten Periode. Aus Investorensicht kann eine Verminderung dieser Kennzahl über eine betrachtete Zeitreihe bedeuten, dass die Zahlungsfähigkeit des Unternehmens nachlässt und daher tendenziell Verbindlichkeiten immer später beglichen werden. Eine Verringerung kann jedoch auch eine positive Entwicklung darstellen, indem das Unternehmen Zahlungsziele stärker ausnutzt und damit die eigene Liquidität rentabler einsetzt.

Vorteile	Nachteile
• Aussage bezüglich Liquiditätssituation	• Spätes Kundenziel kann auf Marktmacht oder Bonitätsschwierigkeiten hinweisen
• Aussage bezüglich Bonität	• Starke Branchenabhängigkeit
• Aussage bezüglich Zahlungsfähigkeit bzw. Zahlungsgewohnheiten des Unternehmens	• Spätes Zahlungsziel kann zu teurer Finanzierung werden (Skontoverlust)

5.24 Gesamtkapitalumschlag

Formel

$$\frac{\text{Umsatz}}{\text{Eigenkapital} + \text{Fremdkapital}}$$

Rechenbeispiel

$$\frac{14.019}{5.493 + 2.577 + 1.665} = \mathbf{1{,}44}$$

Erläuterung

Der Gesamtkapitalumschlag berechnet sich aus dem Umsatz im Verhältnis zum bilanziellen Eigen- und Fremdkapital. Je höher der Kapitalumschlag ist, desto niedriger kann die vorher beschriebene Umsatzrendite sein. Dadurch dass ein Unternehmen die Vermögensgegenstände schnell umschlägt, werden Margen erzielt. Ein Unternehmen mit gleicher Umsatzrendite, aber niedrigerem Kapitalumschlag würde aufgrund der höheren Fixkosten und Kapitalbindungskosten einen niedrigeren Gewinn ausweisen.
Dabei gilt auch: je rascher der Kapitalumschlag, desto niedriger ist der erforderliche Kapitaleinsatz (aufgrund der kürzeren Vorfinanzierungsdauer).

Vorteile	Nachteile
• Kann zur Erweiterung der traditionellen Du Pont Formel (Kennzahlenbaum zur Errechnung des ROI) genutzt werden • Indikator für die Effektivität des Kapitaleinsatzes	• Die Bilanzsumme ist nur eine unzureichende Kennzahl für die Ermittlung des tatsächlich eingesetzten Kapitals, welches der Umsatzerzielung dient, da z. B. Leasingaufwendungen nicht berücksichtigt werden

Kapitel 6

Liquiditätskennzahlen

6.1 Eigenkapitalquote

Formel

$$\frac{\text{Eigenkapital}}{\text{Gesamtkapital}} \times 100\%$$

Rechenbeispiel

$$\frac{5.493}{10.134} \times 100\% = \mathbf{54{,}20\%}$$

Erläuterung

Die Eigenkapitalquote beschreibt die Beziehung zwischen Eigen- und Gesamtkapital. Je mehr Eigenkapital ein Unternehmen zur Verfügung hat, desto besser ist in der Regel die Bonität eines Unternehmens, desto höher ist die finanzielle Stabilität und desto unabhängiger ist das Unternehmen von Fremdkapitalgebern. Da Eigenkapital jedoch teurer ist als Fremdkapital (vgl. auch WACC, S. 131) belastet eine hohe Eigenkapitalquote die Rendite auf das eingesetzte Kapital. Für die Berechnung des Gesamtkapitals kann entweder die Bilanzsumme oder aber, wie von Finanzanalysten insbesondere für die Berechnung der Kapitalkosten üblich, nur die Summe aus Eigenkapital und zinstragendem Fremdkapital genommen werden.

Vorteile	Nachteile
• Stellt Art und Zusammensetzung des Kapitals dar	• Stark branchen- und bewertungsabgängig
• Einfach zu ermitteln	• Stille Reserven schmälern den tatsächlichen Wert des Eigenkapitals
• Dient zur Ermittlung der Verschuldung (Fremdkapitalquote) und lässt Rückschlüsse über die Stabilität eines Unternehmens zu	• Bilanzielle Werte stehen heute zunehmend den häufig genutzten Marktwerten gegenüber (z. B. Nutzung der Marktkapitalisierung anstelle des bilanziellen Eigenkapitals für Errechnung der Kapitalkosten)
• Im Industrievergleich hilfreich als Indikator für die relative, finanzielle Stärke eines Unternehmens	

6.2 Fremdkapitalquote

Formel

$$\frac{\text{Fremdkapital}}{\text{Gesamtkapital}} \times 100\%$$

Rechenbeispiel

$$\frac{2.577 + 1.655}{10.134} \times 100\% = \mathbf{41{,}86\%}$$

Erläuterung

Die Fremdkapitalquote beschreibt den Anteil des Fremdkapitals am Gesamtkapital. Finanzanalysten zählen im Rahmen der Unternehmensbewertung häufig nur die zinstragenden Verbindlichkeiten sowie den kapitalisierten Wert der zukünftigen Leasingaufwendungen zum Fremdkapital hinzu, da diese ebenfalls zinstragenden Charakter besitzen.
Die Fremdkapitalquote lässt Rückschlüsse auf die finanzielle Stabilität eines Unternehmens zu. Die Entwicklung der Kennzahl sollte immer in Verbindung zum Vermögensbestand betrachtet werden. Sofern hier stille Lasten aufgrund gesunkener Marktwerte vorhanden sind, hat dies einen negativen Effekt auf die Fremdkapitalquote. Dies hat in den vergangenen Jahren z. B. zum Stichwort Bilanzrezession beigetragen.

Vorteile	**Nachteile**
• Die Höhe der Fremdkapitalquote kann in Abhängigkeit des Unternehmens- bzw. Produktlebenszyklus gesehen werden (je älter ein Unternehmen, desto höher in der Regel die Fremdkapitalquote aufgrund steigender Bonität) • Die Substanz der Aktiva kann der Fremdkapitalquote vergleichend gegenübergestellt werden (z. B. Risiko, falls Goodwill zu großen Teilen durch Fremdkapital gedeckt ist)	• Stark branchen- und bewertungsabhängig • Früher stattgefundene Adjustierungen (z. B. getätigte Goodwillabschreibungen, die das Eigenkapital schmälern) können zu Verzerrungen führen • Bilanzexterne Finanzierungsformen (z. B. Leasing) bleiben in der Regel unberücksichtigt

6.3 Verschuldungskoeffizient

Formel

$$\frac{\text{Fremdkapital}}{\text{Eigenkapital}} \times 100\%$$

Rechenbeispiel

$$\frac{2.577 + 1.665}{5.493} \times 100\% = \mathbf{77{,}23\%}$$

Erläuterung

Die Kennzahl, im Englischen als »Gearing Ratio« bekannt, gibt an, in welchem Verhältnis das Unternehmen von außenstehenden Dritten zum Anteil der Unternehmenseigentümer finanziert wurde. Grundsätzlich gilt, je höher der Verschuldungskoeffizient ist, desto abhängiger ist das Unternehmen von externen Kreditoren. Wird bei der Beurteilung des Verschuldungskoeffizienten der Leverage-Effekt berücksichtigt, so zeigt sich, dass unter bestimmten Voraussetzungen aus Rentabilitätsgründen ein höherer Verschuldungskoeffizient positiv beurteilt werden könnte. Folglich sollte die Kennzahl Verschuldungskoeffizient nie isoliert, sondern immer in Verbindung mit der Ertragslage der Unternehmung beurteilt werden.

Vorteile	**Nachteile**
• Ein Zusammenhang zwischen Verschuldungsgrad und Eigenkapitalrentabilität läßt sich formal darstellen (je niedriger der Verschuldungskoeffizient, desto eher kann zusätzliches Fremdkapital zur Ausnutzung des Leverage Effekts aufgenommen werden)	• Industrieübergreifende Vergleiche schwer darstellbar
• Im Zusammenhang mit Fristigkeiten von Vermögensteilen lässt sich ein Risikoprofil ermitteln	• Bilanzpolitische Adjustierungen des Eigenkapitals können zu Verzerrungen führen
	• Bilanzexterne Finanzierungsformen (z. B. Leasing) bleiben in der Regel unberücksichtigt

6.4 Fremdkapitalstruktur

Formel

$$\frac{\text{Verbindlichkeiten aus L\&L + Kurzfristige Verbindlichkeiten}}{\text{Fremdkapital}} \times 100\%$$

Rechenbeispiel

$$\frac{909 + 468}{2.577 + 1.665} \times 100\% = \mathbf{32{,}46\%}$$

Erläuterung

Die Fremdkapitalstruktur setzt die kurzfristigen Verbindlichkeiten ins Verhältnis zum gesamten Fremdkapital. Damit gibt die Kennzahl den Teil des Fremdkapitals an, der tatsächlich kurzfristig in liquiden Mitteln an außenstehende Gläubiger abfließen wird. Für diese Kennzahl gilt, dass insolvenzgefährdete Unternehmen im Durchschnitt einen höheren Prozentsatz bei der Fremdkapitalstruktur aufweisen als solvente Unternehmen. Zur weiterführenden Analyse sollten zudem stets die Fristigkeiten und die Konditionen der Fremdkapitalbestandteile betrachtet werden. Zwar sind Verbindlichkeiten aus Lieferungen und Leistungen zinslos und damit i. d. R. zunächst positiv für die Unternehmensfinanzierung, jedoch sollte berücksichtigt werden, dass sie auch gleichzeitig die teuerste Form der Finanzierung ist, sofern Skonti nicht entsprechend ausgenutzt werden.

Vorteile	Nachteile
• Hinweis auf mögliche Zahlungsschwierigkeiten, falls Prozentsatz kurzfristiger Verbindlichkeiten sehr hoch ist	• Lässt Kosten der einzelnen Kapitalbestandteile außer Acht
• Gibt Indikation für Fristigkeiten	• Lässt Fristigkeit der finanzierten Vermögensgegenstände außer Acht (siehe Goldene Finanzierungsregel)
• Hinweis auf die Notwendigkeit von liquiden Mitteln	• Ist ohne Betrachtung der Liquiditätskennzahlen ohne Aussagekraft

6.5 Dynamischer Verschuldungsgrad

Formel

$$\frac{\text{Nettoverschuldung}}{\text{Free Cash Flow}}$$

Rechenbeispiel

$$\frac{-1.770}{774} = \mathbf{-\ 2{,}29}$$

Erläuterung

Der dynamische Verschuldungsgrad sagt aus, wie viele Jahre ein Unternehmen bräuchte, um seine (Netto-)Verbindlichkeiten durch den freien Cash Flow tilgen zu können. Daher wird die Kennzahl auch Schuldentilgungsdauer oder Kapitaldienstfähigkeit genannt.
Im produzierenden Gewerbe gilt ein Faktor bis zu vier als sehr gut, ab einem Faktor größer zehn, oder gar negativem Cash Flow über mehrere Perioden kann Insolvenzgefahr bestehen. Im obigen Beispiel ist der Verschuldungsgrad negativ, da das Unternehmen de facto schuldenfrei ist. Bei der Errechnung des dynamischen Verschuldungsgrades ist auf mögliche Einmaleffekte sowie auf nicht-bilanzielle Verbindlichkeiten, wie z. B. Leasingaufwendungen, Rücksicht zu nehmen, da diese ebenfalls den dynamischen Verschuldungsgrad beeinflussen.

Vorteile	**Nachteile**
• Durch die Berücksichtigung der nicht-bilanziellen Verbindlichkeiten und des operativen Cash Flows deutlich verbesserte Risikokennzahl • Erlaubt einen deutlich verbesserten Vergleich von Unternehmen • Findet in der Praxis der Unternehmenssteuerung häufig Verwendung	• Keine Aussage bezüglich fristenkongruenter Finanzierung • Die tatsächlichen Fremdkapitalkosten bleiben unberücksichtigt • Kann im Zeitablauf stark schwanken

6.6 Working Capital

Formel	**Rechenbeispiel**
Umlaufvermögen	6.888
– Liquide Mittel	– 2.526
– Kurzfristiges, nicht-zinstragendes Fremdkapital	– 909
= **Working Capital**	= **3.453**

Erläuterung

Das Working Capital berechnet sich, indem vom bilanziellen Umlaufvermögen die liquiden Mittel und die nicht-zinstragenden Verbindlichkeiten abgezogen werden (primär Verbindlichkeiten aus Lieferungen und Leistungen). Die Kennzahl beschreibt den Anteil des Umlaufvermögens, der für das Unternehmen arbeitet (d.h. Umsätze generiert) ohne im engeren Sinne Kapitalkosten zu verursachen. Das Working Capital stellt gleichzeitig den langfristig finanzierten Teil des Umlaufvermögens dar. Je höher das Working Capital, desto besser die Liquiditätssituation eines Unternehmens. Aus Analystensicht kann je nach Branche auch ein negatives Working Capital positiv interpretiert werden, da Lieferanten ggf. die Umsätze eines Unternehmens vorfinanzieren.

Vorteile	**Nachteile**
• Gibt Aufschluss über die Investitionserfordernisse bei Kapazitätserweiterung	• Ein nicht optimaler Liquiditätsgrad kann zu Verzerrungen führen
• Deutet an, wie stark das Unternehmen die Möglichkeiten hat, Kosten an Produzenten und Lieferanten weiterzugeben	• Das Umlaufvermögen kann durch die Ausnutzung von Bilanzierungswahlrechten unterschiedlich hoch ausgewiesen werden

6.7 Liquidität 2. Grades

Formel

$$\frac{\text{Umlaufvermögen} - \text{Vorräte}}{\text{Kurzfristige Verbindlichkeiten}} \times 100\%$$

Rechenbeispiel

$$\frac{6.888 - 2.016}{1.437 + 909 + 468} \times 100\% = \mathbf{173{,}13\%}$$

Erläuterung

Die Liquidität 2. Grades, im Englischen auch als Acid Test oder Quick Ratio bezeichnet, wird häufig zur Ermittlung der Kreditwürdigkeit herangezogen. Banken können hieraus etwa erkennen, wie schnell sich die kurzfristigen Verbindlichkeiten tilgen ließen, sofern die Vermögensgegenstände in liquide Mittel gewandelt würden. Die Liquidität 2. Grades berücksichtigt nicht die Vorräte eines Unternehmens. Dahinter verbirgt sich die Überlegung, dass Vorräte bereits bezahlt sind und diese einen Wert besitzen und daher nicht sofort wieder veräußert werden können. Als Faustregel gilt, dass die Liquidität 2. Grades 100% übersteigt, wodurch die kurzfristigen Verbindlichkeiten durch liquide Mittel und Forderungen gedeckt sind.

Vorteile	Nachteile
• Risikokennzahl, falls Regeln nicht beachtet werden	• Zeitpunktsbetrachtung, d.h. statische Größe
• In der Praxis etabliert	• Zu eng mit der Bilanz verknüpft
• Dient zur Ermittlung der Kreditwürdigkeit	• Trade off zwischen Liquidität und Rentabilität
	• Keine Berücksichtigung, ob Forderungen tatsächlich eingetrieben werden können

6.8 Liquidität 3. Grades

Formel

$$\frac{\text{Umlaufvermögen}}{\text{Kurzfristige Verbindlichkeiten}} \times 100\%$$

Rechenbeispiel

$$\frac{6.888}{1.437 + 909 + 468} \times 100\% = \mathbf{244{,}78\%}$$

Erläuterung

Liquiditätskennzahlen, wie etwa die Liquidität 3. Grades, zeigen das Verhältnis von kurzfristigem Vermögen zu kurzfristigen Zahlungsverpflichtungen auf. Zu den kurzfristigen Vermögensgegenständen zählen in erster Linie liquide und liquiditätsnahe Mittel, Wertpapiere des Umlaufvermögens, Forderungen und Vorräte. Die einzelnen Kennzahlen (vgl. auch Liquidität 2. Grades) lassen erkennen, inwiefern die kurzfristigen Verbindlichkeiten durch fristenkongruente Mittel gedeckt sind. Als Faustregel gilt, dass die Liquidität 3. Grades 200% betragen sollte, wobei ein Wert von unter 100% als existenzbedrohend für das Unternehmen eingestuft wird.

Vorteile	**Nachteile**
• Risikokennzahl, falls Regeln nicht beachtet werden	• Zeitpunktbetrachtung, d.h. statische Größe
• In der Praxis etabliert	• Zu eng mit der Bilanz verknüpft
• Faustformel für Planung von Warenlagern oder Forderungsmanagement	• Trade off zwischen Liquidität und Rentabilität

6.9 Vermögensstruktur

Formel

$$\frac{\text{Anlagevermögen}}{\text{Umlaufvermögen}} \times 100\%$$

Rechenbeispiel

$$\frac{3.093}{6.888} \times 100\% = \mathbf{44{,}90\%}$$

Erläuterung

Die Vermögensstruktur beschreibt die Beziehung zwischen Anlage- und Umlaufvermögen. Die Kennzahl ist ein Indikator für die Stabilität bzw. Flexibilität eines Unternehmens, sollte aber immer unter Berücksichtigung der branchentypischen Vermögensstrukturen gedeutet werden.
Eine niedrige Vermögensstruktur kann auf zwei Sachverhalte hindeuten:

1. Durch geringes Anlagevermögen kann ein Unternehmen flexibler auf Marktveränderungen reagieren und Fixkosten sind aufgrund der kürzeren Kapitalbindungsdauer des Gesamtvermögens niedriger.
2. Ein Unternehmen produziert mit bereits abgeschriebenen Anlagen. Dies lässt auf eine veraltete Technologie schließen.

Vorteile	**Nachteile**
• Einfach zu errechnen, da Zahlen aus der Bilanz ersichtlich sind • Ermöglicht die Analyse im Zeitablauf, ob das Unternehmen flexibler wird • Erlaubt Rückschlüsse auf die Kapazitätsausnutzung und damit auf die Ertragslage: je mehr Umlaufvermögen pro Einheit Anlagevermögen, desto produktiver ist in der Regel ein Unternehmen	• Zwischenbetriebliche Vergleiche von geringer Aussagekraft (insbesondere Vergleich unterschiedlicher Industrien) • Außerbilanzielle Vermögensanteile (z. B. Leasing) finden keine Berücksichtigung • Bilanzierter Goodwill kann zu Verzerrungen führen • Nicht operativ genutzte Beteiligungsportfolios verringern die Aussagekraft • Kennzahl basiert auf Restbuchwerten

6.10 Anlagenintensität

Formel

$$\frac{\text{Anlagevermögen}}{\text{Gesamtvermögen bzw. -kapital}} \times 100\%$$

Rechenbeispiel

$$\frac{3.093}{10.134} \times 100\% = \mathbf{30{,}52\%}$$

Erläuterung

Die Anlagenintensität beschreibt die Beziehung zwischen (Sach-) Anlage- und Gesamtvermögen. Je höher die Anlagenintensität, desto länger ist die zeitliche Bindung finanzieller Mittel und desto höher sind i.d.R. die damit verbundenen Fixkosten. Je kleiner diese Kennzahl, desto weniger Kapital ist langfristig gebunden. Die Kennzahl gibt Aufschluss über die Anpassungsfähigkeit des Unternehmens an veränderte Marktbedingungen. Bei Betrachtung der Anlagenintensität ist die Branchenzugehörigkeit eines Unternehmens zu berücksichtigen. Besonders in der Schwerindustrie (z. B. Schiff-, Maschinenbau, Zement, Stahl) und Energiebetreibern ist die Anlagenintensität tendenziell höher. Eine niedrige Anlagenintensität könnte bei diesen Unternehmen aufgrund bereits getätigter Abschreibungen ein Indikator für veraltete Produktionsverfahren sein.

Vorteile	Nachteile
• Vermittelt groben Einblick in die betriebliche Flexibilität und ermöglicht somit Rückschlüsse auf die finanz- und erfolgswirtschaftliche Stabilität: a)Dispositionselastizität: je kurzfristiger die Vermögensbindung, desto höher das Liquiditätspotential b)Erfolgselastizität: je kurzfristiger die Vermögensbindung, desto geringer der Fixkostenanteil	• Bilanzpolitische Einflüsse können nicht vermieden werden • Hoher Grad an immateriellem Anlagevermögen (z. B. Goodwill) schränkt Aussagekraft ein • Deutlich eingeschränkte Aussagekraft bei industrieübergreifenden Unternehmensvergleichen • Stille Reserven lassen Anlagenintensität niedriger ausfallen

6.11 Umlaufintensität

Formel

$$\frac{\text{Umlaufvermögen}}{\text{Gesamtvermögen bzw. -kapital}} \times 100\%$$

Rechenbeispiel

$$\frac{6.888}{10.134} \times 100\% = \mathbf{67,97\%}$$

Erläuterung

Die Umlaufintensität beschreibt die Beziehung zwischen Umlauf- und Gesamtvermögen. Sie gibt den Prozentsatz des Gesamtkapitals an, der in kurzfristigen Vermögensgegenständen gebunden ist. Eine hohe Umlaufintensität ist i. d. R. positiv zu bewerten, da Umlaufvermögen zeitnah liquidiert werden kann. Jedoch kann eine extrem hohe Umlaufintensität auch auf eine überhöhte Lagerhaltung hinweisen, die sich erhöhend auf die Lagerhaltungskosten auswirken. Weiterführende Analysen bezüglich des Umlaufvermögens sollten die Bereiche Forderungsbestand und Vorratsvermögen intensiv mit einbeziehen, da Veränderungen der Umlaufintensität in der Regel nicht zufällig bedingt sind.

Vorteile	**Nachteile**
• Erlaubt Aussage über die Arbeits-intensität • Bietet Vergleichsmöglichkeiten von Unternehmen gleicher Größe, gleicher Branche sowie gleicher Leistungsfähigkeit • Ermöglicht bedingte Rückschlüsse auf das leistungswirtschaftliche Risiko, d.h. wie setzt sich das Vermögen zusammen, um hieraus Umsätze zu generieren	• Erst die Relation von Vermögensbestandteilen zum Umsatz lässt die Interpretation der Veränderung von Vermögensstrukturkennzahlen (z. B. Anlagen- oder Umlaufintensität) zu, da durch Vermögen alleine noch kein Wert für Aktionäre generiert wird • Grund für Veränderung ist nicht ersichtlich, einzelne Veränderungen können sich gegenseitig aufheben, daher Performance-Messung von Maßnahmen nicht möglich.

6.12 Finanzkraft

Formel

$$\frac{\text{Cash Flow aus laufender Geschäftstätigkeit}}{\text{Zugänge im Anlagevermögen}} \times 100\%$$

Rechenbeispiel

$$\frac{1.248}{507} \times 100\% = \mathbf{246{,}15\%}$$

Erläuterung

Die Kennzahl der Finanzkraft oder auch Innenfinanzierungsquote genannt, berechnet sich, indem der Cash Flow aus laufender Geschäftstätigkeit (operativer Cash Flow) in Relation zu den Zugängen im Anlagevermögen, also neuen, langfristigen Investitionen gesetzt wird. Jedoch ist der Begriff Innenfinanzierungsquote irreführend, da letztlich jede Finanzierung (auch die Umsätze des operativen Geschäfts) von außerhalb der Unternehmung stammt. Die Kennzahl zeigt somit auf, ob eine vorgesehene Investition aus der eigenen Finanzkraft des Unternehmens finanziert werden könnte. Eine Kennzahl von über 100% besagt, dass das Unternehmen die Investition aus dem eigens generierten Cash Flow finanzieren und damit bankenunabhängig entscheiden kann.

Vorteile	Nachteile
• Zeigt möglichen, zusätzlich notwendigen Finanzbedarf bei Anlageinvestitionen • Es kann hierbei unterschieden werden in Erhaltungsinvestitionen und Erweiterungsinvestitionen	• Kann starken Schwankungen im Zeitablauf unterliegen • Im industrieübergreifenden Vergleich nur bedingt aussagefähig

6.13 Investitionsdeckung

Formel

$$\frac{\text{Abschreibungen auf Sachanlagen}}{\text{Zugänge an Sachanlagen, netto}} \times 100\%$$

Rechenbeispiel

$$\frac{402}{474} \times 100\% = \mathbf{84{,}81\%}$$

Erläuterung

Die Investitionsdeckung (oder auch Investitionsneigung) gibt an, in welcher Höhe die Abschreibungsgegenwerte reinvestiert wurden. Liegt sie über 100%, wurden die vorgenommenen Abschreibungen auf Sachanlagen nicht in vollem Umfang in diese reinvestiert. Ein Wert von unter 100% gibt an, dass das Unternehmen Erweiterungsinvestitionen getätigt hat. Je niedriger dieser Wert ist, desto größer sind folglich die Neuinvestitionen der Unternehmung. Dennoch ist hier immer die Branche der Unternehmung und die Zusammensetzung der Sachanlagen zu berücksichtigen, da sowohl die Nutzungsdauer als auch eine Änderung der Abschreibungsmethode (z. B. degressiv vs. linear) die Höhe der Abschreibungen beeinflussen und somit das Verhältnis verändern können.

Vorteile	Nachteile
• Erlaubt die Analyse von Erhaltungsinvestitionen • Ermöglicht den Industrievergleich • Investitionen dienen grundsätzlich als Information über zukünftige Profitabilität	• Sollte stets in Verbindung mit eventuellen Effizienzveränderungen betrachtet werden • Kann im Zeitablauf aufgrund Investitionszyklik stark schwanken • Für die Analyse im Zeitablauf ist die Beachtung der Inflation notwendig • Eine erhöhte Inanspruchnahme von Leasing erschwert die Analyse

6.14 Abschreibungsquote (II)

Formel

$$\frac{\text{Abschreibungen auf Sachanlagen}}{\text{Buchwert der Sachanlagen am Jahresende}} \times 100\%$$

Rechenbeispiel

$$\frac{402}{2.736} \times 100\% = \mathbf{14{,}69\%}$$

Erläuterung

Die Abschreibungsquote gibt die durchschnittliche Nutzungsdauer (in %) der Vermögensgegenstände an (der Kehrwert stellt das Verhältnis in Jahren dar). Beim Vergleich mit anderen Unternehmen lässt die Abschreibungsquote erkennen, ob ein Unternehmen die branchenüblichen Abschreibungen vornimmt oder ggf. einen höheren oder niedrigeren Gewinnausweis anstrebt. Gleichzeitig deutet eine im Zeitablauf steigende Abschreibungsquote darauf hin, dass ein Unternehmen kurzfristig Ersatzinvestitionen tätigen muss. Generell führt eine hohe Abschreibungsquote zu geringerer Nutzungsdauer des Anlagevermögens und somit zu größeren Investitionen in den Folgejahren. Dies kann positiv sein, da das Unternehmen das Anlagevermögen schneller erneuert und somit ggf. moderner und wettbewerbsfähiger ist.

Vorteile	**Nachteile**
• Hilfreich in der Ermittlung der Abschreibungspolitik eines Unternehmens • Dient dem Vergleich mit Wettbewerbern • Erlaubt Rückschlüsse auf die Notwendigkeit von Investitionen	• Vermögensstruktur beeinflussbar (Kauf oder Leasing) • Verzerrungen durch voll abgeschriebene Anlagen • In Zeiten des starken Wachstums kann es zu deutlich veränderten Kennzahlen kommen • Änderung der Sachanlagenzusammensetzung kann zu Verzerrungen führen

6.15 Goldene Bilanzregel

Formel

im engeren Sinne: $\frac{\text{Anlagevermögen}}{\text{Eigenkapital}} \leq 1$

im weiteren Sinne: $\frac{\text{Anlagevermögen}}{\text{Eigenkapital + langfristiges Fremdkapital}} \leq 1$

Rechenbeispiel

im engeren Sinne: $\frac{3.093}{5.493} = \mathbf{0{,}56}$

im weiteren Sinne: $\frac{3.093}{5.493 + 288 + 1.140} = \mathbf{0{,}45}$

Erläuterung

Die goldene Bilanzregel fordert, dass die Dauer der Kapitalbindung die Dauer der Kapitalüberlassung nicht überschreitet, d.h. die langfristig an das Unternehmen gebundenen Anlagegüter sollten durch langfristiges Kapital (im engeren Sinne ausschließlich durch Eigenkapital) gedeckt sein. Hält ein Unternehmen diese Regel nicht ein, kann es in die Bedrängnis geraten, Anlagevermögen veräußern zu müssen, um kurzfristige Verbindlichkeiten zu bedienen.

Vorteile	Nachteile
• Es lässt sich die Beziehung von Investition und Finanzierung aufweisen	• Anlagevermögen besitzt nicht zwingend lange Liquidationsdauer
• Solide, konservative Kennziffer, die allgemein bekannt ist und angewendet wird	• Dient eher als Kennzahl für den Gläubigerschutz
• Stellt Fristenkongruenzregel dar	
• Risikokennzahl	

6.16 Goldene Finanzierungsregel

Formel

$$\frac{\text{Kurzfristiges Kapital}}{\text{Kurzfristiges Vermögen}} \leq 1$$

$$\frac{\text{Langfristiges Kapital}}{\text{Langfristiges Vermögen}} \geq 1$$

Rechenbeispiel

$$\frac{1.437 + 909 + 468}{6.888} = \mathbf{0{,}41}$$

$$\frac{5.439 + 1.140 + 288}{3.093} = \mathbf{2{,}24}$$

Erläuterung

Die goldene Finanzierungsregel besagt, dass sich die Fristen zwischen Kapitalbeschaffung und -rückzahlung einerseits und Kapitalverwendung andererseits entsprechen sollten. Kapital darf demnach nicht zeitlich länger in Vermögensteilen gebunden sein als die jeweilige Dauer der Kapitalüberlassung. Finanziert ein Unternehmen eine langfristige Investition (z. B. Maschine) mit einem kurzfristigen Kredit, so könnte der Kredit fällig sein, bevor die notwendigen Einnahmen für die Tilgung des Kredits ausreichen. Diese Regel sollte insbesondere bei jungen Unternehmen Anwendung finden, die von Erlösen weniger Produkte abhängig sind.

Vorteile	**Nachteile**
• Kennzahl fordert die Einhaltung der Fristenkongruenz	• Stille Reserven werden nicht berücksichtigt
• Risikokennziffer im Sinne der Erfüllbarkeit von Zahlungsverpflichtungen in zeitlicher und wertmäßiger Übereinstimmung	• Nicht alle kurzfristigen Zahlungsverpflichtungen (Löhne und Gehälter) finden in der Bilanz Berücksichtigung
• Indikator für die zukünftige Investitions- und Finanzierungspolitik des Unternehmens	• Genaue Fristigkeit sowie die exakte Höhe der Erlöse folglich nicht aus der Bilanz entnehmbar

6.17 Anlagendeckungsgrad

Formel

$$\text{Deckungsgrad I: } \frac{\text{Eigenkapital}}{\text{Anlagevermögen}} \times 100\%$$

$$\text{Deckungsgrad II: } \frac{\text{Eigenkapital + Langfristiges Fremdkapital}}{\text{Anlagevermögen}} \times 100\%$$

Rechenbeispiel

$$\text{Deckungsgrad I: } \frac{5.493}{3.093} \times 100\% = \mathbf{177{,}59\%}$$

$$\text{Deckungsgrad II: } \frac{5.493 + 1.140 + 288}{3.093} \times 100\% = \mathbf{223{,}76\%}$$

Erläuterung

Kennzahl über den Einsatz des vorhandenen Kapitals. Es wird die Frage beantwortet, inwieweit das Anlagevermögen, das dem Unternehmen dauerhaft zur Verfügung stehen soll, durch Eigenkapital gedeckt ist, das ebenso langfristig im Unternehmen verweilt. Je höher der Anlagendeckungsgrad, desto besser, da dann auch Teile des Umlaufvermögens mit finanziert werden. Der Anlagendeckungsgrad ist damit reziprok zur goldenen Bilanzregel. Sofern bekannt, kann beim Deckungsgrad II auch der langfristig finanzierte Teil des Umlaufvermögens zum Anlagevermögen hinzu gezählt werden (sog. eiserner Bestand des Vorratsvermögens).

Vorteile	Nachteile
• Berechnung der Einhaltung des Grundsatzes der Fristenkongruenz • Dient als Kontrollinstrument zur Aufrechterhaltung der Liquidität der Unternehmung	• Es kommt nur zu einer groben Annäherung der Fristigkeiten • Existenz stiller Reserven führt zu Verzerrungen • Die Art des Anlagevermögens bzw. der Substanz wird nicht in Betracht gezogen

6.18 Kapitalbindung

Formel

$$\frac{\text{Kurzfristige Verbindlichkeiten + Verbindlichkeiten aus L\&L}}{\text{Umsatz}} \times 100\%$$

Rechenbeispiel

$$\frac{1.437 + 909 + 468}{14.019} \times 100\% = \mathbf{20{,}07\%}$$

Erläuterung

Mit der Kapitalbindung wird berechnet, welcher Teil des Umsatzes kurzfristig zur Tilgung von Verbindlichkeiten fällig ist. Je kleiner diese Prozentzahl ausfällt, desto positiver für die Unternehmung. Durch die Erwirtschaftung von liquiden Mitteln aus dem operativen Prozess sollte die Kennzahl Kapitalbindung auch im Zuge der Liquiditätsanalyse betrachtet werden.
Vertauscht man Zähler und Nenner, (14.019/2.814=4,98), so erhält man als Faktor, wie oft der Umsatz die kurzfristigen Verbindlichkeiten in dieser Periode eingespielt hat. In Tagen ausgedrückt: 365/4,98=73,29 Tage. Das bedeutet, dass die Unternehmung ca. zehn Wochen benötigt, um mit dem Umsatz (bei linearen Umsatzerlösen) die kurzfristigen Verbindlichkeiten zu tilgen. Diese Zahl kann für eine verbesserte Aussagekraft der Dauer des operativen Zyklus (vgl. Umsatzkosten zu Vorräten, S. 82) gegenübergestellt werden.

Hinweis: Die hier erläuterte Kapitalbindung ist nicht mit der Kapitalbindung im Rahmen der Investitionsrechnung zu verwechseln, die an dieser Stelle nicht erläutert wird.

Vorteile	**Nachteile**
• Überblick über relative Höhe der kurzfristigen Verbindlichkeiten • Liquiditätsinformation darüber, welcher Teil des Umsatzes nach Tilgung der kurzfristigen Verbindlichkeiten verbleibt • Findet Einsatz im Kreditvergabeprozess	• Geringe Aussagekraft • Kurzfristige Verbindlichkeiten sind stichtagsbezogen • Kostenstruktur bleibt unbeachtet

6.19 Tilgungsfähigkeit

Formel

$$\frac{\text{Forderungen}}{\text{Kurzfristige Verbindlichkeiten}} \times 100\%$$

Rechenbeispiel

$$\frac{2.064}{1.437 + 909 + 468} \times 100\% = \mathbf{73{,}35\%}$$

Erläuterungen

Die Tilgungsfähigkeit (in der Literatur auch Zahlungsstrom genannt) gibt an, zu welchem Grad die kurzfristigen Verbindlichkeiten aus den bestehenden Forderungen getilgt werden können. Diese Kennzahl zeigt u.a. die Zahlungsfähigkeit der Unternehmung aus dem operativen Geschäft, sprich den fakturierten Umsätzen auf. Im Zusammenhang mit der Tilgungsfähigkeit sollte der Debitorenumschlag (siehe S. 79) sowie die Zahlungsziele der Kreditoren in die Interpretation einbezogen werden, da ein hoher Grad an kurzfristigen Verbindlichkeiten auch ein Indikator für die Marktmacht eines Unternehmens sein kann. Sollte diese Kennzahl geringer als 100% sein, sollten gegebenenfalls zusätzlich Liquiditätskennzahlen (vgl. S. 93, 94) betrachtet werden, um die Gefahr einer möglichen Zahlungsunfähigkeit besser abschätzen zu können.

Vorteile	Nachteile
• Im Zeitverlauf Hinweis auf Forderungsmanagement bzw. veränderte Zahlungsziele des Unternehmens • Stellt Einkaufs- und Verkaufsgröße gegenüber	• Statische Kennzahl • Keine Aussage zu Fristigkeit • Gerade bei marktdominierenden (Handels-)Unternehmen wenig aussagekräftig • Keine generelle Aussage, ob und wie lange die Unternehmung noch liquide ist

6.20 Dynamisches Betriebsergebnis

Formel

$$\frac{\text{EBIT}}{\text{Kurzfristiges Fremdkapital}} \times 100\%$$

Rechenbeispiel

$$\frac{1.452}{1.437 + 909 + 468} \times 100\% = \mathbf{51{,}60\%}$$

Erläuterung

Die Kennzahl setzt das Betriebsergebnis ins Verhältnis zu den kurzfristigen Schulden. Das dynamische Betriebsergebnis zeigt dem Betrachter damit die Fähigkeit des Unternehmens, die kurzfristigen Verbindlichkeiten aus dem operativen Geschäft zu bedienen. Wichtige Kennzahl für Fremdkapitalgeber: Unternehmen, die ihre kurzfristigen Schulden nicht bedienen können, werden kaum ihre langfristigen Schulden bedienen können. Dies erschwert die weitere Fremdkapitalaufnahme erheblich.
Die Unternehmung aus dem vorliegenden Beispiel wäre nicht in der Lage, die Verbindlichkeiten aus Lieferungen und Leistungen aus dem operativen Gewinn zu bedienen. Dies kann ein Hinweis auf strukturelle Probleme einer Unternehmung sein, jedoch sind auch hier die Zahlungsziele zu berücksichtigen. Nimmt man den Kehrwert, so wird deutlich, in wie viel Jahren die Verschuldung (ggf. kann man auch die Gesamtverschuldung nehmen) abgebaut wird.

Vorteile	**Nachteile**
• Gute Aussagekraft über die Finanzstärke einer Unternehmung, da sie angibt, wie viel der tatsächlichen Verschuldung abgebaut werden kann • Zeigt die Fähigkeit an, aus dem operativen Geschäft die kurzfristigen Verbindlichkeiten zu tilgen	• Zahlungsfähigkeit kann ohne Berücksichtigung liquider Mittel nicht ermittelt werden • Vermögenssituation wird nicht berücksichtigt • Fristigkeiten werden ignoriert • Cash Flow aussagekräftiger als Betriebsergebnis (EBIT)

6.21 Zinsdeckungsgrad

Formel

$$\frac{\text{EBIT}}{\text{Zinsaufwand}}$$

Rechenbeispiel

$$\frac{1.452}{12} = \mathbf{121{,}0}$$

Erläuterung

Der Zinsdeckungsgrad macht eine Aussage darüber, in welchem Umfang der Zinsaufwand durch das operative Ergebnis gedeckt wird. Je niedriger dieser Anteil ist, desto höher ist die zusätzliche Ergebnisbelastung bei steigenden Fremdkapitalkosten, ausgelöst z. B. durch eine gesunkene Ratingeinstufung, und desto niedriger ist der Anteil des operativen Gewinns, der an die Aktionäre ausgeschüttet werden kann.
Auf der anderen Seite ist ein hoher Zinsdeckungsgrad ein Indikator, ob ein Unternehmen weiteres Fremdkapital aufnehmen kann, was die Kapitalkosten senken und damit die Renditegröße auf das Eigenkapital erhöhen würde. Im obigen Beispiel zeigt die Unternehmung einen verhältnismäßig geringen Zinsaufwand, was zu einem sehr hohen Zinsdeckungsgrad führt.

Vorteile	**Nachteile**
• Risikomaß für Verschuldungsgrad • Gibt Aufschluss über zusätzliches Verschuldungspotenzial • Ermittelt den Anteil des operativen Einkommens, der für die Fremdverschuldung aufgebracht werden muss	• Sollte in Zusammenhang mit anderen Kennzahlen betrachtet werden (z. B. Dynamischer Verschuldungsgrad), da alleine nicht aussagekräftig • Mietaufwendungen (Leasing) werden nicht berücksichtigt • Kaum aussagekräftig für Unternehmen, die geringe Verschuldung aufweisen

Kapitel 7

Kennzahlen der Unternehmensbewertung

7.1 Gewinn je Aktie, unverwässert

Formel

$$\frac{\text{Jahresüberschuss} \pm \text{Außerordentliches Ergebnis} - \text{Vorzugsdividenden}}{\text{Durchschnittliche, gewichtete Anzahl ausstehender Stammaktien}}$$

Rechenbeispiel

$$\frac{882 \pm 0 - 0}{\frac{(354 + 354)}{2}} = \mathbf{2{,}49\ je\ Aktie}$$

Erläuterung

Um den unverwässerten Gewinn je Aktie zu errechnen werden vom bereinigten Jahresüberschuss (+/- außerordentliches Ergebnis) die Vorzugsdividenden abgezogen und durch die durchschnittliche, gewichtete Anzahl der Stammaktien geteilt.
Die Kennzahl ist die am häufigsten verwendete Zahl, um die Entwicklung eines Unternehmens im Zeitverlauf abzubilden und dient als eine Grundlage der Unternehmensbewertung. Zu berücksichtigen ist die unterschiedliche Gewinnermittlung in Abhängigkeit der länderspezifischen Rechnungslegungsvorschriften. Aktienoptionen, Wandelanleihen, Bezugsrechte oder Kapitalerhöhungen erhöhen die Anzahl der Aktien und verwässern hierdurch den Gewinn pro Aktie (vgl. auch S. 112).

Vorteile	**Nachteile**
• Dient der Unternehmensbewertung	• Statische Größe
• Vielzahl von (Analysten-) Schätzungen frei zugänglich	• Gewinn unterliegt ggf. unterschiedlichsten Adjustierungen
• Intuitiv nachvollziehbar	• Die Berechnung der Anzahl der Aktien erfolgt nicht einheitlich
• Dient dem industriellen Vergleich	• Unterliegt den größtmöglichen bilanzpolitischen Spielräumen

7.2 Gewinn je Aktie, verwässert

Formel

$$\frac{\text{Jahresüberschuss} \pm \text{Außerordentliches Ergebnis} - \text{Vorzugsdividenden} + \text{Zinsaufwand für Wandelanleihen } (t-1)}{\text{Durchschnittliche, gewichtete Anzahl ausstehender Stammaktien} + \text{Gewandelte Aktien}}$$

Rechenbeispiel

$$\frac{882 \pm 0 - 0 + 0}{\frac{354 + 354}{2} + 0} = \textbf{2,49 je Aktie}$$

Erläuterung

Zur Berechnung des verwässerten Gewinns je Aktie wird der um das außerordentliche Ergebnis bereinigte und verwässerte Jahresüberschuss, adjustiert um Zinsaufwendungen für Wandelanleihen, durch die durchschnittliche Anzahl der ausstehenden Stammaktien zuzüglich den gewandelten Aktien geteilt. Sobald Aktienoptionen ausgeübt oder Wandelanleihen in Aktien gewandelt werden, steigt die Anzahl der ausstehenden Aktien, was sich negativ auf das verwässerte Ergebnis je Aktie auswirkt.
Die Kennzahl ist die am häufigsten verwendete Zahl, um die Entwicklung eines Unternehmens im Zeitverlauf abzubilden und dient als eine Grundlage der Unternehmensbewertung. Zu berücksichtigen ist die unterschiedliche Gewinnermittlung in Abhängigkeit der länderspezifischen Rechnungslegungsvorschriften. Der Unterschiedsbetrag zwischen dem verwässerten und unverwässerten Gewinn je Aktie zeigt den Einfluss von Managemententscheidungen in Bezug auf Kapitalmaßnahmen oder Aktienoptionsplänen.

Vorteile	Nachteile
• Dient der Unternehmensbewertung • Vielzahl von (Analysten-) Schätzungen frei zugänglich • Bereinigte Gewinngröße • Dient dem industriellen Vergleich	• Statische Größe • Gewinn unterliegt ggf. unterschiedlichsten Adjustierungen • Die Berechnung der Anzahl der Aktien erfolgt nicht einheitlich • Unterliegt den größtmöglichen bilanzpolitischen Spielräumen

7.3 Kurs-Gewinn-Verhältnis (KGV)

Formel

$$\frac{\text{Börsenkurs je Aktie}}{\text{Gewinn je Aktie, verwässert}}$$

Rechenbeispiel

$$\frac{35}{2{,}49} = \mathbf{14{,}06}$$

Erläuterung

Das Kurs-Gewinn-Verhältnis bringt zum Ausdruck, mit dem Wievielfachen des heutigen Gewinns das Unternehmen an der Börse bewertet wird. Ein hohes KGV kann gleichzeitig bedeuten, dass die Qualität der Gewinne in den zukünftigen Jahren stark zunimmt und somit das KGV in der Zukunft entsprechend sinkt.
Da jedoch der Gewinn eines Unternehmens gerade im internationalen Vergleich eine sehr schwankungsanfällige Größe ist, ist die Aussagekraft des KGV's begrenzt. Es eignet sich jedoch für einen schnellen Vergleich innerhalb eines Jahres und einer Branche. Das langfristige KGV des Aktienmarktes liegt bei ca. 15. Man spricht daher häufig auch von einer Überbewertung (KGV > 20) bzw. Unterbewertung (KGV < 10) des Aktienmarktes. Das KGV ist eine sehr volatile Kennzahl, die stark auf externen Erwartungen und Einflüssen beruht.

Vorteile	**Nachteile**
• Schnelle Vergleichbarkeit • Branchenunabhängiger Indikator • Einfach zu ermitteln • Vielzahl von Gewinnschätzungen sind frei zugänglich, dadurch schnelle Berechnung möglich	• Keine Berücksichtigung des Unternehmenswachstums • Statische Kennzahl • Gewinne sind abhängig von Bilanzpolitik sowie nationalen Rechnungslegungsvorschriften und Steuergesetzen • Ein Unternehmen muss für die Berechnung des KGV's Gewinne erzielen

7.4 Dynamisches KGV

Formel

$$\frac{\text{KGV}}{\text{Durchschnittliche Gewinnwachstumsrate (CAGR)}}$$

Rechenbeispiel

$$\frac{14{,}06}{10} = \mathbf{1{,}41}$$

Erläuterung

Das Price Earnings Growth Ratio – oder auch dynamisches KGV – setzt das KGV ins Verhältnis zum durchschnittlichen Gewinnwachstum (englisch: Compounded Average Growth Rate – CAGR) eines Unternehmens. Die CAGR wird üblicherweise für einen Zeitraum über die zukünftigen drei bis fünf Jahre errechnet.
Das Price Earnings Growth Ratio eignet sich daher insbesondere für junge, schnell expandierende Unternehmen und relativiert zum Teil die Starrheit des KGV's. Weist ein Unternehmen etwa jährliche Gewinnsteigerungen von 25% bei einem KGV von 25 auf, so hätte dieses Unternehmen ein PEG Ratio von 1 und wäre per Definition fair bewertet. Werte größer 1 gelten im allgemeinen als überbewertet, Werte mit einem PEG Ratio kleiner 1 dagegen als tendenziell unterbewertet.

Vorteile	**Nachteile**
• Einfach zu ermitteln • Versucht eine dynamische Komponente zu berücksichtigen • Dient dem relativen Vergleich	• Gibt keine klaren Kriterien für die Höhe des PEG Ratios • Überkommt nur in sehr geringem Maße die Nachteile des »klassischen« KGV's

7.5 EBITDA je Aktie

Formel

$$\frac{\text{EBITDA}}{\text{Anzahl der ausstehenden Stammaktien}}$$

Rechenbeispiel

$$\frac{1.944}{354} = \mathbf{5{,}49}$$

Erläuterung

Für die Berechnung der Kennzahl wird das EBITDA durch die Anzahl der ausstehenden (verwässerten) Stammaktien geteilt. Somit lässt sich das rein operative Ergebnis je Aktie ermitteln, das Steuer- und Zinszahlungen sowie Abschreibungen außer Acht lässt. Die Kennzahl macht die Ertragskraft von Unternehmen international vergleichbar, da unterschiedliche Steuergesetze, unterschiedliche Kapitalstrukturen oder differierende Abschreibungspolitiken keinen Einfluss haben.

Vorteile	Nachteile
• Der Einfluss verschiedener Finanzierungsformen verfälscht die Kennzahl nicht (ggf. nicht für Leasing zutreffend)	• Nur in Verbindung mit anderen Kennzahlen wirklich aussagekräftig (z. B. Enterprise Value oder Marktkapitalisierung)
• Abschreibungen haben keinen Einfluss	• Industrieübergreifende Vergleiche sind nur schwer möglich
• Kann als Indikator für die operative Ertragskraft pro Aktie eingesetzt werden	
• Erleichtert die internationale Vergleichbarkeit, da z. B. nationale Steuergesetze außen vorbleiben	

7.6 Cash Flow pro Aktie

Formel

$$\frac{\text{Cash Flow aus operativer Geschäftstätigkeit}}{\text{Anzahl der ausstehenden Stammaktien}}$$

Rechenbeispiel

$$\frac{1.248}{354} = \mathbf{3{,}53}$$

Erläuterung

Für die Errechnung des Cash Flows pro Aktie wird der operative Cash Flow ins Verhältnis zur Anzahl der ausstehenden Stammaktien (verwässert oder unverwässert) gesetzt.
Die Kennzahl dient als Ergänzung zum Gewinn pro Aktie, da die Ermittlung des Cash Flows unabhängiger von unterschiedlichen Rechnungslegungsstandards ist. Der Cash Flow pro Aktie dient als Indikator für die Finanzkraft des Unternehmens sowie die Fähigkeit, Dividenden auszuschütten. Die Kennzahl eignet sich daher sehr gut für Unternehmensvergleiche innerhalb der gleichen Branche.

Vorteile	**Nachteile**
• Dient der Bewertung eines Unternehmens	• Variiert stark im Zeitablauf, da Cash Flow schwankungsanfällig ist
• Ermöglicht den relativen Vergleich von Wettbewerbern	• Kapitalkosten werden nicht berücksichtigt
• Weniger anfällig für bilanzpolitische Maßnahmen	• Investitionserfordernisse werden nicht berücksichtigt

7.7 Marktkapitalisierung

Formel

Anzahl der ausstehenden Stammaktien × Preis pro Aktie

Rechenbeispiel

354 Mio. × 35,00 = **12.390 Mio.**

Erläuterung

Die Marktkapitalisierung ergibt sich aus der Anzahl der Aktiengattung (Stamm- bzw. Vorzugsaktien) multipliziert mit dem jeweiligen Aktienkurs. Die Marktkapitalisierung drückt somit den aktuellen Marktwert des Eigenkapitals eines Unternehmens aus.
Je höher die Marktkapitalisierung eines Unternehmens, desto höher ist in der Regel das Interesse der Investoren und damit die Liquidität einer Aktie. An vielen Börsen sind die Liquidität und die Marktkapitalisierung eines Unternehmens die zwei wichtigsten Komponenten für die Zugehörigkeit zu einem Aktienindex. Ist ein Unternehmen in einem Aktienindex (z. B. Dow Jones, FTSE 100, DAX) vertreten, so steigert dies wiederum die Aufmerksamkeit internationaler Investoren.

Vorteile	Nachteile
• Dient dem Größenvergleich von Unternehmen • Die Marktkapitalisierung wird häufig als Maßstab für die Investierbarkeit von Aktien herangezogen, d.h. niedriger Markteinfluss auch bei großvolumigen Aktienorders	• Es gibt unterschiedliche Formen der Marktkapitalisierung. Hierbei ist ausschlaggebend, ob Aktien in »festen Händen« (Bsp. Familienbesitz) oder frei verfügbar sind. Die Marktkapitalisierung in den Indizes bezieht sich in der Regel auf die Anzahl der frei verfügbaren Aktien

7.8 Kurs-Cash Flow-Verhältnis (KCV)

Formel

$$\frac{\text{Marktkapitalisierung}}{\text{Cash Flow aus operativer Geschäftstätigkeit}}$$

Rechenbeispiel

$$\frac{354 \times 35{,}00}{1.248} = \mathbf{9{,}93}$$

Erläuterung

Setzt man die Marktkapitalisierung ins Verhältnis zum operativen Cash Flow bzw. teilt man alternativ den Aktienkurs durch den Cash Flow pro Aktie, so erhält man das Kurs-Cash Flow-Verhältnis eines Unternehmens.
Die Kennzahl besagt, mit welchem Faktor des Cash Flows die Aktien eines Unternehmens an der Börse bewertet sind und dient als Ergänzung zum KGV. Aufgrund der höheren Aussagefähigkeit des Cash Flows im Vergleich zum Gewinn kann durch Berücksichtigung des Kurs-Cash Flow-Verhältnisses die relative Attraktivität einer Aktie im Vergleich zur Branche ermittelt werden.

Vorteile	**Nachteile**
• Einfach zu ermitteln • Cash Flow ist bilanzpolitisch weniger beeinflussbar • Dient dem relativen Vergleich	• Investitionserfordernisse werden nicht berücksichtigt • Kapitalkosten werden nicht berücksichtigt • Das zugrunde gelegte Kapital findet keine Berücksichtigung

7.9 Kurs-Umsatz-Verhältnis

Formel

$$\frac{\text{Marktkapitalisierung}}{\text{Umsatz}}$$

Rechenbeispiel

$$\frac{12.390}{14.019} = \mathbf{0{,}88}$$

Erläuterung

Diese Kennzahl setzt die aktuelle Marktkapitalisierung des Unternehmens an der Börse ins Verhältnis zum Umsatz des letzten Geschäftsjahrs. Sie bringt zum Ausdruck, mit welchem Vielfachen ein Euro Umsatz an der Börse bewertet wird. Ein Wert von 0,88 sagt beispielsweise aus, dass ein Euro Umsatz aktuell mit 0,88 EUR an der Börse bewertet wird.
Der Einsatz der Kennzahl ist unter anderem sinnvoll, wenn Unternehmen keine Gewinne erwirtschaften und innerhalb der Branche verglichen werden sollen. Jedoch sollte die Kennzahl immer in Verbindung mit der Umsatzrendite oder dem Umsatzwachstum betrachtet werden, da sonst die Aussagefähigkeit eingeschränkt ist.

Vorteile	**Nachteile**
• Dient der Unternehmensbewertung	• Zu ungenau, um Unternehmenswert zu ermitteln
• Bilanzpolitische Maßnahmen haben kaum Einfluss	• Finanzierungsformen bleiben unberücksichtigt
• Hilfreich, wenn Unternehmen noch kein positives operatives Ergebnis erwirtschaften	• Unterschiedliche Wachstumsraten kommen nicht zum Tragen
• Einfach zu ermitteln	

7.10 Kurs-Buchwert-Verhältnis

Formel

$$\frac{\text{Marktkapitalisierung}}{\text{Buchwert des Eigenkapitals}}$$

Rechenbeispiel

$$\frac{12.390}{5.493} = \mathbf{2{,}26}$$

Erläuterung

Das Kurs-Buchwert-Verhältnis stellt die Marktkapitalisierung dem bilanziellen Eigenkapital gegenüber. Der Buchwert stellt den Substanzwert der Vermögensgegenstände dar. Zu beachten ist, dass bei Unternehmen aufgrund von Rechnungslegungsvorschriften die Buchwerte oftmals deutlich unter dem aktuellen Marktwert angesetzt werden, was diese Aussagekraft der Kennzahl beeinträchtigt.
Grundsätzlich ist ein niedriges Kurs-Buchwert Verhältnis ein Indikator für ein günstig bewertetes Unternehmen. In der Regel ist das Kurs-Buchwert-Verhältnis größer als 1, d. h. der Aktionär zahlt für die positiven Zukunftsaussichten ein Agio. In Baisse-Phasen sind die Buchwerte z. T. größer als der jeweilige Aktienkurs. Dies ist besonders bei zyklischen Unternehmen der Fall, bei denen Gewinne überdurchschnittlich einbrechen. Diese Phasen sind aber an der Börse meist nur von kurzer Dauer.

Vorteile	Nachteile
• Einfach zu ermitteln	• Statische Kennzahl
• Dient der Unternehmensbewertung	• Wachstum eines Unternehmens bleibt unberücksichtigt
• Bezieht sich auf die Substanz eines Unternehmens	• Nach HGB ist eine Verrechnung von Goodwill mit Eigenkapital möglich. Dies kann zu deutlichen Verzerrungen führen

7.11 Buchwert je Aktie

Formel

$$\frac{\text{Buchwert des Eigenkapitals} - \text{Bevorzugtes Eigenkapital}}{\text{Anzahl der am Bilanzstichtag ausstehenden Stammaktien}}$$

Rechenbeispiel

$$\frac{5.493 - 0}{354} = \mathbf{15{,}52}$$

Erläuterung

Der Buchwert je Aktie ermittelt sich, indem das bilanzielle Eigenkapital abzüglich des Vorzugskapitals durch die Anzahl der ausstehenden Stammaktien dividiert wird. Das Ergebnis gibt Aufschluss über den Substanzwert einer Aktie. Je größer die Differenz zwischen Substanzwert und tatsächlichem Aktienkurs, desto höher der Wert der zukünftigen, abdiskontierten freien Cash Flows, der in dem Aktienkurs enthalten ist.
Dies heißt im Umkehrschluss, dass Aktien mit sehr niedrigen Buchwerten für Investoren ein gestiegenes Risiko enthalten, sofern Cash Flow Prognosen nicht eintreffen. Sofern der Buchwert über dem tatsächlichen Aktienkurs notiert, kann dies ein Indikator für implizite Unternehmensrisiken sein, die das Eigenkapital eines Unternehmens aufzehren könnte.

Vorteile	**Nachteile**
• Einfach zu berechnen	• Statische Kennzahl
• Findet im Zuge der Unternehmensbewertung Anwendung, um Über- oder Unterbewertungen zu erkennen	• Unternehmenswachstum findet keine Berücksichtigung
• Dient zur Ermittlung der Unternehmenssubstanz und damit der -qualität	• Abhängig von den Rechnungslegungsvorschriften, ggf. kann der Goodwill mit dem Eigenkapital verrechnet werden, was zu Verzerrungen führt
• Risikokennzahl bis zu einem bestimmten Ausmaß	

7.12 Enterprise Value (EV)

Formel	Rechenbeispiel
Marktkapitalisierung	12.390
– Liquide Mittel	– 2.526
+ Kurzfristige Verbindlichkeiten	2.814
+ Langfristige Verbindlichkeiten	1.428
+ Minderheiten	36
+ Bevorzugtes Eigenkapital	0
= **Enterprise Value**	= **14.142**

Erläuterung

Der Enterprise Value ergibt sich, indem zum Marktwert (die Bewertung des Eigenkapitals an der Börse) eines Unternehmens die Verbindlichkeiten sowie die Minderheiten und das bevorzugte Eigenkapital hinzuaddiert und liquide Mittel abgezogen werden. Der EV berücksichtigt (im Gegensatz z. B. zum KGV) die Kapitalstruktur als auch die (unrentable) Cash-Position bei einem Unternehmensvergleich. Die Berechnung des Enterprise Values basiert auf dem Grundgedanken, dass die Finanzstruktur nicht den Unternehmenswert beeinflusst.
Der Enterprise Value ist letztlich der Marktwert des Gesamtkapitals und somit der Unternehmenswert aus Sicht aller Kapitalgeber (Eigen- und Fremdkapital).

Vorteile	Nachteile
• Ein größerer Anteil des investierten Kapitals (Mittelherkunft) findet Berücksichtigung • EV berücksichtigt die Kapitalstruktur und »bestraft« Unternehmen mit zu hohen und unrentablen Cash-Reserven	• Der Buchwert des Fremdkapitals ist lediglich eine Annäherung an die tatsächliche Höhe der Fremdverschuldung • Komplexe Berechnung, sofern Marktkapitalisierung nicht vorhanden ist

7.13 Enterprise Value / EBIT

Formel

$$\frac{\text{Enterprise Value}}{\text{EBIT}}$$

Rechenbeispiel

$$\frac{14.142}{1.452} = \mathbf{9{,}74}$$

Erläuterung

Das EV / EBIT setzt den Marktwert ins Verhältnis zum operativen Gewinn eines Unternehmens. Diese Kennzahl ist somit eine Alternative zum KGV, da es unterschiedliche Finanzierungsstrukturen und Steuerbelastungen auf internationaler Ebene berücksichtigt, indem die Zinsbelastung und der Steueraufwand aus dem Jahresüberschuss herausgerechnet werden. Im obigen Beispiel dient das Ergebnis von 9,74 somit als Ergänzung zu dem errechneten KGV von über 14 (vgl. S. 113).

Vorteile	Nachteile
• Unabhängig von der Finanzierungsform	• Kapitalkosten bleiben unberücksichtigt
• Die nationale Steuerquote bleibt ohne Einfluss	• Investitionserfordernisse kommen nicht zum Tragen
• Es erfolgt eine Bewertung des operativen Ergebnisses	

7.14 Enterprise Value / EBITDA

Formel

$$\frac{\text{Enterprise Value}}{\text{EBITDA}}$$

Rechenbeispiel

$$\frac{14.142}{1.944} = \mathbf{7{,}27}$$

Erläuterung

Das EV / EBITDA stellt den Enterprise Value (Unternehmenswert) ins Verhältnis zum operativen Gewinn vor Steuern, Zinsen und Abschreibungen (EBITDA) eines Unternehmens. Diese Kennzahl beschreibt, wie oft der operative Ertrag im Unternehmenswert enthalten ist (in diesem Fall ca. sieben Mal). Ähnlich wie das EV / EBIT ist es dem klassischen KGV überlegen, da es neben unterschiedlichen Finanzierungsstrukturen und Steuerbelastungen auch die unterschiedlichen Abschreibungsmodalitäten eliminiert, wodurch Unternehmen international innerhalb der gleichen Branche verglichen werden können.

Vorteile	**Nachteile**
• Ermöglicht internationalen Vergleich • Hilfreich bei der Bewertung von Unternehmen, die noch keinen Gewinn generieren • Häufig verwendete Kennzahl von Finanzanalysten	• Kapitalkosten bleiben unberücksichtigt • Strategische Beteiligungen finden keine Berücksichtigung • Erlaubt keinerlei Rückschlüsse auf die Fähigkeiten eines Unternehmens, das notwendige Betriebsvermögen (Nettoumlaufvermögen) zu verwalten • Investitionserfordernisse finden keine Berücksichtigung

7.15 Ausschüttungsquote

Formel

$$\frac{\text{Dividendenausschüttungen}}{\text{Jahresüberschuss}} \times 100\%$$

Rechenbeispiel

$$\frac{354}{882} \times 100\% = \mathbf{40{,}14\%}$$

Erläuterung

Die Ausschüttungsquote beschreibt, welcher Teil des Jahresüberschusses an die Aktionäre ausgeschüttet wird. Für den Jahresüberschuss ergeben sich nur zwei Möglichkeiten:

- er wird reinvestiert,
- er wird an die Aktionäre ausgeschüttet.

Die Ausschüttungsquote eines Unternehmens wird im Wesentlichen durch den Selbstfinanzierungsbedarf eines Unternehmens, durch die steuerliche Situation der Aktionäre und die Renditeforderung der Aktionäre beeinflusst. Je rentabler Unternehmen sind, desto höher sollte die Reinvestitionsquote und je niedriger die entsprechende Kennzahl sein. Im obigen Rechenbeispiel wird die Dividendenzahlung im Jahr 2 durch den Jahresüberschuss des vorherigen Jahres geteilt, da die Dividendenzahlungen hieraus resultieren.

Vorteile	Nachteile
• Zeigt den tatsächlichen Cash Return eines Investors • Eine hohe Dividende kann der Sicherung eines Investments dienen • Der verbleibende, einbehaltene Gewinn lässt Rückschlüsse auf den zusätzlichen Finanzbedarf bei gegebenen Investitionserfordernissen zu	• Gewinne sind Voraussetzung • Kann im Zeitablauf variieren

7.16 Dividende je Aktie

Formel

$$\frac{\text{Ausgeschüttete Dividenden}}{\text{Anzahl der ausstehenden Stammaktien}}$$

Rechenbeispiel

$$\frac{354}{354} = \mathbf{1{,}00}$$

Erläuterung

Die Dividende je Aktie berechnet sich durch die Summe der ausgeschütteten Dividenden (an Aktionäre, die Stammaktien halten), dividiert durch die Anzahl ausstehender Stammaktien. Dividenden werden entweder jährlich oder wie im angelsächsischen Raum auch üblich vierteljährlich ausgeschüttet. Am Tag der Ausschüttung wird die Dividende vom Aktienkurs abgezogen, und reflektiert damit die Rendite eines Aktieninvestments (vgl. auch Dividendenrendite S. 127). Vergleicht man die Dividende je Aktie mit dem aktuellen Aktienkurs, so lässt sich die relative Attraktivität im Vergleich zur Peer Group ermitteln.

Vorteile	Nachteile
• Dividende je Aktie dient als weiteres Kriterium, um die Attraktivität einer Aktie zu beurteilen • Dient dem Sicherheitsaspekt einer Aktienanlage	• Finanzierung der Dividende wird nicht berücksichtigt, d.h. geschieht dies aus dem laufenden Einkommen oder aus Gewinnrücklagen der vergangenen Jahre • Dividenden an sich verraten noch nichts über die Rendite • Dividenden können im Zeitverlauf stark schwanken

7.17 Dividendenrendite

Formel

$$\frac{\text{Dividende je Aktie}}{\text{Börsenkurs}} \times 100\%$$

Rechenbeispiel

$$\frac{1{,}00}{35{,}00} \times 100\% = \mathbf{2{,}86\%}$$

Erläuterung

Die Dividendenrendite ergibt sich aus der Dividende plus Steuergutschrift (im obigen Rechenbeispiel nicht berücksichtigt) im Verhältnis zum Börsenkurs. Sie drückt aus, wie hoch die effektive Verzinsung des in Aktien investierten Kapitals ist. Die Dividendenrendite hat für Investoren insbesondere im Vergleich zu anderen Anlageformen, wie z. B. Anleihen, eine wichtige Bedeutung. Für Investoren ist jedoch zu berücksichtigen, dass Dividendenausschüttungen im Gegensatz zu Couponzahlungen von Rentenpapieren wesentlich unsicherer sind. Gleichzeitig wird am Tag der Dividendenausschüttung die Dividende vom Börsenkurs der Aktie abgezogen, was im Zeitverlauf durch die Steigerung des Aktienkurses wieder aufgeholt werden muss.

Vorteile	**Nachteile**
• Die Dividendenrendite kann ggf. als zusätzliches Kriterium für die Attraktivität eines Unternehmens herangezogen werden • Dient der Bestimmung der relativen Attraktivität • Dient dem Sicherheitsaspekt einer Investition	• Die Finanzierung der Dividende bleibt unberücksichtigt • Ist nur ermittelbar, wenn Dividende bezahlt wird • Es gibt keine »optimale« Dividendenrendite • Rendite ist abhängig vom Kaufzeitpunkt des Investors

7.18 Beta

Formel

$$\frac{\text{Kovarianz der Aktie zum Vergleichswert V}}{(\text{Volatilität des Vergleichswerts V})^2}$$

Rechenbeispiel

Aufgrund der zahlreichen zu berücksichtigenden Faktoren wird auf ein Rechenbeispiel aus Vereinfachungsgründen an dieser Stelle verzichtet. Für die folgenden Rechenbeispiele wird ein Beta von 0,9 unterstellt.

Erläuterung

Das Beta misst die Schwankungsintensität (Volatilität) einer Aktie im Vergleich zu einem Index während eines bestimmten Zeitraums der Vergangenheit (z. B. 90 oder 200 Tage). Bei einem Beta von 0,9 würde sich im definierten Zeitraum der Wert einer Aktie um 9% erhöhen, sofern der Index um 10% steigt. Gleiches gilt entsprechend, sofern der Index fällt.
Je höher das Beta eines Unternehmens ist, desto höher ist folglich die Volatilität und damit das Risiko für einen Investor. Ziel der Investor Relations ist es unter anderem, dieses Beta durch zeitnahe und ausführliche Kommunikation möglichst gering zu halten. Das Beta wiederum hat wichtige Bedeutung für die Berechnung der Eigenkapitalkosten oder Optionsscheinprämien. Denn je höher die Kapitalkosten (vgl. WACC, S. 131) eines Unternehmens sind, desto niedriger ist nach dem DCF-Modell der Unternehmenswert.

Vorteile	**Nachteile**
• Gilt als Risikomaßstab	• Vergangenheitsbezogen
• Das Beta wird häufig als Grundlage zur Berechnung der Eigenkapitalkosten (CAPM) genutzt	• Kann im Zeitablauf stark schwanken
	• Ist abhängig vom gewählten Zeithorizont

7.19 Eigenkapitalkosten

Formel

Riskofreier Zinssatz + (Marktrisikoprämie × Beta)

Rechenbeispiel

4,50% + (3,50% × 0,9) = **7,65%**

Erläuterung

Die Eigenkapitalkosten sind Grundlage für die Berechnungsmodelle (z. B. Discounted Cash Flow, Economic Value Added) von Unternehmenswerten. Da Eigenkapital i. d. R. keine direkten Kosten verursacht, können Eigenkapitalkosten auch als kalkulatorische Opportunitätskosten betrachtet werden, d.h. es ist die Mindestrendite, die mit dem gleichen Kapital durch andere Investitionen hätte erwirtschaftet werden können.
Als risikofreier Zinssatz werden langfristige Staatsanleihen herangezogen (z. B. 10-jährige Euroland-Anleihe). Die Marktrisikoprämie ist die erwartete Zusatzrendite durch Investitionen in andere Anlageformen, wie z. B. Aktien. Die langfristige Aktienrendite liegt bei ca. 8%, der risikofreie Zinssatz bei 4,5%. Daher beträgt die durchschnittliche Marktrisikoprämie ca. 3,5%. Dies multipliziert mit dem Beta zuzüglich dem risikofreien Zinssatz ergibt die Eigenkapitalkosten nach dem sogenannten Capital Asset Pricing Model (CAPM).

Vorteile	Nachteile
• Findet häufig Verwendung bei der Unternehmensbewertung	• Ein-Faktoren-Modell
• Komponenten sind einfach zu erklären	• Grundlage der Berechnung (Index) für die Marktrisikoprämie uneinheitlich
• Dient der Ermittlung der Gesamtkapitalkosten	• Beta ist vergangenheitsorientiert
	• Beta stark abhängig von zugrundegelegtem Zeitraum

7.20 Fremdkapitalkosten

Formel

(Riskofreier Zinssatz + Corporate Bond Spread) × (1 – Steuerquote)

oder (sofern kein Rating vorhanden ist):

$$\frac{\sum (\text{Kreditsumme} \times \text{Zinssatz})}{\sum \text{Gesamtkredite}} \times (1 - \text{Steuerquote})$$

Rechenbeispiel

$$(4{,}50\% + 0{,}30\%) \times \left(1 - \frac{594}{1.497}\right) = \mathbf{2{,}90\%}$$

Erläuterung

Für die Berechnung der Fremdkapitalkosten gibt es zwei Ansätze:
Sofern ein Unternehmen ein Rating besitzt, kalkulieren Analysten für die Errechnung der Fremdkapitalkosten den risikofreien Zinssatz (im Euroraum zumeist 10-jährige Euroland-Anleihe, in den USA 10-jährige Treasuries) plus den Corporate Bond Spread (Risikozuschlag für Unternehmensanleihen), der sich aus dem Rating ableitet und sich in Abhängigkeit des Marktumfelds täglich verändert.
Die Fremdkapitalkosten können jedoch auch auf anderem Weg ermittelt werden. Hierfür werden die einzelnen Kreditsummen mit dem jeweiligen Zinssatz multipliziert und durch die Gesamtkreditsumme geteilt. Hieraus ergibt sich der gewichtete Fremdkapitalkostensatz. Zu beachten ist bei beiden Rechenwegen der Steuereffekt (Fremdkapitalkosten sind gewinnmindernd und damit steuerentlastend).

Vorteile	Nachteile
• Steuereffekt findet Berücksichtigung • Kann als Bestandteil zur Berechnung der Gesamtkosten dienen • Die tatsächlichen Fremdkapitalkosten finden Berücksichtigung	• Schwer zu ermitteln, sofern kein Rating vorhanden ist • Die jeweiligen Zinssätze der einzelnen Kreditsummen sind nicht verfügbar • Finanzrisiko des Unternehmens spiegelt sich nur sehr ungenau in dieser Zahl wider

7.21 Gewichteter Kapitalkostensatz (WACC)

Formel

$$\left(\frac{\text{Eigenkapital}}{\text{Eigenkapital} + \text{Zinstragendes Fremdkapital}} \times \text{Eigenkapitalkosten}\right)$$

$$+\left(\frac{\text{Zinstragendes Fremdkapital}}{\text{Eigenkapital} + \text{Zinstragendes Fremdkapital}} \times \text{Fremdkapitalkosten}\right)$$

Rechenbeispiel

$$\left(\frac{5.493}{5.493 + 1.896} \times 7{,}65\%\right)$$

$$+\left(\frac{1.896}{5.493 + 1.896} \times 2{,}90\%\right) = \mathbf{6{,}43\%}$$

Erläuterung

Der gewichtete Kapitalkostensatz WACC (Weighted Average Cost of Capital) ist der am Kapitalmarkt meist verbreitetste Abzinsungsfaktor für die Berechnung des Unternehmenswertes. Für die richtige Gewichtung der Kapitalkosten wird üblicherweise nur das zinstragende Fremdkapital (d. h. keine Rückstellungen) und das bilanzielle Eigenkapital (alternativ: die Marktkapitalisierung) verwendet.
Sowohl im Discounted Cash Flow Verfahren als auch im EVA-Modell hat der WACC wesentlichen Einfluss auf die Unternehmensbewertung. Gewöhnlich liegt der Kapitalkostensatz WACC zwischen 5 und 10%, je nach Kapitalstruktur und Branchenzugehörigkeit. Bei Wachstumsunternehmen kann aufgrund der höheren Risikoprämie der WACC auch 10% übersteigen.

Vorteile	**Nachteile**
• Dient als Abzinsungsfaktor für die Unternehmensbewertung • Stellt eine Mindestrendite auf das investierte Kapital (vgl. ROIC) dar • Überkommt Nachteile, die mit der alleinigen Betrachtung von Zinsaufwendungen einhergeht	• Vergangenheitsorientierte Kennzahl • Keine einheitliche Berechnung • Häufig manipulierte Kennzahl

7.22 Discounted Cash Flow-Methode (DCF)

Formel

$$\sum_{t=1}^{n} \frac{\text{Free Cash Flow}_t}{(1 + \text{WACC})^t} + \frac{\text{Restwert}_n}{(1 + i)^{n-1}}$$

Rechenbeispiel

$$\frac{851{,}40}{(1 + 0{,}0643)} + \frac{936{,}54}{(1 + 0{,}0643)^2} + \frac{1030{,}19}{(1 + 0{,}0643)^3} + \frac{1.133{,}21}{(1 + 0{,}0643)^4}$$

$$+ \frac{1.246{,}53}{(1 + 0{,}0643)^5} + \frac{\frac{1.246{,}53}{0{,}0643}}{(1 + 0{,}0643)^5} = 4.277{,}29 + 14.196{,}18 = \mathbf{18.473{,}47}$$

Erläuterung

Beim Discounted Cash Flow Verfahren wird der aktuelle Unternehmenswert ermittelt, indem die Barwerte der Kapitalzuflüsse der kommenden Jahre addiert werden. Im vereinfachten Modell werden die Free Cash Flows der zukünftigen fünf Jahre explizit geschätzt und abgezinst (hier: 10% Wachstum p.a., Ausgangsbasis Free Cash Flow des zweiten Jahres, vgl. S. 54). Zur Ermittlung des Restwerts werden konstante Kapitalzuflüsse (ohne weiteres Wachstum) für alle weiteren Jahre unterstellt und ebenfalls abgezinst. Die Summe aus abgezinsten Cash Flows und Restwert führt dann zum Unternehmenswert. Der Marktwert des Eigenkapitals ergibt sich, indem vom errechneten Unternehmenswert noch der Marktwert des Fremdkapitals abgezogen wird. Problematisch bei der DCF-Methode ist die Schätzung der zukünftigen Cash Flows und die richtige Auswahl des Abzinsungsfaktors (in der Regel der sog. WACC).

Vorteile	Nachteile
• Dient der Unternehmensbewertung • Überkommt Nachteile, die mit der reinen Betrachtung von Multiples einhergeht • Sehr variables Unternehmensbewertungskonzept	• Sehr komplex • Der Restwert hat nachhaltigen Einfluss auf den Gesamtwert des Unternehmens • Unternehmenswert ist leicht durch Manipulation (oder Fehlschätzung) der Kapitalkosten schwerwiegend beeinflussbar

7.23 Economic Value Added (EVA)

Formel

(ROIC – WACC) × Investiertes Kapital

Rechenbeispiel

(11,52% – 6,43%) × 7.389 = **376,10**

Erläuterung

Der Economic Value Added (EVA) basiert auf dem Ansatz, dass ein Unternehmen nur dann Wert für den Investor generiert, wenn die Rendite auf das eingesetzte Kapital (ROIC) die zugrunde liegenden Kapitalkosten (WACC) eines Unternehmens übersteigt. Diese Überrendite multipliziert mit dem investierten Kapital führt zur jährlichen Wertsteigerung bzw. Wertvernichtung eines Unternehmens. Im obigen Beispiel wäre das EVA mit 376,1 Mio. positiv, was sich ceteris paribus im Zeitverlauf in einer Steigerung der Marktkapitalisierung um diesen Wert widerspiegeln sollte.
Der EVA sollte stets zusätzlich zu der reinen Betrachtung der Cash Flows herangezogen werden, denn obwohl ein Unternehmen positive Cash Flows generiert, kann es trotzdem Wert vernichten und einen negativen EVA besitzen.

Vorteile	Nachteile
• Im Gegensatz zum Cash Flow kann selbst auf jährlicher Basis die Wertgenerierung bzw. Wertzerstörung eines Unternehmens ermittelt werden • Überkommt traditionelle Probleme der Multiple-Bewertung	• Vielzahl von Adjustierungen möglich • Nicht sinnvoll in einem Umfeld mit hohen inflationären Tendenzen • EVA sollte im Zeitablauf Beachtung finden • Beteiligungen, die ggf. aus operativen Überlegungen getätigt wurden, aber nicht vollkonsolidiert werden, finden ggf. keine Berücksichtigung

7.24 Market Value Added (MVA)

Formel

$$\sum_{t=1}^{t=\infty} \frac{EVA_t}{(1 + WACC)^t}$$

MVA = Enterprise Value – (Eigenkapital + Langfristiges Fremdkapital)

Rechenbeispiel

14.142 – (5.493 + 1.140 + 288) = **7.221**

Erläuterung

Der Market Value Added entspricht der Differenz aus dem aktuellen Wert des Unternehmens (Enterprise Value oder auch alternativ Marktkapitalisierung zuzüglich der Nettoverschuldung) und dem bilanziellen Wert des langfristigen Kapitals. Somit drückt der Market Value Added den Betrag aus, den der Markt bereit ist, zusätzlich zu dem zur Verfügung stehenden bilanziellen Kapital zu bezahlen. Der MVA entspricht daher auch der Summe der abgezinsten zukünftigen, jährlichen EVA's.
Die Kennzahl zeigt somit den kumulierten Betrag, um den das Unternehmen bzw. das Management den Aktionärswert gesteigert hat.

Vorteile	**Nachteile**
• Internationale und branchenübergreifende Vergleichbarkeit	• MVA ist nur für börsennotierte Gesellschaften geeignet
• Bewertungsmaßstab für Managementleistung	• MVA ist abhängig vom Gesamtmarkt

Stichwortverzeichnis

Stichwortverzeichnis

Stichwortverzeichnis

Literatur

Benzel, W. und Wolz, E.	»Bilanzanalyse für Aktionäre«, 2. Auflage, Walhalla Fachverlag, Regensburg / Berlin, 2000
Bussiek, J., Fraling, R. und Hesse, K.	»Unternehmensanalyse mit Kennzahlen«, Gabler-Verlag, Wiesbaden, 1993
DATEV eG	»Tabellen und Informationen für den steuerlichen Berater«, DATEV eG Nürnberg, 2003
Deutsches Steuerberaterinstitut e.V.	»Steuerberater Handbuch 2002 / 03«, Stollfuß Verlag, Bonn, 2002
Gabler	»Gabler Wirtschafts-Lexikon«, 14. Auflage, Gabler Verlag, Wiesbaden, 1997
Kruschwitz, L.	»Investitionsrechnung«, 9. Auflage, Oldenbourg Verlag, München, 2003
Knief, P.	»Steuerberater und Wirtschaftsprüfer Jahrbuch 2003«, 21. Auflage, Deutscher Sparkassen Verlag GmbH, Stuttgart, 2002
Olfert, K.	»Finanzierung«, 8. Auflage, Kiehl Verlag, Ludwigshafen, 1994
Olfert, K.	»Investition«, 9. Auflage, Kiehl Verlag, Ludwigshafen, 2003
Onlinequelle	www.ifrs-portal.com, Februar 2005
Ossola-Haring, C.	»Das große Handbuch Kennzahlen zur Unternehmensführung«, Verlag Moderne Industrie, Landsberg / Lech, 1999
Perridon, L. und Steiner, M.	»Finanzwirtschaft der Unternehmung«, 10. Auflage, Verlag Vahlen, München, 1999
Siegwart, H.	»Kennzahlen für die Unternehmensführung«, 6. Auflage, Verlag Paul Haupt, Bern, 2002
Wöhe, G.	»Einführung in die Betriebswirtschaftslehre«, 18. Auflage, Verlag Vahlen, München, 1993

Impressum

Sonderausgabe in Kooperation mit der Handelsblatt GmbH

Idee:

Michael Diegelmann

Konzeption:

Michael Diegelmann
Ulrich Wiehle
Michael Rolf

Autoren:

Ulrich Wiehle
Michael Diegelmann
Henryk Deter
Dr. Peter Noel Schömig
Michael Rolf

Cover:

Foto: cometis publishing GmbH & Co. KG, Deutsche Börse AG
Design: cometis publishing GmbH & Co. KG

Projektleitung:

Ulrich Wiehle

Verantwortlich:

cometis publishing GmbH & Co. KG
Unter den Eichen 7
65195 Wiesbaden

Tel.: 0611/205855-0
Fax: 0611/205855-66

E-Mail: info@cometis.de

www.cometis.de
www.cometis-publishing.de

Originalquelle:

Wiehle, U.; Diegelmann, M.; Deter, H.; Dr. Schömig, P. N.; Rolf, M.
100 Finanzkennzahlen, cometis publishing GmbH & Co. KG,
Wiesbaden, 2008, 3. Auflage, ISBN 978-3-940828-31-6

Leseproben

Leseprobe: Die 100 wichtigsten Konjunkturindikatoren – weltweit –

USA: Verbrauchervertrauen

Veröffentlichung:

Turnus	Monatlich
Zeitpunkt	Am letzten Dienstag des Berichtsmonats um 16:00 Uhr
Quelle	Conference Board

Beschreibung:

Für das Verbrauchervertrauen werden landesweit 5.000 repräsentative Haushalte schriftlich befragt. Auf der Basis von fünf Fragen werden zwei Teilkomponenten ermittelt, die Lage- und die Erwartungskomponente, die mit den Gewichten 40 % bzw. 60 % in den Gesamt*index* eingehen. Erstere ergibt sich aus den Teilfragen nach der wirtschaftlichen Lage und der Arbeitsmarktlage. Letztere wird aus den Erwartungen bezüglich der wirtschaftlichen Entwicklung, der Arbeitsmarktentwicklung und der Einkommensentwicklung jeweils in sechs Monaten ermittelt. Der *Index* ist *saisonbereinigt*. Seine Zuverlässigkeit ist niedrig bis mittel.

Interpretation:

Das Verbrauchervertrauen ist der wichtigste Indikator für die Stimmung der privaten Haushalte. Bei Werten über 120 Punkten kann von einer sehr hohen Dynamik des privaten Konsums ausgegangen werden. Fällt der *Index* für mehrere Monate unter 80 Punkte, so ist mit einer Phase der Konsumschwäche zu rechnen. *Rezessionen* gingen in der Vergangenheit mit *Index*werten unter 60 Punkten einher. Änderungen dieses Indikators um 2 bis 3 Punkte können als übliche Schwankung interpretiert werden, ohne dass eine gravierende Änderung des Konsumentenverhaltens zu erwarten ist. Großen Einfluss auf die Befragungsergebnisse haben Bewegungen des Benzinpreises, Arbeitsmarktzahlen der vergangenen Monate und die Höhe der Kreditzinsen.

Finanzmarkt-bedeutung	gering	mittel	**hoch**
Konjunktur-bezug	**Vorlauf**	Gleichlauf	Nachlauf
Hoch/Tief/ Durchschnitt	H: 144,7 Punkte Mai 2000	T: 47,3 Punkte Feb. 1992	D: 99,7 Punkte 1991 - 2008

Leseprobe: 100 Immobilienkennzahlen

Funds from Operations – FFO

Formel		Rechenbeispiel
	Jahresüberschuss (Konzernergebnis)	200,67 Mio. €
+	Abschreibungen	3,8 Mio. €
+/–	Bewertungsergebnis der Immobilien	– 114,67 Mio. €
+/–	Veräußerungserlöse bzw. -verluste	– 91,87 Mio. €
+/–	Ergebnis aus der Bewertung derivativer Finanzinstrumente	0 Mio. €
=	FFO	–2,07 Mio. €

Erläuterung

FFO ist eine wichtige Kennzahl zur Ermittlung des tatsächlich ausschüttungsfähigen Gewinns einer Immobilien-AG. Zur Ermittlung wird der ermittelte Jahresüberschuss um die Abschreibungskosten für Immobilien bereinigt. Auch Immobilienveräußerungserlöse und -verluste werden in der Regel aus dem Reineinkommen herausgerechnet. Heraus kommt ein Maß für die betriebliche Leistung einer Immobilien-AG, FFO genannt.

Ein Problem mit dieser einfachen FFO-Definition liegt in der fehlenden Berücksichtigung echter Wertminderungen in den Immobilienbeständen. Regelmäßige Investitionen, die lediglich dem Erhalt der Vermietbarkeit dienen, werden meist kapitalisiert und abgeschrieben. Auch dieser Kapitalaufwand muss deshalb aus dem FFO herausgerechnet werden, um die Profitabilität einer Immobilien-AG beurteilen zu können. Die Mittel aus der laufenden Geschäftstätigkeit bilden schließlich die Grundlage für die Ausschüttungen einer Immobilien-AG.

Vorteile	Nachteile
• Zeigt Stärke und Qualität des operativen Geschäfts an • Im Unterschied zum EBITDA (vgl. Seite 134) wird das Kerngeschäft einer Immobilien-AG, die Vermietungstätigkeit, transparenter herausgearbeitet • Erlaubt Ausblick auf das zukünftige Wachstum des Kerngeschäfts sowie die Fähigkeit, den Anteil stabiler, wiederkehrender Erträge am Gesamtergebnis zu erhöhen	• Fehlende Berücksichtigung echter Wertminderungen in Immobilienbeständen • Manipulierbarkeit durch Anwendung unterschiedlicher Buchhaltungsstandards

Leseprobe: 100 Versicherungskennzahlen

Combined Ratio

Formel

$$\frac{\text{Zahlungen für Schäden + Verwaltungskosten + Abschlusskosten}}{\text{Nettoprämien}} \times 100\,\%$$

Rechenbeispiel (T3)

$$\frac{700 \text{ Mio. €} + 100 \text{ Mio. €} + 180 \text{ Mio. €}}{1.000 \text{ Mio. €}} \times 100\,\% = 98\,\%$$

Erläuterung

Die Combined Ratio, d. h. die kombinierte Schaden-/Kostenquote, ist eine der wichtigsten Kennziffern im Bereich der Schaden- und Unfallversicherung. Sie setzt die Ausgaben für Schäden, Vertrieb und Verwaltung in ein Verhältnis zu den eingenommenen Nettoprämien. Eine Combined Ratio unter 100 % bedeutet, dass eine Versicherung versicherungstechnische Gewinne erzielt, also auch ohne Investmenterträge profitabel arbeitet. Combined Ratios von über 100 % deuten hingegen auf ein sogenanntes Cashflow Underwriting hin, d. h., die Profitabilität einer Versicherung beruht nur auf den durch die Prämieneinnahmen generierten Kapitalerträgen.

Wie oben beschrieben, wird die Combined Ratio in der Regel auf Basis der Nettoprämien kalkuliert, d. h. nach Berücksichtigung der eigenen Rückversicherung. Vereinzelt wird auch die Combined Ratio auf Basis der Bruttoprämien, also vor Rückversicherung, angegeben; die Aussagekraft dieser Angabe ist aber begrenzt, da auf Bruttobasis der Anteil für eigene Rechnung nicht erkennbar ist.

Vorteile	Nachteile
• Die bedeutendste Kennziffer für Sachversicherungen • Der Ausschluss von Kapitalerträgen ermöglicht eine Beurteilung der Profitabilität des Kerngeschäftes (Versicherungsrisiken) von Sachversicherungen	• Keine einheitliche Definition, welche Kosten in die Combined Ratio einfließen • Keine zeitliche Abgrenzung bezüglich der Schadenfälle; erschwert die Interpretation über einen längeren Zeitraum

Autor

Prof. Dr. Klaus Bichler

100 Logistikkennzahlen

Sonderausgabe in Kooperation mit der Handelsblatt GmbH

Cover: cometis publishing GmbH & Co. KG

Anmerkung:
Die Erläuterungen und Interpretationen der einzelnen Kennzahlen geben zum Teil die persönliche Einschätzung des Autors wieder. Trotz sorgfältiger Recherche und Prüfung der Inhalte kann eine Garantie oder Haftung für die Richtigkeit oder Vollständigkeit nicht übernommen werden.

Dieses Buch ist Teil der Sonderausgabe »Kennzahlen kompakt« mit der ISBN 978-3-940828-80-4

Vorwort des Autors

Lieber Leser,

die Verwendung von Kennzahlen gewinnt aufgrund der immer stärkeren Globalisierung und Vernetzung von Unternehmensstrukturen, verbundenen mit der Notwendigkeit zu stärkerer Transparenz, zunehmend an Bedeutung. Dabei rücken auch immer mehr logistische Prozesse in den Fokus der Unternehmensplanung und -entwicklung. In kurzer Zeit müssen strategische Entscheidungen über Investitionen, Produktionsstandorte, Make or Buy, aber auch über operative Prozesse, z. B. im Materialfluss, getroffen werden. Viele Unternehmen suchen daher nach Instrumenten, die helfen sollen, den Blick auf das Wesentliche zu lenken. Hier hilft neben dem Know-how und der Erfahrung auf dem Gebiet der logistischen Prozesse der Einbezug von Kennzahlen, um zu aussagefähigen und vor allem nachvollziehbaren Ergebnissen zu gelangen.

Die dargestellten Kennzahlen basieren auf langjähriger Praxiserfahrung sowohl als Hochschullehrer als auch als Unternehmer, dessen Aufgabe es immer war, in knapper Zeit praxisorientierte Logistiklösungen zu erarbeiten, zu beurteilen und danach auch umzusetzen. Dadurch ist die in diesem Buch vorgestellte Auswahl von Kennzahlen zwar willkürlich – es mangelt in der Logistik an einer Standardisierung von Kennzahlen –, mit Sicherheit jedoch praxisorientiert. Die vorliegenden Kennzahlen werden einheitlich aufgebaut, nach Formel, Dimension, Erläuterungen / Bewertungen sowie um Vor- und Nachteile ergänzt, um so auch über die Grenzen der Anwendbarkeit hinaus prägnant, aber auch verständlich zu informieren.

Die Zusammenfassung der 100 wesentlichen Logistikkennzahlen wendet sich daher nicht nur an Praktiker, sondern auch an Studenten verschiedener Fachbereiche. Praktiker in unterschiedlichen Verantwortungsebenen können aufgrund der vorgenommenen Einteilung rasch die für sie wesentlichen Kennzahlen darstellen und mit ihren Praxiswerten belegen. Somit liefert das vorliegende Nachschlagewerk eine wertvolle Unterstützung bei der täglichen Arbeit. In gleichem Maße würde ich es sehr begrüßen, wenn Studierende verschiedener Fachbereiche bei der Durchsicht dieses Buches ihr Augenmerk auf das Wesentliche in ihren Vorbereitungen für Abschluss- oder Diplomarbeiten lenken würden. Dass dies hoffentlich sowohl für Praktiker als auch für Studierende zutrifft, wünscht Ihnen Ihr Autor.

Für Anregungen und Ergänzungen bin ich jederzeit sehr dankbar.

Danken möchte ich an dieser Stelle Herrn Diplom-Betriebswirt (FH) Tassilo Steinbrenner für die wertvolle Mithilfe bei der Erstellung des Manuskriptes sowie viele konstruktive Anregungen.

Klaus Bichler

Inhaltsverzeichnis

Inhaltsverzeichnis

Inhaltsverzeichnis

Inhaltsverzeichnis

Inhaltsverzeichnis

Abkürzungsverzeichnis

ASN	Advanced Shipping Note
bzw.	beziehungsweise
d. h.	das heißt
EDI EDV EU ERP etc. evtl.	Electronic Data Interchange Elektronische Datenverarbeitung Europäische Union Enterprise Resource Planning et cetera eventuell
i. d. R.	in der Regel
JIS JIT	Just in Sequence Just in Time
LT	Ladungsträger
ME	Mengeneinheit
n. a.	nicht anwendbar
o. a. o. ä. o. Ä. o. g.	oben aufgeführt oder ähnlich oder Ähnliches oben genannt
p. a.	pro Jahr
PPS	Produktionsplanungs- und Steuerungssystem
S. SLT sog.	Seite Sonderladungsträger sogenannt
tkm	Tonnenkilometer
u. a. u. U.	unter anderem unter Umständen
v. a.	vor allem
z. B.	zum Beispiel

Einführung

Logistik

Die Logistik als Querschnittsfunktion tangiert sämtliche Bereiche im Unternehmen und soll als Servicefunktion für die betrieblichen Grundfunktionen Beschaffung, Produktion, Lagerung und Distribution sicherstellen, dass die benötigten Güter und Informationen zur richtigen Zeit am richtigen Ort, in der richtigen Menge und der kundenorientierten Qualität zur Verfügung stehen.

Nehmen wir die Unternehmenslogistik als Überbegriff, so können wir die folgenden Logistikbereiche unterscheiden:
- Industrielogistik
- Handelslogistik
- Dienstleistungslogistik

In der Gesamtheit der oben beschriebenen Logistikbereiche lassen sich die weiteren Teilbereiche der Logistik beschreiben:
- Beschaffungslogistik
- Vorratslogistik
- Produktionslogistik
- Distributionslogistik
- Entsorgungslogistik

Kennzahlen

Durch Logistikkennzahlen sollen Informationen bereitgestellt werden, um in konzentrierter und übersichtlicher Form Beschaffungs-, Bevorratungs-, Produktions- und Verteilungsvorgänge mit ihren wert- und mengenmäßigen Anteilen am Unternehmen abzubilden.
Kennzahlen ermöglichen im Benchmarking einen optimalen Vergleich (möglichst) homogener Prozesse; sie informieren schnell und prägnant über logistische Teilprozesse, für die eine Vielzahl relevanter Einzelinformationen vorliegen, deren Einzelbewertung jedoch zu zeitintensiv, zu aufwendig – und oftmals auch nicht sehr aussagekräftig – wäre. Kennzahlen der Logistik folgen dem Grundsatz der kurzen Verfügbarkeit vor Genauigkeit und können zur Steuerung logistischer Prozesse abgebildet werden als:

- Produktivitätskennzahlen (sie dienen der Beurteilung der Produktivität von Mitarbeitern und/oder technischer Betriebseinrichtungen)
- Wirtschaftlichkeitskennzahlen (sie setzen im Allgemeinen *Logistikkosten*

zu bestimmten Leistungseinheiten in eine Beziehung, wobei eine grundsätzliche Differenzierung zwischen den Kosten von Serienprozessen und denen im Produktanlauf – z. B. als Vorserie – zu unterscheiden ist)
- Qualitätskennzahlen (sie beurteilen den Grad der Zielerreichung)

Kennzahlenpyramide/Drill-down

Aufgrund der Vielzahl logistischer Kennzahlen ist es nützlich, eine Kennzahlenpyramide aufzustellen und eine Einteilung in A-, B-, C-Kennzahlen vorzunehmen.
Gemäß der folgenden Pyramide sind A- und B-Kennzahlen strategische Kennzahlen (z. B. *Logistikkosten* pro Fahrzeug, *Logistikkosten* pro Werk/Gesamtkosten pro Werk), C-Kennzahlen sind operative Kennzahlen (z. B. *Logistikkosten* der Beschaffung/Anzahl Mitarbeiter der Beschaffung).
Es wird bei Durchsicht dieser Kennzahlen überraschen, dass A-Kennzahlen zahlenmäßig überwiegen. Werden A- und B-Kennzahlen zum Vergleich logistischer Prozesse herangezogen, so dienen sie in den meisten Fällen dazu, eine Aussage mit strategischem Hintergrund zu dokumentieren, was eine einheitliche Einstufung in die Gruppe der A-Kennzahlen geeignet erscheinen ließ. Auch die Beschränkung auf exakt 100 Kennzahlen führte dazu, dass A-Kennzahlen aufgrund ihrer strategischen Ausrichtung wesentlich häufiger angeführt sind als C-Kennzahlen.

Verwendung von Kennzahlen

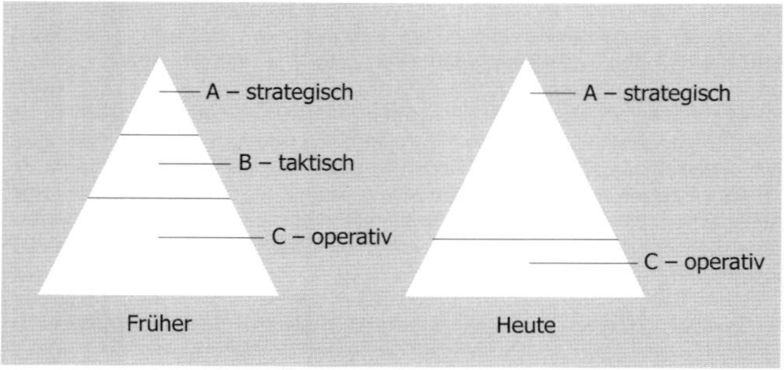

Einführung

Die Flut logistischer Kennzahlen erschwert mit Sicherheit den effizienten Einsatz im Unternehmen, vor allem auch deswegen, weil die Regeln der Anwendung und der Anwendbarkeit nicht gleich mitgeliefert werden. Ein effizientes, logistisches Kennzahlensystem im Unternehmen einzusetzen, muss den individuellen, ja sogar segmentierten (z. B. für eine Lagereinrichtungstechnik oder den Einsatz eines fahrerlosen Transportsystems (FTS) etc.) Einsatz im Unternehmen berücksichtigen. Es gilt zu allererst, die Datenflut im Unternehmen auf nur wenige, jedoch aussagekräftige Kennzahlen zu beschränken. Dabei sind zwei Grundsätze wesentlich. Ein falsch zugrunde liegendes Datenmaterial, eventuell auch dessen Aktualität, verhindert die Anwendbarkeit. Es gilt: »garbage in, garbage out«.

Zum anderen müssen sich die Anwender beim Einsatz logistischer Kennzahlen über die Notwendigkeit eines ganzheitlichen Ansatzes, damit aber auch über deren gegenseitige Abhängigkeiten im Klaren sein. So beeinflusst die Reduzierung der *Logistikkosten* im Unternehmen aus ganzheitlicher Sicht die Bestandskosten bzw. die Lagerungskosten, aber auch evtl. den Grad der Lieferbereitschaft. Bei der Anwendung von A- oder Spitzenkennzahlen ist der Grad der gegenseitigen Abhängigkeiten besonders hoch, da sie ja auch eine höhere Aussagekraft besitzen als die B- oder C-Kennzahlen.

Die von mir vorgenommene Bewertung einer Kennzahl orientiert sich an deren Praxisbezogenheit. Die Quantifizierung von Praxiswerten ist schwierig darstellbar und ließe sich, selbst bei einer Auswertung umfangreichen Datenmaterials, nicht als Durchschnittswert ausweisen. Denn dieser streut nicht nur von Unternehmen zu Unternehmen (weil auch die zugrunde liegende Datenbasis nicht konsistent ist), sondern auch von Branche zu Branche.

Kennzahlen als Planungsinstrument

Es ist Aufgabe einer erfolgreichen Unternehmensführung, Zielvorgaben zu formulieren und eine entsprechende Kontrolle durchzuführen. Dabei zeigt sich, dass die Unternehmensleitung die einzelnen Bereiche am besten mit Planvorgaben im Sinne von Soll-Werten führt. Aufgabe des Logistikcontrollings ist es, die Abweichungen zwischen den Vorgaben als Sollwerte und den tatsächlich erreichten Ist-Werten aufzufinden und die Ursachen hierfür zu ermitteln. Nur dadurch können Entscheidungen im Hinblick auf die Zielerreichung getroffen werden. Die Unternehmensleitung ist somit aufgefordert, logistische Kennzahlen – und nicht nur Spitzenkennzahlen – in Form einer Vorgabe zu entwickeln. Die damit verbundene Zielsetzung ist, dass die Soll-Zahlen gegen ein Optimum tendieren, um das jeweils bestmögliche Ergebnis zu erreichen.

Hierdurch können *Logistikkosten* reduziert und z. B. eine Verbesserung der Auslastungsgrade erreicht werden. Dies ist jedoch nur durch einen auf homogenen Basiswerten begründeten langfristigen Vergleich möglich.
Neben der Notwendigkeit, einen längerfristigen Vergleich von Kennzahlen durchzuführen, muss die Sicht eines innerbetrieblichen Vergleichs ergänzt werden durch den Abgleich mit anderen Unternehmen. Nur dadurch können Potenziale im eigenen Unternehmen aufgezeigt werden. Gerade dem zwischenbetrieblichen Vergleich von Kennzahlen, besonders von Spitzenkennzahlen, sollte in Zukunft wesentlich mehr Bedeutung zukommen.

Gliederung des Buches

Für die oben beschriebenen Teilbereiche von der Beschaffungs- bis zur Entsorgungslogistik werden wir zunächst in A- und C-Kennzahlen unterscheiden.
Innerhalb einer Kennzahl führen wir die Gliederung fort in:

- Formel
- Dimension
- Erläuterungen / Bewertungen mit evtl. Rechenbeispiel, Bewertung (Vorteile, Nachteile und Grenzen der Anwendbarkeit)
- Klassifizierung

Die Vielzahl an Kennzahlen würde deutlich den Inhalt dieses Buches, nämlich die Darstellung der 100 wichtigsten Kennzahlen, übersteigen. Daher sind verwandte Kennzahlen zwar aufgeführt, jedoch in die Hauptkennzahl integriert.
Um eine ständige Wiederholung einzelner Logistikkostenarten, aber auch wesentlicher Logistikbegriffe zu vermeiden, werden in einem anschließenden Anhang wesentliche Definitionen und Begriffe übersichtlich aufbereitet. Diese sind auch bei der Darstellung der Kennzahlen kursiv geschrieben.

Kapitel 1

Kennzahlen der Unternehmenslogistik

1.1 Logistikkosten pro Outputeinheit

Formel

$$\frac{\text{Gesamtlogistikkosten}}{\text{Outputeinheit}}$$

Dimension
€/Outputeinheit

Erläuterungen/Bewertung
Diese Kennzahl ist mit Sicherheit eine Spitzenkennzahl, mit der die gesamte Prozesskette, von der Annahme der Bestellung des Kunden über den Transport im Werk bzw. in der Niederlassung bis zur Auslieferung des Produktes bewertet wird. Die Outputeinheit kann ein Endprodukt oder ein Teilprodukt/Modul, z. B. Motor eines Autos, des Endproduktes darstellen.

In der Praxis werden jedoch häufig nur die Prozesskosten von der Annahme des Kundenauftrags, der Fahrzeugdisposition etc. bis zum Versand an den Kunden verstanden. Nicht nur wegen unterschiedlicher Transportwege (Schiene, Straße, Luft), sondern auch wegen des Einbezugs unterschiedlicher Teilprozesse ergeben sich unterschiedliche, stark streuende Werte. Zu den *Logistikkosten* sind auch die Lagerkosten sowie *Beschaffungskosten* zu rechnen.

Klassifizierung	**A-Kennzahl**	C-Kennzahl

1.2 Anteil der Logistikkosten

Formel

$$\frac{\text{Gesamtlogistikkosten}}{\text{Gesamtkosten des Unternehmens}} \times 100$$

Dimension
Prozentsatz

Erläuterungen / Bewertung
Diese Kennzahl beschreibt, welche Kosten entlang der logistischen Prozesskette bis zur Belieferung des Kunden anfallen, ohne dass dabei das Produkt eine weitere *Wertschöpfung* erfahren hat.
Gilt es dabei, die Gesamtlogistikkosten zu reduzieren, z. B. durch Reduzierung der Lagerbestände (und damit der Bestandskosten), durch eine Reduzierung der Teilevielfalt (und damit der Lagerungskosten) oder durch eine Reduzierung der Lieferbereitschaft (falls möglich und damit der Kapitalbindung), so resultieren daraus gravierende Entscheidungen für die Unternehmenspolitik.

Die Reduzierung der Lagerbestände durch z. B. Verringerung der Anliefermengen oder durch vermehrte Just-in-Time-Anlieferungen hat Auswirkungen auf die Einkaufspolitik (Einkaufspreise, Lieferantenauswahl) und kann evtl. nur durch eine Verbesserung der, Programmplanung effizient umgesetzt werden. Ansatzpunkte für eine Reduzierung der *Logistikkosten* können nur durch eine differenzierte Analyse weiterer Kennzahlen, z. B. im B-Bereich und unter Zuhilfenahme eines externen Benchmarkings gefunden werden.

Klassifizierung	**A-Kennzahl**	C-Kennzahl

1.3 Anteil der Werkslogistikkosten

Formel

$$\frac{\text{Logistikkosten pro Werk}}{\text{Wertschöpfung eines Werks}} \times 100$$

Dimension
Prozentsatz

Erläuterungen/Bewertung
Durch den zu berechnenden Wert wird angegeben, welchen Anteil die gesamten *Logistikkosten* eines Werkes, die einen Teil der Herstellungskosten darstellen, an der *Wertschöpfung* besitzen.

Allerdings ist diese Angabe sehr allgemein gehalten. Informationen über die Aufteilung der einzelnen Kostenfaktoren gehen vollständig verloren.
Die *Wertschöpfung* eines Unternehmens ergibt sich aus den gesamten Erlösen, d. h. nach außen abgegebenen Güterwerten, von denen die Vorleistungen, also Güterwerte vorgelagerter Produktionsstufen o. ä., abgezogen werden. Zu den Vorleistungen zählen fremdbezogene Güter und Dienstleistungen, die im Leistungsprozess verbraucht werden.

Klassifizierung	**A-Kennzahl**	C-Kennzahl

1.4 Logistikkosten pro Mitarbeiter

Formel

$$\frac{\text{Logistikkosten des Werks}}{\text{Anzahl Mitarbeiter der Werkslogistik}}$$

Dimension
€/Mitarbeiter

Erläuterungen/Bewertung
Diese Kennzahl kann Auskunft über die Produktivität der Mitarbeiter in der Werkslogistik geben. Je nach Unterschieden im Abwicklungsaufwand sind bei einem Produktivitätsvergleich im Zeitablauf oder zwischen Mitarbeitern Korrekturen vorzunehmen. Eine zu niedrige Produktivität kann u. a. an der mangelnden Unterstützung durch geeignete Hilfsmittel (z. B. den Transportmitteln) oder an einer unzureichenden Ablauforganisation (z. B. auftragsweises statt zweistufiges Kommissionieren) liegen. Ausschlaggebend ist die Frage der Zusammensetzung der *Logistikkosten*.

Ist z. B. in einem Automobilwerk auch die zentrale Ersatzteilversorgung mitintegriert, so werden hier die *Logistikkosten* pro Mitarbeiter, schon allein durch die vorgegebene Kapitalbindung, wesentlich höher sein als bei einem reinen Produktionswerk. Bei diesem Produktivitätsvergleich ist eine homogene Basis der *Logistikkosten* wesentlich. Die Berechnung ist eng mit dem Anteil der Logistikmitarbeiter an der Zahl aller Beschäftigten verknüpft. Dabei wird der Anteil der Mitarbeiter der Werkslogistik an der Gesamtzahl aller Mitarbeiter des Werkes angegeben.

Klassifizierung	**A-Kennzahl**	C-Kennzahl

1.5 Anteil Investitionen in logistikunterstützende IT-Systeme

Formel

$$\frac{\text{Investitionen in IT-Systeme}}{\text{Gesamtinvestitionen Logistik}} \times 100$$

Dimension
Prozentsatz

Erläuterungen/Bewertung
Diese Kennzahl bringt zum Ausdruck, welchen Anteil Investitionen in zeitgemäße bzw. aktuelle Datenerfassungs- und Informationssysteme am gesamten Investitionsvolumen der Logistik haben.

Zur Steigerung der Produktivität der Mitarbeiter in der Beschaffung, im Lager- und Kommissionierbereich eines Unternehmens wie auch zur Fehlervermeidung werden zunehmend Datenerfassungs- und Ausgabegeräte eingesetzt. Der Belegfluss wird transparent und findet nur noch virtuell statt. Man spricht in der Vorratslogistik auch von der beleglosen Lagerabwicklung. Daher ist die IT ein wirksames Organisationsmittel für die Logistik, wodurch sich u. a. Fehler wirksam reduzieren lassen und die Effizienz und Schnelligkeit deutlich gesteigert wird. Zudem ist der intensive Einsatz solcher IT-Lösungen ein Gütesiegel für die Logistik eines Unternehmens und spiegelt den der Logistik beigemessenen Stellenwert – unter Beachtung der Wirtschaftlichkeit – wider.

Klassifizierung	**A-Kennzahl**	C-Kennzahl

Kapitel 2

Kennzahlen der Beschaffungslogistik

2.1 Anteil der Beschaffungskosten

Formel

$$\frac{\text{Beschaffungskosten (Verwaltung)}}{\text{Gesamtbeschaffungsvolumen}} \times 100$$

Dimension
Prozentsatz

Erläuterungen/Bewertung
Diese Kennzahl liefert Informationen über den ausschließlichen Anteil der *Verwaltungskosten* der Beschaffung an den gesamten *Beschaffungskosten*.

Verwaltungskosten gehören zu den Beschaffungsnebenkosten und sind vom Unternehmen selbst beeinflussbar.

Die Kennzahl dient als wichtiger Indikator für die Veränderungsmöglichkeiten wie z. B. die Fixkostendegression. Sie gibt Hinweise auf Kostensenkungspotenziale durch organisatorische und technische Maßnahmen, wie z. B. den ausgeweiteten EDV-Einsatz. Hinsichtlich der Größe des Anteils der *Beschaffungskosten* am gesamten Beschaffungsvolumen gibt es zwischen Bereichen der Industrie-, Handels- bzw. Dienstleistungslogistik enorme Unterschiede.

Klassifizierung	**A-Kennzahl**	C-Kennzahl

2.2 Beschaffungskosten pro Mitarbeiter

Formel

$$\frac{\text{Beschaffungskosten (Verwaltung)}}{\text{Anzahl Mitarbeiter der Beschaffung}}$$

Dimension
€/Mitarbeiter

Erläuterungen/Bewertung
Die Berechnung gibt Aufschluss über den durchschnittlichen Werteverzehr pro Mitarbeiter, wobei die Durchschnittsbildung die Betrachtung von Mitarbeitern mit besonders hohem (z. B. Beschaffung von A-Teilen) bzw. niedrigem (z. B. Beschaffung von Kanban-Teilen) Beschaffungsvolumen verhindert.

Ziel dieser Kennzahl ist ein möglichst geringer Werteverzehr pro Mitarbeiter. Durch den Einsatz von Rahmenverträgen, Abrufaufträgen, Kanban, *EDI* oder PPS-gestützte Disposition im Rahmen eines effizienten Beschaffungsmanagements kann der Werteverzehr pro Mitarbeiter gering gehalten werden.

Klassifizierung	**A-Kennzahl**	C-Kennzahl

2.3 Sonderkostenanteil der Beschaffung

Formel

$$\frac{\text{Sonderkosten der Beschaffung}}{\text{Beschaffungskosten (Verwaltung)}} \times 100$$

Dimension
Prozentsatz

Erläuterungen/Bewertung
Der Anteil des Aufwandes, der für weiterzuverarbeitende Waren entsteht, die nicht standardisiert sind bzw. sich nicht mit standardisierten Ladungsträgern, Hilfs- und Transportmitteln bewegen lassen, ist Inhalt einer solchen Auswertung.

Unter Umständen werden unterschiedliche Anforderungen an die Verpackung oder die Handhabung hinsichtlich schonenden Transports, Feuchtigkeits-, Wärme-, Licht- oder Chemikalienempfindlichkeit gestellt. Diese Umstände verursachen besondere Maßnahmen für Spezialwerkzeuge, Handhabungsgeräte, besondere Lagerung oder andere Installationen, die besondere Kosten nach sich ziehen. Ein zunehmend wichtiges Instrument in der Beschaffung ist die EDV, die durch notwendig werdende Installationen im Hard- und Softwarebereich weitere Kosten der Beschaffung verursacht. Der Anteil der Kosten zur Verwirklichung dieser Maßnahmen an den *Beschaffungskosten* wird in o.g. Kennzahl gemessen.

Klassifizierung	**A-Kennzahl**	C-Kennzahl

2.4 Durchschnittlicher Lieferantenumsatz

Formel

$$\frac{\text{Gesamtbeschaffungsvolumen}}{\text{Gesamtzahl der Lieferanten}}$$

Dimension
€/Lieferant

Erläuterungen/Bewertung
Diese Kennzahl zeigt das durchschnittliche Beschaffungsvolumen pro Lieferanten auf.

Ein geringer Beschaffungsumsatz pro Lieferanten ist jedoch kein Maßstab zur Messung der Produktivität. So ist zu berücksichtigen, dass ein Einzelfertiger oder ein Serienfertiger mit hoher Variantenvielfalt ein geringeres Beschaffungsvolumen als ein Großserienfertiger aufweisen kann. Ziel muss es sein, ein möglichst hohes Beschaffungsvolumen pro Lieferant zu realisieren. Erst dann können Skaleneffekte bei den *Beschaffungskosten* greifen.

Der Durchschnittswert macht wie üblich Unterschiede bzgl. des Beschaffungsvolumens einzelner Lieferanten nicht deutlich. Hier ist der Hinweis eines externen Benchmarkings wesentlich, wobei eine homogene Datenbasis (z. B. vergleichbare Branche und Fertigungstiefe, Beschaffungspolitik) die Grundlage eines Kennzahlenvergleichs bilden muss.

Klassifizierung	**A-Kennzahl**	C-Kennzahl

2.5 Anzahl Lieferanten und Lieferantenkonzentration

Formel

$$\frac{\text{Anzahl Lieferanten}}{\text{Produktionswerk}}$$

Dimension
Lieferanten / Werk

Erläuterungen/Bewertung
Strategische Entscheidungen der Unternehmensleitung gehen bei der Bildung der Kennzahl notwendig voraus. Durch viele Lieferanten ist das Unternehmen unabhängig vom Einzelnen, jedoch bedeutet dies auch den Verzicht auf eine partnerschaftliche und vertrauensvolle Zusammenarbeit mit den Lieferanten, die z. B. für eine Just-in-Time-Anlieferung notwendig ist.

Es ist sinnvoll, verschiedene Beschaffungsstrategien für A-, B- und C-Teile zu wählen. A- und teilweise B-Teile sind über einen engen Kreis von ausgewählten Stammlieferanten zu beziehen. Bei hochwertigen Baugruppen, z. B. Achsen, Getrieben etc., muss der Lieferant bereits in die Entwicklung einbezogen werden. Bei C-Teilen, die eine geringe Spezialisierung erfordern und eine hohe Substituierbarkeit bzw. Markthäufigkeit haben, könnte mit vielen Lieferanten zusammengearbeitet werden – dies würde jedoch wiederum die Beschaffungsvorteile Zunichte machen. Aus diesen Argumenten abgeleitet entsteht die nachfolgende Erweiterung der o. g. Kennzahl:

$$\frac{\text{Anzahl A-/B-/C-Teile}}{\text{Anzahl A-/B-/C-Teile-Lieferanten}}$$

Klassifizierung	**A-Kennzahl**	C-Kennzahl

2.6 Inlands-/Auslandseinkaufsquote

Formel

$$\frac{\text{Inlands-/Auslands-Einkaufsvolumen}}{\text{Gesamtbeschaffungsvolumen}} \times 100$$

Dimension
Prozentsatz

Erläuterungen/Bewertung
Die Inlandseinkaufsquote kann zeigen, inwiefern ein Unternehmen Wert auf inländische *Wertschöpfung* und Nähe zur Produktion legt. Ein weiteres Kriterium daraus ist die durch inländischen Einkauf u. U. besser zu verwirklichende Termintreue. Der Preis spielt dabei eine nachrangige Rolle. Die Auslandseinkaufsquote spiegelt das Gegenteil wider. Über ausländische Beschaffungsmärkte versuchen Unternehmen, günstige Einkaufskonditionen zu erlangen. Hier steht deutlich der Preisgedanke durch Lohn- und Gehaltsarbitrage im Vordergrund, auch wenn große Entfernungen und Abstimmungsarbeiten hinsichtlich Koordination und Qualität in Kauf genommen werden müssen.

Unter der Annahme eines gleichen Beschaffungspreises in verschiedenen Ländern ist bei Analyse der Quote darauf zu achten, dass der Ursprung der Waren Auswirkungen auf den Vertrieb haben kann. So kann z. B. der Wiederverkauf eines in der Schweiz beschafften Artikels nach Norwegen zollfrei sein, während dies bei einem aus den USA beschafften Teil nicht der Fall ist. Hier bestehen u. U. Präferenzberechtigungen bzw. Abkommen mit der EU.

Klassifizierung	**A-Kennzahl**	C-Kennzahl

2.7 Stammlieferantenquote

Formel

$$\frac{\text{Beschaffungsvolumen der Stammlieferanten}}{\text{Gesamtbeschaffungsvolumen}} \times 100$$

Dimension
Prozentsatz

Erläuterungen/Bewertung
Das Beschaffungsvolumen eines Unternehmens erstreckt sich im Regelfall auf eine Vielzahl von Lieferanten. Ein Stichwort sei hier z. B. die Flexibilität im Falle von Lieferengpässen bzw. die Möglichkeit, das Preisniveau durch den Konkurrenzkampf niedrig zu halten. Nun wird es Lieferanten geben, mit denen regelmäßig Geschäfte getätigt werden und andere, die eher spontan in Betracht gezogen werden. Der Anteil der Stammlieferanten zeigt u. U. an, ob Rahmenverträge bestehen bzw. ob ein Unternehmen häufig Lieferanten wechselt und permanent auf der Suche nach geeigneten Lieferanten ist. Je höher der Wert dieser Kennzahl ist, desto eher existieren feste Rahmenverträge, die Einsparungspotenziale aufseiten des Einkaufs ermöglichen, jedoch auf beiden Seiten zu einer Win-win-Situation führen können. Es kann von gleich bleibender Anlieferqualität ausgegangen werden.

Die Abgrenzung, ab wann ein Lieferant als Stammlieferant bezeichnet werden kann, ist nicht eindeutig definiert. Als Anhaltspunkt kann die Dauer der Geschäftsbeziehung dienen. Ist sie länger als fünf Jahre, so kann von einem Stamm-Teile-Lieferanten ausgegangen werden.

Klassifizierung	**A-Kennzahl**	C-Kennzahl

2.8 Rahmenvertragsquote

Formel

$$\frac{\text{Beschaffungsvolumen über Rahmenverträge}}{\text{Gesamtbeschaffungsvolumen}} \times 100$$

Dimension
Prozentsatz

Erläuterungen/Bewertung
Diese Kennzahl gibt den Anteil des Beschaffungsvolumens über Rahmenverträge mit Lieferanten am gesamten Beschaffungsvolumen an.

Rahmenverträge werden für regelmäßig benötigte Waren oder Dienstleistungen i.d.R. für ein Jahr (oder über eine vereinbarte Menge) geschlossen. Im Laufe des Jahres werden die benötigten Mengen zum jeweiligen Zeitpunkt abgerufen. Rahmenverträge entlasten den Einkauf, da nicht für jeden Bedarf eine Preisanfrage und ein Preisvergleich stattfinden müssen. Um die Abhängigkeit von einzelnen Lieferanten gering zu halten, werden – falls möglich – häufig für ein Produkt Rahmenverträge mit zwei Lieferanten geschlossen.

Klassifizierung	**A-Kennzahl**	C-Kennzahl

2.9 Rahmenvertragsquote pro Mitarbeiter

Formel

$$\frac{\text{Anzahl Rahmenverträge}}{\text{Anzahl Mitarbeiter in der Beschaffung}}$$

Dimension
Anzahl Rahmenverträge/Mitarbeiter

Erläuterungen/Bewertung
Diese Kennzahl vermittelt einen Überblick über die durchschnittliche Anzahl abgeschlossener Rahmenverträge pro Mitarbeiter der Beschaffung.

Im Allgemeinen wird eine hohe Zahl von Rahmenverträgen pro Mitarbeiter der Beschaffung als positiv gesehen, da dadurch externe Einflüsse auf die Beschaffungspolitik (z. B. Preise, Konditionen, Qualität, Liefertermine) gering gehalten werden können. Andererseits sind durch bestehende Rahmenverträge evtl. sich kurzfristig ergebende günstige Beschaffungsmöglichkeiten ausgeschlossen.

Gilt jedoch der Grundsatz der Beschaffungspolitik eines Unternehmens »Qualität und Lieferantentreue vor Preis«, dann ist dieser Grundsatz zulasten eines evtl. günstigen Einkaufs zu akzeptieren. Daher ist aus strategischen als auch aus logistischen Gründen eine Aussage in zwischenbetrieblichen Vergleichen kritisch zu bewerten.

Klassifizierung	**A-Kennzahl**	C-Kennzahl

2.10 Beschaffungsquote via EDI

Formel

$$\frac{\text{Beschaffungsvolumen über EDI}}{\text{Gesamtbeschaffungsvolumen}} \times 100$$

Dimension
Prozentsatz

Erläuterungen/Bewertung
Die Ausprägung dieser Berechnung zeigt den Anteil der Beschaffungsvorgänge über *EDI* am Gesamtbeschaffungsvolumen auf.

Sie ist ein Indikator für die Rationalisierung der Beschaffungsvorgänge. Je höher ihr Wert, desto mehr werden die papierarmen, elektronischen Beschaffungsmechanismen genutzt, Erfassungstätigkeiten reduziert sowie der Datenaustausch standardisiert.

Um den Gedanken von »Lean Production« bzw. »Just in Time« zu verwirklichen, ist der elektronische Datenaustausch ein absolutes Muss. *EDI* stellt dabei ein stark automatisiertes Vorgehen dar, bei dem z. B. schon allein die Festlegung über den verfügbaren Bestand zur Auslösung einer Bestellung beim Lieferanten führen kann. Der Automatisierungsgrad ist hier höher als bei der Beschaffung via *Internet*:

$$\frac{\text{Beschaffungsvolumen über Internet}}{\text{Gesamtbeschaffungsvolumen}} \times 100$$

Zu unterscheiden ist, dass die Beschaffungsvorgänge in der Regel manuell ausgelöst werden. Sogenannte Online-Auktionen ermöglichen einen intensiven Konkurrenz- bzw. Preiskampf.

Klassifizierung	**A-Kennzahl**	C-Kennzahl

2.11 JIT-Teile-Quote

Formel

$$\frac{\text{Anzahl der JIT-/JIS-Teile}}{\text{Gesamtzahl der Teile}} \times 100$$

Dimension
Prozentsatz

Erläuterungen/Bewertung
Der in diesem Wert dargestellte Anteil beschaffter Teile, die mittels »Just in Time« bezogen werden, macht deutlich, inwieweit das Konzept in einem Unternehmen umgesetzt ist.

Je höher diese Kennzahl, desto größer ist aber auch die Abhängigkeit vom JIT-Lieferanten und somit die Empfindlichkeit gegenüber externen Störungen. Außerdem sind Ladungsträger, Fördermittel und Lkw-Trailer-Stellflächen diesem Konzept in Ausführung, Kapazität und Dimension anzupassen.
In der Produktionslogistik bezeichnet JIT ein Konzept zur Materialbereitstellung, das auf die Verkleinerung von Zwischenlagern sowie die allgemeine Rationalisierung des Anlieferprozesses abzielt. Das JIT-Konzept wird durch die Einsparung von Lagerflächen und -kosten indirekt zu einem unternehmerischen Logistikinstrument der Kostensenkung.

Klassifizierung	**A-Kennzahl**	C-Kennzahl

2.12 JIS-Teile-Quote

Formel

$$\frac{\text{Anzahl der JIS-Teile}}{\text{Gesamtzahl der Teile}} \times 100$$

Dimension
Prozentsatz

Erläuterungen/Bewertung
Der zu errechnende Wert dieser Quote deutet darauf hin, inwieweit ein Unternehmen den Materialfluss und die Produktionsplanung so fein abgestimmt hat, dass die lagerlose und reihenfolgegerechte Anlieferung möglich ist.

Das Optimum der Anpassung von Anlieferungsprozessen bzgl. der auftragsgenauen Zuteilung von Artikeln spiegelt sich im »Just in Sequence«-Prinzip wider. Dabei werden angelieferte Teile bereits vom Lieferanten genau in der Sequenz sortiert und angeliefert, wie dies für den Fertigungsablauf notwendig ist. Das Modell findet oftmals in sogenannten Industrieparks Anwendung, bei denen über verhältnismäßig kurze Distanzen Artikel eines Lieferanten über Fördertechnik direkt an Montageplätze angeliefert werden.
Das JIS-Prinzip erfordert einen hohen Steuerungsaufwand, der eine intensive Absicherung gegenüber externen Störungen benötigt, um den Produktionsablauf nicht zu gefährden.

Klassifizierung	**A-Kennzahl**	C-Kennzahl

2.13 Quote Kleinbestellungen/ Eilbestellungen

Formel

$$\frac{\text{Anzahl Klein-/Eilbestellungen}}{\text{Gesamtzahl Bestellungen}} \times 100$$

Dimension
Prozentsatz

Erläuterungen/Bewertung
Diese Kennzahl zeigt den Anteil kosten- und aufwandsintensiver Klein- oder Eilbestellungen an der Gesamtzahl aller Bestellungen an.
Ist z. B. die Quote von Klein- oder Eilbestellungen hoch, so kann unterstellt werden, dass Vorteile von Großbestellungen, wie z. B. Volumeneffekte und Rahmenverträge (für Abrufbestellungen), nicht genutzt werden. Es zeigt sich also ein Ansatzpunkt zur Rationalisierung und Kosteneinsparung. Allerdings ist die eventuelle Notwendigkeit von Kleinbestellungen aufgrund besonderer Umstände nicht ersichtlich.
Ähnlich der Quote von Kleinbestellungen kann auch der Anteil von Eilbestellungen gemessen werden. Ein hoher Anteil kann auf häufig auftretende Störungen und Änderungen im Beschaffungs- und Produktionsprozess hin deuten. Hier ist zu erwähnen, dass Eilbestellungen neben der Unordnung im Ablauf zusätzliche Kosten durch Sonderbestellungen mit kleinem Volumen verursachen sowie gesondert notwendige Personalkapazitäten erfordern. Eilbestellungen lösen unproduktive Hektik und Unsicherheit bei der Terminierung aus.

Klassifizierung	**A-Kennzahl**	C-Kennzahl

2.14 Beschaffungsanteil nach Teile-Segmentierung

Formel

$$\frac{\text{Beschaffungsvolumen der A-/B-/C-Teile}}{\text{Gesamtbeschaffungsvolumen}} \times 100$$

Dimension
Prozentsatz

Erläuterungen/Bewertung
Ausgehend von der ABC-Analyse (Teile-Beschaffungsumsatzstatistik) unterscheidet diese Kennzahl, welchen Anteil am Beschaffungsvolumen die einzelnen Teilesegmente einnehmen.

Allgemein gilt die 80/20-Regel, wonach bei A-Teilen mit 20 % der Teilezahl ein Volumen von 80 % des Beschaffungsumsatzes erreicht wird. Die Lorenzkurve verläuft jedoch umso steiler, je geringer die Teilezahl im A-Segment – bei einem Anteil am Beschaffungsvolumen von ca. 80 % – ist. Dies deutet evtl. auf eine geringe Fertigungstiefe und auf eine Beschaffung hochwertiger Baugruppen hin.

Ähnlich dieser Betrachtung kann auch folgende Kennzahl gebildet werden:

$$\frac{\text{Beschaffungsvolumen der Baugruppen}}{\text{Gesamtbeschaffungsvolumen}} \times 100$$

In einem Unternehmen müssen nicht alle zu verarbeitenden Teile einzeln angefertigt, angeliefert und verbaut werden. Die Verarbeitung von Baugruppen erlaubt dem Unternehmen die Konzentration auf seine Kernkompetenzen.

Klassifizierung	**A-Kennzahl**	C-Kennzahl

2.15 Beschaffungsanteil nach Verwendung

Formel

$$\frac{\text{Beschaffungsvolumen produktives/unproduktives Material}}{\text{Gesamtbeschaffungsvolumen}} \times 100$$

Dimension
Prozentsatz

Erläuterungen/Bewertung
Diese Kennzahl misst den Anteil des Beschaffungsvolumens mit produktivem Material am gesamten Beschaffungsvolumen.

Die Einkaufsabteilung eines Unternehmens ist mit der Beschaffung von Roh-, Hilfs- und Betriebsstoffen, aber auch von Dienstleistungen beschäftigt. Dabei ist zu unterscheiden, ob beschaffte Teile direkt in das herzustellende Produkt einfließen oder die Produktion nur ermöglichen bzw. unterstützen.

Gleichzeitig kann gegensätzlich der Anteil von unproduktivem Material bewertet werden. Ein zu hoher Anteil des unproduktiven Materials verdeutlicht, dass die Einkaufsabteilung ihre Anstrengungen mehr auf produktives Material richten sollte, da dieses die direkte *Wertschöpfung* eines Unternehmens ausmacht. Durch Rahmenverträge können der Aufwand und auch die Kosten für unproduktives Material reduziert werden.

Klassifizierung	**A-Kennzahl**	C-Kennzahl

2.16 Anteil beschaffter Dienstleistungen

Formel

$$\frac{\text{Beschaffungsvolumen Dienstleistungen}}{\text{Gesamtbeschaffungsvolumen}} \times 100$$

Dimension
Prozentsatz

Erläuterungen/Bewertung
Die Berechnung des Anteils beschaffter Dienstleistungen am Gesamtbeschaffungsvolumen ist Gegenstand dieser Kennzahl.

Die Beschaffungsvorgänge eines Unternehmens erstrecken sich nicht nur auf Materialien produktiver und nicht produktiver Art, sondern auch auf Dienstleistungen.
Als Beispiel können der Catering-Service der Betriebskantine, aber auch ein Logistik-Dienstleister zum Unterhalt eines Lieferanten-Logistik-Zentrums (LLZ), eines Warenverteilzentrums (WVZ) oder des werksinternen Transports etc. herangezogen werden. Aber auch der Zukauf von Beratungsleistungen, z. B. für Entwicklung, Fabrikplanung und ISO-Zertifizierung als evtl. kurzfristig anzusehende Projekte, sind mit der o. a. Kennzahl auszuweisen. Sie ergeben auch Hinweise auf Aufgaben, die bei Bedarf wieder in das Unternehmen integriert werden können.

Klassifizierung	**A-Kennzahl**	C-Kennzahl

2.17 Bestellstruktur/Quote Mangellieferungen

Formel

$$\frac{\text{Mangelhafte Lieferungen}}{\text{Gesamtzahl Lieferungen}} \times 100$$

Dimension
Prozentsatz

Erläuterungen/Bewertung
Die Berechnung zeigt den prozentualen Anteil mangelhafter Lieferungen an deren Gesamtzahl an. Unter mangelhaften Lieferungen sind Falsch-, Teil- oder Schlechtlieferungen zu verstehen.

Mangellieferungen werden zur eingehenden Kontrolle länger im Wareneingang gehalten. Sie bilden dort Bestand, der nicht wertschöpfend eingesetzt werden kann. Zudem besteht die Gefahr von Falschverwendungen, wenn z. B. ein Materialengpass durch die vermeintlich zur Verfügung stehenden Artikel behoben wird.

Sinnvoll ist es, die Kennzahl auf A-, B- oder C-Sendungen zu beziehen. Nur so gibt sie Auskunft über die Wertigkeit der Fehllieferungen. Außerdem kann nach Falsch-, Teil- oder Schlechtlieferungen unterschieden werden. Ziel soll sein, diese Kennzahl im Promille-Bereich zu halten bzw. sie gegen null tendieren zu lassen. Diese wichtige Qualitätskennzahl kann lieferantenbezogen aufgestellt werden. Die Gründe für mangelhafte Lieferungen werden aus dieser Kennzahl nicht ersichtlich.

Klassifizierung	**A-Kennzahl**	C-Kennzahl

2.18 Lieferabrufe pro Mitarbeiter

Formel

$$\frac{\text{Anzahl Lieferabrufe}}{\text{Anzahl Mitarbeiter der Beschaffung}}$$

Dimension
Lieferabrufe/Mitarbeiter

Erläuterungen/Bewertung
Diese Kennzahl zeigt die durchschnittliche Anzahl getätigter Lieferabrufe pro Mitarbeiter der Beschaffungsabteilung.

Der Wert kann zum einen für die Messung des Arbeitsaufwandes bzw. der Produktivität der Mitarbeiter der Beschaffung verwendet werden. Zum anderen sind Rückschlüsse auf den Organisationsgrad möglich, d. h., je mehr Lieferabrufe automatisiert erfolgen, umso mehr werden die Mitarbeiter bei ihrer täglichen Arbeit von Routineaufgaben entlastet.

In einem Großteil der Unternehmen kann davon ausgegangen werden, dass Beschaffungsvorgänge zu nahezu 100 % EDV-gestützt ablaufen. Dennoch kann es bei der Effizienz von IT-Prozessen starke Unterschiede geben. Spezifische Branchensoftware kann aufgrund ihrer speziellen Ausrichtung bessere Ergebnisse erzielen als für allgemeine Verwendungszwecke optimierte Softwarelösungen.

Klassifizierung	**A-Kennzahl**	C-Kennzahl

2.19 Kosten pro Bestellung

Formel

$$\frac{\text{Bestellkosten}}{\text{Anzahl Bestellungen}}$$

Dimension

€/Bestellung

Erläuterungen/Bewertung

Bei der Analyse des Bestellprozesses zeigt diese Berechnung die durchschnittlichen Bestellkosten pro ausgelöster Bestellung.

Die Bestellkosten beinhalten alle Kosten, die in Zusammenhang mit dem Bestellprozess stehen. Abhängig von unternehmensinternen Prozessschnittstellen können auch Kosten des internen Transports und des Einlagerungsprozesses dazu gehören. Die Anzahl der Bestellungen ist abhängig von den Bestellkosten, den *Lagerhaltungskosten*, dem Lieferbereitschaftsgrad, den evtl. bestehenden Mindestabnahmemengen, der Festlegung der benötigten Lagerkapazität z. B. in Form von Flächenbedarf und von der Intensität der Lieferantenintegration in den Beschaffungs- und Produktionsprozess.

Bestellkosten lassen sich weiter unterteilen in die *Verwaltungskosten* pro Lieferabruf. In dieser Form der Kennzahl werden die *Verwaltungskosten* auf die Anzahl der Lieferabrufe bezogen und geben so die durchschnittlichen Kosten pro Lieferabruf wieder.

Klassifizierung	A-Kennzahl	**C-Kennzahl**

2.20 Kosten pro eingehender Sendung

Formel

$$\frac{\text{Warenannahmekosten gesamt}}{\text{Anzahl eingehender Sendungen}}$$

Dimension

€/Sendung

Erläuterungen/Bewertung

Ein rein statistischer Wert sind die durchschnittlichen *Warenannahmekosten* pro eingehende Sendung.

Sie sind umso geringer, je mehr Sendungen pro Mitarbeiter in einem Betrachtungszeitraum durchgesetzt werden und damit mit der Produktivität des Wareneingangs negativ korrelieren.

Die Warenannahme verursacht durch eingesetztes Personal, Entladeequipment, eingesetzte EDV-/IT-Lösungen sowie Gebäude und Gebäudeeinrichtungen (Abschreibungen) eine Vielzahl von Kostenarten, die in den *Warenannahmekosten* zusammengefasst werden. Kosten werden auch dadurch verursacht, dass eingehende Sendungen entweder nicht entladen werden können oder auf Warteplätzen abgestellt werden müssen.
Zu den Kostenverursachern gehört auch die Warenannahmezeit, vgl. S. 48.

Klassifizierung	A-Kennzahl	**C-Kennzahl**

2.21 Durchschnittliche Entfernung Lieferanten

Formel

$$\frac{\text{Summe Distanzen Lieferanten zum Produktionswerk (km)}}{\text{Anzahl Lieferanten}}$$

Dimension
km/Lieferant

Erläuterungen/Bewertung
Der Inhalt dieser Berechnung ist die durchschnittliche Entfernung der Lieferanten. Sie kann als Grundlage für die Transportplanung bzw. die Berechnung von Lieferzeiten, Anzahl einzusetzender Transportmittel und notwendigen Lieferumfängen zur Sicherstellung einer optimalen Produktionsversorgung dienen.

Bei der Verwendung dieser Kennzahl ist zu beachten, dass z. B. mehrere Lieferantenstandorte sich in gleicher, vielleicht günstiger Entfernung im In- und Ausland befinden können, wobei zudem nicht ersichtlich wird, welcher der Standorte sich innerhalb oder außerhalb der EU befindet. Dies kann dazu führen, dass die Beschaffung von einem weiter entfernten, aber im Inland bzw. innerhalb der EU gelegenen Lieferanten durch mögliche Einsparungen bei Zöllen günstiger ist. Die durchschnittliche Entfernung enthält auch Extremwerte von besonders nah oder fern gelegenen Standorten, die in dieser Betrachtung verwischt werden. Damit ist diese Kennzahl nur für grobe Planungen oder statistische Auswertungen zu verwenden.

Klassifizierung	A-Kennzahl	**C-Kennzahl**

2.22 Anteil Büromaterial

Formel

$$\frac{\text{Beschaffungsvolumen Büromaterial}}{\text{Beschaffungsvolumen unproduktives Material}} \times 100$$

Dimension
Prozentsatz

Erläuterungen/Bewertung
Alle Artikel, die nicht Bestandteil eines Endproduktes sind, werden als unproduktives Material bezeichnet. Darunter fallen sowohl Dienstleistungen und Energie als auch Büromaterial. Die Kennzahl gibt den Anteil des Büromaterials am gesamten unproduktiven Beschaffungsvolumen an.

Wird diese Kennzahl auf das Gesamtbeschaffungsvolumen bezogen, so stehen für Outsoucing-Projekte – d. h. die Übertragung der Büromaterialbeschaffung an externe Dienstleister zur Kostenreduktion und Entlastung der Einkaufsabteilung – die notwendigen Werte kurzfristig zur Verfügung. Da im Regelfall Dienstleister eine Kostenstellenbelieferung durchführen, ergeben sich in der Praxis neben der Realisierung von Skaleneffekten auch signifikante Einsparungen.

Klassifizierung	A-Kennzahl	**C-Kennzahl**

2.23 Quote Anlieferungsformen

Formel

$$\frac{\text{Wareneingangsvolumen per Lkw/Bahn}}{\text{Gesamtbeschaffungsvolumen}} \times 100$$

Dimension
Prozentsatz

Erläuterungen/Bewertung
Der errechnete Wert gibt das Wareneingangsvolumen an, das über einen bestimmten Verkehrsträger bezogen wird.

Diese Kennzahl lässt sich aufteilen in die Anlieferung durch Fremdfirmen (Dienstleister) bzw. den eigenen Fuhrpark. Ein hoher Wert steht für eine mögliche große Flexibilität bei der Anlieferung, aber auch höherer Anfälligkeit gegenüber Störungen wie hohes Verkehrsaufkommen, Staus oder Unfälle.

Mit der Quote an Bahn-Anlieferungen wird deutlich, inwiefern ein Unternehmen nach u. U. fest vorgegebenen Zeitplänen große Volumina verarbeitet, deren Transport auch aufgrund von Abmessungen oder Gewicht, aber auch aus ökologischer Sicht kaum mit dem Lkw zu bewältigen wäre (Bsp. Stahl/Stahlblech). Bei beiden Ausprägungen der Kennzahl ist zu beachten, dass unter Wareneingangsvolumen sowohl Gewichts- oder Volumenmaße als auch Komplettladungen verstanden werden.

Klassifizierung	A-Kennzahl	**C-Kennzahl**

2.24 Warenannahmezeit

Formel

$$\frac{\text{Warenannahmezeit gesamt (Minuten)}}{\text{Anzahl eingehender Sendungen}}$$

Dimension
Zeiteinheiten / Sendung

Erläuterungen / Bewertung
Diese Kennzahl gibt Aufschluss über die durchschnittliche Zeit, die Mitarbeiter des Wareneingangs mit der Entgegennahme, Buchung, Kontrolle und Einlagerung von Warensendungen verbringen.

Der Wert hängt stark von den Aufgaben ab, die den Mitarbeitern des Wareneingangs übertragen werden. So ist das Sammeln einzelner Auftragspositionen und Beistellung im Wareneingang mit einem höheren Aufwand verbunden als nur die reine Annahme eingehender Sendungen. Auch die Übertragung von Qualitätsprüfungen und evtl. Auswertungen durch das Personal des Wareneingangs erhöht die Bearbeitungszeit pro eingehender Sendung.
Die Warenannahmezeit zieht eine weitere Größe nach sich, die in der Kennzahl der *Verweildauer* umschrieben werden kann.

$$\frac{\text{Gesamtverweildauer im Wareneingang (Minuten)}}{\text{Anzahl Prüfpositionen}}$$

Ist diese Kennzahl hoch, ist zu erkennen, dass bei der Abwicklung des Wareneingangs u. U. Kapazitätsengpässe bestehen bzw. unproduktiv gearbeitet wird. Außerdem können möglicherweise sogenannte »Zeitfresser« unter den betrachteten Positionen ermittelt werden.

Klassifizierung	A-Kennzahl	**C-Kennzahl**

Kapitel 3

Kennzahlen der Vorratslogistik

3.1 Lagerungskosten pro Position

Formel

$$\frac{\text{Summe Lagerungskosten}}{\text{Anzahl gelagerter Positionen}}$$

Dimension
€/Position

Erläuterungen/Bewertung
Der Inhalt dieser Kennzahl setzt *Lagerungskosten* ins Verhältnis zur Anzahl der eingelagerten Positionen.

Die Lagerungskosten sind die der Lagerhaltung direkt zurechenbaren Kosten. Bei einer auf ein Jahr festgelegten Berichtsperiode ergeben die auf ein Jahr bezogenen Lagerungskosten im Verhältnis zur Summe der gelagerten Positionen einen genauen Wert der durch die Lagerung einer Position entstehenden Kosten.

Bei den Lagerungskosten finden die *Kapitalbindungskosten* keine Berücksichtigung, sodass bei einem Wirtschaftlichkeitsvergleich – der in diesem Fall die *Kapitalbindungskosten* unberücksichtigt lässt – die Kosten pro Lagerposition ermittelt und mit anderen Möglichkeiten, z. B. einer externen Lagerung, verglichen werden können. Auch im Rahmen einer Produktkalkulation liefert diese Kennzahl eine wichtige Information.

Klassifizierung	**A-Kennzahl**	C-Kennzahl

3.2 Kosten pro Lagerbewegung

Formel

$$\frac{\text{Lagerungskosten}}{\text{Anzahl der Lagerzu- und -abgänge}}$$

Dimension
€/Lagerbewegung bzw. Spiel

Erläuterungen/Bewertung
Mit dieser Kennzahl können die Kosten pro Lagerbewegung, d. h. für eine Ein- und/oder Auslagerung bestimmt werden.

Die Kosten pro Lagerbewegung beinhalten neben den *Personalkosten* auch die Kosten für Lagerequipment, also anteilige Abschreibungen und Betriebskosten. Je höher die Auslastung eines Lagersystems ist, desto geringer fallen die Kosten pro Lagerbewegung aus. Diese Kennzahl dient zur Durchführung von Wirtschaftlichkeitsvergleichen beim Einsatz automatisierter Systeme, z. B. von Regalförderzeugen.

Eine Lagerbewegung kann die Ein- und/oder Auslagerung von Paletten aus einem Hochregallager (manuell oder automatisch) bedeuten, sie kann jedoch auch einen Kommissioniervorgang – nach dem Prinzip »Mann zur Ware« – abbilden. Hierbei muss zwischen Einfach- und Doppel-Spielen unterschieden werden.

Klassifizierung	**A-Kennzahl**	C-Kennzahl

3.3 Lagerungskosten

a) Lagerplatz

Formel

$$\frac{\text{Lagerungskosten}}{\text{Anzahl Lagerplätze}}$$

Dimension
€/Lagerplatz

Erläuterungen/Bewertung
Die Kosten eines Lagers, die sich aus der Bereitstellung von Lagerkapazität und dem damit verbundenen Lagerprozess ergeben, lassen sich mit dieser Kennzahl auf einen Lagerplatz umlegen.

b) Lagerzinsen

$$\frac{\text{Durchschn. Lagerbestand x Lagerzinssatz (\%)}}{\text{100 (\%)}}$$

Der Lagerzins gibt an, wie viel Kosten das im durchschnittlichen Lagerbestand gebundene Kapital während der durchschnittlichen Lagerdauer verursacht.

c) Lagerzinssatz

$$\frac{\text{Zinssatz (p. a.) x durchschn. Lagerdauer (Tage)}}{\text{360 Tage}}$$

Der Lagerzinssatz zeigt, wie viel Prozent Zinsen das im durchschnittlichen Lagerbestand gebundene Kapital während der durchschnittlichen Lagerdauer – der *Verweildauer* – kostet.

Klassifizierung	**A-Kennzahl**	C-Kennzahl

3.4 Kapitalbindungskosten

Formel

$$\frac{\text{Durchschnittlicher Bestandswert}}{\text{Verweildauer (Tage) x Zinssatz (\%)}}$$

Dimension
€

Erläuterungen/Bewertung
Durch diese Kennzahl werden die durch das Ruhen der Ware bedingten *Kapitalbindungskosten* im Lager- und Produktionsbereich aufgezeigt.

Die Ausprägung der Berechnung zeigt eine direkte Abhängigkeit von der Durchlaufzeit von Waren durch den Produktionsprozess: Je länger Waren in der Produktion gelagert werden, desto mehr steigen die *Kapitalbindungskosten*.
Um diese gering zu halten, sind eine effiziente Fertigungs- und Montageorganisation sowie eine geringe bzw. optimierte Fertigungstiefe notwendig.
Allerdings darf ein Kundenauftrag durch die Disposition, z. B. durch Losgrößenoptimierung oder tief gestaffelte Stücklisten, nicht zerrissen werden.

Klassifizierung	**A-Kennzahl**	C-Kennzahl

3.5 Kommissionierkosten pro Auftrag

Formel

$$\frac{\text{Kommissionierkosten}}{\text{Anzahl Aufträge}}$$

Dimension
€/Auftrag

Erläuterungen/Bewertung
Anhand dieser Betrachtung zeigt sich, welcher Anteil an den Kommissionierkosten jeweils auf einen Kommissionierauftrag entfällt.

Personalkosten des Kommissionierbereichs fließen genauso in die Kommissionierkosten ein wie anteilige Abschreibungen auf Fördermittel und Lagereinrichtungen sowie die Betriebskosten des Lagers.

Diese Kennzahl ist abhängig von der vorgegebenen Organisation der Kommissionierung. Bei einer Umlaufkommissionierung (Prinzip: Ware zum Mann), einer großen Zahl von zu entnehmenden Positionen pro Lagereinheit bzw. einer hohen Zahl der zu bearbeiteten Aufträge fallen die Kommissionierkosten pro Auftrag geringer aus. Umgekehrt sind die Kosten pro Auftrag hoch, wenn der Kommissionierer lange Wegstrecken zurücklegen muss und nur wenige Auftragspositionen zu greifen hat (Prinzip: Mann zur Ware).

Als Abwandlung der o.g. Kennzahl zeigt folgende Art der Berechnung die durchschnittliche Anzahl an Kommissionierpositionen pro Auftrag:

$$\frac{\text{Summe Kommissionierpositionen}}{\text{Anzahl Kommissionieraufträge}}$$

Höhere Aussagekraft hat die Erweiterung der Kennzahl in »Positionen pro Arbeitsstunde und Kommissionierer«.

Klassifizierung	**A-Kennzahl**	C-Kennzahl

3.6 Wareneingangskosten

Formel

$$\frac{\text{Kosten des Wareneingangs}}{\text{Anzahl Sendungen pro Tag}}$$

Dimension
€/Sendung

Erläuterungen/Bewertung
Ein Hilfsinstrument zur Budgetierung ist die Betrachtung der durchschnittlichen Wareneingangskosten pro Sendung. Sie kann zur Budgetierung herangezogen werden, welche später in einem Soll-Ist-Vergleich überprüft werden kann. Anstelle der Einheit Sendungen können auch Positionen o. ä. gewählt werden.

Die Kennzahl dient einem Wirtschaftlichkeitsvergleich zwischen den eingehenden Sendungen. Dabei ist zu beachten, dass nur innerhalb der A-/B-/C-Teilesegmente verglichen wird. Gegebenenfalls muss eine andere Beschaffungsform gewählt werden, wenn die Kosten zu stark voneinander abweichen.

Zu den durchschnittlichen Kosten pro eingehende Sendung lässt sich auch ein Soll-Ist-Vergleich der anfallenden Kosten des Wareneingangs aufstellen:

$$\frac{\text{Ist-Kosten des Wareneingangs}}{\text{Soll-Kosten des Wareneingangs}} \times 100$$

Je geringer die Abweichung im positiven oder negativen Bereich ist, desto höher ist die Qualität des Planungssystems.

Klassifizierung	**A-Kennzahl**	C-Kennzahl

3.7 Lieferbereitschaftsgrad (Servicegrad)

Formel

$$\frac{\text{Anzahl termingerecht gelieferter Bedarfsanforderungen / Bestellungen}}{\text{Gesamtzahl Bedarfsanforderungen / Bestellungen}} \times 100$$

Dimension
Prozentsatz

Erläuterungen/Bewertung
Der Lieferbereitschaftsgrad zeigt den Anteil termingerecht erledigter Bestellungen an deren Gesamtzahl.

Der Servicegrad dient der Kontrolle der Lagerbestände und ist eine wichtige Kennzahl für die Bevorratungspolitik. Anstatt der Anzahl der betrachteten Bedarfsanforderungen kann auch deren Wert zugrunde gelegt werden. Ein Lieferbereitschaftsgrad von 100 % ist nicht grundsätzlich anzustreben. Ein Wert von 90% bis 95% ist gängig, da ansonsten unverhältnismäßig hohe Kosten zur Realisierung des Lieferbereitschaftsgrades entstehen.
Der Lieferbereitschaftsgrad hängt wesentlich vom notwendigen Sicherheitsbestand ab. Ein guter Lagerservicegrad kann durch Fehler bei der Verpackung oder bei der Distribution beeinträchtigt werden. Als Synonym für den Lieferbereitschaftsgrad steht oft der Lagerservicegrad:

$$\frac{\text{Gesamtzahl ab Lager erfüllter Bedarfsanforderungen}}{\text{Gesamtzahl Bedarfsanforderungen}} \times 100$$

Ein zu niedriger Wert lässt auf Probleme hinsichtlich Lagerorganisation, Ablauforganisation oder Lagerausstattung schließen. Der Lagerservicegrad soll zwar hoch sein, steht jedoch mit der Erreichung möglichst geringer *Lagerhaltungskosten* im Konflikt.

Klassifizierung	**A-Kennzahl**	C-Kennzahl

3.8 Lagerquote

Formel

$$\frac{\text{Durchschnittlicher Lagerbestand}}{\text{Umsatz}} \times 100$$

Dimension
Prozentsatz

Erläuterungen/Bewertung
Die Lagerquote stellt den prozentualen Anteil des wertmäßigen Lagerbestands am Umsatz dar.

Unter der Voraussetzung eines saisonalen Umsatzverlaufs (z. B. im Großhandel) dient diese Zahl zur Festlegung einer Obergrenze für den hierfür zur Verfügung zu stellenden Lagerbestand. Eine Überschreitung der Lagerquote muss dann anhand einzelner Produkte durch den Einkauf belegt werden, beispielsweise durch die Beschaffung von Postenware, durch mengenerhöhten Einkauf bei Vorliegen einer zu erwartenden Preiserhöhung oder bei Festbestellungen.

Die Lagerquote muss sich nicht nur auf den durchschnittlichen Lagerbestand beziehen, sondern hier kann z. B. auch der verfügbare Bestand als Ausgangswert angenommen werden. Keinesfalls sollte die Lagerquote in Form eines zeitlichen Werts (z. B. Reduzierung von 40 auf 20 Tage) verstanden werden, da sie immer eine beziehungslose Zahl darstellt.

Klassifizierung	**A-Kennzahl**	C-Kennzahl

3.9 Anteil Sicherheitsbestände

Formel

$$\frac{\text{Höhe der Sicherheitsbestände}}{\text{Gesamtbestände}} \times 100$$

Dimension
Prozentsatz

Erläuterungen/Bewertung
Sicherheitsbestände sollen Unsicherheiten im Anliefer- als auch im Nachfrageprozess abdecken. Der Anteil der Sicherheitsbestände an den Gesamtbeständen in dieser Berechnung kann deutlich machen, wie risikobehaftet die Produktion bzw. der Materialnachschub eines Unternehmens ist.
Je genauer das Planungssystem, desto niedriger kann diese Kennzahl gehalten werden. Dies erlaubt dem produzierenden Unternehmen, die Sicherheitsbestände zu reduzieren, wodurch sich Kapitalbindungs- und Lagerungskosten reduzieren lassen.

Hohe Sicherheitsbestände können in der Supply Chain zum sog. »Bullwhip-Effekt« (Peitschen-Effekt) führen. Falsche und autonom erstellte Prognosen über die Höhe der Nachfrage und Informationsasymmetrien entlang der Logistikkette führen dazu, dass auf jeder Stufe der Logistikkette die Sicherheitsbestände erhöht werden.

Die Höhe der Sicherheitsbestände ist bedeutend für die nachfolgend beschriebene Sicherheitszeit.

Klassifizierung	**A-Kennzahl**	C-Kennzahl

3.10 Sicherheitszeit

Formel

$$\frac{\text{Sicherheitsbestand (€)}}{\text{Durchschnittlicher Verbrauch (€) pro Zeiteinheit}}$$

Dimension
Zeiteinheiten

Erläuterungen/Bewertung
Die Sicherheitszeit, die sich auf den Sicherheitsbestand und den durchschnittlichen Verbrauch bezieht, ist eine Zeitspanne, mithilfe derer Störungen im Anliefer- und Fertigungsablauf abgefangen werden sollen, um vereinbarte Liefertermine nicht zu gefährden.

Je kürzer die Wiederbeschaffungszeiten mit den Lieferanten vereinbart sind, je optimierter ein Produktionssystem ist (v.a. hohe Planungsqualität), desto geringer kann der Sicherheitsbestand und somit die Sicherheitszeit gehalten werden. Je höher der durchschnittliche Verbrauch ist, desto kritischer ist ein Materialmangel und desto kleiner ist also auch die zur Verfügung stehende Sicherheitszeit.
Bei der Berechnung der Sicherheitszeit bildet der durchschnittliche Verbrauch pro Zeiteinheit eine Grundlage. Je größer jedoch die Abweichungen der einzelnen Verbrauchswerte vom durchschnittlichen Verbrauch sind, desto mehr ist die Plausibilität der Sicherheitszeit in Frage zu stellen. Daraufhin den Sicherheitsbestand zu erhöhen, reduziert zwar die Wahrscheinlichkeit von Unterdeckungen, führt jedoch gleichzeitig zu einer Erhöhung der Kapitalbindung. Hier müssen andere Wege beschritten werden als den »Bodensatz« aufzustocken (z.B. Erhöhung der Lieferzuverlässigkeit der Lieferanten durch eine verbesserte Programmplanung oder Verpflichtung der Lieferanten zu einer eigenen Lagerhaltung).

Klassifizierung	**A-Kennzahl**	C-Kennzahl

3.11 Anteil Überbestände

Formel

$$\frac{\text{Überbestände}}{\text{Gesamtbestände}} \times 100$$

Dimension
Prozentsatz

Erläuterungen/Bewertung
Ein Instrument zum Lagermanagement zeigt den Anteil vorhandener Überbestände an den Gesamtbeständen.

Überbestände können verschiedene Ursachen haben, so ist eine fehlerhafte Disposition ein möglicher Auslöser. Sollte der Vertrieb aufgrund falscher Prognosen oder unvorhergesehener Konjunkturänderungen ungeeignete Vorhersagen liefern, können sich ebenso Bestände aufbauen. Aber auch lieferantenbedingt erhöhte Mindestabnahmemengen (beim Bezug von Chargen) führen zu erhöhten Beständen. Oft bleiben auch Auslaufmodelle mancher Produkte stillschweigend im Lager zurück, bilden so Überbestände und schränken zudem die Lagerkapazität ein.

Diese Umstände führen u. U. zu Wertberichtigungen bzw. zu Verschrottungsaktionen, die zusätzliche Kosten verursachen. Der Abbau von Überbeständen stärkt die Kapitalkraft des Unternehmens und schafft im Lager Platz bzw. Raum. Um Überbestände als solche zu kennzeichnen, ist es wichtig, bei den ermittelten Teilen die Ursachen hierfür zu ermitteln.

Klassifizierung	**A-Kennzahl**	C-Kennzahl

3.12 Quote Fast / Medium / Slow Mover

a) Quote Fast Mover

Formel

$$\frac{\text{Anzahl Artikel mit Verweildauer} \leq 1 \text{ Woche}}{\text{Gesamtzahl der Artikel}} \times 100$$

Dimension
Prozentsatz

Erläuterungen/Bewertung
Diese Kennzahl gibt den Anteil der Schnelldreher am gesamten eingelagerten Sortiment an. Es handelt sich dabei um Waren, die aufgrund großer Stückzahlen und Bedarfe einen großen Durchsatz haben, was die *Umschlagshäufigkeit* erhöht. Sie haben nur eine kurze *Verweildauer* in der Logistikkette.
Die Abgrenzung der *Verweildauer* (hier angegeben mit einer Woche) zur Beurteilung ist einzelfallabhängig.

b) Quote Slow Mover

Im Gegensatz zu den Fast-Mover-Artikeln zeigt die Slow-Mover-Quote den Anteil von Waren am eingelagerten Sortiment, der in einem Betrachtungszeitraum kaum oder überhaupt nicht nachgefragt bzw. ausgelagert wird, also im Lager eine hohe *Verweildauer* (>3 Wochen) hat.

c) Quote Medium Mover

Die Gruppe der Medium Mover bildet den Bereich zwischen Fast und Slow Mover. Hier ist zu bemerken, dass die Abgrenzung hinsichtlich der *Verweildauer* von Teilen willkürlich durchgeführt werden kann.

Klassifizierung	**A-Kennzahl**	C-Kennzahl

3.13 Durchschnittlicher Lagerbestand

Formel

$$\frac{\text{Jahresanfangsbestand} + 12\ \text{Monatsendbestände}}{13}$$

Dimension

Mengeneinheiten o. Wertgröße

Erläuterungen/Bewertung

Eine klassische Logistik-Kennzahl ist der durchschnittliche Lagerbestand. Diese Kennzahl wird überwiegend als Wertgröße errechnet. Zur Berechnung können verschiedene Formeln zugrunde gelegt werden (siehe S. 134).

Der durchschnittliche Lagerbestand gibt Aufschluss über die vorliegende Kapitalbindung. Zur Vermeidung von *Lagerhaltungskosten* und insbesondere *Kapitalbindungskosten* ist dieser Wert möglichst niedrig zu halten. Dieser Auffassung steht jedoch die Forderung der Unternehmensleitung entgegen, wonach Lieferbereitschaft – und damit die notwendige Kundenorientierung – wesentlicher ist als die daraus resultierende Kapitalbindung. Dennoch ist bei einer vorgegebenen Lieferbereitschaft aus wirtschaftlichen Gründen die Kapitalbindung zu optimieren. Die Berechnung der Kennzahl bildet auch die Grundlage der Budgetierung.

Klassifizierung	**A-Kennzahl**	C-Kennzahl

3.14 Sicherheitskoeffizient

Formel

$$\frac{\text{Mindestbestand bzw. Sicherheitsbestand}}{\text{Durchschnittlicher Lagerbestand}} \times 100$$

Dimension
Mengeneinheiten

Erläuterungen/Bewertung
Der Sicherheitskoeffizient gibt das relative Verhältnis zwischen dem Sicherheitsbestand und dem durchschnittlichen Lagerbestand an und zeigt, welchen Anteil der Sicherheitsbestand am durchschnittlichen Lagerbestand aufweist. Der Sicherheitsbestand stellt sozusagen den »fixen Bodensatz« der Lagerbestände dar, der möglichst gering zu halten ist.

Sicherheitsbestände verdecken nicht nur Mängel im Produktionsablauf, sondern auch Lieferzeitüberschreitungen, evtl. Falschlieferungen und selbst Fehler in der Bestandsführung. Mit dieser Kennzahl können zu hohe (aber auch zu niedrige) Sicherheitsbestände identifiziert werden. Sicherheitsbestände sollen Risiken durch evtl. überhöhten Verbrauch und/oder Lieferzeitüberschreitungen abdecken. Tendiert eine Wiederbeschaffungszeit gegen null, so ist auch das Halten von Sicherheitsbeständen nicht angezeigt.

Klassifizierung	**A-Kennzahl**	C-Kennzahl

3.15 Durchschnittliche Lagerdauer

Formel

$$\frac{360\ \text{Tage}}{\text{Lagerumschlagshäufigkeit}}$$

Dimension
Zeiteinheiten

Erläuterungen/Bewertung
Die durchschnittliche Lagerdauer gibt Auskunft über die Situation bzw. die Entwicklung der Kapitalbindung im Lager.
Sie zeigt auf, wie lange die Vorräte – und damit auch das dafür benötigte Kapital – durchschnittlich im Lager gebunden sind. Gleichzeitig kann von dieser Kennzahl auch abgeleitet werden, wie viele Verbrauchsperioden der durchschnittliche *Lagerbestand* abdeckt.

Durch eine Reduzierung der Lagerdauer würde auch die Kapitalbindung niedriger ausfallen, was eine Verbesserung der Wirtschaftlichkeit bewirken würde. Eine kürzere Lagerdauer bedeutet also, dass die eingelagerten Materialien schneller wieder in liquide Mittel umgewandelt werden.
Dabei ist in bestimmten Bereichen nicht diese Umwidmung bedeutend. Bei Produkten mit einem festgelegten Mindesthaltbarkeitsdatum ist die *Verweildauer* eine wichtige Vergleichsgröße.

Klassifizierung	**A-Kennzahl**	C-Kennzahl

3.16 Inventurberichtigungsanteil

Formel

$$\frac{\text{Inventurdifferenz}}{\text{Durchschnittlicher Lagerbestand}} \times 100$$

Dimension
Prozentsatz

Erläuterungen/Bewertung
Diese Kennzahl ist – gleichgültig, ob permanente oder Stichtagsinventur – bedeutend für die Feststellung der Inventurdifferenzen im Vergleich zum durchschnittlichen Lagerbestand.
Wird der durchschnittliche Lagerbestand aus einer größeren Zahl von Einzelwerten gebildet, ist die Aussagekraft der Kennzahl wesentlich erhöht.

Durch den Vergleich in Zeitreihen lassen sich bei veränderten Lagerbestandswerten auch evtl. Ursachen für diese Kennzahl leichter ermitteln. Bei größeren Abweichungen im Zeitvergleich werden einzuleitende Maßnahmen z. B. Qualität der Buchungen im Wareneingang oder -ausgang oder geschlossene Lager erkennbar.

Klassifizierung	**A-Kennzahl**	C-Kennzahl

3.17 Gängigkeitsstruktur der Bestände

Formel

$$\frac{\text{Anzahl Teile ohne Bewegung}}{\text{Gesamtzahl der Teile}} \times 100$$

Dimension
Prozentsatz

Erläuterungen/Bewertung
Eine Kennzahl wie die Gängigkeitsstruktur macht deutlich, welcher prozentuale Anteil der vorhandenen Gesamtbestände bewegt, also genutzt wird.
Der nicht bewegte Teil stellt zum einen sog. Ladenhüter dar (vgl. Slow Mover S. 62, S. 136), die nicht wertschöpfend eingesetzt werden und somit Lagerplatz unnötig belegen. Außerdem ist in nicht bewegten Gütern Kapital gebunden.

Der Zeitraum für die Ermittlung der Teile ohne Bewegung ist frei definierbar.Für manche Produkte kann es jedoch Sinn machen, mehr zu beschaffen als benötigt wird, mit der Gefahr, den »Überschuss« nicht zu verwenden. Dies ist der Fall, wenn die Wiederbeschaffungszeit (z. B. bei *II-Teilen* evtl. stark schwankend) oder die Kosten für eine Nachbestellung unverhältnismäßig hoch sind.

Klassifizierung	A-Kennzahl	C-Kennzahl

3.18 Umschlagshäufigkeit

Formel

$$\frac{\text{Logistischer Output}}{\text{Durchschnittlicher Lagerbestand}}$$

Dimension
n. a.

Erläuterungen/Bewertung
Die *Umschlagshäufigkeit* gibt an, wie oft der Lagerbestand in einer betrachteten Periode komplett ein- und wieder ausgelagert wurde.

Logistischer Output ist z. B. der über ein Zentrallager getätigte Umsatz mit Ersatzteilen. Allgemein ist eine hohe *Umschlagshäufigkeit* mittels Just-in-Time-Anlieferungen bzw. Rahmenverträgen mit Lieferanten anzustreben, um die *Lagerverweildauer* und damit die Kapitalbindung gering zu halten. Eine niedrige *Umschlagshäufigkeit* ist quasi gleich gestellt mit großen Vorratsbeständen. Sie hat u. U. die Wertminderung der eingelagerten Waren durch Veralterung oder Verderb zur Folge, was Wertberichtigungen in Form von Abwertungen nach sich zieht.
Alternativ kann die *Umschlagshäufigkeit* als der Umsatz zu Verkaufspreisen abzgl. Marge in Euro bezogen auf den durchschnittlichen Lagerbestand zu Einkaufspreisen in Euro dargestellt werden. Diese Form der Darstellung unterliegt jedoch externen Einflüssen wie Rabatten und die Datenaufbereitung ist schwieriger. Die Berechnung der *Umschlagshäufigkeit* ist Basis für die Ermittlung der *Verweildauer*.

Klassifizierung	**A-Kennzahl**	C-Kennzahl

3.19 Anteil Barcode-Lieferscheine

Formel

$$\frac{\text{Anteil der Barcode-Lieferscheine}}{\text{Gesamtzahl der Lieferscheine}} \times 100$$

Dimension
Prozentsatz

Erläuterungen/Bewertung
Die Kennzahl drückt den Verwaltungsaufwand bei der Registrierung und Bearbeitung von Lieferscheinen aus.

Das Barcode-Verfahren gewährleistet einen Waren begleitenden, aber dennoch papier- und aufwandsarmen Informationsfluss. Je höher der Wert der Kennzahl ist, desto geringer ist der Verwaltungsaufwand für die Bearbeitung von papiergebundenen Lieferscheinen. Ein zu geringer Prozentsatz deutet auf Einsparungs- bzw. Rationalisierungspotenziale hin.

Moderne Systeme sehen die Generierung einer elektronischen Voranmeldung beim Empfänger vor (z. B. ASN=advanced shipping note), gegen die direkt von System zu System verbucht wird. Dadurch verliert die Erfassung anhand von Lieferscheinen an Bedeutung.

Klassifizierung	A-Kennzahl	**C-Kennzahl**

3.20 Umlagerungsquote

Formel

$$\frac{\text{Umlagerungen}}{\text{Anzahl Transportaufträge inkl. Auslagerungen}} \times 100$$

Dimension
Prozentsatz

Erläuterungen/Bewertung
Umlagerungen können sowohl innerhalb eines Lagers als auch zwischen verschiedenen Lagern bzw. Lagerorten stattfinden. Deren Anteil an allen vergebenen Transportaufträgen wird mit der angegebenen Formel berechnet.

Die Umlagerungsquote steht dabei einerseits für die Produktivität der Transportmittel im Lagerbereich, bei der ein hoher Wert anzustreben ist, um die Auslastung maximal und damit wirtschaftlich zu halten.
Andererseits deutet eine hohe Umlagerungsquote auf viele unproduktive Vorgänge hin, wenn z. B. Lagergut mit Sperrvermerk nach Festlegung der Qualitätskontrolle im Lager selbst umgelagert wird, d. h. Transportmittel werden unnötigerweise mit Umlagerungsaufgaben belastet. Eine zu hohe Umlagerungsquote bedeutet also eine unnötige Beanspruchung der innerbetrieblichen Transportmöglichkeiten.

Klassifizierung	A-Kennzahl	**C-Kennzahl**

3.21 Anteil Lagerhaltungskosten

Formel

$$\frac{\text{Summe Lagerungskosten}}{\text{Logistikkosten}} \times 100$$

Dimension
Prozentsatz

Erläuterungen/Bewertung
Die Kennzahl macht den Anteil der *Lagerungskosten* an den gesamten *Logistikkosten* deutlich.

Da die Logistik neben dem Teilprozess der Lagerhaltung noch wesentliche andere Teilprozesse (z. B. Auftragsabwicklung, interner und externer Transport, Verpackung) abbildet, können hier die direkt der Lagerhaltung zurechenbaren Kosten in eine Beziehung zu den *Logistikkosten* gesetzt werden.

Hierdurch können, falls andere logistische Teilprozesse evtl. keine Rationalisierungspotenziale erkennen lassen, auch im Benchmarking die in der Lagerhaltung vorhandenen Potenziale realisiert werden.
Durch die Erweiterung auf den Nenner »*Logistikkosten* pro Werk« lässt diese Kennzahl eine auf das gesamte Werk bezogene Betrachtung zu.

Klassifizierung	A-Kennzahl	**C-Kennzahl**

3.22 Logistikkosten pro Lagermitarbeiter

Formel

$$\frac{\text{Logistikkosten des Lagerbereichs}}{\text{Anzahl Mitarbeiter im Lager}}$$

Dimension
€/Mitarbeiter

Erläuterungen/Bewertung
Die *Logistikkosten* pro Lagermitarbeiter haben ihren Ursprung in den *Lagerungskosten* und bilden somit deren Wert bezogen auf die Anzahl von Mitarbeitern im Lagerbereich ab.

Die *Logistikkosten* pro Mitarbeiter können die Grundlage für Investitionsentscheidungen darstellen. So zeigt der berechnete Wert z.B. bei einem Wirtschaftlichkeitsvergleich, ob der Einsatz von Automatisierungstechniken sinnvoll ist.
Im Branchenvergleich können durch diese Kennzahl Rationalisierungspotenziale aufgezeigt werden. Die *Personalkosten* im Lagerbereich sind über verschiedene Branchen hinweg weitgehend identisch. Werden im Vergleich zu anderen Unternehmen unverhältnismäßig hohe Kosten festgestellt, sollte über Outsourcing nachgedacht werden.

Klassifizierung	A-Kennzahl	**C-Kennzahl**

3.23 Soll-/Ist-Vergleich Kapazitätsauslastung der Transportmittel

Formel

$$\frac{\text{Ist-Nutzung pro Zeiteinheit}}{\text{Soll-Nutzung pro Zeiteinheit}} \times 100$$

Dimension
Prozentsatz

Erläuterungen/Bewertung
Diese Kennzahl dient der Kontrolle der effektiven Abweichung von der geplanten Kapazitätsauslastung eingesetzter Transportmittel, indem die prozentuale Abweichung der Ist-Nutzung von der Soll-Nutzung pro Zeiteinheit ausgewiesen wird.

Das Ergebnis ist folglich ein Indikator für die Auslastung des Transportmittels. Somit ist die Grundlage für die Berechnung anfallender Kosten bzw. der Amortisation eines Transportmittels in einer Wirtschaftlichkeitsrechnung gegeben.

Ein unzureichender Auslastungsgrad kann die Analyse der Ablauforganisation nach sich ziehen oder zu Investitions- bzw. Desinvestitionsmaßnahmen führen. Dabei sind jedoch saisonale Schwankungen zu berücksichtigen.

Klassifizierung	A-Kennzahl	**C-Kennzahl**

3.24 Lagernutzungsgrad

a) Lagerauslastungsgrad

Formel

$$\frac{\text{Effektive Lagerauslastung}}{\text{Maximal mögliche Lagerauslastung}} \times 100$$

Dimension
Prozentsatz

Erläuterungen/Bewertung
Eine Kennzahl wie der Lagerauslastungsgrad gibt an, welcher Anteil des zur Verfügung stehenden Lagers genutzt wird.
Eine zu geringe Auslastung deutet auf zu hohe Kapitalbindungs- und Betriebskosten hin, die durch nicht benötigte Lagerfläche verursacht werden. Ein Auslastungsgrad von ca. 85 % sollte nicht überschritten werden, um die Flexibilität des Lagers hinsichtlich nicht eingeplanter Einlagerungsaufträge bzw. Umlagerungsaktionen nicht einzuschränken. Die Kennzahl deckt also sowohl Engpässe als auch mangelnde Auslastung auf.

b) Flächennutzungsgrad

Formel

$$\frac{\text{Regalfläche}}{\text{Gesamtlagerfläche}} \times 100$$

Diese Kennzahl gibt rein die flächenmäßige Ausnutzung der Regale im Lager an. Da der Nutzungsgrad entscheidend von den gelagerten Gütern abhängt, z. B. von deren Abmessungen, sind keine allgemeingültigen Angaben über die absolute Höhe möglich. Der Wert kann jedoch Anregungen für Überlegungen zur besseren flächenbezogenen Lagerausnutzung bzw. Hinweise über nicht ausreichende Lagerflächen liefern.

Klassifizierung	A-Kennzahl	**C-Kennzahl**

3.25 Auslastungsgrad interner Transportmittel

Formel

$$\frac{\text{Effektive Fahrzeit interner Transportmittel}}{\text{Maximal mögliche Fahrzeit interner Transportmittel}} \times 100$$

Dimension
Prozentsatz

Erläuterungen/Bewertung
Diese Kennzahl setzt die tatsächliche Nutzungszeit eines internen Transportmittels prozentual in Beziehung zur maximal möglichen Einsatzzeit, also z. B. einer Schichtdauer oder einem Arbeitstag.
Das Ergebnis kann Einsparungspotenziale deutlich machen bzw. als Grundlage für die Neuplanung oder Erweiterung eines Transportsystems dienen.

Um eine hohe Reaktionsbereitschaft zu gewährleisten, ist eine Auslastung von 100 % nicht sinnvoll; ein Wert von 75 % bis 90 % ist empfehlenswert. Zudem deckt die Kennzahl Kapazitätsengpässe oder -überhänge auf, wobei jedoch deren Verteilung auf die unterschiedlichen Transportmittel nicht ersichtlich wird. Dazu wäre eine weitere Unterteilung notwendig.
Die tatsächliche Nutzungszeit wird nicht von Leerfahrten oder Fahrten zu Serviceeinrichtungen unterschieden. Dies macht eine weitere Unterteilung in Nutzung bei Last- bzw. Leerfahrten erforderlich.

Klassifizierung	A-Kennzahl	**C-Kennzahl**

3.26 Produktivität des Wareneingangs

Formel

$$\frac{\text{Anzahl der Ist-Sendungen pro Zeiteinheit}}{\text{Anzahl der Ist-Mitarbeiterstunden pro Zeiteinheit}}$$

Dimension
Sendungen/Mitarbeiterstunde

Erläuterungen/Bewertung
Diese Kennzahl gibt durch die Gegenüberstellung von bearbeiteten Sendungen pro eingesetzter Mitarbeiterstunde Aufschluss über den Arbeitsaufwand, der zur Bewältigung einer Sendung notwendig ist.
Eine zu niedrige Produktivität könnte als Ursache den Mangel an Unterstützung durch entsprechende Hilfsmittel, wie z. B. EDV-Einsatz, aufzeigen. Zudem könnte die Ablauforganisation technisch überholt sein. Der durchgängige Einsatz von Barcode-Scannern oder aber eine vollautomatische, Transponder- gesteuerte Wareneingangserfassung anstatt manueller Wareneingangskontrolle kann hier als Beispiel für die zeitgemäße Wareneingangsabwicklung dienen.

Für eine höhere Aussagekraft sollte das Gewicht oder die Packstückanzahl jeweils verglichen werden, da diese Werte den Durchsatz und damit die Produktivität beeinflussen. Mangelnde Kennzeichnung eingehender Lieferungen führt zu Zeitverlust bei der Zuordnung sowohl zum Bestimmungsort als auch – bei gleichzeitiger Anlieferung – zum entsprechenden Lieferanten. Die Vorankündigung von Lieferungen mit Unterstützung der Datenübertragung kann hier hilfreich sein.

Klassifizierung	A-Kennzahl	**C-Kennzahl**

3.27 Soll-/Ist-Vergleich Auslastungsgrad des Entladeequipments

Formel

$$\frac{\text{Ist-Nutzung pro Zeiteinheit}}{\text{Soll-Nutzung pro Zeiteinheit}} \times 100$$

Dimension
Prozentsatz

Erläuterungen/Bewertung
Ähnlich des Auslastungsgrades der Transportmittel zeigt diese Kennzahl das prozentuale Verhältnis zwischen tatsächlicher Nutzung der Entladeeinrichtungen, wie z. B. Fördertechnik, und der angestrebten Nutzung.

Diese Kennzahl lässt u. U. Prognosen über mögliche Stauungen und Ablaufstörungen zu. Ferner informiert sie über brachliegende oder fehlende Kapazitäten sowie die Qualität des Planungssystems. Somit stellt sie eine Grundlage für die strategische Planung dar, aufgrund derer durchzuführende Investitionen ermittelt werden.

Unberücksichtigt bleibt auch hier die Struktur der Spiele, d. h. ob Einzel- oder Doppelspiele vorliegen bzw. inwiefern sich die Nutzungszeit auf Last- oder Leerbewegungen aufteilt.

Klassifizierung	A-Kennzahl	**C-Kennzahl**

3.28 Kommissionierleistung

Formel

$$\frac{\text{Anzahl Kommissionierpositionen}}{\text{Anzahl der Arbeitsstunden}}$$

Dimension
Positionen / Zeiteinheit; Picks pro Behälter / Zeiteinheit

Erläuterungen / Bewertung
Die Kommissionierleistung gibt die Anzahl kommissionierter Positionen bezogen auf die benötigten Arbeitsstunden des Kommissionierpersonals an.

In einem Lager mit einer hohen Kommissionierleistung ist z. B. eine detaillierte Personaleinsatzplanung notwendig. Wichtig ist dabei, evtl. saisonale oder ablaufbedingte Schwankungen miteinzubeziehen. Die Kommissionier- oder auch Griffleistung muss sich dabei auf homogene Lagerzonen beziehen: Palettenlager, evtl. Durchlauflager, Handlager, Umlaufregalanlage. Unter Umständen sind zur Bewältigung kurzzeitiger Spitzenbelastungen Mitarbeiter aus weniger ausgelasteten Unternehmensbereichen (z. B. dem Wareneingang) hinzuzuziehen. Solche Situationen können z. B im Lebensmittel-Großhandel zu den Festtagen auftreten.
Für diese Betrachtung ist nicht nur die Leistung des Personals ausschlaggebend, sondern auch die technische und organisatorische Ausgestaltung der Kommissionierzone. Zudem fließt der Aufwand (z. B. Ent- oder Verpackung, Handling mit Hilfsmitteln etc.), der pro kommissionierter Position betrieben werden muss, indirekt in diese Kennzahl mit ein.

Klassifizierung	A-Kennzahl	**C-Kennzahl**

3.29 Kommissionierfehlerquote

Formel

$$\frac{\text{Anzahl fehlerhaft kommissionierter Einheiten}}{\text{Anzahl kommissionierter Einheiten}} \times 100$$

Dimension
Prozentsatz

Erläuterungen/Bewertung
Der Anteil fehlerhaft kommissionierter Einheiten an der Gesamtzahl kommissionierter Einheiten gefährdet die Kundenzufriedenheit bzw. die Produktion aufgrund von Materialengpässen und lässt sich in dieser Berechnung ermitteln.

Auftretende Kommissionierfehler können je nach Branche (z. B. Pharmaindustrie) gravierende Folgen haben. Daher empfiehlt sich eine zusätzliche Warenausgangskontrolle sowie eine intensive Mitarbeiterschulung. Eine Fehleranalyse kann beispielsweise die Erkenntnis liefern, dass vorgesehene Ladehilfsmittel nicht verwendet bzw. bei Mehrfachbelegung nicht ordnungsgemäß befüllt wurden. Abhilfe kann durch die Einführung der zweistufigen Kommissionierung geschaffen werden. Entscheidend ist auch die eindeutige Identifizierbarkeit der Kommissionierbelege. Hilfreich ist die elektronische Erfassung, Quittierung sowie Überprüfung (z. B. durch Wiegen) der Kommissionierpositionen. Bei einer hohen Fehlerquote empfiehlt sich die Überprüfung der Qualität der Kommissionieraufträge, der Qualifikation, Arbeitsbelastung und des Termindrucks der Mitarbeiter sowie der generellen Ablauforganisation. Zur Beseitigung von Kommissionierfehlern müssen zusätzliche Kapazitäten, sowohl technische als auch personelle, bereitgestellt werden.

Klassifizierung	A-Kennzahl	**C-Kennzahl**

3.30 Lagerreichweite

Formel

$$\frac{\text{Durchschnittlicher Lagerbestand (ME)}}{\text{Durchschnittlicher Verbrauch (ME) pro Zeiteinheit}}$$

Dimension
Zeiteinheiten

Erläuterungen/Bewertung
Die Lagerreichweite ist eine wichtige Kennzahl zur Bewertung der Effizienz der Warenwirtschaft. Sie gibt die Zeitdauer an, wie lange der vorhandene Bestand (durchschnittlicher Bestand bzw. verfügbarer Lagerbestand in Mengeneinheiten) aufgrund eines definierten Verbrauchs pro Zeiteinheit produziert oder ausgeliefert werden kann, ohne dass eine Nachlieferung erfolgt.

Bei der Betrachtung der Reichweite ist ein geeigneter Detaillierungsgrad zu beachten. Von der Information über die Reichweite des gesamten Lagers ist der Wert für eine Lagerzone, eine Produktgruppe oder sogar einzelner Artikel zu unterscheiden. Anstatt der Durchschnittswerte können auch aktuelle Ist-Werte verwendet werden. Es besteht eine Zielkonkurrenz zwischen hoher Versorgungssicherheit einerseits und den damit verbundenen hohen *Kapitalbindungskosten*. Es gilt, eine Veralterung des eingelagerten Materials zu verhindern sowie den frei verfügbaren Lagerplatz zu maximieren. Die Lagerreichweite kann auch für dispositive Analysen (z. B. Meldebestands- und Mindestbestandsrechnung) Verwendung finden.

Klassifizierung	A-Kennzahl	**C-Kennzahl**

3.31 Quote der R-/S-/U-Teile

Formel

$$\frac{\text{Anzahl R-/S-/U-Teile}}{\text{Gesamtzahl der Teile}} \times 100$$

Dimension
Prozentsatz

Erläuterungen/Bewertung
Durch diese Kennzahl der *R-/S-/U-Teile* wird die Verbrauchsstruktur des Teilesortiments definiert, indem die Anzahl der Teile des jeweiligen Segments prozentual an der Gesamtzahl der vorhandenen Teile gemessen wird.

Der Anteil der jeweiligen Teile-Gruppe am Gesamtsortiment erlaubt Rückschlüsse auf die Planungs- bzw. Prognosemöglichkeiten und den damit verbundenen Aufwand.

R-Teile (Teile mit regelmäßigem Verbrauchsverlauf) können z. B. langfristig geplant werden und erlauben so auch die Beschaffung über feste Rahmenverträge, während U-Teile (Teile mit einem unregelmäßigem Verbrauchsverlauf) entsprechend den gemeldeten Bedarfen auftragsbezogen beschafft werden müssen.

Klassifizierung	A-Kennzahl	**C-Kennzahl**

3.32 Durchschnittliche Wiederbeschaffungszeit

Formel

$$\frac{\text{Durchschnittliche Wiederbeschaffungszeit für III-Teile}}{\text{Durchschnittliche Wiederbeschaffungszeit}}$$

Dimension
Zeiteinheiten

Erläuterungen/Bewertung
Die durchschnittliche Wiederbeschaffungszeit gibt die Zeitspanne für die Bereitstellung von fehlenden Teilen ab Bestellauslösung an.

Wichtig ist dabei die Erfassung der Durchschnittszeit für die Bestellauslösung bzw. -abwicklung zzgl. Lieferzeit sowie durchschnittliche Zeit für Wareneingangskontrolle, Einlagerung und/oder Bereitstellung.

Hohe Wiederbeschaffungszeiten haben lange Lieferzeiten bzw. einen nicht ausreichend organisierten Materialfluss aufseiten der Lieferanten als Ursache. Die Ineffizienz der Bestellabwicklung könnte ein weiterer Grund sein. Ferner ist zu beachten, dass die durchschnittliche Wiederbeschaffungszeit zunimmt, sobald Teile nicht am bestimmten Lagerungsort eingelagert werden, sondern nach Anlieferung und Einbuchung im Wareneingang verbleiben.
Diese Kennzahl ist Grundlage für die Fertigungsplanung sowie Anhaltspunkt für die Projektterminierung.

Klassifizierung	A-Kennzahl	**C-Kennzahl**

Kapitel 4

Kennzahlen der Produktionslogistik

4.1 Wartezeitkosten pro Output

Formel

$$\frac{\text{Wartezeitkosten (€)}}{\text{Outputeinheit (Ausbringungsmenge)}}$$

Dimension
€/Outputeinheit

Erläuterungen/Bewertung
Ergebnis dieser Kennzahl ist die durchschnittliche Kostenbelastung einer Outputeinheit durch Wartezeiten.
Diese entstehen aufgrund von Warteschlangen vor Bearbeitungssystemen oder auch schon durch Wartezeiten bei Lkw-Anlieferung als auch bei Auslieferung.

Material, das sich in der Produktion in Wartesystemen befindet, stellt Bestand in der Produktion dar und hat somit Einfluss auf die erfassten Bestände. Man spricht hier auch von »Ware in Produktion (WIP)« oder »Work in Process«. Während der Wartezeit fallen *Kapitalbindungskosten* sowie u. U. *Opportunitätskosten* an.

Klassifizierung	**A-Kennzahl**	C-Kennzahl

4.2 Kostenanteil innerbetrieblicher Transport

Formel

$$\frac{\text{Kosten innerbetrieblicher Transport}}{\text{Logistikkosten pro Werk}} \times 100$$

Dimension
Prozentsatz

Erläuterungen/Bewertung
Diese Kennzahl zeigt den prozentualen Anteil der Kosten des innerbetrieblichen Transports an den gesamten *Logistikkosten*.

Der innerbetriebliche Transport stellt einen Prozess ohne *Wertschöpfung* dar. Folglich ist dessen Effizienz so hoch wie möglich zu halten. Zur verfeinerten Betrachtung der anfallenden Kosten können die *Personalkosten*, bezogen auf die Anzahl der Mitarbeiter des innerbetrieblichen Transports, im Verhältnis zu den Werklogistikkosten dargestellt werden.

Die Berechnung kann zur Verdeutlichung der Notwendigkeit von Investitionen dienen. Andererseits zeigt sich durch das Ergebnis, ob auch innerbetriebliche Transportaufgaben an einen Dienstleister abgegeben werden sollten.

Klassifizierung	**A-Kennzahl**	C-Kennzahl

4.3 Anteil mit Lieferanten abgestimmter Produktionsprogrammplanungen

Formel

$$\frac{\text{Abgestimmte Produktionsprogrammteile}}{\text{Gesamtes Produktionsprogramm}} \times 100$$

Dimension
Prozentsatz

Erläuterungen/Bewertung
Der Prozentsatz steht für den Anteil der mit dem Zulieferer abgestimmten *II-Teile* des Produktionsprogramms am gesamten Produktionsprogramm.

Zur Sicherstellung einer funktionierenden Supply Chain innerhalb und zwischen Unternehmen ist eine kontinuierliche Abstimmung mit Lieferanten hinsichtlich geforderter Menge und Qualität als auch Lieferterminen notwendig.

Ein zu niedriger Wert deutet darauf hin, dass mit Störungen im Produktionsablauf durch Engpässe im Materialnachschub oder zusätzlichem Verwaltungsaufwand durch neue bzw. zusätzliche Verhandlungen und Einkaufsaktivitäten zu rechnen ist.

Klassifizierung	**A-Kennzahl**	C-Kennzahl

4.4 Quote Spezialladungsträger

Formel

$$\frac{\text{Gesamtwert Spezialladungsträger}}{\text{Gesamtwert aller Ladungsträger}} \times 100$$

Dimension
Prozentsatz

Erläuterungen/Bewertung
Die Quote zeigt den prozentualen Wertanteil von Spezialladungsträgern am gesamten Ladungsträgeraufkommen.

Spezialladungsträger (SLT) werden notwendig, wenn Transportgüter aufgrund ihrer geometrischen Eigenschaften oder ihrer Anforderungen an den Schutz vor Umwelteinflüssen nicht mit genormten Ladungsträgern wie Europaletten o. Ä., transportiert werden können.
Aus dem Ergebnis der Quote lassen sich der notwendige Entwicklungsaufwand für Spezialladungsträger und die entstehenden Kosten ableiten. Daraus entstehen Sondereinzelkosten der Fertigung. Daneben gehen von SLT u. U. gesonderte Anforderungen an Fördermittel aus.

SLT sind zumeist aufgrund ihrer Spezifikation in der Verwendbarkeit für mehrere Transportgüter sowie hinsichtlich ihrer Wiederverwendbarkeit eingeschränkt. Diese Argumente zeigen, dass SLT hohe Kosten für ein Unternehmen verursachen können, was bedeutet, dass diese Kennzahl niedrig zu halten ist.

Klassifizierung	**A-Kennzahl**	C-Kennzahl

4.5 Wartungs- / Instandhaltungsquote für Transportmittel und Ladungsträger

Formel

$$\frac{\text{Wartungs- und Instandhaltungskosten}}{\text{Logistikkosten}} \times 100$$

Dimension
Prozentsatz

Erläuterungen / Bewertung
Der errechnete Prozentsatz gibt an, welcher Anteil der *Logistikkosten* durch Wartungs- und Instandhaltungskosten verursacht wird.

Ein hoher Wert deutet darauf hin, dass u. U. Neuinvestitionen bzw. Ersatz der eingesetzten Transport- und Hilfsmittel notwendig sind, um die Wartungs- und Instandhaltungskosten gering zu halten. Mit dieser Kostenart gehen auch *Opportunitätskosten* einher, da während der Stillstandszeit keine andere Nutzung möglich ist.

Eine hohe Quote zeigt, dass die Verfügbarkeit eingeschränkt ist und die Auslastung restlicher Transportmittel bzw. Ladungsträger zunimmt. Schwankungen dieses Wertes können mithilfe von Wartungsverträgen mit Dienstleistern, z. B. auch in Leasing-Modellen, entgegengewirkt werden.

Klassifizierung	**A-Kennzahl**	C-Kennzahl

4.6 Aufträge pro Transportmittel

Formel

$$\frac{\text{Summe interner Transportaufträge}}{\text{Anzahl Transportmittel}}$$

Dimension
Aufträge / Transportmittel

Erläuterungen/Bewertung
Die Transportintensität in Form der durchschnittlich anfallenden Anzahl an Transportaufträgen pro Transportmittel ist Inhalt dieser Kennzahl.

Ihre Berechnung stellt die Grundlage der Einsatzplanung pro Tag dar und zieht bei nicht vollautomatisierten Systemen die Personalplanung nach sich. Zudem kann ausgehend von diesem Wert auf die Auslastung der Transportmittel geschlossen werden.

Je nach Ausgestaltung des Transportsystems kommt dabei auch die durchschnittliche Fahrtstrecke in km bezogen auf die Anzahl der eingesetzten Transportmittel in Betracht. Diese Kennzahl kann für einzelne Förderstrecken auch zur Beurteilung der Wirtschaftlichkeit herangezogen werden.

Klassifizierung	**A-Kennzahl**	C-Kennzahl

4.7 Auslagerungszeit

Formel

$$\frac{\text{Mögliche Zeitspanne von Entnahme aus Lageranforderung}}{\text{Maximal zulässige Zeitspanne von Entnahme aus Lageranforderung}}$$

Dimension
Zeiteinheiten

Erläuterungen/Bewertung
Der Wert dieser Kennzahl basiert auf einzelnen Zeitnahmen von der Auslösung einer Auslagerung durch eine Anforderung bis zur Bereitstellung am vorbestimmten werksinternen Produktionsort.

Diese Kennzahl findet weniger Anwendung in innerbetrieblichen Prozessen als vielmehr bei der Materialbelieferung aus verteilten und weiter entfernten Lagerbereichen. Werden bei einem Energieversorgungsunternehmen selten benötigte Ersatzteile »auf der grünen Wiese« gelagert, so ist die Zeitspanne bis zur Bereitstellung des Materials am Einbau- oder Verbrauchsort wesentlich für die Einsatz- oder Montageplanung.

Die Auslagerungszeit variiert mit dem Einsatz verschiedener Fördermittel bzw. Prozessabläufe. Das Ziel sollte sein, eine gleichmäßige Verteilung der Auslagerungszeiten zu erreichen, die als Kalkulationsgrundlage für die Fertigungssteuerung genutzt werden kann. Durch die verbrauchsortsnahe Lagerung kann die Auslagerungszeit niedrig gehalten werden. Der Einsatz automatisierter Fördermittel erlaubt einen gleich bleibenden Wert.

Klassifizierung	A-Kennzahl	**C-Kennzahl**

4.8 Anteil Direktbelieferung durch Lieferanten

Formel

$$\frac{\text{Volumen Direktbelieferungen an Senke}}{\text{Gesamtanlieferv olumen}} \times 100$$

Dimension
Prozentsatz

Erläuterungen/Bewertung
Der dargestellte Anteil gibt an, welcher Prozentsatz des gesamten Beschaffungs- bzw. Anliefervolumens vom Lieferanten direkt an der Senke bereitgestellt wird, ohne dass ein unternehmensinternes Wareneingangs- und Zwischenlager bereitgestellt oder ein Warenverteilzentrum miteinbezogen wird.

Die Direktbelieferung aufgrund von Rahmenverträgen erlaubt Einsparungen beim Transport- und Lagerequipment sowie beim einzusetzenden Personal. Fixkosten werden auch hier in variable Kosten umgewandelt. Voraussetzung ist, dass eine Wareneingangsprüfung aufgrund vereinbarter und gleich bleibend hoher Anlieferqualität entfallen kann.

Klassifizierung	A-Kennzahl	**C-Kennzahl**

4.9 Verschrottungsanteil

Formel

$$\frac{\text{Anzahl Verschrottungen}}{\text{Ausbringungsmenge (Outputeinheiten)}} \times 100$$

Dimension
Prozentsatz

Erläuterungen/Bewertung
Der Verschrottungsanteil macht deutlich, wie viel Prozent der Ausbringungsmenge aufgrund Unbrauchbarkeit entsorgt werden müssen.

Diese Kennzahl lässt auf die Materialqualität verwendeter Teile sowie Prozessqualität bzw. Fehlerhäufigkeit schließen. Daraus lassen sich die Fehlerkosten für das Unternehmen ableiten.
Es wird allerdings nicht ersichtlich, welche Anzahl an Verschrottungen z. B. aus Tests resultiert und somit der Produktweiterentwicklung dient. Diese Kennzahl korreliert damit positiv mit Fehler- und Fehlervermeidungskosten.
Verschrottungen können auch aus Unachtsamkeiten, Fehlern in der Handhabung und fehlender Unterweisung von Mitarbeitern im Lagerbereich resultieren. In diesem Umfeld sollte einem zu hohen Verschrottungsanteil mit Maßnahmen zur Qualitätsverbesserung entgegengewirkt werden.

Klassifizierung	A-Kennzahl	**C-Kennzahl**

4.10 Ladungsträgerkapazität

Formel

$$\frac{\text{Summe Volumen Ladegut}}{\text{Summe der Kapazität der Ladungsträger}}$$

Dimension
Mengeneinheiten

Erläuterungen/Bewertung
Der Durchschnittswert der Ladungsträgerkapazität stellt die benötigte Kapazität verteilt über eine Berichtsperiode dar.

Ausgehend vom Ladegut wird durch dessen Abmessungen bzw. Gewicht, evtl. Sperrigkeit und Handhabungsanforderungen das Ladehilfsmittel bzw. der Ladungsträger festgelegt. Der Füllgrad ist ausschlaggebend für die Anzahl eingesetzter Ladungsträger und damit für die Anzahl notwendiger Transportaufträge bzw. für die notwendige Förderleistung automatisierter Systeme (z.B. Rollenbahnen). Unberücksichtigt bleibt dabei allerdings Ladegut, das besonders große bzw. kleine Ladungsträgerkapazitäten beansprucht.

Die Berechnung kann als Grundlage zur Simulation von Transport- und Produktionsprozessen verwendet werden. Zu beachten ist, dass die Verwendung größerer Ladungsträger in Abhängigkeit vom jeweiligen Verbrauch auch größere Bestände und damit gebundenes Kapital in der Produktion bedeuten kann. Allerdings werden dadurch die Transportfrequenzen reduziert.

Klassifizierung	A-Kennzahl	**C-Kennzahl**

4.11 Zeitbedarf pro Transportauftrag

Formel

$$\frac{\text{Summe Zeitbedarfe interner Transporte}}{\text{Anzahl Transportaufträge}}$$

Dimension
Zeiteinheiten / Transportauftrag

Erläuterungen/Bewertung
Eine Produktivitätskennzahl wie der Zeitbedarf pro Transportauftrag setzt sich aus der benötigten Gesamtzeit für alle Transporte eines Betrachtungszeitraumes bezogen auf die Gesamtzahl der Transporte zusammen.

Diese Kennzahl definiert u. a. den vom Transportbereich zu beanspruchenden Vorlauf zur Abwicklung der erteilten Aufträge, z. B. bei technologisch bedingter Änderung des Produktionsprogramms.
Erfordern benötigte Produktionsumstellungen kürzere Transportzeiten, so lassen sich für explizit ausgewiesene Förderstrecken alternative Investitionsvorhaben begründen. Unbeachtet bleiben dabei aus verschiedenen Gründen besonders aufwendige Transporte, die zeitintensiver sind, bzw. solche, die schnell zu erledigen waren.
Der Zeitbedarf pro Transportauftrag hängt stark von der Art und den Spezifikationen des eingesetzten Fördermittels sowie von den möglichen mechanischen Belastungen eines Fördergutes ab.

Klassifizierung	A-Kennzahl	**C-Kennzahl**

Kapitel 5

Kennzahlen der Distributionslogistik

5.1 Transportkosten pro Transportauftrag

Formel

$$\frac{\text{Transportkosten gesamt (€)}}{\text{Anzahl Transportaufträge (Werk)}}$$

Dimension
€/Auftrag

Erläuterungen/Bewertung
Die Kennzahl zeigt, welche Kosten durchschnittlich durch einen Transportauftrag verursacht werden.

Transportkosten entstehen für interne und externe Transporte. Transportkosten sind neben dem Fixkostenanteil abhängig von der Ausgestaltung sowie der Auslastung des Transportsystems. Dabei werden kostspielige Sonderfälle nicht berücksichtigt bzw. durch die Durchschnittsbildung geglättet.

Zur Steigerung der Aussagekraft sollte eine Differenzierung nach dem jeweiligen Verkehrsträger erfolgen. Beispielsweise kann ein Airfreight-Transportauftrag in die USA nicht mit einem Inlandversand per Paketdienst verrechnet werden.

Klassifizierung	**A-Kennzahl**	C-Kennzahl

5.2 Anteil Auftragsabwicklungskosten

Formel

$$\frac{\text{Auftragsabwicklungskosten (€)}}{\text{Umsatz (€)}} \times 100$$

Dimension
Prozentsatz

Erläuterungen/Bewertung
Der errechnete Wert zeigt den Anteil der Kosten zur Abwicklung eines Auftrages in Bezug auf den Umsatz an.

Auftragsabwicklungskosten werden durch die Tätigkeiten zur Erfüllung eines Auftrags verursacht. Darunter werden der Auftragseingang, die Auftragsbearbeitung, Materialdisposition, Produktionssteuerung, Produktion, Versand, Transport, Fakturierung und Zahlungseingang gerechnet. Darin enthalten sind auch Transferkosten, *Verwaltungskosten* sowie Löhne und Gehälter.

Für den zwischenbetrieblichen Vergleich ist es wichtig, eine einheitliche Datenbasis zu definieren, da von Unternehmen zu Unternehmen eine unterschiedliche Auffassung über die Kosten der Auftragsabwicklung besteht.

Klassifizierung	**A-Kennzahl**	C-Kennzahl

5.3 Termintreue der Transportmittel

Formel

$$\frac{\text{Anzahl Transporte mit Termineinhaltung}}{\text{Gesamtzahl der Transporte}} \times 100$$

Dimension
Prozentsatz

Erläuterungen/Bewertung
Der Prozentsatz dieser Kennzahl steht gemessen an der Gesamtzahl der Transporte für den Anteil, der termingerecht am Bestimmungsort eintrifft.

Die Berechnung kann sowohl für innerbetriebliche als auch außerbetriebliche Transportmittel durchgeführt werden.
Für diese Kennzahl ist ein Wert von 100 % anzustreben, obwohl dieser in der Praxis kaum zu erfüllen ist. Ursachen können technische Defekte, Behinderungen/Wartezeiten, Wartungsarbeiten, Sonderaufträge o. Ä. sein. Da die Zeitfenster im innerbetrieblichen Transport immer kleiner werden, ist eine hohe Termintreue zur Aufrechterhaltung nachgelagerter, störungsempfindlicher Prozesse notwendig.

Klassifizierung	A-Kennzahl	C-Kennzahl

5.4 Lieferzuverlässigkeit

Formel

$$\frac{\text{Anzahl termingerecht erfüllter Distributionsaufträge}}{\text{Gesamtzahl aller Distributionsaufträge}} \times 100$$

Dimension
Prozentsatz

Erläuterungen/Bewertung
Bei dieser Berechnung zeigt sich, wie hoch der Anteil der dem Spediteur anvertrauten Transportaufträge ist, die nicht innerhalb eines vorgegebenen Zeitfensters ausgeführt wurden.

In der Praxis ist es aufgrund der immer häufiger angestrebten »lagerlosen Fertigung« sehr bedeutend, dass Kunden nur sehr geringe oder gar keine Zeitabweichungen – weder zu frühe noch verspätete Anlieferung – akzeptieren können, wobei in vielen Fällen der Abnehmer Zeiten benennt, die schon aufgrund einer fehlerhaften Programmplanung nicht stimmig sind. Hier sollte in einer offenen Kommunikation zwischen Spediteur und seinem Kunden eine enge Abstimmung erfolgen.
Ein Dienstleister, der in Deutschland kaum innerhalb von 24 Stunden zustellen kann, könnte dabei in Schwierigkeiten kommen.

Klassifizierung	**A-Kennzahl**	C-Kennzahl

5.5 Personalkostenquote des Fuhrparks

Formel

$$\frac{\text{Personalkosten des Fuhrparks}}{\text{Personalkosten Bereich Logistik}} \times 100$$

Dimension
Prozentsatz

Erläuterungen/Bewertung
Diese Kennzahl steht für den Anteil der *Personalkosten* an den gesamten *Personalkosten* der Logistik und kann für einen Kostenvergleich innerhalb einer Branche herangezogen werden.

Unabhängig von der Größe des Fuhrparks sind die damit verbundenen *Personalkosten* von großer Bedeutung, da diese Fixkostencharakter aufweisen. Unter Umständen ist eine weitere Unterteilung in Kosten der Fuhrparkleitung, Kosten der Fuhrparkverwaltung und Fuhrparkführer sinnvoll.

Die Weiterführung dieser Berechnung bezieht die *Personalkosten* des Fuhrparks nicht nur auf die *Personalkosten* des Bereichs Logistik, sondern auf die gesamten *Logistikkosten* eines Werkes.

Klassifizierung	**A-Kennzahl**	C-Kennzahl

5.6 Distributionskostenquote

Formel

$$\frac{\text{Gesamte Distributionskosten}}{\text{Gesamte Logistikkosten}} \times 100$$

Dimension
Prozentsatz

Erläuterungen/Bewertung
Die Quote gibt den prozentualen Anteil der Distributionskosten an den gesamten *Logistikkosten* an.

Je nach Branche betragen die Kosten der Distributionslogistik zwischen 2 % bis 18 % des Umsatzes. Diese große Bandbreite ist verständlich, da die Teilprozesse der Distribution je nach Produktbeschaffenheit (Größe, Gewicht, zu klimatisierendes Produkt oder Tiefkühlprodukt, besondere Transportmittel für Be- und Entladung etc.), der Ablieferform oder der Distributionsdauer unterschiedlich sind.
Daher sind Aufwendungen für die Distribution einer Darreichungsform im Pharmagroßhandel wesentlich geringer als bei Tiefkühlkost (bei hochsommerlichen Temperaturen) oder der Belieferung eines Regionallagers mit einer Achse eines schweren Lkw. Andererseits hängt die Quote auch stark von der Art des Transportkonzepts ab.
Auch der Anteil der Distributionskosten an den *Logistikkosten* ist stark schwankend.

Klassifizierung	**A-Kennzahl**	C-Kennzahl

5.7 Beanstandungsquote

Formel

$$\frac{\text{Anzahl beanstandeter Lieferungen}}{\text{Gesamtzahl der Lieferungen}} \times 100$$

Dimension
Prozentsatz

Erläuterungen/Bewertung
Die Beanstandungsquote erfasst den prozentualen Anteil an Lieferungen, die aufgrund möglicher Mängel, die in der Menge, dem Liefertermin, der Qualität oder ähnlichen Kriterien bestehen können, beanstandet werden.

Ist durch das Vorliegen eines Mangels die Lieferung für den Abnehmer unbrauchbar geworden, findet oft eine Rückweisung statt. In Erweiterung zur Beanstandungsquote ergibt sich daraus die nachfolgend aufgeführte Kennzahl »Lieferverzögerungsquote«.

Bei einer zu hohen Beanstandungsquote müssen in einem ersten Schritt die dafür verantwortlichen Gründe analysiert werden. Dies können z. B. nicht sachgemäße Ladungsträger oder Verpackungsmängel sein. Gegebenenfalls müssen in einem weiteren Schritt die weiteren Teilprozesse analysiert werden.

Anstelle der Anzahl der Lieferungen kann auch deren Wert angegeben werden.

Klassifizierung	**A-Kennzahl**	C-Kennzahl

5.8 Lieferverzögerungsquote

Formel

$$\frac{\text{Zahl der verspätet eingetroffenen Lieferungen}}{\text{Gesamtzahl der Lieferungen}} \times 100$$

Dimension
Prozentsatz

Erläuterungen/Bewertung
Verspätet eintreffende Lieferungen lassen sich prozentual zur Gesamtzahl der Lieferungen beziffern.
Ware, die zu spät beim Kunden eintrifft, verliert für diesen u. U. erheblich oder ganz an Nutzen. Diese Qualitätskennzahl kann diesen Sachverhalt separat von der Betrachtung der mangelhaften Lieferungen transparent machen.

Die Lieferverzögerungsquote ist ein Maßstab für die Leistungsfähigkeit und damit die Lieferantenbewertung beim Kunden. Daher ist hier eine genaue Kontrolle angebracht, um einen Kundenverlust zu verhindern. Prozessschritte können dabei intern als auch beim zuständigen Spediteur zu untersuchen sein. Sollte diese Kennzahl nicht im Promille-Bereich liegen, ist ein Ersatz durch leistungsfähigere Unternehmen bzw. eine Überarbeitung des Distributionsprozesses notwendig.

Klassifizierung	**A-Kennzahl**	C-Kennzahl

5.9 Zurückweisungsquote

Formel

$$\frac{\text{Anzahl zurückgewiesener Lieferungen}}{\text{Gesamtzahl Lieferungen}} \times 100$$

Dimension
Prozentsatz

Erläuterungen/Bewertung
Die Zurückweisungsquote stellt den prozentualen Anteil der aufgrund von Mängeln oder Verspätung zurückgewiesenen Lieferungen an der Gesamtzahl der Lieferungen dar.

Die Anlieferung mangelhafter Artikel kann von großem Nachteil für ein Unternehmen sein und bei Unbrauchbarkeit zur Zurückweisung führen. Die Zurückweisung falscher oder fehlerhafter Lieferungen bindet Kapazitäten des Personals und verursacht zusätzliche Kosten, die durch das Personal selbst, durch fehlenden Materialnachschub oder Kundenforderungen entstehen können. Somit ist diese Quote so gering wie möglich zu halten.

Die Berechnung kann nach Falsch- oder Schlechtlieferungen und verspäteten Lieferungen bzw. Lieferungen mit Fehlmengen differenziert werden.

Klassifizierung	**A-Kennzahl**	C-Kennzahl

5.10 Transportmittelanteil

Formel

$$\frac{\text{Warentransportleistung des Transportmittels (tkm)}}{\text{Gesamttransportleistung (tkm)}} \times 100$$

Dimension
Prozentsatz

Erläuterungen/Bewertung
Wie bei der Anlieferung kann auch die Distribution durch verschiedene Verkehrsträger erfolgen; ihr prozentualer Anteil an der Gesamttransportleistung wird mittels dieser Kennzahl ermittelt.

Demnach können Sendungen per Lkw, Bahn und in selteneren Fällen auch per Flugzeug verschickt werden. Eine Kennzahl wie der Transportmittelanteil lässt zum einen Rückschlüsse auf anfallende Kosten zu. Zum anderen kann auf die Regelmäßigkeit des Ausstoßes geschlossen werden. Außerdem werden anfallende fixe und variable Kosten kalkulierbar.

Neben der Betrachtung in Tonnenkilometer (tkm) ist auch eine Bewertung in Geldeinheiten (€) angebracht. Dadurch werden Kostenverursacher wie die teurere – oftmals jedoch notwendige – Beförderung per Luftfracht deutlicher hervorgehoben.

Klassifizierung	**A-Kennzahl**	C-Kennzahl

5.11 Quote der dezentralen Lagerflächen

Formel

$$\frac{\text{Anteil der dezentralen Lagerflächen}}{\text{Gesamtlagerfläche}} \times 100$$

Dimension
Prozentsatz

Erläuterungen/Bewertung
Die Berechnung zeigt, welcher Prozentsatz an der gesamten zur Verfügung stehenden Lagerfläche dezentral liegt.

Gerne bevorzugt die Logistik zentrale Lagerflächen, da dies v.a. durch Skaleneffekte in der Beschaffung und damit niedrigerer Kapitalbindung und einer besseren Auslastung der verfügbaren Mitarbeiter im Lagerbereich einhergeht. Andererseits steigen durch eine zentrale Lagerhaltung v.a. die Distributionskosten und damit verbunden die Umweltbelastung. Zwar ist bei modernen Logistikdienstleistern eine Belieferung in Zentraleuropa innerhalb weniger als 12 Stunden möglich, dennoch ist insbesondere im Großhandelsbereich die Kundennähe, allein aus Gründen einer umfassenden Produktberatung, unerlässlich.

Ein hoher Wert steht für größtmögliche Kundennähe, aber zugleich für redundante Lagerung in Verbindung mit evtl. hohen Beständen.

Klassifizierung	**A-Kennzahl**	C-Kennzahl

5.12 Quote Direktlieferungen / Streckengeschäft

Formel

$$\frac{\text{Anzahl der Direktlieferungen}}{\text{Gesamtlieferungen}} \times 100$$

Dimension
Prozentsatz

Erläuterungen/Bewertung
Bei umschlagsstarken Warengruppen bzw. bei großen Unternehmen kann eine Belieferung direkt zum Kunden ohne die Zwischenstufe des Handels vorgenommen werden. Man spricht hier auch vom Streckengeschäft. Diese Belieferungsform erfährt einen steigenden Trend. Die Kennzahl soll dessen Anteil an allen ausgehenden Lieferungen darstellen und erlaubt eine Charakterisierung der Kundenstruktur.

In diesem Zusammenhang ist das Prinzip des »Cross Docking« zu nennen. Dabei werden Sendungen in abnehmergerechte Sendungen aufgelöst, bereits beim Lieferanten verpackt und die Lagerhaltung in Distributionszentren so vermieden. Cross Docking steht also für die Summe aller Umschlagsprozesse ohne Lagerhaltung. Durch Cross Docking lassen sich Handlingschritte sowie Verpackungsaufwand einschränken. Außerdem wird eine Transportbündelung von mehreren Lieferanten möglich.

Klassifizierung	**A-Kennzahl**	C-Kennzahl

5.13 Lieferquote nach Kundensegmentierung

Formel

$$\frac{\text{Anzahl der Belieferungen pro Zeiteinheit}}{\text{Anzahl A-/B-/C-Kunden}}$$

Dimension
Anzahl Belieferungen/Kunde

Erläuterungen/Bewertung
Aus der Berechnung der Lieferquote wird deutlich, welche Kunden, unterschieden nach ihrer Umsatzstruktur, mit welcher Häufigkeit beliefert werden.

Die Ermittlung dieser Kennzahl ist notwendig für die Durchführung der Tourenplanung und auch für die Festlegung der notwendigen Transporteinheiten (z.B. Anzahl der Rollcontainer im Lebensmittelbereich), der Volumina, z.B. pro Lkw und der Anliefermengen. Die Lagerhaltung spielt bei der Aussagekraft dieser Kennzahl eine wichtige Rolle. Nutzt das abnehmende Unternehmen eine große Lagerkapazität, ist davon auszugehen, dass die Belieferungen pro Zeiteinheit gering sind. Ferner ist zu beachten, wo sich ein Lager befindet. Ein Konsignationslager beim Abnehmer wird eine andere Belieferungsfrequenz erfahren als ein Wareneingangslager bzw. ein Abruflager beim Lieferanten.

Allgemein sollten A-Kunden häufiger beliefert werden als B- und/oder C-Kunden. Bei hochwertigen Produkten pro A-Kunden kann jedoch auch die Lieferhäufigkeit niedrig ausfallen.

Klassifizierung	**A-Kennzahl**	C-Kennzahl

5.14 Anteil Transportaufträge an Dienstleister

Formel

$$\frac{\text{Anzahl Transportaufträge an Dienstleister}}{\text{Anzahl aller Transportaufträge}} \times 100$$

Dimension
Prozentsatz

Erläuterungen/Bewertung
Der Prozentsatz gibt an, wie hoch der Anteil der Transportaufträge in einem Werk ist, der von Dienstleistern übernommen wird. Dabei kann es sich neben dem Distributionsvorgang auch um den internen Transport handeln.

Die Vergabe von Transportaufträgen an einen Dienstleister geht mit der Reduzierung von Fixkosten durch die geringere Notwendigkeit der Unterhaltung eines Fuhrparks einher. Allerdings gibt es verschiedene Gründe, warum ein Unternehmen die Auslieferung durch den eigenen Fuhrpark vornimmt. Neben der Vermeidung transportbedingter Qualitätsmängel steht oftmals die Termintreue im Vordergrund. Des Weiteren macht der Einsatz von Sonderladungsträgern oder kompletten Spezialtransportsystemen den eigenen Fuhrparkeinsatz notwendig.

Klassifizierung	**A-Kennzahl**	C-Kennzahl

5.15 Produktivität der Disposition

Formel

$$\frac{\text{Anzahl der disponierten Aufträge}}{\text{Anzahl der Dispositionsstunden}}$$

Dimension

Aufträge/Zeiteinheit

Erläuterungen/Bewertung

Die Produktivität der Disposition wird mittels der durchschnittlichen Anzahl disponierter Aufträge pro aufgewendete Dispositionsstunde bestimmt.

Durch Tourenplanungssysteme wird die Produktivität der Disposition ebenso unterstützt wie durch Tracking und Tracing. Die Tourenplanung bewertet eine Bewertung der einzelnen Transportaufgaben unter Berücksichtigung der Fahrzeugverfügbarkeit und sämtlicher Restriktionen.

Durch Tracking (Bereitstellung von Schnittstellen-Informationen) und Tracing (Bereitstellung von Informationen zur Dokumentation des Transportvorgangs) erfolgt eine lückenlose Abbildung des Logistikprozesses. Mithilfe dieser EDV-Unterstützung lässt sich die Produktivität der Fahrzeugdisposition erheblich steigern; die Fahrzeugkosten werden dadurch reduziert. In diese Betrachtung sollten auch die Kosten pro Dispositionsvorgang einfließen. Dazu werden die Gesamtkosten der Disposition auf die Anzahl der Dispositionsaufträge bezogen.

Klassifizierung	**A-Kennzahl**	C-Kennzahl

5.16 Auslieferqualität

Formel

$$\frac{\text{Anzahl der Beanstandungen}}{\text{Gesamtzahl der Distributionsaufträge}} \times 100$$

Dimension
Prozentsatz

Erläuterungen/Bewertung
Der Prozentsatz misst die Zahl der Beanstandungen an der Gesamtzahl der Auslieferungs-Transportaufträge.

Im Einzelfall sind weitere Analysen sinnvoll, um die Ursachen der Beanstandung zu ermitteln. Sind diese somit auf Terminüberschreitungen (zu spätes Verladen, verkehrsbedingte Verspätungen) oder Transportschäden (Sendungsbeschädigungen, Sendungsverluste), Fehler in der Durchführung der Verpackung, der Kommissionierung etc. sowie Ablieferhindernisse (keine Abladmöglichkeit verfügbar, Annahmeverweigerung) zurückzuführen, sollte der Distributionsprozess überprüft werden.

Die Kosten zur Vermeidung von Beanstandungen steigen ab einer bestimmten Grenze überproportional an.

Klassifizierung	**A-Kennzahl**	C-Kennzahl

5.17 Schadenshäufigkeit

Formel

$$\frac{\text{Wert der Transportschäden}}{\text{Gesamtzahl Sendungen}}$$

Dimension
€/Sendung

Erläuterungen/Bewertung
Die genannte Kennzahl bezieht die wertmäßigen Belastungen durch anfallende Transportschäden auf alle Sendungen einer Berichtsperiode.

Hohe Transportschäden und resultierende Kundenreklamationen haben hohe Prozesskosten durch Ersatzleistungen, zusätzliche Kapazitätsbelastung sowohl bei Anlagen als auch beim Personal sowie u. U. zusätzliche *Beschaffungskosten* zur Folge.

Um dem Recht der Kunden auf schadensfreie Lieferung nachzukommen und die Transportkosten gering zu halten, ist ein effizientes Transportsystem unter Berücksichtigung einer schonenden Handhabung und einfacherer Ladungssicherung zu gestalten. Als vorbeugende Maßnahmen sind daher entsprechende Umverpackungen, Ladehilfsmittel und Transportmittel sowie Handhabungseinrichtungen zu planen. Nicht zuletzt ist betroffenes Personal entsprechend zu schulen. Diese Argumente betreffen die Handhabung, das Verladen sowie den Transport. Hier ist gegebenenfalls auch der Spediteur in entsprechende zu ergreifende Maßnahmen miteinzubeziehen.

Klassifizierung	**A-Kennzahl**	C-Kennzahl

5.18 Lieferflexibilität

Formel

$$\frac{\text{Anzahl der erfüllten Sonderwünsche}}{\text{Gesamtzahl der Sonderwünsche}} \times 100$$

Dimension
Prozentsatz

Erläuterungen/Bewertung
Diese Kennzahl liefert wichtige Informationen über die Flexibilität der internen wie auch der externen Logistik, indem der prozentuale Anteil ermöglichter Sonderwünsche an der Gesamtzahl von Spezialaufträgen gemessen wird.

Beispielsweise kann der Spediteur in der Lage sein, eine Sonderfahrt zu realisieren, während beim Verlader aus organisatorischen Gründen keine Warenbereitstellung mehr erfolgen kann.

Eine weitere Barriere kann in einer schlechten Fahrzeugdisposition, d.h. Mangel an Transportmitteln, bestehen, verursacht durch unqualifiziertes bzw. unerfahrenes Personal oder durch fehlende EDV-Unterstützung bei der Tourenplanung.

Klassifizierung	A-Kennzahl	**C-Kennzahl**

5.19 Soll- / Ist-Vergleich Tracking und Tracing

Formel

$$\frac{\text{Ist-Anzahl der Auftrags-Statusmeldungen}}{\text{Soll-Anzahl der Auftrags-Statusmeldungen}} \times 100$$

Dimension
Prozentsatz

Erläuterungen/Bewertung
Der Soll-/Ist-Vergleich bezieht sich auf die Anzahl der nachgefragten und erledigten Statusmeldungen.

Die meisten Spediteure müssen jederzeit Auskunft über die logistischen Teilprozesse Verladung, Zwischenlagerung, Entladung, evtl. erneute Zwischenlagerung und Zustellung geben. Der Wert der Kennzahl steht synonym für die Möglichkeit eines Spediteurs, alle eingehenden Statusanfragen zeitnah zu beantworten. Welche Statusmeldungen hierbei für die Qualität der Abbildung des Distributionsprozesses notwendig sind, ist jeweils vom Einzelfall bestimmt.

Generell kann die Aussage getroffen werden, dass qualitative Unterschiede eines Tracking-und-Tracing-Systems in der Aktualität und Genauigkeit (Zwischenstationen) der übermittelten Daten bestehen.

Klassifizierung	A-Kennzahl	**C-Kennzahl**

5.20 Fuhrparkkostenanteil

Formel

$$\frac{\text{Fuhrparkkosten}}{\text{Logistikkosten}} \times 100$$

Dimension
Prozentsatz

Erläuterungen/Bewertung
Der Fuhrparkkostenanteil stellt den Anteil der Kosten zur Unterhaltung eines Fuhrparks an den gesamten *Logistikkosten* prozentual dar.

Fuhrparkkosten können ein Teil der Beschaffungs-, aber auch der Distributionskosten darstellen. Sie können einen wesentlichen Teil der *Logistikkosten* bilden, je nachdem, ob ein eigener Fuhrpark unterhalten oder ein Dienstleister beauftragt wird.
Eine Kennzahl wie der Fuhrparkkostenanteil gibt im Periodenvergleich Aufschluss über Fehlentwicklungen oder ungeplante Kostenveränderungen. Dadurch werden notwendige Korrekturen bzw. Eingriffe veranlasst.

Die Bestimmung des Anteils der *Fuhrparkkosten* dient der Preiskalkulation und Preispolitik. Außerdem kann sie als Grundlage zur Entscheidung über das Outsourcing nicht wirtschaftlicher Transportaufgaben an einen Dienstleister dienen. Grundsätzlich ist die Betrachtung von *Fuhrparkkosten* nur für Fahrzeuge gleicher Art und ähnlicher Einsatzgebiete durchzuführen.

Klassifizierung	A-Kennzahl	**C-Kennzahl**

5.21 Soll-/Ist-Vergleich Auslastung des Fuhrparks

Formel

$$\frac{\text{Ist-Auslastung Fuhrpark}}{\text{Soll-Auslastung Fuhrpark}} \times 100$$

Dimension
Prozentsatz

Erläuterungen/Bewertung
Dieses Controlling-Instrument zeigt durch die Abweichung der Ist-Auslastung von einem Sollwert Einsparpotenzial bzw. Investitionsbedarf aufgrund von Engpässen auf und informiert über die Qualität des Planungssystems.

Es ist die Aufgabe des Fuhrparkmanagements, die Fahrzeuge so einzusetzen, dass sie eine optimale Auslastung erreichen und die Rentabilität gleicher Fahrzeuge in gleichen Einsatzgebieten annähernd gleich hoch ist.
Die Kennzahl gewinnt nur an Aussagekraft, wenn der permanente Periodenvergleich Auskunft über den Erfolg von Rationalisierungsmaßnahmen und die optimale Disposition gibt.

Die Auslastung des Fuhrparks sollte sich hinsichtlich Transportvolumen und Transportintensität zwischen 85% bis 95% einpendeln. Somit ist eine sinnvolle Nutzung des eingesetzten Kapitals gewährleistet und die notwendige Flexibilität, um auf besondere Ereignisse wie z. B. saisonale Spitzen oder Sondertransporte reagieren zu können, bleibt erhalten.

Klassifizierung	A-Kennzahl	**C-Kennzahl**

5.22 Beförderungsmenge pro Lkw und Einsatztag

Formel

Zahl der beförderten Sendungen pro Lkw und Einsatztag

Dimension

Mengeneinheiten / Lkw / Tag

Erläuterungen/Bewertung

Diese Kennzahl zeigt auf, welche Menge an Sendungen pro Lkw und Tag befördert wird. Sie steht damit in Zusammenhang mit der angestrebten Auslastung der Lkw. Ferner kann sie Grund dazu sein, die Lieferfrequenz zu optimieren. Anstelle der Zahl der beförderten Sendungen können auch das beförderte Gewicht oder die gefahrenen Kilometer pro Lkw und Einsatztag berechnet werden und als Kennzahlen zur Steuerung des Fuhrparks dienen.

Klassifizierung	A-Kennzahl	**C-Kennzahl**

5.23 Gesamtbeladequote / Beladequote

Formel

$$\frac{\text{Befördertes Gewicht}}{\text{Nutzlast x Touren}}$$

Dimension
Prozentsatz

Erläuterungen/Bewertung
In Erweiterung zur Fuhrpark-Auslastung betrachtet diese Kennzahl die spezifische Auslastung der einzelnen Fördermittel, indem das beförderte Ladungsgewicht in Beziehung zur möglichen Nutzlast gesetzt wird.

Entgegen der allgemeinen Auslastung von Fördermitteln ist hier eine Quote von annähernd 100 % anzustreben, um keinen verfügbaren Laderaum pro Transport zu verschwenden. Dies bezieht sich auch auf das Ladevolumen, wodurch gleichzeitig die Ladungssicherung vereinfacht wird.

Klassifizierung	A-Kennzahl	**C-Kennzahl**

5.24 Leerkilometeranteil

Formel

$$\frac{\text{Leerkilometer}}{\text{Gesamtkilometer}} \times 100$$

Dimension
Prozentsatz

Erläuterungen/Bewertung
Eine andere Betrachtung des Auslastungsgrades kann durch Berechnung des prozentualen Anteils von Leerkilometern an der Gesamtfahrstrecke von Förder-/ bzw. Transportmitteln erfolgen.

Der Leerkilometeranteil ist pro Fahrzeug eine wichtige Richtgröße in Bezug auf die Dispositionsergebnisse. Im Fahrzeugvergleich pro Relation bzw. Verkehrsart gibt sie ferner Aufschluss über die Wahl der richtigen Fahrzeugart unter Berücksichtigung verschiedener Transportaufträge und Sendungsgrößen. Auch liefert sie Hinweise für eine optimale Tourenplanung und -kontrolle. Diese Kennzahl ist somit ein wichtiges Führungsinstrument, wobei aber auch der längerfristige Periodenvergleich anzustreben ist.

Zu unterscheiden ist eine Betrachtung pro Tour bzw. pro Berichtsperiode. Im Fall der Berichtsperiode kann keine Zuordnung der Leerkilometer zu bestimmten Touren erfolgen.

Klassifizierung	A-Kennzahl	**C-Kennzahl**

Kapitel 6

Kennzahlen der Entsorgungslogistik

6.1 Anteil der Kosten der Entsorgung

Formel

$$\frac{\text{Entsorgungskosten}}{\text{Gesamtkosten pro Werk}} \times 100$$

Dimension
Prozentsatz

Erläuterungen/Bewertung
Bei der Berechnung dieser Kennzahl wird der prozentuale Anteil der *Entsorgungskosten* an den Gesamtkosten eines Werkes abgebildet.

Ein geringer Wert der Kennzahl kann so interpretiert werden, dass das betrachtete Unternehmen schonend mit seinen Ressourcen umgeht und diese maximal ausgenutzt werden.

Andererseits kann ein hoher Prozentsatz darauf hindeuten, dass nur geringer Aufwand für die maximale Rohstoffnutzung bzw. die Sicherstellung ökologischen Wirtschaftens betrieben wird.

Klassifizierung	**A-Kennzahl**	C-Kennzahl

6.2 Anteil der Sonderkosten der Entsorgung

Formel

$$\frac{\text{Sonderkosten}}{\text{Gesamtentsorgungskosten}} \times 100$$

Dimension
Prozentsatz

Erläuterungen/Bewertung
Der Sonderkostenanteil bildet einen Prozentsatz der Gesamtentsorgungskosten.

Bei der Transformation durch den Produktionsprozess fallen nicht verwertbare Abfälle sowie verwertbare Roh- bzw. Wertstoffe an. Teilweise können diese vom Lieferanten zurückgenommen oder durch Entsorgungsdienste beseitigt werden. Fallen jedoch außerordentliche Maßnahmen an, z. B. der Rückbau von Fertigungsanlagen o. ä., bzw. werden im Produktionsprozess besonders zu behandelnde, eventuell umweltgefährdende Stoffe verwendet, erfordern diese eine besondere Kosten verursachende Behandlung und Handhabung bei der Entsorgung.

Als Beispiel wären Altöl, Lackierrückstände oder auch beim Abriss asbestbelastete Gebäudeteile anzuführen. Dies führt zu Sonderkosten der Entsorgung. Sie sind mit besonderem Aufwand verbunden, der in solchen Fällen betrieben werden muss und wirken sich somit auf die Produktivität im Entsorgungssektor aus.

Klassifizierung	**A-Kennzahl**	C-Kennzahl

6.3 Anteil Mitarbeiter der Entsorgung

Formel

$$\frac{\text{Mitarbeiter der Entsorgung}}{\text{Anzahl Mitarbeiter der Werkslogistik}} \times 100$$

Dimension
Prozentsatz

Erläuterungen/Bewertung
Mitarbeiter der Werkslogistik, die mit Entsorgungsaufgaben beauftragt sind, stellen einen Prozentsatz dar, der mit dieser Berechnung ermittelt werden kann.

Abfälle, Wertstoffe u.Ä. können nicht unbedingt automatisiert entsorgt bzw. weiterverarbeitet werden. Dazu sind Mitarbeiter notwendig, die in dieser Zeit nicht wertschöpfend eingesetzt werden können. Darum ist ihr prozentualer Anteil niedrig zu halten.

Bei großem Entsorgungsaufwand bietet es sich an, einen Dienstleister mit diesen Aufgaben zu betrauen. Somit reduziert sich der Personalbestand und die Fixkosten des Entsorgungsaufwandes können in variable Kosten umgewandelt werden.

Klassifizierung	**A-Kennzahl**	C-Kennzahl

6.4 Anteil Entsorgungsflächen

Formel

$$\frac{\text{Entsorgungsflächen}}{\text{Gesamtwerksflächen}} \times 100$$

Dimension
Prozentsatz

Erläuterungen/Bewertung
Die Material-/Abfallentsorgung findet im Anschluss an den Produktionsprozess statt und erfordert spezielle Entsorgungsflächen. Deren Anteil an der gesamten Werksfläche kommt in dieser Kennzahl zum Ausdruck.

In Unternehmen fallen bei der Produktion verschiedener Artikel Abfälle und Wertstoffe an, die entsorgt bzw. verwertet werden müssen. Darunter fallen beispielsweise Späne, Papier oder auch Verpackungen bzw. Ladungsträger wie Container und Paletten. Nicht immer können diese produktionssynchron entfernt werden.

Die Gründe sind zum einen im Produktionsverlauf sowie zum anderen in der Wirtschaftlichkeit der Entsorgungsvorgänge oder Anbindung an Entsorgungssysteme zu finden. Zur Pufferung dienen die Entsorgungsflächen. Sie stellen keine direkt wertschöpfenden Flächen im Produktionsprozess dar, sind aber notwendig, um diesen aufrechterhalten zu können. Trotzdem gilt es, Entsorgungsflächen möglichst gering zu halten, um den Flächennutzungsgrad für Produktions-, aber auch Lagerflächen zu erhöhen.

Klassifizierung	A-Kennzahl	**C-Kennzahl**

Anhang

Definition wesentlicher Logistikkostenarten

Beschaffungskosten
Unmittelbare Beschaffungskosten hängen direkt von der Bestellmenge ab. Einstandspreis = Marktpreis – Rabatte + Transport- und Verladekosten, Versicherungen, Zölle und Steuern

Mittelbare Beschaffungskosten sind auf innerbetriebliche Tätigkeiten im Zusammenhang mit der Beschaffung zurückzuführen (z. B. Bedarfsmeldungen, Angebotseinholung, Bestellausführung, Einlagerung).

EDI-Kosten
Kosten für Hard- und Software, um den elektronischen Datenaustausch zu ermöglichen und durchzuführen, sowie für Betrieb und Wartung des Systems.

Entsorgungskosten
Diese Kosten entstehen für das manuelle oder automatisierte Sammeln, Transportieren, Sortieren, Behandeln, Umschlagen und Lagern von Abfällen zur Beseitigung oder Verwertung durch eingesetztes Personal, sowie durch Entsorgungseinrichtungen und Einsatz von Dienstleistern.

Fuhrparkkosten
Die Fuhrparkkosten werden aufgrund einer Fuhrparkkostenstrukturanalyse erfasst. Sie bestehen aus den beschäftigungsunabhängigen Kosten (Fixkosten: Abschreibungen, Steuern, Versicherungen etc.) und den beschäftigungsabhängigen Kosten (Variable Kosten: Treibstoff, Verschleißreparaturen, Wartungskosten etc.). Im Regelfall haben die Lohn- und Lohnnebenkosten ebenfalls Fixkostencharakter genauso wie mehr als 70 % der Fuhrparkkosten.

Zu den Fuhrparkkosten zählen:
Löhne der Fahrer, Löhne sonstiger gewerblicher Arbeitnehmer und Lohnnebenkosten, Spesen für Fahrer und sonstiges gewerbliches Personal, gesetzliche soziale Abgaben für Lohnempfänger, freiwillige soziale Leistungen an Lohnempfänger, Prämien für Lohnempfänger, Fortbildungskosten, Kraftstoffverbrauch, Hof- und / oder Garagenmiete, Reparaturen, Ersatzteile, Abschreibungen, kalkulatorische Zinsen, Kfz-Versicherungen, Kfz-Steuern, Kosten der Transport- und Ladehilfsmittel, sonstige Betriebskosten.

Internet-Kosten
Diese Kostenart ist vergleichbar mit den EDI-Kosten. Zu unterscheiden ist, dass bei den Internet-Kosten neben Aufwendungen für Hard- und Software auch Kosten für einen oder mehrere Internet-Provider sowie Nutzungsgebühren

durch Einwahlgebühren anfallen. Abhängig vom Datenvolumen können Gebühren auflaufen, falls kein Vertrag zum Festpreis (Flatrate) verhandelt wurde. Des Weiteren fallen Kosten für Erstellung und Pflege einer möglichen Internetseite des Unternehmens durch Angestellte oder einen Dienstleister an.

Kapitalbindungskosten
Kapitalbindungskosten stellen den Geldwert dar, der durch Vermögensgegenstände des Anlage- und Umlaufvermögens in Gebäuden, Maschinen und Material gebunden ist und somit nicht als liquide Mittel zur Verfügung steht.

Lagerhaltungskosten (LHK)
Bestehen aus den Lagerungs- und den Kapitalbindungskosten.

Zu den Lagerungskosten zählen:
Kalkulatorische Zinsen und kalkulatorische Abschreibungen auf Lagergebäude und -technik, kalkulatorische Mietkosten für eigene Lager oder Mietkosten für Fremdlagerung, Energiekosten, Personalkosten des Lagers für Bestandsverwaltung und -führung, Inventuraufnahme, Ein-, Aus- und Umlagerungen, Kommissionieren und Etikettieren etc. ohne den Anteil für Wareneingang und Einlagerung.

Zu den Kapitalbindungskosten, die einen direkten Zusammenhang mit der Bestandshöhe aufweisen, zählen:
Kosten für das gebundene Kapital in Form von kalkulatorischen Zinsen, Versicherungen, Steuern, Wertminderungen, Verschrottungen.

Logistikkosten
Betriebliche Kosten, die im Zusammenhang mit logistischen Prozessen in der Beschaffung, der Produktion und der Distribution aufzuwenden sind. Typische Beispiele sind:
Wareneingangskosten, Lagerhaltungskosten, Kosten des inner- sowie außerbetrieblichen Transports, Kosten der Auftragsabwicklung, Verpackungskosten. Berücksichtigung finden dabei alle relevanten Personal- und Sachkosten sowie kalkulatorische Kosten.

Materialflusskosten
Materialflusskosten entstehen durch die Ermöglichung des Materialflusses, d.h., sowohl Abschreibungen für Gebäude und Maschinen, Fördertechnik als auch kalkulatorische Zinsen sind zu dieser Kostenart zu rechnen. Direkt hinzuzurechnen sind Kosten für Personal sowie Betriebskosten.

Definition wesentlicher Logistikkostenarten

Opportunitätskosten

Opportunitätskosten sind Kosten, die dadurch entstehen, dass Möglichkeiten (Opportunitäten) zur maximalen Nutzung von Ressourcen nicht wahrgenommen wurden.
Allgemeiner: Opportunitätskosten stehen für den entgangenen Nutzen, der bei zwei Alternativen durch die Entscheidung für die eine und gegen die andere Möglichkeit entsteht.

Personalkosten

Lohn- und Lohnnebenkosten (Arbeitgeberanteil z. B. für Sozialversicherung). Die Personalkosten sind neben den aus einer Investition resultierenden Kosten (kalkulatorische Zinsen, Abschreibungen) der Hauptbestandteil bei Wirtschaftlichkeitsbetrachtungen. Bei der Ermittlung der Personalkosten für einen bestimmten Untersuchungsbereich ist ein Brutto / Netto-Faktor für das Personal zu berücksichtigen. Wird z. B. für einen Arbeitsplatz gemäß der zu erledigenden Arbeitsinhalte rechnerisch eine Arbeitskraft benötigt (netto), so ist dieser Platz in der Praxis mit 1,2 bis 1,4 Mitarbeitern zu besetzen (brutto). Der Mehrbedarf resultiert aus Fehlzeiten (Krankheit, Fortbildung, Urlaub) des Mitarbeiters.

Raumkosten

Zu den Raumkosten zählen:
Mieten und Pachten, Reparaturen, Versicherungen, Energiekosten, Kosten für Reinigung und Bewachung, Gebäudesteuer und -abgaben, sonstige Raumkosten.

Sonderkosten der Beschaffung

Unter Sonderkosten der Beschaffung fallen besondere Aufwendungen in Verbindung mit der Materialbeschaffung wie z. B. Expresszuschläge oder Aufschläge für besondere Verpackungen.

Verwaltungskosten

Zu den Verwaltungskosten zählen:
Porti, Telefon, Fax, Büromaterial, Werbekosten, Mieten für Büroeinrichtung, Reparaturen für Büroeinrichtung, sonstige Verwaltungskosten, Gehälter, Nebenkosten etc.

Warenannahmekosten

Verschiedene Vorgänge bei der Annahme angelieferter Waren verursachen Kosten in einem Unternehmen. Primär sind die Personalkosten für im Wareneingang beschäftige Mitarbeiter zu nennen. Daneben sind Betriebskosten des Entlade- und Lagerequipments sowie anteilige Abschreibungen und kalkulatorische Zinsen relevant. Kapitalbindungskosten entstehen durch zwischengelagerte Teile (z. B. zur Wareneingangsprüfung).

Wesentliche Logistikbegriffe

ABC-Teile
Zur Segmentierung einer Grundgesamtheit (z.B. Anzahl Teile, Lieferanten, Umschlagshäufigkeit, Zugriffshäufigkeit) nach vorgegebenen Zielen (Kapitalbindung, Bestellaufwand, Lagerhaltung) findet die ABC-Analyse Anwendung. Aus dieser lassen sich A-, B-, C-Teile oder -Lieferanten ableiten. Bedeutendstes Beispiel ist die Artikel-Umsatz-Statistik. Sie definiert, bezogen auf die Artikelsegmente A, B, C den prozentualen Anteil eines Segmentes am Beschaffungsumsatz.
So kann eine Artikel-Umsatz-Statistik erstellt werden:

- Multiplikation des Artikelpreises mit der abgesetzten Artikelmenge
- Sortierung dieser Werte in absteigender Umsatzhöhe
- Berechnung der relativen Anteile für die Artikel an deren Gesamtzahl
- Kumulieren der relativen Anteile
- Einteilung in A-, B- und C-Teile anhand von Erfahrungswerten: 80 % des Gesamtumsatzes und 10 % der Gesamtzahl der Artikel sind A-Teile, 15 % des Gesamtumsatzes und 30 % der Gesamtzahl der Artikel sind B-Teile und 5 % des Gesamtumsatzes und 60 % der Gesamtzahl der Teile sind C-Teile. Diese Auswertung lässt sich grafisch mit einer Lorenzkurve darstellen.

Die ABC-Analyse dient der Unterscheidung von wichtigen und unwichtigen Teilen im Beschaffungsprozess. Dadurch wird die Intensität der Beschaffungsaktivitäten für die Artikel bestimmt. Die ABC-Analyse zählt zu den Primäranalysen.

Durchschnittlicher Lagerbestand
Gemittelter Bestand über eine Periode, meist Kalenderjahr. Zur Berechnung können verschiedene Methoden zugrunde gelegt werden:

$$\frac{\text{Anfangsbestand} + \text{Endbestand}}{2}$$

$$\frac{\text{Anfangsbestand} + 12 \text{ Monatsendbestände}}{13}$$

$$\frac{\text{Summe 12 Monatsendbestände}}{12}$$

$$\frac{\text{Wareneinsatz}}{\text{Lagerumschlagshäufigkeit}}$$

$$\frac{\text{Opt. Bestellmenge + Sicherheitsbestand}}{2}$$

Electronic Data Interchange (EDI)
Electronic Data Interchange (EDI) ermöglicht den Informationsaustausch zur Produktionssteuerung und -versorgung, bei der ein Unternehmen über speziell eingerichteter Datenanbindungen mit seinen Lieferanten bzw. Abnehmern verbunden ist.

Mittels EDI-Konverter werden standardisierte Nachrichtenformate aus unternehmensinternen EDV-Systemen erzeugt und per Datenfernübertragung (DFÜ) ausgetauscht. Der Empfänger konvertiert das Nachrichtenformat und übergibt es an sein internes EDV-System. Gängige Standards für Nachrichtenformate sind:

- EDIFACT: Electronic Data Interchange for Administration, Commerce and Transport; branchenübergreifender Standard
- ODETTE: Organisation for Data Exchange by Tele Transmission in Europe; Standard in der Automobilindustrie
- SEDAS: Standardisiertes einheitliches Datenaustauschsystem; Standard im Handel
- VDA-Standard: Verband der deutschen Automobilindustrie

In der Praxis werden über EDI vorwiegend auftragsbezogene Daten wie Bestellungen, Lieferabrufe, Lieferscheine und Rechnungen abgewickelt. Zunehmend gewinnt auch das Web-EDI an Bedeutung. Hier erfolgt der Datenaustausch über das Internet.

Gängigkeitsstrukturen (Fast Mover, Medium Mover, Slow Mover)
Fast Mover / Schnellläufer
Artikel, welche aufgrund großer Stückzahlen und Bedarfe einen hohen Durchsatz aufweisen und dadurch häufig umgeschlagen werden. Schnellläufer besitzen eine kurze Verweildauer in der Logistikkette (Beschaffungskette) und werden durch spezielle Anlieferformen gesteuert.

Medium Mover
Artikel, die weder den Fast Movern noch den Slow Movern zugeordnet werden können, bilden den Übergangsbereich. Ihre Abgrenzung ist schwierig und willkürlich.
Slow Mover / Penner
Bezeichnung für einen Lager- oder Verkaufsartikel, der sehr wenig oder gar nicht innerhalb einer Periode nachgefragt wurde.

Internet
Das Internet (engl. Interconnected Networks) stellt die elektronische Verbindung von weltweit verteilten Rechnern dar, die die Übermittlung von Nachrichten und den Abruf gespeicherter Inhalte ermöglichen. Die Datenkommunikation erfolgt über technische Normen.

RSU-Teile
Andere Bezeichnung der XYZ-Analyse. RSU betrachtet die Verbrauchsstruktur. Wobei hier im Wesentlichen drei Gruppen unterschieden werden:
- Material mit regelmäßigem Verbrauch (Gruppe R)
- Material mit schwankendem Verbrauch (Gruppe S)
- Material mit völlig unregelmäßigem Verbrauch (Gruppe U)

Die RSU-Analyse ist eine Sekundärstatistik.

Umschlagshäufigkeit
Die Umschlagshäufigkeit gibt an, wie oft der durchschnittliche Lagerbestand eines Produktes in einer Periode einmal komplett aus dem Lager entnommen und ersetzt wurde.

Verweildauer
Die Lagerverweildauer gibt an, wie lange sich betrachtete Lagerartikel im Lager befinden. Damit ist die Verweildauer abhängig von der Lagerumschlagshäufigkeit.
Formel: Verweildauer (Tage) = 360 / Umschlagshäufigkeit

Wertschöpfung
Umsatzrelevante Leistung eines Unternehmens, z. B. in Form von Fertigung, Montage oder Dienstleistung ohne Berücksichtigung zugekaufter Materialien und Leistungen.

I-Teile
I-Teile sind verbrauchsgesteuerte, geringwertige Teile, die keine hohe Kapi-

talbindung verursachen. Ihr prognostizierter bzw. durchschnittlicher Periodenbedarf ist die Grundlage für die Planung des Produktionsprogramms solcher Teile. Für I-Teile wird ein Sicherheitsbestand entsprechend dem geforderten Lieferbereitschaftsgrad und der entsprechenden Kapitalbindung ermittelt. Der Meldebestand sorgt für die Bedarfsauslösung.

II-Teile

Plangesteuerte Teile mit hoher Wertigkeit stellen besondere Anforderungen an die Produktionsprogrammplanung. Die hohe Wertigkeit der II-Teile führt dazu, dass höchstens ein geringer Lagerbestand gehalten wird. Da die Durchlaufzeit solcher Teile meist größer ist als ihre Wiederbeschaffungszeit, muss eine exakte Planung der Bereitstellungstermine erfolgen, d. h., sie werden so eingeplant, dass sie zu dem Zeitpunkt, an dem die Produktionsprogrammplanung einen Kundenauftrag erwartet, bereitstehen.

III-Teile

Auftragsgesteuerte, hochwertige Güter, die einer JIT-Steuerung unterliegen, werden als III-Teile bezeichnet. Die Planung dieser Teile geht grundsätzlich vom Bedarfstermin aus, welcher sich aus vorliegenden Kundenaufträgen ergibt. Für solche Teile werden stets Ressourcen vorgehalten und auf Engpässe untersucht, um bei Auftragseingang eine sofortige Einplanung zu ermöglichen. Die Bedeutung der III-Teile ist so hoch, dass Engpassuntersuchungen Grundlagen für Investitionsentscheidungen bilden können.

Stichwortverzeichnis

Stichwortverzeichnis

Stichwortverzeichnis

Stichwortverzeichnis

Stichwortverzeichnis

Literaturverzeichnis

Arnolds, H., Heege, F., Tussing, W.	»Materialwirtschaft und Einkauf«, 10. Auflage, Wiesbaden 1998, Gabler
Bichler, K., Beck, M.	»Beschaffung und Lagerhaltung im Handelsbetrieb«, Teil 1, 2. Auflage, Wiesbaden 1987, Gabler
Bichler, K., Beck, M.	»Beschaffung und Lagerhaltung im Handelsbetrieb«, Teil 2, 2. Auflage, Wiesbaden 1991, Gabler
Bichler, K., Gerster, W., Reuter, R.	»Logistik-Controlling mit Benchmarking«, Wiesbaden 1994, Gabler
Bichler, K., Kalker, P., Wilken, E.	»Logistikorientiertes PPS-System«, Wiesbaden 1992, Gabler
Bichler, K., Lörsch, W.	»Optimale Bestandsplanung im Handel«, Stuttgart 1985, Kohlhammer
Bichler, K., Krohn, R.	»Beschaffungs- und Lagerwirtschaft«, 8. Auflage, Wiesbaden 2001, Gabler
Bracht, U.	Online: »http://www.imab.tu-clausthal.de/files/anlagenprojektierung/aktuelles/Ansaetze_und_Methoden_der_Digitalen_Fabrik_ende.pdf« 05.01.2003
Davidow, W. H., Malone, M. S.	»Das virtuelle Unternehmen«, 2. Auflage, Frankfurt 1996, Campus-Verlag
Hanke, K.	»Einkaufsdisposition mit Datenverarbeitung«, Ehningen bei Böblingen, 1990, Expert-Verlag Taylorix-Fachverlag
Ihde, G. B., Eicher, K., Hallbauer, A., Knödel, W.	»Distributions-Logistik«, Stuttgart 1980, Fischer
Ihde, G. B.	»Transport, Verkehr, Logistik«, 3. Auflage, München 2001, Vahlen
Jünemann, R.	»Materialfluss und Logistik«, Berlin 1989, Springer

Literaturverzeichnis

Kluck, D.	»Materialwirtschaft und Logistik«, Stuttgart 2002, Schäffer-Poeschel
Kopsidis, R. M.	»Materialwirtschaft«, München 1993, Hanser
Kortschak, B.	»Vorsprung durch Logistik«, Wien 1992, Service-Fachverlag
Melzer-Ridinger, R.	»Materialwirtschaft«, 2. Auflage, München 1991, Oldenbourg
Oeldorf, G., Olfert, K.	»Materialwirtschaft«, 11. Auflage, Ludwigshafen 2004, Kiehl
Schulte, C.	»Logistik«, 3. Auflage, München 2005, Vahlen
Syska, A.	»Kennzahlen für die Logistik«, Berlin 1990, Springer
Tiefenbrunner, M.	»Chefinformationen aus dem Logistik-Controlling-Center (LCC)«, Köln 1992, Verlag TÜV Rheinland
Vry, W.	»Beschaffung und Lagerhaltung«, 6. Auflage, Ludwigshafen 2002, Kiehl
Weber, J., Kummer, S.	»Logistikmanagement«, Stuttgart 1994, Schäffer-Poeschel
Weber, J.	»Logistik-Controlling«, 3. Auflage, Stuttgart 1993, Poeschel
Weber, R.	»Zeitgemäße Materialwirtschaft mit Lagerhaltung«, 8. Auflage, Ehningen bei Böblingen 2006, Expert-Verlag

Impressum

Sonderausgabe in Kooperation mit der Handelsblatt GmbH

Idee:
Michael Diegelmann

Konzeption:
Ulrich Wiehle, Prof. Dr. Klaus Bichler

Autor:
Prof. Dr. Klaus Bichler

Cover:
cometis publishing GmbH & Co. KG

Projektleitung:
Ulrich Wiehle

Verantwortlich:
cometis publishing GmbH & Co. KG
Unter den Eichen 7
65195 Wiesbaden

Tel.: 0611 205855-0
Fax: 0611 205855-66
Mail: info@cometis.de
www.cometis.de
www.cometis-publishing.de

Originalquelle:
Prof. Dr. Bichler, K.
100 Logistikkennzahlen, cometis publishing GmbH & Co. KG,
Wiesbaden, 2007, 1. Auflage, ISBN 978-3-938694-08-4

Leseproben

Funds from Operations – FFO

Formel		Rechenbeispiel
	Jahresüberschuss (Konzernergebnis)	200,67 Mio. €
+	Abschreibungen	3,8 Mio. €
+/–	Bewertungsergebnis der Immobilien	– 114,67 Mio. €
+/–	Veräußerungserlöse bzw. -verluste	– 91,87 Mio. €
+/–	Ergebnis aus der Bewertung derivativer Finanzinstrumente	0 Mio. €
=	FFO	–2,07 Mio. €

Erläuterung

FFO ist eine wichtige Kennzahl zur Ermittlung des tatsächlich ausschüttungsfähigen Gewinns einer Immobilien-AG. Zur Ermittlung wird der ermittelte Jahresüberschuss um die Abschreibungskosten für Immobilien bereinigt. Auch Immobilienveräußerungserlöse und -verluste werden in der Regel aus dem Reineinkommen herausgerechnet. Heraus kommt ein Maß für die betriebliche Leistung einer Immobilien-AG, FFO genannt.

Ein Problem mit dieser einfachen FFO-Definition liegt in der fehlenden Berücksichtigung echter Wertminderungen in den Immobilienbeständen. Regelmäßige Investitionen, die lediglich dem Erhalt der Vermietbarkeit dienen, werden meist kapitalisiert und abgeschrieben. Auch dieser Kapitalaufwand muss deshalb aus dem FFO herausgerechnet werden, um die Profitabilität einer Immobilien-AG beurteilen zu können. Die Mittel aus der laufenden Geschäftstätigkeit bilden schließlich die Grundlage für die Ausschüttungen einer Immobilien-AG.

Vorteile	Nachteile
• Zeigt Stärke und Qualität des operativen Geschäfts an • Im Unterschied zum EBITDA (vgl. Seite 134) wird das Kerngeschäft einer Immobilien-AG, die Vermietungstätigkeit, transparenter herausgearbeitet • Erlaubt Ausblick auf das zukünftige Wachstum des Kerngeschäfts sowie die Fähigkeit, den Anteil stabiler, wiederkehrender Erträge am Gesamtergebnis zu erhöhen	• Fehlende Berücksichtigung echter Wertminderungen in Immobilienbeständen • Manipulierbarkeit durch Anwendung unterschiedlicher Buchhaltungsstandards

Leseprobe: 100 Energiekennzahlen

Grid Parity

Formel

$$\frac{\text{Gestehungskosten des Stroms aus einer Photovoltaikanlage}}{\text{Strompreis für den Endkunden}} \leq 1$$

Rechenbeispiel (T7)

$$\frac{0{,}40\ €/\text{kWh}}{0{,}206\ €/\text{kWh}} > 1$$

Erläuterung

Die Grid Parity oder Netzparität ist erreicht, wenn die Gestehungskosten (vgl. 4.1) des Stroms aus der Photovoltaikanlage auf dem Dach für einen Hausbesitzer mindestens genauso günstig ist wie der Strom aus der Steckdose. Die Grid Parity bedeutet nicht, dass die Gestehungskosten von Solarstrom den Gestehungskosten anderer Energiequellen entsprechen, denn der Strom aus der Steckdose beinhaltet neben den Stromgestehungskosten zudem Steuern, Abgaben, Transportkosten und andere Belastungen (vgl. 6.10).
Wann die Grid Parity erreicht wird, ist abhängig von den Kosten einer Photovoltaikanlage, den Strompreisen der jeweiligen Gegend und der regionalen Sonneneinstrahlung. Geringere Kosten für die Anlage, höhere Strompreise für den Strom aus der Steckdose und mehr Sonneneinstrahlung werden mittelfristig in vielen Gegenden zur Grid Parity führen.

Vorteile	Nachteile
• Mit Erreichen der Grid Parity hat jeder Hauseigentümer einen wirtschaftlichen Anreiz, eine Photovoltaikanlage auch ohne staatliche Förderung aufzustellen • Unter Marketing-Gesichtspunkten ist dies für die Photovoltaik eine wichtige Kennzahl • Mit Erreichen der Grid Parity sollte die Nachfrage nach Solaranlagen signifikant ansteigen	• Wann die Grid Parity erreicht wird, ist regional unterschiedlich • Grid Parity sagt nichts über die Wettbewerbsfähigkeit mit den Gestehungskosten anderer Energieträger aus • Auch mit erreichter Grid Parity hat die Photovoltaik weitere Probleme (z. B. kostengünstige Speicherung von Energie)

Leseprobe: 100 Versicherungskennzahlen

Combined Ratio

Formel

$$\frac{\text{Zahlungen für Schäden + Verwaltungskosten + Abschlusskosten}}{\text{Nettoprämien}} \times 100\,\%$$

Rechenbeispiel (T3)

$$\frac{700 \text{ Mio. €} + 100 \text{ Mio. €} + 180 \text{ Mio. €}}{1.000 \text{ Mio. €}} \times 100\,\% = 98\,\%$$

Erläuterung

Die Combined Ratio, d. h. die kombinierte Schaden- / Kostenquote, ist eine der wichtigsten Kennziffern im Bereich der Schaden- und Unfallversicherung. Sie setzt die Ausgaben für Schäden, Vertrieb und Verwaltung in ein Verhältnis zu den eingenommenen Nettoprämien. Eine Combined Ratio unter 100 % bedeutet, dass eine Versicherung versicherungstechnische Gewinne erzielt, also auch ohne Investmenterträge profitabel arbeitet. Combined Ratios von über 100 % deuten hingegen auf ein sogenanntes Cashflow Underwriting hin, d. h., die Profitabilität einer Versicherung beruht nur auf den durch die Prämieneinnahmen generierten Kapitalerträgen.

Wie oben beschrieben, wird die Combined Ratio in der Regel auf Basis der Nettoprämien kalkuliert, d. h. nach Berücksichtigung der eigenen Rückversicherung. Vereinzelt wird auch die Combined Ratio auf Basis der Bruttoprämien, also vor Rückversicherung, angegeben; die Aussagekraft dieser Angabe ist aber begrenzt, da auf Bruttobasis der Anteil für eigene Rechnung nicht erkennbar ist.

Vorteile	Nachteile
• Die bedeutendste Kennziffer für Sachversicherungen • Der Ausschluss von Kapitalerträgen ermöglicht eine Beurteilung der Profitabilität des Kerngeschäftes (Versicherungsrisiken) von Sachversicherungen	• Keine einheitliche Definition, welche Kosten in die Combined Ratio einfließen • Keine zeitliche Abgrenzung bezüglich der Schadenfälle; erschwert die Interpretation über einen längeren Zeitraum

Autoren

Prof. Dr. Ralf Brickau
Alexander Kreikenberg
Uwe Rettkowski

100 Marketing- & Vertriebskennzahlen

Sonderausgabe in Kooperation mit der Handelsblatt GmbH

Cover: cometis publishing GmbH & Co. KG

Dieses Buch ist Teil der Sonderausgabe »Kennzahlen kompakt« mit der ISBN 978-3-940828-80-4

Vorwort der Autoren

Liebe Leser,

ein Unternehmen erfolgreich steuern, heißt Auskunft darüber zu erhalten, ob die getroffenen Entscheidungen den beabsichtigten Erfolg mit sich gebracht haben. Dazu müssen die Zielplanungen mit entsprechenden Kennzahlen versehen werden, die Erfolg überhaupt erst messbar machen.

Dies gilt für jeden funktionalen Bereich des Unternehmens, so auch für das Marketing und den Vertrieb. Es darf hier herausgestellt werden, dass gerade dieser Funktion, im Sinne einer marktorientierten Unternehmensführung, eine enorme Wichtigkeit beigemessen werden kann, da sie eine koordinierende Aufgabe aller betrieblichen Funktionen hat und somit einen wesentlichen Anteil am unternehmerischen Erfolg. Marketing- oder Vertriebsmanager eines Unternehmens benötigen deshalb Kennzahlen, die diese Arbeit unterstützen und ein effektives Management dieses Bereiches ermöglichen.

Die wissenschaftliche Literatur, aber auch Beiträge von Praktikern haben in den vergangenen Jahren eine Vielzahl an Kennzahlen für Marketing und Vertrieb in verschiedenen Branchen und für unterschiedliche Betriebstypen produziert. In dem vorliegenden Nachschlagewerk ist von uns versucht worden, aus dieser großen Anzahl die 100 Kennzahlen zu extrahieren, die für den Praktiker bei seiner täglichen Arbeit besonders empfehlenswert sind. Somit ist die Auswahl subjektiv. Trotzdem sind wir – durch eigene praktische Erfahrungen wie auch durch Gespräche mit Praktikern – der Überzeugung, eine Auswahl getroffen zu haben, die eine effektive Steuerung von Marketing und Vertrieb ermöglicht.

Das vorliegende Format zeigt sowohl die gebräuchlichste Berechnungsformel als auch ein Rechenbeispiel. Daran schließt sich eine Erklärung der Kennzahl und ihre Einsatzmöglichkeiten an. Eine kritische Würdigung mit möglichen Vor- und Nachteilen schließt die Vorstellung jeder Kennzahl ab.

Es ist abschließend wichtig anzumerken, dass die vorliegenden Kennzahlen nicht isoliert betrachtet werden dürfen. In Verbindung mit weiteren Kennzahlen und entsprechenden Vergleichszahlen aus der Branche und/oder von direkten Wettbewerbern erhöht sich ihre Aussagekraft und damit die Entscheidungssicherheit bei der Anwendung.

Unser besonderer Dank gilt Frau Dipl.-Kffr. Dipl.-Bibl. Sabine Pillath-Günthner von der ISM für die kritische Durchsicht des Manuskriptes.

Ihr Autorenteam

Inhaltsverzeichnis

Inhaltsverzeichnis

Inhaltsverzeichnis

Inhaltsverzeichnis

Abkürzungsverzeichnis

AfA	Absetzung (Abschreibung) für Abnutzung
bzw.	beziehungsweise
ca.	circa
CPC	Cost-per-Click
d. h.	das heißt
DB	Deckungsbeitrag
DFÜ	Datenfernübertragung
DPK	Direkte Produktkosten
DPR	Direkte Produktrentabilität
EK	Einkaufspreis
etc.	et cetera
evtl.	eventuell
ff	fortfolgende
GfK	Gesellschaft für Konsumforschung
ggf.	gegebenenfalls
GK	Gemeinkosten
GmbH	Gesellschaft mit beschränkter Haftung
i. d. R.	in der Regel
i. H. v.	in Höhe von
insb.	insbesondere
ISO	International Organization for Standardization
IT	Informationstechnologie
kalk.	kalkulatorisch
LEH	Lebensmitteleinzelhandel
Mio.	Millionen
Mrd.	Milliarde

Abkürzungsverzeichnis

MwSt.	Mehrwertsteuer
o.g.	oben genannt
p.a.	per annum
S.	Seite
sog.	sogenannte
Std.	Stunde
teilw.	teilweise
TV	Television
VAK	Vollzeitarbeitskräfte
vgl.	vergleiche
VK	Verkaufspreis
vs.	versus
z. B.	zum Beispiel
zzgl.	zuzüglich

100 Marketing- & Vertriebskennzahlen

Absatzänderung

Formel

$$\frac{\text{Absatz (neu)} - \text{Absatz (alt)}}{\text{Absatz (alt)}} \times 100$$

Praxisbeispiel

$$\frac{\text{2.000 Stück (Absatzsteigerung im Monat August)}}{\text{10.000 Stück (abgesetze Menge in Monat Juli)}} \times 100 = 20\,\%$$

Ein Computer- und Softwarehandel verkauft im Monat Juli 10.000 Softwarepakete einer bestimmten Software. Aufgrund der Ankündigung der Markteinführung des Nachfolgers purzeln die Preise der noch aktuellen Version. Der Computer- und Softwarehandel ist so in der Lage, im August 2.000 Einheiten mehr von der alten Version abzusetzen. Die Absatzänderung beträgt deshalb plus 20 %.

Erläuterung

Die Absatzänderung (in Prozent) stellt die Relation zwischen der absoluten Absatzmengenveränderung einer Periode (Woche, Monat, Jahr) zur absoluten Absatzmenge einer betrachteten Vorperiode dar. Hierdurch lässt sich erkennen, um wie viel Prozent sich die Absatzzahlen verändert haben. Dies wird üblicherweise flankiert durch die Betrachtung von Begleitparametern, die Einfluss auf diese Mengenveränderung gehabt haben könnten (z. B. Preisveränderungen, Werbemaßnahmen, äußere Einflüsse).

Vorteile	**Nachteile**
• Basis vieler weiterer Kennzahlen (z. B. Preiselastizität der Nachfrage) • Bei Preisänderungen kann der Absatz als Führungskennzahl Vorteile gegenüber der Umsatzkennzahl haben	• Veränderungen lassen keine Rückschlüsse auf Umsatzzahlen zu (positive Absatzänderung kann eine negative Umsatzentwicklung begleiten, z. B. bei massivem Preisnachlass) • Gesamtwertbildung über mehrere Artikel ist wenig sinnvoll (hier besser: Umsatzveränderung)

Abschriftenquote

Formel

$$\frac{\text{Warenwert der Abschriften (zum Einkaufspreis)}}{\text{Gesamter eingesetzer Warenwert (zum Einkaufspreis)}} \times 100$$

Praxisbeispiel

$$\frac{12.000€}{120.000€} \times 100 = 10\%$$

Ein Beispiel ist die Obst- und Gemüseabteilung eines Supermarktes. Zu hohe Warenbestände führen – neben negativen Kundenwirkungen – zu einer unverkäuflichen, weil nicht mehr frischen Ware, die letztendlich entsorgt werden muss. Bei geringen Umsatzrenditen von wenigen Prozentpunkten im Lebensmitteleinzelhandel hat die Abschriftenquote einen erheblichen Einfluss auf die Ertragslage des Geschäftes.

Erläuterung

Die Kennzahl Abschriftenquote gibt an, welche Warenwerte, bezogen auf einen realisierten Gesamtumsatz (zu Einstandspreisen), abgeschrieben werden mussten.
Die Abschriftenquote hat eine große bis sehr große Bedeutung in den Bereichen, in denen erhebliche Warenverluste aufgrund von Verfallsdaten (Mindesthaltbarkeit, Mode, Saison) anfallen und zur Vermeidung von erheblichen wirtschaftlichen Schäden gesteuert werden müssen.

Vorteile	Nachteile
• Kenngröße mit häufig erheblicher Ertrags- und Steuerungswirkung • Effizientes Steuerungsinstrument für bestimmte Warenbereiche	• Bei hohen Abschriftenquoten, aber hohen Warenumschlagshäufigkeiten, ist die Quote nur über häufige Inventuren zu errechnen • Abschriftenquoten vernachlässigen z. B. Handlingskosten

Abverkaufsquote

Formel

$$\frac{\text{Abverkaufte Menge eines Artikels}}{\text{Eingekaufte (bevorratete) Menge eines Artikels}} \times 100$$

Praxisbeispiel

$$\frac{\text{99.500 Stück}}{\text{100.000 Stück}} \times 100 = 99{,}5\,\%$$

Ein Baumarkt hat 99.500 Einheiten eines Artikels abverkauft. Die Höhe der bevorrateten Menge liegt bei 100.000 Stück. Daraus ergibt sich eine Abverkaufsquote von 99,5 %.

Erläuterung

Die Kennzahl Abverkaufserfolg hat mehrere Ausprägungen. Sie wird einfach dokumentiert in Mengen- bzw. Werteinheiten (Umsatz/Ertrag) oder auch als Relation. Die Abverkaufsquote hat eine hohe Bedeutung bei Aktionen (temporäres Sortiment) oder bei Neuprodukttests, eine geringe dagegen beim Standardsortiment.
Mit Aktionen lassen sich erhebliche Zusatzerträge für das Unternehmen generieren, gleichzeitig beinhalten Aktionen im stärkeren Maße Prognoseungenauigkeiten und damit die Gefahr von Restanten. Denn durch die Höhe der Restanten werden die Erträge einer Aktion geschmälert. Die Vermeidung bzw. das Geringhalten von Restanten hat für die Mengenplanung einer Aktion eine sehr hohe Bedeutung, bei gleichzeitigem Ziel einer möglichst hohen Verkaufszahl (Abverkauf in Stück bzw. Wert). Ob eine Aktion Erfolg hatte, ergibt sich in der Regel durch den Vergleich der Abverkaufsquote zu anderen Aktionen.

Vorteile	Nachteile
• Für Unternehmen mit einem umfassenden Warenwirtschaftssystem steht diese Kennzahl schnell zur Verfügung • Bedeutend für ein erfolgreiches Aktionsmanagement	• Fehlt ein Warenwirtschaftssystem, ist die Ermittlung dieser Kennzahl nur mit einem hohen Aufwand möglich (Teilinventur) • Abverkäufe aufgrund von Preisnachlässen werden evtl. nicht erfasst

Abwanderungsrate

Formel

$$\frac{\text{Beendete Kundenbeziehungen}}{\text{Mittlere Anzahl an Kundenbeziehungen pro Periode}} \times 100$$

Praxisbeispiel

$$\frac{5.000}{80.000} \times 100 = 6{,}3\,\%$$

Über eine Periode besitzt ein Onlineshop eine mittlere Anzahl von 80.000 Kunden. 5.000 Kunden haben in dieser Periode die Geschäftsbeziehung beendet und sich abgemeldet. Daraus ergibt sich eine Abwanderungsrate von 6,3 %.

Erläuterung

Die Kennzahl Abwanderungsrate gibt an, wie viele Kunden in einer definierten Periode die Geschäftsbeziehung zum Unternehmen beendet haben. Des Weiteren gibt sie Auskunft über Zu- oder Abnahme des Kundenstamms.
Eine überdurchschnittliche Abwanderungsrate ist ein deutliches Signal für Probleme bei den Produkt- und/oder Serviceleistungen.

Vorteile	Nachteile
• Wichtige Kennzahl für die Geschäftsattraktivität bzw. Kundenbindung, bezogen auf das Geschäftsmodell oder bezogen auf die Führungsqualität z. B. einer Filiale oder Niederlassung	• Gleichzeitige Zuwanderungen werden nicht berücksichtigt • Gelegentlich kann diese Kennzahl von eher nachgelagerter Bedeutung sein, so ist z. B. für einen im Aufbau befindlichen Betrieb eher die Aufbaugeschwindigkeit des Kundenstammes von Bedeutung

Angebotserfolgsquote (Responsequote)

Formel

$$\frac{\text{Anzahl der Kaufakte}}{\text{Anzahl der Angebote}} \times 100$$

Praxisbeispiel

$$\frac{\text{6 Bestellungen}}{\text{50 Angebote}} \times 100 = 12\,\%$$

Der Key-Account-Manager eines italienischen Luxusparfumherstellers lässt 50 Angebote für ein Promotion-Paket an ausgewählte Einzelhändler verschicken. Sechs Bestellungen gehen umgehend ein. Daraus ergibt sich eine Angebotserfolgsquote von 12 %.

Erläuterung

Die Kennzahl Angebotserfolgsquote gibt Auskunft über die Attraktivität der abgegebenen Angebote. Je nach Qualität des verwendeten Adressenmaterials (Adresspool) ist eine Responsequote von 1 % in einer Mailing-Aktion bereits als guter Wert anzusehen. Im Vertrieb müssen die Vertriebsaktionen direkt messbar sein, um auch durchgeführt werden zu können. Ein Beispiel hierfür sind die Kundenbesuche eines Key-Account-Managers. Die direkte Response in Form von Bestellungen beschreibt die Angebots- bzw. Besuchserfolgsquote.
Die Erfahrungen aus derartigen Aktionen fließen unmittelbar in die Gestaltung neuer Aktionen ein und führen in der Regel zu einer erheblichen Qualifizierung der Vertriebs- und Marketingmaßnahmen.
Ein hoher Wert bei der Angebotserfolgsquote kann auf einen niedrigen Preis oder eine hohe Produktattraktivität deuten. Gleichzeitig gibt diese Kennzahl, bei vergleichbaren Aktionen, Auskunft über die Qualität der durchgeführten Aktion.

Vorteile	Nachteile
• Direkte Erfolgsmessung einer Aktion wird ermöglicht • Kennzahl einsetzbar zur Beurteilung und Steuerung von Werbeaktivitäten	• Gegebenenfalls schwierige Zuordnung einer Kundenreaktion auf ein konkretes Angebot • Keine Aussage über den Auftragswert bzw. Gesamtwert der erhaltenen Aufträge

Artikelbestand

Formel

	Anfangsbestand des Artikels
–	Verkauf des Artikels/Periode
+	Einkauf des Artikels/Periode
+	Lagerkorrekturen durch Inventur
=	**Artikelbestand**

Praxisbeispiel

	2.000 Stück
–	1.500 Stück
+	1.200 Stück
+	50 Stück
=	1.750 Stück

Ein Elektrohändler hat zu Beginn des Jahres einen Artikelbestand von Kippschaltern i. H. v. 2.000 Stück. Bis zum Ende es Jahres verkauft er 1.500 Stück und erhält 1.200 Stück als Warenlieferung. Am Ende des Jahres stellt er eine Inventurdifferenz von 50 Stück fest und korrigiert diese. Es ergibt sich somit ein Artikelbestand von 1.750 Stück.

Erläuterung

Grundlage der Warenwirtschaft ist der Artikelbestand. Hiermit wird überprüft, wie sich der Einkauf oder Verkauf eines Artikels in der betrachteten Periode gestaltet hat. Alle Artikelbuchungen werden chronologisch sortiert und nach Buchungstypen zusammengefasst. Je Artikel wird erfasst, wann er in welchen Mengen verkauft wurde, wie groß der Anfangsbestand war, welche Neubewertungen stattgefunden haben. Die genaue Kenntnis des Artikelbestands unterstützt die Einkaufs- und Vertriebsfunktion: Lagerbestände können optimal gesteuert werden, so dass die Kapitalbindung durch Bevorratung so gering wie möglich ist und trotzdem keine Out-of-Stock-Situationen entstehen.

Vorteile	**Nachteile**
• Rückschluss auf Lagerkosten möglich • Rückschluss auf Lieferfähigkeit gegeben	• Bei großem Sortiment nur durch IT-Unterstützung operationalisierbar

Auftragsreichweite

Formel

$$\frac{\text{Anzahl der Aufträge}}{\text{Bearbeitungszeit pro Auftrag}}$$

Praxisbeispiel

$$\frac{\text{54 Aufträge}}{\text{2 Aufträge/Tag}} = \text{27 Tage (entspricht 5 ½ Arbeitswochen)}$$

Ein Metallfachgroßhandel für Schiffskabelkanäle benötigt für die Abwicklung von zwei Aufträgen einen Tag. Es liegen ihm 54 Einzelaufträge vor. Seine Auftragsreichweite beträgt damit 27 Tage.

Erläuterung

Die Kennzahl Auftragsreichweite gibt an, welchen Zeitraum die unbearbeiteten Aufträge bis zu ihrer Fertigstellung die vollen Betriebskapazitäten beanspruchen werden. Sie findet überall dort Anwendung, wo ein Auftrag nicht sofort erfüllt werden kann, wie z. B. in Produktions- bzw. Montageunternehmen.
Kurze Auftragsreichweiten deuten auf eine Unterauslastung der Betriebskapazitäten. Sie können aufgrund von Leerzeiten bzw. einer suboptimalen Ablaufsteuerung zu einer ineffizienten Produktion führen. Lange Auftragsreichweiten bieten dem Unternehmen ein Sicherheitspolster für die Beschäftigung, können aber aufgrund langer Lieferzeiten Anlass zu Kundenunzufriedenheit geben. Liegen häufig lange Auftragsreichweiten vor und wird für die Zukunft eine ähnliche Situation erwartet, so kann eine Kapazitätserweiterung für den Betrieb empfehlenswert sein.

Vorteile	**Nachteile**
• Einfache Kennzahl mit einem allg. hohen Informationsgehalt • Aussagen über mögliche Kapazitätserweiterungen oder Personalplanung wird möglich	• Bei der Interpretation ist Vorsicht geboten: Eine große Auftragsreichweite kann durch Wartezeiten bei den Kunden zu Unzufriedenheit führen

Bekanntheitsgrad

Formel

$$\frac{\text{Anzahl der positiven Antworten}}{\text{Gesamtprobandenanzahl}} \times 100$$

Praxisbeispiel

$$\frac{563}{750} \times 100 = 75\,\%$$

Bei einer in Auftrag gegebenen Befragung zur Bekanntheit eines örtlich ansässigen Juweliers nannten 563 Probanden ungestützt das Geschäft. Die Gesamtprobandenzahl von 750 Befragten führte so nach der Auswertung zu einem Bekanntheitsgrad von 75 %.

Erläuterung

Die Kennzahl Bekanntheitsgrad gibt das Verhältnis der Personen wieder, die z. B. eine Marke, ein Produkt oder ein Unternehmen kennen. Sie wird meistens aus Befragungen abgeleitet und dient zur Werbeerfolgskontrolle.
Hierbei wird zwischen gestütztem und ungestütztem Bekanntheitsgrad unterschieden. Wird in der gestellten Frage nach nur einer Antwort gefragt oder gibt man mehrere Antwortmöglichkeiten vor (Suggestivfrage), spricht man bei der Auswertung vom gestützten Bekanntheitsgrad. Wird hingegen keine Auswahl vorgegeben (offene Frage), so handelt es sich um einen ungestützten Bekanntheitsgrad.

Vorteile	Nachteile
• Im Periodenvergleich hohe Aussagekraft • Gibt langfristig Aufschluss über eine »Richtung« bzw. Tendenz	• Nur durch Marktforschung zu ermittelnde Kennzahl • Keine eindeutige Aussage über die Ursachen der Bekanntheit • Ergebnis unterliegt starken Einflüssen bei der Erhebung • Nicht zwangsläufig repräsentativ ausgewählt

Beschwerdequote

Formel

$$\frac{\text{Anzahl Beschwerden}}{\text{Anzahl Kunden}} \times 100$$

Praxisbeispiel

$$\frac{254}{20.468} \times 100 = 1{,}24\,\%$$

Ein schwedisches Möbelhaus hatte in einem betrachteten Zeitraum 20.468 zahlende Kunden, von denen sich 254 beschwerten. Daraus resultiert eine Beschwerdequote von 1,24 %.

Erläuterung

Die Kennzahl Beschwerdequote gibt Aufschluss darüber, wie viele Kunden sich innerhalb einer definierten Periode (Monat, Quartal, Jahr) beschwert haben. Im Vergleich zu vergangenen Perioden gibt sie Auskunft, wie sich das Verhältnis zu den zufriedenen Kunden verändert hat. Neu umgesetzte Maßnahmen können so z. B. in den Zusammenhang der Kundenzufriedenheit eingeordnet werden. Zudem gibt die Beschwerdequote beim Periodenvergleich einen Anhaltspunkt über die Problemlösungsfähigkeit des Unternehmens. Dabei ist zu beachten, dass auf eine Kundenbeschwerde sehr häufig 10 und mehr unzufriedene Kunden kommen, die lediglich auf eine Beschwerde verzichtet haben, jedoch wiederum anderen Konsumenten ihre schlechte Erfahrung mitteilen. Der Wert aus obigem Rechenbeispiel wäre somit dramatisch schlecht, denn er deutet i. d. R. auf über 12 % unzufriedene Kunden hin. Im Branchenvergleich mit dem besten Unternehmen können weitere Rückschlüsse auf die aktuelle Wettbewerbsposition gezogen werden.

Vorteile	Nachteile
• Gute Kennzahl für die Qualität der betrieblichen Leistung • Teilweise zur Qualitätssteuerung bzw. -messung verwendbar	• Kennzahl ist schwer zu ermitteln und häufig nur über schriftlich festgehaltene Beschwerden erfassbar • Beschwerdequoten lassen sich häufig nur im Zeitvergleich interpretieren

Bestellwegquote

Formel

$$\frac{\text{Bestellungen Absatzweg A}}{\text{Anzahl der Gesamtbestellungen}} \times 100$$

Praxisbeispiel

$$\frac{256.746}{856.945} \times 100 = 29{,}96\,\%$$

Ein Flensburger Versandhändler erhielt 256.746 Bestellungen in der letzten Periode über den Absatzweg »Katalog«. Die Anzahl der Gesamtbestellungen lag bei 856.945. Der Absatzweg »Katalog« hat einen Anteil von 29,96 % an den Gesamtbestellungen.

Erläuterung

Die Kennzahl Bestellwegquote ist die Relation zwischen den Bestellungen eines Absatzweges zur Gesamtzahl der eingegangenen Bestellungen.
Die Bestellwegquote identifiziert die Bedeutung der verschiedenen Absatzwege eines Unternehmens. Ferner kann mit dieser Kennzahl die Veränderung des Bestellverhaltens der Kunden aufgezeigt werden.
Durch einen effizient gestalteten Bestellweg, wie etwa das Internet, kann das Unternehmen für den Kunden einen Mehrwert schaffen und gleichzeitig Kosten sparen.
Es ist darauf zu achten, dass ein Online-Auftragsformular für den Kunden einfach zu handhaben ist. Wirft nämlich dieser Vorgang Fragen seitens des Kunden auf, so dass ein Kundenbetreuer kontaktiert werden muss, ist die Internetbestellung nicht effizienter als andere Bestellwege wie etwa über das Telefon oder Fax.

Vorteile	Nachteile
• Identifikation der Bedeutung der Bestellwege • Schnelle Ermittlung der Zahl möglich	• Verschiedene Kundengruppen oder Branchen haben unterschiedliche Präferenzen • Effizienzen und Kundenrentabilitäten werden über diese Kennzahl nicht abgebildet, d. h., es sind entsprechende Relationen zu anderen Kennzahlen herzustellen

Break-even-Point

Formel

$$\frac{\text{Fixe Kosten}}{\text{Deckungsbeitrag pro Einheit}}$$

Praxisbeispiel

$$\frac{420.000€}{3€} = 140.000 \text{ Einheiten}$$

Ein Wurst- und Fleischwarenhersteller aus dem Sauerland entwickelt ein neues Produkt mit einem Deckungsbeitrag pro Stück von 3€. Die auf die Produktion anfallenden Fixkosten haben eine Höhe von 420.000€. Damit ergibt sich ein Break-even-Point von 140.000 Einheiten, um die entstandenen Fixkosten zu decken.

Erläuterung

Die Kennzahl Break-even-Point ist die Relation zwischen den zu deckenden fixen Kosten und dem Deckungsbeitrag pro Outputeinheit.
Der Break-even-Point gibt Auskunft über die für eine Gewinnsituation nötige Stück-Absatzmenge. Die sich aus der Formel ergebende Stückzahl muss mindestens abgesetzt werden, um die variablen und fixen Kosten des Unternehmens decken zu können. Ab einer höheren Absatzstückzahl kann das Unternehmen einen Gewinn realisieren.
Zur Ermittlung werden die fixen Kosten des Unternehmens ins Verhältnis zu dem Stück-Deckungsbeitrag gesetzt. Dieser ergibt sich aus Durchschnittspreis abzüglich der durchschnittlichen variablen Kosten. Der Durchschnittspreis ergibt sich aus der Division des Gesamt-Nettoumsatzes und den verkauften Stückzahlen.

Vorteile	Nachteile
• Einfache Ermittlung der zur Gewinnsituation erforderlichen Mindestabsatzmenge • Setzt die erforderlichen Vertriebsziele	• Strategische Kennzahl • Geringe Relevanz im operativen Geschäft • Indiz für Kundenloyalität

Bruttorentabilität

Formel

$$\frac{\text{Verkauf (Anzahl)} \times (\text{VK} - \text{EK})}{\text{Bestand (mittel)} \times \text{EK}}$$

Praxisbeispiel

$$\frac{5.000 \text{ Stück} \times (12€ - 10€)}{8.000 \text{ Stück} \times 10€} = 0{,}125 \times 100 = 12{,}5$$

Ein Supermarkt errechnet für einen teuren Kosmetik-Artikel eine geringe Bruttorentabilität. Der Artikel gehört nicht zu den strategisch wichtigen Produkten im Sortiment; der Grund ist ein nur geringer Rohertrag. Eine Preisanpassung nach oben ist nicht möglich. Eine Auslistung gegen einen Artikel mit höherer Bruttorentabilität oder einer größeren Umschlagshäufigkeit ist daher angebracht.

Erläuterung

Die Kennzahl Bruttorentabilität hat je nach Branche, Betriebstyp oder Analyseziel verschiedene Ausprägungen. Im Bereich des Handels ist sie durch Multiplikation von Umschlagshäufigkeit und Spanne sowohl ein Indikator für Rentabilität als auch Vergleichskriterium zu Konkurrenzprodukten. Bei niedriger Bruttorentabilität eines schnell drehenden Artikels kann sowohl ein hoher durchschnittlicher Lagerbestand als auch ein schlechter Rohertrag die Ursache sein. Der Artikel sollte ausgelistet werden, falls Verhandlungen über einen niedrigeren Einstandspreis scheitern. Dies gilt nicht für strategisch wichtige Eckartikel, die im Fokus von Preiskämpfen stehen und eine Sortimentspositionierung stützen.

Vorteile	Nachteile
• Identifizierung der für das Unternehmen erfolgswichtigen Produkte • Kurzfristig beeinflussbar	• Niedrige Bruttorentabilität kann diverse Ursachen haben • Gegebenenfalls muss eine niedrige Bruttorentabilität akzeptiert werden, falls das Produkt von strategischer Bedeutung für das Sortiment ist • Aussagekraft erhöht sich bei Vergleichszahlen der Branche

Conversion-Rate

Formel

$$\frac{\text{Anzahl Käufer}}{\text{Anzahl Besucher}} \times 100$$

Praxisbeispiel

$$\frac{10.000 \text{ (Anzahl Käufer)}}{1.000.000 \text{ (Anzahl Besucher)}} \times 100 = 1\,\%$$

Ein Online-Versandhaus hat in der betrachteten Periode 1 Mio. Besucher auf der Website, von denen 10.000 den Kaufprozess abschließen und tatsächlich etwas kaufen. Dies führt zu einer Conversion-Rate von 1 %.

Erläuterung

Die Kennzahl Conversion-Rate findet insbesondere im E-Commerce Verwendung. Sie wird gebildet aus der Anzahl an Transaktionen (z. B. Kauf im Onlineshop) im Verhältnis zur Anzahl von Besuchen (Visits) einer Website. Sie beschreibt das Umwandlungsverhältnis von Besuchern zu Käufern bzw. Kunden. Damit ist die Conversion-Rate besonders für solche Websites eine wichtige Erfolgs-Maßzahl, deren Ziel es ist, den User zu einer Transaktion zu bewegen. Erfahrungswerte aus der Praxis zeigen, dass eine Conversion-Rate von 1 % für Onlineshops bereits als gut anzusehen ist. Die meisten Anbieter liegen weit unter diesem Wert. Als Benchmark für erfolgreiches Verkaufen über das Internet wird immer wieder Amazon aufgeführt, das auf eine Conversion-Rate von ca. 9 % (Durchschnitt für das Jahr 2000) gekommen sein soll. Sehr hohe Conversion-Rates liegen im Bereich von über 10 % wie z. B. bei mothernature.com mit 17,6 % oder more.com mit 13 %.

Vorteile	Nachteile
• Schnell zu ermittelnde Kennzahl • Hoher Informationswert	• Zeitreihenvergleich pro Einheit notwendig oder Branchenvergleich • Eine hohe Conversion-Rate ist nicht gleichbedeutend mit maximal möglicher Kundenakquise

Cost-per-Click

Formel

$$\frac{\text{Gesamtkosten aller Klicks}}{\text{Anzahl der Klicks}}$$

Praxisbeispiel

$$\frac{280{,}14€}{2.148} = 0{,}13€/\text{Klick}$$

Ein werbetreibendes Internetportal bezahlt an einen Vermittler eine Vermittlungsgebühr für Werbeklicks i. H. v. 280,14€. Gerechnet auf die Gesamtanzahl an Klicks auf die Werbung entstehen so Kosten von 0,13€/Klick.

Erläuterung

Mit Cost-per-Click (CPC) wird ein im Online-Marketing übliches Abrechnungsmodell bezeichnet. Die Leistung entsteht dadurch, dass auf einer Internetpage eine verlinkte Werbemitteleinblendung gezeigt wird (View). Klickt nun der Besucher dieser Seite diese Werbeeinblendung, so zahlt der Werbetreibende dem Vermittler des Klicks eine Vergütung (Pay-per-Click). Dem Werbetreibenden sind korrespondierend Kosten pro Klick entstanden. Die Begriffe Pay-per-Click (PPC) und Cost-per-Click (CPC) werden dabei synonym verwandt. Bezogen auf eine Klickanzahl von 1.000 korrespondiert der CPC mit dem Tausend-Kontakt-Preis.

In der Regel basieren Provisionen auf der Anzahl der Werbemitteleinblendungen (Pay-per-View), vermittelten Besuchern (Pay-per-Click), Registrierungen (Pay-per-Lead), Verkäufe (Pay-per-Sale) oder auf einem Fixbetrag je Rechnungsperiode (Pay-per-Period) bzw. auf einer wiederkehrenden Umsatzbeteiligung (Pay-per-Lifetime). Weitere Vergütungsformen sind möglich.

Anwendung finden diese Abrechnungsmodelle z. B. bei Google AdWords, adlink, zanox und anderen Affiliate-Programmen.

Vorteile	**Nachteile**
• Schnell zur Verfügung stehende Kennzahl • Eindeutige Abrechnungsbasis	• Die Richtigkeit der ausgewiesenen Kennzahl ist für den Vermittler der Werbeeinblendungen i. d. R. nicht überprüfbar

Deckungsbeitrag der Artikel (oder Warengruppe)

Formel

	Nettoumsatz pro Artikel
–	variable Kosten pro Artikel
=	Deckungsbeitrag I pro Artikel
–	direkt zurechenbare Fixkosten
=	**Deckungsbeitrag II**

Praxisbeispiel

	10.000 €	(Umsatzerlös des Produktes)
–	7.000 €	(variable Kosten des Produktes)
=	3.000 €	(DB 1)
–	2.000 €	(zurechenbare Fixkosten)
=	1.000 €	(DB II = Gewinn)

Ein Anbieter von transportablen Klimaanlagen errechnet für eines seiner Produkte einen relativ geringen DB I. Es sollen marketing- und vertriebspolitische Optionen geprüft werden (z. B. Absatzerhöhung, Fixkostensenkung, Preiserhöhung).

Erläuterung

Die Kennzahl Deckungsbeitrag zeigt, ob die Produkterlöse die Fixkosten decken bzw. Gewinne erwirtschaften. Dadurch kann das Sortiment nach gewinnoptimalen Produkten gestaltet werden. Produkte mit geringem oder negativem Deckungsbeitrag sollten geprüft und ggf. aus dem Sortiment entfernt werden (Achtung: ggf. Cross-Selling-Effekte). Ein Produkt mit einem DB II von 0 kann seine Kosten decken, jedoch kein Gewinn erwirtschaften. In diesem Zustand hat das Produkt seine kurzfristige Preisuntergrenze erreicht. Das Unternehmen hat mit einem Produkt eine Gewinnmarge erzielt, wenn der Deckungsbeitrag dieses Produktes (DB II) höher als die zurechenbaren Fixkosten des Produktes sind.

Vorteile	Nachteile
• Berücksichtigung von produktbezogenen Kosten • Möglichkeit zur rentablen Sortimentssteuerung und -gestaltung • Hilfe bei der Preisfindung (die gewinnoptimale Preisstellung kann herausgefiltert werden)	• Kurzfristige Entscheidungen aufgrund der DB-Rechnung problematisch • Vollkostenrechnung ist aus steuerlichen Gründen unerlässlich; Vorrat ist zu Herstellungskosten (= EK + notwendiger Teil GK) zu bewerten

Deckungsbeitrag in der BWA (Betriebswirtschaftliche Auswertung)

Formel

	Verkaufserlöse
–	variable Kosten
=	Deckungsbeitrag
–	fixe Kosten
=	**Gewinn**

Praxisbeispiel

	Position	Betrag (€)	v. Umsatz (%)
	Bruttoumsatzerlöse	110.903	107,40
–	MWSt	19.620	19,00
=	Nettoumsatzerlöse	103.261	100,00
–	Wareneinsatz	50.092	48,51
–	Boni und Skonti	– 1.549	–1,50
=	Rohertrag (= siehe Handelsspanne)	54.718	52,99
–	Personalkosten	17.457	16,91
–	Miete / Energie	7.504	7,27
–	Material / Dienstleistungen	1.586	1,54
–	Steuern / Gebühren	33	0,03
–	Werbekosten	441	0,43
–	Kalk. AfA	2.980	2,89
–	Kalk. Zinsen	380	0,37
–	sonstige Kosten	187	0,18
=	Betriebliche Aufwendungen	30.568	29,60
=	DB I	24.150	23,39
+	sonstige Erträge	288	0,28
=	DB II	24.438	23,67
–	Logistik	263	0,25
–	Vertrieb (nicht Filiale)	1.201	1,16
=	DB III	22.974	22,25
–	Zentrale (des Gesamtunternehmens)	1.064	1,03
=	Betriebsergebnis	21.910	21,22

Deckungsbeitrag in der BWA (Betriebswirtschaftliche Auswertung)

Der Wareneinsatz einer Filiale des Süßwarenhandels steigt im Jahresvergleich enorm an und schmälert den DB der Filiale erheblich. Nach Prüfung stellt sich heraus, dass mit dem Leitungswechsel in der kleinen Filiale die falsche Disposition der weihnachtlichen Saisonware die Abschriften enorm erhöht hat. Der Vertrieb führt darauf hin Nachschulungen oder andere Maßnahmen durch.

Erläuterung

Die Kennzahl Deckungsbeitrag zeigt in einer Periode, ob sämtliche Erlöse die Fixkosten decken bzw. ob ein Gewinn erwirtschaftet wurde. Dadurch kann das Sortiment nach gewinnoptimalen Produkten gestaltet werden. Das Unternehmen hat erst dann eine Gewinnmarge erzielt, wenn die Deckungsbeiträge aller Produkte (DB II) höher als die gesamten Fixkosten des Unternehmens sind.

Vorteile	Nachteile
• DB vermittelt den Erfolgsanteil z. B. einer operativen Geschäftseinheit • Vermittlung teilw. komplexer Zusammenhänge von Kosten, Erfolg und Potenzial (Erfolgsanalyse und Kostenkontrolle)	• Häufig erschließen sich die Potenziale zur Deckungsbeitragserhöhung nur in Zusammenhang mit einem ausgeprägten Wissen des Praktikers über die tatsächlich eintretenden Effekte

Direkte Produktrentabilität

Formel

	Rohertrag
–	direkte Produktkosten
=	**direkte Produktrentabilität**

Praxisbeispiel

	125.000 €
–	116.000 €
=	9.000 €

Ein hochwertiger Herrenausstatter vertreibt ausschließlich Hemden über sein Filialnetz. Der Rohertrag in einem bestimmten Betrachtungszeitraum beträgt 125.000 €. Die direkten Produktkosten belaufen sich auf 116.000 €, so dass die errechnete Produktrentabilität bei 9.000 € liegt.

Erläuterung

Unter dem Begriff der direkten Produktrentabilität (DPR) versteht man den Rohertrag abzüglich der direkten Produktkosten (DPK) auf Groß- und Einzelhandelsstufe, bezogen auf eine einzelne Verkaufseinheit.
Das DPR-Modell ist die Deckungsbeitragsrechnung im Handel, die darauf abzielt, die anfallenden Handlungskosten direkt einem Produkt zuzurechnen (direkte Produktkosten). Eine besondere Schwierigkeit ist es hierbei, die angefallenen Kosten verursachungsgerecht zuzurechnen. Diese Schwierigkeit rührt daher, dass die Systeme des Handels (z. B. Logistik, Filiale) von vielen Produkten gemeinsam genutzt werden.

Vorteile	Nachteile
• Mit der DPR steht eine Kennzahl für die Beurteilung der Produktrentabilität im Handel zur Verfügung, die den komplexen Regelkreis der Leistungserbringung im Handel kostenrechnungstechnisch erfasst • Qualifiziert die Verhandlungen zwischen Handel und Industrie	• Aufwendige Berechnung: Zur Ermittlung müssen vielfältige Produktions- und Leistungskennziffern (z. B. Leistungen eines Gabelstaplers) erhoben werden • »Korrekte« Kostenzurechenbarkeit ist schwierig

Distributionsgrad (Distributionsdichte)

Formel

$$\frac{\text{Anzahl von Einkaufsstätten, die ein bestimmtes Produkt führen}}{\text{Gesamtzahl der Einkaufsstätten}} \times 100$$

Praxisbeispiel

$$\frac{8.000}{40.000} \times 100 = 20\,\%$$

Die Vertriebsgesellschaft eines Verlages ist mit einem Titel bei 8.000 Kiosken vertreten. Die Gesamtanzahl der Einkaufsstätten aus diesem Bereich liegt bei 40.000 Stück. Daraus ergibt sich ein Distributionsgrad von 20 %.

Erläuterung

Der Distributionsgrad gibt an, welcher Anteil einer Gruppe von Einkaufsstätten (z. B. Betriebstypen, Absatzgebiete) ein Produkt führt (Intensität der Marktpräsenz).
Man unterscheidet den gewichteten und ungewichteten Distributionsgrad. Während der ungewichtete Distributionsgrad lediglich die Anzahl von Einkaufsstätten erfasst, berücksichtigt der gewichtete Distributionsgrad zusätzlich die umsatzmäßige Größe bzw. Bedeutung einer Filiale. Formeltechnisch werden entsprechend die Umsätze aller Einkaufsstätten summiert und durch den Gesamtumsatz des relevanten Gesamtmarktes dividiert.
Im Rahmen marketing- und vertriebsstrategischer Aktivitätsplanungen wird häufig ein Mindestdistributionsgrad als Ziel festgelegt. Eine häufige Anwendung findet der Distributionsgrad bei der Neuprodukteinführung. Bei eingeführten Produkten deutet ein hoher Distributionsgrad auf ein Produkt mit hoher Konsumentenattraktivität. Gleichzeitig ist die Kennzahl ein Indikator für das ausgeschöpfte Marktpotenzial.

Vorteile	Nachteile
• Einfache und vielfältig verwendbare Kennzahl • Wichtig für die Marketing- und Vertriebsplanung	• Kennzahl nur mit hohem Aufwand (Marktforschung) zu ermitteln • Gehaltvolle Aussage nur über gewichteten Distributionsgrad möglich

Durchschnittliche Postenanzahl

Formel

$$\frac{\text{Anzahl der abverkauften Produkte}}{\text{Anzahl der Verkaufsakte}}$$

Praxisbeispiel

$$\frac{30.000}{11.000} = 2{,}73$$

Ein Supermarktbetreiber verkauft in einer betrachteten Periode 30.000 Produkte. Die Anzahl der Verkaufsakte betrug in diesem Zeitraum 11.000. Die durchschnittliche Postenanzahl liegt somit bei 2,73.

Erläuterung

Die durchschnittliche Postenanzahl gibt an, wie viel Stückeinheiten durchschnittlich bei einem Verkaufsakt verkauft wurden.
Diese Kennzahl ist ein Maß für die Attraktivität des Sortimentes für die Bedarfsdeckung des Konsumenten. Sie kann auch für die Erfolgsmessung von vertrieblichen Maßnahmen (»Obenaufverkauf«) herangezogen werden.

Vorteile	Nachteile
• Kennzahl ist über ein Warenwirtschaftssystem schnell zu ermitteln • Wichtige Steuerungsgröße auch im Vertrieb des filialisierten Einzelhandels	• Kennzahl ist immer nur über Relationen (z. B. Betriebsvergleiche, Zeitvergleiche) aussagekräftig • Keine Aussage über Umsatz und Stückertrag

Durchschnittlicher Verkaufspreis

Formel

$$\frac{\text{Umsatz (VK) pro Zeiteinheit}}{\text{Verkauf (Anzahl) pro Zeiteinheit}}$$

Praxisbeispiel

$$\frac{1.000.000€}{30.000} = 33{,}33€/\text{Stück}$$

Der Umsatz einer Supermarktkette liegt in einer bestimmten Periode bei 1 Mio. €. Dieser Umsatz wurde mit 30.000 verkauften Artikeln erzielt. Der sich daraus ergebende durchschnittliche Verkaufspreis lag bei 33,33€/Stück.

Erläuterung

Die Kennzahl des durchschnittlichen Verkaufspreises ergibt sich aus der Relation zwischen dem getätigten Umsatz einer Periode zu Verkaufspreisen und der in diesem Zeitraum abgesetzten Menge der Produkte. Im Vergleich zu Vorperioden lässt sich erkennen, ob sich der durchschnittliche Verkaufspreis geändert hat. Dies ist speziell dann interessant, wenn z.B. Preisaktionen durchgeführt wurden. Wenn eine Preisreduktion in einer entsprechend gestiegenen Anzahl von verkauften Produkten resultiert, würde sich der durchschnittliche VK nicht verändern. Dies gilt genauso im umgekehrten Falle, indem ein Unternehmen den Preis erhöht, die abgesetzte Menge sich aber nur insoweit verringert, dass der durchschnittliche VK nicht sinkt. Diese Betrachtung kann auch für Warengruppen analog durchgeführt werden. Diese Kennzahl ist im Zusammenhang mit der Kennzahl Durchschnittspreis pro Warengruppe zu betrachten.

Vorteile	Nachteile
• Schnelle Erkennbarkeit von Preisauswirkungen (Elastizitäten) • Unterscheidbarkeit unterschiedlicher Umsatzstärken in Relation zur verkauften Stückzahlen einzelner Produkte oder Warengruppen	• Keine Betrachtung der Handlungskosten • Keine Aussage über Umsatz und Stückertrag

Durchschnittsalter der Mitarbeiter

Formel

$$\frac{\text{Summe der Einzelalter (Jahre) über alle Mitarbeiter}}{\text{Anzahl der Mitarbeiter}}$$

Praxisbeispiel

$$\frac{(28 + 44 + 43)}{3} = 38{,}3 \text{ Jahre/Mitarbeiter}$$

Eine Herrenboutique listet und summiert die Alter aller dort arbeitenden Verkäufer und teilt diese durch die Gesamtzahl der Mitarbeiter. Das errechnete Durchschnittsalter liegt so bei etwa 38 Jahren.

Erläuterung

Diese Kennzahl liefert wichtige Erkenntnisse im Zeitablauf. Steigt z. B. das Durchschnittsalter der Mitarbeiter in einem Unternehmen, so bedeutet dies, dass weniger junge Mitarbeiter hinzukommen als altersbedingt ausscheiden. Ein Unternehmen, das über einen langen Zeitraum ein sehr geringes bis kein Wachstum und eine geringe Fluktuation bei den Mitarbeitern aufweist, wird ständig »älter«. Ein relevanter Zusammenhang könnte sich hieraus für ein Unternehmen ergeben, bei dem z. B. im Verkauf das Alter der Mitarbeiter mit dem Alter der Kunden korrespondiert sollte (Mode für junge Leute sollte in der Regel von jungen und nicht von alten Mitarbeitern verkauft werden). Das Gleiche gilt für Unternehmen, deren Wettbewerbsvorteil sich auf Innovationskraft gründet. Erfahrungsbedingt ist dies bei älteren Mitarbeitern nicht mehr so stark ausgeprägt. Direkte Interpretationen, wie z. B. Aussagen über Gehaltsniveau der Mitarbeiter, die Ausfallquote oder über die Innovationskraft des Unternehmens sind jedoch nicht ausreichend valide.

Vorteile	**Nachteile**
• Rechtzeitiges Erkennen einer Überalterung der Mitarbeiterschaft, einzelner Abteilungen etc. • Bedeutung für Vertrieb und Marketing (Personalpolitik)	• Aussagekraft begrenzt, wenn Alter der Mitarbeiter wenig Bedeutung bei betrieblichen Anforderungen hat • Ein höheres Durchschnittsalter kann negativ interpretiert werden, obwohl damit betrieblich nutzbare Erfahrungswerte verknüpft sind

Durchschnittsbon

Formel

$$\frac{\text{Gesamtumsatz (im Betrachtungszeitraum)}}{\text{Anzahl der Bons}}$$

Praxisbeispiel

$$\frac{395.000€}{90.000\ \text{Bons}} = 4{,}39€/\text{Bon}$$

Ein Elektronikteilsortimenter errechnet für einen betrachteten Zeitraum einen Gesamtumsatz von 395.000€ bei 90.000 Bons. Daraus ergibt sich ein Durchschnittsbon von 4,39€.

Erläuterung

Die Kennzahl Durchschnittsbon ist eine sehr wichtige Erfolgskennzahl im Handel und vergleichbar mit dem Auftragswert pro Kunden in anderen Branchen. Der Umsatz pro Kunden p.a. wird hierbei i.d.R. nicht ermittelt.
Der Durchschnittsbon ist für den Handel eine wichtige Führungskennzahl für die Verkaufsqualität des Personals auf Filial- und Vertriebsebene sowie für das Gesamtunternehmen. Gleichzeitig fungiert die Kennzahl als Indikator für die Attraktivität des Sortiments dar. Die Interpretation der ermittelten Kennzahl sollte an die Betrachtung der Einheiten pro Kauf gekoppelt werden.
In einem stagnierenden Geschäft geht häufig eine leichte Durchschnittsbonsteigerung mit einem Kundenrückgang einher, wobei über einen längeren Zeitraum der Gesamtumsatz ebenfalls zurückgeht.

Vorteile	Nachteile
• Im Periodenvergleich ergibt sich ein Bild der Attraktivität des Geschäftes und seines Sortiments • Erfolgskontrolle von Cross-Selling-Aktivitäten möglich	• Keine Erfassung des Kaufvolumens pro Kunde • Erst über mehrere Erfassungsperioden hinweg aussagekräftig

Durchschnittspreis einer Warengruppe

Formel

$$\frac{\Sigma \text{ (aller Preise der Artikel einer Warengruppe)}}{\Sigma \text{ (Anzahl aller Artikel einer Warengruppe)}}$$

Praxisbeispiel

$$\frac{\Sigma\,(12€\text{ (Artikel 1)} + 15€\text{ (Artikel 2)} + \ldots + 14€\text{ (Artikel n)}) = 250€}{20\text{ Artikel}} = 12{,}50€$$

Die Abteilung »Farben und Lacke« eines Baumarkts möchte den Durchschnittspreis der in der Abteilung verkauften Artikel feststellen. Hierzu werden alle Preise aller unterschiedlichen Artikel summiert (250€) und durch die Gesamtanzahl der zu verkaufenden unterschiedlichen Artikel dividiert (20 Artikel). Daraus ergibt sich ein Durchschnittspreis von 12,50€.

Erläuterung

Der Durchschnittspreis aller Artikel einer Warengruppe stellt den ungewichteten Durchschnittspreis für einen Artikel einer Warengruppe dar. Eine Warengruppe besteht aus Produkten und Dienstleistungen, die aus unternehmensinternen oder aus stofflichen Gesichtspunkten als zusammenhängend oder austauschbar definiert werden. Verfeinern lässt sich diese Kennzahl durch Berechnen des gewichteten Durchschnittspreises, indem man den Einzelpreis der Artikel mit z. B. der verkauften Menge des Artikels multipliziert. Diese Zahl wird dann durch die Gesamtzahl der verkauften Artikel dieser Warengruppe dividiert. Aus dem Vergleich mit Branchenkennzahlen ergibt sich, ob das Sortiment der Warengruppe einen wettbewerbsadäquaten Durchschnittspreis aufweist.

Vorteile	**Nachteile**
• Kennzahl geeignet für den Wettbewerbsvergleich • Gibt eine Indikation für die Preispositionierung im Markt	• Stark unterschiedliche Preise führen zu einer verminderten Aussagekraft • Eine Aussagekraft kann sich nur über Periodenvergleiche ergeben

Einfacher Preisindex

Formel

$$\frac{\text{Preisänderung}}{\text{Preis (alt)}} \times 100 \times \text{Anteil der Gesamtausgaben am Warenkorb}$$

Praxisbeispiel

$$\frac{1€\ \text{(Preiserhöhung innerhalb einer Periode)}}{10€\ \text{(Preis in der Vorperiode)}} \times 100 = 10\,\%\ \text{x Anteil Gesamtwarenkorb}$$

Eine Kinokette musste die Preise in der betrachteten Periode um 1€ anheben. Im Vergleich zur Vorperiode, in der die Kinokarte 10€ kostete, erhöhten sich also die Preise um 10%. Um den einfachen Preisindex zu erhalten, muss dieser Wert noch mit dem Anteil aus dem Gesamtwarenkorb multipliziert werden.

Erläuterung

Der einfache Preisindex erfasst summarisch in der Vergangenheit stattgefundene Änderungen in den Preisen bestimmter Gütergruppen, welche durch ausgewählte Warenkörbe repräsentiert werden. Dies geschieht durch Vergleich einer Vor- oder Basisperiode zu einer nachfolgenden Vergleichsperiode. So lässt sich der Preisindex als gewogene Summe der prozentualen Preisänderung aller in Betracht kommenden Güter definieren.

Vorteile	Nachteile
• Für definierte Kundengruppen mit definierten Warenkörben kann abgeschätzt werden, wie sich, gemessen an der Kaufkraft, die Nachfrage durch eine Veränderung des Preisindex verändern könnte	• Dieselben Produkte werden häufig zu variierenden Preisen gekauft (Sonderangebote) • Preisänderungen können durch Qualitätsänderungen auftreten • Kundengruppen können unterschiedliche Produkte in unterschiedlichen Mengen kaufen • Warenkörbe verändern sich stetig

Einheiten pro Kauf

Formel

$$\frac{\text{Gekaufte Einheiten}}{\text{Anzahl der Einkäufe}}$$

Praxisbeispiel

$$\frac{516}{56} = 9{,}2 \text{ Einheiten pro Kauf}$$

Ein Supermarkt wertet über eine Kundenkarte das Einkaufsverhalten eines Kunden aus. Er hat bei 56 Einkäufen in der vergangenen Periode 516 Artikel gekauft. Dies entspricht im Durchschnitt 9,2 Einheiten pro Einkauf.

Erläuterung

Die Kennzahl Einheiten pro Kauf gibt an, wie viele Einheiten (verschiedene Produkte oder Leistungen) der Kunde im Durchschnitt in einer bestimmten Periode gekauft hat. Hieraus lassen sich in Verbindung mit anderen Kennzahlen Rückschlüsse auf die Profitabilität von Kunden sowie Einzelhandelsfilialen ziehen und Cluster bilden.
Diese Cluster bzw. Kundengruppen können dann wiederum für spezielle Werbemaßnamen herangezogen werde. Bezogen auf die Sortiments- und vertriebliche Steuerung von Einzelhandelsfilialen können gezielte Maßnahmen zur Steigerung der Einheiten pro Kauf (sog. Cross Selling) – und damit zur Umsatz- und Ertragssteigerung – durchgeführt werden.

Vorteile	**Nachteile**
• Zeigt über den Periodenvergleich realisierte Cross-Selling-Potenziale auf • Hilfreiches Maß für die Attraktivität eines Sortimentes	• Kennzahl muss immer in Bezug zum Einkaufswert (Auftragswert, Durchschnittsbon) bzw. zum Ertrag pro Kauf gesehen werden • Erst über Periodenvergleich aussagekräftig

Erstkaufrate

Formel

$$\frac{\text{Anzahl der Produkterstverwender}}{\text{Gesamtkunden}} \times 100$$

Praxisbeispiel

$$\frac{15.869}{196.543} \times 100 = 8{,}07\,\%$$

Nach einer Werbeaktion in der Zeitung zu einem neuen Elektronikprodukt zieht ein Elektronik-Händler ein Resümee: Die Anzahl der Produkterstverwender (15.869) in Bezug auf die Gesamtkunden (196.543) ergibt eine Erstkaufrate von 8,07 %.

Erläuterung

Die Erstkaufrate ist eine Kennzahl der Werbeerfolgsmessung und bestimmt den Anteil der Erstkäufer im Vergleich zu den Gesamtkunden. Sie dient maßgeblich zur Kontrolle des für die Bewerbung eines Produktes bereitgestellten Budgets. Hierbei geht es zum einen um die Einhaltung und Überprüfung des aktuellen Budgets. Zum anderen kann so zukünftig das »optimale Budget« für Werbemaßnahmen genauer berechnet werden.
Die Korrelation zwischen Erstkaufrate und Bekanntheitsgrad ist dabei zu berücksichtigen: Steigt der Bekanntheitsgrad, so sinkt üblicherweise die Erstkaufrate.
Die Erstkaufrate als Kennzahl ist nicht nur eine wichtige Größe für das Marketing, sie wird auch gern vom Einkauf zur Unterstützung beim Jahresgespräch mit Lieferanten eingesetzt.

Vorteile	Nachteile
• Kennzahl zur Wirkungsmessung von Werbemaßnahmen sehr nützlich • Fokus liegt auf Kostendeckung der eingesetzten Maßnahmen	• Die Kennzahl steht nicht sofort zur Verfügung, da die genutzten Parameter erst über einen Zeitraum ermittelt werden müssen • Muss nicht direkt im Zusammenhang mit einer eigenen Werbeaktion stehen

Exportquote

Formel

$$\frac{\text{Exportumsatz}}{\text{Gesamtumsatz}} \times 100$$

Praxisbeispiel

$$\frac{1.250.000€}{12.000.000€} \times 100 = 10{,}4\,\%$$

Ein Stahlhändler veräußert in einer Periode für 1,25 Mio. € Stahl außerhalb von Deutschland. Gemessen am Gesamtumsatz (12 Mio. €) sind das 10,4 %.

Erläuterung

Gegenstand der Betrachtung ist hier nicht die volkswirtschaftliche, sondern die betriebswirtschaftliche Exportquote. Unter dem betriebswirtschaftlichen Begriff der Exportquote versteht man das Verhältnis von Exportumsatz zum Gesamtumsatz eines Unternehmens.
Sie ist ein Maß für die Bedeutung der ausländischen Absatzmärkte für die Waren- und Dienstleistungen eines Unternehmens. In der Regel subsumiert man unter dieser Kennzahl nur die Ausfuhr von Waren und Dienstleistungen. Gegebenenfalls müssen/können Direktinvestionen, die im Ausland getätigt werden, berücksichtigt werden.

Vorteile	Nachteile
• Im Periodenvergleich Indikator für erfolgreiche Internationalierungsaktivitäten • Gute Maßzahl für die Bedeutung der ausländischen Märkte für ein Unternehmen	• Erschwerte Ermittlung bei betriebsübergreifenden Vergleichen • Erst im Periodenvergleich aussagekräftig

Filialisierungsgrad

Formel

$$\frac{\text{Anzahl der Filialisten}}{\text{Anzahl der Einzelhandelsgeschäfte in einer bestimmten Region}} \times 100$$

Praxisbeispiel

$$\frac{234}{1.567} \times 100 = 14{,}93\,\%$$

Ein Unternehmen wertet eine Studie zur Standortanalyse aus, um zu entscheiden, ob das Filialnetz erweitert werden sollte. In der betrachteten Region sind 1.567 Einzelhändler angesiedelt und 234 Filialen. Der Filialisierungsgrad dieser Region beträgt somit 14,93 %.

Erläuterung

Die Kennzahl Filialisierungsgrad gibt Aufschluss darüber, wie viele Geschäfte von filialisierten Handelsunternehmen betrieben werden. In Zusammenhang mit der von ihnen beanspruchten Fläche ergeben sich so Aussagen darüber, wie der Einzelhandel in der betreffenden Region aufgestellt ist.
Filialisten sind Betriebe, die mehr als eine Verkaufsstelle an verschiedenen Standorten betreiben. Zentralen von Kooperationen und Franchisegebern sowie Verbindungsgruppen sind nicht als Filialisten anzusehen.

Vorteile	Nachteile
• Kennzahl geeignet für Betriebsvergleiche • Kennzahl kann zur Einschätzung eines Standortes eingesetzt werden	• Nur in speziellen Fällen lassen sich steuerungsrelevante Informationen ableiten • Starke Abhängigkeit vom Umfeld eines Standortes

Food- / Nonfood-Anteil

Formel

$$\frac{\text{Umsatz mit Foodartikeln / -sortiment}}{\text{Gesamtumsatz}} \times 100$$

Praxisbeispiel

$$\frac{23{,}1\,\text{Mio.}\,€}{46{,}3\,\text{Mio.}\,€} = 49{,}9\,\%\ \text{Foodanteil}$$

Ein Kaufhaus betrachtet seine Sortimentsstruktur. 23,1 Mio. €. von 46,3 Mio. € Umsatz sind im Foodbereich erwirtschaftet worden. Der Foodanteil beträgt somit rund 50 %.

Erläuterung

Die Kennzahl Food- / Nonfood-Anteil als Sortimentsstruktur-Kennzahl setzt die Umsatzanteile im Food-Bereich in das Verhältnis zu den Umsätzen im Nonfood-Bereich. Sie ist sowohl von strategischer als auch von operativer Bedeutung. Bezogen auf das gesamte Unternehmen zeigt die Kennzahl die strategische Sortimentsausrichtung eines Unternehmens an. Das bedeutet, dass sich erkennen lässt, in welchem der beiden Bereiche die größeren Umsätze getätigt werden. So lassen sich, speziell im Zeitvergleich, Anpassungen vornehmen, d. h. Bereiche ausdehnen oder zurückfahren. Auf operativer Ebene kann diese Kennzahl für eine Filiale eine positive oder negative Entwicklung im Vergleich zu anderen Häusern darstellen. Interessant ist hierbei, ob eine Forcierung (z. B. Werbemaßnahmen) eines Sortimentsbereichs notwendig wird.
Diese Analyse kann auch als Vertriebsschienenvergleich durchgeführt werden.

Vorteile	**Nachteile**
• Zeigt bei Betriebsvergleich notwendige Änderungen in der Sortimentsausrichtung auf • Kann die Flächensteuerung unterstützen	• Die Kennzahl muss in Verbindung mit anderen Kennzahlen gesehen werden • Aussagekraft nur im Betriebs- oder Wettbewerbsvergleich gegeben

Geplante Stückzahl pro Artikel

Formel

$$\frac{\text{Geplanter Verkauf (Anzahl aller Artikel)}}{\text{Geplante Sortimentstiefe}}$$

Praxisbeispiel

$$\frac{\text{3.000 Stück}}{\text{20 Artikel}} = \text{150 Stück}$$

Ein Elektronikhersteller plant einen Absatz von 3.000 Stück mit einer Anzahl von 20 Artikeln. Die so errechnete zu planende Stückzahl pro Artikel liegt bei 150 Stück.

Erläuterung

Die Kennzahl der geplanten Stückzahl pro Artikel stellt die Verkaufsplanung für alle Artikel in Relation zur geplanten Sortimentstiefe. Hieraus lässt sich ableiten, wie viel Stück pro Artikel in einer Planungsperiode verkauft werden sollen.
Interessant ist hierbei, ob ein Sortiment unter Umständen zu tief oder zu flach gestaltet ist. Dies muss jedoch unter Betrachtung weiterer Kennzahlen vertieft werden, die z. B. Raumleistung, Deckungsbeitrag oder Personalleistung pro Artikel berücksichtigen.

Vorteile	**Nachteile**
• Ideal für ersten generellen Planungsansatz • Gibt Impulse für Vertrieb, Lager und Beschaffung	• Kennzahl muss in weiteren Planungsschritten auf einzelne Artikel heruntergebrochen werden • Marktforschung für weitere Planungsschritte notwendig

Gesamtkosten pro Kunde

Formel

$$\frac{\text{Gesamtkosten (pro Zeiteinheit)}}{\text{Anzahl der Kunden bzw. Kaufakte (pro Zeiteinheit)}}$$

Praxisbeispiel

$$\frac{200.000\,€}{23.000\ \text{Kunden}} = 8{,}70\,€\,/\,\text{Kunde}$$

Ein Versandhändler errechnet die Gesamtkosten pro Kunde für einen bestimmten Zeitraum. Die Gesamtkosten pro Zeiteinheit beliefen sich auf 200.000€ bei 23.000 Kunden. Somit liegen die Gesamtkosten pro Kunde bei etwa 8,70€.

Erläuterung

Bedeutsam ist die Kennzahl Gesamtkosten pro Kunde im Vergleich einzelner Maßnahmen im Rahmen der Kommunikationspolitik bzw. Vertriebspolitik. So lassen sich z. B. bei einer Mailingaktion im Versandhandel die Kosten dieser Aktion pro Kunde ermitteln. Dies kann dann weiterführend ins Verhältnis zum Umsatz pro Kunde gesetzt werden.
Die Ermittlung der Gesamtkosten pro Kunde lässt sich individuell nur in den Unternehmen erfassen, in denen der Kunde namentlich bekannt und die Erlöse als auch die einzelnen Kosten direkt zugerechnet werden können (z. B. Versandhandel).

Vorteile	**Nachteile**
• Im Zeitablauf zeigen sich steigende Kosten und unterstützen die Steuerung von Vertriebs- und Kommunikationsmaßnahmen • Kennzahl beschreibt z. B. die Kosten des Verkaufsaktes und ggf. der Akquise	• Aussagekraft ist oft erst über Zeitablauf gegeben

Handelsspanne (Marge)

Formel

	Verkaufspreis
–	Einkaufspreis
=	**Handelsspanne**

Praxisbeispiel

	2,38€
–	0,75€
=	1,63€

Ein Schreibwarenhändler berechtet die Handelsspanne für einen Artikel. Hierzu subtrahiert er den Einkaufspreis (0,75€) vom Verkaufspreis 2,38€ und erhält so die Handelsspanne von 1,63€.

Erläuterung

Die Kennzahl Handelsspanne spiegelt das Verhältnis von Rohertrag (Umsatz ohne MwSt – Kosten des Wareneinsatzes) und Nettoumsatz wider. Sie gibt Auskunft, ob neben den Kosten des Wareneinsatzes auch weitere anfallenden Kosten gedeckt werden können und darüber hinaus ein Gewinn erzielt wird. Im Rahmen der Preispolitik kann durch die Handelsspanne der Kalkulationsaufschlag für jedes Produkt eines Sortimentes ermittelt werden. Der Netto-Bezugspreis zuzüglich des Kalkulationsaufschlages ergibt den Brutto-Verkaufspreis.
Die Handelsspanne spielt als Branchenvergleichszahl vorwiegend im Groß- und Einzelhandel eine wichtige Rolle. Die Aufgabe der Marketingabteilung besteht darin, den Absatz der Waren mit hoher Handelsspanne zu fördern. Sie kann entweder als absolute Zahl oder als relative Prozentzahl angegeben werden.

Vorteile	Nachteile
• Fokus auf Kostenwirtschaftlichkeit • Überprüfung des Kalkulationsaufschlags möglich	• Die produktspezifischen Marktverhältnisse werden nicht beachtet • Heute oft durch Deckungsbeitragsrechnung ersetzt

Internationalitätsgrad

Formel

$$\frac{\text{Umsatz im Ausland}}{\text{Gesamtumsatz}}$$

Praxisbeispiel

$$\frac{21{,}3\ \text{Mrd.}\,€}{46{,}3\ \text{Mrd.}\,€} = 46\,\%\ \text{Auslandsumsatz (Internationalitätsgrad)}$$

Ein Großhändler möchte seinen Internationalitätsgrad bestimmen. Gegenwärtig setzt er 21,3 Mrd. € von 46,3 Mrd. € Gesamtumsatz im Ausland um. Sein Internationalitätsgrad beträgt somit 46 %.

Erläuterung

Die Kennzahl Internationalitätsgrad zeigt die Relation zwischen im In- und Ausland getätigten Umsätzen und ist eine strategische Kennzahl für Handelsunternehmen. Darüber hinaus ist sie auch eine Kennzahl für die Risikostreuung (Unabhängigkeit von Nachfrage-Fluktuationen im Inland) und für das Wachstum im Rahmen der internationalen (globalen) Märkte. Häufig haben Handelsunternehmen z. B. aus kleineren Staaten einen höheren Internationalisierungsgrad als Handelsunternehmen aus größeren Staaten.

Vorteile	**Nachteile**
• Einfache Kennzahl • Lässt relevante Aussagen auf die strategische Unternehmenspolitik zu, insbesondere bei einer Beobachtung über eine Zeitreihe	• Ohne branchenspezifische Vergleichszahlen nur eingeschränkte Aussage • Ein hoher Internationalitätsgrad geht nicht zwingend mit einer optimalen Gewinnabschöpfung einher

Inventurdifferenzquote

Formel

$$\frac{\text{Inventurdifferenz zu EK}}{\text{Umsatz zu EK}} \times 100$$

Praxisbeispiel

$$\frac{250€}{12.500€} \times 100 = 2\%$$

Ein Supermarkt hat eine Umsatzrentabilität (Betriebsergebnis) von 2 % und ein Sortimentsanteil an Obst und Gemüse von 10 %. Steigt nun die Inventurdifferenz (Sollbestand – Istbestand) z. B. aufgrund einer schlechten Urlaubsvertretung in der Abteilung von 4 % auf 10 % an, so sinkt die Umsatzrentabilität des Supermarktes um 0,6 % von 2,0 % auf 1,4 % bzw. der Gewinn sinkt um 30 %.

Erläuterung

Eine Inventurdifferenz ist die Differenz zwischen dem Sollbestand (Wert des buchmäßig errechneten Warenbestandes) und dem Istbestand von Waren (am Inventurtag tatsächlich festgestellter Warenbestand). Voraussetzung für die Ermittlung einer Inventurdifferenz ist eine fortlaufende Bestandsrechnung. Bei Gegenüberstellung der Bestandsrechnung und der durch die Inventur ermittelten Bestände zeigt sich, ob eine Inventurdifferenz vorliegt oder nicht.
Ursachen für Inventurdifferenzen liegen im Diebstahl durch Kunden, Personal, Lieferanten wie auch in Fehlern und Organisationsmängeln bei der Warenbestandserfassung, Preisauszeichnung, Kassieren, in Schwund, Verderb oder Bruch von Waren. Der Gewinn wird durch Inventurdiffenzen erheblich beeinflusst.
Die Inventurdifferenzquote gibt das Verhältnis zwischen Inventurdifferenz und Gesamtumsatz wieder.

Vorteile	Nachteile
• Wichtige Erfolgskennzahl	• Aufwendige Ermittlung über die physische Inventur

Kalkulierter Verkaufspreis (Handel)

Formel

	Netto-Netto-EK
+	Handlingkosten
+	Spanne
+	MwSt.
=	**Brutto-Verkaufspreis**

Praxisbeispiel

=	9€ (Netto-Netto-Einkaufspreis)
+	5 % (Handlingkosten)
+	10 % (Spanne)
+	19 % (MwSt.)
=	12,00€ (Brutto-Verkaufspreis)

Der Netto-Netto-Einkaufspreis beträgt 9€. Auf diesen werden dann die erwünschte Spanne (10 %), Handlingkosten von 5 % (Kosten-Plus-Methode) und die MwSt (19 %) aufgeschlagen. Es ergibt sich ein Laden-Verkaufspreis von 12€.

Erläuterung

Zur Kalkulation eines Verkaufspreises gibt es keine verbindlichen Regelungen, da dieser bei fast jedem Unternehmen unterschiedlich berechnet wird.
Wie das o.g. Beispiel zeigt, geht man z.B. für ein Handelsunternehmen vom Bruttoeinkaufspreis aus. Im Handel kennt man eine Fülle von Rabattformen, so z.B. die Jahresrückvergütung, Mengenrabatte, Steigerungsrabatte, Werbekostenzuschüsse. Neben dieser kosten- bzw. ertragsorientierten Preisbildungsmethode gibt es für die Preisbildung weitere Einflussfaktoren, wie z.B. psychologische Preise, Wettbewerbspreise. Bei produzierenden Unternehmen, bei denen die Kostenarten den Kostenträgern zugeordnet werden müssen, wird diese Aufgabe häufig durch den Einsatz von Standardsoftware gelöst.

Vorteile	Nachteile
• Einfache Methode und leicht zu berechnen	• Keine Berücksichtigung der Preisakzeptanz der Verbraucher
• Wichtige Methode zur Bestimmung eines rentablen Verkaufspreises	• Keine Berücksichtigung der Wettbewerberpreise

Kaufhäufigkeit pro Kunde

Formel

$$\frac{\text{Anzahl der Einkäufe}}{\text{Zeiteinheit}}$$

Praxisbeispiel

$$\frac{36}{12 \text{ Monate}} = 3 \text{ Einkäufe pro Monat}$$

Ein Kunde kauft bei einem Feinkostgeschäft 36 Mal in einem Jahr. Das entspricht einer durchschnittlichen Kaufhäufigkeit von drei Einkäufen pro Monat.

Erläuterung

Die Kennzahl Kaufhäufigkeit pro Kunde gibt an, wie viele Einkäufe der Kunde in einer bestimmten Periode (Monat, Quartal, Jahr) getätigt hat. Hieraus lassen sich in Verbindung mit anderen Kennzahlen Rückschlüsse auf die Profitabilität, das Potenzial von Kunden oder die Attraktivität von Einkaufsstätten ziehen und Cluster bilden. Diese Cluster bzw. Kundengruppen können dann wiederum für spezielle Werbemaßnamen herangezogen werde, um beispielsweise die Einkaufsfrequenz zu steigern.

Vorteile	Nachteile
• Kennzahl für die Potenzialabschöpfung bei einem Kunden bzw. für die Attraktivität einer Einkaufsstätte • Relativ leicht zu ermittelnde Kennzahl (z. B. im Versandhandel)	• Kennzahl kann im stationären Einzelhandel im Regelfall nur über Marktforschungsaktivitäten ermittelt werden • Nur kundenspezifische Betrachtungen über entsprechende Zeiträume sind aussagekräftig

Kaufkraftbindungsquote

Formel

$$\frac{\text{Erzielter Umsatz}}{\text{Vorhandenes Marktpotenzial}} \times 100$$

Praxisbeispiel

$$\frac{875.000€}{8.500.000€} \times 100 = 10{,}29\,\%$$

Die Zentrale einer Möbel-Handelskette plant eine neue Filiale in einem bisher noch nicht bearbeiteten Verkaufsgebiet. Die vorliegende Zahl zur Kauftkraftbindungsquote signalisiert allerdings eine schwache Attraktivität der Region und das Unternehmen stoppt die weiteren Planungen.

Erläuterung

Die Kennzahl Kaufkraftbindungsquote (gewöhnlich regional) gibt an, wie viel der vorhandenen Kaufkraft außerhalb einer vorher definierten Region (z.B. Bundesland, Stadt, Stadtteil) eingesetzt wurde. Sie wird von der Industrie und Handelkammer in den meisten Fällen alle zwei Jahre veröffentlicht. So wird beispielsweise anhand der Kennzahl verdeutlicht, ob eine Region mehr Käufer anzieht, als sie eigentlich hat, wie die Abwanderung zu benachbarten Regionen ist etc.

Vorteile	Nachteile
• Gibt Auskunft über die Standort-Attraktivität • Bei Neuansiedlung von Filialen von Bedeutung	• Aussagekraft abhängig vom Betriebstyp und der Branche

Kaufkraft: Einzelhandelsrelevante Kaufkraft

Formel

	Gesamtkaufkraft (private Haushalte)
–	(Ausgaben für Reisen, Dienstleistungen, Wohnung, Altersvorsorge, Auto, Brennstoffe und Reparaturen)
=	**einzelhandelsrelevante Kaufkraft**

Praxisbeispiel

	960 Mio. € (Gesamtkaufkraft)
–	500 Mio. € (Gesamtausgaben)
=	460 Mio. € (einzelhandelsrelevante Kaufkraft)

In der Zentrale einer Schuheinzelhandelskette werden die durchschnittlichen Ausgaben z. B. für die Warengruppe Schuhe mit der einzelhandelsrelevanten Kaufkraft indexiert. So kann diese Kennzahl in Verbindung mit prognostizierten Umsatzanteilen von Wettbewerbern eine prognostizierte Umsatzerwartung für einen neuen Standort eines Schuhgeschäftes ergeben.

Erläuterung

Die einzelhandelsrelevante Kaufkraft bricht die zuvor ermittelte Gesamtkaufkraft herunter, auf die für den Einzelhandel relevante Größe. Hierbei werden bewusst Kosten der privaten Haushalte ausgeklammert, die einen großen Anteil an den Gesamtausgaben haben. Übrig bleibt so eine Kenngröße, die für den gesamten Einzelhandel als Berechnung für weiterführende und branchenrelevante Fragestellungen gilt.

Vorteile	**Nachteile**
• Basiskennzahl zur Standortanalyse	• Ohne weitere Relationen zu anderen Kenngrößen bleibt die Aussage eingeschränkt • Ermittlung teilw. schwierig

Kaufkraft: Global- bzw. Gesamtkaufkraft je Einwohner

Formel

	Einkünfte
–	Lohn- und Einkommenssteuer
+	sonstige Einkommen
+	Transferleistungen (Kindergeld, Wohngeld)
=	**Gesamtkaufkraft je Einwohner**

Praxisbeispiel

	55.000 €	(Einkünfte)
–	15.186 €	(Lohn- und Einkommenssteuer)
+	6.000 €	(sonstige Einkommen)
+	3.000 €	(Kindergeld)
=	48.814 €	(Gesamtkaufkraft je Einwohner)

Ein filialisiertes Juweliergeschäft im Premiumbereich erhält für einen geplanten Standort in einer Region die aktuelle Kaufkraftkennzahl. Diese liegt deutlich höher als in anderen Regionen. Das Juweliergeschäft realisiert das Vorhaben.

Erläuterung

Die Kennzahl Kaufkraft beschreibt das jährlich zur Verfügung stehende Einkommen von Einzelpersonen oder Haushalten. Diese Kenngröße ist wichtig, da sie von Region zu Region stark schwanken kann. Der Produzent, aber auch der Handel, kann mit ihrer Hilfe Produkte oder Sortimentsausrichtungen besser an die lokalen Bedürfnisse der Kunden anpassen (siehe auch: Einzelhandelsrelevante Kaufkraft und Kaufkraftindex). So können falsche Entwicklungen oder Bestückungen vermieden oder im Laufe der Zeit angepasst werden.

Vorteile	**Nachteile**
• Basiskennzahl für die Einschätzung von potenziellen Umsätzen bei der Standortanalyse	• Ohne Weiterverarbeitung bzw. Relationen bleibt die Aussage für eine Verwendung zu pauschal

Kaufkraftindex

Formel

$$\frac{\text{Durchschnittliche Kaufkraft einer Region pro Einwohner}}{\text{Durchschnitt Gesamtkaufkraft pro Einwohner}} \times 100$$

Praxisbeispiel

$$\frac{23.000\,€}{18.136\,€} \times 100 = 126{,}82 \text{ (Index)}$$

Ein Automobilhändler für Premium-Fahrzeuge möchte einen neuen Standort in einer neuen Stadt eröffnen. Der Kaufkraftindex dieser Stadt hat den Index 126 und liegt weit über dem Bundesdurchschnitt – die Einwohner in dieser Stadt verfügen somit im Durchschnitt über 26 % mehr Kaufkraft als der durchschnittliche Bundesbürger. Der Automobilhändler realisiert das Vorhaben.

Erläuterung

Als Kaufkraft bezeichnet man den Geldbetrag der Einwohner oder Haushalte, der für Konsumzwecke zur Verfügung steht (verfügbares Einkommen). Das verfügbare Einkommen ist definiert als die Summe vom Bruttoeinkommen, Vermögensverzehr und Kreditaufnahme abzüglich Steuern, Sparbeiträge und Schuldtilgung (wiederkehrende Zahlungsverpflichtungen).
In der Regel wird die Kaufkraft als auf das monatliche bzw. jährliche Einkommen bezogene Größe dargestellt. Der Kaufkraftindex einer Region gibt das Kaufkraftniveau dieser Region pro Einwohner im Vergleich zum nationalen Durchschnitt an. Der deutsche Durchschnitt hat den Normwert 100.

Vorteile	Nachteile
• Aussagekräftige Kennzahl für das Kaufpotenzial einer Region • Einfacher Bezug z. B. über GfK (Gesellschaft für Konsumforschung) oder Marcon	• Eine hohe / niedrige Kaufkraft, gibt keine Auskunft darüber, in welcher Warengruppe (Miete vs. Lebensmittel) Ausgaben getätigt werden • Andere Einkünfte (z. B. aus der Schattenwirtschaft) werden nicht erfasst

Krankenstandsquote

Formel

$$\frac{\text{Fehlstunden wegen Krankheit}}{\text{Sollstunden}} \times 100$$

Praxisbeispiel

$$\frac{75\text{ Std.}}{1.898\text{ Std.}} \times 100 = 3{,}95\,\%$$

Eine Schreinerei errechnet für einen Mitarbeiter die Anzahl der krankheitsbedingten Fehlstunden (75 Std.). Bei einem Gesamtsollstunden-Volumen von 1.898 Std. errechnet sich so eine Krankenstandsquote von 3,95 %.

Erläuterung

Unter dem Krankenstand bzw. der Krankenstandsquote versteht man den Quotienten aus Fehlstunden zu Sollstunden. Er definiert für das Unternehmen den Ausfall an Leistungseinheiten beim Produktionsfaktor Arbeit. Die Ausfallzeiten durch Krankheit können in einem Unternehmen positiv wie negativ beeinflusst werden, so z. B. durch Qualität der Arbeitsplatzsicherheit, (De-) Motivation der Mitarbeiter, dem Alter der Mitarbeiter und der Qualifikation der Mitarbeiter.

Es gibt unterschiedliche Ermittlungsmethoden für den Krankenstand, so z. B.:
- Angabe des Krankenstandes als absolute Zahl von Mitarbeitern
- Ermittlung des Krankenstandes auf Tagesbasis im Verhältnis zu den Arbeitstagen
- Stichtagsbetrachtung: Von z. B. 1.000 Mitarbeitern sind 32 krank.

Vorteile	**Nachteile**
• Wichtige Kennzahl mit hoher Ertragswirkung (Personalkosten, Krankheitsfolgekosten) • Kann als Indikator für Arbeitsbedingungen herangezogen werden (z. B. Überlastung)	• Direkte Erfolgsauswirkung einer Verbesserung / Verschlechterung des Krankenstandes ist nicht zwingend gegeben • Ein hoher Krankenstand kann unterschiedliche Ursachen haben

Kundenreichweite

Formel

$$\frac{\text{Anzahl erreichter Kunden}}{\text{Anzahl möglicher Kunden}} \times 100$$

Praxisbeispiel

$$\frac{35.000 \text{ (Haushalte)}}{150.000 \text{ (mögliche Haushalte)}} \times 100 = 23{,}33\,\%$$

Ein Telekommunikationsunternehmen in einer Region mit einer möglichen Kundenreichweite von 150.000 Haushalten errechnet für sich, dass er bereits 35.000 Kunden erreicht hat. Dies entspricht einer Kundenreichweite von 23,33 %.

Erläuterung

Die Kennzahl Kundenreichweite gibt an, wie viele Kunden von den möglichen Kunden tatsächlich erreicht worden sind. Wichtig ist in diesem Zusammenhang die Wahl der richtigen Bezugsgröße. So würde es für einen in einem Dorf gelegenen Einzelhändler keinen Sinn machen, die Grundgesamtheit der Bevölkerung in der Region als Bezugsgröße zu wählen. Prinzipiell wäre dies nicht falsch, dennoch sollte hier eine zielgruppenspezifischere Auswahl getroffen werden. Des Weiteren kann die Kundenreichweite für bestimmte Vertriebslinien oder einzelne Produkte berechnet werden. Diese Berechnung gibt wiederum Aufschluss über die richtige Zusammensetzung des Sortiments und kann so zur Optimierung beitragen.

Vorteile	**Nachteile**
• Zeigt das Ausschöpfungspotenzial im Einzugsgebiet auf • Kann als Indikator für den Erfolg von Marketingmaßnahmen herangezogen werden	• Aufwendig zu ermitteln (über Mafo) • Aussagekraft ergibt sich nur über Vergleiche (z. B. Zeitreihe, Wettbewerb, Zielgröße) • Kennzahl muss häufig in Verbindung zur Anzahl vom Kunden besuchter verschiedener Einkaufsstätten bzw. verwendeter Produkte gesehen werden

Kundenrentabilität

Formel

$$\frac{\text{Nettogewinn einer Kundengruppe}}{\text{Nettoumsatz der Kundengruppe}} \times 100$$

Praxisbeispiel

$$\frac{25.000\,€}{750.000\,€} \times 100 = 3{,}33\,\%$$

Eine vorher definierte Kundengruppe eines Farben- und Lackhandels erbringt einen Nettoumsatz von 750.000€ bei einem Nettogewinn von 25.000€. Dies entspricht einer Kundenrentabilität von 3,33%.

Erläuterung

Die Kennzahl Kundenrentabilität zeigt die Relation der realisierten Nettogewinne einer Kundengruppe im Verhältnis zu den erzielten Nettoumsätzen dieser Kundengruppe.
Die Kundenrentabilität ist zur Beurteilung der Kundensituation eine zentrale Kennzahl. Ein gewinnbringender Kunde zeichnet sich für das Unternehmen durch einen höheren Zahlungs- als Kostenstrom aus. Bei der Berechnung der Kundenrentabilität ist neben den Einnahmen und Ausgaben auch die Dauer der Kundenbeziehung zu berücksichtigen. Aufgabe von Marketing- und Vertrieb muss es sein, durch gezielte Kundenbetreuung die rentablen Kunden an das Unternehmen zu binden. Ferner sollten unrentable Kunden z.B. durch eine neue Preis-Strategie zu rentablen Kunden gemacht werden.
Der Nettogewinn eines Unternehmens ist stark abhängig von der Auftragsanzahl sowie der Auftragsgröße.

Vorteile	Nachteile
• Gezielte Bearbeitung der Kundenbeziehungen möglich • Mögliche Erleichterung von strategischen Entscheidungen	• Geschäftsmodell muss die Erfassung der Kundengruppe ermöglichen (z.B. Versandhandel) • Gefahr der Nicht-Berücksichtigung von zukünftig rentablen Kunden

Kundenstruktur: Kartenzahler

Formel

$$\frac{\text{Kartenzahler}}{\text{Gesamtzahler}} \times 100$$

Praxisbeispiel

$$\frac{632}{1.956} \times 100 = 32{,}3\,\%$$

Ein Bekleidungshändler errechnet für eine bestimmte Periode 1.956 Gesamtzahler. Von diesen Kunden haben 632 mit Karte bezahlt. Daraus ergibt sich ein Anteil der Kartenzahler von 32,3 %.

Erläuterung

Die Kennzahl Kundenstruktur der Kartenzahler gibt an, wie viele Kunden pro festgelegter Periode mit ihrer Kredit- oder EC-Karte bezahlt haben. Vor dem Hintergrund, dass Kreditkartenkunden einen durchschnittlich höheren Durchschnittsbon haben, können so Rückschlüsse auf die Wertigkeit des Kundenstammes und ihres Entwicklungspotenzials geschlossen werden. Gleichzeitig können Daten der Kartenzahler für zukünftige Marketing- oder Vertriebsmaßnahmen eingesetzt werden.

Von ähnlicher Bedeutung für Marketing und Vertrieb ist das unterschiedliche Kaufverhalten von Kunden mit Kunden- und Bonuskarten.

Vorteile	Nachteile
• Beschaffung von relevanten Kundendaten möglich • Relativ hohe Aussagekraft	• Nur mit adäquatem IT-Support auswertbar • Verwendbarkeit als Steuerungsgröße ist eingeschränkt

Kundenstruktur: Neukunden / Altkunden

Formel

$$\frac{\text{Neukunden}}{\text{Altkunden}} \times 100$$

Praxisbeispiel

$$\frac{697}{6.452} \times 100 = 10{,}8\,\%$$

Ein Tankstellenbesitzer errechnet über sein Bonuskartensystem, dass zu seinen 6.452 Altkunden in der letzten Periode 697 Neukunden, dank seiner Aktion mit Autowäschen, hinzugekommen sind. Dies entspricht einer Kundenstruktur Neukunden / Altkunden von 10,8 %.

Erläuterung

Die Kennzahl Kundenstruktur setzt die Anzahl der Neukunden in Relation zu den schon bestehenden Kunden. Sie erklärt also das Verhältnis von Alt- zu Neukunden. Im Periodenvergleich können mit ihrer Hilfe z. B. Neukundengewinnungsmaßnahmen auf ihren Erfolg überprüft werden. Genauso zeigt die Kennzahl, ob eine zu hohe Kundenabwanderung, z. B. durch Unzufriedenheit, auftritt, wenn das Verhältnis sich zu Ungunsten der Altkunden entwickelt.

Vorteile	Nachteile
• Einfache Berechnung, wenn Kunden einzeln bekannt sind. Alternativ können auch Kundenentwicklungszahlen bzw. Ersatzzahlen (z. B. Bon-Anzahl) herangezogen werden • Hohe Aussagekraft im Periodenvergleich	• Nur über einen längeren Zeitraum ermittelbar • Keine Aussagen über Ertragsrelevanz der Neukunden möglich

Kundenstruktur: Zahlungsausfälle / Gesamtkunden

Formel

$$\frac{\text{Zahlungsausfälle}}{\text{Gesamtkunden}} \times 100$$

Praxisbeispiel

$$\frac{23}{5.476} \times 100 = 0{,}42\,\%$$

Die Chef-Barista einer amerikanischen Kaffeehauskette stellt 23 Zahlungsausfälle für das vergangene Wochenende fest. Bei 5.476 Kunden ergibt sich so eine Kundenstruktur Zahlungsausfälle/Gesamtkunden von 0,42 %.

Erläuterung

Die Kennzahl Kundenstruktur nach Zahlungsausfällen gibt z. B. an, wie hoch die Ausfallquote bei Kartenzahlungen ist, also wie häufig der vom Kunden zu erbringende Betrag nicht von der Bank zur Deckung gebracht werden konnte. Eine hohe Quote bei Zahlungsausfällen lässt Rückschlüsse auf die Kundenstruktur insoweit zu, als dass vornehmlich eine bestimmte Klientel zu diesen Kunden gehört. Mitarbeiter können mit diesem Hintergrundwissen also gezielt auf dieses Problem aufmerksam gemacht werden, um so Zahlungsausfälle zu vermeiden. So lässt sich eine Vielzahl von Maßnahmen ableiten, die von einer anderen Kundenansprache bis hin zur Repositionierung gehen können, um so ein anderes Klientel anzusprechen. Im Versandhandel werden z. B. Ausfallquoten mit weiteren Kundeneigenschaften wie z. B. den Wohngegenden gekoppelt. Darüber hinaus wird diese Zahl zur Berechnung der Marge herangezogen und kann neben der Diebstahlquote wichtige Informationen zu Kalkulation und Kosten liefern.

Vorteile	Nachteile
• Hohe Aussagekraft im Periodenvergleich • Hilfe bei der Ausrichtung auf Zielkunden	• Kennzahl ohne Analyse der vorliegenden Gründe nicht aussagekräftig • Gründe oft schwer zu ermitteln

Kundentreue

Formel

$$\frac{\text{Anzahl der Wiederholungskäufer}}{\text{Anteil der Käufer insgesamt}} \times 100$$

Praxisbeispiel

$$\frac{25.000}{35.000} \times 100 = 71{,}43\,\%$$

Ein schwedisches Möbelhaus zieht Bilanz: Dank der Kundenkarte konnte festgestellt werden, dass von 35.000 Kunden etwa 25.000 Kunden Wiederholungskäufer sind. Dies entspricht einer Kundentreue von 71,43 %.

Erläuterung

Die Kennzahl Kundentreue (oder Stammkundenanteil) ist die Relation zwischen Wiederholungskäufern zur gesamten Anzahl der Käufer eines Produktes oder einer Einkaufsstätte.
Die Kundentreue ist die Voraussetzung für die Erhaltung und Steigerung des Marktanteils eines Unternehmens. Treue und zufriedene Kunden werden das Unternehmen weiterempfehlen und so dem Unternehmen zu einem wachsenden Umsatz verhelfen. Aspekte wie Qualität, Service, Kompetenz, Reputation und Image führen zu Kundentreue.
Die Kundentreue ist ferner eine wichtige Komponente, um mögliche Veränderungen des Marktanteils zu erklären.
Man geht von folgender Faustregel aus: »Es ist fünf- bis siebenmal billiger, einen Kunden zu halten als einen neuen Kunden zu gewinnen.«

Vorteile	Nachteile
• Fokus auf Kundenbindung • Aussagen über den Erfolg von Kundenbindungsmaßnahmen werden ermöglicht	• Gründe für Kundentreue nicht identifizierbar • Keine Korrelation zwischen Kundentreue und Umsatzerhöhung • Keine Aussage über die Ertragsrelevanz eines Kunden (z. B. Schnäppchenjäger)

Lagerleistung der Artikel

Formel

$$\frac{\sum \text{Deckungsbeitrag aller Artikel (1-n) des Sortiments}}{\text{Durchschnittlicher wertmäßiger Lagerbestand}} \times 100$$

Praxisbeispiel

$$\frac{100.000\,€}{250.000\,€} \times 100 = 40\,\%$$

Eine Supermarktkette analysiert die Lagerleistung aller gelagerten Artikel. Dabei fallen einige Artikel auf, die sich durch geringe Deckungsbeiträge auszeichnen. Diese Artikel werden kritisch auf ihre Notwendigkeit, diese im Sortiment zu behalten, untersucht und gegebenenfalls ausgelistet.

Erläuterung

Die Kennzahl Lagerleistung der Artikel setzt die erwirtschafteten Deckungsbeiträge aller Artikel des Sortiments in Relation zum wertmäßigen Lagerbestand bzw. zum hierfür eingesetzten Kapital innerhalb einer Periode. Je höher dabei die Deckungsbeiträge ausfallen, umso besser werden die Lagerkosten des Warenbestandes aufgefangen. Diese Analyse lässt sich verfeinern, indem das Sortiment in A-, B-, C-Sortimente aufgegliedert wird und für die einzelnen Sortimentsgruppen eine entsprechende Kennzahl ermittelt wird.
Die Lagerleistung der Artikel ist interpretierbar als vorstufige Kapitalrendite, die durch betriebsinterne Prozesskosten weiter reduziert werden kann.

Vorteile	**Nachteile**
• Deckungsbeitragsstarke Artikelgruppen können identifiziert und gefördert werden • Lässt sich für beliebige Teilmengen des Sortiments durchführen	• Die Anwendung dieser Kennzahl ist weniger universell. Sie kommt nur für spezielle Bereiche und Fragestellungen zum Einsatz • Unter Umständen werden Artikel, die Kundenfrequenz generieren, ausgelistet

Lagerumschlagsgeschwindigkeit

Formel

$$\frac{\text{Wareneinsatz}}{\text{Durchschnittliches Warenlager}}$$

Praxisbeispiel

$$\frac{1.200.000€}{300.000€} = 4 \text{ (Lagerumschlagshäufigkeit p. a.)}$$

Ein Möbeleinzelhändler hat einen Wareneinsatz pro Jahr von 1,2 Mio. €. Bei einem durchschnittlichen Warenlagerwert von 300.000€ entspricht dies der vierfachen Lagerumschlagshäufigkeit. Bei einer Betrachtung auf 360 Tage ergibt sich so eine Lagerreichweite von 90 Tagen (360 : 4 = 90).

Erläuterung

Das richtige Maß der Lagerhaltung ist stark abhängig vom Branchen- und Betriebstyp. Für die Beurteilung der eigenen Lagerumschlagsgeschwindigkeit ist die Gegenüberstellung mit Branchenvergleichskennziffern unerlässlich. Der Lagerumschlag ist ein entscheidender Faktor für die Rentabilität eines Einzelhandelsunternehmens. Hierbei sind zu beachten: Kapitalbindung und die Finanzierungskosten, Spannenverlust bei Preisabschriften, höhere Teilwerte bei der Bewertung der Warenlager, wenn künftige Risiken beim Abverkauf zu erwarten sind.
Ein zu hoher Lagerumschlag – gemessen an der Vergleichskennziffer – kann andererseits den Umsatz schmälern, weil hochaktuelle Ware im Angebot fehlt. Zu beachten ist, dass sowohl Einstands- als auch Verkaufspreise genutzt werden können. Wichtig ist, dass die Wertigkeiten im Zähler und Nenner stets gleich sind – d. h. entweder zu Einkaufs- oder zu Verkaufspreisen angegeben werden.

Vorteile	Nachteile
• Sortimentskontrolle in Handelsbetrieben beruht wesentlich auf dieser Kennzahl • Ermöglicht Kostenkontrolle von Lagerhaltungs- und Kapitalbindungskosten	• Ohne entsprechende Vergleichszahlen aus der Branche kaum Aussagekraft • Kann je nach Branche stark differieren

Limit

Formel / Praxisbeispiel

	Umsatz (Vorjahr)	1.000.000€
+	geplante Zunahme	100.000€
=	Umsatz (neues Jahr)	1.100.000€
–	Handelsspanne	600.000€
=	Wareneinsatz zu Einstandspreisen	500.000€
–	Lagerbestand	100.000€
=	Jahreslimit (= Gesamtlimit)	400.000€
–	Limitreserve	100.000€
=	freies Limit	300.000€
–	Bestellungen (laufend)	50.000€
=	**Restlimit**	250.000€

Ein Warenhaus stellt bei einer Lagererfassung fest, dass zum Ende der Saison noch ein Restlagerbestand von 5.000 Badeanzügen, in Farben der vergangenen Saison, bevorratet ist. Über eine Sonderaktion werden sich noch ca. 500 Stück verkaufen lassen. Der Einkauf senkt für die nächste Saison das Limit für diesen Artikel um 4.500 Stück.

Erläuterung

Die Limitrechnung ist ein Kontroll- und Planungssystem zur Lagerbestands- und Sortimentssteuerung. Sie wird für stark absatzschwankende Artikel bzw. Warengruppen (z. B. Bademode) eingesetzt. Die Kennzahl Limit gibt an, welche Warenwerte in einem bestimmten Zeitraum eingekauft werden sollten. Vom geplanten Umsatz ausgehend, werden unter Berücksichtigung der Handelsspanne und des Lagerbestandes Einkauflimits berechnet. Diese Limits dienen zur Absicherung und Koordination zwischen Einkauf und Verkauf, zur wertmäßigen Koordination zwischen den Warengruppen und zur Koordination zwischen Einkauf und dem Finanzwesen.

Vorteile	Nachteile
• Sehr wichtiges Planungsinstrument für bestimmte Artikelgruppen mit hoher Ertragswirkung • Ideal für saisonale Produkte	• Aufwändige Berechnung – benötigt bei großen Sortimenten i. d. R. IT-Unterstützung • Kann nur näherungsweise erfasst werden, da viele Faktoren den Abverkauf beeinflussen

Logistikkostenanteil

Formel

$$\frac{\text{Logistikkosten}}{\text{Umsatz (netto)}} \times 100$$

Praxisbeispiel

$$\frac{600.000\,€}{12.000.000\,€} \times 100 = 5{,}0\,\%\ \text{Logistikkostenanteil}$$

Ein Online-Sofaversand bietet ab einem Bestellwert von 2.000€ einen Gratisversand an. Daraus sind Logistikkosten von 600.000€ entstanden. Bei einem Umsatz von 12 Mio.€ entspricht dies einem Logistikkostenanteil von 5%.

Erläuterung

Die Kennzahl Logistikkostenanteil, als Beziehungszahl zum Umsatz, beschreibt in der Praxis, z.B. welche Logistikkosten einzelne Warengruppen als Kostenträger zu tragen haben. Die Logistikkosten sind Bestandteil der Ertrags- und Deckungsbeitragsrechnung. Die Logistikkosten werden in einem Handelsunternehmen in der Regel über Schlüssel auf unterschiedliche Bezugsebenen/Kostenträger geschlüsselt. Diese Schlüsselungsmethoden sind teilweise hoch komplex und finden z.B. in der DPR (Direkte Produktrentabilität)/DPK (Direkte Produktkosten) ihren Niederschlag.

Vorteile	Nachteile
• Potenzielle Kosteneffizienz wird erkennbar • Ein gestiegener Logistikkostenanteil kann z.B. beim Katalogversand ein Indiz für geringe Kundenzufriedenheit sein, da kostenfrei Rücksendungen in Anspruch genommen wurden	• In der Handelspraxis häufig pauschalisiert geschlüsselt, d.h., Informationsgehalt bleibt so nur auf der obersten Bezugsebene erhalten • Logistikkosten in der Regel strukturbedingt und somit nicht als Führungsgröße für weite Teile der Bezugsebenen heranzuziehen

Marktanteil

Formel

$$\frac{\text{Unternehmensumsatz}}{\text{Marktvolumen}} \times 100$$

Praxisbeispiel

$$\frac{25\,\text{Mio.}\,€}{300\,\text{Mio.}\,€} \times 100 = 8{,}3\,\%$$

Ein Unternehmer errechnet für seine Branche ein Marktvolumen von 300 Mio. €. Sein aktueller Unternehmensumsatz liegt bei 25 Mio. €. Daraus ergibt sich ein Marktanteil von 8,3 %.

Erläuterung

Die Kennzahl des einfachen oder absoluten Marktanteils setzt die eigene verkaufte Menge oder den erzielten Umsatz in das Verhältnis zur von allen Anbietern der Branche verkauften Menge oder zum erzielten Umsatz. Der relative Marktanteil vergleicht den eigenen Umsatz mit dem Umsatz des größten Wettbewerbers. Das Ergebnis wird oft als Indikator für die Marktstellung genutzt und sehr häufig in der Praxis eingesetzt, da umfassende Branchendaten oft sehr teuer und schwer zu erfassen sind. Der relative Marktanteil kommt häufig beim Einsatz in einer Portfolio-Analyse zum Einsatz.
In einem Markt mit wenigen Produkten und Wettbewerbern ist der relative Marktanteil aussagekräftig. Diese Aussagekraft verliert sich bei einer Vielzahl von betrachteten Produkten und Anbietern. Man nutzt dann den absoluten Marktanteil.

Vorteile	**Nachteile**
• Hohe Aussagekraft für die Marktstellung des Unternehmens bezogen auf sein Sortiment • Über eine Zeitperiode kann der Erfolg von Marketing- oder Vertriebsmaßnahmen abgeleitet werden	• Branchen- oder wettbewerberbezogene Vergleichsdaten sind schwer zu ermitteln • In stark fragmentierten Märkten geringere Aussagekraft

Marktwachstum der Artikel

Formel

$$\frac{\text{Zusätzlicher Umsatz des Artikels}}{\text{Umsatz des Artikels in Vorperiode}} \times 100$$

Praxisbeispiel

$$\frac{100.000\,€}{900.000\,€} \times 100 = 11{,}11\,\%$$

Ein Mobiltelefonhersteller errechnet für ein »Add-On« bei einem seiner Spitzengeräte einen zusätzlich generierten Umsatz von 100.000€. Bei einem Umsatz von 900.000€ in der Vorperiode ergibt sich ein Marktwachstum von 11,11%.

Erläuterung

Die Kennzahl Marktwachstum eines Artikels wird als Relation des neu generierten Umsatzes zum Umsatzvolumen der Vorperiode berechnet. Der sich daraus ergebende Prozentsatz kann dann mit dem Marktwachstum des Artikels in der Branche verglichen werden. Liegt das Marktwachstum hinter dem Wachstum der Branche zurück, lässt dies Rückschlüsse auf mögliche Nachteile des eigenen Produktes aus Kundensicht oder nicht ausreichende Marketing- oder Vertriebsmaßnahmen zu.

Vorteile	Nachteile
• Gute Kontrolle, ob das eigene Produkt im Vergleich zu den Wettbewerbern ausreichendes Umsatzwachstum generiert • Mögliche Nachteile des Produktes oder fehlerhafte Marketing- bzw. Vertriebsbemühungen werden offensichtlich	• Gründe für mangelndes Marktwachstum können vielfältig sein • Aussagekraft nur im Wettbewerbs- oder Branchenvergleich gegeben

Melde- bzw. Bestellzeitpunkt

Formel

	Täglicher Absatz
x	Lieferzeit
+	Mindestbestand
=	**Meldebestand**

Praxisbeispiel

	128 Stück
x	5 Tage
+	1.500 Stück
=	2.140 Stück

Ein Fachhändler für Beschläge und Drücker verkauft von seinem Bestseller 128 Stück pro Tag. Bei fünf Tagen Lieferzeit und einem definierten Mindestbestand von 1.500 Stück ergibt sich ein Meldebestand von 2.140 Stück.

Erläuterung

Ziel der Ermittlung der Kennzahl Melde- bzw. Bestellzeitpunkt ist es, die Zeitspanne zwischen Bestellung und Auslieferung mit einer ausreichenden Menge an Ware zu überbrücken. Wird dieser Zeitpunkt erreicht, sollte nachbestellt werden (Meldezeitpunkt), da während der Bestellzeit weiterhin abverkauft wird.

Der Meldezeitpunkt ist so zu wählen, dass die bestellte Ware rechtzeitig das Lager wieder auffüllt, bevor der letzte Artikel verkauft wurde. Der Meldebestand entspricht damit dem geplanten Verkauf in der Beschaffungszeit.

Vorteile	Nachteile
• Verhindert Out-of-Stock-Situationen • Optimierung der Lagerbestände möglich	• Ohne IT-Unterstützung (Warenwirtschaftssystem) im Regelfall nicht anwendbar • Erst im Zeitablauf lassen sich verlässliche Zahlen generieren

Mietkostenanteil

Formel

$$\frac{\text{Mietkosten}}{\text{Umsatz (netto)}} \times 100$$

Praxisbeispiel

$$\frac{84.000\,€}{1.200.000\,€} \times 100 = 7{,}0\,\%\ \text{(Mietkostenanteil am Umsatz)}$$

Der orientalische Teppichhändler »Aladin« entrichtet an sein Immobilienbüro jährlich 84.000€ Miete. Bei einem Umsatz von 1.200.000€ ergibt sich somit ein Mietkostenanteil von 7%.

Erläuterung

Die Kennzahl Mietkostenanteil als Beziehungszahl zum Umsatz beschreibt in der Praxis, z.B. inwieweit eine Miete für ein bestimmtes Umsatz-/Ertragsvolumen gerechtfertigt ist. Die Mietkosten sind Bestandteil der Ertrags- und Deckungsbeitragsrechnung.
So kann die Kennzahl im Vorfeld zur Standortwahl herangezogen werden, falls die Kennzahl in Vorjahren (z.B. vom Vormieter oder Vermieter) ermittelt wurde. Sie ist darüber hinaus abhängig von der Art des Unternehmens und der angebotenen Produkte (Preisniveau und Umschlagsgeschwindigkeit).

Vorteile	Nachteile
• Bei hohen Mietkosten ergibt sich Aufschluss, ob sich ein Mietobjekt in der gewählten Lage tatsächlich lohnt • Unterstützung in der Standortwahl	• Die Mietkosten sind eine langfristig fixierte Größe (i.d.R. 5 Jahre ggf. zzgl. Optionsjahre), die i.d.R. kaum Möglichkeiten einer operativen Beeinflussung bieten

Mindestumsatz / Nötiger Umsatz

Formel

$$\frac{\text{Planfixe Kosten + Plangewinn}}{\text{Soll-Deckungsbeitrag vom Umsatz}}$$

Praxisbeispiel

$$\frac{50.000€ + 10.000€}{70.000€} = 0{,}86$$

Ein Bäckereifachgeschäft ermittelt einen Mindestumsatz-Quotienten für eine geplante Periode von 0,86. Daraus leitet sich ab, dass mit den geplanten Umsätzen ein Gewinn erwirtschaftet wird.

Erläuterung

Bei der Kennzahl Mindestumsatz oder nötiger Umsatz handelt es sich um eine Planungskennzahl. Der Soll-Deckungsbeitrag vom Umsatz ergibt sich aus der Differenz zwischen Planumsatz des Jahres und den geplanten variablen Kosten. Sind die planfixen Kosten zuzüglich Plangewinn gleich dem Soll-Deckungsbeitrag, ergibt sich ein Wert von 1: Das Unternehmen erreicht mit dem geplanten Umsatz die Gewinnschwelle. Ein Wert kleiner 1 weist auf einen Gewinn hin, ein Wert größer 1 auf einen Verlust.
Dadurch kann ermittelt werden, welcher Umsatz erzielt werden muss, um eine Gewinnsituation zu erreichen. Hierfür ist eine realistische Einschätzung der Planzahlen nötig.

Vorteile	Nachteile
• Strategischer Charakter der Kennzahl • Zur ersten groben Umsatzplanung der zukünftigen Perioden geeignet	• Soll-Werte-Ermittlung muss realistisch und an den Markt angelehnt sein • Nur mit weiteren Kennzahlen zu verwenden

Netto-Netto-Einstandspreis

Formel

	Einstandspreis
–	MwSt.
–	Preiskonditionen
=	**Netto-Netto-EK**

Praxisbeispiel

	13,09€	(Brutto-EK)
–	19%	(MwSt.)
–	10%	(Konditionen)
=	10€	(Netto-Netto-EK)

Eine neue Mobiltelefonhalterung für das Auto kostet den Händler 13,09€ als Einstandspreis. Abzüglich der Mehrwertsteuer (19%) und guten Konditionen (10%) erhält der Händler die Halterung für einen Netto-Netto-EK von 10€.

Erläuterung

Der Netto-Netto-Einstandspreis ist der von einem Unternehmen tatsächlich zu zahlende Preis für ein Produkt. Vom Brutto-Einstandspreis wird zuerst die Mehrwertsteuer/Vorsteuer abgezogen. Danach werden alle zuvor zwischen dem Unternehmen und Lieferanten verhandelten Konditionen (Rückvergütung, Rabatte, Boni, Skonti) sowie alle anderen verhandelten Abzüge vom Preis abgezogen, so dass der tatsächlich effektiv zu zahlende Preis als Basis für eine Preiskalkulation dient. Erst diese Größe lässt eine marktgerechte Preiskalkulation zu.

Vorteile	Nachteile
• Der effektiv gezahlte Einstandspreis ist Basis der Preiskalkulation	• Bestimmte Konditionen lassen sich evtl. nicht realisieren (z. B. Mengen- oder Steigerungsrabatte) und können so zu einer Fehlkalkulation führen • Aufgrund von nachträglichen Jahresvergütungen steht häufig der Netto-Netto-EK erst im Folgejahr zur Verfügung

Out-of-Stock-Quote

Formel

$$\frac{\text{Anzahl der nicht verfügbaren Artikel}}{\text{Anzahl der geführten bzw. nachgefragten Artikel}} \times 100$$

Praxisbeispiel

$$\frac{2\ \text{Artikel}}{52\ \text{Artikel}} \times 100 = 3{,}8\,\%$$

Der Filialleiter der Stadt-Parfümerie betrachtet abends die Verkaufssituation des Tages: Zwei Artikel der 52 nachgefragten Artikel waren am heutigen Tag vergriffen. Das entspricht einer Out-of-Stock-Quote von 3,8 %.

Erläuterung

Die Kennzahl Out-of-Stock-Quote misst z. B. die Anzahl fehlender Produkte in eigenen Regalen, die dem Kunden zum Kauf angeboten werden sollten. Diese Kennzahl dient zur Optimierung von Bestellvorgängen seitens des Anbieters, so dass die Out-of-Stock-Quote möglichst gering ist und der Konsument immer alle Waren im Regal zum Kauf vorfindet. So lässt sich die Out-of-Stock-Quote für Produkte, Produktgruppen oder für das gesamte Unternehmen berechnen. Das Ergebnis lässt Rückschlüsse auf die Qualität des Absatzplanungssystems bzw. der Logistik / Warenwirtschaft und auf mögliche Umsatzeinbußen zu.

Vorteile	Nachteile
• Gegebenenfalls bei entsprechender Regalanordnung einfach und visuell zu ermitteln • Maßzahl für die Servicelevel der Warenwirtschaft • Maßzahl für den potenziellen Umsatz- / Ertragsverlust durch nicht vollzogenen Verkauf	• Neben der visuellen Kontrolle, die evtl. nicht möglich ist, fallen Out-of-Stock-Situationen nur über das Warenwirtschaftssystem auf • Out-of-Stocks aufgrund von falschen Daten im Warenwirtschaftssystem bedürfen der Inventur, um aufzufallen

Penetrationsrate

Formel

$$\frac{\text{Zahl der Wiederholungskäufer}}{\text{Gesamtzahl potenzieller Nachfrager der Zielgruppe}} \times 100$$

Praxisbeispiel

$$\frac{56.988}{759.840} \times 100 = 7{,}5\,\%$$

Ein Bücherversand im Internet hat für einen neuen Service eine Gesamtanzahl von 759.840 potenziellen Nachfragern errechnet. Die Zahl der Wiederholungskäufer in einem betrachteten Zeitraum beträgt 56.988 Kunden. Daraus errechnet sich eine Penetrationsrate von 7,5 %.

Erläuterung

Die Penetrationsrate soll maßgeblich darüber Aufschluss geben, wie lange die Phase der Marktdurchdringung für ein bestimmtes Produkt, Sortiment oder ein neues Geschäftmodell dauern wird. Vor allem bei der Neueinführung von Produkten stellt sich diese Frage. Die Penetrationsrate wird meistens vor der Einführung als Richtwert vorgegeben und durch diese Kennzahl fortlaufend kontrolliert. Je nach Branche und Potenzial kann diese Kennzahl stark variieren. Parallel hierzu erfolgt die Ermittlung der Distributionsquote (Penetration im Bereich der Absatzmittler).

Vorteile	Nachteile
• Ermöglicht gute Abschätzung vorhandenen Potenzials • Leicht zu berechnen	• Kontrolle gegeben, wenn die Vorgaben realistisch waren • Nur über längeren Zeitraum zu ermitteln

Personalkosten pro genormte Vollzeitarbeitskraft

Formel

$$\frac{\text{Personalkosten}}{\text{Anzahl der genormten Vollzeitarbeitskräfte (VAK)}} = \text{Personalkosten pro Kopf}$$

Praxisbeispiel

Personalkosten pro Kopf:

$$\frac{1.560.000\,€ \text{ (Personalkosten)}}{80 \text{ (Mitarbeiter)}} = 19.500\,€ \text{ pro Mitarbeiter}$$

Personalkosten pro (genormte) Vollzeitarbeitskraft:

$$\frac{1.560.000\,€}{80 - 60 + 0{,}5 * 60} = \frac{1.560.000\,€}{50 \text{ VAK}} = 31.200\,€ \text{ pro Mitarbeiter}$$

Ein Handelsunternehmen stellt 1.560.000€ Personalkosten für 80 Mitarbeiter fest. Daraus ergeben sich 19.500€ Personalkosten pro Mitarbeiter. Das Unternehmen rechnet weiter: 1.560.000€ Personalkosten auf 80 Mitarbeiter, von denen 60 Mitarbeiter halbtags arbeiten. Daraus ergeben sich 50 genormte Vollzeitarbeitskräfte und so Personalkosten von 31.200€ pro Mitarbeiter.

Erläuterung

Die Kennzahl Personalkosten pro genormte Arbeitskraft lässt externe wie interne Betriebsvergleiche zu. Gründe für relativ hohe Personalkosten können sein: hohes Alter der Mitarbeiter, gute Qualifikation von Mitarbeitern, suboptimale Kunden-Mitarbeiterstruktur (Voll- bzw. Teilzeit).
Je mehr Teilzeitkräfte ein Unternehmen beschäftigt (z. B. Handel, Gastronomie), desto notwendiger wird es, alle Stunden der beschäftigten Mitarbeiter zu addieren und durch die Normstundenanzahl (z. B. 37,5 Std. pro Woche) zu teilen.

Vorteile	Nachteile
• Gute Kennzahl für eine bedeutende Kostengröße • Kennzahl für die Servicequalität	• Für eine Interpretation müssen ergänzende Kennzahlen herangezogen werden (z. B. Zeitreihen)

Personalkostenanteil am Umsatz

Formel

$$\frac{\text{Personalkosten}}{\text{Umsatz (netto)}} \times 100$$

Praxisbeispiel

$$\frac{1.320.000\,€}{12.000.000\,€} \times 100 = 11{,}0\,\%$$

Eine Serviceagentur hat Personalkosten von 1,32 Mio. € bei einem Nettoumsatz von 12 Mio. €. Daraus errechnet sich ein Personalkostenanteil von 11 %.

Erläuterung

Die Kennzahl Personalkostenanteil am Umsatz hat in vielen Betrieben eine enorme Bedeutung, die durch ihre Hebelwirkung auf den Gewinn und auf marktpolitische Optionen (z. B. Preissteigerungen) begründet ist. So haben Industriebetriebe insbesondere aber Handelsbetriebe und Dienstleistungsbetriebe einen sehr hohen Personalkostenanteil. Dieser liegt in vielen Handelsbetrieben zwischen 10 % und 60 %, bei Dienstleitungsunternehmen bis zu 80 % der gesamten Kosten.
Entsprechend sind die Personalkosten eine bedeutende Kostengröße und Kennzahl. Als Kostengröße gehen die Personalkosten in die Deckungsbeitragsrechnung ein, als Kennzahl muss ihre Entwicklung permanent beobachtet und gesteuert werden.
Aufgrund dieser Bedeutung gibt es eine Reihe von Kennzahlen (Kennzahlensystem), die die Personalkosten in Relation zu anderen Größen (Beziehungszahlen) setzen. Beispiele hierfür sind der Anteil der Personalkosten am Umsatz oder die Personalkosten pro Kopf. Insbesondere bei Veränderungen der Personalkosten im Zeitablauf werden diese Beziehungszahlen zur Ursachenanalyse gebildet.

Vorteile	Nachteile
• Einfache Ermittlung • Gut geeignet für Vergleiche gleicher Betriebe (z. B. Filialen)	• Die Personalkosten als Kennzahl alleine reicht kaum aus. Sie sollte immer in Beziehungszahlen einfließen • Vernachlässigt die Mitarbeiterqualität

Personalleistung

Formel

$$\frac{\text{Gesamtumsatz (im Betrachtungszeitraum)}}{\text{Anzahl der Mitarbeiter (im Betrachtungszeitraum)}}$$

Praxisbeispiel

$$\frac{450.000\,€}{3{,}6} = 125.000\,€ \text{ (Umsatz pro Mitarbeiter p. a.)}$$

Eine Herrenboutique in Wuppertal erwirtschaftet einen Umsatz von 450.000€ bei 3,6 Mitarbeitern im zugrunde liegenden Betrachtungszeitraum. So errechnet sich ein Umsatz pro Mitarbeiter von 125.000€.

Erläuterung

Die Kennzahl Personalleistung der Artikel summiert alle Deckungsbeiträge der Artikel aus einem Sortiment auf und setzt diese in Relation zu den Personaleinsatzkosten für dieses Sortiment in einer Periode. Aus der Prozentzahl lässt sich ableiten, in welchem Verhältnis zu den Personaleinsatzkosten welche Deckungsbeiträge durch das Sortiment im betrachteten Zeitraum erwirtschaftet wurden. Diese Analyse lässt sich verfeinern, indem das Sortiment in A-, B-, C-Sortimente aufgegliedert und für die einzelnen Sortimentsgruppen eine entsprechende Kennzahl ermittelt wird.

Vorteile	Nachteile
• Aussagekräftige Kennzahl mit ggf. erheblicher Ertragswirkung • Lässt sich für beliebige Teilmengen des Sortiments durchführen • Umsatz- und ertragsstarke Artikelgruppen können identifiziert und gefördert werden	• Die Kennzahl lässt sich nur da anwenden, wo dem Sortiment auch direkt zurechenbare Personalkosten gegenüberstehen • Die Ertragsleistung muss über einen weiteren Rechenschritt ermittelt werden

Preiselastizität der Nachfrage

Formel

$$\frac{\text{Prozentuale Mengenänderung}}{\text{Prozentuale Preisänderung}}$$

Praxisbeispiel

$$\frac{0{,}5\,\%}{10\,\%} = 0{,}05$$

Ein Handelsunternehmen plant Aktionspreise. Hierzu werden Preis-Mengen-Relationen aus dem Warenwirtschaftssystem oder über die Marktforschung von Herstellern ermittelt und die Artikel mit einer hohen Preiselastizität im Preis gesenkt (z. B. von 3,15€ auf 2,99€).

Erläuterung

Die Kennzahl Preiselastizität der Nachfrage bringt die relative Veränderung der Nachfrage (neue zu alter Absatzmenge) im Verhältnis zur relativen Veränderung des Angebotspreises eines Produktes (neuer zu altem Preis) zum Ausdruck. Es lässt sich erkennen, ob eine Veränderung des Angebotspreises eine Mengenänderung nach sich zieht. Ist der errechnete Wert = 0 bedeutet dies, die Nachfrage ist starr und regiert auf keine Preisänderungen. Ist der Wert < 1, ist die Nachfrage unelastisch und Preisänderungen wirken sich nur gering aus (siehe Rechenbeispiel). Bei einem Wert > 1 reagiert die Nachfrage elastisch: Preisänderungen wirken sich auf das Nachfrageverhalten stark aus. Unternehmen können durch die Ermittlung der Preiselastizität erkennen, ob Preisanpassungen nach unten (Sonderpreise) eine entsprechende Erhöhung der Absatzmenge erreichen bzw. ob eine Preiserhöhung den Verlust von Absatzmengen riskiert.

Vorteile	Nachteile
• Mögliche Preisreaktionen der Konsumenten können vorher bestimmt werden • Die Preissteuerung wird optimiert	• Verhalten der Konkurrenten in ihrer Preisgestaltung bleibt unberücksichtigt • Die Elastizitäten sind häufig schwer zu ermitteln bzw. nicht verfügbar

Preiselastizität der Nachfrage (Kreuzpreiselastizität)

Formel

$$\frac{\text{Relative Mengenänderung von Produkt B}}{\text{Relative Preisänderung von Produkt A}}$$

Praxisbeispiel

$$\frac{-10\,\%}{+5\,\%} = -2$$

Ein Hersteller von Büromaschinen setzt den Preis für die Druckerpatronen eines bestimmten Tintenstrahldruckers um 5% hoch. Er verzeichnet im nächsten Quartal einen Nachfragerückgang nach diesem Druckertyp um 10%. Die »komplementäre« Kreuzpreiselastizität liegt hier bei 2.

Erläuterung

Die Kennzahl Kreuzpreiselastizität beschreibt die Nachfrageveränderung für ein Produkt in Relation zur Preisveränderung für ein anderes Produkt. Dies sollte bei Preisanpassungen beachtet werden, da die Preisänderung für ein Produkt positive oder negative Auswirkungen auf den Abverkauf anderer Produkte haben kann. Bei substitutiven, sich gegenseitig ersetzenden Produkten wird die Kreuzpreiselastizität einen hohen positiven Wert annehmen, da hier Konsumenten bei Preisänderungen schnell zum anderen Produkt greifen. Für komplementäre, sich gegenseitig ergänzende Güter zeigt die Kreuzpreiselastizität einen negativen Wert.
Die Ermittlung der Kennzahl eignet sich für Unternehmen mit unterschiedlichen Produkten in einem Marktsegment, z.B. im Handel, wo viele substitutive, aber auch komplementäre Güter angeboten werden. Hier ist es wichtig, diese gegenseitigen Einfüsse bei der Preisgestaltung zu analysieren. Man kann auch kalkulieren, inwieweit eine Preisänderung bei eigenen Produkten Auswirkungen auf die Substitut- oder Komplementärprodukte eines Wettbewerbers hat. Eine falsche Preisentscheidung kann dazu führen, dass dieser seine Marktanteile erhöhen kann.

Vorteile	Nachteile
• Negative Auswirkungen von Preisanpassungen lassen sich besser abschätzen • Möglichkeiten der Ausweitung von Marktanteilen im Wettbewerb lassen sich erkennen	• Eine vermeintliche Abhängigkeit muss nicht real existieren, da andere nicht beachtete Einflussfaktoren Auswirkung hatten

Preisnachlassquote

Formel

$$\frac{\text{Gewährte Preisnachlässe}}{\text{Umsatzerlöse}} \times 100$$

Praxisbeispiel

$$\frac{10.000\,€}{210.000\,€} \times 100 = 4{,}76\,\%$$

Ein Computerhändler gab bei 210.000€ Umsatzerlös in einer betrachteten Periode 10.000€ Preisnachlässe für Großkunden. Die sich daraus ergebende Preisnachlassquote beträgt 4,76%.

Erläuterung

Die Kennzahl Preisnachlassquote zeigt die Relation zwischen den Kunden gewährten Preisnachlässen und den erzielten Umsatzerlösen. Daraus lässt sich erkennen, wie viel Prozent Rabatt im Durchschnitt in einer betrachteten Periode eingeräumt wurden. Ist diese Quote innerhalb der Preiskalkulation im Vorfeld berücksichtigt worden, ist keine Margenverschlechterung eingetreten. Die Preisnachlassquote kann für einzelne Produkte, Warengruppen oder das Gesamtsortiment erhoben werden.
Kritisch anzumerken ist, dass großzügige Preisnachlässe, die in der Preiskalkulation zuvor einkalkuliert wurden, von den Kunden als unseriös wahrgenommen werden könnten. Andererseits existieren Branchen, in denen großzügige Nachlässe zu den Usancen gehören.

Vorteile	**Nachteile**
• Fokus auf Kostendeckung und Margen • Schneller Überblick, ob zu hohe Preisnachlässe gewährt wurden	• Aussagekraft nur in Verbindung mit Branchenvergleichszahlen gegeben • Bei der Gesamtsortimentsbetrachtung können einzelne Produkte mit sehr hohen Preisnachlässen unbeachtet bleiben

Preisuntergrenze

Formel

	Variable Kosten
+	fixe Kosten
+	Mindestgewinn
=	**Preisuntergrenze**

Praxisbeispiel

	21,60€
+	12,90€
+	25,88€
=	60,38€

Ein bekleidungsproduzierender Betrieb möchte die Preisuntergrenze für einen neuen Artikel bestimmen. Nach der Kalkulation der Gesamtkosten schlägt das Unternehmen den Mindestgewinn auf und erhält so die Preisuntergrenze.

Erläuterung

Ein wichtiger Indikator zur Kalkulation des Verkaufspreises für ein Produkt oder eine Dienstleistung ist die Preisuntergrenze. Sie gibt an, ab welchem Preis es sich lohnen würde, ein Produkt im Markt zu verkaufen. Unter Berücksichtigung der variablen und fixen Kosten kann nach Aufschlag eines gewünschten Mindestgewinns die Preisuntergrenze berechnet werden. Ziel der Berechnung der Preisuntergrenze ist es, langfristig die anfallenden Kosten des Unternehmens zu decken und einen Gewinn zu erwirtschaften (langfristige Preisuntergrenze). In einigen Fällen (z.B. bei Unterauslastung) macht es jedoch Sinn, ausschließlich die variablen Kosten als Berechnungsgrundlage anzusetzen (absolute Preisuntergrenze). Ein Preis, der oberhalb der variablen Kosten gewählt wird, erwirtschaftet einen positiven Deckungsbeitrag und hilft, den Gesamterfolg des Unternehmens zu verbessern.

Vorteile	**Nachteile**
• Bedeutende Kennzahl für das marktgerechte Pricing von Produkten • Preissteuerung wird optimiert • Kennzahl kann als Indikator über interne Produktionskostendefizite genutzt werden	• Hoher Liquiditätsverlust bei alleiniger Zugrundelegung der variablen Kosten

Raumleistung der Artikel

Formel

$$\frac{\text{Umsätze aller Artikel p. a.}}{\text{Raumvolumen aller Artikel}}$$

Praxisbeispiel

$$\frac{20.000\,€}{9.000\,cm^3} = 2{,}2\,€/cm^3$$

Im Wasch-, Putz- und Reinigungsmittelregal eines Einzelhändlers befinden sich konventionelle großvolumige Pulverwaschmittel und kleinvolumige Konzentrate. Wäre annahmegemäß der Umsatz und Deckungsbeitrag beider Artikel gleich hoch, so weist das Konzentrat eine höhere Rentabilität des genutzten (Regal-)Raumes auf.

Erläuterung

Ein Kriterium für die Wettbewerbsfähigkeit des Einzelhändlers ist die Raumleistung, d. h. der pro Quadratmeter Verkaufsfläche pro Jahr bzw. der pro Kubikmeter erwirtschaftete Umsatz. Die Kennzahl Raumleistung der Artikel gibt Aufschluss darüber, ob das Gesamtsortiment auf der genutzten Verkaufsfläche einen, üblicherweise durch Branchenvergleich, festgelegten Umsatz erwirtschaftet. Bei einer vom Bundeskartellamt durchgeführten Wettbewerberbefragung haben die Unternehmen LEH-Märkte als wirtschaftlich erachtet, wenn sie eine Raumleistung von mindestens 3.000 €/ m^3 erbrachten. Die Kennzahl kann verfeinert werden, wenn mittels ABC-Analyse unterschiedlich umsatzstarke Artikelgruppen und die von ihnen genutzten Kubikmeter betrachtet werden.
Die Kennzahl wird häufig als Synonym mit der Flächenrentabilität verwendet. In ihrer namensgerechten Anwendung findet man sie zum Beispiel in der Regaloptimierung und damit letztendlich in der Flächenoptimierung wieder (vgl. Flächenrentabilität).

Vorteile	Nachteile
• Fläche als Ersatzgröße ist leicht zu ermitteln • Bedeutende Kennzahl des Betriebsvergleiches im Handel	• Es wird nur die Umsatzzahl herangezogen • Gehaltvolle Aussagen lassen sich nur treffen, wenn auch andere Parameter wie z. B. Deckungsbeiträge genutzt werden

Regionaler Gesamtumsatz (warengruppenspezifisch)

Formel

	Anzahl der Einwohner einer Region
x	durchschnittlicher Umsatz/Verbrauch pro Kopf in dieser Warengruppe
x	Kaufkraftindex dieser Region
=	**Summe aller regionalen Umsätze bezogen auf eine Warengruppe**

Praxisbeispiel

Beispiel Schuhe:

80.000 Einwohner x 90€ p.a. x 90% = 6,48 Mio. €

80.000 Einwohner leben in einer städtischen Region mit einer Zentralität von 100% und einem durchschnittlichen Umsatz pro Kopf und Jahr für Schuhe von 90€. Die Kaufkraft dieser Region liegt bei 90%. Für die betrachtete Region ergibt sich ein Umsatzpotenzial für Schuhe von 6,48 Mio. €.

Erläuterung

Diese Kennzahl wird im Rahmen von Standortanalysen für eine bestimmte Region ermittelt und anschließend für die Potenzialanalyse (z.B. Umsatzziel einer Filiale für eine Warengruppe) herangezogen. Häufig wird z.B. um die geplante neue Filiale herum ein Abschöpfungsgebiet festgelegt, die warengruppenspezifischen Gesamtumsätze errechnet und die Anteile der bestehenden Wettbewerber ermittelt. Ist nunmehr davon auszugehen, dass, unter weiterer Berücksichtigung von Standorteigenarten/-qualitäten, ein ausreichend großes Umsatzvolumen durch eine neue Filiale abgeschöpft werden kann, so wird dies ein positiver Beurteilungsfaktor für einen Standort sein.

Vorteile	Nachteile
• Wichtiges Maß für die Beurteilung der Umsatzattraktivität einer Region • Unter bestimmten Voraussetzungen kann diese Maßzahl direkt als Umsatzerwartung interpretiert werden	• Die Kennzahl alleine ist für eine betriebswirtschaftliche Entscheidung nicht hinreichend konkret • Die Kennzahl muss i.d.R. in Bezug zum in der Region vorhandenen Wettbewerb gesetzt werden

Reichweite einer Kampagne

Formel

$$\frac{\text{Anzahl der erreichten Personen}}{\text{Anzahl der potenziell erreichbaren Personen}} \times 100$$

Praxisbeispiel

$$\frac{300.000}{900.000} \times 100 = 33{,}33\,\%$$

Eine Verkaufsaktion mit einem Coupon als Incentive eines Händlers soll ausgewertet werden. 900.000 Personen wurde der Coupon mit der Werbebroschüre zugestellt, von 300.000 Kunden wurde er eingelöst. Damit hatte die Kampagne eine Reichweite von 33,33 %.

Erläuterung

Die Kennzahl Reichweite einer Kampagne stellt die Relation zwischen allen potenziell erreichbaren Personen einer Zielgruppe durch die eingesetzten Medien und die tatsächlich erreichte Anzahl der Personen dieser Zielgruppe dar. Gewünscht ist die Vermeidung von Streuverlusten, d. h., dass Werbemaßnahmen erfolglos »verpuffen«. Deshalb kommt es hierbei auf den Einsatz geeigneter zielgruppenadäquater Medien an. Es wurde z. B. festgestellt, dass eine Kombination aus Online- und TV-Einsatz die Werbeerinnerung verdoppelt, die Kaufbereitschaft signifikant erhöht und die Marke mit Sympathiewerten auflädt. Die Kampagnenreichweite stieg dabei z. B. von 41 % bei reinem TV-Einsatz auf 61 % bei einer cross-medialen Kampagne. Eine mehrkanalige Ansprache durch Online- und Printmedien führt zu einer höheren Werbeerinnerung und einer intensiveren Verarbeitung von Kampagneninhalten bei den Werberezipienten, wodurch die Kampagnenreichweite steigt.

Vorteile	Nachteile
• Aufdecken von Streuverlusten • Identifikation geeigneter Medien durch Nutzung unterschiedlicher Medien	• Valide Zahlen sind nur über fundierte Marktforschung zu erhalten • Aussagekraft bezieht sich nur auf Erreichbarkeit der Zielgruppe • Zahl sollte mit anderen Kennzahlen wie Eindrucksqualität, Erstkaufrate etc. verknüpft werden

Reichweite von Beständen

Formel

$$\frac{\text{Aktueller Bestand}}{\text{Durchschnittlicher Verbrauch pro Tag}}$$

Praxisbeispiel

$$\frac{5.630 \text{ Stück}}{1.253 \text{ Stück}} = 4{,}49 \text{ Tage}$$

Ein Supermarkt hat zum betrachteten Zeitpunkt einen Bestand von 5.630 Stück eines bestimmten Produktes. Der durchschnittliche Tagesverbrauch liegt bei 1.253 Stück. Daraus ergibt sich eine Reichweite von Beständen von 4,49 Tagen.

Erläuterung

Die Kennzahl Reichweite von Beständen gibt an, wie lang der Lagerbestand eines Artikels oder Produktes für den Verkauf noch ausreicht. Die Einheit, in der gemessen wird, sind Tage. Die Erhebung kann stichtagsbezogen berechnet werden, um, im Jahresvergleich, vergleichbare Daten zu erhalten. Die Reichweite von Beständen wird gleich der Lagerreichweite berechnet.
Sie ist somit eine wichtige Basiskennzahl, die, in Verbindung mit weiteren Kennzahlen (z. B. Meldemenge), für eine bestands- und absatzorientierte Warendisposition herangezogen werden kann. Ein wichtiger Aspekt dieser Kennzahl ist es, eine Out-of-stock-Situation zu vermeiden, da dies meist mit einer großen Kundenunzufriedenheit einhergeht.

Vorteile	**Nachteile**
• Wichtige Steuerungskennzahl für die Kapitalbindung und Warenfrische (siehe Abschriftenquote) • Wichtige Dispositionskennzahl	• Teilweise schwer zu ermitteln • Kennzahl steht häufig nicht zeitnah zur Verfügung

Reklamationsquote

Formel

$$\frac{\text{Anzahl der Reklamationen}}{\text{Anzahl der Aufträge}} \times 100$$

Praxisbeispiel

$$\frac{20}{500} \times 100 = 4\%$$

Ein Textilversandhändler verzeichnet bei einer Werbeaktion 20 Reklamationen aufgrund von Produktmängeln bei einem Gesamtverkauf von 500 Artikeln. Hieraus ergibt sich eine Reklamationsquote von 4%.

Erläuterung

Die Kennzahl Reklamationsquote gibt an, wie viele Artikel in einer Periode beanstandet wurden. Mithilfe dieser Zahl lässt sich die Summe der Rückforderungen ermitteln und wie groß der Anteil der reklamierten Produkte bezogen auf alle Verkäufe ist. Eine hohe Reklamationsquote beeinflusst daher die gesamte Produktion, erklärt zeitliche Verzögerungen in der Produktion und der Planung und kann Aufschluss über die Qualität des Endproduktes geben. In nach ISO 9000ff (Qualitätsmanagement) zertifizierten Unternehmen werden Reklamationen innerhalb eines festgeschriebenen Prozesses erfasst (Reklamationsbericht) und auf ihre Ursachen hin überprüft.

Vorteile	Nachteile
• Unterstützt im Aufzeigen von möglichen Produktmängeln	• Falls kein festgeschriebener Reklamationsprozess existiert, werden Mängel nicht konsequent erkannt und beseitigt

Retourenquote

Formel

$$\frac{\text{Anzahl der Retouren}}{\text{Anzahl der Gesamtverkäufe}} \times 100$$

Praxisbeispiel

$$\frac{100\ (\text{Artikel})}{500\ (\text{Artikel})} \times 100 = 20\,\%$$

Ein Textilversandhändler hat bei einem Gesamtverkauf von 500 Artikeln eine Retour von 100 Artikeln. Hieraus ergibt sich eine Retourenquote von 20 %.

Erläuterung

Die Kennzahl Retourenquote beschreibt das Verhältnis der retournierten Ware zu der Gesamtanzahl der verkauften Ware. Die Retourenquote kann sowohl in monetärem Wert als auch in quantitativer Form angegeben werden. Sie wird zur Beurteilung der eigenen Tätigkeit, aber auch die der Lieferanten herangezogen und sollte möglichst gering ausfallen, so dass die dadurch begründeten zusätzlichen Kosten möglichst gering sind.
Je nach Betrieb, Handelsform oder Branche gibt es erhebliche Unterschiede in der Retourenquote. Retouren entstehen nicht nur durch objektiv fehlerhafte Produkte (Reklamation) – hier bietet sich ein Betriebsvergleich an –, sondern auch durch vom Kunden subjektiv falsch eingeschätzte Produkte. So fehlt dem Versandkunden z. B. bei Textilien oder Schuhen die notwendige Haptik.
Kunden bestellen bei haptisch relevanten Artikeln häufig mehrere Produkte, um sich zu Hause »in Ruhe« zu entscheiden. Daher ist die Retourenquote nicht mit der Reklamationsquote gleichzusetzen.

Vorteile	Nachteile
• Potenzielle Kosteneffizienz wird erkennbar • Eine geringe Beanstandungsquote kann zu höherer Kundenzufriedenheit führen	• Kennzahl allein liefert keine Details über Grund der Retoure • Eingeschränkte Aussagekraft sollte durch parallel erhobene Retourengründe verbessert werden • Geringe Retourenquoten sind kein Indiz für Kundenloyalität

Rohertrag (Bruttoertrag) pro Stück

Formel

	VK / Stück
–	EK / Stück
=	**Roh- oder Bruttoertrag / Stück**

Praxisbeispiel

	10€
–	8€
=	2€

Ein Sportartikelgeschäft verkauft eine Packung Tennisbälle für 10€ und kauft diese für 8€ ein. Der Roh- oder Bruttoertrag pro Packung liegt bei 2€.

Erläuterung

In produzierenden Unternehmen ist die Kennzahl Roh- oder Bruttoertrag das Ergebnis des Produktionsprozesses ohne Berücksichtigung der Aufwendungen. Bei der Anwendung in Handelsbetrieben ist der Roh- oder Bruttoertrag die Differenz zwischen Warenverkaufspreis (inklusive Mehrwertsteuer) und Wareneinstandspreis (meist ohne Vorsteuer). Der auf einen Artikel bezogene Rohertrag ergibt die Handelsspanne. Mit der Handelsspanne sollen die zu den Wareneinstandskosten hinzutretenden Handlungskosten gedeckt und ein Gewinn erzielt werden.
Betrachtet man die Summe aller artikelbezogenen Roherträge, ergibt sich der Warenrohgewinn oder -bruttogewinn.

Vorteile	Nachteile
• Daten können aus der Gewinn- und Verlustrechnung übernommen werden • Wesentliches »erstes« Prüfkriterium für den Erfolgsbeitrag eines Produktes	• Aussagekraft eingeschränkt, da weitere Kostenpositionen erst abgezogen werden müssen, um einen möglichen Gewinn bestimmen zu können • Bei unterschiedlichen Einstandspreisen pro Artikel teilweise schwierig zu ermitteln

Rücklastschriftquote

Formel

$$\frac{\text{Anzahl der Rücklastschriften}}{\text{Anzahl der Lastschriften}} \times 100$$

Praxisbeispiel

$$\frac{2.000}{100.000} \times 100 = 2\,\%$$

Ein Versandhändler betrachtet die Bestellungen der letzten Periode und stellt fest, dass 2.000 Rücklastschriften vorhanden sind. Bei einer Gesamtanzahl an Lastschriften von 100.000 Stück ergibt sich so eine Rücklastschriftenquote von 2%.

Erläuterung

Die Kennzahl Rücklastschriftquote ist insbesondere dort von einer erheblichen Bedeutung, wo nicht die Bezahlart »bar«, sondern »unbar« im Vordergrund steht. Dieses gilt insbesondere für den Versandhandel. Ein verlustiger Warenwert muss durch die Erträge aus dem Verkauf anderer Artikel ausgeglichen werden.
Die Senkung der Rücklastschriftquote kann nur durch eine Qualifizierung der Kundendaten erfolgen. Entsprechend ausgereift sind die Methoden von erfolgreichen Versandhändlern, um auch bei Erstkunden eine qualifizierte Aussage über die Wahrscheinlichkeit einer Rücklastschriftquote treffen zu können. Die Benachteiligung eines Neukunden z.B. aufgrund einer »schlechten« Wohngegend ist in der Umsetzung jedoch problematisch.

Vorteile	Nachteile
• Einfach zu erhebende Kennzahl • Wichtige Steuerungskennzahl im Versandhandel	• Mögliche Nachteile für Erstkunden

Sättigungsgrad

Formel

$$\frac{\text{Marktvolumen}}{\text{Marktpotenzial}} \times 100$$

Praxisbeispiel

$$\frac{3{,}5\,\text{Mrd.}\,€}{5{,}2\,\text{Mrd.}\,€} \times 100 = 67{,}31\,\%$$

Ein Automobilhersteller hat in einem zu bearbeitenden Segment ein Marktpotenzial von 5,2 Mrd. € konstatiert. Das aktuelle Marktvolumen liegt bei 3,5 Mrd. €. Daraus ergibt sich ein Sättigungsgrad von 67,31 %.

Erläuterung

Die Kennzahl Sättigungsgrad beschreibt die Relation zwischen der Größe des bestehenden Marktvolumens (von allen Anbietern zurzeit realisierter Umsatz oder Menge) und dem Marktpotenzial. Sie dient dem Unternehmen zur Marktanalyse. Das Marktpotenzial ist hier eine geschätzte Größe (z. B. Expertenschätzung).
Der Sättigungsgrad sollte für jedes Marktsegment errechnet werden, um für jedes Segment geeignete Maßnahmen im Rahmen des Marketing-Mix aufgreifen zu können. Gerade homogene Märkte haben sehr schnell ihren Sättigungsgrad erreicht. In der Sättigungsphase ist dann das Marken-Management von hoher Bedeutung, da die Marke der zentrale Auslöser für die Kaufentscheidung ist und sich Umsatzzuwächse nur noch durch Verdrängung von Wettbewerbern erzielen lassen.

Vorteile	Nachteile
• Ansatzpunkt für strategische Marketing- und Vertriebsentscheidungen	• Kann nur als geschätzte Größe bestimmt werden

Sortimentsbreite

Formel

$\sum$ der Warengruppen

Praxisbeispiel

7 verschiedene Warengruppen
(Obst & Gemüse, Molkereiprodukte, Fleisch-/Wurstprodukte etc.)

Ein Discounter weist mit 24 Warengruppen mit je über 10 Artikeln gegenüber Supermärkten mit 31 Warengruppen mit je über 10 Artikeln nur eine leicht geringere Sortimentsbreite auf.

Erläuterung

Die Kennzahl Sortimentsbreite bezeichnet die Anzahl der angebotenen Warengruppen. Warengruppen beherbergen Artikel, die thematisch zusammengehörig sind (z. B. Molkereiprodukte). Ein Fachgeschäft wird eine geringe Sortimentsbreite anbieten, da hier differenzierte Produkte einer Warengattung vom Kunden gesucht werden (z. B. Unterhaltungselektronik). Demgegenüber kann man beim »Eckgeschäft« von einem eher breiten Sortiment sprechen, denn dort werden z. B. Lebensmittel, Tabakwaren, Konserven, Drogerieartikel etc. angeboten. Das Sortiment ist flach, denn es gibt meist nur eine sehr geringe oder gar keine Auswahl der einzelnen Artikel, z. B. nur normales Shampoo und nicht zusätzlich noch das Angebot von Glanz-, Antischuppen- oder Kindershampoo. Dies wird aber vom Kunden akzeptiert, da es sich meistens um Verlegenheitskäufe handelt, die z. B. am Tage vergessen wurden.

Vorteile	Nachteile
• Kennzahl zur Sortimentsoptimierung und Optimierung der Kundenzufriedenheit • Effizienz von Änderungsmaßnahmen ist kalkulierbar bzw. abschätzbar	• Kennzahl erhält nur in Zusammenhang mit Folgeanalysen eine Aussagekraft • Gefahr durch zu breites Sortiment, welches für den Kunden nicht erforderlich ist

Sortimentstiefe

Formel

$\sum$ Artikel pro Warengruppe

Praxisbeispiel

60 verschiedene Artikel
(Käsesorten, Joghurtsorten, verschiedene Milchmischgetränke etc.)
in der Warengruppe Molkereiprodukte

Ein Discounter weist mit 24 Warengruppen mit je über 10 Artikeln gegenüber Supermärkten mit 31 Warengruppen mit je über 10 Artikeln nur eine leicht geringere Sortimentsbreite auf. Die Effekte bei der Sortimentstiefe sind dagegen wesentlich stärker ausgeprägt. So führt ein durchschnittlicher Discounter ca. 1.281 Artikel, während ein Supermarkt 9.251 Artikel führt.

Erläuterung

Die Kennzahl Sortimentstiefe bezeichnet die Reichhaltigkeit des Warenangebots in der angebotenen Warengattung bzw. Warengruppe. Die Festlegung der Sortimentstiefe hat zwei Aufgaben. Zum einen hat sie eine Attraktionswirkung auf den Kunden über die breite Auswahl und zum anderen ist es ihre Aufgabe, eine Abdeckung der Bedarfsstruktur des Kunden, bei vertretbarem Suchaufwand, sicherzustellen. Hier unterscheiden sich z. B. Discounter von Supermärkten. Die Sortimentsstruktur im Discount ist durch eine eher flache Sortimentstiefe gekennzeichnet, wohingegen der klassische Supermarkt eher die Strategie einer größeren Sortimentstiefe verfolgt. Fachgeschäfte haben darüber hinausgehend eine noch größere Sortimentstiefe. Die Gestaltung der Sortimentstiefe sollte stetig optimiert werden, da die Bevorratung und die Nutzung der Verkaufsfläche kostentreibend wirken. Das bedeutet, dass erhöhtes Augenmerk auf die Umschlagsgeschwindigkeit und Flächenrentabilität der Artikel gelegt werden muss.

Vorteile	Nachteile
• Optimierung des Sortiments im Sinne der Kundenzufriedenheit möglich • Relevanz als kostenbeeinflussende Größe	• Fokus auf die Sortimentstiefe kann kostentreibend wirken • Optimale Sortimentstiefe ist schwer zu messen

Tausend-Kontakt-Preis

Formel

$$\frac{\text{Kosten einer Werbemaßnahme x 1.000}}{\text{Anzahl der kontaktierten Person}}$$

Praxisbeispiel

$$\frac{15.000€ \text{ x } 1.000}{250.000 \text{ Leser}} = 60€/\text{Leser}$$

Die Schaltung einer Printanzeige hat den Schokoladenhersteller 15.000€ gekostet. Die erreichten Personen werden auf 250.000 geschätzt. Somit ergibt sich ein Tausend-Kontakt-Preis von 60€ pro Leser.

Erläuterung

Die Kennzahl Tausend-Kontakt-Preis, hier in der Ausprägung als Tausend-Leser-Preis, zeigt die Kosten für eine in einer Zeitung oder Zeitschrift geschaltete Anzeige, bezogen auf 1.000 Leser. Er gibt Auskunft über den Preis pro 1.000 Nutzer eines Werbeträgers. Der Tausend-Leser-Preis ist eine wichtige Hilfe bei der Auswahl des am besten geeigneten Werbemediums für das Unternehmen. Grundsätzlich sollte das Medium mit dem geringsten Tausend-Leser-Preis gewählt werden.
Es ist zu beachten, dass die gewünschte Zielgruppe mit dem ausgewählten Medium angesprochen wird. Ferner ist eine Vergleichbarkeit nur bei gleichem Anzeigenformat gewährleistet.
Die Kennzahl ist auch entsprechend für andere Medien berechenbar (Tausend-Hörer-Preis, Tausend-Seher-Preis).

Vorteile	Nachteile
• Erkenntnis über Preis-Leistungs-Verhältnis in der Mediaplanung • Einfache Kennzahl für die Budgetplanung	• Entscheidend sind nicht die Leser, sondern die Zielgruppenpersonen • Kontakthäufigkeit der einzelnen Träger kann unterschiedlich hoch sein (Tageszeitung vs. Monatszeitschrift) • Geringer Bezug zum wirtschaftlichen Erfolg einer Werbemaßnahme

Trans-Fair-Lebensmittelquote

Formel

$$\frac{\text{Anzahl Artikel mit Trans-Fair-Siegel}}{\text{Gesamtartikelanzahl}} \times 100$$

Praxisbeispiel

$$\frac{120}{8.000} \times 100 = 1{,}5\,\%$$

Ein Supermarkt führt 120 Artikel mit Trans-Fair-Siegel in seinem Sortiment. In Bezug auf die Gesamtanzahl aller Produkte im Sortiment (8.000 Stück) ergibt sich so eine Trans-Fair-Lebensmittelquote von 1,5 %.

Erläuterung

Die Kennzahl Trans-Fair-Lebensmittelquote wird als Kennzahl der »nachhaltigen« Sortimentspolitik herangezogen. Neben dieser Kennzahl gibt es in diesem Bereich z. B. die Bio-, Blauer-Engel- bzw. Öko-Tex-Siegel sowie Forest-Stewardship-Quote. Alle Kennzahlen haben gemein, dass sie darüber Auskunft geben, inwieweit ein Unternehmen im Rahmen seiner Sortimentspolitik Warengruppen führt bzw. ausbaut, deren Hersteller sich im Bereich der Menschenrechte oder Ökologie besonders engagieren. Verbraucher reagieren immer sensibler auf Skandale im Bereich der Lebensmittel und anderer Konsumgüter. Dies richtet sich teilweise aber auch nach dem Einzugsgebiet bzw. dem sozialen Umfeld eines Geschäftes. Entsprechende Marktforschung kann darüber Aufschluss geben, wie stark die Nachfrage nach solchen Produkten ist und entsprechend kann diese Quote gesenkt oder aber erhöht und für Kommunikationsmaßnahmen genutzt werden.

Vorteile	**Nachteile**
• Einfache Kennzahl zur Kontrolle der Unternehmenspositionierung und des Betriebsvergleiches	• Kennzahl muss in Relation zu z. B. Wettbewerbern und Marktforschungsergebnissen gesetzt werden

Übertragungsfehlerquote

Formel

$$\frac{\text{Anzahl der fehlerhaften (Daten-)Übertragungen}}{\text{Anzahl der Verbindungsaufbauten bzw. Übertragungen}} \times 100$$

Praxisbeispiel

$$\frac{90}{1.464} \times 100 = 6{,}1\,\%$$

Eine mittelständischer Metallverarbeiter bekommt seine Ordereingänge per DFÜ übermittelt und zieht am Ende des Jahres Bilanz. Er stellt 90 Datenübertragungsabbrüche fest bei 1.464 Verbindungen. Das entspricht einer Übertragungsfehlerquote von 6,1 %.

Erläuterung

Die Kennzahl Übertragungsfehlerquote gibt Aufschluss über die Anzahl potenziell fehlerhafter Datenübertragungen im Verhältnis zur Anzahl der Verbindungen z. B. zur Zentrale. Aussagekräftig wird diese Kennzahl im Betriebsvergleich. Generell ist eine geringe Übertragungsfehlerquote vorteilhaft. Eine steigende Übertragungsfehlerquote lässt Rückschlüsse auf mögliche Systemfehler zu, kann aber auch an mangelndem technischem Know-how der beteiligten Mitarbeiter liegen.

Vorteile	Nachteile
• Kennzahl für die Qualität von Daten und Datentransfers • Hohe Übertragungsfehlerquote kann sich negativ auf das operative Geschäft auswirken	• Keine Aussage über die Größe des verursachten Schadens z. B. durch fehlerhafte Daten oder weitere Schäden

Umsatzentwicklung

Formel

$$\frac{\text{Umsatz}_{\text{(Periode A)}} - \text{Umsatz}_{\text{(Periode B)}}}{\text{Umsatz}_{\text{(Periode B)}}} \times 100$$

Praxisbeispiel

$$\frac{3{,}2\ \text{Mio.}€\ (\text{Umsatz}_{\text{(Periode A)}}) - 2{,}9\ \text{Mio.}€\ (\text{Umsatz}_{\text{(Periode B)}})}{2{,}9\ \text{Mio.}€\ (\text{Umsatz}_{\text{(Periode B)}})} \times 100 = 10{,}3\,\%$$

Ein Autoreifenhändler möchte die Umsatzentwicklung feststellen. Er vergleicht zwei aufeinander folgende Perioden miteinander, subtrahiert diese und teilt das Ergebnis durch den Umsatz der weiter zurückliegenden Periode. Er stellt so eine Umsatzentwicklung von 10,3 % fest.

Erläuterung

Die Kennzahl Umsatz bzw. die Umsatzentwicklung (zum Vormonat bzw. gleichen Monat des Vorjahres bzw. aufgelaufene Betrachtungen) hat im Bereich des Vertriebes, insbesondere im Einzelhandel, eine hohe Bedeutung als Führungs- und Erfolgskennzahl. Der Umsatz bzw. Umsatzerlös wird häufig auf verschiedenen Bezugsebenen (z. B. Artikel oder Gesamtunternehmen) ermittelt. Die gebräuchliche Ermittlung der Umsatzzahl erfolgt auf Gesamtunternehmensebene, welche sich aus einer Summe von Teilumsätzen ergibt. Der Umsatz ist die Ausgangsbasis für die Gewinnermittlung bzw. Deckungsbeitragsrechnung. Der Umsatz wird häufig in der zeitlichen Entwicklung verglichen und gilt, für eine erste schnelle Einschätzung, als kurzfristiges Substitut für den Deckungsbeitrag eines Unternehmens.

Vorteile	**Nachteile**
• In der Regel schnell verfügbare Kennzahl • Schnelle Verfügbarkeit im Vergleich zur zeitlich verzögerten Verfügbarkeit des Deckungsbeitrages bzw. Gewinns, kann zu einer Ersatzbetrachtung des Umsatzes für den Gewinn herangezogen werden	• Die Kennzahl impliziert keinen Gewinn • Fokus auf die Umsatzzahl als Führungskennzahl impliziert eine suboptimale Personalsteuerung (z. B. Vertrieb)

Umsatz je Verkaufsfläche

Formel

$$\frac{\text{Umsatz}}{\text{Verkaufsfläche}}$$

Praxisbeispiel

$$\frac{12.500.000\,€}{1.250\ m^2} = 10.000\,€/m^2$$

Ein Unternehmen erwirtschaftet einen Umsatz von 12,5 Mio. € bei einer Fläche von 1.250 m^2. Daraus ergibt sich ein Umsatz je Verkaufsfläche von 10.000 €/m^2.

Erläuterung

Die Kennzahl Umsatz pro Quadratmeter ist das Verhältnis des auf einer bestimmten Verkaufsfläche erzielten Umsatzes zu der Verkaufsflächengröße.

Vorteile	Nachteile
• Kennzahl ist einfach zu ermitteln • Hohe Bedeutung für den Betriebsvergleich (z. B. im Lebensmittelhandel)	• Der Umsatz pro Verkaufsfläche ist nur eine Ersatzgröße für den Ertrag (schneller verfügbar) • Ein alleiniger Fokus auf den Umsatz führt i. d. R. zu einem suboptimalen Ertrag

Umsatzleistung der Artikel

Formel

$$\frac{\sum \text{Deckungsbeiträge aller Artikel des Sortiments}}{\text{Umsatz des Sortiments}} \times 100$$

Praxisbeispiel

$$\frac{\sum 10.000\,€ \text{ (DB Artikel 1)} + 12.000\,€ \text{ (DB Artikel 2)} + \ldots + 8.000\,€ \text{ (DB Artikel n)}}{1.200.000\,€ \text{ (Umsatz)}} \times 100 = 27{,}75\,\%$$

Erläuterung

Die Kennzahl Umsatzleistung der Artikel summiert alle Deckungsbeiträge der Artikel aus einem Sortiment auf und setzt diese in Relation zum erzielten Umsatz durch dieses Sortiment in einer Periode. Aus der Prozentzahl lässt sich ableiten, in welchem Verhältnis zum Umsatz welche Deckungsbeiträge durch das Sortiment im betrachteten Zeitraum erwirtschaftet wurden. Diese Analyse lässt sich verfeinern, indem das Sortiment in A-, B-, C-Sortimente aufgegliedert wird und für die einzelnen Sortimentsgruppen eine entsprechende Kennzahl ermittelt wird.

Vorteile	**Nachteile**
• Deckungsbeitragsstarke Artikelgruppen können identifiziert und gefördert werden • Lässt sich für beliebige Teilmengen des Sortiments durchführen	

Umsatzplanzahlen

Formel

	Umsatzpotenzial
+	aktueller Umsatz
=	Umsatzplanzahlen

Praxisbeispiel

	200.000€
+	1.200.000€
=	1.400.000€

Ein Unternehmen stellt ein mögliches Umsatzpotenzial von 200.000€ fest. Bei einem Umsatz von 1,2 Mio.€ ergibt sich so eine Umsatzplanzahl von 1,4 Mio.€.

Erläuterung

Ausgangspunkt der Kennzahl Umsatzplanzahlen sind die bisherigen Umsatzhöhen. Im Rahmen der Planungsvorbereitungen (z.B. der Vertriebssteuerung) wird bspw. ermittelt, wo noch Umsatzreserven vorhanden sind. Darüber hinaus sind weitere Aspekte in die Umsatzplanung einzubeziehen: allgemeine Preisentwicklung, Entwicklung der Verbrauchsausgaben, modische Trends/Themen, Entwicklungen am eigenen Standort und bei den Mitbewerbern, Ferien und Feiertage, eigene Werbeaktivitäten als auch die der Hersteller, betriebsinterne Veränderungen durch Umplatzierungen oder Umbauten und vieles mehr. Der Gesamtumsatz setzt sich zusammen aus dem Umsatz mit der aktuellen Saisonware, bereits vorhandener, noch saisonrelevanter Ware (Altware) und der Standardware, die unabhängig von der Saison durchgehend abverkauft wird. Die Kennzahl hat Relevanz für die strategische Geschäftsplanung.

Vorteile	Nachteile
• Einfache Berechnung • Einfache und durchgängige Führungskennzahl für alle Hierarchieebenen	• Das Umsatzpotenzial ist nur ein Anhaltspunkt, dessen Erreichung von zahlreichen internen und externen Faktoren abhängig ist, die sorgsam analysiert werden müssen • Ein festgestelltes Potenzial muss nicht zwingend für die nächste Planungsperiode fixiert werden

Umsatzquote: Artikel oder Warengruppe

Formel

$$\frac{\text{Umsatz pro Artikel oder Warengruppe}}{\text{Gesamtumsatz}} \times 100$$

Praxisbeispiel

$$\frac{100.000\,€\ \text{(Umsatz Produkt Y)}}{950.000\,€\ \text{(Gesamtumsatz)}} \times 100 = 10{,}5\,\%\ \text{(Artikelumsatzquote)}$$

Ein Weingut setzt mit einem seiner Weine 100.000€ um. Der Gesamtumsatz des gesamten Unternehmens liegt bei 950.000€. So ergibt sich eine Artikelumsatzquote von 10,5%.

Erläuterung

Die Kennzahl Umsatzquote pro Artikel oder Warengruppe zeigt die Relation zwischen dem Umsatzanteil eines Produktes oder einer Warengruppe und dem erzielten Gesamtumsatz des Unternehmens. Daraus lässt sich die Bedeutung eines Produktes bzw. einer Warengruppe für die Umsätze des Unternehmens ableiten. Die Betrachtung kann einhergehen mit einer ABC-Analyse der Produkte, wobei z.B. A-Produkte hohe Artikelumsatzquoten erzielen. Bedacht werden muss, dass hohe Umsätze einzelner Produkte oder Warengruppen nicht notwendigerweise auch hohe Margen oder Deckungsbeiträge bedeuten. So kann diese Kennzahl als Nachfrageindikator genutzt werden. Es sollte aber eine separate Überprüfung der Deckungsbeiträge erfolgen.

Vorteile	Nachteile
• Unterstützt die Identifikation der umsatzstarken und -schwachen Artikel • Vertriebsanstrengungen (Placements, Regalplatz) können optimiert werden	• Umsatzquote muss in Verbindung mit Gewinnanteilen oder Deckungsbeiträgen interpretiert werden

Variable Kosten (insb. Spannenentwicklung)

Formel

	Gesamtkosten
–	fixe Kosten
=	**variable Kosten**

Praxisbeispiel

	150.000€
–	70.000€
=	80.000€

Ein Unternehmen möchte seine variablen Kosten errechnen. Hierzu zieht der Controller von den Gesamtkosten die fixen Kosten ab.

Erläuterung

Im Rahmen der Gewinnermittlung wird die Kennzahl der variablen Kosten (variabel in Bezug auf eine direkte Absatzmengenabhängigkeit) benötigt. Gleichzeitig finden die variablen Kosten (bzw. die Spannen (Umsatzerlös – Einkaufspreis)) Verwendung als Führungsinstrument. Dies geschieht vorwiegend im Einkauf des Handels. Eine Optimierung der variablen Kosten kann z. B. durch Einkaufsoptimierung, Effizienzsteigerung in der Produktion, niedrigere Ausschussquoten etc. erreicht werden.

Vorteile	Nachteile
• Wichtige Kennzahl zur Ermittlung von Deckungsbeiträgen und Gewinn	• Sollte nicht ohne weiterführende Betrachtung der Fixkosten verwendet werden • Gegebenenfalls muss eine Differenzierung nach zurechenbaren Einzelkosten oder produktbezogenen Kosten folgen

Verhältnis Rohertrag zu Artikelanzahl

Formel

$$\frac{\text{Rohertrag der Artikel}}{\text{Artikelanzahl}}$$

Praxisbeispiel

$$\frac{600.000\,€}{1.200} = 500\,€/\text{Artikel}$$

Der Gesamtrohertrag aller Artikel eines Metallbauers beläuft sich auf 600.000€. Bei einer Artikelanzahl von 1.200 Stück liegt das Verhältnis Rohertrag zu Artikelanzahl bei 500€ pro Artikel.

Erläuterung

Die Kennzahl des durchschnittlichen Rohertrags pro geführtem Artikel ergibt sich aus der Relation zwischen dem Rohertrag aller Artikel und der Artikelanzahl des Geschäftes. Die Kennzahl gibt Aufschluss darüber, welchen Rohertrag das aktuelle Sortiment durchschnittlich erwirtschaftet. Erweitern lässt sich die Betrachtung durch eine Aufteilung des Sortiments in A-, B- und C-Artikel. Hier wird dann der prozentuale Rohertragsanteil der jeweiligen Artikelgruppe am Gesamtrohertrag in ein Verhältnis zum prozentualen Anteil an der Gesamtartikelzahl gesetzt. Dadurch entsteht ein differenzierter Blick auf das Sortiment. Ein hoher Rohertragsanteil bei geringer Artikelanzahl zeigt eine optimale Sortimentsstruktur. Die Sortimentstiefe sollte möglichst nicht weiter reduziert werden. Im umgekehrten Fall sollte das Sortiment genauer analysiert und rohertragsschwache Produkte aus dem Sortiment genommen werden, soweit sie nicht von strategischer Bedeutung sind.

Vorteile	**Nachteile**
• Einfache Berechnung • Gibt kurzfristig Aufschluss über die Sortimentsleistung, speziell in Verbindung mit Einteilung in A-, B- und C-Artikel	• Es ergibt sich nur ein allgemeiner Überblick • Warenbewegungskosten, Kapazitätsnutzung, Mengen- und Verbundeffekte werden nicht berücksichtigt

Verkauf (Anzahl)

Formel

	Verkäufe (Anzahl)
–	Retouren (Anzahl)
=	**Verkauf (effektiv)**

Praxisbeispiel

	20.000 Stück
–	150 Stück
=	19.850 Stück

Ein Lampenhersteller verzeichnet in seinen Büchern 20.000 Verkäufe (Stück) bei 150 Retouren (Stück). Daraus ergibt sich ein effektiver Verkauf von 19.850 Stück.

Erläuterung

Die Kennzahl der effektiv verkauften Anzahl an Produkten ergibt sich als Differenz aus der verkauften Stückzahl und der Stückzahl an Retouren innerhalb einer betrachteten Periode. Analog verfährt man bei wertmäßiger Erfassung der Verkäufe. Die um die Retouren bereinigte Verkaufszahl ist die effektive Kennzahl, die in alle weiterführenden Berechnungen eingehen sollte.

Vorteile	Nachteile
• Weiterführende Berechnungen basieren auf der effektiv verkauften Anzahl an Produkten	• Kennzahl alleine ist wenig aussagekräftig, daher sind immer weitere Relationen heranzuziehen

Verkauf-Plan (Anzahl)

Formel

$$\frac{\text{Umsatz}_{\text{Plan}}\ (\text{VK})}{\text{VK}_{\text{Plan}}}$$

Praxisbeispiel

$$\frac{50.000€}{25€} = 2.000 \text{ Stück}$$

Ein Vertriebsleiter rechnet seine Umsatzvorgabe (Planumsatz) auf die abzusetzenden Produkte (Stück) um. Die Zielvorgabe wird auf Stückbasis umgerechnet und für Planungsaktivitäten (z. B. Zielvorgaben für den Außendienst) konkreter.

Erläuterung

Um die geplante Menge eines zu verkaufenden Produktes in einer vorbestimmten Periode bestimmen zu können, nimmt man die geplante wertmäßige Umsatzzahl für dieses Produkt und dividiert diese durch den geplanten Verkaufspreis pro Stück. Daraus resultiert die mengenmäßige Planzahl für die Anzahl der zu verkaufenden Produkte. Daraus lässt sich, in Verbindung mit Marktforschungszahlen für die Zielgruppe, ableiten, wie wahrscheinlich ein tatsächlicher Absatz dieser Menge im Zeitraum zu erwarten ist (Größe der Zielgruppe, Kaufhäufigkeit, Sättigungsgrad etc.). Gegebenenfalls müssen der geplante Preis und/oder die geplante Umsatzzahl angepasst werden, wenn die geplante Stückzahl als zu unrealistisch angesehen wird.

Vorteile	Nachteile
• Einfaches Planungswerkzeug • Mengenziel ergänzt das Ziel als Wert	• Eine unreflektierte Übernahme der Planzahl kann zu Umsetzungsschwierigkeiten führen • Je höher die Werte (z. B. Verkaufspreise) bei Artikeln, desto weniger Aussagekraft kann der Vorgabewert haben

Verkaufsflächenanteil

Formel

$$\frac{\text{Verkaufsfläche einer Teilgröße}}{\text{Gesamte Verkaufsfläche}} \times 100$$

Praxisbeispiel

$$\frac{1.220\,m^2 \text{ (Foodbereich)}}{2.000\,m^2 \text{ (Gesamtverkaufsfläche)}} \times 100 = 61\,\% \text{ Foodanteil}$$

Ein Superstore möchte den Verkaufsflächenanteil für seine Lebensmittel ermitteln. Die Gesamtverkaufsfläche beträgt 2.000 m^2 bei einem 1.220 m^2 großen Foodbereich. Somit beträgt der Foodanteil 61 %.

Erläuterung

Die Kennzahl Verkaufsflächenanteil zeigt die Relation der genutzten Fläche eines Sortimentsbereichs zur Gesamtfläche des Geschäftes an. Ihre Anwendung findet diese Kennzahl im Vergleich z. B. unterschiedlicher Filialen oder Formate zueinander oder beim Vergleich innerhalb eines Formates wie z. B. ein Vergleich von Filiale A zu Filiale B. Ihre bedeutungsrelevante Interpretation erhält sie z. B. im Vergleich (Beziehungszahl) zum Ertrag. So werden bspw. Verkaufsflächenanteile auf Regalebene in Bezug zu den Erträgen pro Regalmeter oder Regalvolumen gebracht und die Flächen ertragsstarker Regale bzw. Warengruppen solange ausgedehnt, bis die durchschnittlichen Erträge pro Regalfläche annähernd gleich sind.

Vorteile	Nachteile
• Einfach ermittelbare Kennzahl • Vielfältige Anwendbarkeit (z. B. Artikel, Warengruppen, Regale, Filialen, Filialgruppen, Vertriebstypen)	• Ohne Beziehungsgröße liegt nur eine geringe Bedeutungskraft vor

Verwaltungskostenanteil

Formel

$$\frac{\text{Verwaltungskosten}}{\text{Umsatz (netto)}} \times 100$$

Praxisbeispiel

$$\frac{300.000\,€}{12.000.000\,€} \times 100 = 2{,}5\,\%$$

Ein Kaufhaus erwirtschaftet einen Umsatz von 12 Mio. € bei entstandenen Verwaltungskosten von 300.000 €. Der Verwaltungskostenanteil beträgt so 2,5 %.

Erläuterung

Die Kosten der Verwaltung z. B. einer Einzelhandelszentrale werden gemeinhin auch als Overheadkosten bezeichnet. Je nach Organisation und Eigenverständnis eines Unternehmens ist die Abgrenzung des Begriffs »Verwaltung« zum (zentralisierten) Servicebereich nicht einheitlich.
Aus Führungssicht sind auch die Verwaltungstätigkeiten stets auf ihre Kostenentwicklung hin zu kontrollieren und es ist zu hinterfragen, ob die erbrachten Teilleistungen der Verwaltung einer entsprechenden Wertschöpfung gegenüberstehen. Die Verwaltungskosten werden häufig nicht nur durch direkte betriebliche Tätigkeiten verursacht (z. B. Rechnungsverwaltung aus dem Einkauf eines Artikels), sondern im hohem Maße auch durch staatliche Auflagen (z. B. Meldungen). Generell sollten Vergleichszahlen der Branche oder von Wettbewerbern herangezogen werden. Die Verwaltungskosten sind generell nur durch das Management bzw. Geschäftsleitung beeinflussbar.

Vorteile	Nachteile
• Vermeidung von unnötig hohen Verwaltungskosten durch Vergleichszahlen möglich	• Unklare Abgrenzung der Verwaltungskosten kann zu ungenauen Ergebnissen im Vergleich führen

Wareneingangsstruktur

Formel

$$\frac{\text{Anzahl der Wareneingänge (einer bestimmten Warenart oder Artikels)}}{\text{Anzahl der Wareneingänge insgesamt}}$$

Praxisbeispiel

$$\frac{150}{1.260} \times 100 = 11{,}9\,\%$$

Ein Handelsunternehmen ermittelt am Ende einer Periode 1.260 Wareneingänge insgesamt. Auf Artikel A entfallen 150 Wareneingänge. Die Wareneingangsstruktur für Artikel A beträgt 11,9 %.

Erläuterung

Die Kennzahl Wareneingangsstruktur gibt Aufschluss über die spätere Zusammensetzung des Lagers. Sie kann zur Optimierung von Einlagerungen nach ABC-Kriterien genutzt werden, um Waren mit hohen Umschlagshäufigkeiten optimal zu platzieren, und führt so zu höherer Effizienz des Lagermanagements.

Vorteile	Nachteile
• Gute Kennzahl zur Bestandsoptimierung im Lager	• IT-Unterstützung notwendig

Werbebudgetquote

Formel

$$\frac{\text{Werbebudget}}{\text{Umsatz}} \times 100$$

Praxisbeispiel

$$\frac{100.000\,€}{1.200.000\,€} \times 100 = 8{,}33\,\%$$

Ein Autohaus erwirtschaftet einen Umsatz von 1,2 Mio. € und hatte in der vergangenen Periode ein Werbebudget von 100.000€ angesetzt. Dies entsprach einer Werbebudgetquote von 8,3 %.

Erläuterung

Die Kennzahl Werbebudgetquote ist die Relation zwischen den für Werbung festgelegten oder getätigten Ausgaben und dem Umsatz des Unternehmens. Sie stellt dar, wie viel Prozent des Umsatzes für Werbemaßnahmen aufgewendet oder verplant werden. Hier ist anzumerken, dass je nach Branche und Betriebstyp unterschiedlich hohe Werbebudgetquoten eingesetzt werden. Im Buchhandel sind es z. B. 1 %–2 %. Deshalb ist es essenziell, Branchenvergleichszahlen heranzuziehen. Genauso ist es gefährlich, z. B. bei sinkenden Umsätzen, analog zur festgelegten Werbebudgetquote, Aufwendungen für Werbung zu reduzieren, da dadurch eine weitere Erosion der Umsätze die Folge sein könnte.

Vorteile	Nachteile
• Einfache Berechnung • In Verbindung mit Branchenvergleichszahlen guter Anhaltspunkt für Werbeaufwendungen	• Umsatz nur bedingt geeigneter Parameter; sinnvoller ist ggf. Gewinn • Kann bei sinkenden Umsätzen zur unreflektierten Reduzierung des Werbebudgets führen

Werbeerfolg

Formel

$$\frac{\text{Umsatzzuwachs}}{\text{Aufwendungen der Werbeaktion}} \times 100$$

Praxisbeispiel

Kosten der Werbeaktion:	50.000€
Produktpreis:	150€
Stückgewinn:	25€
Bestellungen:	2.500
Umsatzzuwachs:	2.500 x 150€ = 375.000€
Werbeerfolg:	375.000€ x 100 / 50.000€ = 750 %
Werbegewinn:	(2.500 x 25€) – 50.000€ = 12.500€

Eine Werbemaßnahme kostet 20.000€ im Jahr und erwirtschaftet einen zusätzlichen Umsatz von 375.000€ bzw. einen DB von 60.000€. Die Werbemaßnahme ist ein Erfolg gewesen und soll im nächsten Jahr wiederholt werden.

Erläuterung

Die Kennzahl Werbeerfolg, die über eine Werbeerfolgskontrolle ermittelt wird, zeigt die Effektivität der eingesetzten Werbemittel.
Neben den Auswirkungen auf den Umsatz kann der Werbeerfolg weiterhin an den Veränderungen des Gewinns oder des Marktanteils gemessen werden. Die Messgrößen sind so vielfältig wie die Zwecke einer Werbemaßnahme.
Neben monetären zählen auch nichtmonetäre Aspekte wie etwa der Bekanntheitsgrad zum Werbeerfolg.

Vorteile	Nachteile
• Erfolgskontrolle der Marketingaktivitäten • Hilfsgröße für die Verteilung eines Werbe- bzw. Marketing-Budgets auf einzelne Werbemaßnahmen	• Abgrenzung zu anderen Einflussfaktoren ist schwer (z. B. Saison, Konjunktur, Verkaufsförderung) • Schwierigkeit der periodengerechten Abgrenzung • Bei Mehrprodukt-Unternehmen: Werbeerfolg kann nicht auf Werbemaßnahmen eines einzelnen Produktes zurückgeführt werden

Werbekosten pro Kunde

Formel

$$\frac{\text{Gesamtwerbekosten}}{\text{Anzahl Kunden}}$$

Praxisbeispiel

$$\frac{2.500.000€}{15.500.000} = 0{,}16€$$

Ein Printenhersteller hatte in der vergangenen Periode Werbekosten von 2,5 Mio. €. Bei einem errechneten Kundenkreis von 15,5 Mio. Kunden zur Weihnachtszeit ergeben sich so Werbekosten pro Kunde von 0,16€.

Erläuterung

Die Kennzahl Werbekosten pro Kunde gibt an, wie hoch die Werbekosten pro Kunde in der definierten Periode waren. In Verbindung mit Kennzahlen der Werbewirksamkeitskontrolle können so Rückschlüsse auf den Erfolg einer Werbekampagne gezogen werden.
Ebenfalls können unter Berücksichtigung der Kenntnis der Werbekosten pro Kunde und dem damit verbundenen Erfolg (z. B. Kundenzuwachs, Umsatzzuwachs in Werbephase etc.) zukünftige Werbephasen aus budgettechnischer Sicht besser geplant werden. Im Versandhandel können so auf Gesamtkostenebene pro Kunde z. B. über den Ertragswert eines durchschnittlich akquirierten Kunden maximale Werbekosten festgelegt werden. Eine Teilanwendung dieser Ertrags- bzw. Kostenvergleichsrechnung findet sich im Tausend-Kontakt-Preis wieder. Die Gefahr eines unverhältnismäßig hohen Werbebudgets (in Relation zum Erfolg) kann bei richtiger Anwendung entsprechend verringert werden.

Vorteile	Nachteile
• Kennzahl für die Auswahl von Werbemitteln • Kennzahl für die wirtschaftliche Kundenakquise • Hilfe bei Neuprodukteinführung • Fokus auf Kostendeckung	• Aussagekraft ohne Hintergrundinformationen bzw. weitere Relationen nicht sehr hoch

Wiederkaufsrate

Formel

$$\frac{\text{Kunden, die mindestens zweimal die Marke gekauft haben}}{\text{Anzahl aller Kundenkäufe}}$$

Praxisbeispiel

$$\frac{506}{2.065} \times 100 = 24{,}5\,\%$$

Ein Unternehmen führt ein neues Produkt ein und möchte Rückschlüsse auf die Wiederkaufsrate ziehen und sehen, ob das Produkt angenommen wird.
Bei einem Test wurden 2.065 Kundenkäufe festgestellt, von denen 506 das Produkt nach ein paar Tagen ein zweites Mal kauften. Die Wiederkaufsrate lag so bei 24,5 %.

Erläuterung

Die Kennzahl Wiederkaufsrate gibt an, wie viele Kunden ein definiertes Produkt in einer definierten Periode wenigstens zweimal gekauft haben. Mit Hilfe dieser Kennzahl können z. B. Rückschlüsse auf den Erfolg einer Produkteinführung gewonnen werden. Je höher die Wiederkaufsrate des Produktes, desto erfolgreicher die Einführung. Diese Daten können zu ersten vorsichtigen Absatzprognosen für zukünftige Perioden beitragen.

Vorteile	Nachteile
• Hilfe bei der Produkteinführung • Hochrechnung der Abverkäufe wird bedingt möglich	• Schwer zu erheben, da Befragung notwendig

Zentralität

Formel

$$\frac{\text{Kaufkraft } (\pm) \text{ Netto-Zufluss/Netto-Abfluss}}{\text{Kaufkraft der Stadt}} \times 100$$

Praxisbeispiel

$$\frac{3 \text{ Mrd.} € - 500 \text{ Mio.} €}{3 \text{ Mrd.} €} \times 100 = 83{,}3\,\%$$

Die Stadt Frankfurt am Main weist eine (Einzelhandelskaufkraft-)Zentralität von 118,7 % auf, Essen eine von 115,7 % und Dortmund eine von 113,7 %. Duisburg besitzt dagegen nur eine Zentralitätskennzahl von 84,1 %.

Erläuterung

Die Kennzahl Zentralität drückt aus, wie hoch die »Magnetwirkung« einer Stadt auf das Umland ist. Städte mit einer hohen Zentralität ziehen also zu der eigenen Kaufkraft zusätzlich noch Kunden aus dem Umland an. Städte dieser Art haben so eine besonders hohe Relevanz für den Einzelhandel, der daraus Umsätze generieren kann. Der Einzelhandel schafft sich so z. B. Anhaltspunkte für die Bewertung von Verkaufsflächen, um so weiter Rückschlüsse auf die Ausstattung von Sortimenten oder die Flächenrentabilität ziehen zu können. Berechnet wird die Zentralität für verschiedene Städte und Regionen von den einzelnen Bundesländern. Ein Wert über 100 belegt also, dass die Kaufkraftzuflüsse aus dem Umland höher sind als die Abflüsse.

Vorteile	Nachteile
• Hilfreiche Kennzahl im Rahmen der globalen Standortanalyse • Relativierungsgröße der Einwohnerzahl	• Spezifische Rückschlüsse auf die Attraktivität eines Standortes sind schwierig zu erfassen • Kaufkraftkennziffer ist für Standortanalysen (Umsatzpotenzialschätzungen) mitzuberücksichtigen

Zielgruppengröße (Anzahl potenzieller Kunden)

Formel

$$\frac{\text{Anzahl der potenziellen Kunden im Haupt-, engeren oder weiteren Einzugsgebiet}}{\text{Anzahl der Gesamtbevölkerung im Haupt-, engeren oder weiteren Einzugsgebiet}} \times 100$$

Praxisbeispiel

$$\frac{350.000}{865.000} \times 100 = 40{,}46\,\%$$

Die Vertriebsgesellschaft für einen neuen Kinderzeichentrickfilm errechnet, dass für eine Stadt mit 865.000 Einwohnern eine mögliche Kundenanzahl von 350.000 Eltern mit ihren Kindern in Frage kommt, den neuen Film zu sehen. Damit umfasst der mögliche Kundenkreis 40,46 % vom gesamten Einzugsgebiet.

Erläuterung

Die Kennzahl gibt Aufschluss über die bei vielen Berechnungen zugrunde liegende Größe der potenziellen Zielgruppe. Sie bildet die Basis vieler Kennzahlen, wird aber oft aufgrund ihrer Einfachheit vernachlässigt oder als bloße geschätzte Annahme miteinbezogen. Des Weiteren können Teilzielgruppen von Teilsortimenten oder Produkten gebildet werden, um so die Steuerung des Portfolios zu ermöglichen.

Vorteile	Nachteile
• Gibt Aufschluss über sinnvollen Einsatz des Vertriebsbudgets • Gibt erste Information über das Marktpotenzial in einem Verkaufsgebiet	• Ermittlung ist evtl. schwierig (z. B. Abgrenzung des Einzugsgebietes) • Nur in Kombination mit anderen Kennzahlen wirklich aussagekräftig

Zurückgewinnungsrate

Formel

$$\frac{\text{Anzahl der zurückgewonnenen Kunden}}{\text{Anzahl der verlorenen Kunden}} \times 100$$

Praxisbeispiel

$$\frac{368}{689} \times 100 = 53{,}41\,\%$$

Ein Bekleidungshaus aus Düsseldorf hat nach einem Pelzskandal etliche Kunden verloren. Bei einer Rückgewinnungsaktion konnten 368 Kunden der 689 verloren geglaubten Kunden zurückgewonnen werden. Die Zurückgewinnungsrate liegt somit bei 53,41 %.

Erläuterung

Die Kennzahl Zurückgewinnungsrate gibt an, wie viele der verlorenen Kunden (z. B. durch Abwanderung zum Wettbewerber) ein Unternehmen in einer definierten Periode wieder zurückgewonnen hat. Die Kennzahl dient zur Kontrolle von Kunden-Rückgewinnungsmaßnahmen und kann zu einer reellen Einschätzung der verursachten Kosten zur Kundenrückgewinnung herangezogen werden.
Die Rückgewinnungsrate ist, wie schon die Werbekosten pro Kunde, eine wichtige Kennzahl zur Messung einer wirtschaftlichen Kundenrückgewinnung.

Vorteile	**Nachteile**
• Wichtige Kennzahl, insbesondere im Versandhandel	• Nur dort messbar, wo klar definierte Kundenbeziehungen bestehen (B2B oder Versandhandel)

Anhang

Literaturverzeichnis

Armbruster, Bernt (Hrsg.)	»Instrumente des Marketing-Controlling«, kassel university press GmbH, 2005
Auerbach, Heiko	»Internationales Marketing-Controlling«, VWF Verlag für Wissenschaft und Forschung GmbH, 1994
Baum, Heinz-Georg	»Strategisches Controlling«, Schäffer-Poeschel Verlag für Wirtschaft · Steuern · Recht GmbH, 1999
Certo, Samuel C.	»The McGraw-Hill Company«, 1990
Ehrmann, Harald	»Marketing-Controlling«, Kiehl, 2004
Link, Jörg	»Marketing-Controlling«, Verlag Franz Vahlen GmbH, 2000
Manz, Klaus	»Kompaktstudium Wirtschaftswissenschaften; Band 3: Kostenrechnung / Controlling«, Verlag Franz Vahlen GmbH, 1996
Olbrich, Rainer (Hrsg.)	»Marketing-Controlling mit POS-Daten«, Deutscher Fachverlag GmbH, 2006
Preißner, Andreas	»Marketing-Controlling«, Oldenbourg Wissenschaftsverlag GmbH, 1999
Pufahl, Mario	»Vertriebscontrolling«, Gabler Verlag / GWV Fachverlage GmbH, 2003
Reichmann, Thomas	»Controlling mit Kennzahlen und Management-Tools«, Verlag Franz Vahlen GmbH, 2006
Reinecke, Sven	»Marketing- und Verkaufskennzahlen«, Werd Verlag AG, 2004
Reinecke, Sven	»Marketing Performance Management«, Deutscher Universitäts-Verlag / GWV Fachverlage GmbH, 2004
Witt, Frank-Jürgen	»Handelscontrolling«, Verlag Franz Vahlen GmbH, 1992
Zenz, Andreas	»Strategisches Erfolgscontrolling«, Deutscher Universitäts-Verlag / GWV Fachverlage GmbH, 1998

Impressum

Sonderausgabe in Kooperation mit der Handelsblatt GmbH

Idee:

Michael Diegelmann

Konzeption:

Prof. Dr. Ralf Brickau
Alexander Kreikenberg
Uwe Rettkowski
Ulrich Wiehle

Autoren:

Prof. Dr. Ralf Brickau
Alexander Kreikenberg
Uwe Rettkowski

Cover:

cometis publishing GmbH & Co. KG

Projektleitung:

Ulrich Wiehle

Verantwortlich:

cometis publishing GmbH & Co. KG
Unter den Eichen 7
65195 Wiesbaden

Tel.: 0611 205855-0
Fax: 0611 205855-66

Mail: info@cometis.de
www.cometis.de
www.cometis-publishing.de

Originalquelle:

Prof. Dr. Brickau, R.; Kreikenberg, A.; Rettkowski, U.; Wiehle, U.
100 Marketing- & Vertriebskennzahlen, cometis publishing GmbH & Co. KG,
Wiesbaden, 2007, 1. Auflage, ISBN 978-3-938694-09-1

Leseproben

Leseprobe: Die 100 wichtigsten Konjunkturindikatoren – weltweit –

USA: Verbrauchervertrauen

Veröffentlichung:

Turnus	Monatlich
Zeitpunkt	Am letzten Dienstag des Berichtsmonats um 16:00 Uhr
Quelle	Conference Board

Beschreibung:

Für das Verbrauchervertrauen werden landesweit 5.000 repräsentative Haushalte schriftlich befragt. Auf der Basis von fünf Fragen werden zwei Teilkomponenten ermittelt, die Lage- und die Erwartungskomponente, die mit den Gewichten 40 % bzw. 60 % in den Gesamt*index* eingehen. Erstere ergibt sich aus den Teilfragen nach der wirtschaftlichen Lage und der Arbeitsmarktlage. Letztere wird aus den Erwartungen bezüglich der wirtschaftlichen Entwicklung, der Arbeitsmarktentwicklung und der Einkommensentwicklung jeweils in sechs Monaten ermittelt. Der *Index* ist *saisonbereinigt*. Seine Zuverlässigkeit ist niedrig bis mittel.

Interpretation:

Das Verbrauchervertrauen ist der wichtigste Indikator für die Stimmung der privaten Haushalte. Bei Werten über 120 Punkten kann von einer sehr hohen Dynamik des privaten Konsums ausgegangen werden. Fällt der *Index* für mehrere Monate unter 80 Punkte, so ist mit einer Phase der Konsumschwäche zu rechnen. *Rezessionen* gingen in der Vergangenheit mit *Index*werten unter 60 Punkten einher. Änderungen dieses Indikators um 2 bis 3 Punkte können als übliche Schwankung interpretiert werden, ohne dass eine gravierende Änderung des Konsumentenverhaltens zu erwarten ist. Großen Einfluss auf die Befragungsergebnisse haben Bewegungen des Benzinpreises, Arbeitsmarktzahlen der vergangenen Monate und die Höhe der Kreditzinsen.

Finanzmarktbedeutung	gering	mittel	**hoch**
Konjunkturbezug	**Vorlauf**	Gleichlauf	Nachlauf
Hoch/Tief/ Durchschnitt	H: 144,7 Punkte Mai 2000	T: 47,3 Punkte Feb. 1992	D: 99,7 Punkte 1991 - 2008

Leseprobe: 100 Immobilienkennzahlen

Funds from Operations – FFO

	Formel	Rechenbeispiel
	Jahresüberschuss (Konzernergebnis)	200,67 Mio. €
+	Abschreibungen	3,8 Mio. €
+/–	Bewertungsergebnis der Immobilien	– 114,67 Mio. €
+/–	Veräußerungserlöse bzw. -verluste	– 91,87 Mio. €
+/–	Ergebnis aus der Bewertung derivativer Finanzinstrumente	0 Mio. €
=	FFO	–2,07 Mio. €

Erläuterung

FFO ist eine wichtige Kennzahl zur Ermittlung des tatsächlich ausschüttungsfähigen Gewinns einer Immobilien-AG. Zur Ermittlung wird der ermittelte Jahresüberschuss um die Abschreibungskosten für Immobilien bereinigt. Auch Immobilienveräußerungserlöse und -verluste werden in der Regel aus dem Reineinkommen herausgerechnet. Heraus kommt ein Maß für die betriebliche Leistung einer Immobilien-AG, FFO genannt.

Ein Problem mit dieser einfachen FFO-Definition liegt in der fehlenden Berücksichtigung echter Wertminderungen in den Immobilienbeständen. Regelmäßige Investitionen, die lediglich dem Erhalt der Vermietbarkeit dienen, werden meist kapitalisiert und abgeschrieben. Auch dieser Kapitalaufwand muss deshalb aus dem FFO herausgerechnet werden, um die Profitabilität einer Immobilien-AG beurteilen zu können. Die Mittel aus der laufenden Geschäftstätigkeit bilden schließlich die Grundlage für die Ausschüttungen einer Immobilien-AG.

Vorteile	Nachteile
• Zeigt Stärke und Qualität des operativen Geschäfts an • Im Unterschied zum EBITDA (vgl. Seite 134) wird das Kerngeschäft einer Immobilien-AG, die Vermietungstätigkeit, transparenter herausgearbeitet • Erlaubt Ausblick auf das zukünftige Wachstum des Kerngeschäfts sowie die Fähigkeit, den Anteil stabiler, wiederkehrender Erträge am Gesamtergebnis zu erhöhen	• Fehlende Berücksichtigung echter Wertminderungen in Immobilienbeständen • Manipulierbarkeit durch Anwendung unterschiedlicher Buchhaltungsstandards

Leseprobe: 100 Energiekennzahlen

Grid Parity

Formel

$$\frac{\text{Gestehungskosten des Stroms aus einer Photovoltaikanlage}}{\text{Strompreis für den Endkunden}} \leq 1$$

Rechenbeispiel (T7)

$$\frac{0{,}40\ €/\text{kWh}}{0{,}206\ €/\text{kWh}} > 1$$

Erläuterung

Die Grid Parity oder Netzparität ist erreicht, wenn die Gestehungskosten (vgl. 4.1) des Stroms aus der Photovoltaikanlage auf dem Dach für einen Hausbesitzer mindestens genauso günstig ist wie der Strom aus der Steckdose. Die Grid Parity bedeutet nicht, dass die Gestehungskosten von Solarstrom den Gestehungskosten anderer Energiequellen entsprechen, denn der Strom aus der Steckdose beinhaltet neben den Stromgestehungskosten zudem Steuern, Abgaben, Transportkosten und andere Belastungen (vgl. 6.10).
Wann die Grid Parity erreicht wird, ist abhängig von den Kosten einer Photovoltaikanlage, den Strompreisen der jeweiligen Gegend und der regionalen Sonneneinstrahlung. Geringere Kosten für die Anlage, höhere Strompreise für den Strom aus der Steckdose und mehr Sonneneinstrahlung werden mittelfristig in vielen Gegenden zur Grid Parity führen.

Vorteile	Nachteile
• Mit Erreichen der Grid Parity hat jeder Hauseigentümer einen wirtschaftlichen Anreiz, eine Photovoltaikanlage auch ohne staatliche Förderung aufzustellen • Unter Marketing-Gesichtspunkten ist dies für die Photovoltaik eine wichtige Kennzahl • Mit Erreichen der Grid Parity sollte die Nachfrage nach Solaranlagen signifikant ansteigen	• Wann die Grid Parity erreicht wird, ist regional unterschiedlich • Grid Parity sagt nichts über die Wettbewerbsfähigkeit mit den Gestehungskosten anderer Energieträger aus • Auch mit erreichter Grid Parity hat die Photovoltaik weitere Probleme (z. B. kostengünstige Speicherung von Energie)